피터 럭크만의 주석서

요한계시록

피터 럭크만 지음

편집부 옮김

말씀보존학회

THE BIBLE BELIEVER'S COMMENTARY

THE BOOK OF REVELATION

By

Peter S. Ruckman, Ph.D.

Bible Baptist Bookstore
Pensacola, Florida
1993 / Korean by Word Of God Preservation Society
Seoul, Korea

이 책을 내면서

요한계시록이 완성된 이래로 1900여 년의 기간 동안 수많은 주 안의 형제들이 그 신비의 베일을 벗기려고 애써 일했던 흔적들을 책으로 볼 수 있다.

요한계시록을 해석하는 것은 쉬운 과제가 아니다. 암흑시대(A.D. 500-1500) 기간 동안 카톨릭 교회는 큰 바빌론, 즉 땅의 창녀들과 가증한 것들의 어미이며 자주색과 주홍색 옷을 입고 금과 보석과 진주로 장식하고 손에는 금잔을 가졌으며 그 잔 안에는 가증스러운 것들과 그녀가 행한 음행의 더러운 것들로 가득 찼다고 한 요한계시록 17장의 창녀를 자기들이 아닌 이방 로마라고 애써 회피해 버리기도 했으며 존 칼빈은 아예 손대는 것조차 포기해 버렸다. 그로 인하여 칼빈의 추종자들은 계시록을 모른다. 그러나 요한계시록을 모르면 디니엘을 모르게 되어 있다. 가증스런 가짜들은 이 하나님의 진리를 영적으로 풀이하고 은유적으로 해석함으로써 혼돈에 혼돈을 가중시켜 양무리들로 하여금 엉터리 지식을 얻게 하여 바른 성경적 조명을 보지 못하게 하였다.

피터 럭크만 박사의 요한계시록은 그의 저서 110권 중에서 베스트셀러이며, 특히 미국의 성경대로 믿는 목회자와 신학생들은 물론 일반 성도들에게도 그 지명도는 대단히 높다. 내가 한 가지 강조하여 말씀드리고 싶은 점은 이 책이 방대한 성경 지식과 연결되어 있기 때문에 이 책 한 권으로 신학적 기틀을 쌓는 것이 가능하다는 것이다. 성경과 함께 읽고 또 읽으면 지금까지 깨닫지 못했던 많은 부분을 심도있게 터득하게 되며 과연 우리의 신앙을 어떻게 정립시키고 늘려 나가야 하는가를 알게 될 것이다.

피터 럭크만 박사는 왜 <킹제임스성경>이 영어를 쓰는 국민들에게 바른 하나님의 말씀인가를 설명할 수 있는 권위 있는 인물이다. 이 요한계시록 외에도 성경에서 난해한 책들, 즉 창세기, 출애굽기, 신명기, 시편, 잠언, 소선지서, 마태복음, 사도행전, 히브리서의 주석을 써서 지금까지 500여 명의 성경 주석가들이 범해 놓은 오류들을 일일이 지적하고 있다. 현재 그는 미국 플로리다(Florida) 주 펜사콜라(Pensacola) 시에서 성경침례교회(Bible Baptist Church)의 목사로 시무하며 펜사콜라성경신학원(Pensacola Bible Institute)의 학장으로 28년간 미국의 성경대로 믿는 신학생들을 가르치고 있다(한국의 킹제임스성경신학교도 미국과 똑같은 교재, 학재, 교수방법으로 가르치고 있다).

이 책을 읽고 깨달은 독자는 이 책의 저자와 역자와 출판사에게 감사하게 될 것이라고 확신한다.

1993년 3월
말씀보존학회 대표
이 송 오 목사

서 문

이 주석서는 1963년 미시시피 주의 투펠로에 사는 한 젊은 목회자를 위해 만들어진 설교 테이프들을 글로 옮긴 것이다. 이 젊은이가 목회에 대한 소명을 가졌을 당시에는 성경을 스스로 연구할 수 있을 만큼 깊이 있게 읽지를 못했었다. 그런데 그는 이 테입들로 계시록을 공부하는 동안 스스로 성경 읽는 법을 배웠다. 이 주석서는 설교 테입들을 옮긴 것이기 때문에 문어체 형식이 결여되어 있고 창세기와 잠언 주석서에 나타나는 풍부한 (비평적 주해가 담긴) 설명이 전반적으로 결여되어 있다. 또한 이 주석서는 설교하는 형식으로 구성되어 있기 때문에 문체가 간결하고, 문학적 특성은 별로 없다. 계시록에 관해 장황한 (대부분 무익한) 논쟁에 관심 있는 독자들을 위해 이 서문에서 그러한 몇 가지 논쟁들을 열거한 후 더 이상 언급하지 않을 것이다. 일단 우리가 성경 분문으로 들어가기 시작하면 역본들이나 주석가들, 해석학파들 내지는 비평어조, 잡다한 읽을거리나 신학적 가설 등의 설명과 비교에 낭비할 시간이 거의 없을 것이다. 성경의 마지막 책인 계시록은 성경에서 가장 쉬운 책인데, 그 책의 힘과 권위는 그것이 주는 인류 역사의 정치적, 영적 미래에 관한 선명한 가르침들에 있다.

학자들은 계시록을 "묵시"(Apocalypse)라고 말하는데, 그들은 같은 이유로 "공관복음," "제2이사야," "큐 문서" 등과 같은 부적당한 용어를 사용한다(미국의 죽어 버린 정통주의 학문은 유럽과 마찬가지로 그리스도의 몸에서 떨어져 독자적으로 서기 위해 이런 "직업 용어"를 유지해야만 한다). "묵시"라는 용어는 "우와-이-어렵고-유식해 보이는-의미를-안다면-틀림없이-멋질 거야."라는 식의 느낌을 전달한다. 이것이 장사꾼이 노리는 효과이다. 계시록은 말 그대로 "계시"(Revelation)이다.

계시록은 사람들이 성경에서 가장 두려워하고 혐오하며 잘못 이해하고 있는 책이다. 성경에서 이 책만이 사탄, 교회, 유대인, 이방인, 국가들, 로마카톨릭, 그리고 우주의 종말을 선명하고 상세하게 제시하기 때문에 지상에 존재하는 모든 죽어 버린 정통주의 학자들, 무천년주의 주석가들, 후천년주의 사회주의자들, 성경을 부인하는 카톨릭 등 그리스도를 거부하는 죄인들의 비판 대상이었다. 여러분이 알다시피 사람들은 권위 있는 자료에 근거해서 미래가 이야기되는 것을 싫어하며, 미래에 관한 부정적인 어떤 계시나 자기들과 연관된 악에 대한 예언들을 극렬하게 혐오한다(왕상 22:13-28). 이러한 이유(다윈의 진화론에 상반되는 부정적인 예언에 대한 뿌리 깊은 증오)로 계시록은 기록된 이후부터 신학적 논쟁의 격전장이 되어 왔다. 모든 세계 강대국들은 계시록 19-22장에 반대되는 역사의 전개에 힘을 쏟아 왔다. 그러나 한 나라도 급속하게 성취되어 가는 성경의 예언들을 가로막지 못했다. 백악관과 UN의 현재 목표는 계시록 19-22장을 거부하는 미래를 전개하는 것이다. <하나님의 나라와 천국, *The Kingdom of God vs. The Kingdom of Heaven*>(1969)에서 이에 대해 자세히 다루었다.

네스토리안 교회는 계시록을 거부했다. 페쉬토(Peshitto, 시리아어역 성경, 5세기)에는 카이사랴로부터 유세비우스(Eusebius)와 오리겐(Origen, 2-4세기)이 결정한 통보에 따랐기 때문에 계시록이 빠져 있다. 콘스탄틴 황제의 오른팔이었던 유세비우스는 계시록의 정경성을 의심하였는데, 그는 후천년주의를 주장하는 아리안으로서 계시록 11:15과 5:10에 대한 입장을 잘 밝히려 하지 않았다. 계시록은 역사에 대해 문자적인 예언을 담은 책이기에 미국의 무천년주의와 후천년주의 학파들, 또 그들의 교회, 집회, 협회, 연맹, UN, 복지기관 등에서 거부되고 있다. 어떤 장로교, 감리교, 침례교 신학교들은 계시록이 "교회의 궁극적인 승리"와 관련해서 어느 정도는 "영적인 진리"를 담고 있다고 말하지만 무천년주의나 후천년주의자들은 이러한 주장조차 무시한다. 로마카톨릭은 "그들 교회의 궁극적인 승리"를 믿고 있다.

종교 집단들이 계시록에 대해 참지 못하는 그 끊임없는 맹렬한 증오를 보이는 이유는 그 책이 모든 정부와 교회가 궁극적으로 파괴되고 초자연적인 정부로 대치될 것임을 가르치기 때문이다. 정신과 의사들, 박사들, 법률가들, 상원의원들, 하원의원들, 교황들과 추기경들은 그런 이유에 공감하는 사람들이다. 이것은 "세상을 더 낫게 만들려는" 모든 기관의 목적과 동기와 계획들을 좌절시키는 것이며, 하나님께서 친히 그들의 파괴자이심을 뜻하는 것이다(습 3:8). 그러므로 "바티칸 공의회"는 계시록에 대해 엄청난 강박관념에 시달리며 계시록의 권위가 인정되는 곳에서는 정신병이라도 일으킬 만한 노이로제를 앓는다. "왕국을 오게 만드는 데" 종사하는 자는 누구나 계시록 19–22장의 내용들을 믿을 수 없는 것이다.

계시록에 대한 숱한 반박은 20장의 첫 여섯 구절에 기인한다. 이 구절들이 그 말하는 바를 의미하고, 그 의미하는 바를 말하는 것이라면(계 20:1–6 주석 참조) 주 예수께서 다시 오실 때까지 지상에는 평화가, 인간에게는 선의가 없을 것이며, 그분이 다시 오시면 성도들과 더불어 문자적이고, 실제적이며, 눈에 보이는 왕국, 즉 팔레스타인에서 다윗의 왕위를 가지고 유대인 왕국을 정치적으로 다스리실 것이다. 그것은 "왕국 건설자들"(Kingdom builders)이 해 놓은 밥에 재를 뿌리는 것이다. 여러분이 알다시피 "왕국 건설자들"인 플라토(Plato), 아리스토텔레스(Aristotle), 어거스틴(Augustine), 교황 레오 1세(Pope Reo I), 교황 그레고리(Pope Gregory), 샤를마뉴(Charlemagne), 클로비스(Clovis), 페핀(Pepin), 교황 니콜라스 1세(Pope Nicholas I), 힐데브란드(Hildebrand), 우르반 2세(Urban), 이노센트 3세(Innocent), 보니파스(Boniface), 막스(Marx), 엥겔스(Engels), 다윈(Darwin), 스펠만 추기경(Cardinal Spellman), 루즈벨트 대통령(FDR), 국제 연맹(The League of Nations), 버트란트 러셀(Bertrand Russell), 레닌(Lenin), 랩 브라운(Rap Brown), 마틴 루터 킹 쥬니어(Martin Luther King Jr.), 트로츠키(Trotsky), 국제 연합(the United Nations) 등은 그들의 부와 명예를 위협하는 예수 그리스도 없이(마 21:30-38) "지상에 평화를, 인간에게 선의를" 가져오려고 하였다.

그래서 이 서문의 견해는 이들 무리와 이들과 비슷한 모든 무리를 일축하려는 것이다. 그들은 계시록을 이해하는 데 있어서 믿을 만한 정보나 권위가 되지 못한다. 이는 계시록이 예언과 역사를 다루는 책인데 위의 명단에 있는 어떤 사람도(또는 기관) 이 두 가지 중 어느 한 방향으로도 올바로 접근하지 못했기 때문이다.

계시록을 수용한 사람들은 파피아스(Papias, A.D. 69-156), 저스틴 마터(Justine Martyr, A.D. 100-163), 사데스의 멜리토(Melito of Sardis, A.D. 190), 이레내우스(Irenaeus, A.D. 130), 니사의 그레고리(Gregory of Nyssa, A.D. 394), 디디무스(Didymus, A.D. 398), 바실(Basil, A.D. 330-379), 힐러리(Hilrary, A.D. 367) 그리고 아타나시우스(Athanasius, A.D. 372) 등이다[비더울프(Biederwolf)의 "천년 성경"(Millennium Bible)에 자세한 명단이 있다. 주 내용은 물론 천년왕국이다]. "Mil"(1000) "Annum"(년)은 일곱 번째 천 년 기간 또는 지상의 안식 기간으로서(사 14:6,7, 마 19:28), 계시록 20:1-6에 여섯 번이나 기록되어 있다. 비유적이거나 영적이라는 견해는 주목할 가치도 없다.

옥스포드 대학의 수학자였던 데이비드 그레고리(David Gregory, 1710)는 역사가 아담부터 그리스도의 재림까지 6,000년에 이를 것으로 추측했다. 랍비인 바알 카투림(Baal Katturim, 1734)도 역사가 서기 2000년에 끝날 것으로 추측했다. 칼데아인들(B.C. 600-400)은 왕국이 창조된 후 6,000년을 지속할 것으로 믿었다. 조로아스터도 같은 내용을 가르쳤고, 터스칸인들(이탈리아 중서부 지역)과 페르시아인들(A.D. 300-1900)도 그렇게 믿었다. 바나바 서신(Epistle of Barnabas)에도 이것을(날짜는 불확실하지만) 언급했다. 그리고 이레내우스(Irenaeus, A.D. 130), 히폴리투스(Hippolytus, 3세기), 시프리안(Cyprian, A.D. 200-258), 락탄티우스(Lactantius, A.D. 160-258), 저스틴 마터(Justine Martyr, A.D. 100-163)도 모두 같은 원리를 말했다. 클라렌스 라킨(Clarence Larkin, 1909)은 이 "연일"(year- day) 체계를 그의 저서 <세대적 진

리, *Dispensational Truth*, 1915>에 여러 그림으로 상세히 밝혀두었다. 20세기를 사는 사람치고 이 책을 들어보지 않았다면 정녕 변명할 여지가 없다.

조지 윌슨(Rev. George Wilson, 1887)의 저서를 보면 주 예수 그리스도의 재림 시기를 알 수 있는데 그가 제시한 연도는 1996년이다. 무천년주의 학자들 중 아무도 이것을 논리적으로 반박하지도 못했을 뿐만 아니라 심지어는 도전조차 하지 못했다. 벌링톤 웨일(Burlington Wale, 1883)도 이 때로 말했다. 윌리암 팔레인(William A. Parlane, 1894)도 이 때로 말했고, 조지 펨버(George Pember, 1837-1910), 로버트 카메론(Robert Cameron, 1896), 무디 성경 연구원 대표였던 제임스 마틴 그레이(James Martin Gray, 1851-1935)도 마찬가지였다. 클라우저(G.B.M. Clouser, 1903)도 이것을 믿었으며, 에델버트 벌링거(Ethclbcrt W. Bullinger, 1837-1913), 헤닝스(E.C. Hennings, 1919), 스코필드(C.I. Scofield, 1843-1921), 찰스 웰치(Charles Welch, 1912), 아돌프 녹(Adolph Knock, 1874), 루이스 스페리 샤퍼(Dr. Lewis Sperry Chafer, 1871)도 믿었다. 더 나아가 1900년 이후 미국의 모든 위대한 복음주의자들은 전천년주의자들이었다. 이들은 빌리 선데이(Billy Sunday), 프랭크 노리스(J. Frank Norris), 히만 애플만(Hyman Appleman), 제시 헨들리(Jesse Hendley), 밥 존스(Bob Jones Sr.), 테오도르 엡(Theodore Epps), 디한(M.R. De Haan), 리 로버슨(Lee Roberson), 존 R. 라이스(John R. Rice), 빌리 그레함(Billy Graham), 찰스 풀러(Charles Fuller), 보샹 빅(Bauchamp Vick), 달라스 빌링톤(Dallas Billington), 잭 월첸(Jack Wyrtzen) 등이다. 즉 이들은 사회, 종교, 교육, 과학, 문명이 예수 그리스도께서 문자적이고, 실제적이며, 눈에 보이는 정치적 왕국을 세우기 위해 다시 오실 때까지 급속도로 타락할 것을 믿는 사람들이다.

그와는 반대로 루터(Luther), 틴데일(Tyndale), 쯔빙글리(Zwingli) 등은 그리스도의 재림에 관해 거의 말하지 않았다. 즉 이들은 모두 "왕국을 오게 하고자" 했던 것이다. 드웻(De Wette)은 고백하기를 계시록은 해석을 불허한다고 했다. 아담 클라크(Adam Clarke)도 자신이 이 책을 이해하지 못했으며 설명할 수 없음을 실토했다. 알포드(Alford)는 독단적으로 주장하기를 A.D. 100년부터 1850년까지의 모든 전천년주의자는 계시록의 예언들에 대해 아무런 해결책을 발견하지 못했다고 했다. 블룸필드(Bloomfield)는 계시록을 이해할 수 없다고 말한다. 이 책에 대한 더멜로우(Dummelow)의 주석은 기분에 들뜬 즉흥 연주 정도로 분류하는 것이 타당할 것이다. 얼마나 많은 허튼소리들이 있는지 알고 싶은 사람이 있다면 필자는 이사야 28:9,10을 해석하는 데 실패한 헬라어 학자들과 비평적인 신약 편수자들이 펴낸 책들을 무더기로 추천해 줄 수 있다. 이중에는 스콧(Scott)의 "묵시"(The Apocalypse, 1909), 블리크(Bleek)의 주석서(1875), 바이스(B. Weiss)가 남긴 크나큰 오류(1902), 파라(Farrar)의 <기독교 초기 시대, *Early Days of Christianity*, 1882>, 워즈워드(Wordsworth)의 주석들(1875), 밀리건(Milligan)의 <묵시에 관한 논의, *Discussions on Apocalypse*, 1893>에 소개된 설명들, 그리고 셀윈(Selwyn), 브릭스(Briggs), 길버트(Gilbert), 팔머(Palmer), 베르그(Berg), 포터(Porter), 포브스(Forbes)와 홀트(Hort) 등의 갖가지 오류들이 있다. 공허한 허튼 소리들을 그렇게 오랫동안 열심히 떠벌린 사람은 "개혁주의 신학자들" – 핫지(Hodge), 댑니(Dabney), 카이퍼(Kuyper), 벌콥(Berkhof), 특히 필립 마우로(Phillip Mauro, 1859) – 인데, 그들을 연구해 보면 그 사실을 알게 될 것이다.

계시록에 관련된 세 가지 해석학파는 올바른 해석과 올바르지 못한 해석, 그리고 절반만 올바른 해석으로 구분된다. 죽어 버린 정통주의는 이 세 가지 입장을 **1. 미래학파, 2. 과거학파, 3. 역사학파**라는 표현을 사용함으로써 자신들을 은폐한다.

세 학파 중 첫 번째는 전천년파인데 이에 대해 고명한 파라 학장(Dean Farrar)은 "미래학파를 지지하는 사람들은 항상 소수였으며 현재(1882)는 존재하지 않는 것으로 보여진다."라고 말했다. 고명한 학장 – <국제 표준 성경 백과사전, *International Standard Bible Encyclopedia*>(제4권 p.2587)에 추천까지 받은 분 – 께서 이런 유치한 말씀을 하는 동안, 드와이트 무디(Dwight L. Moody)와 존 다비(John N. Darby, 1800–1822)는 전천년 "미래학파" 해석으로 4백만 명의 사람들에게 영향을 미치고 있었다. 파라가 그런 얼토당토않는 말을 한 지 40년이 채 못되어 미래학파 해석으로 일관한 스코필드 주석성경(The Scofield Reference Bible)은 4백만에서 9백만에 이르는 사람들에게 읽혀졌다. 반면에 파라의 책은 읽혀지지 않는 서적들의 묘지에서 먼지에 뒤덮인 채 계시록의 권위를 부인한 수전 권의 출판 서직 가운데 놓여 있다.

"과거학파"(즉 죽어 버린 정통주의)는 계시록의 사건들이 대부분 이미 성취되었다고 가르친다. 다시 말해서 계시록 1-22장의 모든 내용이 그리스도의 재림과 심판을 제외하고는 다 이루어졌고, 심지어는 재림과 심판에 관한 많은 구절들을 문자적으로 해석해서는 안된다고 가르친다. 파라 학장도 과거학파였다. 대부분의 학자들은 이 학파가 스페인의 예수회에 의해 설립되었다는(1614) 사실을 알고 있다. 이는 <킹제임스성경, 1611>의 출판으로 인한 성경 지식의 성장을 방해하려는 의도였던 것이다. 과거학파는 아래와 같이 주장한다.

1. 계시록은 저급한 책이다(파라의 <기독교 초기 시대>, p.235 참조).

2. "주의 날"(Lord's Day)은 일요일이지 주의 날(the Day of the Lord)이 아니다(Ibid, p.239).

3. 용(계 12:1-4)은 로마제국이다.

4. 사내 아이(계 12:1-5)는 교회이다.

5. 적그리스도는 네로(Nero)였는데, 그는 죽었고 영원히 사라졌다.

6. 그리스도의 재림은 70년 예루살렘 파괴 때 이루어졌다(Ibid, p.328).

7. 계시록 20-22장은 지적인 해석이 절대로 불가능하다.

왕국에 대한 과거학파의 전형적인 태도가 파라의 저서 321페이지 각주에 나와 있다. 비록 그가 자기 글에서는 그리스도의 문자적인 지상 통치를 부인한다고 말하지는 않았지만, 여전히 "오리겐을 비롯한 대부분의 교부들은 왕국을 영적으로, 비유적으로 인식했다."라고 인용함으로써 그가 그들의 주장을 따르고 있음을 간접적으로 드러내고 있다.

"역사학파"는 과거학파보다는 좀 더 나은 해석을 하지만, 여전히 여호와의 증인들이나 제칠일 안식교인들처럼 머리를 돌게 할 만큼 왜곡된 해석을 주장한다. 예를 들면, 계시록 8:13의 "천사"에 대한 "역사학파"의 해석은 다음과 같다.

1. 그는 성령이다. - 빅토리누스(Victorinus)
2. 그는 그레고리 교황이다. - 엘리콧(Ellicott)
3. 그는 성 요한이다. - 드 리라(De Lyra)
4. 그는 성 바울이다. - 제거(Zeger)
5. 그는 그리스도이다. - 매튜 헨리(Mattew Henry)

계시록 9:1의 떨어진 별은 무엇이라고 말하는가 하면,

1. 그는 악한 영이다. - 알포드(Alford)
2. 그는 기독교 이단의 하나이다. - 워즈워드(Wordsworth)
3. 그는 발렌스 황제(the Emperor Valens)이다. - 드 리라(De Lyra)
4. 그는 모하멧이다. - 엘리콧(Ellicott)
5. 그는 나폴레옹이다. - 헹스텐베르그(Hengstenberg)

그렇다면 딘 마틴(Dean Martin)은 어떤가? 릴 아브네(Lil Abner)는 안 되는가? 케네디(Kennedy)는?

이들 두 해석학파(벧후 1:20,21!)는 계시록의 기록 연대를 네로가 통치했던 A.D. 66-69년경으로 정하는데, 마찬가지로 로마카톨릭 교회도 늘 같은 기간을 고집해 왔다. 이들이 이같이 주장하는 이유는 계시록이 A.D. 70년 이후에 쓰여진 것이라면 계시록 17:1-9의 "로마"는 로마제국이 아닌 로마카톨릭이 되기 때문이다!(<짐승의 표, 말씀보존학회 간> 참조). 그러나 그들의 주장처럼 그 구절이 로마카톨릭이 아니라 로마제국을 말하는 것이라면 요한은 분명히 "크게 의아해 하며 놀라지" 않았을 것이다(계 17:1-7). 왜냐하면 로마제국은 그를 팟모섬으로 유배시킨 나라였기 때문이다. 그러므로 역사학파나 과거학파처럼 계시록의 기록 연대를 네로의 통치 기간으로 본다면 계시록 4-19장에 기록된 모든 현상을 제멋대로 사사로이 해석하여 그것이 1980-2000

년 사이에 성취될 예언으로 보지 않게 되는 오류를 범하게 된다. 역사학파와 과거학파는 마치 어떤 사람이 두 손으로 양눈을 가린 채 머리를 베개에 쳐박고서 "나는 볼 수 없어!"라고 외치는 모습과 같다(이런 모습이 썩어 버린 정통주의에서는 흔히 "공인된 학식"으로 이해되고 있는 것이다!).

펨버(Pember), 바이스(Weiss), 뉴웰(Newell), 라킨(Larkin), 맥클레인(McClain), 피터스(Peters), 로이 켐프(Roy Kemp) 등이 저술한 계시록에 관한 저서들을 읽은 사람치고 한 번 읽은 후 계시록을 85% 정도 이해하는 데 어려움을 느끼는 사람은 아마 없을 것이다(계시록을 읽을 때 15% 정도가 이해 안 되는 것은 있을 수 있지만 헬라어나 히브리어 학자들, 특히 과거학파의 경우에는 그 책을 10% 정도밖에 이해하지 못하고 나머지 90% 정도는 놀랍게도 아예 손도 못대는 형편이다).

베슈타인(Wetstein), 럭크(Lucke), 네안더(Neander), 스티어(Stier), 오벨른(Auberlen), 에왈드(Ewald), 블리크(Bleek), 게하르트(Gebhardt), 이머(Immer), 데이빗슨(Davidson), 더스터딕(Dusterdieck), 모세 스튜어트(Moses Stuart), 마우리스(F.D. Maurice), 플럼트리 학장(Dean Plumptree) 등은 모두 계시록의 기록연대에 대한 로마카톨릭 입장에 동의하기 때문에 그들의 견해는 설명 없이 무시하기로 하겠다. 계시록의 올바른 기록 연대는 도미티안(Domitian) 통치 기간인 A.D. 91년에서 96년 사이이다.

헬라어 원문에 관해 제임스 모펫(Rev. James Moffat, 그의 번역본 이사야 9:6은 그의 불신앙을 잘 말해 주고 있다.)은 <킹제임스성경, 1611>에 사용된 헬라어 표준원문이 "철저히 변개된 것"이라고 말한다. 학자들은 종교개혁을 낳은 성경을 비평하는 데 있어서 대단히 관대하고 자비로웠기 때문에 우리는 그 호의에 대한 답례로 개역본(Revised Version, 1884, 이하 RV로 표기), 미국표준역본(American Standard Version, 1901, 이하 ASV로 표기)이 오히려 극단적으로 "철저히 변개된 것"이라고 말한다. 배교한 기독교가 가장 소중히 여기는 "B" 사본(Vaticanus, 바티칸 사본)은 계시록을 포함하지 않고 있는데, 그 이유는 오리겐이나 유세비우스, 교황들 중 누구도 하나님께서 세상의 정치적 지배권을 그들의 손아귀에서 빼앗아 가시는 것을 원하지 않았기 때문이다. 학자들은 "A" 사본(복음서들의 비잔틴 원문)과 "C" 사본(그 시대의 90%가 비잔틴 원문) – "사본 고증에 관한 그리스도인의 지침서"(The Christian's Handbook of Manuscript Evidence)와 "알렙 사본"(Aleph, 시내 사본) – 을 보아야 한다고 주장한다. 독자는 계시록에 대한 네슬(Nestle)의 저서들 중 복음서에 관한 주석의 분량에 비하여 계시록에 대한 비평적인 주석은 거의 없다는 것을 안다면 놀라움을 금치 못할 것이다. 계시록은 성령께서 그러한 방법으로 역사에 "슬그머니 넣으신" 유일한 책이기에 <킹제임스성경, 1611>을 파괴하려 했던 보수주의 학자들조차(1881-1970) 어떻게 해 볼 도리가 없는 책이 된 듯하다. 성경 변개자들도 계시록 22:14과 22:19을 제외하고는 계시록에 손을 대지 못하였던 것이다.

성경의 마지막 책이며 위대하고 영광스러운 이 책에는 "모든 일의 마지막"이 선명하게 드러나 있는데, 너무나 위엄있고 끔찍한 일이 사실적으로 계시되어 있기에 배교한 카톨릭과 명예를 추구하는 학자들, 그리고 세속적인 보수주의자들은 그 말씀 앞에 떠는 것이다. 이것이 계시록을 영적으로 해석한다든지 아니면 오리겐의 비유적 방법을 사용하여, 계시록을 "의미 없는 책"으로 만들려는 온갖 시도를 행하는 이유이다. 모두들 한결같이 "계시록은 비유적이고, 상징적이고, 애매하고, 지극히 묵시적이다."라고 말하지만, 이것은 한마디로 『**우리는 주께서 무엇을 말씀하시는지 모르겠노라.**』(요 16:18)인 것이다. 헬라어 학자들은 "애매함, 변개, 신비"를 주장하고(사 29:11) 평신도들은 무지와 교육의 부족을 주장하지만(사 29:12), 하나님께서는 그들이 모두 거짓말하고 있음을 아신다(사 29:13). 계시록은 성경에서 가장 쉬운 책 중 하나이다. 마태복음, 사도행전, 스카랴, 히브리서, 솔로몬의 노래는 수수께끼로 쌓여 있는 책들이지만 성경대로 믿는 성도들에게 계시록은 가장 소중하고 꿀보다 단 책이다. 이 책은 아버지 하나님께서 쓰시고, 봉인하셨으며, 성령께서 배달한 영광의 편지이고, 그리스도인에게 모든 일의 결말을 보여 주는 책이다. 이 책 안에서 하나님의 자녀인 성도들은 하늘의 처소에 새겨진 자기들의 이름을 선명히 읽으며, 모든 위로의 하나님(고후 1:3,4)께서는 성경의 일점 일획을 다 이루시는 그분의 신실하심을 새롭게 하신다. 계시록을 믿는 우리는 각 시대에 난립하는 모든 비평과 견해들을 무시할 수 있고 더불어 그 내용에 대해 청결한 양심을 유지할 수 있다. 우리는 정확 무오한 성경 66권의 모든 책에 접근할 때와 마찬가지로, <킹제임스성경, 1611>에 대한 절대적이고 무조건적인 신뢰를 가지고, 성경을 주관적으로 해석하는 학식 있는 자기본위주의자들을 무시한 채 성경의 마지막 책에 접근한다.

피터 럭크만 박사(Dr. Peter S. Ruckman)
플로리다 주(Fla.), 펜사콜라(Pensacola), 1970.

이 책에 인용된 성경 구절은 <한글킹제임스성경>입니다.

차 례

도표 1 전천년주의 신학체계

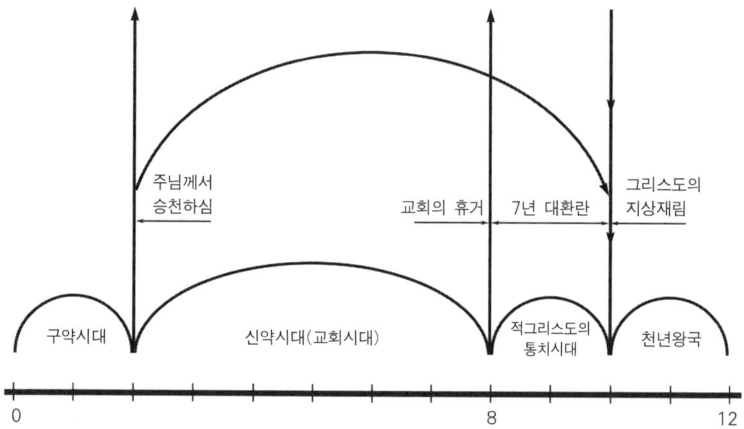

도표 2 첫째 부활의 세 번의 휴거

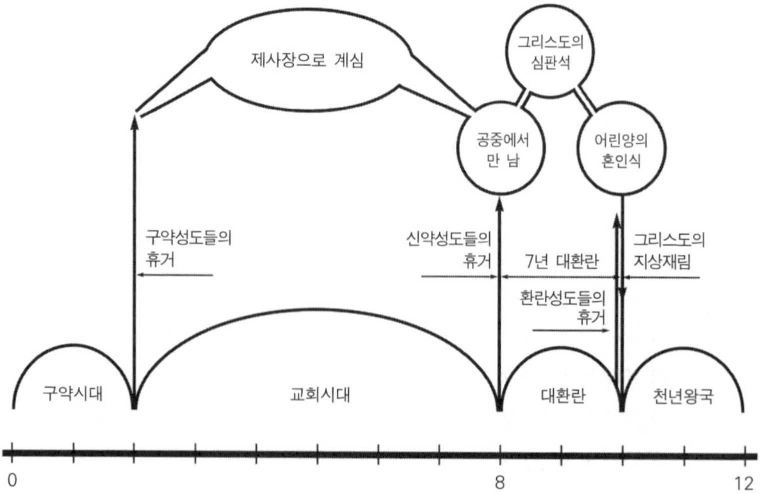

요한계시록 1장

계시록은 성경의 마지막 책으로서 가장 중요한 책이다. 계시록은 비유적이고 상징적이며 "묵시적인," 즉 "감추어진," "가려진," 또는 "비밀스러운" 책으로 알려져 있으나 사실은 그렇지 않다. 계시록은 성경에서 가장 쉬운 책 가운데 하나이다. 계시록에 대한 사람들의 문제는 그것이 이해하기 어렵기 때문이 아니라 믿기가 어렵기 때문이다. 계시록은 하나님의 말씀이며, 22장과 404구절, 12,000개의 낱말로 구성되어 있다.

계시록이 기록된 것은 A.D. 91년에서 A.D. 96년 사이이며 로마의 네로 황제가 아닌 도미티안 황제의 통치 기간에 쓰여졌다. 책의 기록 연대는 매우 중요하다. 만일 계시록이 네로 통치 기간에 쓰여진 것이라면 예루살렘이 파괴되기 전에 기록되었다는 것인데, 그렇다면 여기에 언급된 모든 사건은 A.D. 70년에 일어난 예루살렘 파괴에만 적용되고 20세기에는 적용될 수 없게 된다. 이것은 물론 카톨릭과 개신교 학자들이 가르치는 바이다. 미국의 장로교, 남침례교, 북침례교, 감리교, 루터교, 성공회 등 모든 신학교는 계시록에 언급된 역사적 사건들이 과거에 이루어졌다고 가르친다. 즉 이 책이 네로 통치 기간에 쓰여졌으며, 책에 나타나는 무서운 심판들은 A.D. 70년 예루살렘의 파괴를 말한다는 것이다. 만일 계시록이 A.D. 70년에 기록된 것이 아니라면 17장과 18장의 로마에 대한 묘사가 로마제국이 아닌 로마카톨릭에 적용되기 때문에 그들은 계시록의 기록 연대가 A.D. 70년임을 증명하려고 애쓰는 것이다.

그러므로 기록 연대에 관한 이 주장에는 부도덕한 동기가 숨어 있다. 계시록이 네로 통치 기간에 쓰여진 것으로 믿는 사람은 계시록에 대한 그릇된 편견을 갖고 있는 것이며, 그것은 로마카톨릭 교회의 그릇된 편견과 같은 노선임을 알 수 있다. 계시록이 네로 통치 기간에 기록되었다는 이 이단적인 주장은 사데의 멜리토가 헬라어 사본이 아닌 시리아 성경 역본에서 한 것이다. 그는 요한이 네로 황제 때 유배되었다는 것이다. 물론 네로와 도미티안의 통치 기간 사이에는 13년의 간격밖에 없으므로 일리는 있다. 그러나 도미티안이 왕위에 오른 것은 A.D. 70년 이후인데 요한이 비록 네로 통치 기간에 유배되었다 하더라도 그는 13년 이상 팟모 섬에서 지냈을 것이기 때문에 그의 주장은 사실이 아니다.

다음은 계시록의 저자에 대한 논쟁이다. 교부 중에 가장 세속적이고 타락한 유세비우스는 죽어 버린 정통주의 학자였으며, 하나님의 말씀을 혐오한 사람이었다. 그는 전천년주의를 경멸하였고, 그리스도의 신성을 부인하였으며, 대부분의 시간을 역사를 쓰면서 보냈다. 또한 유세비우스는 니케아 종교회의에도 참석하였고, 소위 "사도신경"을 승인하였으며, 파피아스(Papias)의 이단적 교리에 편승하여 계시록의 저자가 어떤 다른 요한이라고 하였다. 게다가 많은 학파와 신학교에서도 가르치기를 사도 요한이 이 책을 쓴 것이 아니라 "감독" 요한이나 "장로" 요한이 저자라고 한다. 말도 안 되는 소리다. 책의 저자가 사도 요한인 것은 그의 어휘나 기록 연대, 문체, 또 요한 자신의 진술을 통해 분명히 나타나 있다.

신약이 복음서 외의 글들을 포함하고 있다면 그 글들은 베드로나 야고보 아니면 요한이 썼을 것이라는 가정은 자연스럽다. 이들 세 사도는 성경에서 언제나 함께 등장한다. 이들은 그리스도의 변형(마 17장)과 올리브 산 설교(마 24장, 막 13장)의 증인들이었다. 신약에는 베드로와 야고보의 서신서가 있으며, 요한도 그의 복음서와 서신서들을 썼다. 따라서 계시록의 저자는 명백히 요한이다.

계시록은 A.D. 91년에서 A.D. 96년 사이에 기록되었다. 일부 전천년주의자들은 이 책을 그리스도인들에게 직접 적용하고 있다. 그렇지만 그러한 해석에는 구절들을 따져가며 가르칠 때 많은 문제가 따른다.

이제 여러분이 계시록을 공부하면서 해야 할 일은 우선 도표를 하나 그리는 것이다. 12인치 길이로 직선을 그은 뒤 2인치 지점에 세 개의 십자가를 그려 넣으라. 이것은 그리스도의 죽음을 표시한다. 그 지점에서 위로 선을 그어 하늘을 향하게 하는데 그 선을 10인치 지점에 연결되게 반원 형태로 긋는다. 십자가가 그려진 2인치의 앞부분은 구약 시대를 의미하고 반대쪽의 남은 2인치(10인치 지점 뒷부분)는 그리스도의 천 년 통치를 나타낸다. 8인치 지점에서 위쪽으로 화살표를 그으라. 이것은 신약 시대 성도들의 휴거를 가리킨다. 이 도표는 책을 읽어 나가면서 수시로 참조할 것이다. 도표상에서 그리스도의 승천이 2인치 지점에 있고, 신약 성도들의 휴거는 8인치 지점이며, 그리스도의 재림은 10인치 지점이다. 이 도표는 전천년주의 신학 체계를 나타낸다. 즉 예수 그리스도께서 천년왕국 전에 지상에 돌아오심을 뜻한다.

"Millennium"은 라틴어로 mil(1000) annum(년)이다. 옳고 그른 성경 교리의 차이는 전천년주의를 믿는가 믿지 않는가에 달려 있다. 전천년주의를 믿는 사람은 성경에서 유대인의 올바른 위치를 알며, 유대인의 올바른 위치를 아는 사람은 어떤 구절들이 유대인에게 해당되고 해당되지 않는지를 안다. 침례, 방언, 교회, 성화, 은혜의 시대 등과 관련된 교리의 옳고 그른 기준은 사람이 전천년주의를 믿는가 아니면 후천년이나 무천년주의를 믿는가에 달려 있다(물론 구원받지 않은 사람들은 이에 대해 무관심한데, 특히 구원받지 않은 학자들이 그렇다).

천년왕국에 관해서는 세 가지 신학적 입장이 있는데, 후천년주의자는 예수 그리스도께서 천년왕국 뒤에 다시 오실 것을 믿는다.

전천년주의자는 예수 그리스도께서 천년왕국 전에 다시 오실 것을 믿는다.

무천년주의자는 예수 그리스도께서 천 년 동안 지상을 통치하기 위해 다시 오시지 않는다고 믿는다.

"천 년"에 관한 구절은 계시록 20:1-7인데, "천 년"이 여섯 번이나 언급되어 있다. 남북전쟁은 이 천년왕국을 오게 하려는 것이었다. 바티칸 공의회 역시 왕국을 오게 하려는 것이었다. 쉽게 말해서 모든 역사는 계시록 20:1-6을 향하고 있다. 계시록을 믿든지 안 믿든지 간에 예수 그리스도께서 다시 오실 때까지 결코 여기에 없을 무엇인가를 오게 하려고 사람들은 격전장에 총을 쏘아대는 것이다.

유일하게 올바른 관점은 "전천년"이며, 누가 후천년을 믿든지 무천년을 믿든지 그 둘은 사실상 다를 바가 하나도 없다. 후천년이나 무천년을 믿는 사람들이 아무리 위대하고 경건하며 거룩할지라도 예수 그리스도의 전천년 재림을 믿지 않고서는 성경을 올바로 이해할 수 없는 것이다. 성경은 "전천년" 체계(계 20:1-7)로 기록되어 있으며, 그것은 절대 진리이다. 전천년을 믿지 않는 사람은 하나님의 말씀에 게으르거나 무지하거나 혹은 개인적인 이유로 해서 하나님의 말씀을 고의로 변개시키는 자이다. 사람이 경건하다는 평은 받을지 모르나 한편으로는 게으르거나 교만할 수 있다. 많은 경건한 사람들이 서원하여 헌신하고 거룩하게 살지만, 자기들의 학자적인 위신을 세우려 하기 때문에 결과적으로 전천년주의자가 되지 않는 것이다. 계시록은 그리스도께서 이 땅에 다시 오셔서 천 년을 통치하실 것이라고 가르친다. 그러므로 후천년주의자들이나 무천년주의자들은 계시록을 거부하거나 계시록에 담긴 모든 평이하고 분명한 구절들을 부정하게 되고, 자기들의 왕국에 대한 개념에 맞추기 위해서 히브리서나 마태복음, 사도행전의 보다 애매한 구절들로 돌아가는 것이다.

계시록의 일부가 교회를 다루고 있기 때문에 대부분의 사람들은 계시록 1,2,3장을 교회 시대에 적용한다. 필자도 이 부분을 교회 시대의 유형으로 가르칠 것이다. 그러나 여러분이 계시록 1,2,3장을 공부할수록 그만큼 더 정확하게 일깨워 주시어 이 부분이 교리적으로 환란 때 적용되는 부분이라는 것을 알게 될 것이다. 계시록에서 교회는 어느 구절을 보더라도(계 1:11; 2:1,8) "지역 교회"로 언급되고 있다. 이 일곱 교회는 환란 때의 교회들을 말하는 것이지만 필자는 이를 교회 시대의 유형들로 가르칠 것이다.

계시록에 관한 또 다른 중요한 사실이 있는데 이것은 여러분이 하나님의 말씀을 공부할 때에 명심해야 할 중요한 사실이다. 즉 성경의 모든 구절은 세 가지로 적용된다는 점이다. 모든 신학교와 신학원에서는 한 가지 적용만을 가르치는데 이것은 거짓말이다. 성경의 모든 구절은 세 가지로 적용한다.

1. 역사적인 적용 : 이것은 성경의 사건이 역사의 어느 때에, 어디에서, 어떻게 일이 전개되었는지를 의미한다.

2. 교리적인 적용 : 성경의 모든 구절은 특정한 사람들에게, 특정한 이유로, 특정한 진리를 가르치기 위해서 기록된 것이다.

3. 영적인 적용 : 모든 성경이 교리와 책망과 바로잡음과 의로 훈육하기에 유익하기 때문에 성경의 모든 구절은 사람을 바르게 하거나, 가르치기 위한 영적 적용이 가능하다.

성경은 기본적으로 교리적인 적용을 하지만 영적인 적용도 가능하다. 그런데 여기서 성경을 공부하는 많은 사람들이 혼란에 빠져 버린다. 사람들은 영적인 진리가 담긴 말씀을 그리스도인의 교리로 가르치는 억지를 부리는 것이다. 이것은 잘못이다. 성경의 모든 내용이 다 그리스도인의 교리가 되는 것은 아니다. 예를 들면 그리스도께서는 열두 사도에게 죽은 자들을 살리라고 말씀하셨지 그리스도인들에게 그렇게 하라고 말씀하시지 않으셨다. 그분은 열두 사도에게 이스라엘에게만 사역하라고 하셨지 그리스도인들에게 그렇게 말씀하지 않으셨다. 모세는 이스라엘에게 돼지고기를 먹지 말라고 하였으나 그리스도인들은 먹는다. 모든 성경이 그리스도인에게 적용된다고 생각하거나 그리스도인이 하늘나라에 가려면 모든 성경 구절을 지켜야 한다고 생각하는 사람은 영적인 미치광이이다(여러분이 하늘나라에 가기 위해 모든 성경을 지켜야 한다면 애초부터 예수 그리스도께서 여러분을 위해 죽으셔야 할 이유가 없었다).

계시록 1,2,3장을 읽을 때 우리가 명심할 사항은 다음과 같다.

1. 역사적으로 계시록 1,2,3장은 요한이 팟모 섬에 유배된 시기인 A.D. 90년경 소아시아의 지역 교회들을 대상으로 한다.

2. 영적으로 각 구절들은 지역 교회에 적용할 수 있으며, 그리스도의 초림으로부터 재림에 이르는 교회 시대의 역사를 반영하는 것으로 가르칠 수 있다.

3. 교리적으로 여러분이 각 장에서 발견하게 되는 특정하고도 분명한 교리들은 분명히 교회 시대가 아닌 환란에 적용되는 것이다. 계시록 1:9은 왕국을 언급하고 있는데, 이것은 문자적인 지상의 나라이다. 계시록 1:7도 『**땅의 모든 족속**』을 말하고 있으며, 1:6은 『**왕들과 제사장들... 영광과 권세**』인데 역시 지상의 나라이며, 1:10은 『**주의 날**(Lord's day)』이다[사람들은 Lord's day를 일요일로 부르지만 이것은 억측이다. 성경에 일요일을 Lord's day로 가리키는 곳은 아무데도 없다. 그들이 일요일을 "Lord's day"로 부르는 까닭은 주께서 그 날에 죽은 자 가운데서 일어나셨기 때문이라고 한다. 그러나 1:10은 그리스도께서 죽은 자 가운데서 살아나신 날을 말하는 것이 아니다. 이것은 주의 날(the Lord's day)인 것이다. 이 "주의 날"(the day of the Lord)은 구약에서도 볼 수 있는 말인데, 이것은 항상 예수 그리스도의 재림과 연관되는 말이다. 도표의 10인치 지점인 것이다. 8인치 지점의 휴거를 말하는 것이 아니다].

이제 계시록 2장과 3장에서 얼마나 많은 구절이 은혜의 시대와는 다른 상황에 적용되는지를 보도록 하겠다. 예를 들면 계시록 2:7에는 이기는 자가 먹게 될 생명 나무에 관한 약속이 나오는데, 이것을 읽고 있는 사람 중에는 생명 나무를 먹어야 하는 사람은 아무도 없다. 우리는 예수 그리스도로부터 영생을 받았다. 영생은 이 생명 나무에서 취한 것이 아니라 살아 계신 구세주께로부터 받은 것이다. 필자는 영원히 살기 위해 생명 나무를 먹을 필요가 없다. 영원한 생명을 지금 갖고 있기 때문이다. 2:7의 이 나무는 창세기 3장의 아담에게 금지되었던 생명 나무로서 필자는 영생을 이미 소유하였기 때문에 그것을 먹을 필요가 전혀 없다. 그러나 환란 때의 사람들은 생명 나무를 반드시 먹어야 한다. 왜냐하면 그들이 구원받는 방법은 우리와 다르기 때문이다.

계시록 2:26에 그의 일들을 끝까지 지켜야 한다는 말이 있다. 마태복음 24:13에도 같은 말이 있다. 『**그러나 끝까지 견디는 자는 구원을 받으리라.**』 "끝"(the end)이 인급된 곳마다 (히브리서 3:14에는 『**우리가 처음의 확신을 끝까지 견고하게 붙들면 그리스도께 참여한 자가 되기 때문이라.**』) 그것이 항상 의미하는 것은 환란 끝의 예수 그리스도의 재림이지 여러분 개인 삶의 끝이 결코 아니다.

계시록 3:5에는 그분이 "그의 이름을 생명의 책에서 결코 지우지" 않을 것이라는 약속이 있다. 이 말씀은 어떤 조건하에서는 주님께서 그렇게 하시리라는 강력한 의지가 내재되어 있다. 그러나 은혜의 시대에 있는 우리는 영생을 소유하였고 "결코 멸망치 아니할" 것을 안다. 우리 이름이 "지워질" 위험은 전혀 없는 것이다.

계시록 3:16에는 하나님께서 누군가를 그분의 입에서 "토해낼" 것이라고 강력하게 말씀하신다. 그리스도인은 하나님의 위장에 있지 않기 때문에 "내뱉어"지지 않는다. 이 시대의 그리스도인은 예수 그리스도께 속해 있다. 고린도전서 12장에서 우리는 그의 몸의 지체라고 하였다. 에베소서 5장에는 『**그의 몸과 그의 살과 그의 뼈의 지체**』로 표현되어 있다. 이러한 구절들은 우리가 살고 있는 은혜의 날인 이 시대와는 다른 세대의 교리로 적용해야 한다. 그래서 계시록 1,2,3장을 교회 시대에 적용되는 교리로 가르치는 것이 위험하다. 여러분은 계시록 1,2,3장이 기본적으로 환란 때의 메시지임을 알아야 한다. 이 때는 도표의 8인치와 10인치 사이이다.

자, 도표를 보라. 2인치 지점의 십자가와 8인치 지점의 휴거 사이가 교회 시대이다. 8인치 지점에서 10인치 지점은 7년 환란이다. 10인치에서 12인치까지는 이 땅에서 이루어질 그리스도의 천 년 통치이다. 이 도표는 많은 구절을 담고 있다.

도표는 세 부분으로 시대를 구분한다.

1. 교회 시대 : 그리스도의 부활에서 성도들의 휴거까지
2. 환란 : 성도들의 휴거로부터 재림까지
3. 천 년 기간 : 재림으로부터 계시록 20장의 큰 백보좌 심판까지

이렇게 세 가지로 시대를 구분하는 것이 중요한 이유는 계시록이 이 세 가지로 나누어지기 때문이다.

성경은 스스로 해석하기 때문에 이러한 구분이 어디에서 나온 것인지 알기 위해 다른 자료를 볼 것 없이 성경이 명확히 구분해 놓은 것을 보도록 하겠다. 계시록에서는 하늘이 두 번 열린다.

1. 계시록 4:1,2 – 하늘이 열리고 어떤 사람이 올라간다.

2. 계시록 19:11 – 하늘이 열리고 어떤 이가 내려온다.

이것은 계시록을 세 부분으로 선명히 나눈다. 이에 대해 조금이라도 의심이 되면 계시록 1:19에서 요한이 이 책을 세 부분으로 쓰도록 지시받은 것에 주목하라. (1)네가 본 것들 (2)현재 있는 일들 (3)이후에 일어날 일들, 곧 과거, 현재, 미래인 것이다. 계시록은 논리적으로, 성경적으로 다음과 같이 나누어진다.

첫 부분 – 1,2,3장

둘째 부분 – 4,5,6,7,8,9,10,11,12,13,14,15,16,17,18,19장

셋째 부분 – 20,21,22장

계시록은 이런 구분하에 과거, 현재, 미래를 그리는 형식으로 기록되었다.

계시록이 세 부분으로 나누어지고 4–19장이 현재 시점으로 되어 있다면 (현재 있는 일들) 요한이 이 책을 쓰는 시점은 언제인가? 만일 요한이 쓰고 있는 현재가 이 시대를 말하고 있는 것이라면 계시록의 1,2,3장은 교회 시대 전의 어떤 기간을 뜻하고, 4–19장은 교회 시대인 지금이며, 20–22장은 교회 시대 이후 미래의 어떤 기간을 뜻하게 된다. 그러나 이러한 구분은 옳다고 말할 수 없다. 왜냐하면 교회는 계시록 1,2,3장에 나타나다가 4장에서는 사라지고, 5–16장까지는 다시 언급되지 않기 때문이다.

그러므로 요한이 책을 쓸 때 그는 현재의 시간보다 앞서 있는 것이다. 그는 성령에 의해 미래의 어떤 시대에 있게 되었다. 따라서 그가 "현재"라고 하는 것은 미래이다(계 1:10). 요한이 책을 쓸 때 성령께서 그를 "주의 날," 곧 재림의 때로 데려간 것이다. 그는 20세기 후반의 한 지점에 서서, 그의 뒤에는 교회 시대를, 그의 밑에는 환란을, 그리고 미래의 천 년 기간을 바라보며, 계시록을 쓰고 있는 것이다.

도표를 보라. 역사적으로 요한은 2인치 근처의 팟모 섬에 있다. 그러나 성령께서 그를 앞선 시대로 데려갔기 때문에 그가 기록을 할 때는 도표 9인치와 10인치 사이에 있는 것이다. 요한이 서 있는 곳에서 본다면 교회 시대(2인치에서 8인치까지)는 과거이고, 환란(8인치에서 10인치)은 현재이며, 천 년

기간(10인치에서 12인치)은 미래이다.

그러므로 계시록은 자체적으로 세 개의 논리적인 구분으로 나뉘는 것이다.

1. 교회시대 : 1,2,3장

2. 환란 : 4-19장(도표의 8인치에서 10인치)

3. 천 년 기간 : 20,21,22장(도표의 10인치에서 12인치). 이것은 논리적인 구분일 뿐만 아니라 성경적인 구분이며, 성령께서 친히 이렇게 구분하셨기 때문에(딤후 2:15) 다른 어떤 해석을 필요로 하지 않는다.

모든 성경은 세 부류의 사람들, 곧 유대인, 교회 그리고 이방인 중 한 부류를 대상으로 쓰여진 것이기 때문에 여기 1장(교회 부분)에서 그리스도인들인 교회를 그 대상으로 하고 있는 것은 놀랍지 않다.

1-4장은 일차적으로 교회 시대를 다룬다(앞에서 교리를 다룬 내용은 접어두고).

5-19장은 환란 중의 유대인을 다룬다.

20-22장은 일차적으로 영원에서의 이방인들을 다룬다.

1:1 **예수 그리스도에 관한 계시라. 이는 하나님께서 반드시 속히 일어날 일들을 그의 종들에게 보이시려고 그에게 주신 것이요, 그의 천사를 그의 종 요한에게 보내어 알게 하신 것이니라.**

어떤 사람들은 이 책을 요한의 계시라 부르는 것이 잘못되었다고 말하는데, 이는 "예수 그리스도에 관한 계시"(revelation of Jesus Christ)이기 때문이라는 것이다. 이것은 문장 이해 능력이 부족한 소치이다. 전치사 "of"는 항상 사물의 주어만 뜻하지 않는다. 때때로 of는 사물의 목적어를 가리킨다. 예를 들어 "the Revelation of John the Divine" 하면 하나님이 요한에게(간접 목적어로 쓰임) 주신 예수 그리스도에 관한 계시를 뜻한다. 계시록 1:1에서 예수 그리스도는 문장의 목적어이다. 즉 하나님께서 요한에게 주신 예수 그리스도에 관한 계시이다. 그러므로 계시록(the Book of Revelation)은 <킹제임스성경>에 올바로 이름 붙여진 것이며, 요한의 예수 그리스도에 관한 계시이다. 이 예수 그리스도의 계시는 하나님의 천사를 통해 요한에게 주어졌다(계 1:1).

1:2 **요한은** 하나님**의 말씀과** 예수 그리스도**의 증거와 자기가 본 모든 것을 증거하였느니라**.

요한은 하나님의 말씀과 예수 그리스도에 관한 증거를 기록하였다. 9절 뒷부분에 같은 말이 있다. 자, 여러분은 "하나님의 말씀"이 무엇인지 안다. 그러나 "예수 그리스도의 증거"는 약간 애매해서 많은 사람이 무슨 뜻인지 알지 못한다. 계시록 19:10에 "예수의 증거"는 "예언의 영"으로 정의되어 있다. 이것은 미래를 말하는 능력이다. 그래서 예언은 정확무오한 것을 시험하는 시험대이다. 우리는 하나님의 말씀이 절대 무오하다는 것을 예언의 요소 때문에 안다(사 41:23-26).

성경이 하나님의 말씀이라는 것을 어떻게 아는가? 그것은 단 하나의 오류 없이 미래의 모든 일을 정확히 예언한 세상에서 유일한 책이기 때문이다. 세 개의 다른 대륙에서(천 년 이상을 떨어져 살았던) 20명도 더 되는 저자들이 기록한 성경이야말로 세상에서 유일한 책으로서, 한 글자의 실수도 없이 미래의 모든 일을 정확히 예언하고 있다. 그러므로 예수 그리스도의 증거는 "예언의 영"인 것이다. 이 증거가 사람이 구원을 받았는지 안 받았는지, 예수 그리스도의 영이 있는지 없는지를 말하는 방법이다. 예수 그리스도의 영이 사람에게 들어가면 그는 자신이 구원받은 것을 안다. 장차 어디로 가는지 알고 있다. 미래를 아는 것이다. 구원받지 않은 사람은 "구원받는 것을 원하거나," "구원받았다고 생각하든지," "구원받은 것으로 짐작하거나," "구원받으려고 애쓸 뿐"이다. 여러분이 진정 구원받고 주 예수 그리스도의 영을 소유한다면 여러분은 죽을 때 가는 곳을 알 수 있을 것이다. 예수 그리스도의 증거는 "예언의 영"이기 때문이다(요일 5:13). 이것은 미래를 말하는 "예언의 영"이다. 그래서 요한이 하나님의 말씀과 예수 그리스도의 증거 때문에 팟모섬에 있었던 것이다.

1:3 이 예언의 말씀을 읽는 자와 듣는 자들과 거기에 기록된 것들을 지키는 자들은 복이 있나니 이는 그 때가 가까움이니라.

3절에 때가 가깝다는 말에 주목하라. 1절에서는 "속히 일어날"이라고 했다. 그래서 계시록의 일들이 나타나기 시작하면 종말이 가까이 오고 있음을 알 수 있다. 이것이 이 시대의 그리스도인들을 향한 대표적인 표적 중 하나이다. 1–3장이 어느 시대에 적용되는지에 관계없이 계시록에 나타난 것 가운데 하나는 미지근한 교회이다(계 3:17). 이 교회는 재산, 부, 물질을 자랑하나 실제로는 비참하고, 불행하며, 가난하고, 눈멀었으며, 헐벗었다.

1:4 요한은 아시아에 있는 일곱 교회에 *편지하노니*, 지금도 계시고 전에도 계셨고 앞으로 오실 분과 그의 보좌 앞에 있는 일곱 영과,

일곱이라는 숫자와 그것이 성경에서 얼마나 많이 사용되는지 주목하라. 4절에 일곱 교회와 일곱 영이 있으며, 20절에 일곱 별과 일곱 금촛대와 일곱 교회가 있으며, 성경 전체에서 일곱을 찾아볼 수 있다. 계시록 마지막 장에는 "이 책"이라는 표현이 일곱 번 나온다. 성경의 마지막 책은 일곱 교회, 일곱 촛대, 일곱 별, 일곱 천사, 일곱 호리병, 일곱 나팔, 일곱 봉인, 일곱 인물을 담고 있다. 이것은 계시록이 성경의 마지막 책이기 때문이다. 만일 여러분이 계시록이 정경에 포함되는 것을 믿지 못한다면 이 책에 일곱이라는 숫자가 일곱 번 이상 나온다는 사실이 그 충분한 증거가 될 수 있을 것이다.

하나님께서 일하는 방식은 "일곱"과 관련이 있다. 한 주간은 칠 일이다. 우리 몸의 세포들은 수명이 칠 년이다. 일곱 가지 색상과 일곱 음표가 있다. 여러분의 맥박은 칠 일마다 더 느슨해진다. 미켈란젤로, 레오나르도 다빈치, 램브란트가 사용했던 색은 일곱 가지뿐이었다. 피아노는 건반이 일곱 개이다(검은 건반은 반음을 나타낸다). 하나님께서 일을 하시면 일곱으로 하신다. 열(10)을 가지고 하지 않으신다. 이방인들은 1,2,3,4,5,6,7,8,9,10까지 세고, 그

다음 다시 세는 것이다. 레위기 23장과 25장에서 여러분은 이 우주적인 법칙이 적용되었음을 보는데, 곧 "일곱의 법"이 그것이다.

『... **지금도 계시고[현재] 전에도 계셨고[과거] 앞으로 오실[미래] 분과 그의 보좌 앞에 있는 일곱** 영과』 이들 일곱 영은 이사야 11:1,2에 언급되어 있다.

1:5 신실한 증인이시며 죽은 자들 가운데서 첫째로 나시고, 땅의 왕들의 통치자이 신 예수 **그리스도로부터 은혜와 평강이 너희에게 있을지어다. 우리를 사랑하시어 자신의 피로 우리의 죄들에서 우리를 씻기시고**

계시는 주 예수 그리스도에게서 온다. 과거에 그분은 선지자였고, 현재는 제사장이시며, 이제 왕으로 오실 것이다. 이 직분들을 혼동하지 말라. 그분을 지상의 왕으로 만들고 나서 제사장(priest)을 찾으려고 돌아다니지 말라. 여러분은 지금 대제사장을 모시고 있다. 할로윈 복장을 입고 돌아다니며 "아버지"(신부, holy father)임을 내세우는 그런 성직자(priest)는 필요 없는 것이다. 여러분은 하늘에 대제사장을 모시고 있다(히 3:1,2). 지금도 주 예수 그리스도를 선지자로 알고 그분의 피를 흘리게 하지 말라. 그분은 과거에 선지자로 피를 흘리셨다(히 10:8-12). 그분은 단번에 영원한 피를 흘리셨는데 "한 번의 속죄제로 영원히" 드려진 것이다. 오늘날 여러분의 죄를 대속하기 위해 피의 제사를 드릴 선지자는 없다. 이것은 과거의 일이었다. 여러분은 하늘에 여러분을 중보하는 대제사장을 모셨는데 그분은 왕으로 오실 것이다. 그분을 지금 왕으로 모시지 말라. 왜냐하면 지금은 제사장이시기 때문이다.

"아버지의 왕국이 임하옵시며, 아버지의 뜻이 하늘에서와 같이 땅에서도 이루어지이다."라고 기도하면서 왕과 함께 지상에 왕국을 오게 하려고 애쓰지 말라. 여러분은 지금 왕을 모실 수 없는 것이다. 『**네가 진리의 말씀을 올바로 나누어 자신이** 하나님 **앞에 부끄럽지 않은 일꾼으로 인정받도록 공부하라**』(딤후 2:15). 하나님께서 나누신 것을 사람이 혼합해서는 안 된다. 그분은 과거에 선지자였고, 현재 제사장이며, 이후에는 왕으로 오실 것이다. 그분은 지금 왕이 아니시다. 여러분이 "그의 사랑하는 아들의 나라로 옮겨졌다."고 하거나, 여러분 교회의 목회자가 골로새서 1장과 에베소서 1장을 변개시켜서 나라가 지금 여기에 임했다고 증거한다고 해도 필자는 상관하지 않는다. 왕국은 그분이 다시 오실 때까지 이 땅에는 결코 없는 것이다! 여기 계시록에 언급된 "천국"은 지상에, 문자 그대로, 실제적이고, 눈에 보이는, 천 년간 지속될 나라이기 때문에, 여러분이 "그의 사랑하는 아들의 나라로 옮겨진 것"과는 아무 관계가 없다. 주 예수 그리스도께서 왕으로 오시면 다윗의 보좌에 앉으실 것이다(마 25:30-40). 그분은 마태복음 19장에서 자신의 영광의 보좌에 앉으시며, 누가복음 1:30-33에서는 문자 그대로, 실제적이고, 눈에 보이는, 지상의, 메시아로서 다윗의 보좌에 앉으실 것이라고 하였다. 여러분이 "하나님의 나라"에 천 번이나 "태어날" 수 있어서 나라들은 다 같다고 증명하기 위해 애써 성경을 변개시킨다 할지라도, 그분이 과거에 선지자로서 여러분을 위해 죽으셨으며, 지금은 제사장으로서 여러분을 위해 중보하고 계시고, 계시록 19장이 성취되기까지는 만왕의 왕, 만주의 주로서 보좌에 계시지 않는다는 사실은 달라지지 않는다. 계시록 19장에서 그분은 환란 끝에 다시 오셔서 지상에, 눈에 보이는, 실제적이고, 문자 그대로의 세상 통치권을 행사하실 것이다. 그것이 미국의 모든 주요 신학교들이 후천년이나 무천년주의를 주장하는 이유이다. 비록 그들은 주 예수 그리스도를 사랑하는 척하지만 사실은 그분을 미워하고 있으며, 지상에 그분이 없는 "왕국"을 건설하려 한다. 그들은 다시 오실 예수 그리스도 없이 이 땅을 다스리고 싶어하며, 교회의 거물들이 되기 원하는 것이다. 사람들이 후천년이나 무천년주의를 주장하는 까닭은 그들이 지금 통치하기를 원하고, 지금 거물들이 되고 싶기 때문이며, 그들은 진정으로 예수 그리스도께서 다시 오시는 것을 바라지 않는다.

『**죽은 자들 가운데서 첫째로 나시고**』(5절). "죽은 자들 가운데서 다시 태어난" 것이 아니라 "죽은 자들 가운데서 첫째로 나신" 것이다. 전자의 뜻은 사람이 부활할 때 비로소 다시 태어난다는 의미이다. 그리스도께서 죽은 자들 가운데서 살아나셨을 때 다시 태어났다고 가르치는 것은 엉터리가 아닐 수 없다. 예수 그리스도께서 죽은 자들 가운데서 살아나신 것은 "두 번째로 태어난" 것이 아니다. 그분은 『**죽은 자들 가운데서 첫째로 나시고, 땅의 왕들의 통치자이신**』 분이다. 여러분에게 제기되는 전치사 "of"를 다시 주목하라. "the fear of God"은 하나님께서 여러분을 두려워하는 것이 아니라 여러분이 하나님을 두려워 하는 것이며, 반면에 "the love of God"은 하나님께서 여러분을 사랑하는 것이다. "of"가 두 경우에 같이 쓰였지만 뜻이 전환된 것을 보았는가? "the fear of God"은 하나님께서 여러분을 두려워한다는 뜻이 아니지만 "the love of God"은 하나님께서 여러분을 사랑한다는 뜻이다. 의미가 전환된 것을 알았는가? 그러므로 전치사 "of"는 두 경우에 다 쓰인다. 『... **죽은 자들 가운데서 첫째로 나시고**』 그분은 죽은 자들 가운데서 살아나 다시 죽지 않는 첫 번째 사람이 되신 것이다. 모세는 신명기 34장에서 죽은 자들 가운데서 살아났지만 환란 때에 다시 죽을 것이다(계 11장). 나인성 과부의 아들도 죽은 자들 가운데서 살아났지만(눅 7장) 다시 죽었다. 나사로가 죽은 자들 가운데서 살아났지만(요 11장) 그도 다시 죽었다. 요나도 죽은 자들 가운데서 살아났지만(욘 2장) 다시 죽었다. 예수 그리스도는 죽은 자들 가운데서 살아나 결코 다시 죽지 않을 첫 번째 사람이 되신 것이다. 여러분은 그분을 개인의 구세주로 믿기에 죽더라도 죽은 자들 가운데서 살아나 결코 다시 죽지 않을 것이다(요 11:25).

『**땅의 왕들의 통치자이신**』(5절). 여기 그분이 말하고 있는 것은 지상에 이루어질, 문자 그대로, 실제적이며, 눈에 보이는 나라임을 주목하라. 이것은 이 썩어빠진 세상이 미워하는 성경 구절이다. 모든 로마카톨릭 신자는 무천년주의자이다. 모든 정통 장로교인은 무천년주의자이다. 루터교인들, 성공회 신자들, 남침례교인들은 모두 후천년주의자이다(남침례교 총회에서 펴낸 뉴햄프셔 신앙 고백문 중 천국에 관한 내용을 보면 그들은 지금 천국이 여기에 있고, 세상은 사람들이 그리스도를 믿고 구원받기 때문에 점점 더 좋아진다고 믿는다. 이것은 예수 그리스도를 중상하는 사람들의 이야기이기에 거기에 속지 말아야 한다). 사람이 어떤 신앙 고백을 하든지 얼마나 많이 구령했든지 간에 예수 그리스도께서 다시 오셔서 세상을 통치하실 것을 원치 않는 사람이라면 성경을 부인하는 교회의 악당이다. 그런 자가 애써 하는 일들이란 예수 그리스도 없이 지금 통치하려고 하는 것이지만 여러분은 그렇게 할 수 없다. 이 시대에 여러분은 자기 십자가를 감당해야 한다. 여러분은 예수 그리스도께서 오실 때까지 여러분의 면류관을 받지 못한다. 십자가의 짐이 없는 곳에는 면류관의 상도 없다. 따라서 여러분이 지금 자기를 부인하고 십자가를 지고 예수 그리스도를 따른다면 그리스도께서 다시 오실 때 비로소 높임을 받을 것이다. 그러나 여러분이 지금 자기 십자가를 감당하지 않는다면 그때는 면류관조차 받지 못할 것이다.

『**우리를 사랑하시어 자신의 피로 우리의 죄들에서 우리를 씻기시고**』(5절). 주목할 것은 "우리를 사랑하시어 자신의 피로 우리의 죄들에서 우리를 씻기시고"이다. 중생은 물로 침례받아서 되는 것이 아니다. 중생의 씻음은 피를 말한다.

1:6 하나님 **그의** 아버지를 **위하여 우리를 왕들과 제사장들로 삼으신 그분께 영광과 권세가 영원무궁토록 있을지어다. 아멘.**

하나님께서 여러분을 이 시대에서는 제사장으로 삼으신 반면 다가올 시대에서는 왕으로 삼으시려는 것을 주목하라. 여러분이 왕이 될 시대는 지상에서 통치하는 기간인 것이다. 계시록 5:9,10을 보라. 의심의 여지가 없다(여기서 여호와의 증인들의 영적인 목이 부러지는 것이다. 여호와의 증인들은 여러분이 그리스도와 함께 지상에서 통치할 것이라고 가르치고 하늘에서 통치할 것이라고는 하지 않는다. 그러나 그것은 일부분만 사실인 부분적인 진리에 불과하며, 부분적인 진리야말로 사탄이 고안해 낸 가장 교묘한 거짓말이다. 여러분이 천 년 기간에 지상에서 통치한다는 것은 사실이다. 그러나 큰 백보좌 심판 후에 여러분은 그리스도와 함께 영원히 하늘에 거할 것이다. 계시록 5:9,10은 여러분이 왕들과 제사장들이 되어 "땅 위에서" 통치하는 것을 말한다).

여기서 또한 남침례교의 목이 부러진다. 왜냐하면 그들은 이 구절을 "영적으로 해석하여" 여러분이 하늘에서 통치한다거나 지금 어떤 영적인 상황을 다스리고 있다는 뜻으로 본다. 그러나 계시록 5:9,10은 여러분이 장차 돌아올 때 지상에서 다스릴 것이라고 말한다. 즉 이 땅에서, 문자적이고, 눈에 보이며, 실제적인 다윗의 통치가 실현될 것이다.

1:7 보라, 그가 구름들과 함께 오시리니, 모든 눈이 그를 볼 것이며, 그를 찌른 자들도 볼 것이요, 또한 땅의 모든 족속이 그로 인하여 애곡하리라. 그대로 되리로다. 아멘.

이 구절은 휴거가 아니라 재림을 말한다. 도표를 보라. 계시록 1:7은 8인치 지점에서 올라간 선을 가리키지 않고 10인치 지점에 내려온 선을 말한다. 이 선은 이 땅을 통치하기 위한 재림을 나타낸다.

『**보라, 그가 구름들과 함께 오시리니, 모든 눈이 그를 볼 것이며**』 주 예수 그리스도께서 그분의 몸인 교회를 데려가기 위해 다시 오실 때 모든 눈이 그를 보는 것은 아니다. 그분은 "밤에 도둑같이" 오시며, 그분의 몸인 교회를 데려가기 위해 오시는 것은 그렇게 비밀스럽고 은밀하기 때문에 땅 위에 그리스도인이라 고백하는 자들의 절반에게까지도 신비이다. 그리스도인이라 고백하는 많은 사람들이 "휴거"에 대해 전혀 모르고 있다. 고린도전서 15:50-53에서 바울은 그리스도의 몸을 데려가기 위한 이 비밀스런 강림은 오직 구원받은 사람들에게 나타나는 신비라고 말한다. 고린도전서 15장에 있는 이 강림은 세상에 드러나는, 공개적이고, 눈에 보이는 출현이 아님을 주목하라. 이것은 신비이다. 지상에서 통치하기 위해, 또 그분을 거부한 사람들에게 나타나기 위해 구름을 타고 오시는 것이 아니라, "눈 깜짝할 순간에" 발생하는 그런 일이다. 이것은 구원받지 못한 자들의 일반적인 부활과 심판이 아니라, 눈꺼풀을 깜빡거리기도 전에 눈을 멀게 하는 섬광이고, 번개의 순간적인 번뜩임이며, 천둥치는 소리인 것이다.

고린도전서 15장은 『**보라, 그가 구름들과 함께 오시리니, 모든 눈이 그를 볼 것이며, 그를 찌른 자들도 볼 것이요, 또한 땅의 모든 족속이 그로 인하여 애곡하리라. 그대로 되리로다. 아멘.**』이라는 계시록 1:7을 언급한 것이 아니다. 이 구절은 스카랴 12:10을 부분적으로 인용한 것이며, 여러분은 마태복음 24:30, 시편 104:3, 마태복음 26:64에서 그 결과들을 볼 수 있다. 이 구절들은 구원받지 않은 이 세상에 구름을 타고 하늘에서 내려올 가시적이며, 공개적인 출현을 말한다. 이 출현은 그리스도를 거부하여 구원받지 못한 사람들에게 나타날 것이다. 이것은 그리스도께서 그 성도들을 위해 신비 가운데 "순간적으로 눈 깜짝하는 사이에" 오시는 휴거를 말하는 것이 아니다.

그러므로 도표에서 계시록 1:7의 위치는 10인치 지점이지 8인치 지점이 아니다. 이것은 필자의 개인 의견이 아니며, 전천년주의 해석도 아니고, 정확무오한 성경 구절들을 비교하여 밝혀낸 명백한 사실이다. 이것이 "잘못"이라고 믿는 대부분의 사람들은 성경이 무엇을 말씀하는지 공부하는 데 게으른 탓이다. 이들이 "아, 그것은 럭크만의 견해일 뿐이야." 또는 "럭크만이나 그렇게 가르치지."라고 말한다면, 그들은 성경이 정녕 무엇을 말씀하는지 연구하지 않는 게으른 성경 거부자(Bible-rejecting person)에 지나지 않는 것이다. 만일 한 쪽에서는 "눈 깜짝한 순간"에 일어날 신비에 대해서 말하고 있고, 다른 한 쪽에서는 구원받지 못한 사람들에게 구름을 타고 가시적으로 임하는 것을 말하고 있다면 두 사건은 서로 다른 것이 분명하다. 그렇지 않은가? 예를 들어 예수 그리스도께서는 죽은 자들 가운데서 살아나셨을 때 구원받은 사람들에게만 나타나셨다. 그분의 출생이나 부활을 보았던 이들 중 구원받지 않은 이는 한 사람도 없다. 자, 차분히 이것을 생각해 보라. 말구유에 놓인 그 아기를 본 사람 중에 구원받지 않은 이가 한 사람도 없었다. 그분의 부활을 본 이들 중에도 구원 받지 않은 이는 한 사람도 없었다. 그 부활은 "그의 성도들"에게만 나타난 비밀스러운 일이었다.

그러나 침례인 요한의 사역 때 공개적으로 나타나셨던 것처럼 앞으로 십자가에서 자기를 찌른 자들에게 그분은 공개적으로 다시 나타나실 것이다. 이것은 우리에게 "인간이 역사를 통해 배우는 유일한 교훈은 인간은 역사를 통해 아무것도 배우지 못한다."는 위대한 진리를 가르쳐 준다. 하나님께서는 항상 역사를 되풀이하신다. 역사는 그렇게 전개되기 때문에 항상 스스로 반복한다. 그런데 하나님께서 역사를 수없이 되풀이하실지라도 인간은 타락하여 역사를 통해 아무것도 배우지 못한다. 인간이 전적으로 타락한 존재라는 가장 확실한 증거는 역사가 아무리 아무리 아무리 반복되어도 그것으로부터 어떤 교훈도 배우지 못한다는 사실에 있다. 예를 들면 예수 그리스도께서 초림하셨을 때 권력을 잡았던 것은 로마였지 러시아가 아니었다. 사람들이 여기서 무엇을 배우는지 여러분은 아는가? 아무것도 없다! 예수 그리스도께서 재림하실 때에도 로마가 권력을 잡고 있을 것이다. 러시아가 아니다. 예수 그리스도께서 처음 이 땅에 오셨을 때 유대인들은 그들의 본토에 있었다. 바티칸 공의회가 여기서 무엇을 배울지 여러분은 아는가? 하나도 없다! 예수 그리스도께서 두 번째로 오실 때에도 유대인들은 본토에 있을 것이다.

예수 그리스도께서 처음 오셨을 때 그분은 밤중에, 눈에 띄지 않게, 말구유 안에서 은밀히 자기의 택한 이들 앞에 나타나셨다. 그분은 목자들과 자기의 어머니, 그리고 진짜 아버지가 아닌 의붓 아버지(또는 양아버지)에게 나타나셨다. 그분이 두 번째로 오실 때에도 은밀하고, 신비스럽게, 눈 깜짝할 순간에 나타나셔서 구원받은 사람들만 데려가실 것이다. 초림 때에 그분은 나신 지 삼십 년 만에, 즉 침례인 요한의 사역 때에 자기의 원수들에게 공개적으로 모습을 드러내셨다. 재림하실 때에도 그분은 휴거 후 칠 년 만에, 그분의 은밀한 출현 이후 칠 년 만에 그분의 원수들에게 공개적으로 나타나실 것이다. 사람들이 이런 사실에서 무엇을 배우는지 여러분은 아는가? 아무것도 없다! 인간이 타락한 존재라는 가장 확실한 증거는 인간이 역사에서 배우는 유일한 것이 인간은 역사에서 결코 아무것도 배우지 못한다는 것이다.

예수님이 지상에 초림하시기 전에 하나님께서 계시를 허락하지 않았던 400년의 침묵이 있었다(말라키 이후로부터 마태에 이르기까지의 모든 문헌(로마카톨릭의 외경도 포함하여)은 인위적인 "졸작"으로서 인기나 끌려는 엉터리 작품들이다). 그분의 재림이 있기 전에도 하나님께서 한 가지도 계시하지 않으실 400년의 기간이 있다. <킹제임스성경, 1611>에서부터 예수 그리스도께서 재림하실 때까지의 모든 변개된 역본, 개정본, 사본들은 인간이 만든 쓰레기들이다. 역사는 스스로 되풀이한다. 하나님께서 초림 전의 말라키로부터 마태복음까지 아무것도 계시하지 않으셨듯이, <킹제임스성경, 1611>을 통해 계시하시지 않는 한, 어떤 다른 성경을 읽는 누구에게도 하찮은 내용조차 계시하지 않으실 것이다. 인간이 역사에서 배우는 유일한 것은 역사에서 결코 아무것도 배우지 않는다는 것이다. 여러분은 책장에 있는 RSV, ASV, 모펫(Moffat), 웨이마우스(Weymouth), 굿스피드(Goodspeed), 앰플리파이드(Amplified), 필립스(Phillips), 센테니얼(Centennial), 몽고메리(Montgomery), 펜톤(Fenton) 성경 등을 "미키 마우스," "인어공주," "바람과 함께 사라지다," 또는 "아기 공룡 둘리"로 바꿔도 좋을 것이다.

1:8 **나는** 알파**와** 오메가**요, 시작과 끝이라**. 주, **곧 지금도 계시고 전에도 계셨고 앞으로오실** 전능하신 분**이 말하노라**.

이것은 주 예수 그리스도의 말씀이다. "알파"는 헬라어의 첫 번째 철자이며, "오메가"는 마지막 철자이다. 즉 예수님의 말씀은 그분이 알파벳의 모든 글자이기에 전체 성경의 겉표지에서 끝표지까지 인쇄된 모든 낱말 자체이다. "알파벳" (Alphabet)은 헬라어 철자의 첫 두 글자인 "알파"(Alpha)와 "베타"(beta)로 구성된 것이다.

『... **시작과 끝이라**. **지금도 계시고**(그분은 지금 제사장이시다.) **전에도 계셨고**(그분은 선지자이셨다.) **앞으로 오실**(그분은 왕으로 오실 것이다.) 전능하신 분**이 말하노라**.』 주 예수 그리스도께서 그분 자신에 관해 말씀하신 것은 그분이 시작이고 끝이며, 처음이고 마지막이라는 것이다. 그분은 영원하며, 전능하신 하나님이시다. 이 말씀은 바티칸 공의회나 자유주의자들이나 여호와의 증인들이 한결같이 거부해 온 말씀이다. 카톨릭 교회는 삼위일체와 마리아가 하나님의 어머니라는 것을 믿는다고 고백하지만, 이에 아랑곳없이 결국에는 그리스도의 온전한 신성을 인정하지 않는다. 명백히 따져 보면 로마카톨릭 교회는 최종권위에 있어서 자기들의 권위를 예수 그리스도와 동등하게 두거나 그 위에 둔다. 오해하지 말라. 여러분이 신부와 이야기할 때 그는 예수 그리스도께서 "하늘과 땅의 모든 권세"인 그의 교회를 대표하신다고 말할 것이다(물론 이 말은 터무니없이 불경스러운 거짓말이다. 주 예수 그리스도께서는 지상의 어느 교회에게도 하나님의 말씀에 반대되는 어떤 것을 명령하거나 임명하는 권위를 결코 주지 않으셨다. 로마카톨릭 교회는 그들이 성경을 거역할 권세를 갖는다는 것을 입증하려고 바로 성경에 호소하고 있다! 성경은 성경을 반박하는 권세를 어떤 교회에게도 주지 않았다).

카톨릭 교회가 삼위일체와 "하나님의 어머니"라는 마리아를 이야기하지만 진상을 파악해 보면 그들의 고백은 바람만 가득한 주머니에 불과하다. 예수님의 말씀과 카톨릭 교회의 가르침이 명백히 차이가 나는 것을 본다 할지라도, 카톨릭 교회는 예수님이 무엇을 가르쳤든지 간에 예수님보다 그들 자신의 권위를 더 위에 둘 것이다. 카톨릭 교회는 예수님이 그분의 가르침을 거부할 권위를 자신들에게 주었다고 주장한다. 그러나 이것은 저능하고 우둔한 "사사로운 해석"의 극치가 아닐 수 없다.

예수님께서 문맥상 종교 지도자들을 언급하시면서 "땅에 있는 사람을 너희 아버지라 부르지 말라."(마 23:9) 하셨듯이 그분은 사람들이 서로 "아버지"라 부르도록 어떤 교회에게도 권세를 주지 않으셨다. 이것은 상식의 문제다. 하나님께서는 교회에 최종권위로 주신 것을 교회가 거역할 권한을 부여하지 않으셨다. 예수님께서 계시록 1:8에 그분이 "전능하다"고 말씀하신 것은 바로 그 말씀하신 그대로를 뜻한다. 어떤 교회라도 하나님의 말씀에서 쉬운 한 구절에 반대되는 말을 한다면, 그 말은 세 살짜리 에스키모 아기들이 핵 물리학에 관해 이야기 못하는 만큼이나 대수롭지 않다. 주 예수 그리스도가 최종권위이시다. 그분은 전능하시며, 처음이고 끝이며, 절대 권위이시기에 그분이 "교회"를 말하는 데서는 입을 다물고 고상하게 행동하는 게 좋을 것이다.

1:9 너희의 형제이며 환란과 예수 그리스도의 **왕국과 인내에 동참하는 자인 나 요한은** 하나님의 **말씀과** 예수 그리스도의 **증거로 인하여 팟모라고 하는 섬에 있었느니라**.

본문은 환란에 대한 적용으로 앞에서 설명하였다. 여러분이 본문을 역사적으로 교회 시대에 적용한다면, 요한이 자기가 팟모 섬에 있었던 것은 그리스도를 증거했고 미래를 말했기 때문에(계 19:10) 팟모 섬에 있다고 말하는 것이다.

1:10 내가 주의 **날에** 성령 **안에 있었으며 나팔 소리 같은 큰 음성을 내 뒤에서 들었는데**

『**내가**... 성령 **안에 있었으며**』를 주목하라. 모든 그리스도인은 성령 안에 있고 성령은 모든 그리스도인 안에 있다(고전 12장; 골 2장; 롬 6,8장). 그러나 이 표현은 특별하다. 『**내가 주의 날에 성령 안에 있었으며**』 이것은 특수한 변형이 수반된 특별한 때이며, 누군가가 기적적인 이동을 한 것을 말하는 게 분명하다. 계시록 4:2의 표현은 『**내가 즉시 영 안에 있게 되었는데**』이다. 여기서 "영 안에"는 바울도 이 말을 썼듯이 예수 그리스도 안에서 거듭난 사람을 언급한 것이 아니고 몸이 미래의 시대로 기적적인 이동을 하였음을 뜻한다. 『**내가 영 안에 있게 되었는데**』라는 말은 "몸 안에 있다."는 뜻과는 반대로 "몸 안에 없었다."는 뜻이다. 요한은 몸 안에 있는 대신 "영 안에" 있었다. 교회 시대에 여러분은 여러분의 몸 안에 있기 때문에 이 표현은 교회 시대에 적용할 수 없다. 여러분은 "주님으로부터 떨어져" 여러분의 몸 안에 있다(고후 5:1-10). 성령은 여러분 안에 있고, 여러분은 그분 안에 있다. 여러분은 어떤 특별한 날에만 "성령 안에" 있는 것이 아니다. 여러분은 하루 24시간 성령 안에 있으며, 그렇지 않다면 그리스도의 사람이 아니다(롬 8:9). 요한이 주의 날에 "성령 안에" 있었다고 말할 때 그는 A.D. 90년경 팟모 섬에서 들어올려져 재림 때인 20세기로 기적적이고도 영적인 이동을 하였음을 말하고 있는 것이다.

1:11 **말씀하시기를 "나는** 알파**와** 오메가**요 처음과 마지막이라. 그러므로 네가 보는 것을 책에 써서 아시아에 있는 일곱 교회, 곧 에베소와 스머나와 퍼가모와 두아티라와 사데와 필라델피아와 라오디케아에 보내라." 하시더라.**

8절에서 말씀하신 그가 아시아의 일곱 지역 교회 이름들을 언급하신다. "아시아"는 지금의 소아시아 지역을 말한다. 여러분이 이 일곱 교회를 찾아보면 아시아 본토, 즉 중국이나 인도 등지에는 없음을 알 것이다. 그 교회들은 극동이나 소아시아로 부르는 지역에 있다. 현재 그 지역은 터어키이다.

이 일곱 교회는 각각 다른 이름을 갖고 있는데 각 이름마다 교회사의 일정한 기간을 나타낸다.

1. 에베소(Ephesus)는 "온전히 목적된"
2. 스머나(Smyrna)는 "몰약"
3. 퍼가모(Pergamos)는 "숱한 결혼"
4. 두아티라(Thyatira)는 "고통의 향기"
5. 사데(Sardis)는 "붉은 자들"
6. 필라델피아(Philadelphia)는 "형제의 사랑"
7. 라오디케아(Laodicea)는 "시민의 권리"를 뜻한다.

예수 그리스도께서 재림하시기 전 이 땅의 마지막 교회는 라오디케아인데, 이것은 "시민권," "사람들의 권리," 혹은 "사람들을 위한 정의"라는 뜻이다. 이 마지막 교회에서 하나님은 아무런 권위가 없고 사람들이 권위를 갖는다.

1:12 나에게 말씀하신 그 음성을 보려고 돌아서니 일곱 금촛대가 보이더라.

『**나에게 말씀하신 그 음성을 보려고 돌아서니**』라는 말은 "내가 말하는 이를 보려고 돌아섰다."라는 뜻이다. 일곱 금촛대는 20절에 정의되어 있다. 20절 끝에 "네가 본 일곱 촛대는 일곱 교회라."고 하였다. 성경이 스스로 해석하는 것이 놀랍지 않은가? 성경은 사사로운 해석을 허용하지 않는다. 이 땅의 어떤 교황이나 주교, 바티칸 공의회나 종교 기관도 여러분에게 한 구절의 의미조차 정확하게 말해 줄 수 없다. 성령께서 친히 성경 구절들을 비교하여 여러분에게 올바른 뜻을 일깨워 주신다. 그것이 어떤 사람도 성경을 연구하지 않거나 비교해 보지 않고서는 성경을 해석할 수 없는 이유이다. 성경을 그렇게 연구하고 비교한다면 성령께서 여러분에게 진리를 보여 주시며, 십중팔구 그 진리는 여러 종교 회의와 교회에서 가르치는 것으로부터 배척되고 이단으로 몰릴 것이다!

1:13 그 일곱 촛대 가운데에 인자 **같은 이가 있는데 발까지 닿는 옷을 입고, 가슴에는 금으로 만든 띠를 둘렀더라.**

『인자 **같은 이**』 복음서를 읽어 보면 이분이 누구인지 즉시 알 수 있다. 이분은 인자이신 주 예수 그리스도이다.

1:14 그의 머리와 머리털은 눈처럼 희어서 양모처럼 하얗고, 그의 눈은 불꽃 같더라.

여기 묘사된 예수 그리스도는 인간으로 세상에 오셨을 때의 모습과는 다르다. 구주 예수 그리스도는 이 땅에 유대인으로 오셨다. 유대인으로서 그의 모습은 솔로몬의 노래 5:10-15에 묘사되어 있다. 여기에서 그분은 비둘기 같은 눈에 정금 같은 머리(붉은빛의 황갈색 피부를 한 유대인으로서, 동양인이며, 아시아인이었다.)와 머리칼은 숱이 많고 까마귀처럼 검다. 유대인이었던 주 예수 그리스도는 검은 머리칼, 검은 눈썹, 검은 수염을 지니셨다. 이것은 레오나르도 다빈치와 틴토레토(그 밖의 다른 로마카톨릭 화가들)가 그린 그런 멍청하고 나약해 보이는 초상들이 엉터리임을 뜻한다. 주 예수 그리스도는 불그스름한 갈색 머리에 파란 눈을 가진 아일랜드 계통의 로마카톨릭이 아니었다. 그분은 검고 덥수룩한 머리의 유대인이었다. 성경은 이것을 분명하게 말해 주고 있으며, 장님이라도 브랠리 점자 성경으로 알 수 있는 것이다. 주 예수 그리스도에 대한 로마카톨릭의 묘사는 베로니카(Veronica)의 전설(그가 십자가에 이르렀을 때에는 아마 손수건으로 얼굴을 가렸을 것이다)과 렌툴루스 져스티니안(Lentullus Justinian)이라는 로마 원로 의원의 묘사에서 유래하였다. 이러한 묘사는 또한 딴느 르네메나르(Thene Renemenard)라는 프랑스 카톨릭 학자의 글에도 나타나 있다.

물론 이 묘사는 산타클로스가 굴뚝으로 내려온다든지, 그리스도께서 말채나무에 십자가형을 당하셨다든지, 크리스마스는 12월 25일이라는 등의 로마카톨릭의 허튼소리들에 불과하다. 계시록 1:14에서 보듯 영광받으신 그분의 머리는 더 이상 유대인처럼 검지 않고 눈처럼 희고 양털처럼 하얗다. 그분의 눈도 더 이상 비둘기 눈과 같지 않고 불꽃 같다. 이것이 영광받으신 주 예수 그리스도의 모습이다. 주 예수 그리스도는 로마카톨릭 교회의 "골고다길"(Via Dolorosa) 십자가 상들에서 볼 수 있는 십자가에서 못박혀 죽은 그리스도와는 전적으로 다른 모습이다. 이 구세주는 자유주의 목사들이 설교하는 별볼일 없는 에세네파(the Essenene)와 아무런 관계가 없다. 이분은 인종을 혼합시키는 정도의 목표밖에 못가진 현대 신학자들이 강단에서 설교하는 "위대한 어부"(The Big Fisherman)나 "가난한 갈릴리인"(lowly Galilean) 또는 "성의"(The Robe)나 기타 적갈색 머리와 파란 눈의 멍청이 따위와는 아무 관련도 없다.

이 영광받으신 부활한 예수 그리스도께서는 전능한 하나님으로서 그의 눈은 여러분의 혼을 꿰뚫어 밑바닥까지 태워 버리실 것이다. 본문에서 "불꽃 같은 눈"이라 했다. 이것은 흔히들 생각하는 그리스도의 모습과 다르다. "가난한 나사렛 사람"이 아니다. 그분은 "사람들이 너희에게 해주기를 바라는 대로 너희도 그들에게 그렇게 해주라."고 여러분에게 모범을 보인 "그 갈릴리인"이 아니다. 그분은 모든 사람이 "형제"가 되어 같은 점심 식당과 같은 학교 교실을 사용하기 원했던 "가난한 갈릴리인"이 아니다. 여기서 말하는 예수님은 부활해서 영광받으신 불꽃 같은 눈의 전능하신 하나님이시다. 이분이 심판 때 보게 될 그분인 것이다. 자유주의 목사가 여러분을 5분이라도 놀리지 못하게 하라. 그분은 더 이상 "세상 죄를 제거하는 하나님의 어린양"이 아닌 것이다. 그분은 "유다 지파의 사자"이시다!

1:15 그의 발은 용광로에 달군 듯한 빛나는 놋 같고, 음성은 많은 물 소리와도 같으며

그분의 음성은 폭포나 천둥소리 같다.

1:16 그의 오른손에는 일곱 별을 가졌고 또 입에서는 날카로운 양날 가진 칼이 나오며, 용모는 해가 그 맹렬한 기세로 비치는 것 같더라.

『**그의 오른손에는 일곱 별을 가졌고**』 아래 20절을 보면 일곱 별이 정의되어 있다. 『**일곱 별은 일곱 교회의 천사들이요**』 그러나 "별"은 항상 혹성을 말하지 않는다. 성경이 "땅에 떨어지는 하늘의 별들"이라고 할 때, 그 중 삼분의 일이 땅에 떨어졌으나 땅이 불타지 않았다고 해서 조롱할 만한 그런 비과학적인 것이 아니다. 성경은 과학보다도 훨씬 더 과학적이다. 성경은 "그분이 또한 별들도 만드시니라."(창 1:16)라는 의미의 별들로 사용할 뿐만 아니라, 천사를 말할 때에도 별들(계 1:20)이라는 단어를 쓴다. 사람이 이것을 비과학적이라고 생각하는 이유를 모르겠다. 여러분은 세상의 위대한 과학자들이 헐리우드의 "스타들"에 대하여 이야기하는 것으로 알았는가? 그 스타들은 사람들을 말하는 것이다. 유행하는 관용어 아닌가? 여러분은 헐리우드가 어디 있는지 아는가? 로스엔젤레스(Los Angeles)에 있다. Los Angeles가 무슨 뜻인지 아는가? 천사들(The Angels)이다. 여러분이 항상 기억해야 할 것은 <킹제임스성경>이 현대 과학보다 수백 년 앞서 있다는 것과, <킹제임스성경>에 사용된 단어 하나하나는 영감받아 그 의미가 정확하게 정의되어 있다는 것이다. <킹제임스성경>에서 "별"은 혹성이 아닌 천사로 분명히 정의된다(성경이 말하고 있지 않는 것을 성경이 말하는 것처럼 주장해서 성경이 낡아빠진 중세의 사고를 담은 책인 양 만들지 않도록 주의하라!).

『**또 입에서는 날카로운 양날 가진 칼이 나오며**』(16절). 양날 가진 칼에 관하여는 의심의 여지가 없다. 그것은 히브리서 4:12에 하나님의 말씀으로 정의되어 있다. 그것이 날카롭고 강력하지만 실제 칼은 아니라고 반박한다면 에베소서 6:17을 보라. 여기서 여러분은 하나님의 말씀이 칼임을 보게 된다. 그렇게 주 예수님의 입에서 하나님의 말씀이 나오는 것이다. 말씀은 양날이 선 칼로서 양쪽으로 자른다. 말씀은 사람에게 상처를 주기도 하고 치료도 한다. 이것은 "생명에서 생명으로, 죽음에서 죽음으로" 이르게 하는 것이다. 하나님의 말씀이 사람을 쳤을 때 그는 죄인임을 깨닫는데 그때 하나님의 말씀으로 상처를 입어서 치료받을 필요를 느끼고 자복한다. 그러나 어떤 사람은 하나님의 말씀에 베임당하면 대항하며 자복하기를 거부해서 결국 죄 중에 죽는다. 필자는 하나님의 말씀을 옹호하는 데 너무 많은 시간을 소비할 수 없다. 필자는 현대인들이 하나님의 말씀에 비하면 얼마나 어리석은지를 가르쳐 주기 위해 가끔 설교 하지만 말씀을 옹호하거나 성경이 하나님의 말씀이라는 것을 증명하는 데 많은 시간을 낭비하지 않는다. 필자가 하는 일은 말씀을 사용하는 것이다(여러분이 어떤 사람과 칼 싸움을 하게 되어 생명을 걸고 싸워야 한다면 칼날이 얼마나 날카로운지에 대해 상대방과 삼십 분이나 입씨름하며 시간을 낭비하기 보다는 잽싸게 칼을 빼서 그를 벨 것이다).

『**용모는 해가 그 맹렬한 기세로 비치는 것 같더라**』(16절). 그분의 용모는 원자폭탄이 폭발할 때처럼 눈부시다. "해가 그 맹렬한 기세로 비치는 것 같더라."(as the sun shineth in HIS strength)에서 해는 남성으로 취급된 것을 주목하라. 이것은 구약에서 그리스도의 재림에 관한 마지막 구절을 연상시킨다. 『**그러나 내 이름을 두려워하는 너희에게는 의의** 태양**이 그의 날개에 치유를 가지고 솟아오르리니**』(말 4:2).

그의(His) 날개이다. 이 구절은 해가 예수 그리스도의 유형(type)임을 말한다. 이것은 신학의 가장 위대한 분야 중 하나를 공개한다. 이것은 현대 성경학자들과 목회자들이 다루지 못한 분야이다. 즉 이것은 매일 아침 떠오르고 매일 저녁 지는 해가 예수 그리스도의 유형이라는 사실이다. 성경은 하나님이 삼위일체라고 말씀한다. 그런데 이상하게도 해는 세 종류의 광선을 낸다. 알파, 베타, 감마선이다. 이 광선들을 적외선, 가시광선, 자외선으로 부른다. 자, 성부 하나님, 성자 하나님, 성령 하나님도 해처럼 하나이시다. 하나님은 빛이시며 그분 안에는 해처럼 어두움이 없다. 세상의 빛은 해에서 오는데 이 세상의 모든 빛은 해에서 오고, 또 이 세상의 모든 빛은 하나님에게서 온다. 적외선은 여러분이 느낄 수 있지만 볼 수 없기에 성령 하나님과 연결된다. 가시광선은 볼 수 있지만 느낄 수 없으니 성자 하나님과 연결된다. 자외선은 느낄 수도 볼 수도 없는 것으로 성부 하나님과 연결된다. 그러므로 해는 하나님의 유형이다. 이것은 로마서 1:20을 조명해 준다. 매일 아침 6시부터 저녁 6시까지 복음이 전해진다. 듣는 사람이 귀머거리이건 벙어리이건 장님이건 상관없다. 그가 얼굴에 열을 느끼기만 한다면, 해가 떴다 지는 것을 듣는다면, 앞 못 보는 눈에 비치는 빛을 눈꺼풀에 느낀다면 그는 복음을 아는 것이다. 해 저무는 저녁 무렵의 해는 핏빛으로 붉어진다(예수 그리스도께서 성경에 기록된 대로 여러분을 위해 죽으셨다). 해는 지평선 아래로 사라진다(그리스도께서 땅에 묻혀 삼 일 밤과 삼 일 낮을 땅의 심장에 계셨다). 해가 아침에 떠오를 때는 주의 날인 그리스도의 재림(아침의 유형)을 상징하는데 핏빛 붉은색이다. 성경은 그분이 재림하실 때 피에 적신 옷을 입고 오신다고 한다(사 63:1-7). 해는 예수 그리스도의 초림과 재림의 유형이다. 이것이 시편 19:2,3에서 뜻하는 바다. 아프리카 밀림의 어떤 원주민들도 삼위일체와 예수 그리스도의 초림과 재림을 알 수 있는 것이다.

1:17 내가 그를 보자 죽은 것처럼 그의 발 앞에 엎드러지니, 그가 내게 오른손을 얹고 나에게 말씀하시니라. 두려워 말라. 나는 처음과 마지막이요,
18 나는 살아 있는 자며, 죽은 자였으나 보라, 영원무궁토록 살아 있노라. 아멘. 또한 내가 지옥과 사망의 열쇠들을 가졌노라.

『**나는 살아 있는 자며**[그분은 제사장으로 살아계신다.], **죽은 자였으나**[그분은 선지자로 살았다.] **보라, 영원무궁토록 살아 있노라**[그분은 왕으로서 영원히 살기 위해 다시 오실 것이다]. **아멘**』(18절).

『**지옥과 사망의 열쇠들**』(18절). 성경은 몇 가지 열쇠들을 말한다. 약속으로 불리는 "다윗의 열쇠"가 있다. 심판으로 불리는 "끝없이 깊은 구렁의 열쇠"가 있다. 여기서는 우리 주 예수 그리스도께서 지옥과 사망의 열쇠들을 가졌다고 말씀하신다. 하나님께 감사하라! 우리 구주께서 열쇠들을 가지셨고 그뿐 아니라 그분은 문이시기 때문이다(요 10:9).

필자는 하늘나라에 들어가는 열쇠들을 얻기 위해 시몬 베드로에게 갈 필요가 없다. 나의 구세주께서 문이시고 그분을 통해 낙원(셋째 하늘)에 가 있기 때문이다. 에베소서에는 내가 그리스도 안에서 지금 하늘에 앉아 있다고 말한다! 나중에 나의 몸도 갈 것이다. 나의 영은 지금 거기에 그분과 함께 있다! 내가 여기 있는 동안 "몸에 있는 집에 거할 때 우리가 주로부터 멀리 떨어져" 있지만(고후 5:6-8) 영적으로는 "주와 합하여 한 영이다"(고전 6:17). 나는 그리스도 예수와 함께 하늘에 앉게 되었다(엡 2:1-7). 나의 구세주께서는 지옥과 사망의 열쇠들을 가지셨다. 만일 내가 죽어서 지옥에 갈지라도 전혀 걱정하지 않는다. 나는 열쇠를 갖고 있기 때문에 나올 수 있다. 나의 구세주께서 열쇠들을 가지셨고, 나는 그분에게 속했으며, 그분은 내 안에 계신다!

1:19 그러므로 네가 본 것들과 현재 있는 일들과 이후에 일어날 일들을 기록하라.

(과거 : 계 1-3장, 현재 : 계 4-19장, 미래 : 계 20-22장). 이 구분은 이미 설명하였다.

1:20 네가 본 것은 나의 오른손 위의 일곱 별과 일곱 금촛대의 신비라. 일곱 별은 일곱 교회의 천사들이요, 네가 본 일곱 촛대는 일곱 교회라.

이것은 그리스도인에게만 계시된 신비이며 구원받지 않은 사람은 무엇이 전개되는지 알지 못한다. 그분은 요한에게 "네가 본 나의 오른손의 일곱 별의 신비"에 대해 기록하라고 말씀하셨다. 그리고 여기 "일곱 별은 일곱 교회의 천사"인 것이다. 그래서 각 교회는 하늘에서 "별"이라 불리는 천사의 형상(angelic representative)을 가진다. "네가 본 일곱 촛대는 일곱 교회라." 각 교회는 촛불이 켜진 촛대로 상징되어 하늘에 있다.

자, 우리는 역사상의 일곱 지역 교회로 묘사된 교회 시대에 관해 요한에게 주어진 환상을 볼 준비가 되었다. 이 환상은 교리적으로는 환란 때의 일곱 지역 교회를 묘사한 것이지만, 영적으로는 사도들의 시대부터 휴거까지 교회사를 보여 준다. 우리가 공부하려는 것은, 온전히 예수님의 사역을 수행하였지만 점차 그리스도에 대한 사랑을 잃어갔던 초기 교회 시대에서 시작하여 교회사를 계속 따라 내려와, 교회가 미지근하여 그리스도께서는 교회 안에 들어가시려고 문 밖에 서 계시지만, 정작 안에 있는 그리스도인들이 그분을 원하지 않는 빌리 그래함 시대까지의 교회 시대 전반에 관한 것이다.

요한계시록 2장

이 장은 일곱 교회를 향한 메시지이다. 필자는 교회사에 해당하는 이 일곱 교회와 요한 당시의 지역 교회들과의 관계를 이미 설명하였다. 2장의 메시지는 교리적으로 환란 때의 지역 교회들에 해당되며 영적으로는 예수 그리스도의 초림에서 재림까지의 교회 시대 전 과정을 묘사한다. 여러분이 교제하는 사람들의 대부분은 "세대주의의 진리"에 관하여 아는 바가 없을 것이므로 여러분이 "환란," "휴거," "천 년 기간" 등과 같은 용어를 사용하면 그들은 무슨 말인지 전혀 이해하지 못한다. 이것은 오늘날 미국의 설교자들이 성경에 관한 한 1,900년 전에 살았던 갈릴리 바다 어부들보다 더 모르기 때문이다.

필자는 여러분에게 각각의 구절을 이 시대에 교리적으로 적용할 수 없지만 그것을 어떻게 다루어야 하는지 보여 줄 것이다. 왜냐하면 여러분이 교제하는 대부분의 사람들이 성경의 모든 구절은 교회 시대의 "그리스도인들"을 위해 쓰여진 것이라고 무지하게 가정함으로써, 이 시대의 교리들임을 입증하기 위해 계시록에서 구절들을 끄집어낼 것이기 때문이다(사탄의 교묘한 속임수는 하나님을 부인하거나 동정녀 탄생을 부정하거나 그리스도의 신성을 거부하는 것이 아니라, 성경을 믿는 사람들로 하여금 그들에게 적용되지 않는 구절들을 취하거나 그들이 구절들을 제대로 적용한다고 생각케 하는 식으로 성경을 사용하도록 만드는 것이다). 모든 이단과 모든 성경 변개는 이런 유형에서 나타나는데, 이것은 마치 레위기 11장에서 한 구절을 취하여 교회 시대의 그리스도인에게 적용하는 것과 같은 짓이며, 로마서 10장에서 한 구절을 취해 노아에게 적용한다거나, 히브리서에서 한 구절을 취하여 전혀 히브리인이 아닌 그리스도인에게 적용하는 행위와 똑같다(그리스도인이 "영적인 유대인"이라고 해서 그가 문자적인 히브리인은 아닌 것이다. "유대인"은 유대인이라는 뜻이며 "히브리인"은 히브리인이라는 뜻이다). 여러분은 성경이 말씀하지 않은 것을 성경이 말씀한 것처럼 하지 않도록 주의해야 한다. 이런 표현의 오용은 이스라엘 열두 지파에게 쓴 내용을(약 1:1) 그리스도의 몸(고전 12장)인 신약의 거듭난 그리스도인에게 적용하는 것과 같은데 이것은 심각한 오류를 범하는 것이다.

그래서 우리는 계시록 성경 구절들을 이 시대에 교리적으로 적용할 수 있는 것처럼 사용하는 사람들에 반대하여 이 성경 구절들을 어떻게 다루는지 살펴보겠다. 물론 실제 계시록의 구절들은 환란 시대의 지역 교회들에게만 교리적으로 적용된다.

계시록 2장과 3장은 유형상 "교회 시대"의 완벽한 그림이다. 예를 들어 유형상 계시록 2장의 첫 번째 교회는 예수님의 사역을 목적대로 수행한 교회로 열심히 일하고 성경대로 행한다. 그들의 유일한 문제는 예수 그리스도와의 개인적인 관계가 조금씩 냉각되기 시작하는 것이다(계시록 3장의 마지막 교회인 라오디케아 교회는 전적으로 완전히 배교한 교회이면서 여전히 정통을 주장한다. 즉 이 교회는 무신론의 공산주의적인 교회가 아니다. 이 교회는 "사도신경"에 동의하고 그 장로들은 모두 잘 차려 입었으며 모든 사람이 부유한 교회다. 이 교회는 물질을 풍부히 가졌고 그것을 자랑하고 있다. 하나님께서는 이 교회의 영적인 상황이 계시록의 일곱 교회 중에서 가장 나쁘다고 말씀하신다. 그 영적 상황은 비참하고 가난하며 가련하고 눈멀고 헐벗었다).

2:1 에베소 교회의 천사에게 편지하라. 오른손에 일곱 별을 가지고 일곱 금촛대 가운데서 거니시는 분께서 이 일들을 말씀하시느니라.

이 메시지들이 모두 교회의 천사에게 향하는 것을 주목하라. 스코필드 주석은 "천사"를 "전달자"(messenger)로 정의하면서 각 교회의 "천사"는 지역교회 목회자라고 한다. 그러나 이것은 실수한 것인데 거기에 어떤 설명을 가해도 올바른 해석이 될 수 없다. 왜냐하면 계시록 3:16에서 하나님께서는 천사를 그 입에서 "토해낼" 것이라고 말씀하셨기 때문이다. 거듭난 목회자는 예수 그리스도의 위장에 있지 않으므로 토해질 수 없다! 그는 그리스도의 몸의 일부이다. 계시록 2장과 3장의 메시지는 특정한 교회 천사들과 교회들(복수)에게 향한 것이기 때문에 하나님께서 지역 모임들은 토해낼 수 있어도 그리스도의 몸을 이루는 개인들은 그렇게 하실 수 없다.

이제부터 우리는 A.D. 30년부터 1966년까지 어떤 신학자도 설명하지 못한 계시록 2장의 초자연적인 상황을 접한다. 비록 신약의 천사가 헬라어로는 "전달자"의 뜻을 가지고 있으나 천사는 전달자 이상이다. "전달자"는 천사의 여러 뜻 가운데 하나일 뿐이다. "천사"(여러분이 그 일반적인 역할로 축소시켜도)는 "현현" (appearance : 출현)을 말한다. 그는 어떤 메시지를 수행하든 않든 간에 현현한다. "천사"를 "전달자"로만 적용하는 것은 하나님의 말씀을 제한하는 것이다. 누가복음 4장에 나오는 천사는 전달자가 아니라 돕는 자이다. 다니엘 12장의 천사는 전달자가 아니라 전사이다. 마태복음 24장에는 예수 그리스도께서 재림하실 때 함께 내려오는 한 무리의 천사들이 있는데 이들은 전달자가 아니라 증인들이다.

"천사"를 그 기본적인 기능들로 축소시킨다 해도 모든 관련된 성경의 뜻은 역시 "현현"이다. "하나님의 천사"는 하나님의 현현을 말한다. "빛의 천사"는 빛의 현현이다. "주의 천사"는 주의 현현이다. 이 정의는 성경의 어떤 구절에나 부합된다. "천사"를 "전달자"로 한정한다면 스무 구절 정도밖에 뜻이 통하지 않기 때문에 그 의미는 즉시 제쳐놓고 무시해야 한다. 때로 어떤 천사들은 메시지를 수행해서 전달자가 되지만 천사들은 근본적으로 전달자들이 아니다. 천사들이란 현현하는 것을 말한다. 마태복음 18:10은 다음과 같이 말하고 있다. 『**너희는 이런 어린 아이들 중에 하나라도 업신여기지 않도록 주의하라. 내가 너희에게 말하노니, 하늘에 있는 그들의 천사들이 항상 하늘에**

계신 내 아버지의 얼굴을 뵙고 있느니라.』 하늘에서 아버지의 얼굴을 항상 뵙는 그들의 천사는 전달자가 아니라 그들의 현현이다.

그러나 이것은 20세기 신학이 수용하기에는 너무 어려운 교리인데, 다니엘 9,10,11장에서 가르치듯이 이 땅에 있는 모든 것은 셋째 하늘에 나타나 있다는 위대한 진리를 지지한다. 마태복음 18:10의 어린아이들에 대한 언급은 "그들을 지키는 천사가 이 땅에서 그들을 보살핀다."는 뜻이 아니다. 그 말은 그들의 천사가 하늘에 있어서 하나님께서 그들을 볼 수 있다는 뜻이다. 다시 말해서 이 땅의 모든 것은 하늘에 그것들의 대표를 가지고 있다는 뜻이다(이 교리는 에베소서 6장, 다니엘 8-11장, 그리고 다른 성경 구절들에서 마귀론을 연구할 때 증명된다). 천사가 항상 전달자를 뜻하는 것은 아니지만 "현현한다"라는 의미로는 항상 사용된다. 따라서 계시록 2:1은 이 교회의 현현을 말한다. 즉 하늘에 계신 하나님께서 그분의 면전에 지상의 모든 지역 교회를 대표하는 영적 상황을 보고 계신다.

계시록 2장의 첫 교회(에베소 교회)는 유형상 초기 교회 모습으로서 A.D. 33년에서 200년까지 계속된다. 그 기초는 사도들이었고 사도들이 죽은 후에는 "사도 교부들"(Apostolic Fathers)이 계승했다. 이 교회의 역사에서 폴리캅(Polycarp), 이그나티우스(Ignatius), 저스틴 마터(Justin Martyr), 파피아스(Papias)가 사역했는데 우리는 후에 교회 사멸을 초래한 씨앗들을 보게 된다. 에베소 교회는 "사도 교부들"로 시작된다. 비록 사도 "교부들"이 구원받은 사람들이었겠지만 그들은 "성도들에게 단번에 전해 주신" 성경적인 믿음을 마침내 파괴하는 헬라 철학과 교회 전통의 씨앗들을 품고 있었다.

2:2 내가 너의 행위와 수고와 인내를 알며, 또 네가 어떻게 악한 자들을 용납지 아니한 것과 자칭 사도라 하지만 아닌 자들을 시험하여 그들이 거짓말쟁이임을 찾아낸 것과

여러분도 알 수 있듯이 이 초대 교회는 '용납지 않는 태도'로 인해 칭찬을 받고 있는데 이러한 태도는 오늘날에 있어서는 이미 구식이 되어 버린 지 오래다. 하나님께서는 이 지역 교회가 그들과 다른 어떤 비성경적인 것을 주장하는 사람들에 대해 참지 않았고 구별한 것을 칭찬하신다.

『자칭 사도라 하지만 아닌 자들을 시험하여 그들이 거짓말쟁이임을 찾아낸 것과』(2절). 이 교회는 아무것이나 듣는 대로 믿지 않았으며, 성경으로 확인해 보았고, "모든 것을 시험하라."는 권면에 순종하는 훌륭한 교회였다.

『내가 너의 행위와 수고와 인내를 알며, 또 네가 어떻게 악한 자들을 용납지 아니한 것과』(2절). 에베소 교회는 일하며 수고하는 교회였다. 맡겨진 일을 수행하느라 "땀 흘리는" 교회였다.

본문에서 우리는 일단의 사람들이 자칭 "사도"라고 하는 주장을 보게 되는데 그들은 사도가 아니었다. 이것은 초기 교회에 나타난 두드러진 특징 가운데 하나이다. A.D. 200년 때까지도 우리는 어떤 교회 지도자들이 사도들에게 "안수받고" 사도 직분을 계승했다는 주장을 보게 된다. 이 무리는 자기들이 교회를 지배할 때까지 계속 교회에 있었다. 이들은 "유일하고 참된 사도의 맥"을 주장하면서 자기들은 시몬 베드로에게서 "사도직을 계승"받았다고 한다. 그러나 이들은 사도들이 아니며 거짓말쟁이들이다. 그들이 정말 사도직을 계승하였는지를 알아내는 것은 어렵지 않다. 사도들은 "사도의 표적과 이적"을 행하기 때문이다(고후 12:12, 막 16:15-18). 어떤 사람이 자칭 사도라고 하거나 "사도직을 계승했다"고 주장하면 여러분은 당장 그의 허풍을 확인할 수 있다. 만일 그가 사도에게 부여된 "표적과 이적"을 행하지 않는다면 사도직을 믿는 자가 아니며 사도행전으로 돌아간 신앙인도 아니고, "성도들에게 단번에 전해 주신 믿음을 위해 싸우는 자"가 아니다. 그는 거짓말쟁이다(계 2:2).

어떤 사람이 자기에게 "사도적 믿음"이 있음을 증명하기 위해 늘 사도행전 2장을 근거로 삼는다면 그는 종교 사기꾼임을 알라. 어떤 사람이 "안수를 받고" 사도직을 계승하여 사도적 권위가 있음을 입증하고자 마가복음 16장을 근거로 삼는다면 그 역시 종교 사기꾼이다. 그들은 켐벨 추종자들(그리스도의 교회 교인들)이거나 여호와의 증인들, 몰몬 교도들, 또는 로마카톨릭 교도들이지 사도들이 아니며 그들에게는 사도적 권위 같은 것은 없다. 그들은 사도들의 맥을 계승하지도 않았으며 그들의 유일한 권위는 그들의 교단 산하 기관들을 유지하는 돈, 주식, 사채, 담보, 이자 및 정치 운동 등이다. 이것이 그들의 힘이다. 그들은 아돌프 히틀러와 흐루시초프가 지녔던 동일한 힘을 지녔으며 그들의 영적인 힘은 전적으로 죽어 있다. 그들은 무지한 사람들에게 지옥간다는 공포로 협박하여 교회 출석이나 "성사" 등을 강요함으로써 사람들의 마음과 양심을 통제할 뿐이다. 이들은 사도들이 아니다. 거짓말쟁이들이다. 에베소 교회는 이 점을 알았기에 그들을 철저히 시험하여 내쫓았다. 그들은 이것을 기사화하지 않았으며 라디오와 T.V.에 자랑하지도 않았다.

2:3 또 네가 참고 인내하며 내 이름을 위하여 수고하고, 지치지 않은 것을 아노라.

이 교회는 부지런히 일하면서 수고하였다.

2:4 그러나 너를 책망할 것이 다소 있나니, 이는 네가 너의 첫 사랑을 저버린 것 때문이라.

초기 교회에 가해지는 첫 번째 비판은 그들이 정통이 아니라거나 교회 계명을 지키지 않았다는 점이 아니다. 에베소 교회는 총열처럼 그렇게 곧았다 (여러분은 신학적으로 총열처럼 곧을 수 있으나 영적으로는 총열처럼 그렇게 공허할 수 있다). 에베소 교회는 강한 정통성을 지니고 일하는 교회였으며 성별되어 있었다. 그러나 차츰 의식적이며 형식적으로 되어 가고 그 처음 사랑이 떠나기 시작했다. 예수 그리스도에 대한 처음 사랑을 유지하는 것은 어떤 그리스도인에게나 무척 어려운 일이다. 예수 그리스도의 죽음과 십자가

형은 그리스도인인 여러분에게 무언가를 의미한다. 여러분이 처음 예수님의 사랑과 복음을 들었을 때 여러분은 감동되었을 것이다. 그리스도 안에서 처음 "갓난 아기"가 된 그 순간은 여러분에게 소중했다. 그러나 여러분이 자라가면서 오래 생활할수록 더 많은 은혜 가운데 성장하지만 그분께서 여러분을 위해 하신 일에 대한 첫 온정과 감사를 상실할 위험도 그만큼 더 크다.

이것은 결혼에서도 똑같은 걱정거리이다. 여러분이 남자로서 지켜야 할 가장 어려운 것은 약혼 시절 그녀의 독특한 매력에 심취했던 마음을 유지하는 것이다. 그리고 여자로서 지켜야 할 가장 어려운 것은 약혼자가 "동의합니다."라고 말하기 전에 그에게서 느꼈던 찬사와 존경을 유지하는 것이다.

2:5 그러므로 네가 어디서 떨어졌는지를 기억하고 회개하며, 너는 처음 일들을 행하라. 만일 그렇지 않고 회개하지 아니하면 내가 속히 너에게 와서 네 촛대를 그 자리에서 옮기리라.

(본문은 교회의 천사에게, 즉 모임으로서의 교회 자체에게 하는 말임을 주목하라. 그리스도의 몸인 개인들을 말하는 것이 아니다.) 처음 사랑이 회복되어야함을 기억하라. 여러분은 자신이 구원받았던 때를 기억해야 한다. 여러분이 성별된 것과 어떻게 주님을 위해 살기로 결심했는지를 기억해야 한다.

이 교회는 무관심, 우유부단과 방종을 회개해야 한다.

하나님께서는 이 에베소 교회가 회개하지 않는다면 그 힘과 영향력을 옮기신다고 말씀하신다.

어떤 이가 말했듯이 "여러분이 지금 구원받은 사실보다 다른 어떤 것에 더 행복을 느낀다면 죄의 유혹에 있다." 교회는 두루 성장하고 사역해야 하지만 동시에 그리스도를 향한 사랑과 태도는 따뜻하고 마음에서 우러나는 열정이 있어야 한다.

『**어디서 떨어졌는지를**』(5절). 이것은 은혜로부터 떨어진 개인에 대한 언급이 아니다. 사람이 "은혜에서 떨어질 수 있다."는 가르침은 갈라디아서 5:4을 망각했거나 왜곡한 것이다(본문을 사용하는 대부분의 목회자는 이런 뜻이 하나님의 말씀 중 어디에 있는지조차 알지 못한다). 갈라디아서 5:4은 문맥상 율법으로 구원받으려 애쓰는 구원받지 않은 자들을 뜻하며 그들의 마지막이 어떠한지를 알려 준다. 이것은 목회자들이 하나님의 말씀이 어디에 있는지 또는 무슨 뜻인지 알지 못한 채 말씀을 변개시키는 정확한 예들 중 하나이다!

2:6 그러나 네게 이것이 있으니, 즉 네가 니콜라파의 행위를 미워하는 것이라. 나 역시 그것을 미워하노라.

이 교회는 처음 사랑을 회복하기 위해 회개할 필요가 있었으나 그들에게는 매우 좋은 점 한 가지가 있었는데 그것은 "니콜라파의 행위"를 미워하는 것이다(니콜라파는 계시록 2:15에도 나온다).

"Nicolaitane"이란 낱말은 헬라어인데 번역되지 않았다. 예를 들어 "*페트라*"라는 헬라어는 바위(rock)를 뜻한다["petrified"(돌이 되게 하다)라는 낱말이 여기서 왔다]. "*페트라*"를 번역하면 "바위"(rock)라는 뜻이고, 음역하면 "*페트라*"(petra)이다. 즉 음역할 때는 그 낱말의 철자를 그대로 취하여 영어 철자로 옮기는 것이다. 번역할 때는 그 낱말이 옮겨지는 언어의 해당되는 낱말로 바꾸어야 한다. 우리는 새 "성서들"에서 이런 경우를 여러 번 본다. "*하데스*"(지옥)라는 단어를 "지옥"(hell)으로 번역하는 대신 그 성서들은 "*하데스*"로 그대로 썼는데 이것은 번역이 아니다. "hades"는 헬라어 낱말을 영어 철자로 옮겨썼을 뿐이지 영어 번역이 아니다. 일반적으로 번역할 때는 낱말이 뜻하는 바를 쓰고 음역할 때는 헬라어 철자를 영어 철자로 낱말을 한 자씩 옮긴다. "Nicolaitanes"는 번역이 아니라 음역이다. 음역했을 경우에 낱말을 이해하기 위해서 늘 성구 사전을 보면서 헬라어 뜻을 찾아봐야 한다.

Nicolaitanes에서 "*니카오*"(Nikao)는 지배한다는 뜻이다. "*라오스*"[Laos

(Laity, 평신도)]는 평범한 보통 사람들을 말한다. 예를 들어 우리는 "목회자"와 "평신도"에 대해 이야기 한다. 우리는 감리교 "평신도들"에 대해 이야기 한다. 보통 감리교인은 그 말이 어디에서 유래하는지 알지 못한다. 그 말은 계시록에서 나온 것이다. "Layman"은 평범한 보통 사람이다. "목회자"와 "평신도"를 구분하지만 성경에는 이런 구분이 없다. 그래서 "Nicolaitanes"의 교리는 보통 사람들을 어떻게 지배할까 하는 교리이다! 니콜라파의 교리는 목회자가 특별한 지위인 제사장 신분이 되어 평범한 보통 그리스도인들을 지배하도록 꾸며진 교리이다. 물론 이것은 성경을 왜곡시키는 이단 교리이다.

하나님의 말씀에 따르면 모든 그리스도인은 그리스도의 몸 안에 있으며 모든 그리스도인은 기름부음을 받았다. 하나님께서는 사람의 외모를 존중하시지 않는데 "목회자"와 "평신도"의 유일한 차이라면, 보통의 평범한 그리스도인은 그리스도의 몸 안에서 지도자로서 공식적인 전임 직분을 갖지 않거나 그 직분을 위해 구별되지 않았을 뿐이다. 그러나 그리스도의 몸 안에 있는 모든 그리스도인은 말씀을 전하고 구령하며 주 예수 그리스도를 위해 일하도록 부름을 받았다. 하나님은 "보통 사람들"을 지배하는 "지배 계층"에 대해 전혀 알지 못하신다. 신약에서 감독이나 장로, 집사가 갖는 유일한 힘은 영적인 힘이다.

"니콜라파"는 영적으로 다스린다는 뜻이 아니라 물리적으로 지배한다는 뜻이다. 여러분은 보통 사람들을 정복해서 그들 위에 앉아 "지배하려"(벧전 5:1-4)고 생각하지 말아야 한다. 여러분은 그들을 인도하고 안내하며 방향을 제시해야 한다. 감독이나 집사, 장로, 목회자로서의 여러분의 힘은 영적인 힘이어야만 한다. "니콜라파의 교리"는 일단의 그리스도인들 계층이 다른 그리스도인들 계층을 지배하려는 교리이며, 하나님이 미워하시는 교리이다(본문 참조).

2:7 귀 있는 자는 성령께서 교회들에게 말씀하시는 것을 들을지어다. 이

기는 자에게는 내가 하나님**의 낙원 가운데 있는 생명 나무를 주어서 먹게 하리라.**

여기서 우리는 "이기는 자"에 대한 첫 번째 약속을 본다(여러분이 본문은 이 시대에 적용된다고 생각하는 어떤 사람과 교제하고 있다면 그에게 요한일서 4:4을 보여 주어야 한다. 그 구절은 이 시대의 모든 그리스도인이 "이긴 자"라고 말하기 때문이다).

이 문제를 교리적으로 좀 더 살펴보자. 의심할 것 없이 계시록 2:7은 교리적으로 환란 때의 어떤 사람들을 말한다. 그 이유는 7절의 약속이 "이기는 자는 생명 나무를 먹을 것이라."고 했기 때문이다. 성경에서 이 "생명 나무"라는 낱말이 발견되는 곳마다 이 낱말이 모두 영생을 얻는 수단이고 이것을 "먹는 것"은 행위에 근거하지 은혜가 아니라는 것을 명백히 알 수 있다. 예를 들어 계시록 22:14을 보라. 여기서 여러분은 생명 나무에 참여하기 위해서 사람들은 "계명들을 지켜야" 함을 듣는다(즉시로 안식교가 모든 것을 엉망으로 꾸몄음을 알 수 있다. 안식교인들은 그 나무를 먹지 못하면 영생을 얻지 못하며, 구약의 십계명을 지키지 않는다면 그 나무를 먹을 수 없다고 생각할 만큼 그렇게 우둔하다!). 사람들이 왜 행위에 의한 구원을 가르치는지 여러분은 아는가? 그들은 모두 예수 그리스도의 재림을 바로 이해하지 못하기 때문이다. 전천년주의자가 아니라면 그 누구도 이 시대를 향한 구원 계획조차 이해할 수 없다. 계시록 22:2에서 생명 나무에 참여하는 민족들을 주목하라. 그리스도인들이 아니다. 생명 나무를 먹음으로써 영생을 얻는 그리스도인은 단 한 명도 없다. 지금까지 살았던 모든 그리스도인은 주 예수 그리스도를 믿고 그분을 구세주로 신뢰함으로써 영생을 얻었다. 계시록 2,21,22장의 "생명 나무"는 사람들이 그 나무에 가서 먹음으로써 생명을 얻게 되는 나무이다. 그들은 "계명들을 행함으로써" 그 나무에 갈 자격을 얻으며 그들의 행위로 인해 먹게 된다. 따라서 계시록 2:7은 교리적으로 그리스도인에게 적용할 수 없다. 그러나 여러분이 이에 관한 질문을 받는다면 요한일서 4:4과 5:4에서 모든 그리스도인은 이미 "이긴 자"임을 보여 주라. 이런 비교는 은혜의 시대를 사는 그리스도인의 신약 교리와 환란 때나 천년왕국 혹은 영원에서 (생명 나무가 계시록 22장에도 있듯이) 나무에 참여함으로써 영생을 얻는 사람들의 교리 사이의 차이점을 지적해 준다.

이 에베소 기간에(A.D. 33년에서 A.D. 200년까지) 우리는 열한 명의 사도와 열두 번째 사도인 맛디아 그리고 열세 번째의 특별한 사도로서 이방인 전담사역을 위해 구별된 바울(갈 2장, 엡 3장)을 본다. 이레내우스(Irenaeus, A.D. 180)와 터툴리안(Tertullian, A.D. 150)이 이 기간 끝무렵에 등장한다. 이레내우스와 터툴리안의 저서에서 다가오는 배교 조짐들이 나타나는데 그것은 A.D. 500년 이전에 성경에 대한 충실성을 없애 버리려는 것이다. 이들 둘 다 자칭 그리스도인이었다. 이레내우스는 열두 개 혹은 그 이상 되는 이단들의 근원이었는데 그 가운데 하나는 그가 "허마의 목자"(Pastor of Hermas)라고 부른 글이 정경이라고 생각하였다. 이레내우스와 터툴리안은 그들의 글에서 물침례가 구원을 받기 위한 필수 조건이라고 암시하였다(이들의 글은 로마카톨릭 교회가 그들의 인위적인 전통을 증명하려고 할 때 그 근거로 사용한다. 그들은 초기 교부들이 침례에 의한 중생을 믿었으며 그렇게 행했다는 것을 입증하려고 애쓴다).

터툴리안은 그가 죽기 전 당시에 형성되고 있었던 라틴 환경을 떠나서 초기 시대의 전천년주의자들로 알려진 "몬타니스트"(Montanist)가 되었다. "몬타니스트," "칠리아스트"(Chiliast), "전천년주의자"(Pre-Millennialist)들은 거의 같은 뜻이다. 이들은 예수 그리스도께서 재림하시어 이 땅을 통치하시리라는 계획을 믿었던 사람들이다. 만일 터툴리안이 카톨릭 교회를 떠나지 않고 함께 하였더라면 아마 초기 "교황" 가운데 하나로 끝났을 것이지만 그는 이 무리를 떠나 "급진적인" 전천년 "광신자"가 되었다. 그래서 로마카톨릭 교회는 그를 성인으로 추앙하지 않았으며 오늘날 그의 글을 많이 인용하지 않는다. 그렇지만 그들은 이따금 그의 글을 인용하며 이레내우스의 글도 사용한다. 여러분은 그들이 그들의 전통인 미신들을 입증하기 위해 "교부들"을 언급할 때 클레멘트(Clement), 이그나티우스(Ignatius), 이레내우스(Irenaeus), 파피아스(Papias), 시프리안 (Cyprian), 터툴리안(Tertullian) 등을 언급함을 들을 것이다.

그들은 자신들이 믿고 싶어하는 어떤 이단 교리를 옹호하기 위해 특정한 교부를 들먹인다. 그들은 자신들의 "사사로운 해석"을 입증하려할 때 바울 서신 대신 "교부들"을 의지한다. 교황들이 그들의 이단 교리를 납득시키기 위해 항상 쓰는 방법은 일단 마태복음으로 가는 것이다. 그러나 마태복음은 율법 아래 있는 구약의 유대인들에게 쓴 것이다. 그 다음은 사도행전에서 바울이 등장하기 전의 앞부분으로 가서 시몬 베드로가 이스라엘에게 설교하는 부분을 인용하고 그 다음에 바울 서신 대신에 "교부들"에게 가는 것이다. 그런 식으로 해서 그들은 그들의 교회가 유일하게 참된 교회라고 공공연히 주장한다. 이렇게 교황들은 18세기 동안 성령을 모독하였으며 성경을 500구절 이상 부인하였다.

로마 감독들은 교부들이 등장하는 에베소 기간 중에 "사도직 계승"을 입증할 만한 일단의 사람들을 소집한다. 이들은 계시록 2:2에 언급된 거짓말쟁이들로 사도직을 계승했다고 주장한다. 즉 리누스[Linus, 지금은 성 리누스(St. Linus)로 부름], 클레투스[Cletus, 지금은 성 클레투스(St. Cletus)임], 클레멘트(Clement), 에바리스투스(Evaristus), 알렉산더(Alexander), 식스투스 1세(Sixtus I), 텔레스포루스(Telesphorus), 히기누스(Hyginus) 그리고 교황 피오 1세(Pope Pius I)인데 이들 모두 카톨릭 교회가 "성인들로 추대하였다." 카톨릭 교회는 신약의 모든 그리스도인이 당연히 성인들(saints)임을 깨닫지 못하고 자신들이 범속하지 않은 거룩한 정치 조직인 것을 입증하려고 그들 내부의 미신적인 우상 숭배자들을 "성인으로 추대하기"를 좋아한다. 모든 그리스도인은 "성인"(saint)으로 바울 서신서들에 언급되어있으며 단지 한두 사람을 특별히 나타내기 위해서 "성인"으로 추대하는 것은 비성경적이다.

"사도직 계승"을 주장했던 이들은 모두 "교황들"로 추대되었다고 콜럼버스의 기사단(the Knights of Columbus : 1882년 코네티컷의 뉴 헤이번에 설립한 로마카톨릭 신자들의 공제 및 자선 단체 회원 간의 사교 및 지적 교제를 장려하며 회원들과 수혜자들을 돕고 카톨릭 이익을 보호하며 촉진하고, 모든 인종과 신조를 가진 시민들 간의 우호 정신을 도모한다. - 역자 주) 간행 책자에 나와 있다(<교황들의 소사>, 11권 p.41, 콜럼버스 기사단 간행, 미주리,

세인트 루이스 8, 린데일 가 4422). 이들 초기의 "성인들"은 사도들에게서 유래하고 사도직 계승은 성 베드로에게서 나온 것이라고 주장하는데, 이들은 거짓말쟁이들이거나 더 그럴듯하게는 교황 정부의 정치인들로서 로마카톨릭 바티칸제국이, 마치 알 카포네(Al Capone)가 데이비드 리빙스턴(David Livingstone)과 같아지려는 것처럼, 이러한 엉터리 명단에 연결시킴으로써 그들의 선한 이름에 먹칠을 하였다.

이 첫 교회 기간에 거짓 교리의 씨앗들은 "교부들"에게서 나타난다. 심지어 이그나티우스(Ignatius)와 파피아스(Papias)는 그들의 글에서 침례에 의한 중생과 교회의 정치적 성직자 계급 제도인 니콜라파 조직을 믿어야 한다고 주장한다. 비록 이것이 후에 어거스틴(Augustine), 암브로스(Ambrose), 제롬(Jerome) 그리고 로마카톨릭 교황들의 시대에 비로소 언급되지만 이미 초기에, 즉 계시록 2:1-7에서 타락의 씨앗들이 심겨진 것이다. 그 씨앗들이 심겨진 것은 첫째로 예수님에 대한 개인적인 사랑을 외면하고 교회를 그분보다 우선시 했기 때문이며, 또 거룩한 성경 대신 성직자와 평신도 계급을 최종권위에 두었기 때문이다.

A.D. 30년부터 A.D. 200년까지 이 첫 교회 기간에 성경을 믿었고 성경대로 살았던 몇몇 참된 교부들이 있었다. 폴리캅(Polycarp)이 그중 한 사람으로 예수 그리스도 때문에 투기장에서 화형당하였다. 그는 사도 요한과 동시대 인물이다. 그는 그의 교리에 굳건하였기에 로마카톨릭 교회는 폴리캅을 그렇게 많이 인용하지 않는다.

2:8 스머나 교회의 천사에게 편지하라. 처음과 마지막이요, 죽었으나 살아 계신 분 이 이 일들을 말씀하시느니라.

"스머나"는 "몰약"을 뜻한다. 몰약은 쓴맛이기에 죽음을 가리킨다. 이 교회는 박해당하는 교회이다. A.D. 200년에서 A.D. 325년까지 로마제국의 공식적인 열 번의 박해가 일어난다. 이 열 번의 공식적인 박해는 수천의 성도들을 죽이지만 그들을 더 많이 죽일수록 성도들은 더 많이 증가하여 집토끼들처럼 배가되었다. 여러분은 <폭스의 순교사, *Fox's Book of Martyrs*>에서 이 기간에 벌어진 여러 가지 박해에 관한 상세한 내용을 볼 수 있다. A.D. 200년에서 A.D. 325년까지 로마제국은 지상에서 모든 그리스도인을 말살하고자 필사적인 교전을 수행하지만 그들은 증가하기만 한다. 콘스탄틴이 A.D. 313년경 로마를 통치할 때 그는 그리스도인들의 입을 막기 위해 오히려 그리스도인들로 세상과 제휴토록 해야 할 상황에 처하게 된다. 이 기간이 계시록 2:8-11에 그대로 나와 있다.

2:9 내가 너의 행위와 환란과 궁핍을 아노라. (오히려 네가 부요한 자로다.) 지칭 유대인이라고 말하는 그들의 모독을 아노니 그들은 유대인이 아니요, 오히려 사탄의 회당이니라.

첫 교회 기간의 중요 문제는 교회 지도자 중 어떤 자들이 "사도직 계승"을 주장한 것이었다. "보통 사람들의 지배자"인 니콜라파는 미혹케 하는 어떤 교리를 주장하는데 그들의 주장은 그리스도인이 영적인 유대인(롬 2장)이기 때문에 육적으로도 유대인이라는 것이다. 따라서 그리스도인이 유대인에게 주어진 모든 약속을 받으며, 하나님께서는 아브라함, 이삭, 야곱의 자손들과는 완전히 끝났다고 한다. 이것이 무천년과 후천년 신학의 시작이다. 그리고 이들의 이교적인 추론은 "전 니케아(Ante-Nicene)와 후 니케아(Post-Nicene) 교부들"에 의해 이 기간과 그 후에 가르쳐진다. 그들은 시프리안(Cyprian, A.D. 200), 제롬(Jorome, A.D. 325), 오리겐(Origen, A.D. 182), 클레멘트(Clement, A.D. 200), 디디머스(Didymus, A.D. 313), 아타나시우스(Athanasius, A.D. 297), 예루살렘의 시릴(Cyril, A.D. 380)이다.

여기서 무천년주의와 후천년주의가 나오는데, 이 교리는 하나님은 유대인과 영원히 관계를 끊었으며 그리스도인들이 유대인들을 대신하고 교회는 이스라엘을 대신하며, 하나님의 나라와 천국은 같다는 것이다. 그러므로 "복음"의 영적인 나라는 저당, 주식, 사채, 담보, 배상, 이자, 정치 운동, 교구 부속 학교들, 면세 혜택 등으로 구성되어서 "주의 나라를 확장하는" 일을 수행하고 있다. 더욱이 이스라엘에 대한 구약의 모든 약속은 영적이며 그리스도인들에게 적용되고 하나님께서는 이스라엘과 완전히 단절하셨기에 유대인을 박해해도 죄가 되지 않으며, 교회는 이스라엘을 대신한다고 한다. 그러므로 이방인 로마"카톨릭"은 이제 "승리자"이며 유대인을 몰아내고 그 땅을 차지할 수 있는 것이다. 그래서 교황들이 그 도시를 함락시키려고 십자군들을 보내기도 했다.

물론 이것은 가장 저질의 가증스럽고 어리석은 행위이다. 성령께서 말씀하시기를 이들은 "자칭 유대인"이라고 하나 유대인이 아니며 성령께서는 이것을 신성모독(BLASPHEMY)이라 부르신다(계 2:9). 성경 말씀에 따르면 지상에서 가장 가증스런 종교 집단은 자기들이 유대인들인 이스라엘을 대신한다고 주장하는 무리이다. 하나님은 유대인과 단절하지 않았다(살전 2장, 롬 9,11장). 자신을 "스스로 지혜 있다"거나 유대인이 아니면서 유대인을 대신한다고 생각지 말라고 말씀하신다. 여러분은 영적인 유대인일 수는 있으나 문자 그대로의 유대인은 아니며, 지상에 실제적이고 눈에 보이는 이스라엘 열두 지파는 아직 그들의 땅에 오지 않았고 예수 그리스도께서 재림할 때 그곳에 있게 될 것이다.

스머나 기간에 후천년주의가 대두되기 시작한다. A.D. 354년 어거스틴은 로마"카톨릭" 북아프리카 주교로서 "하나님의 도성"(The City of God)을 썼는데 거기서 그는 후천년주의를 온전히 발전시켰다. 그는 더 나아가 로마 교회가 예루살렘을 대신한다고 주장했고 미국은 이 교리로부터 불경스럽고 반성경적인 "기독교"를 받아들이게 된다. 우리는 이 그릇된 기독교 신앙이 북아프리카의 라틴 교회(그들의 관심은 당면한 여러 사회 문제라고 설명한다!)에서 유래한 것을 안다.

『**내가 너의 행위와 환란과 궁핍을 아노라. (오히려 네가 부요한 자로다.)**』(9절). 이 구절을 통해 하나님의 관점과 사람의 관점이 얼마나 다른지 확인해 보라. 여러분이 가난하다고 말하는 것과 가난한 것에는 많은 차이가 있다. 계시록 3:17에서 교회가 자기는 부요하다고 말하지만 하나님은 그 교회가 가난하다고 말씀하시는 것에 주목하라. 계시록 2:9에서 교회는 가난하다고 말하지만 하나님께서는 그 교회가 부요하다고 하신다! 이 교회는 구령하며 순교당하는 교회이다. 원형 경기장에서 사자들의 먹이가 되고 말뚝에 묶여 타르칠을 당한 채 불태워지는 교회이다. 방울뱀이 든 자루에 넣어져서 강에 던져지는 교회이다. 이 교회의 세부적인 설명은 <폭스의 순교사>에 나와 있으며, 그 책은 모든 그리스도인의 필독서이다.

모든 그리스도인은 기본적으로 네 권의 책을 구입해야 한다. 하나님의 말씀인 <킹제임스성경, 1611>을 갖고 있어야 하며, 성경을 찾아보는 데 필요한 <영의 성구사전, *Young's Concordance*>, 그리고 클라렌스 라킨의 <세대적 진리, *Dispensational Truth*, 말씀보존학회>는 하나님의 경륜에 관한 진리를 잘 편집해 놓았고, <폭스의 순교사, *Fox's Book of Martyrs*>는 하나님의 일을 하는 데 열정을 부여할 것이다. 그 밖에도 많은 책들이 있으나, 이 네 권은 필독서이다.

『**자칭 유대인이라고 말하는 그들의 모독을 아노니 그들은 유대인이 아니요, 오히려 사탄의 회당이니라**』(9절). 스스로 유대인이라고 하는 자들, 자신들이 이스라엘을 대신하고 유대인들을 대신한다고 주장하는 자들은 본문에 의하면 사탄에 속한 자들이다. 그들은 단순히 타락한 그리스도인들이 아니며 본문에 의하면 자칭 그리스도인들도 아니고 "교부들"도 아니며 (성령이 말씀하기를) "지옥의 자식들"(마 23장, 요 8장)이다.

스머나 기간은 현재 우리 교회 시대와 선명한 대조를 이룬다. 사람들은 "예수님을 섬기는 데 댓가가 따른다네."를 노래한다. 예수님을 섬기려면 마땅한 대가를 치러야 한다. 그러나 그 대가는 이 세상의 금전으로 항상 지불되는 것은 아니다. 침례인 요한은 목베임으로써 예수님을 섬긴 대가를 지불했고, 스테판은 돌에 맞아 죽었으며, 그리스도는 십자가형을 받았고, 바울은 목베임 당했으며, 야고보는 투옥되었다가 목베임 당했다. "하나님을 위해 산다"면 모든 것이 순탄하기만 할 것이라고 생각하는 현대의 기독교 신앙은 20세기 헐리우드 각색 영화이다(딤후 3:12).

2:10 너는 고난받게 될 일들을 전혀 두려워하지 말라. 보라, 마귀가 너희 중 몇 사람을 감옥에 던져서 시련을 당하게 하리니 그러면 너희가 열흘 동안 환란을 받으리라. 죽기까지 신실하라. 그러면 내가 네게 생명의 면류관을 주리라.

"생명의 면류관"은 미래에 구원받게 될 사람들에게 약속된 것이 아니다. 본문은 만일 여러분이 죽기까지 신실하면 영생을 얻을 것이라고 말하는 것이 아니다. 그것은 여러분이 죽기까지 신실하면 "생명의 면류관"을 받을 것이라는 뜻이다. 면류관은 물론 보상이다. 사람들은 성경을 어떻게 읽기에 그렇게도 이상한 기도를 하는가? "주님, 제가 끝까지 신실하도록 도우소서"라든지, "주여, 제가 끝까지 인내하도록 도와주소서," 또는 "주님, 제가 믿음을 끝까지 지키도록 도우시고 마지막에 우리 모두를 하늘나라로 인도하소서"라는 기도를 한다. 이들은 성경을 올바로 나누지 못함으로써 사람이 거듭날 때 하나님께서 그를 끝까지 지키신다고 약속하신 것을(고전 1:7–9) 알지 못한 채 이런 식으로 기도하는 것이다. 계시록 2:10의 약속은 여러분이 "죽기까지 신실하면" 영생을 주시겠다는 것이 아니라 생명의 면류관을 주신다는 것이다.

이 면류관은 그리스도의 심판석에서 주어지는 보상으로 여러분 도표의 8인치와 10인치 사이에서 일어날 것이다. 환란이 지상에서 일어나는 반면 그리스도의 심판석은 하늘에서 있게 된다. 그리스도의 심판석에서 그리스도인은 보상받고 그들의 "면류관"을 받는다(이 면류관은 야고보서 1장, 베드로전서 5장, 데살로니가전서 2장, 고린도전서 9장, 디모데후서 4장, 계시록 2장에 나와있다).

『**너는 고난받게 될 일들을 전혀 두려워하지 말라.**』(예수님께서도 마태복음

10:28에서 이렇게 말씀하셨다). 『**마귀가 너희 중 몇 사람을 감옥에 던져서**』 (10절). 이 일은 스머나 교회 기간에 엄청나게 일어났다.

2:11 귀 있는 자는 성령께서 교회들에게 말씀하시는 것을 들을지어다. 이기는 자는 둘째 사망으로부터 해를 받지 아니하리라.

여기서는 다시 한 번 여러분이 이기지 못한다면 둘째 사망의 피해를 입을 것이라는 경고가 암시되어 있다(모든 그리스도인은 이미 이겼음을 보여 주는 요한일서 4:4과 5:4을 기억하라).

다음 교회사 기간은 교회사에서 대단히 중요한 시기이다. 이 때와 같은 시기를 찾으려면 1952년으로 올라와서 교황 조니(Papa Johnny)의 “바티칸 공의회”를 봐야 할 것이다. 이 기간 동안 교회는 급속도로 빠르게 파멸되어서 종국에 가서는 사도 바울이 전파했던 신약 그리스도인의 믿음은 교회에서 전혀 찾아볼 수 없게 된다. 이 기간에 일어난 일은 뒤따르는 교회사에 끔찍한 결과를 초래한다.

스머나 기간에 교부들, 변증자들과 글을 쓰는 이들은 모두 그들의 생애를 믿음을 전파하는 대신 믿음을 옹호하면서 보내기 시작한다. 그들은 그들의 전 생애를 믿음을 성장시키고 전파하는 대신 믿음에 관해 논쟁하면서 보냈다. 이 기간에 믿음을 성장시키고 전파한 순교자들은 죽임을 당했는데 이들 그리스도의 증인들이 실제적이고 진정한 사역자들이었다. 이들이 로마제국에 그렇게 압도적인 영향을 끼쳤기 때문에 이 기간의 끝 무렵(A.D. 300년이나 A.D. 325년경) 콘스탄틴(Constantine)이 로마 황제가 되었을 때 그는 동부와 서부 제국을 함께 유지할 수 있는 유일한 방법은 그리스도인들을 합병하는 것으로 그들에게 로마 시민의 권리와 자유를 주어 그들을 로마제국의 일원으로 만들어야 함을 즉각 알아차렸다. 스머나 기간(A.D. 200–325)은 교회사에서 가장 위험한 기간이다. 왜냐하면 이 기간에 순교하는 교회는 순교당하기에 지쳤고 모든 실제적인 이유 때문에 로마 교회가 되기를 갈망하는 때

이기 때문이다.

이 기간에는 하나님의 말씀에 반대되는 교리를 가르치는 수십 개의 이단들이 있었다. 대표적인 무리는 "유대주의자들"(Judaizers)로서 그리스도인은 유대인이고, 행위로 구원받으며, 구약은 영적이고, 구원은 믿음과 행위로 이루어진다고 가르친다. 유세비우스(Eusebius, A.D. 264-340)는 이 어리석은 교리와 더불어 그리스도인은 이것이나 저것을 해서는 안 된다고 행위를 강조하여 제대로 행하지 않으면 구원을 잃어버릴 것이라는 비성경적인 가르침을 전하였다. 희랍의 "영지주의자들"(Gnostics)이 이 기간에 나타났는데 그들은 첫 "과학자들"로 보통 사람들보다 우월한 지식을 주장한다.

타티안(Tatian, A.D. 160)은 개종한 학식 있는 헬라어 학자로서 이 무리를 공박하는 글을 쓰는 데 많은 시간을 바쳤다. 바실리데스(Basilides, A.D. 138)는 자칭 그리스도인이었으나 실제는 범신론자였다. 발렌티누스(Valentinus, A.D. 160)는 헬라어를 사용하는 이집트 철학자로서 이 기간에 글을 썼다. 수많은 분파와 조직이 나타나서 하나님의 말씀을 모독하고 반박했으며 이단 교리를 가르쳤고, 이들을 대항하는 글을 썼던 다수의 교부들에 의해 논박당했다. 이들의 "문답"은 복음을 전파하는 대신 글을 써서 논쟁하는 것으로 점차 발전되었다. 사람들의 개인적인 글이 성경과 동등한 권위가 있는 것처럼 "클레멘트 서신서"(Epistles of Clement), "허마의 목자"(Shepherd of Hermas), "바나바 서신"(Epistle of Barnabas) 등등이 성경에 고착되기 시작한 것이 이 기간이다. 이런 글은 갑자기 나타나기 시작했고 로마 주교들은 이것들이 하나님의 말씀과 동등한 권위가 있다고 여긴다. 퍼가모 기간에는 "시내 사본"과 "바티칸 사본"이 쓰여지고, 이 로마카톨릭의 두 북아프리카 사본은 RSV, ASV, 모펫(Moffat), 웨이마우쓰(Weymouth), 굿스피드(Goodspeed), 센테니얼(Centennial), 앰플리파이드(Amplified) 등등에 기준자료로 사용된다. 스머나와 퍼가모 두 기간에 알렉산드리아의 철학자들과 헬라어 번역자들은 그들의 사이비 기독교를 만들어낸다. 이 기간에 기독교 신앙(이단들과 헬라 철학자들과 논쟁하면서)은 점차 철학적으로 되어가며 느슨해지다가 마침내 로마 교회에 타협한다.

교회를 이런 배교로 인도하는 자들은 이레내우스(Irenaeus), 오리겐(Origen),

유세비우스(Eusebius, 콘스탄틴 황제를 우상화한 캐사리아 주교)등이다. 유세비우스는 콘스탄틴과 내통해서 교회를 로마 황제인 콘스탄틴의 수중에 들어가게 했다. 콘스탄틴 황제의 합병은 나중에 로마"카톨릭" 교회가 되는데, 물론 이 교회는 기독교적이거나 성경적이지 않고 그 모습이나 형태도 전혀 신약에 충실하지 못하다. 알렉산드리아의 클레멘트(Clement, A.D. 200)는 스머나 기간에 살았으며, "알렉산드리아 학파"를 형성해서 성경을 개정하고 바꾸기 시작했고, ASV와 RSV 같은 현대의 대실패작들에 사용된 헬라어 사본들을 썼다.

"헤시키안"(Hesychian) 계열 헬라어 원문(모든 새 성서들에 사용된)은 웨스트코트와 홀트(Westcott & Hort) 원문으로 불리는데 스머나 기간에 생겨났다. 오리겐은 A.D. 185년에 태어나서 이 기간에 활동한다. 오리겐은 자칭 그리스도인이었지만 성경을 과학적 · 비평적으로 연구하여 난도질했는데 성경을 고치고 바꾸어서 개정했다. 이렇게 하는 동안 만인 구원론, 침례에 의한 중생, 혼의 수면, 그리고 '하나님은 무엇을 알고 계신가'를 가르쳤다. 오리겐은 "비유적인" 성경해석을 믿었다. 그는 어린아이가 죽으면 구원받기 위해 침례받아야 한다고 믿었다(물론 카톨릭은 이것을 수용했다). 오리겐의 성경해석법은 안티옥을 제외한 교회 전 지역에서 채택되었다. 안티옥은 제자들이 처음으로 "그리스도인들"이라 불린 지역이다(행 11장). 오리겐의 해석법은 "영적인" 해석으로 발선되어 마침내 성경을 무력하게 만들었는데, 그 결과 로마의 주교가 하나님의 말씀 대신 최종권위가 되어 버렸다.

스머나 - 퍼가모 기간에 글을 쓴 자들은 오리겐(가장 나쁜 영향을 끼쳤다.)이 A.D. 185-254년까지, 알렉산드리아의 클레멘트가 A.D. 200년에, 디디머스가 A.D. 313- 398년까지, 시프리안이 A.D. 200-258년까지, 제롬이 A.D. 345-429년까지 활동했으며, 어거스틴이 바로 뒤에 등장한다. 이들은 "알렉산드리아 교부들"(Alexandrian Fathers)이고 "후기 니케아 교부들"(Post Nicene Fathers)이며, 어거스틴은 "서방계열"(Western)의 창시자였다. 안티옥은 성경적인 노선을 유지했고 이그나티우스(A.D. 107), 루시안(A.D. 312)과 크리소스톰(A.D. 345)이 활동했다. 카톨릭이 인용하는 자들은 유세비우스, 제롬, 이레내우스, 파피아스, 시프리안, 어거스틴과 클레멘트이다(오리겐은 <킹제임스 성경>을 변개시킨 RSV, RV, ASV 같은 많은 개정본의 근원이다. 이 개정본들은 전혀 새로운 것이 없다. 이것들은 북아프리카의 이집트 알렉산드리아에서 오리겐이 3세기에 만든 성서에 근거한다. 이것은 성경이 하나님의 말씀임을 믿지 않은 헬라어 학자들이 만든 것이다).

콘스탄틴은 스머나 기간 끝 무렵에 교회와 화친했는데 이 기간의 다음 세 가지 움직임을 주목해야 한다.

1. 이단들의 태동과 하나님의 말씀을 대적하는 압도적인 반발이 철학자, 학자들, 그리고 로마제국에 의해 일어났다.

2. 엄청난 그리스도인의 순교 행렬이 있었다. 즉 수많은 그리스도인들이 믿음을 지키기 위해서 로마제국에 의해 죽임을 당했다.

3. 교부들이 등장했다. 이들은 자신들이 하나님의 말씀보다 더 권위가 있다고 생각했으며 일을 수행하기 위해 권위 있는 성경 대신 권위 있는 교회를 세우는 데 주력했다. 이들은 자기들의 목적 달성을 위해 어떤 일도 서슴지 않았다. 이들이 원본 헬라어 성경을 개정하고 바꿔서 북아프리카의 이집트 알렉산드리아에서 자신들의 성경으로 만들어 버렸다. 이들은 퍼가모 기간에 일어난 일들의 뿌리요 근원인데 이 기간에 로마카톨릭 교회가 시작되었고 A.D. 325년 니케아 종교회의가 기점이 된다.

교황들이 얼마나 많은 사도직 계승자들이 A.D. 325년 이전에 있었다고 주장하든지 간에 성 리누스(St. Linus)에서 A.D. 311년 성 멜키아데스(St. Melchiades)까지 소위 "교황들"의 모든 명단이 날조되고 표절되었다는 사실은 변치않고 남아 있다. 이 기간에 유일하게 참된 그리스도인들은 로마제국이 죽인 거듭난 성경대로 믿는 순교자들이었다. 로마는 하나님을 거부하고, 황제를 숭배하며, 그리스도를 부인하고, 성경을 반박했던 박해자들이었을 뿐이다.

그러므로 스머나는 "몰약"으로 상징되는 교회 기간으로 참된 그리스도인들이 죽임을 당하고, 화형당하며, 고문당하고, 살해되는 기간이다. "교부들"은 교회를 로마제국처럼 강력하게 만들려고 세상 학문, 세상 철학과 경쟁하면서 논증법, 소책자, 논문들을 쓰고 있었다. 퍼가모 기간에 콘스탄틴이 어떻게 이 강력한 교회를 이교도 로마제국과 혼인시켜서 두 개를 같은 멍에에 매어 오늘날 "카톨릭"이라 불리는 거대한 로마의 반기독교적 교회로 발전시켰는지 볼 것이다.

2:12 퍼가모 교회의 천사에게 편지하라. 날카로운 양날 가진 칼을 가지신 분이 이 일들을 말씀하시느니라.

우리는 이제 퍼가모 교회에 왔는데 A.D. 325년에서 A.D. 500년까지의 교회사 기간이다. 퍼가모 기간은 로마"카톨릭" 교회의 등장으로 특징지워지며 뒤이어 암흑 시대가 따라 온다(여러분은 로마카톨릭 교회가 권세를 잡는 곳은 어디에서나 도덕적, 사회적, 지적, 종교적인 분열이 있음을 볼 것이다. "암흑 시대"는 올바른 명명이다. 이 시대는 500년에 교황 그레고리와 더불어 시작해서 1520년 마틴 루터에 이르러서도 사실 끝나지 않는다. 이것은 역사이지, 로마카톨릭이 여러분에게 믿도록 하는 것처럼 프로테스탄트의 편견이 아니다. 로마카톨릭 교회는 지상에서 가장 고집스럽고 독단적이며 편협하고 미신적인 종교 조직이기 때문에 모든 사람을 반카톨릭이라고 비난하는 것은 놀라운 일이 아니다).

『**날카로운 양날 가진 칼을 가지신 분이 이 일들을 말씀하시느니라**』(12절). 교회를 향한 메시지가 두 개의 양날 가진 칼을 가지신 분의 모습으로 주어지는 것을 주목하라. 이 모습은 히브리서 4장, 에베소서 6장, 계시록 1장에 "하나님의 말씀"으로 정의되어 있다.

"퍼가모"는 "숱한 결혼"을 뜻하며, 이 교회는 세상에 연합하는 것이 특징이다. 메시지는 A.D. 325년에 세상과 결혼한 교회를 향한 것이다.

2:13 내가 너의 행위와 네가 거하는 곳을 아노니, 곧 그곳은 사탄의 자리가

있는 곳이라. 네가 나의 이름을 굳게 붙들어서 심지어는 나의 신실한 순교자 안티파가 너희 가운데, 곧 사탄이 거하는 곳에서 죽임을 당하던 그 날들에도 나의 믿음을 부인하지 아니하였도다.

이 교회는 사탄이 거하는 곳에 산다고 한다. 역사적으로 흥미있는 사실은 퇴색한 바빌론의 신비적인 제사장직인데, 이 제사장직은 님롯, 세미라미스, 탐무스의 종교로서 십자가의 표적을 지니고 12월 25일(크리스마스)에 호랑가시나무, 겨우살이, 굵은 장작, 종들, 묵주, 부활절 토끼, 양초 등으로 장식한 탐무스의 동정녀 탄생에 대한 가르침으로 B.C. 133년 바빌론에서 퍼가모로 옮겨졌다. 이 신비적인 바빌론 종교는 요한이 계시록을 쓰던 때에 퍼가모에 나타났는데, 본문은 이 퇴색한 바빌론 제사장직이 A.D. 313년에 로마 교회 내부로 이동했음을 보여 준다.

니케아 종교회의에서 콘스탄틴이 기독교 교회를 세상과 통합하여 (여러분이 오늘날 바티칸에서 보듯이) 교회와 국가를 하나로 만들었을 때 구약에 나타난 신비의 바빌론 종교를 취했던 것이다. 이 종교에 관해 조금이라도 의심이 있다면 계시록 2:20의 주석에서 “아버지”라 불리고 검은 제의를 입은 신부들의 종교가 B.C. 1800년만큼이나 오래되었음을 알 것이다! 이것은 저속한 쇼가 기독교와 전혀 무관한 것과 같다.

이 무리는 사탄의 자리가 있는 곳에 살고 있다. 그는 그 자리에서 권위적으로 거침 없이 말한다.

퍼가모 그리스도인들은 초기에 로마제국 치하에서 살았는데 이제는 로마교황 치하에 있게 되었다(바티칸은 로마제국이 그 동안 학살한 많은 그리스도인보다 열 배나 더 많은 수를 죽였던 것이다). 이 교회 기간에 세상과 결혼한 로마 교회에 의한 신실한 그리스도인들의 순교가 시작된다.

2:14 **그러나 내가 네게 두어 가지 책망할 것이 있나니 이는 네게 발라암의 교리를 지키는 자들이 있음이라. 그가 발락을 가르쳐 이스라엘 자손들 앞에 거치는 것을 놓게 하며, 우상에게 바친 제물을 먹게 하고 또**

음행하도록 하였느니라.

이 교회의 주된 책망은 "발라암의 교리"를 붙드는 사실이다. "발라암의 교리"가 무엇인지 알기 원한다면 민수기 22,23,24,25장을 살펴보라.

간단히 말해서 "발라암의 교리"는 발라암 스스로가 이스라엘 자손을 저주할 수 없었던 사실에서 기인한다. 하나님께서는 발라암에게 이스라엘을 저주하지 말라고 하셨고 만일 발라암이 그들을 저주하면 그를 죽이겠다고 위협했다. 그래서 발라암은 하나님이 친히 이스라엘 자손을 죽일 만한 상황에 빠뜨릴 한 방법을 모색했다. 그는 모압 왕 발락에게 모압인들과 유대인들을 결혼하도록 가르쳐 그들을 결혼시킴으로써 하나님께서 친히 그들을 죽이게 했다. 이것이 민수기 25:1-8에 나타나는 "발라암의 교리"이다.

발라암의 교리는 정치적 운동이 아닌 종교적 교리로서 다음 세 가지 특징이 있다.

1. 그는 이스라엘 자손이 우상에게 바친 제물을 먹도록 가르쳤다(계 2:14).
2. 그는 이스라엘 자손이 음행하도록 가르쳤다(계 2:14).
3. 성직자가 평신도를 지배한다(계 2:15).

발라암의 경배는 발락에게 가르친 것인데 우상에게 제물을 바치고 부도덕함이 경배의식의 일부였음을 주목하라. 이 바빌론 신비종교는 하나님께 드리는 진정한 경배에 부도덕을 혼합한다. 이것은 다음의 논리에 의해 형성된 것이다.

1. 하나님은 사랑이시고 사랑은 하나님이다.
2. 하나님은 생명이시고 생명은 하나님이다.
3. 인간은 창조자로서 육적인 삶을 창조하기 때문에 인간 스스로가 신인데 삶이며 경배하는 것은 최고의 행위이며, 삶을 경외하는 것은 지고한 경배 행위이다. 그러므로 인간의 육적인 창조 행위는 최고의 경배이다! 이 말이 억지처럼 들린다면 해리 에머슨 포스딕(Harry Emerson Fosdick), 스탠리 존스(E. Stanley Jones), 크로닌(A.J. Cronin), 로이드 더글라스(Lloyd C. Douglas) 그리고 인터프리터스 바이블(Interpreter's Bible)에 나타난 NCCC(전미기독교교회

협의회)의 글들을 주의 깊게 살펴보라.

펴가모 교회는 세상과 결혼했으며 음행과 우상 숭배가 예배의 일부로 행해졌으며 또한 성직자가 평신도를 지배했다.

2:15 그리고 네게 역시 니콜라파의 교리를 지키는 자들도 있도다. 내가 그것을 미워하노라.

계시록 2:6을 보라.

2:16 회개하라. 그리하지 아니하면 내가 네게 속히 와서 내 입의 칼로 그들과 싸우리라.

17 귀 있는 자는 성령께서 교회들에게 말씀하시는 것을 들을지어다. 이기는 자에게는 내가 감추어진 만나를 주어서 먹게 하리라. 또 그에게 흰 돌을 주리니, 그 돌에는 새로운 이름이 기록되어서 그것을 받는 자 외에는 아는 사람이 없으리라.

본문은 주석가에게 전적으로 애매한 부분이다. 영적으로 여러분은 사람이 죄를 고백하고 구원받을 때 그는 "죄가 없다"고 말할 수 있다. 그러므로 고대 관습에 의하면 그는 검은돌 대신 흰돌을 받는다. 그 돌은 예수 그리스도이기에 여러분은 "그리스도 안에 있고" 그리스도 안에서 "새 이름"을 가졌다고 말할 수 있다. 이것은 영적인 적용이기 때문에 모든 문제가 해결된 것은 아니다. 필자는 모든 문제를 풀 수 있다고 하지는 않았다. 성경 전체를 안다는 것이 아니며 단지 구절들이 어디에 있는지를 알 뿐이다. 이러한 나의 입장을 샘 존스가 잘 말해 준다. "내가 성경의 모든 것을 이해한다 해도 나보다 더 알지 못하는 글을 쓴 누군가를 아는 정도이다." 펴가모 기간은 A.D. 325년 로마"카톨릭" 교회의 등장으로 특징지워진다. 콘스탄틴은 로마 황제로서 그의 밑에 주교들을 거느리고 교회의 머리가 되었고 교회가 너무도 재빨리 "녹아 버려서" 아무 남은 것이 없을 정도다. 우선 콘스탄틴은 주교들에게 돈을 주어 바실리카 회당들을 "교회"로 바꾸게 하고 금과 은으로 장식한 세마포를 입혔으며 나무 설교단 뒤에 서 있는 대신 대리석 보좌에 앉게 했다! 이 교회와 국가의 연합으로 그리스도인들은 학교에 다니는 것이 허락되었고 자유와 권리를 부여받았다. 타락한 교부들, 즉 어거스틴(가장 어리석었던 자), 제롬, 클레멘트, 그리고 당시의 세속적인 나머지 그리스도인들 - 주님과 교제가 분명히 멀어진 - 은 박해가 중단되었기 때문에 (이제는 큰 건물에서 금·은·보석으로 치장하고 예배를 드리고 더 이상 사자들에게 던져지지 않게 됨), 그리스도의 천 년 통치가 시작되어 지상에 "천국이 임했다."고 생각했다! 이것이 오늘날 미국의 모든 주요 신학교에서 가르치는 후천년주의임은 물론이다! 실제 오늘날 미국에는 말할 수 없이 우둔하고 게으르며 아무짝에 쓸모없는 철학박사, 문학석사, 신학박사들이 있는데 이들은 모든 교회가 바티칸 공의회와 합치는 것이 "주의 나라"가 임하는 것으로 생각한다! 인간 본성은 변하지 않았다! 사람들은 4세기, 5세기 때와 마찬가지로 20세기에도 똑같이 멍청하다. A.D. 325년에 발생한 모든 일은 교회가 거의 천 년 동안 그 증거를 상실하고 성경을 잃어버린 것이었다. 수도승, 교황, 사제, 주교들이 모든 것을 지배하게 되었고 순교자들의 교회는 로마 교회로 바뀌었다. 이 후천년과 무천년 환경에서 이교도와 그리스도인이 연합되었고 콘스탄틴은 교회와 더불어 그의 제국을 굳건히 하였다. 태양신을 경배하는 날(12월 25일)은 예수 그리스도의 생일로 제정되었다. 태양의 날, 즉 "태양신"의 날은 한 주간의 첫째 날이고 그리스도인들이 만나는 날이었기에 거룩하고 신성하게 여겨졌으며 제국 전역에서 특별한 날로 지키도록 구분되었다. 이 못된 장난과 더불어 결혼 반지, 가장행렬, 부활절 토끼들, 양초, 귀걸이, 분장, 놀이들, 소인극, 겨우살이, 동정녀 마리아 숭배, 침례에 의한 중생의 가르침, 연옥에 있는 혼들, 행위에 의한 구원 그리고 이외에도 로마 교회가 15세기 동안 관대히 여겼고 장려했던 모든 불경건하고 타락한 더럽고 썩어빠진 가증한 일들이 있다.

이 교회는 정통이라고 주장하며 사도신경을 믿는다고 고백한 주교들에 의해 A.D. 325년에 시작되었다. 사도신경을 주의 깊게 읽어 보면 사도신경에는 예수 그리스도의 재림에 관해 구체적으로 언급되지 않았음을 알 것이다. 유대인들이 쓴 유대인 성경을 해석하는 열쇠는 유대인들이다. 유대인들의 열쇠는 재림 때에 그리스도께 속한 유대인들을 향한 그리스도의 강림이다. 여러분이 예수 그리스도의 재림을 이해하지 못하면 성경을 올바로 이해할 수 없다. 결론적으로 A.D. 325년에 사도신경이 조성되었을 때 예수 그리스도의 재림에 관한 구체적인 내용이 담기지 않았기 때문에 어떤 교회도 그 위에 설 기반이 없었고, 모든 것은 그들이 정통을 주장하는 것과는 반대로 전락하고 말았다. 니케아 종교회의는 정통 신앙의 승리가 아니라 종교 재난이었다.

이 기간에 활동한 자들은 라틴 "교부들"이거나 "후 니케아" 교부들인데 이들이 교황들의 기초가 되었다. 그들 중에 북아프리카의 어거스틴(A.D. 354-430), 디디머스(A.D. 323-398), 아타나시우스(A.D. 297-373), 예루살렘의 시릴(A.D. 380-444) 등이 있다. 어떤 면에서는 참된 정통 신앙을 드러내지만 대개는 변질되었다. 이 기간에 삼위일체에 관한 논쟁이 있었던 반면에 동정녀 마리아는 숭배되었다. 그리스도의 위격과 본성에 대해 논쟁하는 동안 "카톨릭"은 사람들의 구원의 수단으로 침례를 주었다. 이것은 성경으로 판단하건대 교회사에서 가장 우스꽝스럽고 가장 비극적인 한 부분이다.

이 퍼가모 기간에 로마 교회는 자기들이 성경과 동일한 권위임을 스스로 내세운다. 정통을 주장하면서 로마 교회는 사탄이 사람들의 마음에 몰래 묻어 둔 가장 터무니없고 천치 같은 이교의 미신적이고 섬뜩한 것들을 교리로 가르치고 있다(이따위 종교적인 어리석음은 마가복음 7:1-14에 언급되어 있다).

교회사의 이 기간에는 클레멘트(Clement), 암브로스(Ambrose), 바실(Basil), 두 그레고리(two Gregorys, 어느 정도 정직한 신앙을 전파했다), 테오빌로(Theophilus)가 있었다. 그리고 A.D. 325년에 니케아 종교회의, A.D. 381년에 콘스탄티노플 종교회의, A.D. 431년에 에베소 종교회의 그리고 A.D. 451년에 칼세도니 종교회의가 열렸다.

퍼가모 기간에 외경이 영감 있는 문헌으로 로마카톨릭 성경에 포함된다! 이것은 포고(Pogo)나 릴 아브네(Li'l Abner)보다 더 영감이 없는 것이다. 이 기간에 어거스틴이 글을 쓰고 제롬(A.D. 340-420)이 라틴어역 성경인 벌게이트(Vulgate)를 만든다. 교황 이노센트, 교황 레오, 교황 그레고리 그리고 모두 비슷하게 미혹된 이탈리아 추기경들은 할로윈 복장을 입은 유령 같은 모습으로 묵주들을 딸깍기리며 불밝힌 초를 들고 거룩한 척 돌아다니지만 피델 카스트로(Fidel Castro)나 오랄 로버츠(Oral Roberts)만큼도 거룩하지 않다. 이들은 교회를 인수하여 소위 "거룩한 로마제국"의 머리인 "교황"으로 대변되는 철갑 파시스트 교회 체제를 이룩한다.

교황은 두 개의 왕관을 쓰기 시작하는데 나중에는 세 개가 된다. 한 개는 영적이며 도덕적 나라인 "하나님의 나라"의 왕관이며, 다른 왕관은 지상에 세워지고 눈에 보이는 실제적이고 문자 그대로의 왕국인 "천국"의 왕관이다. 이때부터 지금까지 계속해서 천국과 하나님의 나라가 같다고 가르쳐 왔다. 오늘날 모든 남침례 신학교에서도 그렇게 가르쳐지고 있다. 천국(the Kingdom of Heaven)과 하나님의 나라(the Kingdom of God)가 같다고 하는 이 가르침은 남침례 신학교 뿐만 아니라 감리교, 장로교, 루터교, 성공회의 모든 신학교에서 가르쳐지고 있다(이 두 나라는 영어 낱말조차 같지 않다. 여러분이 범신론자나 실용주의자가 아닌 이상 하나님이 하늘이 아닌 것을 알기 위해 초등학교 3학년 학생이 될 필요는 없다!).

우리는 펴가모 기간이 끝나는 A.D. 500년에 이르고 있다. 이 모든 더럽고 썩어 빠진 배교한 거짓 교리의 한복판에서 어두운 곳을 비추는 빛들이 있다. 크리소스톰(Chrysostom)은 "황금 입"(The Golden Mouth)으로 불리는 희랍설교자로 A.D. 407년까지 살았다(그는 니케아 종교회의에서 유세비우스가 인정한 것과 전혀 다른 성경으로 설교하고 가르쳤다. 유세비우스와 콘스탄틴은 "바티칸 사본"을 성서로 사용했다. 이것은 헤시키안 이집트 계열 원문으로 양피지에 기록되었다. 이 바티칸 사본은 외경을 담고 있으며 미국의 로마 교회 공인 성서로서 흔히 RSV, ASV로 알려져 있다. 이 두 성서는 바티칸 사본에서 나온 것이다).

크리소스톰은 이 사본을 사용하지 않았다. 북아프리카를 통해 라틴 교회로 올라가는 대신 그는 안티옥으로 해서 희랍 교회로 올라갔다. 신약이 라틴어가 아닌 헬라어로 쓰였기 때문에 크리소스톰은 올바른 성경을 가졌던 것이다. 이것은 매우 다른 성경이었기에 로마 주교들이 싫어했는데 이 성경은 나중에 <표준원문, *Textus Receptus*>이라 불린 "시리아 계열 비잔틴 원문"이었다. 크리소스톰은 복음을 전하여 사람들을 구령(soul winning)했고, 지옥불과 저주와 중생을 전파했다. 그는 불법을 행했다고하여 투옥되었고 감옥에서 풀려날 것을 기도했다. 그는 추방되어 남은 생애를 흑해에서 보냈는데 거기서 헬라어 <표준원문>을 러시아어로 번역하였다. 이것은 러시아가 <킹제임스성경, 1611>이 만들어지기 거의 천 년 전에 권위 있는 역본을 가졌음을 뜻한다! 즉 <킹제임스성경, 1611>과 같은 원문이었다.

이 암흑 기간에 진리를 전파했던 안티옥의 요한(A.D. 441)이 있었다. 또한 "패트릭"으로만 알려진 훌륭한 성도 아일랜드의 성 패트릭(St. Patrick, A.D. 389)이 있었다(그는 카톨릭이 자신을 "성인"으로 부른 것을 알았더라면 교황을 포함해서 그들의 엉덩이를 발로 걷어 차버렸을 것이다!). 패트릭은 "성 패트릭의 날"과 "녹색 제복"과 상관없었다. 성 패트릭은 저주, 중생, 전천년주의를 전파했다. 아일랜드의 숲에 들어가서 북을 치면 원주민들이 모였는데 북 위에 올라가서 그들을 향해 "여러분은 거듭나야 합니다."라고 외치면서 그들에게 라틴 <표준원문>에서 요한복음 1:12을 전파했으며, "바티칸 사본"이나 제롬의 "라틴 벌게이트"를 사용하지 않았다.

스코틀랜드와 영국에는 콜럼바(Columba), 알반(Alban), 쿠스버트(Cuthbert), 피난(Finan)이 있었다. 프랑스에는 라벤나의 피터(Peter)와 엘지우스(Elgius)가 있었다. 노르웨이와 스웨덴에는 안스가르(Ansgar), 림버트(Rimbert), 니따르(Nithard), 윌리브로드(Wilibrord), 엑버트(Egbert), 바우버트(Baubert), 하르팍(Haarfagr), 트릭베슨(Trygveson)이 있었다. 이들은 여러분에게 <킹제임스성경, 1611>으로 알려진 라틴 <표준원문>을 전파했던 위대한 전도자들이었다. <킹제임스성경>은 헬라어 <표준원문>의 영역(English translation)인데 노르웨이, 스웨덴, 영국, 스코틀랜드, 아일랜드, 독일, 스페인, 프랑스, 이탈리아, 러시아 성경들도 똑같은 것으로서 교황들이 태워 없애려 했던 표준원문 사본들이었다.

이 사람들은 복음을 전했고 수백 명을 그리스도께 인도했다. 수도승인 살비안(Salvian)은 복음을 전했으며 카톨릭 교회에 저항했다. 아다(Adda), 르뷘(Lebuin), 체드(Cedd), 쿠스버트(Cuthbert)와 아단(Adan)도 복음을 전했다. 이 초기 선교사들을 로마 교회는 미워했으며 이 선교사들도 로마 교회를 미워했다. 그들은 언제나 싸웠다. 그들은 싸우고 싸우고 싸웠으며 서로 저주했다. 교황들은 그들이 싫었고 그들도 교황들이 싫었다. 그들이 죽었을 때 교황들은 그들을 성인으로 추앙하였다(그리스도께서 이런 행위에 대해 마태복음 23:29-33에 언급하셨다). 암흑 시대의 전반부인 퍼가모 기간에는 복음을 전파했던 위대한 전도자들이 있었다.

2:18 두아티라 교회의 천사에게 편지하라. 그의 눈은 불꽃 같고 그의 발은 빛나는 놋 같은 하나님의 아들이 이 일들을 말씀하시느니라.

"두아티라"는 "고통의 향기"라는 뜻이다. 이 교회 기간에 카톨릭 교회의 종교적 파시즘 아래서 그리스도의 몸이 이전 시대의 박해와는 비교도 안 될 만큼 극심한 박해를 당한다. A.D. 300년 전까지 로마제국의 박해들은 A.D. 500년에서 1500년 종교개혁까지 로마의 교황 치하에서 자행된 박해들에 비하면 진정 아무것도 아니었다. 이 기간 역시 <폭스의 순교사>에 상세하게 다루어졌다(이 책은 로마카톨릭 교회에 의해 미국 공립학교에서 교과서로 사용되는 것이 금지되었다). 미국 공립학교의 어떤 교사도 <폭스의 순교사>를 역사로 가르칠 수 없는 것은 로마카톨릭 교회가 암흑 시대에 참된 그리스도의 몸에 자행한 잔혹한 실상이 그대로 드러나기 때문에 그들이 무조건 금지한 것이다.

두아티라 기간은 우리를 A.D. 500년에서 곧장 암흑 시대의 가장 깊숙한 곳으로 데려가 A.D. 1000년에서 1200년까지 일어난 십자군 원정까지 인도한다. 이 기간에 "콘스탄티노플 종교회의"가 있었으며 고트족, 훈족, 골족, 샤를마뉴, 반달족, 클로비스, 피핀 대제, 서고트족이 활동했다. 샤를마뉴(A.D.

742–814)가 권력을 잡고 신성 로마제국을 굳건히 한다. "교황들"은 유럽을 지배하기 위해 왕들을 통제하고자 싸웠고 왕들은 교황들로부터 정치 권력을 쟁취하기 위해 그들과 싸운다. 교황들은 왕들을 "교회의 머리"로 앉히고 정치적 발언들을 하며 여러분이 앞으로 20년 동안 미국에서 보게 될 모든 전형적인 허튼소리를 했다. 이 기간에 마리아가 신격화되고 침례에 의한 중생이 절대 진리로 가르쳐진다. 첫 3세기에 시작된 모든 썩어빠진 변절이 이 시대의 참된 성경대로 믿는 사람들 위에 던져졌다(A.D. 500–1000). 참된 성경대로 믿는 그리스도인들 – 카타리(Catharists), 도미니끄(Dominicans), 프란시스(Franciscans)파 – 은 로마 교회 체제에서 빠져 나왔으며 교황과 그 추종자들은 이들을 무자비하게 박해했다.

2:19 내가 네 행위와 사랑과 봉사와 믿음과 네 인내와 네 행위를 아노니 나중 행위가 처음 것보다 많도다.

20 그러나 네게 두어 가지 책망할 것이 있나니 이는 네가 자칭 여선지자 이세벨이란 여자를 용납함으로 그녀가 내 종들을 가르치고 유혹하여 행음하게 하고 우상에게 바친 제물을 먹게 하기 때문이라.

본문은 이 교회가 처음 행위를 떠난 원인을 보여 준다. 이 여인은 지역 교회에서 역사적으로는 "이세벨"이라 불린다. 진실한 성경 학도라면 이 여인이 누구인지 정확히 알고 있다. 열왕기에 나오는 "이세벨"을 말하는데 그녀는 여선지자였고, 종교 지도자였으며, 바알의 시녀인 "하늘의 여왕"과 더불어 바빌론 종교의 예배 대상인 바알을 숭배하였다.

이 두아티라 교회의 여인은 이세벨처럼 잘못된 것을 가르쳤는데, 우리는 구약에 나타난 그녀의 교리를 예표를 통해 즉시 확인할 수 있다. 성령께서 여러분에게 아주 간략히 관련 구절들을 보여 줄 텐데 여러분 생애에서 눈이 떠지는 충격이 될 것이다. 주목하라.

창세기 49:17, 단 지파는 뱀으로 불린다.

신명기 33:22, 단은 사자의 새끼라고 불린다. 단 지파는 사자와 뱀과 같다. 여러분이 성경을 안다면 이것이 누구를 상징하는지 알 것이다. 사탄은 창세기 3장에서 뱀으로, 베드로전서 5장에서는 사자로 불린다.

재판관기 18장, 단 지파는 자기 지파를 위해 한 젊은이를 제사장으로 둔다.

재판관기 18:19, 이 제사장은 "아버지"(father)라 불린다.

재판관기 18:20, 이 "아버지"는 우상들을 예배도구로 사용한다.

재판관기 18:28, 단 지파는 페니키아 해변의 시돈과 투로에 정착한다.

재판관기 18:30,31, 그들(단)은 거의 천 년 동안 완전히 배교한다. 페니키아인들이 살았던 시돈으로 올라오면 단 지파가 예배도구로 우상들을 사용하는 "아버지"라는 제사장들과 함께 이교도와 혼합되는 것을 발견한다. 시돈에 관해서는 의심의 여지가 없다. 창세기 10:19을 보면 함족(카나안인)이 이 지역에 정착해서 바알을 숭배한다.

열왕기상 16:29-33, 아합이 왕위를 계승하고 시돈왕의 딸과 결혼하여 바알과 페니키아 신을 섬긴다. 여기에 이세벨이 등장한다.

열왕기상 18:26, 단 지파가 관련된 페니키아의 바알 숭배를 좀 더 설명하면 그들은 아침 10시(혹은 11시)에서 12시 정오까지 숭배한다.

열왕기상 18:24,25, 그들은 태양 불을 숭배했으며 태양신을 그의 날인 "일요일"(Sunday)에 숭배했다.

열왕기상 18:28, "아버지"라 불린 이 검은 제의의 제사장들은 몸을 절단하고 그들의 죄를 지불하기 위해 고해성사를 한다. 그들은 하나님께로부터 자기들이 원하는 것을 얻기 위해 몸에 상처를 내거나 일부를 절단한다.

열왕기하 10:22, 이 검은 제의의 "아버지"라 불리는 바알 제사장들은 단 지파이며 아합과 이세벨을 위해 페니키아의 바알을 숭배하는데 제의인 긴 옷을 입는다. 결과적으로 그들은 제의 때문에 제의 보조인을 두게 된다.

예레미야 10:1-5, 태양신인 바알(그의 생일은 12월 25일)을 숭배하는 이들은 나무꾼이 숲에 가서 잘라온 호랑가시 나무가지들로 예배당을 장식한다.

예레미야 44:17,18,19,25, 그들은 "하늘의 여왕"(교황들도 그렇게 부르는데 이상하지 않은가!)이라 부르는 여신에게 케익을 바치는데 이것은 페니키아 바알 숭배가 무엇인지 그 정체를 명확히 확인하게 해준다.

함의 자손에서 유래하고 "아버지"라 불리는 검은 제의의 제사장들과 더불어 단 지파가 관련된 북아프리카의 페니키아 바알 숭배는 일요일 오전 10시나 11시부터 12시 정오까지 숭배하며 크리스마스를 지킨다. 이들이 최초의 적그리스도 숭배자들이며 사탄의 무리이다. 이것은 암흑 시대의 미신이나 프로테스탄트의 편견이 아니다. 이것은 성경이 성경을 해석한 것, 즉 성경 구절을 비교하여 얻어진 것이지 어떤 사람이 아무렇게나 사사로이 해석한 것이 아니다. 여러분은 성경을 읽기만 하면 된다. 본문은 이세벨 그 여인이다.

『**내 종들을 가르치고 유혹하여 행음하게 하고 우상에게 바친 제물을 먹게 하기 때문이라.**』 그녀가 발라암의 교리를 가르치는 것을 주목하라(14절과 20절을 비교하면 같은 내용임을 알 수 있다).

2:21 또 내가 그녀에게 자기의 음행을 회개할 기회를 주었으나 그녀가 회개하지 아니하였도다.
22 보라, 내가 그녀를 침상에 던질 것이며, 그녀와 더불어 간음하는 자들도 자기들의 행위를 회개하지 아니하면 대환란에 던지리라.

회개할 기회는 A.D. 325-500년이었다. 그녀의 주위에 어슬렁거렸던 자들도 그녀가 당한 것과 같은 환란에 빠지는 것을 주목하라. 여러분은 이 무리에서 나와 있으라고 경고받는다! (계 18:1-8).

2:23 또 내가 그녀의 자녀들을 사망으로 죽이리라. 그러면 모든 교회들은 내가 사람들의 속과 마음을 살피는 자임을 알게 되리라. 또 내가 너희의 행위에 따라 너희 각자에게 주겠노라.

본문을 A.D. 500에서 1000년까지의 교회 시대에 적용한다면 이 구절의 "사망"은 유럽에 일어났던 "흑사병"이다.

2:24 그러나 내가 너희와 두아티라에 나머지 사람들, 즉 이 교리를 받지 아니하고 그들이 말하는 사탄의 깊은 것들을 알지 못하는 많은 자에게 말하노니, 내가 어떠한 다른 짐도 너희에게 지우지 아니하겠노라.

현재의 "카톨릭" 교회가 본래 북아프리카 함족의 페니키아 바알 숭배자들의 20세기 재현임을 많은 사람이 알지 못한다. 많은 "카톨릭 신자"도 이 사실을 모르는데 그 이유는 그들이 성경을 제대로 공부하지 않기 때문이다. 하나님께서는 이들에게 마땅한 것 외에는 어떤 짐도 지우지 않겠다고 말씀하신다.

그러나 사람을 두려워하여 이 진리를 거부하는 어떤 사람이 이것을 읽는다면 알아두어야 할 것이 있다네. 친구여, 자네는 하나님께 죄를 지었으며 자네는 그것에 합당한 대가를 받을 것이네. 자네가 하나님의 말씀을 읽지 않아서 고의로 하나님의 말씀에 무지하든가 아니면 내년에 자네 밥줄이 끊어질 것을 염려하여 방금 읽은 것이 진리임을 거부한다면, 친구여, 자네는 죄를 지은 것일세. 『**반드시 너희의 죄가 너희를 찾아낼 것임을 알라**』(민 32:23). 잠시라도 "무지"를 "무죄"로 생각지 말게. 자네의 어리석음이 자네를 정당화시키지 않는다네! 하나님께서는 자네의 드러나지 않은 동기를 아시기에 그 태도를 반드시 심판하시지(약 4:17).

2:25 그러나 너희가 이미 가진 것을 내가 올 때까지 굳게 잡고 있으라.
26 이기고 나의 일들을 끝까지 지키는 자에게는 내가 민족들을 다스리는 권세를 줄 것이요
27 그가 철장으로 그들을 다스리리니, 그들이 질그릇같이 산산조각으로 부서지리라. 나도 내 아버지께로부터 받은 것이 그러하니라.
28 또 내가 그에게 새벽별을 주리라.

29 귀 있는 자는 성령께서 교회들에게 말씀하시는 것을 들을지어다.

"철장"(계 12:3-6).

질그릇같이 산산조각으로 부서지리라(as the vessels of a potter shall they be broken to shivers)에서 "전율"(shivers)이란 단어 보다 우리에게는 "부서진 조각들"(splinters)이 더 익숙하다.

이 네 번째 교회 시대에서 우리는 A.D. 500년에서 1000년까지 살펴보았다. 이 기간은 기독교 역사에서 가장 어두운 때이다. 그 이유는 이 기간의 거의 모든 사람이 "카톨릭" 신학자들만이 옳고, 성경은 너무 이해하기 어려운 것이라고 믿었기 때문이다.

이 시대의 진정한 설교자들은 시엔나의 버나디노(Bernadino), 로잔느의 헨리(Henry), 탄첼름(Tanchelm), 로이따르(Leuthard), 브레스키아의 로베르뜨(Robert), 쎄그니의 브루노(Bruno), 삭소니의 루돌프(Rudolph), 빈센트 페레(Vincent Ferrer) 그리고 네스토리안들(the Nestorians)이다. 빌라노바의 아놀드(Arnold)는 플로리스의 죠아킨 (Joachin), 루마니아의 버솔드(Berthold, 1210) 그리고 탄첼름과 로이따르도 훌륭한 설교자였고 레이몬드 룰(Raymond Lull, 1235)도 위대한 선교사였다.

이 기간에 한결같이 두드러졌던 한 가지 사실은 제롬의 라틴 벌게이트(Latin Vulgate)를 사용한 교황들은 아무도 구령하지 않았고 어떤 영적인 성장에도 이르지 못했다는 사실이다. 제롬의 라틴 벌게이트는 수도승들이 수도원에 보존해 놓았다. 그러나 길거리에서 가난한 사람들 속에서 전파하고 아프리카와 인디아에서 선교사역하며 구령했던 사람들은 동방 희랍 정교회의 헬라어 <표준원문>이나 같은 원문인 <구 라틴 성경>을 사용했다. 이것은 비잔틴 원문으로 <킹제임스성경, 1611>의 원문이기도 하다.

요한계시록 3장

우리는 이제 교회사 가운데서 "사데 교회 시대"에 이르렀다. "사데"는 "붉은 자들"이란 뜻이다. 이 기간의 성도들이 "붉은 자들"이라 불린 것은 아무 이유 없이 된 것이 아니다. 이 시대가 순교와 유혈로 점철되기 때문이다. 사데 기간은 로마카톨릭 신부들과 교황들의 장려 속에서 수천의 성경대로 믿는 그리스도인들이 살해를 당한다. 이 기간에 스페인에 종교 재판소가 등장하며, 교황이 비무장 프로테스탄트들을 죽였던 무장 카톨릭 신자들에게 훈장을 수여한 위그노의 대학살(the massacre of the Huguenots)과 성 바돌로매 날의 대학살(the St. Bartholomew Day Massacre)이 있었다.

이 일들이 수백 년 전의 사건이기에 멀게 느껴진다 해도 같은 사건들이 다시 일어날 것을 기억해야 한다. 앞서도 말했지만 "사람이 역사에서 배우는 유일한 것은 역사에서 결코 아무것도 배우지 않는다는 것이다." 예수 그리스도께서 초림하셨을 때 로마가 권력을 잡고 있었지 결코 러시아가 아니었다.

"붉은 자들"이란 뜻의 사데 기간은 암흑 시대의 한가운데인 A.D. 1000년경부터 시작하는데 십자군 원정과 살라딘, 징기스칸의 침략이 있었고 이 기간에 영국과 프랑스 사이의 백년 전쟁이 있었다(1337-1450). 르네상스가 시작되고 단테, 복카치오, 발작과 오마르 카얌의 글들이 쏟아져 나왔고, 십자군 원정으로 아시아 문화와 문명이 유럽으로 쇄도했고, 힌두와 모슬렘의 철학과

학식이 스페인과 그리스에 유입되었다.

무엇보다 이 기간에 헬라어 <표준원문>(<킹제임스성경>의 번역자들이 사용했던) 사본들이 증가한다. 이 사본들은 희랍 정교회들에서 발견되어 헝가리, 보헤미아, 불가리아를 거쳐서 마틴 루터의 독일까지 전달된다. 지금부터 천 년 전에 하나님은 로마카톨릭 교회의 라틴 성경(제롬의 벌게이트)을 어떤 유형의 부흥에도 결코 사용하지 않으셨다. 부흥의 맥은 어거스틴과 이집트 알렉산드리아의 오리겐 그리고 이탈리아의 라틴 교회를 거쳐 스페인의 종교 재판소로 이어지지 않는다. 이것은 영적 타락과 성경 변개의 맥일 뿐이다.

부흥의 맥은 사도 바울이 안티옥(사도행전 11장에서 제자들이 처음 그리스도인으로 불렸던 곳)에서 개척하여 세운 소아시아의 일곱 교회를 거쳐서 희랍 교회로 이어진다. 희랍 교회가 배교하자 부흥의 맥은 헝가리, 보헤미아, 불가리아, 오스트리아 등지로 올라가서 마틴 루터(1468년의 구텐베르그 성경)가 살던 독일로 전해지며, 거기에서 영어를 쓰는 사람들에게로 건너가 빅토리아 여왕 통치 기간에 땅 끝까지 전해진다. 이것이 성령이 인도하신 <표준원문>의 전수 경로이다.

(하나님께서는 RSV와 ASV의 경로는 결코 사용하지 않으셨고, 앞으로도 이 성경은 종교적 혼란과 정치 분쟁 및 유혈과 강압적인 정치 외에는 결코 사용되지 않을 로마카톨릭의 북아프리카 계통이다).

사데 기간에는 교회사에서 가장 위대한 세 인물, 즉 위클리프(Wycliffe), 존 후스(John Huss), 그리고 사보나롤라(Savonarola)가 있다.

3:1 **사데 교회의 천사에게 편지하라.** 하나님**의 일곱 영과 일곱 별을 가지신 분이 이 일들을 말씀하시느니라. 내가 네 행위를 아나니 네가 살아 있다는 이름은 가졌으나 죽었느니라.**

그분은 에베소와 퍼가모 교회의 행위를 아셨던 것처럼 이 교회를 정확히 아신다. 사데 교회는 죽은 교회이다. 살아 있다는 평판은 있지만 살아 있는 것이 아니라 죽어 있다. 교인 수는 증가하지만 교인들은 성장하지 않는다! 이 교회는 "정통"이라는 이름을 가진 로마카톨릭 교회 안에서 살아남은 소수의 사람들이다. 이들은 믿음의 정통과 "사도신경" 및 동정녀 탄생 등을 믿는다는 명분은 있지만 "차갑게 죽어 버린 돌맹이"였다. A.D. 1000년경에 로마카톨릭 교회는 영적으로 죽었고 그 이후로 시체가 되어버렸다. 살아 있다는 이름은 가졌으나 전혀 살아 있지 않다(교황들은 로마카톨릭 교회가 예수 그리스도에 근거한다고 말한다. 이것은 부당한 오류이다. 왜냐하면 예수 그리스도는 "길이요 진리요 생명"이시기 때문이다. 『아들**이 있는 자는 생명이**』 있다고 했으며(**요일** 5:12) 죽음은 없다. 참된 교회는 죽어 버린 교회 조직이 아니며, 사람들에게 교회 출석을 하도록 협박하지도 않으며, 태어나기 전에 정략 결혼을 시킴으로써 사람들을 교회 회원으로 만들지도 않는다. 주 예수 그리스도의 참된 교회는 살아 있는 몸이며, 계시록 3:1의 사데의 상황은 죽은 무리를 묘사한 것이다).

이것은 많은 종교 기관에도 해당된다. 감리교는 명성을 갖고 있다. 그 명성은 높고 세련되고 오래된 것이지만 실은 죽은 명성이다. 감리교를 요한 웨슬리가 설립했기에 감리교도들은 그 설립자인 그를 존경하고 그가 영국 사회혁명에 끼친 엄청난 영향력을 알고 있다. 그러나 요한 웨슬리가 오늘날 다시 와서 평범한 한 제일 감리교회를 방문한다면 세 번째 재떨이를 지나기 전에 심장마비로 쓰러질 것이다. 유기체는 단순한 조직이 되어 버렸다(1850-1890년 대에는 어떤 사람이 자기는 감리교 신자라고 말하면 은행에서는 그가 감리교인이기 때문에 돈을 빌려주었다. 돈을 대출받으려는 사람이 은행에서 해야 했던 일이란 자신이 감리교회 성도라고 말하는 것뿐이고 은행은 그가 대출받고자 하는 액수를 대부해 주었다. 여러분이 세상의 어느 은행에 가서 소속 교회를 대고 돈을 빌려 보라. 그들은 마을 밖에까지 들릴 만큼 웃을 것이다. 감리교인은 더 이상 세상에 어떤 의미를 주지 못한다).

계시록 3장의 이 교회도 마찬가지다. 오늘날 많은 교회들은 마치 몇 개의 세포만으로 숨을 쉬는 죽어가는 허파와 같다. 참된 생명은 산 송장이 되어가는 교회에서 믿음을 지키는 소수의 성령충만한 사람들이다. A.D. 1000년에서

1500년까지 로마카톨릭 교회에는 몇 개의 빛이 있었을 뿐 교회 조직으로서는 죽었다. 카타리(Catharists), 위그노(Huguenots), 왈덴스(Waldensians)와 알비겐스(Albigensians)는 매장되지 않고 생명을 유지한다.

3:2 깨어 있으라. 그리고 남아 있으나 죽어가는 것들에게 힘을 돋우어 주라. 나는 네 행위가 하나님 **앞에 온전함을 발견치 못하였노니**
3 그러므로 네가 어떻게 받았으며 또 어떻게 들었는지 기억하고, 굳게 지키어 회개하라. 만일 네가 깨어 있지 아니하면 내가 도둑같이 네게 임하리니 어느 때에 너에게 올 것인지 네가 알지 못하리라.

주목할 것은 이 구절이 교회 시대에 영적 적용이 가능하지만 교리적으로는 환란에 대한 구체적 언급이라는 점이다. 이것은 또한 마태복음 24장과 25장의 "밤에 도둑처럼 오리니"라는 표현과 부합된다.

3:4 사데에 있으면서 자기들의 옷을 더럽히지 아니한 몇 이름들이 네게 있어 그들이 흰 옷을 입고 나와 함께 다니리니, 이는 그들이 합당한 자들이기 때문이라.

그분이 말씀하시는 이 흰 옷은 "성도들의 의로운 행실"이다(계 3:18; 16:15, 시 45편). "흰 옷"은 수고한 행위이다. 이것은 "어린양의 피로 씻은 흰 옷"(계 7:14)이 아니다. 이 옷은 성도들 자신의 의이며(계 19장) 그리스도인이 구원받은 후에 행한 선한 행위로 이 옷을 입고 그리스도의 심판석에 설 것이다(고후 5:1-10). 계시록 3:4은 진리를 전파하는 소수의 사람들이 여전히 있다는 것을 보여 준다. 교회사에서 이 사람들은 "재침례교도"(Anabaptists), "왈덴스," "알비겐스," "롤라드"(Lollards), "폴리시안"(Paulicians) 등으로 불렸으며 자연히 산 송장이었던 로마 교회에 의해 이단들로 낙인찍힌다.

3:5 이기는 자는 흰 옷을 입을 것이요, 내가 그의 이름을 생명의 책에서 지워 버리지 아니할 것이며, 또 그의 이름을 내 아버지 **앞과 그의 천사들 앞에서 시인할 것이니라.**

본문은 구원을 상실할 수 있음을 입증하기 위해 자주 사용된다(이것은 성경을 왜곡하는 전형이다). 여러분이 계시록 3:5을 주의 깊게 읽고 자세히 살핀다면 이것은 협박이 아니라 약속임을 알 것이다. 『**이기는 자는... 내가 그의 이름을... 지워 버리지 아니할 것이며**』 이것이 사람들이 온통 엉망으로 해석하는 부분이다. 그들은 이기지 못한다면 그분이 여러분의 이름을 지울 것이라고 말한다! 다시 요한일서 4:4과 5:4로 돌아가서 그리스도인은 예수 그리스도를 믿음으로써 이미 이겼다는 것을 배우라(어떤 사람이 이 구절을 "잘못 해석한다면" 성경 구절들을 비교해 보이라. 계시록 3:5은 여러분이 예수 그리스도를 믿기 때문에 생명책에서 지워지지 않을 것이라는 약속이다).

3:6 귀 있는 자는 성령**께서 교회들에게 말씀하시는 것을 들을지어다.**

이 기간은 피의 박해 기간이다. 이 기간의 위대한 설교자들로는 밀리츠(Militz), 왈덴스를 만든 피터 왈도(Peter Waldo), 콘라드 (Conradt), 존 타울러(John Tauler), 자노의 맛디아(Mattias), 틴데일(Tyndale), 위클리프(Wycliff), 후스(Huss), 사보나롤라(Savonarola), 존 콜렛(John Colet), 윌리암 루브릭(William Rubrick), 페루지아의 앤드류(Andrew), 빈센트 페레(Vincent Ferrer), 조지 칸디나스(George Candinas), 로버트 주니어스(Robert Junius), 데이비드 지비아스(David Givias) 등이 있다. 이들은 독일, 프랑스, 스위스, 스페인에서 설교했다. 이들은 거룩한 로마제국의 위장을 불편하고 언짢은 소화불량으로 가득 채워서 A.D. 1200년경에는 두 교황이 서로 "적그리스도"라고 부르는 것을 보게 된다! 이것은 꽤 재미있는데 그 이유는 앞에서 살펴보았지만 성경의 주제는 구원이나 침례, 교인 수의 증가가 아니고 예수 그리스도의 재림이기 때문이다. “적그리스도”는 그리스도께서 재림할 때 나타나는 한 인물이다(계 13장).

앞서도 말했고 다시 말하지만 이 유대인의 성경을 올바로 이해해야 비로소 올바른 위치에 있는 유대인을 이해할 수 있다. 유대인을 제 위치에 놓을 때 비로소 하나님께서 유대인에게 메시아를 보내어 그가 이스라엘의 왕으로 통치하리라는 약속이 거짓말이 아니었음을 깨달을 것이다. 예수 그리스도의 재림, 즉 이스라엘에 세워질 지상의 실제적이고 문자 그대로의 눈에 보이는 다윗의 보좌에 앉으실 메시아의 왕국 건설과 관련된 사건들을 이해하지 못한다면 적그리스도의 위치를 제대로 파악하지 못하게 된다.

사데 기간(A.D. 1200년)에 서로를 “적그리스도”라고 불렀던 두 바보 교황이 있다. 이 바보들 중 누구도 적그리스도는 그리스도의 몸인 교회가 사라진 후에 비로소 나타난다는 성경 진리를 제대로 알지 못했다! 만일 둘 중 한 사람이라도 적그리스도였다면 둘 다 구원받지 못한 것이다! 이것이 그들이 말하는 강력하고 확실하며 “권위 있는” 거룩하고 “정확무오한 지도력을 갖춘” 교황의 실상이다! 이 기간에 우리는 유럽 전역에서 계시록을 설교하고 로마 교회의 정체를 폭로하는 거리 설교자들을 본다. 여러분 마음에 조금이라도 의심이 있고 이것이 독선적이고 편파적인 진술이라고 생각한다면 성경으로 돌아가서 그들이 무엇을 설교했는지 알아보자.

(생애에서 단 한 번이라도 사물에 대한 독단과 편파적인 관점을 배제하여 보라. 잠시 동안 라이프와 룩, 리더스 다이제스트와 TV에서 지난 10년 동안 배운 것을 잊어버리라. 하나님의 말씀을 보라. 우리는 이 구절들을 해석하지 않을 것이다. 성령님께서 친히 이전에 결코 알지 못했던 것들을 보여 주시고 알아야 할 것들에 대해 눈을 뜨게 해주시도록 맡기라. 주님은 그렇게 하실 것이다.) 케네디 대통령이 피살되었을 때 그리스도인들 수천 명이 TV 앞에 둘러앉아 종교 행위들을 열심히 보았다. 검은 제의를 입은 로마 교회 신부들이 성조기에 물 붓는 것을 실제로 보았으면서도 세뇌되어 단 한마디의 항의조차 없었다. 생각해 보라! 여러분은 공산주의자들에 대해 이야기한다! 여러분은 검은 제의를 입은 신부들이(이탈리아의 교황을 그들의 최고 통치자로 인식) 미국에 충성을 맹세하고 도처에서 성조기에 물 붓는 것을 알고 있는

가? 군대에서 "미국 병사들"은 국기가 땅에 닿는 것을 절대 금하도록 교육받는데 그 위에 물 붓는 것은 내버려둔다. 누군가 그것을 "성수"(聖水)라고 했다. 이것은 미국 사람들이 얼마나 세뇌되었는가를 보여 주는 것이다. "성수" 같은 성스러운 것에 대해 들어 본 사람이 누구인가? 이런 것을 찾을 수 있는 유일한 시대는 구약 시대로서 당시 이스라엘에게 주어신 표직과 이적과 기적에서이다. "성수" 같은 것은 없으며 20세기의 성경대로 믿는 프로테스탄트들은 보다 나은 감각을 가져야 한다. "성수," "거룩한 마리아," "거룩한 십자가" 등 이런 모든 말은 거룩한 허튼소리이다! 하나님의 말씀에서 진정 "거룩한 것들"은 성령과 하나님의 성전인 믿는 자들과 하나님의 말씀, 즉 하나님 자신이시다! 거룩한 '접촉 부위' 같은 것은 없다. 하나님은 영이시다. 그분은 탁자, 라디오, 담요, 침례장, 성소 등으로 인하여 바보가 되지 않으신다.

자, 계시록 17장으로 올라가서 A.D. 1200-1400년에 설쳐댔던 "이단들"의 정체를 보자. 계시록 17:1,2에 말하기를 『**또 일곱 호리병을 가진 일곱 천사 가운데 하나가 와서 나와 대화하며 말하기를 "이리 오라, 많은 물 위에 앉은 그 큰 창녀의 심판을 네게 보여 주리라. 땅의 왕들도 그녀와 더불어 음행하였고 땅에 사는 자들도 그녀의 음행의 포도주에 취하였도다."라고 하고**』 이 구절들이 이세벨에 관해 계시록 2장에서 공부한 구절들과 얼마나 유사한지 주목하라. 그녀는 여선지자로서 교회에 거짓 교리를 가르쳤다(계 2:20). 계시록 17장의 이 여자가 이세벨인 것은 의심할 여지가 없다. 예를 들면 계시록 17:18에서 『**네가 본 그 여자는 땅의 왕들을 다스리는 큰 도성이라."고 하더라.**』고 한다.

<킹제임스성경, 1611> 스스로 해석하는 것이 놀랍지 않은가? 다른 모든 새 "성서들"이 구절들을 바꿈으로써 올바른 해석을 막는 것이 얼마나 이상한가? <킹제임스성경>이 성경이 뜻하는 것을 그 뜻대로 쓰인 곳에 말한 그대로 기록한 것은 놀라운 축복이다. 이 여자가 누구인지 짐작할 필요도 없으며 "해석"할 필요도 없다. 『**네가 본 그 여자는... 큰 도성이라.**』 여러분은 낱말을 이해한다. 그러나 문제는 읽은 것을 믿으려 하지 않는 것이다! 사람들이 성경에서 느끼는 문제는 성경이 이해하기 어렵다는 것이 아니다. 그저 성경이 너

무 어렵다고 생각하는 것이다. 여기 "도성"이라고 하는 여자가 있는데 "땅의 왕들"을 다스리는 "큰 도성"이다. 이런 도성을 알고 있는가?

『지혜 있는 생각이 여기 있으니 일곱 머리는 그 여자가 앉은 일곱 산이요』(계 17:9).

"일곱 산"위에 세워진 "땅의 왕들"을 다스리는 큰 도성에 대해 알고 있는가? 이것은 해석의 문제가 아니며 일곱 산 위에 세워진 사람들을 다스리는 도성을 아는가 모르는가의 문제이다. 자, 그 도성을 아는가 모르는가?

『또 내가 보니, 그 여자가 성도들의 피와 예수**의 순교자들의 피에 취하였더라. 그러므로 내가 그녀를 보고 크게 의아해 하며 놀랐노라』**(계 17:6).

"큰 도성"으로서 "땅의 왕들"을 다스리며 "일곱 산"에 세워졌고 "예수의 순교자들"이 죽임을 당한 그런 도성을 아는가?

계시록 17:4 **『또 그 여자는 자주색과 주홍색 옷을 입고 금과 보석과 진주로 장식하고 손에는 금잔을 가졌는데 그 잔은 가증스런 것들과 그녀가 행한 음행의 더러운 것들로 가득 찼더라.』**

"땅의 왕들"을 다스리고, "일곱 산"에 세워졌으며, 그 색깔은 "자주색과 주홍색"이고, 상징은 잔이며, "예수의 순교자들의 피"를 흘리는 그런 "큰 도성"에 대하여 알고 있는가? 성령님께서 이 책을 쓰셨고, 이 도성을 공개하고, 그녀의 이름을 밝혔고 정체를 확인했기 때문에, 로마 교회가 이 구절들을 부인하고자 했던 유일한 방법은 이 책이 A.D. 70년 이전에 기록된 것이며 그 여자는 로마제국이라고 주장하는 것이었다! 계시록 17장은 거리 설교자들이 유럽의 "신성 로마제국"에서 증거하였던 내용이다. A.D. 1500년경 거룩한 로마제국은 이런 언짢은 소화불량에 걸렸기 때문에 약 처방이 필요했다. 1252년에 교황들은 서로 적그리스도라고 불렀으며 로마카톨릭 교회는 완전히 산산조각났다. 이들은 "교리"를 열네 번이나 바꾸었으며 지금은 5년마다 바꾸고 있다! 로마카톨릭 교회는 멍청한 프로테스탄트에게 카톨릭은 교리가 항상 일관되어서 "한결 같은 가르침"을 유지하지만 프로테스탄트들은 "항상 분열한다"고 주장한다. 그러나 그것은 이솝 우화 이후로 가장 황당무계한 이야기일 뿐이다. 로마카톨릭 교회는 지난 300년 동안 정치적 신조를 5년마다 바꾸어 왔고, 교회의 교리는 지난 600년 동안에 적어도 50년마다 한 번씩 바꾸어 왔다. 그들이 일관해 온 유일한 것은 모든 구성원이 교회가 각자에게 말하는 대로 따라야 하며 그렇지 않으면 지옥에 갈 것이라는 점이다. 그 이유는 카톨릭 교회가 그 구성원들을 복종시키거나 쫓아낼 권위를 가지고 있기 때문이다. 이것이 중상이라면 콜럼버스 기사단(Knights of Columbus)의 "카톨릭 신자는 무엇을 믿는가!"의 연재물 내용이 정직하지 않은 것이다! 사데 기간에 우리는 몇몇 위대한 선구적인 종교개혁 설교자들을 본다. 위대한 존 위클리프(John Wycliffe, 1324), 위대한 존 후스(John Huss, 1369), 위대한 존 타울러(John Tauler), 북이탈리아의 위대한 사보나롤라(Savonarola, 1452) 그리고 이 기간이 끝날 무렵의 성경 번역자인 틴데일(Tyndale)이 있다.

선구적인 루터식 개혁자들 중에 가장 영향력이 컸던 사람들 중 하나는 피터 왈도(Peter Waldo, 1176)로서 그는 프랑스 리용의 부유한 상인이었다. 그는 성경과 성경적인 사상을 힘주어 강조했다. 그는 성경의 여러 부분을 자국어, 즉 사람들이 사용하는 일상어로 번역했다. 그는 또한 평신도들이 거리에서 설교해야 할 것을 강조하였으며 로마카톨릭 교회가 실수가 없다는 것을 믿지 말라고 가르쳤다. 이러한 가르침 때문에 카톨릭 교도들은 그의 추종자들을 더욱 적대시하였으며, 마침내 그들은 "카톨릭"에 의해 고문당하고 살해당하고 총살되고 수장되며 교수형에 처해지고 칼에 찔리는 등 가능한 모든 수단으로 죽임을 당했다.

존 위클리프(John Wycliffe, 1324-1384)는 성경적인 개혁자로서 성경의 가르침들로 로마 교회의 관습들을 개혁했다. 그는 이단으로 낙인찍혔다(현대의 관습도 정확히 똑같다. 어떤 사람이라도 로마 교회를 성경으로 조명하려 한다면 그는 "공산주의자"나 "이단"으로 낙인찍힐 것이다. 이것은 그들이 개혁자들을 낙인찍는 방법이다. "개혁인가 반역인가"라는 콜럼버스 기사단에서 펴낸 소책자들에 의하면, 로마카톨릭 교회는 성경으로 돌아갔던 모든 사람들에 대하여 그들이 하나님께서 로마 교회에 주신 권위에 반항하는 반동자임을 입증하려고 애쓴다). 위클리프는 옥스포드에서 교육받았고 그의 교육 덕분에 영국 상류 계급의 사람들과 교제할 수 있었다. 그는 교황의 무오설에 반대했다. 그는 무형 교회를 강조하였으며, 규칙보다는 하나님의 말씀을 설교해야 할 목회자들의 책임을 주장했다. 그는 훌륭한 복음주의 그리스도인이었고 "롤라드"(Lollards)라는 수십 명의 설교자들을 훈련시켰다.

존 후스(John Huss, 1369-1415)는 프라하 대학의 철학 교수였다(후스가 위클리프의 영향을 받았고 그의 견해도 위클리프와 유사하다고 알려져 있다). 그는 보헤미아 부근에서 설교했다(이것은 주목할 필요가 있다. 부흥의 맥은 발칸 제국을 거쳐 독일에서 영국으로 이어진 것이지 이탈리아에서 스페인으로 간 것이 아니다. 어떤 사람이 자신의 정통성이 이탈리아에 근거한다고 주장한다면 그는 봉건적이고 낡아빠졌으며 미신적인 이교도에 불과함을 증명하는 것이다. 이탈리아는 신앙에 있어서 성경적이거나 성경에 근접한 어떤 태도도 결코 취해본 적이 없다. 이탈리아나 로마는 성경상의 어떤 정확한 진술들을 믿는다는 것 외에는 성경적인 기독교 신앙을 닮은 데라곤 전혀 없다. 물론 사탄도 성경의 일부 정확한 진술은 믿는다!) 15세기 후반에 유럽에서 가장 훌륭한 인물 중 한 사람은 지롤라모 사보나롤라(Girolamo Savonarola, 1452-1498)였다. 그는 카톨릭 수도승이었으나 거리 설교자가 되었다. 그는 이탈리아의 플로렌스에서 설교하였으며 그곳에서 개혁 운동을 지도했다. 그는 전천년주의를 설교했으며, 교황의 권위를 포함한 로마카톨릭 교회의 타락을 공격하였다. 결국 그는 순교당했다. 교황은 먼저 그의 입을 다물게 하려고 애쓰면서 말하기를 "그대에게 붉은 모자(a red hat)를 수여하겠노라."고 했는데 그것은 추기경으로 추대하겠다는 뜻이었다. 그러나 사보나롤라는 "나는 피의 붉은 모자(a red hat of blood)를 취하겠소."라고 대답했다. 그것은 순교를 각오한 죽음의 모자를 의미했다. 그는 이 모자를 썼다. 그들은 그를 말뚝에 결박하여 화형시켰다. 화형시키기 전에 "카톨릭"사제가 "너를 교회 회원들(지상에 있는 자들)과 교회 승리자들(하늘에 있는 자들)로부터 떼어 놓겠다."라고 말했다. 사보나롤라는 "네가 나를 교회 회원들(지상에 있는)로부터 떼어놓을 수는 있어도 교회 승리자들(하늘에 있는)로부터는 떼어 놓지 못할걸세. 그것은 네 권한 밖이거든."하고 받아 넘겼다.

종교개혁 전야에(A.D. 1500) "거룩한" 로마제국은 끓어 넘치려는 달구어진

주전자와 같았다. 경제적, 사회적, 정치적, 지적, 종교적으로 폭발하려는 시기였다. 카톨릭 교회는 썩을 대로 썩어 버렸다.

오늘날 우리가 프로테스탄트의 "종교개혁"이라고 부르는 그 폭발에 직접적인 도화선이 된 사람은 한 독일 광부의 아들인 마틴 루터였다. 그는 헨리 8세를 제외하고는 세상에서 가장 미움받은 사람이었을 것이다. 마틴 루터는 독일을 교황의 지배로부터 벗어나게 했기 때문에 오늘날에도 미움을 받는다. 헨리 8세가 미움받는 이유는 그가 영국을 교황의 지배에서 벗어나게 했기 때문이다. 교황은 이 두 사람 때문에 세상을 광범위하게 지배할 수 있는 권력을 상실했다. 독일과 영국에 대한 지배권을 상실했다는 것은 미국과 호주, 캐나다의 상실을 포함하기 때문이다! 이 깨진 지배권의 상실로 말미암아 로마카톨릭 교회는 영국과 독일을 카톨릭 교회로 복귀시키기 위하여 지난 500년을 소비했다. 결과적으로 아돌프 히틀러와 조셉 괴벨이 둘 다 로마카톨릭 신자임을 알았다고 해서 놀랄 것이 없다! 이 기간(1500년경)에 콜럼버스가 아메리카를 발견한다(1492). 이 때는 르네상스의 전성기이기도 하며 고전 시대의 문학 및 사고방식들을 재발견 하는 시기이다(이것은 또한 인간 생활의 세속화를 초래한다). 고대 자료 중에서 가장 위대한 것들이 이 시대에 복구되기 시작했으며 여기에 물론 성경도 포함된다. 나라 전역에 인쇄되었던 성경은 희랍 비잔틴 동방 교회의 <표준원문>이었다. 제롬의 라틴 벌게이트가 더 이상 성경으로 쓰이지 않았다. 라틴 벌게이트는 수도승들이 거두어서 수도원들에 보관하였으며 사람들이 보지 못하도록 했다. <표준원문>은 참된 하나님의 말씀으로서 거리 설교자들이 전했다.

3:7 필라델피아 교회의 천사에게 편지하라. 거룩하신 분, 진실하신 분, 다윗의 열쇠를 가지신 분, 열면 아무도 닫을 수 없고 또 닫으면 아무도 열 수 없는 분께서 이 일들을 말씀하시느니라.

"필라델피아"는 "형제의 사랑"을 뜻하는 두 헬라어 낱말에서 유래한다. 이것은 1500년에서 1900년까지의 교회 기간을 대표하는 이름이다. 이 시기는 (교회에 관한 한) 역사상 가장 위대한 기간인데 그 이유는 이 교회가 참된 그리스도의 몸이었기 때문이다. 이 교회는 일곱 교회 중에서 유일하게 회개하라는 말을 듣지 않는다! 이 교회는 하나님께서 가라고 하셨던 길을 가는 교회였다. 이 교회는 세상이 그 시대까지 이어온 이래로 산업혁명과 농업혁명, 과학혁명 등 주요 진보적인 발전을 가져온다.

필라델피아 교회의 운동은 매우 강력하고 일관되게 진행되었기 때문에 구원받지 않은 사람들은 세상이 점점 더 좋아지고 있다고 생각하였으며 따라서 이 시대는 진화론을 사실로 보여 준 셈이다. 그러나 그것은 실은 빅토리아 여왕 치하의 대영제국하에서 <킹제임스성경>이 땅끝까지 전파된 결과일 뿐이다. 다윈과 다른 영국인들은 생각하기를 종교개혁이 가져다 준 문명의 열매들과 더불어 (<킹제임스성경>에 이 때는 "열린 문"과 "열린 성경"의 교회 시대이기에 모든 것이 향상된다고 예언되어 있다.) 이 복음주의적인 개혁으로 말미암아 인간은 동물에서부터 고등하게 진화하는 것이며, 스스로의 노력에 의해 신성하게 승화해 가는 자기 자신이 신이라고 생각했다! 어떤 그리스도인은 이것을 믿을 만큼 멍청했고, 유세비우스와 콘스탄틴이 로마 교회와 연관을 가지고(계 2:12) A.D. 325년에 꾸며낸 낡은 후천년주의 이론이 다시 대두된다! 이 교회는 캐리(Carey), 저드슨(Judson), 고포드(Goforth), 테일러(Taylor) 같은 많은 선교사를 내보냈고 복음은 땅끝까지 전파되었기 때문에 그리스도인들은 실제로 "천국이 확장되는 것"으로 생각했다(물론 남침례교총회와 로마카톨릭 교회는 오늘날도 여전히 이렇게 믿는다!).

3:8 내가 너의 행위들을 아노라. 보라, 내가 네 앞에 열린 문을 두었으니 아무도 그것을 닫을 수 없노라. 이는 네가 적은 능력을 가지고서도 나의 말을 지켰고 내 이름을 부인하지 아니하였기 때문이라.

이 교회는 "열린 문"을 가진 교회이다[다음 기간의 라오디케아 교회는 닫힌 문(계 3:20)을 가진 교회이다]. 이렇게 필라델피아 교회는 하나님의 말씀을 지키는 교회였다. 이 교회는 1611년에 <킹제임스성경>을 펴낸다. 『**나의 말을 지켰고**』(8절). 이 말은 일곱 교회 중에서 필라델피아 교회에만 언급되었다.

영어로 된 <킹제임스성경, 1611>을 만든 1500-1900년까지의 필라델피아 종교개혁 교회 기간은 하나님의 말씀을 지켰다는 평가를 받는 유일한 교회이다. RV(1884), ASV(1901), 그리고 1904년 영국 해외 선교 협회가 AV 대신 RV를 사용하기로 결정한 것과 더불어 여러분은 그분의 말씀을 거부한 닫힌 문의 교회로 들어간다.

3:9 보라, 자칭 유대인이라고 하지만 아니요, 오히려 거짓말하는 자들을 내가 사탄의 회당에 속한 자들로 만들리니, 보라, 내가 그들을 오게 하여 너의 발 앞에 경배하게 하여서, 내가 너를 사랑하는 것을 알게 하리라.

A.D. 200-325년 사이 스머나 기간에 이와 같이 거짓말하는 자들의 무리를 보았다(계 2:9). 스머나에 있었던 이런 자들은 자기들이 진실한 유대인이었고, 하나님께서는 실제의 유대인들과 완전히 단절하였다고 주장했으며, 자기들이 이스라엘의 참 계승자라 하였고 후천년 교리를 가르쳤다. 이 "작자들"이 종교개혁 기간인 계시록 3:9에 갑자기 다시 나타난다. 이들은 실제로는 로마인들이면서 유대인들이라고 주장한다. 이들은 기껏해야 이스라엘을 도둑질했으면서 자기들이 이스라엘을 대신한다고 주장한다. 이들은 사도들의 활동 이후로 하나님의 말씀을 변개시켜 온 후천년주의 강도들과 같은 도당이다.

1500-1900년 기간에 바티칸은 "지하"로 들어가서 1930년 이후에 다시 등장한다. 이때는 하나님께서 계시록 3:9과 계시록 17:1-9에서 말씀하신 가증한 어미와 똑같아진다. 이 로마 교회는 "지옥의 문"과 동맹 관계에 있다.

이 기간에(1500-1900) 프로테스탄트의 성경적 기독교 신앙은 급속하고 완전하게 퍼져나가서 1900년경에는 순간적으로 교황들이 모두 끝장난 것처럼 여겨졌다. 하지만 교황들은 다른 계획을 갖고 있었는데, 그것은 하나님의 말씀 개정위원회라는 밀폐된 문으로 들어가 <표준원문>을 웨스트코트와 홀트의 로마카톨릭 원문으로 대체하는 것이었다.

결론적으로 1884년 이후에 나온 모든 성경은 기본적으로 로마카톨릭 성경이다! 로마 교회는 1980년경에 다시 조종석에 앉을 것이다. 그 이유는 그리스도의 초림 때 로마가 권력을 잡았던 것처럼 그리스도의 재림 때에도 로마가 권력을 잡을 것이기 때문이다.

3:10 **네가 나의 인내의 말을 지켰기 때문에 나도 시험의 때에 너를 지키리**
니, 이는 온 세상에 임하여 땅 위에 사는 사람들을 시험하는 때라.
11 **보라, 내가 속히 오리니 네가 가진 것을 굳게 붙들어서 아무도 너의**
면류관을 빼앗지 못하게 하라.

본문은 면류관과 보상을 상실할 수 있다는 것을 암시한다(요이 8).

3:12 **이기는 자는 내가 내** 하나님의 **성전에 기둥으로 삼으리니, 그가 결코**
다시 나가지 아니하리라. 또 내가 그 사람 위에 내 하나님의 **이름과 내**
하나님의 **도성, 즉 내** 하나님**으로부터 하늘에서 내려오는 새 예루살렘**
의 이름을 기록하고, 또 나의 새 이름도 그 사람 위에 기록하리라.
13 **귀 있는 자는** 성령께서 **교회들에게 말씀하시는 것을 들을지어다.**

필라델피아 교회 기간은 1500-1900년 사이의 역사 기간에 나타난 교회를 대표하는데 이때는 프로테스탄트의 성경적 기독교 신앙이 절정에 달한다. 그러나 그뒤에 전적인 배교로 돌아서서 로마카톨릭으로 향한다(다음의 라오디케아 교회 기간은 그 시작부터 로마 교회의 지독한 술수에 말려들어서 1950년경에는 교회가 A.D. 325년의 퍼가모 교회 시대 상황과 같아지게 된다).

필라델피아 교회 기간은 교회사에서 단연 가장 흥미로운 시대이다. 이것은 열린 문을 가진 교회 기간이다. 이 시대는 모든 위대한 구령자들, 모든 위대한 복음 전도자들, 모든 위대한 선교사들로 빛났던 시대이다. 결론적으로 이 기간은 하나님께서 여전히 부흥의 하나님이심을 입증하기 원할 때 항상 언급되는 교회사 부분이다. 바로 이 교회는 <킹제임스성경>을 하나님의 말씀으로 믿었다.

(그동안 들어왔던 설교 중에서 가장 어리석은 것 중 하나는 현대의 복음주의자가 자신은 <킹제임스성경>이 하나님의 말씀인 것을 더 이상 믿지 않으면서 강단에서 위대한 부흥이 올 것이라고 말하는 것이다. 마틴 루터의 독일어 성경은 <킹제임스성경>과 같은 원문을 사용했다. 뒤이어 이 번역성경들을 사용한 유럽과 미국의 모든 성경은 <표준원문>이고 헬라어 비잔틴 원문이며 시리아 계열 원문이지 북아프리카 라틴 교회 원문이 아니다.) 이 기간은 1500년에 시작된다. 크리스토퍼 콜럼버스는 1492년에 아메리카를 발견한다. 이 때쯤 르네상스의 레오나르도 다빈치, 미켈란젤로, 라파엘의 그림들이 등장한다. 또 발보아, 마젤란, 코르테즈, 헨리 허드슨 등의 위대한 탐험가들이 등장한다. 위대한 화가 램브란트도 이 시대의 인물이다. 코페르니쿠스와 갈릴레오도 등장한다. 나폴레옹 전쟁이 있었다. 가장 위대한 음악가들, 곧 바하(1750), 브람스(1897), 베토벤(1827), 바그너(1893) 등의 음악이 탄생한다. 이 기간에 미술, 과학, 음악, 산업, 여행, 탐험에서 모든 엄청난 변혁들이 일어난다. 이 기간은 "열린 성경"의 날들이었다. 마틴 루터 성경과 <킹제임스성경>이 전세계 도처에 있었기 때문에 4백 년 동안 이 세상에 축복이 쏟아질 수 있었다. "카톨릭" 교회 밖에서 수많은 사람들이 "거듭"나게 된 것이다.

이 기간에 남북 전쟁과 미국 독립 전쟁 그리고 1812년 전쟁이 있었다. 이 기간에 모든 위대한 발명과 모든 위대한 발견이 있었다.

또한 이 기간에 무신론, 공산주의, 그리스도를 부인하는 학문의 여파가 유사 이래로 매우 압도적으로 몰아친다. 스피노자, 라이프니쯔, 데카르트, 헤겔, 루소, 아스트룩(Astruc), 칸트, 에왈드(Ewald), 델리취(Delitzsch), 벨하우젠(Wellhausen), 세믈러(Semmler), 노이만(Neuman), 슐라이마허(Schleirmacher),

예수회(the Jesuits), 레싱(Lessing), 트레겔러스(Tregelles), 티셴돌프(Tishendorf), 프로이트, 헉슬리, 바우어(Bauer), 막스, 다윈, 스트라우스(Strauss), 제임스(James) 그리고 이들 모두를 거느린 범죄 조직의 우두머리인 다윈은 자기 꼬리를 잘라버림으로써 하나님을 등진 원숭이가 되었으며, 지그문트 프로이트는 섹스 신경증 환자로서 꿈들에 관한 책들을 쓴다.

마틴 루터, 스토치(Storch), 스투브너(Stubner), 문쩨(Munzer), 스타우피츠(Staupitz), 멜랑크톤(Melancthon), 허브마이어(Hubmaier), 피터 뵐러(Peter Boehler), 스페너(Spener), 진젠돌프(Zinzendorf)는 카톨릭과 단절하고(1500-1600) 하나님을 위해 국토를 뿌리째 흔들었다. 그러나 이들이 "죽고 사라지자마자" 그리스도를 부인하고 성경을 공박하는 인문주의자들과 하나님의 말씀을 말살하는 데 헌신했던 로첸부쉬(Rauschenbusch), 스트라우스, 아스트룩, 벨하우젠, 라이프니쯔 등 많은 사람들이 갑자기 나타났다.

마틴 루터는 독일 광부의 아들로 1483년에 태어났다. 그는 독일의 한 작은 마을에서 자랐으며 광부였다. 소년 시절에 그는 거리에서 성가를 불렀고 후에 수도승이 되었다. 그는 에르푸르트(Erfurt) 대학에 법률을 공부하러 갔다가 그곳의 어거스틴 수도원에 들어갔다. 루터가 로마에 갔을 때 그는 거기서 난잡한 일들을 본다. 1512년에 그는 신학박사 학위를 받고 스타우피츠를 이어 신학 교수가 되며 1546년까지 이 자리에 있게 된다. 그는 면죄부 판매에 항의하여 1517년 10월 31일 독일 비텐베르그(Wittenberg) 교회 문에 그 유명한 95개조 반박문을 못박는다. 이 반박문을 인쇄한 사본들이 유럽 전역으로 퍼졌으며 심지어는 루터 자신이 반박문 사본을 로마에 보내기에 이른다. 뒤이어서 그는 보름스(Worms) 의회(1512)의 신부들, 교황들, 주교들로 구성된 범죄단 앞에서 힐문 당하고 여기서 그는 성경을 거부하는 전 로마카톨릭 무리들에게 말하기를 "양심에 거리끼는 행위를 하는 것은 안전한 것도 정직한 것도 아니기에 나는 어떤 것도 철회할 수 없고 철회하지 않을 것이다. 나의 양심은 하나님의 말씀에 근거한다. 그러므로 하나님이시여 저를 도우소서, 여기 제가 서 있나이다!"라고 했다.

이 일이 있은 후에 루터와 그의 추종자들은 세상을 떠들썩하게 만들었다

(루터는 지도력을 갈망하는 세대에게 인기있는 역동적인 지도자였다. 그는 찬송하고 작곡도 할 수 있었으며, 위대한 설교자였고 독일어와 라틴어로 설교할 수 있었다. 마틴 루터의 성경 번역은 <킹제임스성경>이 영어에 미친 영향처럼 독일어에 기념비적인 공헌을 하였다). 마틴 루터는 교황을 "거룩한 아버지" 대신에 "지옥의 전하," "사악한 지옥의 아버지"라고 불렀다.

마틴 루터의 추종자들이 그의 뒤를 이었는데 루터보다 좀 더 급진적이었던 쯔빙글리 같은 사람들의 주도로 "농민 전쟁"이 일어났다. 호프만, 뮌쩌와 다른 급진주의자들이 나가서 수도원들을 불태우고 소수의 신부들과 수도승들을 죽였으며, 몇몇 수녀들을 붙잡아 그들의 옷을 찢고 양초들을 태우며 묵주들을 깨뜨렸다(마틴 루터는 이런 모든 행위들을 인정하지 않았지만 계속해서 이런 일이 벌어졌다).

울리히 쯔빙글리(Ulrich Zwingli, 1484-1531)는 독일어를 사용하는 스위스 지역에서 종교개혁의 일부를 담당했다. 그는 베른(Bern), 비엔나(Vienna), 바젤(Basel)에서 공부했다. 쯔빙글리는 "거듭났으며" 하나님의 말씀을 가르치기 시작했다. 그는 교황과 관계를 끊고 결혼했으며 독신을 반대하는 설교를 공공연히 했다. 점차적으로 그가 시작한 종교개혁은 승리를 거두었고 존 칼빈이 1509-1564년까지 그의 개혁을 계승하게 된다.

(존 칼빈은 흔히 "프로테스탄트의 교황"이라 불린다. 그는 죽어 버린 정통수의 신학자였으며 매우 엉성한 신학 개념을 소유했다. 그는 로마카톨릭처럼 무천년주의자였다. 그러나 때때로 칼빈은 어떤 믿음의 문제들에 있어서는 근본주의적이었다).

대륙에서의 종교개혁과 더불어 영국 교회는 "행실을 고치기 위해" 움직였다. 이 움직임은 몇몇 위대한 설교자들을 낳았다. 종교개혁은 존 낙스(John Knox)의 사역으로 스코틀랜드에서 먼저 일어났다. 파렐(Farel)은 위대한 설교자였다. 버나디노(Bernadino)는 개종한 로마카톨릭 신자로서 복음을 전파했다. 메노 시몬즈(Menno Simons)는 메논파 교도(the Mennonites)를 창시했으며 위대한 설교자였다. 스토치, 스투브너, 뮌쩌는 위대한 독일 설교자들이었다. 스타우피츠, 그레벨(Grebel), 허브마이어의 설교도 강력했다. 독일인 피터 뵐

러는 요한 웨슬리를 예수 그리스도께 인도하였다. 독일인 진젠돌프는 프러시아의 할레(Halle)에 고아원을 세웠고 모라비안 교도들을 돌보았는데 이들은 인디아, 중국, 일본 등지의 세계 도처에 나가 복음을 전했다. 독일인 프랑케(Franke)는 복음을 전했고 경건파 교도(Pietists)와 모라비안 교도들의 선교 사업을 도왔다.

요한 웨슬리가 구원받았을 때 영국은 사회적인 격변을 맞고 있었다. 조지 휫필드와 요한 웨슬리가 그 안에 뛰어들어 복음을 전함으로써 영국은 진정되었다. 요한 웨슬리는 하루에 두 시간에서 네 시간까지 기도하곤 했다(그는 나이 칠십에도 한 번 설교하면 세 시간 동안 설교했다). 그와 휫필드는 야외에서 설교했으며 중생과 회개를 설교했다. 그들은 로마"카톨릭" 교회가 이교도이며, 불경건하고, 반그리스도적이며, 낡아빠졌고, 쓸모없다고 설교했다. 웨슬리는 심지어 성공회도 비난했는데 그 이유는 성공회가 너무 형식적이었고 카톨릭 교회와 많이 닮았기 때문이었다. 그는 친구인 성공회 신부에게 "나의 교구는 세상이라네." 하면서 야외에서 설교했다. 조지 휫필드도 같은 일을 하였다. 이 두 사람은 박해당하고 저격당할 위험에 처하고 협박받았다. 두 사람 모두 원숙한 노년까지 살아서 죽는 날까지 설교했다.

휫필드는 세 시간이나 길게 여러 번 설교하였고 때로는 목청이 터질 때까지 설교했다(웨슬리가 아일랜드의 더블린에서 설교했을 때는 카톨릭 교도들이 거기서 그에게 돌을 던지고, 그가 기대 서 있었던 10피트 높이의 동정녀 마리아 상에서 그를 밀어뜨리다가 카톨릭 교도가 대신 떨어져 다리가 부러졌으며, 어떤 자는 웨슬리에게 던진 돌에 입을 맞았고, 또 웨슬리의 입을 막으려 했던 사람의 손이 찢어지는 등의 일이 벌어졌다).

한번은 조지 휫필드에게 2피트 뒤에 서 있는 한 사내가 총을 겨누면서 "입 닥치지 않으면 머리통을 날려 버릴 테다!"라고 말했다. 그러나 휫필드는 계속 설교했고 그는 10분 정도 주변에서 서성거리더니 총을 그의 코에다 대고 그 다음에는 귀에다 대고 눈에 댔다가 위장을 겨냥하고는 말하기를, "이 망할 자식, 머리통을 날려주마!"라고 했다. 마침내 이 사내가 휫필드 뒤 10피트 정도에 멈춰서서 방아쇠를 당겼으나 총이 폭발해서 도리어 그의 손이 날라

갔고 휫필드는 셔츠 뒷부분이 찢어지는 정도의 사건이 있었다.

휫필드가 미국에 왔을 때는 조지아 주에서 설교했다. "구식 종교"는 캐롤라이나 주를 휩쓸었으며 보스톤에도 그의 영향력이 크게 미쳤다. 휫필드가 보스톤 공원에 갔을 때 보스톤 대학의 스티져(Stidger) 교수가 그를 만나자 "당신을 여기서 보는 것이 유감이오, 휫필드 형제!"라고 말했다. 휫필드는 "나도 그렇소, 마귀씨!"라고 대꾸하고서 설교하기 시작했다(웨슬리와 휫필드는 그들의 생애중에 대략 2백만의 사람들을 그리스도께 인도했다).

1500-1900년은 "열린 문"으로 대표되는 위대한 기간이었는데 로저 윌리암스(Roger Williams)는 아메리카에 와서 인디안들에게 선교하는 침례교 선교사가 되었다. 로져는 로마카톨릭 교회가 당연한 듯 아메리카를 손아귀에 넣으려고 애쓰는 것을 알았기에 "교회와 국가의 분리"를 가르쳤다.

[교황이 마침내 미국에 당도했을 때 그는 워싱턴에서 20마일 떨어진 메릴랜드 주 발티모어로 이동했다. 미국에서 첫 번째 주교 관할지역은 메릴랜드(Maryland) 주 발티모어였다. 즉 이 "검은 신전"은 메리(Mary)랜드에 있었다.]

1700년경에는 조나단 에드워즈(Jonathan Edwards)가 설교했다. 토마스 웹(Thomas Webb)과 윌리암 스트로브릿지(William Strawbridge)는 위대한 감리교 설교자들이었다. 얼마 뒤인 1800년경에 다비(Darby)가 등장한다. 필립 엠브리(Phillip Embry)는 위대한 감리교 설교자였다. 문홀(Munhall)과 컬페퍼(Culpepper)가 1800년경에 나타난다. 이 시기에 윌리암 캐리(William Carey)가 인디아에 갔고, 데이비드 브레이너드(David Brainerd)가 인디언들에게 갔으며, 저드슨(Judson)이 버마로 향했고, 허드슨 테일러(Hudson Taylor)가 중국 내지 선교(China Inland Missions)를 했으며, 그 외에 스터드(C.T. Studd), 리빙스톤(Livingstone), 고든(Gordon) 등의 위대한 선교사들이 있었다. 중국, 일본, 인디아에서의 이 모든 위대한 선교사들의 활동이 1800-1900년 사이에 일어난다.

이 기간에 위대한 강단 설교자들이 있다. 탈마지(Talmage), 박스터(Baxter), 페이슨(Payson), 컬페퍼(Culpepper), 순회 복음 전도자인 제이콥 냅(Jacob Knapp), 감리교 순회 전도자인 피터 카트라잇(Peter Cartwright)은 사람들을 압도해서 꼼짝 못하게 하여 그리스도를 신뢰한다고 고백하도록 설교했다. 그렇지 않으면 그의 이빨을 몽땅 부셔 버릴 기세로 설교했다! 제임스 맥그리디(James Mcgready)는 테네시 변경의 설교자였고, 로렌조 다우(Lorenzo Dow)는 세미놀 인디안 혼혈인데 앨라배마와 조지아에서 설교했다. 이외에도 쉘돈 잭슨(Sheldon Jackson), 빌리 브레이(Billy Bray), 챨스 구트리(Charles Guthrie) 그리고 웨일즈 출신의 위대한 감리교 선교사들이 있었다.

이 기간은 챨스 피니(Charles Finney)의 위대한 부흥과 스펄전(C.H. Spurgeon), 드와이트 무디(Dwight L. Moody)의 부흥이 있었다. 무디는 수백만을 그리스도께로 인도했는데 그는 말이 빨라서 그의 설교를 기록하는 데에는 두 명의 속기사가 필요했다. 한번은 무디가 설교를 마쳤는데 한 사람이 다가와서 "내가 세어 봤는데 당신은 설교에서 여든네 번의 문법적인 실수를 했더군요."하고 말했다. 무디는 자기 혀를 내밀어 혀를 가리키면서 말했다. "내 혀를 보시오." 그 사람은 "보고 있소."라고 대답했다. 무디는 "나는 이 혀를 하나님의 영광을 위해 사용하고 있소. 당신의 혀는 무엇을 위해 사용합니까?"라고 말했다.

무디는 무디 성경 연구원을 설립했으며 백 년이 지난 오늘날에도 여전히 정통주의 입장을 지키고 있고 지상의 어떤 다른 기관보다도 더 오래 하나님의 말씀을 참되게 보존해 온 것으로 알려져 있다. 무디의 설교는 토레이(R.A. Torrey)가 계승한다. 토레이는 위대한 복음주의자이고 적극적인 신학자로서 프랭클린 델리취(Franklin Delitzsch) 밑에서 공부했다(토레이는 델리취에게서 그의 성경 비평을 어느 정도 물려받았고, 가끔 RV와 ASV를 사용했지만 그는 하나님의 말씀에 진실했고 전천년주의를 믿는 정통주의자였으며, 지옥 불과 저주 그리고 중생을 설교했다).

이 기간에 선교 연합 소속의 조셉 파커(Joseph Parker)와 심슨(Simpson)은 하나님의 말씀을 신뢰했던 위대한 설교자들이었고 위대한 인물들이었다.

1900년에 가까이 와서 샘 존스(Sam Jones)가 있었는데 그는 감리교의 순회설교자로 앨라배마에서 태어났다(그는 카터스빌과 조지아를 순회하였으며 그의 일 년 설교 수입은 80불이었다). 샘 존스는 주정뱅이 법률가였는데 부친 임종시에 구원을 받았다. 그는 앨라배마, 조지아, 테네시, 캘리포니아, 텍사스, 남북 캐롤라이나, 미시시피, 아칸사스 등 온 지역을 다니며 설교했다. 그는 후에 위대한 복음주의자가 되어 진정 훌륭한 인물로 남는다. 샘 존스는 대단한 기지가 있었으며 수천의 사람들을 예수 그리스도께 인도했다.

이 기간에 우리는 위대한 조지 뮬러(Gerge Muller)를 만나게 된다. 그는 영국 브리스톨에 고아원을 세워서 4백만 달러 이상의 기도를 응답받았다. 할데인(Haldane) 형제들은 구원받아 바다의 불경건한 해적선들에서의 생활을 청산하고 하나님의 위대한 사람들이 되었다. 데이비드 리빙스턴(David Livingstone)은 아프리카에서 죽었는데 그의 심장은 도려내어져 아프리카에서 태워졌다(그는 침상에서 이교도들을 위해 무릎꿇고 기도하는 자세로 죽었다). 이외에도 스터드(C.T. Studd), 고든(Gordon), 크로닌(A.J. Cronin)과 서부 해안가를 오르내리며 순회하였던 위대한 장로교 설교자 얼(Earle)이 있다.

필라델피아 기간에 테일러(Taylor), 모건(Morgan), 고포드(Goforth), 저드슨(Judson), 피스크(Fiske), 부스 장군(General Booth), 블리스 선장(Captain Bliss), 화니 크로스비(Fannie Crosby, 위대한 찬송작가), 위대한 여선교사 하버걸(Havergal), 페이슨(Payson), 성결에 관한 책들을 쓴 앤드류 머레이(Andrew Murray), 순회 감리교 설교자인 백스터 맥클렌돈(Baxter McClendon, 열대 폭풍우 같은 아일랜드인), 위대한 감리교 설교자이며 훌륭한 인물이었던 모리슨(H.C. Morrison), 그리고 빌리 선데이(Billy Sunday)의 사역에 필적하는 윌버 채프만(Wilbur Chapman)이 있다. 또한 <스코필드 관주성경>을 편집한 게벌라인(Gaebelein), 페팅길(Pettingill), 스코필드(C.I. Scofield)도 있다.

1900년에 이르면서 우리는 “여러분 거듭나야 합니다!”라고 설교했던 감리교회의 강력한 영향력을 보게 된다(감리 교회가 1910-1920년경에 현대화되기 전에 미국과 영국에서는 글자 그대로 수천의 사람들이 예수 그리스도께 나와 구원받았다).

필라델피아 기간에 또 한 사람 빌리 선데이(Billy Sunday)가 있는데 그는 구원받은 야구 선수였다(그는 아메리칸 리그에서 지금도 가장 빠른 주자의 기록을 보유하고 있는데 빌리 선데이는 맨발로 뛰었다). 그는 시카고의 멜트로터 구제 선교회 밖에서 그의 두 “친구”가 비웃는 동안 구원받았다. 빌리 선데이는 백만 명 이상의 영혼들을 그리스도께 인도했다. 그가 죽기 전에 행한 마지막 설교에서는 열여덟 명의 성인 남자가 예수 그리스도를 영접하려고 통로로 걸어 나왔다. 빌리 선데이는 청렴하고 정직한 사람이었다. 호머 로드히버는 그를 20년간 알고 지냈는데 그는 "빌리 선데이가 강단에서나 강단 아래서 하찮은 농담 한 번 하는 것을 들어 본 적이 없다. 그는 그가 설교한 대로 살았다. 지금까지 살았던 가장 청렴한 사람 중 하나였다."라고 말했다. 그는 열정적인 복음주의자였으며 위대한 인물이었고 글자 그대로 수천 내지는 수백만을 예수 그리스도께로 인도했다.

이 기간에 빌리 그래함을 예수 그리스도께로 인도했던 모르드캐 햄(Mordecai Ham)이 태어났다. 모르드캐 햄은 캔터키와 아칸소에서 성장했다. 그는 위대한 인물이었으며 위대한 구령자였다. 그는 강력한 하나님의 사람이었다. 카톨릭은 그를 협박하였고 살인 청부업자들이 그의 아들을 유괴하겠다고 위협하곤 했는데, 한번은 그들이 모르드캐를 거리에서 차로 깔아 뭉개어 범퍼에 매달고서 상당한 거리를 끌고 갔다. 또 한번은 어떤 사내가 모르드캐가 묵고 있던 호텔 밖에 있다가 그 앞에 다가와 4.5구경 권총을 그의 가슴에 대고 차에 태워 그를 마을 밖으로 데리고 갔다. 햄은 "5초의 여유를 줄 테니 총을 거두라. 그렇지 않으면 경찰을 부르겠다."고 말했다. 그들은 총을 거두고 그를 내리게 하고는 사라졌다. 그 후에 빌리 그래함이 구원을 받았다.

이 기간 즈음에 앨라배마의 도단 근처 브라논 야외 음악당이 있는 조그만 도시에서 밥 존스 씨니어(Bob Jones Sr.)가 태어난다. 또 프랭크 노리스(J. Frank Norris)도 텍사스에서 성장하여 후에 루이스빌 신학교에 다닌다.

이것이 1500-1900년 기간에 있었던 참된 교회의 위대한 전성기이다. 이 시기에 다윈, 헉슬리, 막스, 버트란트 러셀, 로첸부쉬, 베이컨, 브루너, 리츨 등과 모든 구원받지 않은 인문주의적이고 독선적인 성경 거부자들이 하나님의 말씀을 파괴하고 뒤집어 엎으려 했던 반면에, 복음은 초원을 태우는 불처럼 아메리카, 캐나다, 미합중국, 아시아로 번져 나갔고 사람들은 수천 명씩 구원을 받게 되었다. 성경이 가는 곳마다 교육의 규범이 세워졌다. 성경이 가는 곳마다 하나님께서 물질적인 부와 건강을 축복하셨다. 성경적인 기독교 신앙의 힘은 그렇게 위대했다. 구원받지 않은 교육자들은 인간이 원숭이에서 진화했다고 실제로 생각했다! 그들은 인간이 계속해서 진화를 거듭하여 이렇게 고등한 존재에 이르게 되었다고 생각했다! 이보다 더 큰 오해는 없을 것이다! 타락한 학자들이 은밀하게 오랫동안 꾸준한 작업을 하여 기독교의 기반을 망치로 두들겼다. 제칠일 안식교는 1833년에 시작되었으며 행위에 의한 구원을 가르치기 시작했다. RV가 1885년에 번역되어 <킹제임스성경>을 대신하려고 했다. 메리 베이커 페터슨 에디는 1879년에 "쓸데 없는 것들"을 한 무더기 들고 나와 말할 가치도 없는 시시한 너스레를 떨었다. 물론 안식교도들이나 자기들이 가장 고귀하다고 생각하는 몰몬 교도 같은 영적으로 타락한 무리들도 생겨났다. 이들은 어떤 황금판들을 발견했다고 주장했다. 그들은 쇼맨쉽을 부렸고, 오늘날도 그러는 것처럼 사람들은 자기들을 비평하면 치열한 싸움을 벌였으며, 하나님의 말씀을 비방하고 성경을 부인했으며, 솔트 레이크 시티(Salt Lake City)에서 아주 비성경적인 쇼를 여느라 대단한 종교 의식을 마련하여 지옥을 향한 백 년이나 되는 긴 여정을 시작했다.

필라델피아 기간에 카톨릭 교회는 은밀하게 성경 개정 위원들 사이에 침투한다. 1546년 트렌트 종교회의에서 그들은 모든 성경대로 믿는 프로테스탄트를 공식적으로 저주했다(트렌트 종교회의에서 그들은 로마카톨릭 교회의 외경이 영감으로 되었다는 것을 믿지 않는 모든 이에게, 물침례 없는 구원을 가르지는 모든 이에게, 그리고 로마카톨릭 교회의 성사들을 받지 않고 성령으로 거듭난다고 가르치는 모든 사람들에게 공식적으로 저주를 선포하였다!). 카톨릭 교회는 1700년에 지하로 들어가서 웨스트코트와 홀트의 개정 위원회에서 작업하기 시작했다.

따라서 RV가 1884-1885년에 나왔을 때 이것은 성경을 새롭게 번역한 것이 아니라 완전히 다른 사본에서 나온 별개의 책이었다. RV(1884), ASV(1901) 그리고 RSV(1952)는 A.D. 325년에 변개된 로마카톨릭 원문의 재판에 지나지 않는다. 이 성경들은 유세비우스와 콘스탄틴이 사도 교회들을 파괴하는 데 사용했던 원문을 부활시킨 것이다! 이 원문은 A.D. 350년에 쓰여진 "바티칸 사본"과 A.D. 331년에 쓰여진 "시내 사본"이다. 이것은 로마카톨릭 성경들 모두가 기본적으로 취한 원문이다(이것은 A.D. 325년 니케아 종교회의에서 채택한 원문이었다). 결론적으로 연방 종교회의가 이 원문을 1900년에 채택했고, 국가 종교회의가 1940년에, 그리고 바티칸 공의회가 1962년에 같은 원문을 채택한 것은 놀랄 일이 아니다.

1900년은 교회사에서 가장 위대하고 매우 훌륭했으며 대단히 강력했던 기간의 끝이 된다. 이 기간은 필라델피아 기간으로서 열린 문의 교회 기간이다. 즉 사람들이 구원받았고 복음이 세계에 전해졌으며 문들이 열렸던 것이다.

학자들이 이에 관해 어떻게 생각하든지 문은 거듭난 그리스도인들이 <킹제임스성경, 1611>을 하나님의 말씀으로 믿는 동안 열려 있었다. 선교의 문들은 교회가 <킹제임스성경>을 거부하고 이것을 웨스트코트와 홀트와 바티칸 원문으로 대체했을 때 닫혀졌을 뿐이다(이 원문에 대해 여러분이 헬라어 교수를 알고 있다면 그 누구라도 좋으니 필자에게 인용해 보라. 필자는 그와 언제라도 1600개의 모든 사본에 대해 교정, 삽입, 전환 및 억측이 담긴 네슬의 비평장치에 대해 기꺼이 토론할 것이다).

그리스도의 몸에서 패배나 배교 같은 일이 일어나는 것은 하나님의 사람들이 영어 <킹제임스성경>을 거부하기 때문이다. 그러나 그들이 성경을 거부할지라도 형제여, 당신은 성경을 가지고 있다(당신이 성경을 알든지 모르든지 간에 성경을 갖고 있는 것이다).

이제 휴거 전의 마지막 교회인 1900년대의 라오디케아 기간으로 가자.

계시록 2장과 3장에서 교회 시대가 어떻게 훌륭하게 시작되었는가를 (첫사랑을 잃은 것이 유일한 잘못이기는 하지만) 보았다. 그런데 필라델피아 기간의 끝에 이르러서 라오디케아 기간에 들어갈 때 쯤에는 교회가 미적지근하고 마땅히 되어야 할 모습을 상실한 채 세속화되는 것을 보게 된다.

에베소와 스머나 교회는 "열정이 있었고" 퍼가모와 두아티라에서는 "파멸되었고," 사데와 필라델피아 교회는 다시 "열정이 있었고" 라오디케아에서 다시 "파멸된다." 역사는 되풀이한다. 앞에서도 말했듯이 인간이 역사에서 배우는 유일한 것은 역사에서 결코 아무것도 배우지 않는다는 것이다. 여러분이 계시록에서 배우는 역사는 공립학교에서 가르치지 않는 교회사이다. 하나님께서 역사에서 행하신 일과 사탄이 역사에 저지른 짓, 그리고 로마카톨릭 교회가 실제 역사 속에서 저지른 정치 공작들을 알지 못한다면 그 누구도 "뉴스"를 정확하게 해설하지 못할 것이다. 이 일들은 오로지 교회사에만 기록되어 있기에 교회사를 정확히 공부해야 한다.

3:14 **라오디케아인들의 교회의 천사에게 편지하라.** 아멘**이시요 신실하고 진실한 증인이시며,** 하나님**의 창조를 시작하신 분이 이 일들을 말씀하시느니라.**

"라오디케아"는 "사람들의 권리 또는 정의"를 뜻한다. 문자 그대로 이 시내는 하나님의 권리에 대적하는 인간의 시민적 권리로 특징 지워진다. 이 시대는 하나님의(주 예수 그리스도) "권리"란 온데간데없는 마지막 교회 시내이다.

『하나님**의 창조를 시작하신**[the beginning of the creation of God]』(14절). 전치사 "of"가 어떻게 뜻을 혼동시키는지 주목하라. 여기서 예수 그리스도는 목적어로 쓰이지 않았다. 그분은 하나님께서 지으신 첫 번째가 아니며 그분 사신이 창조의 주체이다(여호와의 증인들은 바로 여기서 그들의 신학이 끝장 나는데 그들은 이 교리와 함께 그들의 집이 있는 지옥으로 향한다!). 이 문장은 예수 그리스도가 하나님께서 창조하신 첫 번째가 되신다는 뜻이 아니고 예수 그리스도께서 시작이며 하나님께서 하시는 모든 일의 첫 번째가 되신다는 뜻이다. 창조가 목적어이지 예수 그리스도가 아니다(여호와의 증인들은 예수 그리스도가 "창조된 신"으로 하나님께서 창조하신 첫 번째 신이라고 가르친다! 이것이 여호와의 증인들이 참 하나님 여호와로서 하나님 아버지와 그분이 창조하신 "신"으로서 예수 그리스도를 구분하는 이유이다. 이것은 외고집에 의한 무지이며 영어를 읽는 능력의 결여에 덧붙여 쉬운 영어 <킹제임스성경>을 고의적으로 거부하는 것이다. 이것은 믿음의 문제이며 골로새서 1:15-18이 위의 문장을 잘 설명하고 있다).

3:15 내가 네 행위를 아노니 네가 차지도 아니하고 덥지도 아니하도다. 나는 네가 차든지 덥든지 하기를 원하노라.

마지막 교회는 정통을 주장하지만 배교에 빠진다. 이 마지막 교회는 정통 신앙을 믿는다고 고백하지만 로마카톨릭 편에 선다. 이 교회는 카멜레온과 같다. 사냥개와 사냥하다가 토끼와 함께 뛰기도 한다. 동시에 양편에 서서 싸운다. 이것은 썩어 빠진 교회로서 하나님을 향한 열정으로 덥지도 않으며, 차지도 않다. 이 교회는 배교한 현대주의처럼 죽어 버린 정통의 미적지근한 교회로서 성경으로 더워질 정도로 하나님께 가까운 것 같으나 세상에 의해 차가와질 정도로 멀리 있다(여러분은 열광적인 분위기에 튀겨지지 않는다고 해서 형식주의에 냉동될 필요는 없다. 이 교회는 바로 그 중간 분위기인 것이다).

『**나는 네가 차든지 덥든지 하기를 원하노라**』(15절). 하나님은 극단주의자이시다. 하나님은 합리적인 보수주의자도 아니시고 평등주의자도 아니시며, "상대적인 진리들의 참되고 올바른 균형을 위해 불평등한 가치들에 협력하여 조정하는 것"을 믿지 않으신다. 형제여 덥든지 차든지 하라! 위의 것이나 아래 것을, 천국이나 지옥을, 흑이나 백을, 구원을 상실하든지 구원을 받든지 하라! 그분은 『**나는... 원하노라.**』고 말씀하시며 이것이 그 문제에 대한 하나님의 직접적인 뜻이다.

3:16 네가 그처럼 미지근하여 차지도 아니하고 덥지도 아니하기 때문에 내가 너를 내 입에서 토해 내겠노라.
17 네가 말하기를 "나는 부자며, 부요하고, 아무것도 부족한 것이 없다." 고 하지만 너는 비참하고, 가련하며, 가난하고, 눈멀고, 헐벗은 것을

알지 못하는도다.

하나님께서는 "네가 나를 지치게 한다."고 말씀하신다. 이것은 그분께서 라오디케아에 질리셨기 때문이다. 이 마지막 교회는 엄청난 물질적인 부로 상징된다. 이 교회는 자신의 교회가 얼마나 많은 자랑들, 자신, 은행 보유 금액 등을 가졌으며, 얼마나 헌금이 많이 들어 오며, 선교 헌금은 얼마나 많이 책정하는가를 자랑한다. 이 교회는 "나는 부요하고 아무것도 부족한 것이 없다."고 말하지만 하나님께서는 "네가 비참하고 가련하며 가난하고 눈멀고 헐벗었도다."라고 말씀하신다. 이 교회는 빛 대신에 돈을 짊어진다.

3:18 **내가 너에게 권고하노니 내게서 불로 단련된 금을 사서 부요하게 되고, 흰 옷을 사서 입음으로 너의 벌거벗은 수치를 드러내지 않게 하며, 또 안약을 네 눈에 발라 보게 하라.**

『**내게서 불로 단련된 금을 사서**』(18절). 베드로전서 1:7을 보라.
『**입음으로**』, 계시록 16:15, 고린도후서 5:3을 보라.
『**안약을 네 눈에 발라 보게 하라.**』 전도서 9:8, 요한복음 9:11을 보라.

3:19 **내가 사랑하는 자마다 책망하고 징계하노니 그러므로 열심을 내고 회개하라.**
20 **보라, 내가 문 앞에 서서 두드리노라. 누구든지 내 음성을 듣고 그 문을 열면 내가 그에게로 들어가서 그와 함께 먹으며 그도 나와 함께 먹으리라.**

교회 시대의 끝에 그리스도께서는 문 밖에 계신다. 교회는 그분을 밖에 세워두고 문을 닫아 버렸다. 이 교회에 있는 어떤 사람이라도 그분의 음성을 듣고 문을 열면 그리스도께서 그 사람에게 들어가 그와 더불어 교제하실 것이다. 지역 교회가 문자적인 건물로 언급되는 곳은 성경에서 바로 이곳뿐이다. 성경에서 지역 교회가 건물로 언급되고, 성도들이 예수 그리스도를 문 밖에 두고 문을 닫아 버려 안에서 문을 열지 않으면 그분이 들어갈 수 없다고 말하는 유일한 곳이다.

3:21 이기는 자에게는 내가 내 보좌에 나와 함께 앉을 자격을 주리니, 이는 내가 이겨서 내 아버지**와 함께 그의 보좌에 앉은 것과 같으리라.**
22 귀 있는 자는 성령**께서 교회들에게 말씀하시는 것을 들을지어다.**

본문은 일곱 교회를 향한 메시지의 결론이다. 앞서도 말했듯이 역사적으로 이 교회들은 A.D.90년 사도 요한의 때에 소아시아에 있는 일곱 지역교회를 언급한다.

교리적으로 환란 때의 일곱 교회에 적용한다.

영적으로는 사도행전에서부터 교회의 휴거까지 교회 시대의 역사를 언급한다. 라오디케아 기간을 마감하기 전에 이 기간 중 역사적으로 일어났던 것을 정리해 보자. 이 기간은 데살로니가후서 2장에서 언급된 엄청난 "파멸"의 때이다. 이 기간은 1900년경에 시작한다. 이 기간은 1901년 ASV의 출판과 더불어 시작된다. 이 가증스럽고 부정직한 책은 유명한 학교들이 포함된 미국의 모든 정통주의 신학원의 헬라어 학부들에서 여전히 추천되고 있다. 만일 여러분이 밥 존스 대학, 달라스 신학원, 테네시 템플, 그리고 미국의 유수한 성경 연구원들의 헬라어 학부에 편지를 쓴다면, 이들 학교의 교수진이 <킹제임스성경, 1611> 대신 ASV를 추천하는 것을 볼 것이다. ASV는 여호와의 증인들의 공인 성경이다. 이 성경은 구약에서 "여호와"라는 낱말을 쓰지만 신약에서는 한 번도 언급되지 않는다. 그렇게 "예수님"과 "여호와"를 구분하고 있다. 이 말이 마치 필자가 싸움을 걸려 한다거나 "악당" 같다는 생각이 든다면, 멍청한 독자여, 요한복음 9장을 펼쳐서 ASV 난외주를 보라. 예수 그리스도는 피조물이지 창조자가 아니라는 주(注)를 볼 것이다! 이것이 믿기 어렵다고 생각된다면 누가복음 2:33을 읽어 보라. 그래도 의심이 가시지 않으면 디모데전서 3장을 펴서 16절에 "하나님"이라는 낱말이 빠진 것을 보라. 그 다음에 디도서를 펴면 2:13에 예수 그리스도의 나타나심 대신에 하나님의 영광을 기다린다고 되어 있다. 이것이 진실한 그리스도인에게 주는 충격으로 충분하지 않다면 그때는 ASV를 성경으로 취하는 독자에게 상관않겠다.

1901년에 나온 ASV는 하나님의 말씀에 서투르고 고지식하며 불경건한 번역이다. 비록 정통주의 신학교들의 헬라어 교수들이 가장 정확하다고 말할지라도 ASV는 아주 명백히 정확하지 않다. 그들이 ASV가 어떤 다른 번역본보다 "훨씬 원문에 충실하다."고 말할 때에 그들은 명백히 거짓말하는 것이다. ASV는 성경이 아니다. 이것은 바티칸 사본의 미국 역본이다. 이것은 A.D. 325년에 유세비우스와 콘스탄틴이 사용했고, 1000년경의 암흑시대에 수도승들이 사용했으며, 1546년 트렌트 종교회의에서 로마카톨릭 교회가 사용했고, 오늘날에는 바티칸 공의회의 공인 성경이 되어 버린(1962) 웨스트코트와 홀트의 북아프리카 라틴 원문인 바티칸 사본이다(RSV와 RV도 같은 사본을 원문으로 사용했으며 이외에 윌리암스, 필립스, 모펫, 웨이마우스, 굿스피드, 확대역본, 펜톤, 고베이, 몽고메리, 버클리, 림즈-듀웨이, 람사와 나머지 가짜 허튼 소리를 담은 것들도 마찬가지이다).

대배교가 일어나는 라오디케아 기간에도 "생명의 말씀"을 설교했던 위대한 그리스도인들을 여전히 보게 된다. 그들은 밥 존스 1세(Bob Jones Sr.), 프랭크 노리스(Frank Norris), 찰리 풀러(Charlie Fuller), 디한 박사(Dr. DeHaan), 테오도르 엡(Theodore Epp), 펄시 크로포드(Percy Crawford), 잭 윌첸(Jack Wyrtzen), 브라운(R.R. Brown), 해롤드 스미스(J. Harold Smith), 히만 애플만(Hyman Appleman), 존 라이스(John R. Rice), 오스왈드 스미스(Oswald Smith), 그레이(Gray), 스코필드(Scofield), 펨버(Pember), 라킨(Larkin), 사우어(Sauer), 존 피터 레인지(John Peter Range), 매이콘(Macon), 스트롱(Strong), 캐롤(Carrol), 트루엣(Truett), 벌링거(Bullinger) 그리고 이외에 많은 위대한 믿음의 수호자들이 있다.

이들 중 일부는 "학자적인" 경향을 거의 띠지 않는다. 여러분은 디한 박사나 테오도르 엡, 찰리 풀러가 지난 10년간 <킹제임스성경>을 수정하는 데 시간을 보냈던 것에 주목할 것이다. 그들이 <킹제임스성경>을 고치는 데 시간을 소비했을 때 그들은 그 만큼의 시간을 상실해 버린 것이다. 하나님께서는 <킹제임스성경>을 파괴하는 어떤 사람도 축복하지 않으신다. 너무나 많은 순교자들이 이 원문을 "엉망으로 만들려는" 많은 "그리스도인들" 때문에 죽었다. 우리 시대의 비극 중 하나는 디한 박사(그는 훌륭한 사람이지만), 찰리 풀러, 테오도르 엡(그리스도인들을 성결케 한) 같은 자들이 그들의 시간을 낭비하면서 네슬 헬라어 신약에 나타난 바티칸 사본인 웨스트코트와 홀트의 원문으로 <킹제임스성경>을 고치려고 시도한 것을 듣게 되는 것이다. 이것은 수치이고 불명예이다. 이 사람들은 위대한 구령자들이었고, <킹제임스성경>으로 설교했으며, 이들의 설교로 수천의 사람들이 구원받았다.

캐나다 토론토의 위대한 선교 지도자인 오스왈드 스미스는 선교사들을 위해 일 년에 30만 불 정도를 모금하고 현장에서 "전임으로" 사역하는 수백 명의 진짜 선교사들을 섬긴다.

밥 존스 시니어는 복음을 설교하였고 대학을 설립했다(대공황 때에 파산했다가 테네시 클리블랜드에 다시 재건하였다. 지금은 사우스 캐롤라이나의 그린빌에 있다). 밥 존스 1세는 지금(1962) 매우 나이 지긋한 노신사가 되어 그가 복음을 전했던 날들은 오랜 과거가 되었지만, 하나님께서 쓰신 그의 영향력은 여전하며 그리스도께서 재림하실 때까지 계속될 것이다. 수백 수천의 "복음 전도자들"이 이 학교 출신으로 세계 각처에서 사람들을 그리스도께로 인도했다. 밥 존스 1세는 그의 생애 동안 <킹제임스성경>으로 설교했다. 그는 감리교인이지만 전천년주의자이다(이 내용이 담긴 "편지"가 캘리포니아의 밥 슐러 교회에 있다).

밥 슐러는 전 시대의 위대한 감리교 신자로서 지금은 은퇴했다. 그는 로스엔젤레스의 트리니티 감리 교회에서 목회했으며 그의 몇몇 아들도 목회하고 있다. 밥 슐러는 전시대의 훌륭한 감리교 설교자로서 그 오랜 "베드로 카트라잇파" 설교자들 중 한 사람이었다.

찰리 풀러는 캘리포니아에서 전세계에 방송되는 "흘러간 시대의 부흥시간"이라는 프로그램에서 수년간 설교했으며 수백 명을 구령했다.

테오도르 엡은 네브라스카 링컨에서 "성경으로 돌아갑시다."라는 방송을 담당했다.

디한 박사는 미시간의 그랜드래피드에서 방송을 맡았고 좋은 서직을 많이 펴냈다. 디한 박사는 어린애 같은 타입의 단순한 선생이지만 매우 유능했다. 그의 많은 책은 믿음의 근본에 대해 훌륭하게 기술하고 있다.

잭 월첸과 펄시 크로포드는 라오디케아 기간에 뉴욕에서 청년들과 함께 사역하는데 두 사람 다 훌륭한 일꾼이다.

해롤드 스미스는 테네시의 낙스빌에서, 그의 고향인 사우스 캐롤라이나의 그린빌까지 알려진 위대한 설교자이다. 그는 현재 아칸사스의 포트 스미스에서 설교한다. 그는 의를 수호하기 위한 훌륭한 투사이고 십자군이며 말씀의 위대한 설교자이다. 그는 남침례교인이지만 RSV를 대항해서 <킹제임스성경>을 지지한 리(R.G. Lee)처럼 위대한 십자군이다.

히만 애플만은 구원받은 러시아 유태인으로서 훌륭한 복음주의자이며 여전히 많은 사람을 예수 그리스도께 인도한다.

존 라이스는 <주의 칼, *Sword of the Lord*> 편집자인데 수백 권의 논문과 소책자를 냈다. 그는 많은 혼들을 그리스도께로 인도했으며 많은 그리스도인이 은혜 안에서 성상하는 것을 돕고 있다. 그는 하나님의 말씀을 고치는 것에 그렇게 많은 시간을 소비하지 않았다. 그가 <킹제임스성경>을 설교하며 보낸 시간들에 대해서 하나님께서는 그의 사역을 엄청나게 축복하셨다.

우리는 위대한 프랭크 노리스를 본다(어떤 사람들은 그의 이름에 침을 뱉으려 할 것이다). 그와 가깝게 지냈던 많은 설교자는 심지어는 그가 구원받았다고조차 생각하지 않는다! 이것은 "친밀함이 경멸을 낳는다."는 참된 격언에서 유래한다. 아무리 위대한 사람일지라도 결점이 있으며 갑옷에 구멍이 있기 마련이다. 프랭크가 그런 경우였다. 그러나 그는 훌륭한 십자군이었다. 그의 영향력 덕택에 그가 죽을 때까지 남침례교 총회의 설교자들은 전천년주의 입장을 유지했으며, 그가 죽을 때까지는 후천년주의를 강력히 주장하지 못하였다. 그는 그들의 "발이 불 속에 떨어지는 것"을 막아 그들의 발자국에 멈추어 서 있도록 하였다(여러분이 오늘날 남침례교회들에서 수백 명의 전천년 설교자들을 보는 것은 프랭크 노리스의 사역 덕분이고, <스코필드 관주성경>의 편찬은 그가 강력히 추천하였던 결과이다). 노리스는 모르드캐햄(Mordecai Ham), 디트로이트의 보샹 빅(Beecham Vick), 오하이오 캔톤의 해롤드 헤니거(Harold Henniger)와 오하이오 신시내티의 존 롤링스(John Rawlings)의 사역에 막대한 영향을 끼쳤다. 일일이 언급할 수 없이 많은 설교자들이 "독립 침례교회 친교회"(Bible Baptist Fellowship)를 만들었다. 이 그룹은 현재 엄격한 전천년 체계의 성경적 입장에서 하나님을 위해 어떤 일이든지 하는 최고의 거대한 지역교회 조직이다.

이 조직에 오하이오 캔톤의 해롤드 헤니거와 플로리다의 잭슨빌에 있는 비버스트리트의 침례교회 목사인 핫지(Hodges), 플로리다 잭슨빌의 밥 잉글(Bob Ingle) 목사, 그리고 멕시코만 연안과 텍사스에 수백 개가 넘는 교회들이 있다. 프랭크 노리스는 지금까지 살았던 혁혁한 복음 전도자 두 명에 맞먹는 그런 위대한 영향을 젊은 설교자들에게 끼쳤다. 한 교회에서 분리되었던 독립 침례 신학교와 성서 침례 신학교는 프랭크 노리스의 말기 작품이다. 이 두 학교는 미주리의 스프링필드와 텍사스의 알링톤에 있고 이에 더하여 밥 존스 1세의 사우스 캐롤라이나의 그린빌에 있는 학교와 리 로버슨의 채타누가에 있는 학교는 오늘날(1962) 신약 기독교 신앙과 정통 복음주의의 못자리판이다. 이 학교들은 현대주의자들, 자유주의자들, 그리고 카톨릭 등에 의해 맹렬한 미움을 받는다. 이 학교들은 성경대로 믿는 설교자들을 계속해서 배출해냄으로써 몇몇 설교자들은 <킹제임스성경, 1611>을 최종권위로서 진실되게 믿고, 천년왕국 이전에 예수 그리스도께서 오심을 여전히 사실로 믿는 크고 훌륭한 교회들을 세웠다. <킹제임스성경>과 전천년주의는 20세기에 있어 배교의 늪으로 가라 앉지 않고 "공 위에 머물러 있을 수 있는" 유일한 것이다. 여러분이 지역 교회로서 <킹제임스성경>과 전천년주의를 믿는다면 배교할 수 없다. 때로는 재난과 문제들이 있을지 모르나 전천년주의를 믿고 <킹제임스성경>을 의지하는 사람치고, "헬라어 원문"이나 "더 우수한 번역본들"

또는 존 칼빈이나 무천년・후천년주의 등에 바보같이 맴돌면서 참으로 무모한 짓을 했던 경우는 교회사에서 단 한 번도 없었다. 여러분은 천년왕국 이전에 예수 그리스도께서 오신다고 가르치면서 <킹제임스성경>을 근거로 하지 않을 수는 없다. 하나님께서는 여러분의 믿음의 기조인 <킹제임스성경>을 지키신다.

여러분은 이 라오디케아 기간을 잘 알 것이다. 왜냐하면 이 시기에 자랐기 때문이다. 이 기간에 가장 큰 두 전쟁이 있었다. 곧 제1차 세계대전과 제2차 세계대전 그리고 한국 전쟁도 있었다. 아돌프 히틀러, 레닌, 프랑코, 스탈린, 카스트로가 등장했었다. 이 기간은 로마카톨릭이 재등장하여 문자 그대로 세상을 전복한다. 아프리카의 추기경들을 바티칸에 있게 함으로써 오늘날도 계속되는 콩고 내지에서 진행되고 있는 것과 같은 갈등을 야기시켰다. 베트남과 라오스에 간섭함으로써 불교의 수도승들이 분신 자살하도록 만들었다. 이 세기에 일어났던 모든 독재자는 로마카톨릭 신자였다. 러시아의 희랍 정교회 출신들인 레닌, 트로츠키, 스탈린은 이 종교에 반항하면서도 카톨릭 교회 동방 지부를 세웠다. 그럴 즈음에 대양 반대편에서는 훌륭한 로마카톨릭 신자들로서 바티스트, 트루질로, 카스트로, 프란시스코 프랑코가 등장했다. 유럽의 두 훌륭한 로마카톨릭 신자인 히틀러와 무솔리니는 세상을 2천 2백만의 생명을 앗아간 대학살의 현장으로 돌변시켰다. 언급된 모든 이름들은 로마카톨릭 신자였고 세례와 성사를 행하였다. 다시 말해서 아돌프 히틀러, 무솔리니, 요셉 괴벨, 카스트로, 바티스트, 트루질로, 프란시스코 프랑코, 트로츠키, 레닌, 스탈린, 바로 이 마지막 사람까지 모두 카톨릭이었다. 인간이 역사에서 배우는 유일한 것은 역사에서 결코 아무것도 배우지 않는다는 것이다.

로마 교회는 ASV원문으로 미국 정통주의 학파들을 전복하려고 준비하면서 로마 교회를 다루고 있는 성경 내용을 설교하는 사람은 누구든지 투옥하도록 연방 정부를 이용할 태세를 갖추어 놓았다. 그리고 그 동안 로마 교회는 미국의 재무성과 법무부를 조종하여 여러분의 세금으로 그들의 학교나 어리석게 타락한 그리스도인들을 지원하여 그들로 자기들을 지지하도록 하고, 공산주의 러시아나 동 서독에 대해 신경쓰도록 하며 더 잘된 번역 성경들을 만들도록 한다! 이것은 너무나 비극적이어서 이것을 생각하면 거의 눈물이 날 지경이다! 이 시대에 스펠만 추기경(Cardinal Spelman)과 예일 신학교의 웨이글(Dean Weigle) 학장은 성경을 오용한다. 풀톤 쉰(Fulton Sheen)은 T.V.의 스타로 등장하고 오랄 로버츠(Oral Roberts)만이 필적할 수 있을 정도의 종교적인 마술 쇼를 연출한다. 넬스 페레(Nels Ferre)는 예수 그리스도의 동정녀 탄생을 부인하였고 루이스빌 남침례 신학교에 와서 젊은 목회자 후보생들하고 얘기할 때면 사례금이 지불되었다. 맥코넬(McConnel), 하크니스(Harkness), 반 도이젠(Van Deusen), 악스남(Oxnam), 그랜트(Grant), 버트릭(Buttrick), 리프만(Lippman), 차펠(Chappel), 존스(Jones), 슬로안(Sloan), 스톡웰(Stockwell), 카가와(Kagawa)는 "하나님은 아버지이고 인간은 형제다."라고 하며 행위에 의한 구원을 가르쳤다. 모든 종교적 인문주의의 쓰레기들을 장려하는 로첸부쉬, 조지 버나드 쇼, 헤밍웨이, 포스딕, 블레이크, 슈타인백, 세인트 루이스의 달벅이 있었고, 이들은 이 세계의 인본주의자들이고, 공산주의자들이며, 사회주의자들이고, 성경을 거부하며 그리스도를 부인하는 자칭 그리스도인인 모든 이단자들이었다. 이 시대는 A.D. 325년 이후 한 세기가 연출해 왔던 것 중에서 최고의 위선적인 행위와 가장 끔찍한 종교적 배교 행위를 연출했다.

그렇지만 모든 상황에도 불구하고 기쁜 소식을 전하는 음성도 울려 퍼졌다! 뉴욕 갈보리 침례교회 목사였던 할데만(Haldeman), 할데만을 뒤이은 윌리암 워드 아이어(William Ward Ayer), 해리 아이언사이드(Harry Ironsides), 밥 슐러(Bob Schuler), 오늘날도 여전히 설교하는 위대한 복음주의자 지미 존슨(Jimmie Johnson), 프레드 브라운(Fred Brown), 제시 헨리(Jesse Henley), 플로리다 올란도의 다니엘즈(E.J. Daniels), 코튼 머서(Cotton Mercer), 먼로 파커(Monroe Parker), 휴 파일(Hugh Pyle), (엄청난 주일 학교들을 조직해서 인도하며 훌륭한 여름 캠프를 통해 수백 명의 젊은이를 구령하고 목회의 소명을 심어 준) 디트로이트의 보샹 빅(Beecham Vick) 등이 있다. 역사를 공부하는 학생이라면 포트 워스의 호머 리치(Homer Ritchie) 사역과 훌륭한 복음 전도자인 레스터 롤로프(Lester Roloff) 그리고 캔사스 시의 웬델 짐머만(Wendell Zimmerman)을 발견할 것이다. 지금은 사망한 다우슨 트로트만(Dowson Trotman)은 제2차 세계대전 중에 "네비게이토" 사역을 통하여 배 위에서 수천 명의 군인들과 선원들을 주님께로 인도했고 해롤드 헤니거(Harold Henniger)는 오하이오 캔튼의 훌륭한 정통수의 목회자이다. 이 사람들은 "분리주의자들," "극단론자들," "세대주의자들," "베뢰아인들"로 불렸다. 이들은 종교개혁을 일으킨 영어 성경에 충실하였으며, 구령의 열정을 가지고 있었으며, 로마 교회의 전통과 NCCC(전미 기독교 교회협의회)의 자유주의 그리고 이 세상의 문제들에 대하여 한 무더기의 학문적 열기 외에는 해결책을 내지 못하는 썩어 빠지고 하찮은 인문주의자들의 사회주의 철학에 대항하여 하나님의 말씀을 전파하려는 의욕으로 특징 지워진다.

금세기 초에는 하워드 장군(General Howard)의 사역을 볼 수 있으며, 구세군의 부스(Booth) 대장, 멜 트로터(Mel Trotter), 제리 맥콜리 (Jerry McCauley), 어니스트 리빌(Ernest Reavel), 지미 스트라우드(Jimmy Stroud, 테네시 멤피스에서 여전히 사역하는)의 구제 선교 사역을 볼 수 있다. 루터교 정통주의자인 월터 마이어(Walter Maier)의 훌륭한 라디오 사역도 있다. 기독교 선교 연맹(the Christian Missionary Alliance)에서 사역한 피어슨(A.T. Pierson), 심슨(Simpson)과 20세기 초에 위대한 정통 감리교인이었던 캐논(Cannon) 감독과 스트래튼(J.R. Stratton)도 있다. 또 윌버 스미스(Wilbur Smith), 해리 림머(Harry Rimmer) 그리고 스탬(Stam), 벌링거(Bullinger)와 함께 성경에 관한 훌륭한 책들을 썼던 아더 핑크(Arthur W. Pink)의 사역이 있다. 또 조 헨리 핸킨스(Joe Henry Hankins)와 잭 하일스(Jack Hyles) 그리고 빌리 그래함(Billy Graham, 여전히 훌륭한 연합 캠페인을 벌이는)의 사역이 있다. 비록 빌리 그래함이 이 캠페인에 현대주의자들을 참여시키고 여러 방면에서 타협하는 죄를 범하지만, 주님은 여전히 그를 사용하시고 그는 계속해서 <킹제임스성경>으로 설교하며 사람들로 하여금 "그리스도를 위해 결단하도록" 한다.

복음주의자인 머브 로젤(Merv Rosell)이 있다. 로마카톨릭에서 개종하여 책을 쓰고 설교하는 안토니 자켈로(Anthony Zachello), 몬타노(W.Montano), 카레라(Carrera)가 있다. 로마 교회는 "도끼를 내리쳐서" 폴 블랑샤르(Paul Blanshard), 아브로 맨하탄(Avro Manhattan), 자켈로와 카레라를 될 수 있는 한 신속히 제거하려고 한다! 에디 리버만(Eddie Liebberman)은 개종한 유대인 복음주의자이고, 노엘 스미스(Noel Smith)는 매우 신랄한 논조의 글을 쓰는데 세상 조류를 천년왕국 이전에 그리스도께서 오시는 것과 관련하여 아주 잘 분석한 사람이다. 그 외에 기드온(the Gideons), 기독실업인 연합회(the Christian Businessmen's Association), 포켓 성경 연맹(Pocket Testament League), 위클리프 번역회(Wycliffe Translators), 침례교 중부 선교회(Baptist Mid-Missions), 그리고 그 외의 많은 다른 선교 조직들이 하나님의 말씀을 전하고 있다.

라오디케아 기간 중 모든 배교의 중심부에는 전미기독교교회협의회(NCCC), 바티칸 공의회, 정부의 사회주의화, 전미 흑인 향상 협의회(NAACP)의 하찮은 일, 대법원의 반성경적이고 비기독교적이며 다원주의적인 결정들, 그리고 모든 다른 세속적인 어리석은 행위들이 있지만 여전히 하나님의 사람들은 생명의 말씀을 전한다. 칼 맥킨타이어(Carl McIntire)는 현대주의와 자유주의를 계속 공격하여서 그 결과 NCCC에 의해 미움을 받고 있다. 지금은 사망한 반하우스(D.G. Barnhouse)는 수년간 설교하였고, 지금은 고인이 된 맥긴리(McGinly)는 훌륭한 스코틀랜드 출신의 복음 전도자였으며, 보스톤의 오켕가(Ockenga)는 진리를 설교하여 많은 사람들을 그리스도께로 인도했다. 채타누가의 리 로버슨(Lee Roberson)은 많은 젊은이들이 목회를 하도록 훈련시킨다. 케이스 브룩스(Keith Brooks)와 맥스웰(E.L. Maxwell)은 헌신된 훌륭한 저술가이다. 북부의 달라스 빌링톤(Dallas Billington)은 오하이오 애크론에서 엄청난 사역을 한다(필자는 여기서 중지하겠다. 그 이유는 너무나 많은 사람들이 더 있는데 이 모든 사람들의 삶에 있어서 세부적인 일들, 즉 그들이 행한 사역들과 하나님께서 그들을 사용하신 방법들을 설명할 시간이 없기 때문이다. 그들의 결점들, 시련들, 환난들, 유혹들, 연약함, 실패, 성공 및 승리들에 관한 놀라운 이야기들을 말할 시간도 여백도 없다).

교회 시대가 마감될 때는(1990) (전반적으로) 미적지근한 교회로 특징지워지는데 이것은 "시민의 권리들," 이 시대의 "사회 계급적인 문제들," 그리고 로마카톨릭을 따라가는 언론의 문제들과 연관된다. 이 기간은 그리스도의 몸을 배교로 향하게 이끌며 끝난다. 필자가 "배교"를 말할 때는 거듭난 구원받은 사람들이 하나님의 말씀을 거부하고 복음을 시민의 권리로 바꾼다는 뜻이며, 필자가 방금 말한 그대로 그 양상을 의미할 뿐이다. 심지어 그리스도의 몸도 하나님의 말씀에서 돌아서 배교하지만 광야의 침례인 요한처럼 소수의 목소리가 여전히 외치고 있다. 『**회개하라... 너희는 주의 길을 예비하고 그의 길들을 곧게 하라... 보라, 그가 구름들과 함께 오시리니, 모든 눈이 그를 볼 것이며...**』(마 3:2,3, 계 1:7).

20세기를 마감하면서 우리는 우리 앞에 놓인 길을 알며 그 길에 대해서 어떤 망상도 갖고 있지 않다. 누구든지 미래에 대해 기만당할 수 있지만, 성경대로 믿는 사람들은 전혀 속지 않는다. 필자는 자랑하는 것이 아니다. (필자가 지금 말하는 것에 대해 무천년주의나 후천년주의자 또는 자유주의자들 가운데 자기가 갖고 있는 성경으로 충분히 알아보지 않은 자들에게는 필자의 말이 자랑하는 듯이 들릴지도 모른다!) 그러나 거듭나고 구원받은 성경 설교자로서 20세기 후반부에 살고 있는 필자는 미래에 관해 아무런 망상도 갖고 있지 않다. 참된 성경대로 믿는 사람들이 덥지도 차지도 않은 미적지근한 교회에 있다. 그 물질의 축적이나 자랑하는 이 교회는 하나님 보시기에는 참으로 가엾고 불쌍하며 가난하고 눈멀고 헐벗었으며, 그 교회에 있는 성경대로 믿는 사람들은 A.D. 33년 이후로 교회사에서 가장 비틀거리는 소수인 것이다.

하나님께서 설교하도록 부르신 사람으로서 필자는 불로 연단받은 나의 신앙의 어떤 부분이 "예수 그리스도께서 오실 때에 칭찬과 명예와 영광 속에 나타나기를" 기도할 뿐이다. 또 기도하는 것은 그분께서 이 교회에 사라고 권하셨던 흰옷을 살 수 있도록, 그리고 그분께서 내 눈에 안약을 바르도록 하셔서 이 마지막 교회가 맹목적으로 로마 교회로 갈 때에, 나의 눈을 떠서 계시록 18장의 그 음흉한 종교 창녀에게 등을 돌리고 "그분의 힘 속에서" 떠오르는 해(말 4:2), 즉 나의 주 구세주 예수 그리스도를 바라보는 것이다.

이 글을 쓰는 지금 나에게는 생애의 마지막 시기 혹은 주님께서 오실 때까지, 교회사에서 가장 찬란했으며 계속해서 빛날 필라델피아 교회 기간에 신성한 약속으로 내가 받았고, 교황들이 미워했으며, 그리스도인들이 사랑했고, 하나님을 영화롭게 했으며, 학자들이 멸시했던 종교개혁 성경인, <킹제임스성경>에 "이렇게 하나님께서 말씀하셨다."라고 서서 담대하게 마지막 숨을 몰아쉬며 선포할 시간과 은혜와 능력과 육신의 힘을 주님께서 내게 허락해 달라고 기도하는 것보다 더 크고 중요한 기도는 없다.

요한계시록 4장

우리는 소아시아의 일곱 교회에 대한 일곱 메시지로 유형지을 수 있는 교회 시대의 끝까지 도달했다. 비록 이 메시지들이 역사적으로 A.D. 90년의 일곱 지역 교회에 적용되고 교리적으로는 환란 때의 지역 교회들에 적용되지만, 유형으로 보면 첫 번째 교회(에베소 교회)와 마지막 교회(라오디케아 교회)를 비교함으로써 교회 시대의 역사를 나타낸다는 것도 알 수 있다. "교회"라는 말은 계시록 3:22에서 사라지고 4-21장까지 두 번 다시 언급되지 않는다. 여기에는 무엇인가 그 의미가 있는 것이다. 성령은 계시록 2장과 3장에서 지상에 있는 교회들의 한가운데 있는 것으로 나타난다. 그렇지만 일곱 영으로 불려진 성령은 계시록 4:5에서 셋째 하늘에 올라간 것으로 나타나면서, 교회들의 위치와 성령의 위치가 다 바뀐 것을 보여 준다.

4:1 **이 일 후에 내가 쳐다보니, 보라, 하늘에 한 문이 열려 있는데 내가 들은 첫 음성은 나팔 소리 같았으며, 내게 말하여 이르기를 "이리 올라오라. 내가 이후에 마땅히 일어나야 할 일들을 네게 보여 주리라." 하더라.**

『**하늘에 한 문**』(1절)이 열린다. 하늘은 계시록에서 단지 두 번 열리는데,

한 번은 누군가 올라갈 때이고 한 번은 계시록 19장에서 누군가 내려올 때이다. 문이 열릴 때에(계 4:1) 음성과 나팔 소리가 있는 것을 주목하라. 본문을 데살로니가전서 4:15-18과 비교해 보면 음성이 무엇인지, 즉 나팔 소리가 무엇인지에 대해 의심할 여지가 없을 것이다. 이것은 주께서 누군가를 부르시는 것이며 양쪽 구절 모두 듣는 자들은 그에 대한 응답으로 구름 속으로 올라간다.

4:2 또 내가 즉시 영 안에 있게 되었는데, 보라, 하늘에 한 보좌가 놓여 있고 한 분이 그 보좌에 앉으셨는데

『**내가 즉시 영 안에 있게 되었는데**』(2절). 이 표현을 다시 주목하라. 계시록 1:10에도 『**성령 안에**』라는 표현이 있다. 이것은 거듭난 성도가 그리스도 안에 있는 것처럼 성도가 성령 안에 있다는 의미가 아니다. 이것은 다른 차원으로서 형태나 구조의 기적적인 변형을 의미하는 "성령 안에"이다. 이것을 고린도전서 15:49-52과 비교해 보면 그리스도의 몸이 "휴거되는" 또는 "들림 받는" 것임을 알 것이다. 바울은 이 신비가 "나팔 소리가 나면" "눈 깜짝할 순간에" 일어날 것이라고 말한다. 우리는 데살로니가전서 4장에서 그것이 "천사장의 음성과 하나님의 나팔 소리와 함께" 일어난다는 것을 읽을 수 있는데, 여기 계시록 4:1,2에서 우리는 모든 요소가 나타나는 것을 본다. 즉 음성, 나팔, 부르는 소리, 영적인 체질(spiritual condition)로의 변화, 그리고 "순간에" 요한은 즉각적으로 셋째 하늘에 올라간다. 필자가 "셋째 하늘"이라고 말하는 까닭은 고린도후서 12:1-4에서 하늘을 분명하게 셋으로 구분하기 때문이다(밀턴의 "일곱 하늘"은 로마카톨릭의 생각이지 성경 계시와는 아무 관련이 없다). 성경은 세 개의 하늘을 말하고 있다.

첫째 하늘은 "그가 하늘의 구름들과 함께 오시리라."는 표현처럼 땅에서 구름까지이다.

둘째 하늘은 "해와 달과 별들이 하늘에 있고"라는 표현과 같이 태양과 달,

별들이 있는 곳이다.

셋째 하늘은 별자리들을 지나 성운들을 지나 여러 은하수, 성단들을 넘어서 하나님께서 친히 계시는 곳으로서 그 방향은 북쪽이다(뒤에서 자세히 언급할 것이다).

계시록 4:1,2이 교회의 휴거를 묘사한 것이라는 데 대해 의심이 간다면 여기서 직접 자신의 체험을 쓰는 요한이 예수 그리스도의 몸의 형태로 바뀌었다는 사실에 주목하라! 조금이라도 의심이 있다면 다음 설명을 주의 깊게 살펴 보라.

먼저 에베소서 5장에서 주 예수 그리스도의 몸인 "교회"와 그분에 대한 관계는 아내가 남편을 대하는 것과 같은 관계임을 주목하라. 더 나아가 아내와 남편의 원래 관계는 이브와 아담의 관계(창 2장)인 것이다. 따라서 한 남자의 아내인 이브는 그리스도의 몸인 교회가 그리스도와의 관계 속에서 존재하는 신분인 것처럼, 남편과의 관계 속에서 존재하는 것이다. 우리는 이 진리를 몇 가지 이유 때문에 인식할 필요가 있다. 아담이 그의 아내를 얻었을 때 그는 아내를 얻기 위해 죽어야 했다. 그리스도는 교회를 얻기 위해 죽으셔야 했다. 아담의 아내는 그의 몸의 일부였으며 그리스도의 아내도 그분의 몸의 일부이다. 즉 "뼈 중의 뼈이고 살 중의 살"이다(엡 5:28-33). 아담의 신부는 아담의 가슴 아래에서 취해졌으며 그의 옆구리는 한 개의 갈비뼈를 취하기 위해 뚫린 바 되었던 것이다. 예수 그리스도는 죄인들을 위해 십자가에서 죽으셨을 때 다섯 번째 갈비뼈 아래를 찔리셨다. 성경은 『**그리스도께서 교회를 사랑하셔서 교회를 위하여 자신을 주신 것같이 하라.**』(엡 5:25)고 말한다. 아담은 그의 아내를 얻기 위해 죽어야 했거나 아니면 죽음과 같은 잠을 자야 했다. 그와 마찬가지로 그리스도께서도 죽으시고(땅 속에 삼 일 밤과 삼 일 낮을 계시다가) 그분의 아내를 얻으신다. 아담의 아내는 "그의 뼈 중의 뼈이고 살 중의 살"이다. 그녀는 그분의 몸이다. 아담의 신부는 피를 흘림으로써 얻어진 것이었다. 그리스도의 신부도 피를 흘림으로써 얻어진다.

이 모든 것은 사도 요한에게 간접적으로 모아진다. 주 예수 그리스도는 요한에게 다른 제자들과는 다른 특별한 사랑을 보이셨으며 요한도 그것을 알았다. 요한복음 3:16은 하나님께서 모든 사람들을 사랑하셨다고 우리에게 말하지만 성경은 그분이 "교회를 사랑하셔서 교회를 위해 자기 자신을 주셨다."는 특별한 사랑을 말해 준다. 요한도 마찬가지였다. 비록 예수님께서 모든 제자들을 사랑하셨고 "끝까지 사랑하셨으나"(요 13장), 요한은 특별하게 사랑받았던 것이다. 요한복음 21:20에 "예수께서 사랑하시던 제자"가 바로 요한이다. 요한복음 13:23,25에서 요한은 그리스도의 신부(교회)의 유형인 이브가 나온 곳이었던 바로 그곳(심장 아래)에 기대어 있었다. 반복하면 요한은 교회가 특별히 사랑받는 것과 같이 특별히 사랑받았고 그것을 알고 있었다. 주의 만찬 때 요한은 교회가 나오게 되는 바로 그곳(심장)에 누워 있었던 것이다.

그것이 전부가 아니다. 사도 요한이 그리스도의 몸의 유형이라는 것을 명백히 지적하는 그의 미래에 관한 진술이 있다. 요한복음 21:21-24을 주목하라. 사도 요한은 그리스도의 재림 때까지 "잠시 머물 것"이라는 말을 듣는다. 이것은 하나님께서 그를 성령 안에 붙들어 1,900년의 시간을 통과하여 환란 기간으로 이동시켜서 그리스도의 재림을 보여 주었던 계시록 1장에서 그가 살아 있었다고 할 때만이 참된 뜻이 되는 것이다. 요한은 분명히 죽었지만 그는 죽기 전에 예수 그리스도의 재림을 보았던 것이다. 이것은 무천년과 후천년 주석가들에게 그리스도께서 요한이 죽기 전에 오셨다고 생각하도록 한다! 물론 이것은 함정이다. 요한은 90년에 "성령 안에" 붙들려 "주의 날"로 와서 주님의 재림을 보고 그것을 계시록에 기록한다. 따라서 요한은 그리스도의 몸, 그리스도의 신부, 곧 교회의 유형이다. "요한"은 "사랑받는"이라는 뜻이다. 그래서 요한이 계시록 4:1,2에서 들림받을 때 그는 교회, 곧 그리스도의 몸이 들림받는 것을 상징한다.

그 밖에 계시록 4:1에서 우리는 "이리로 올라오라."는 표현을 본다. 이 표현은 성경에 오직 세 번 나온다. 이 세 번이 주목할 가치가 있는 것은 여러 세대에서 성도들이 들림받는 것을 뜻하기 때문이다. 첫 번째 언급은 여기 계시록 4:1이고, 두 번째는 계시록 11:12에 그리고 세 번째는 잠언 25:7에 있다.

이것은 "첫 번째 부활"이 구원받은 사람들에게만 해당되는 것으로 부활이 세부분으로 이루어지는 것을 의미한다(그렇기 때문에 모든 수확도 세 번에 걸쳐 이루어진다). 이 부활을 설명하기 위해서 바울은 여러분이 땅에서 거두는 수확에 비유했는데 부활의 위대한 장인 고린도전서 15장에서 그는 부활을 세 부분으로 분명히 지적하였다. 즉 고린도전서 15:22-24에서 첫 번째 부활은, 마치 수확이 세 번 이루어지는 것처럼, 세 부분으로 나누어지는 것이다.

1. 첫 수확 - 처음 익은 열매들을 거둔다.
2. 추수 - 나중에 익은 열매들을 거둔다.
3. 이삭줍기 - 끝에 익은 열매들을 거둔다.

고린도전서 15:22에서 『**이는 아담 안에서 모든 사람이 죽은 것같이** 그리스도 **안에서 모든 사람을 살게 하려 함이라.**』 그리고 23절에는 더 구체적으로 『**그러나 각자 자기의 서열대로 되리니** 그리스도**가 첫 열매들이요, 그 다음은** 그리스도**께서 오실 때 그분께 속한 사람들이라**』(밖에 나가서 수확의 첫 열매들을 거두어 보라. 그 다음에는 추수이다. 추수는 신약 성도들과 연관되는 것이다).

『**그후에는 끝이 오리니**(여러분들이 추수한 뒤에는 항상 이삭들이 남는다.), **주께서 모든 정사와 모든 권세와 능력을 폐하시고 그 왕국을** 하나님, **곧** 아버지**께 바칠 때라**』(고전 15:24).

『**주께서 모든 원수를 자기 발 아래 두실 때까지 통치하셔야 하리니**(천년 기간) **멸망받게 될 마지막 원수는 사망이라**(계 20장, 천년 기간의 끝에)』(고전 15:25,26).

그래서 첫 번째 부활은 세 부분으로 이루어진다. 이것이 요한이 계시록 20장에서 이 세 부활이 모두 끝날 때 비로소 "이것이 첫 번째 부활이니"라고 말하는 이유이다. 첫째 부분은 구약 성도들이며 둘째 부분은 신약 성도들이고 셋째 부분은 환란 성도들이다.

1. 첫 수확 - 그리스도 부활 때의 구약 성도들
2. 추수 - 교회 시대 끝에 휴거되는 신약 성도들
3. 이삭줍기 - 재림 때의 환란 성도들

부활의 세 부분은 신명기 16:16에 언급되어 있는데 유대인들에게 주어진 세 절기로 나타나 있다.

계시록 4:1,2의 본문으로 돌아가서 우리는 그리스도의 몸의 유형인 사랑받은 자 요한의 부활에서 신약 성도들의 몸, 곧 교회의 부활과 휴거에 대한 그림을 간단히 살펴본다. 그는 "들림받아서" 계시록 후반부에 일어나는 일들, 곧 환란 기간에 일어날 일들을 목격한다. 그러므로 여러분은 계시록 4-19장에 나타나는 모든 일은 환란 때에 일어나는 사건들임을 전적으로 확신할 수 있다. 계시록 4장 이후에 일어나는 일들은 교회 시대에 나타나지 않는다. 이것은 중요한데 그 이유는 제칠일안식일예수재림교, 몰몬교, 로마카톨릭, 그 밖의 다른 많은 종파들이 계시록 4장과 22장 사이에 있는 구절들을 취하여 교회 시대의 그리스도인들에게 적용하기 때문이다. 물론 이것은 진리의 말씀을 "잘못 나누는" 경우이다. "네가 진리의 말씀을 올바로 나누어 자신이 하나님 앞에 부끄럽지 않은 일꾼으로 인정받도록 공부하라"(딤후 2:15). 그와 같은 적용은 말씀을 잘못 나누는 것이다. 계시록은 분명히 세 부분으로 나누어지며 우리는 지금 두 번째 부분에 있는데 4장에서 시작되어 19장에서 끝난다.

『**또 내가 즉시 영 안에 있게 되었는데, 보라, 하늘에 한 보좌가 놓여 있고 한 분이 그 보좌에 앉으셨는데**』(2절). 이것은 물론 요한이 셋째 하늘로 옮겨진 것이다(여기서 요한은 바울이 고린도후서 12:1-4에서 말하도록 허락되지 않은 일들에 관해 쓴다).

4:3 앉으신 분의 용모가 벽옥과 홍보석 같으며, 그 보좌를 두른 무지개는 에메랄드같이 보이더라.

4 또 그 보좌 주위에는 스물네 좌석이 있는데, 내가 본 그 좌석들에는 흰 옷을 입은 스물네 장로가 앉아 있고, 그들은 금으로 만든 면류관을 머리에 썼더라.

『**면류관**』(4절)은 보상의 면류관들이다. 『**흰 옷**』(4절)은 그리스도의 심판석과 어린양의 혼인잔치와 연관되는데, 계시록 19장에서 "세마포는 성도들의 의로운 행실"로 언급된다. 그렇다면 스물네 장로는 구원받아 "피로 씻김을 받고" 보상을 받은 교회 시대의 구원받은 사람들을 대표한다. 그렇지만 이 스물네 장로의 신분 확인은 거의 불가능하다. 어떤 사람은 그들이 구약 성도들을 대표한다고 말하며 어떤 사람들은 그들이 "열두 지파의 장들"과 "열두 사도"를 나타낸다고 한다. 하지만 그들이 계시록 5장에서 다시 등장할 때 그들은 하나님께서 "그들을 각 족속과 언어와 백성과 나라 가운데서 그분의 피로 샀다."고 말하는데 이것은 그들이 이 시대에 구원받은 성도들임을 상징한다. 물론 그들은 교회 시대가 3장에서 끝났기 때문에 4장에서는 하늘에 있는 것이다. 그런데 왜 스물네 명으로 상징되는지를 설명하기란 불가능하다. 스물넷은 유대인 숫자(12)의 배수이다. 이것은 그리스도 안에 있는 "유대인"과 "이방인"을 의미한다고 볼 수 있다. 이것은 그리스도의 몸을 시작한 열두 사도와 그 후에 구원받은 이방인들을 나타낸다고도 볼 수 있다. 이들이 누구인지 확인하는 데 도움이 될 구절은 시편 107:32, 베드로전서 5:1, 출애굽기 3:18, 히브리서 11:2이다. 어쨌거나 분명한 사실은 그들이 계시록 4:9,10에서 모습을 드러내고 있다는 것이다(비록 우리가 읽고 있는 것에 관하여 모든 세부적인 것까지 확인할 수는 없지만 그들이 성경에서 말하는 모습 그대로라는 것은 분명히 안다. 앞에서도 얘기했듯이 계시록은 이해하기 어려운 것이 아니라 믿기가 어려운 책이다).

요한은 셋째 하늘에 올라가서 주님의 『**보좌**』를 보는데, 보좌에 앉은 스물네 장로에 의해 둘러싸인 주님의 보좌 주변에는 네 생물(그룹들)이 있다. 참으로 지어낸 말 같은 장면이 아닐 수 없지만 성경이 말하는 그대로이다. 문제는 역시 그것을 믿고 받아들이느냐 하는 데 있다.

4장을 계속 진행하며 끝마치기 전에 요한은 우주에 실재하는 문자 그대로의 장소로 "들림받았으며" 그 장소는 지금도 그 자리에 있음을 인식해야 한다. 성경은 이 하나님의 "처소"에 관해서 그 위치와 거리, 규모, 특징, 거주자들에 대해 많이 언급하고 있으며 매우 분명하게 제시하고 있다. 이 장소에 대한 계시는 케이프 케네디 로켓 발사 기지나 헌츠빌 레드스톤 병기창의 최신 과학 장비보다 훨씬 앞서 있기 때문에, 이곳에 관계되는 성경 구절들을 연구해 보면 이곳은 북쪽 유리바다 너머 셋째 하늘의 보좌에 계시는 "하나님 아버지"의 처소임을 알게 된다.

우리가 찾아보려는 이 구절들은 "현대 과학"에 알려지지 않은 어떤 사실을 드러내기 때문에 이 구절들을 읽는 많은 사람들은 충격을 받을 것이다. 하지만 이 구절들은 그 문맥에 쓰인 그대로 하나님의 실재가 우주의 한 방향에 위치한다는 것과 그 방향과 장소에 대해 분명하게 말해 주고 있다(하나님은 "영"이시며 형체가 없다는 것은 물론 하나님 존재의 절대적인 개념이다. 그러나 "하나님"으로서 그분은 여러 장소, 여러 때, 여러 모양으로 친히 자신을 나타내실 수도 있는 것이다. 자유주의자들은 이 개념을 극단적으로 취하여서 하나님이 바울 서신서들에 나타나신 것처럼 셰익스피어의 작품이나 베토벤의 음악, 공자의 가르침, 부처의 명상 등에도 나타난다고 말한다. 물론 이것은 맞지 않다. 정통 유대인들이나 다른 일련의 무리들은 그 반대로 "하나님은 영이시고" 형체가 없기 때문에 직접 어떤 모양이나 눈으로 볼 수 있는 형체로 결코 나타나지 않으시고, 항상 희미한 중성적인 존재, 즉 자연적이고 범신적인 방법으로 "우주를 채우는" 무형이라고 말한다. 이 둘 중의 어떤 견해도 하나님께서 친히 부여하신 성경적이고 기독교적인 계시가 아니다. 하나님께서 신약에 자신을 계시하신 것은 아버지와 아들과 성령, 즉 삼위일체로서이다. 하나님은 수천 가지 방법으로 자신을 나타내실 수도 있지만 자신을 나타내실 특정 방법들을 선택하시고, 그 선택하신 방법들을 성경에 계시해 놓으셨다).

다윗이 "내가 하늘로 올라갈지라도 주께서는 거기 계시며, 내가 지옥에 잠자리를 마련한다 하여도, 보소서, 주께서는 거기에도 계시나이다."라고 말한 것처럼 하나님은 어느 곳에나 계시지만, 그분이 구원받은 사람의 몸에 거한다는 점으로 미루어 구원받지 않은 사람의 몸에는 거하지 않으신다. 또 성령은 지금 신약 성도들 안에 거한다는 점으로 미루어 볼 때 구약 성도들의 몸 안에 항상 거하지 않으셨다. 또 성령은 교회 시대에 이 땅에 계신다는 점으로 미루어 볼 때 환란 때에 이 땅에 계시지 않는다는 뜻이다. "이 뜻을 알기 원한다면" 여러분은 거듭나야 한다(고전 2:14).

그래서 성경이 셋째 하늘에 계신 하나님의 위치(location)에 관해 말할 때 이것은 "현현"(顯現, theophany), 즉 몸의 형태로 나타나신 하나님의 모습(appearances of God in bodily shape)과 하나님이 우주에서 활동하시는 중심(center 혹은 위치) 즉 자신의 영광 가운데 계시는 모습을 말하는 것이다. 물론 다른 의미로 하나님이 나타나기도 하시지만 창조된 물질을 초월한 그 영역 밖에 계신 그분의 절대적인 영광을 의미하는 것이다. 아래에 관련 구절들이 있다.

욥기 26:5-13의 『**죽은 것들은 물 아래서 형성되었고**』라는 말에 주목하라. "물 아래서" 있는 것들은 지옥과 관계된다. 물 위에 있는 지역은 "북쪽"과 "허공"이라 불린다. 이 북쪽이나 "허공" 위에는 인간이 "하나님의 보좌"를 보지 못하도록 하는 단단한 덮개가 있다. 이 장소는 "낮과 밤이 끝나는 곳"(욥 26:10)인 태양계 너머에 있다. 역시 주목할 것은 이 보좌와 지옥 사이에 있는 것으로 언급된 "바다"가 나뉘어져 있다는 것이다(12절, He divideth the sea with his power). 이 물에 사탄이 있다(13절).

다음 구절은 욥기 37:9,10이다. 하나님과 "북쪽"과의 관계를 살피라. 『**북쪽에서는 찬 바람이 불어오리라**. 하나님**의 입김으로 인하여 서리가 내리고 물의 너비가 줄어드는도다**.』 다시 주목할 것은 "물"과 북쪽과의 관계와, 북쪽과 관련된 "하나님의 보좌"이다. 그 다음에 욥기 37:18에서 우리는 하늘이 "단단하고 부어 만든 거울"(molten looking glass) 같은 강하고 단단한 물체임을 본다. 즉 이것은 결빙된 수정이나 얼음과 같은데 단단하고 부어 만든 유리와 같다. 이것은 투명하지 않고 빛을 반사해 낸다. 이것은 여러분 머리 위에 있는 하늘이 아니다. 머리 위에 있는 하늘은 제대로 꿰뚫어 볼 수 있기 때문이다. 이 하늘(욥 37:18)은 훨씬 더 높다!

욥기 37:22에서도 북쪽이 다시 하나님과 관련된다(우리가 욥기 말씀을 연구해야만 하는 이유는 욥기가 성경에서 가장 오래된 책이기 때문이다. 여기에 기록된 사건들이 창세기에 기록된 것들만큼 오래되지는 않았지만 욥기가 기록된 연대는 창세기가 기록된 연대를 앞선다. 결론적으로 여러분이 우주의 형성과 기초 및 구조에 대한 정보를 알기 원한다면 창세기 1장을 먼저 보지 말고 욥기를 보아야 하는 것이다).

욥기 38:30에서는 물이 여러분이 볼 수 없는 곳에 "감추어졌다"고 쓰여 있다(대서양과 태평양에서는 물을 볼 수 있다!). 『**깊음의 표면은 얼어 있도다.**』 이것은 팔레스타인 호수들의 표면이 아니며 미시간 호도 아니다. 이것은 깊은 물의 표면이다. 이 물은 얼어 있다. "깊은 물의 표면"이 무엇인지에 대해 조금이라도 의심이 간다면 창세기 1장을 보라. 창세기 1:2에서 우리는 "깊은 물의 표면"이 대서양이나 태평양 또는 발틱해, 흑해나 사해가 아님을 배운다.

『**땅은 형체가 없고 공허하며 어두움이 깊음의 표면에 있으며** 하나님의 영은 **물들의 표면에서 거니시더라**』(창 1:2).

다음은 우주의 재창조에 대해 이야기하겠다. 창세기 1:6-9에서 "창공"(a firmament)이라 불리는 광활하고도 평평하게 잘 다듬어진 공간이 등장한다. 이 창공 위에 물이 있으며 창공 밑에도 물이 있다. 20세기의 물리학자나 소련과 미국의 원자 및 핵 과학자들보다 훨씬 더 정확한 성경은 창세기 1장에서 이 땅과 하늘은 "세상이 평평한 거북이 또는 코끼리 등 위에 있다는 고대 유대인들의 전통 개념"이 아니라는 것을 여러분에게 말해 주고 있다. 이 우주는 평평하고도 광활한 공간에 조성되어 있는데 별들, 해, 달, 은하들, 별자리들, 성운들과 성단들을 담고 있으며 "하늘"(창 1:14-17)이라 불린다. 이 하늘 위에 물이 있으며(7절) 그 아래에도 물이 있다. 다시 말하면 둘째 하늘 위와 아래에 물이 있는 것이다.

시편 148편은 하늘 위의 물이(그 꼭대기는 북쪽을 향해서 얼어 있다.) 구름이 아닌 것을 우리에게 말해 준다. <스코필드 관주성경>은 창공 위의 물이 "구름"이나 "안개"라고 한다. 이것은 숱한 오류들이 그러하듯 평이한 영어를 바꾸어 놓고서 과학과 일치하는 어떤 것을 입증하고자 시도하는 데서 오는 막대한 오류이다. 만일 여러분이 "과학적 발견들"이라는 요구에 부응하기 위해 성경을 바꾸기 시작하는 태도를 취한 적이 있다면 여러분은 "성도들에게 단번에 전해 주신 믿음"을 재빨리 버리는 것이다. 성경은 현대 과학의 요구에 부응하기 위해 결코 왜곡되어서는 안 된다. 오히려 "과학"이 <킹제임스성경, 1611>의 요구에 맞추기 위해 그 입장들을 항상 바꾸어야 한다. 성경은 지구가 아무것에도 달려 있지 않으며(사 40:22) 낮과 밤이 지구에서 동시에 일어난다고(눅 17:31,34) 말함으로써 지구가 둥글다는 것을 입증해 보이며, 그 밖에도 이루 열거할 수 없는 과학적인 진술들이 성경 안에 들어 있다. 만일 어떤 사실에 대해 "현대 과학"과 프로테스탄트 종교개혁 성경인 <킹제임스성경, 1611>이 상치되는 것을 발견한다면 항상 절대적으로 언제나 100% 철저히 틀린 쪽은 과학이다. 파리의 루브르 박물관에 지금은 쓸모없는 "과학적 사실들"을 담은 책들이 선반에 5.5마일 길이로 널려 있다. 따라서 "현대 과학"의 요구에 부응하기 위해서 성경 바꾸는 일에는 신경 쓰지 말라.

『**너희는 주를 찬양하라. 너희는 하늘들에서부터 주를 찬양하며**[Praise ye the Lord from the heavens, 복수 - 세개의 하늘, 고후 12:1-4] **높은 곳들에서 그를 찬양하라**』(시 148:1). 어떤 높은 곳인가? 이것은 산의 "높은 곳"이 아니다. 본문은 에베레스트 산보다 훨씬 더 높은 어떤 곳을 말한다.

『**너희 하늘들의 하늘들과 하늘들**[the heavens, 복수] **위에 있는 너희 물들아** [waters, 복수], **그를 찬양하라**』(시 148:4).

『**그들로 주의 이름을 찬양케 할지니 이는 그가 명령하셨고 그들은 창조되었음이라**』(시 148:5). 이 문맥은 창조, 즉 창세기 1장에 관련된 것인데 하나님은 두 무더기 물 사이에 창공을 만드셨다.

『**그가 또한 그들을 영원무궁토록 세우셨으며 폐기치 못할 법령을 제정하셨도다**』(시 148:6). 쉽게 말해서 이 물들은 그 위치에서 이탈하지 않는다. 하나님께서는 원자 구조와 핵 분열, 유지하는 힘을 정하셔서 이 물들을 우주 위와 아래에 걸어 놓으신다(히 1:2-4).

『**너희 용들과 모든 깊음들아, 땅에서부터 주를 찬양하라**』(시 148:7). 성경은 우주에서부터 지구로 내려오고 있다는 사실을 여러분은 깨닫고 있는가? 드디어 땅으로 내려 왔다. 1-6절까지는 여러분의 머리 위의 세계를 언급한 것이다.

『**불과 우박과, 또 눈과 안개들아, 그의 말씀을 이행하는 폭풍아**』(시 148:8).

이때 "안개"는 이 땅 위에 있는 것으로 창세기 1:4-6에서 언급된 "창공 위의 물"이 아니다! 하늘 위의 물은 안개나 구름을 말하는 것이 아니다. 안개나 구름은 이 땅 위에 있고, "물"은 둘째 하늘 위에 있다. 즉 북쪽에 있는 "깊은 물의 표면"이 얼어 있는 곳을 말한다. 그곳의 기온은 절대 영도(-273.15도)를 유지한다. 여러분의 머리 위에는 태평양과 대서양을 침 한 방울처럼 보이게 할 만한 물이 있다. 여러분이 그리스도인이라면 어느 날 여러분은 하늘로 들림받을 것이며, 이스라엘 백성이 이집트 땅을 나와 홍해를 통과했던 것처럼 또는 여호수아가 요단 강을 건너 약속의 땅에 들어간 것처럼 이 하늘의 물을 통과하여 들림받을 것이다. 이 셋째 하늘의 기온은 "절대 영도"이기에 모든 분자 활동이 정지되고 따라서 모든 시간의 흐름도 정지되어 있다.

북쪽을 향해 있는 그 하늘의 장소 위는 영원(eternity)이다! 여러분이 1초에 150,000마일의 속도로 북쪽을 향해 여행한다면 거기에 도달하는 데 족히 500년이 걸릴 것이다.

『**영원에 거하시는 높고 우뚝 솟은 분, 그의 이름이 거룩이신 분이 이같이 말하노라. 나는 높고 거룩한 곳에 거하며**』(사 57:15). 그곳은 높은 곳에 있다고 말한다. 자, 성경으로 돌아가서 북쪽에 있는 이 허공을 살펴보자.

『**오 아침의 아들 루시퍼야, 네가 어찌 하늘에서 떨어졌느냐! 민족들을 연약하게 하였던 네가 어찌 땅으로 끊어져 내렸느냐!**』(사 14:12)

『**이는 네가 네 마음 속에 말하기를 "내가 하늘에 올라가서 내 보좌를** 하나님**의 별들보다 높일 것이요, 내가 또한 북편에 있는 회중의 산 위에 앉으리라**』(사 14:13).

『**내가 구름들의 높은 곳들 위로 올라가, 내가 지극히** 높으신 분**같이 되리라." 하였음이라**』(사 14:14).

이 구절들은 하나님의 처소가 정북 방향에, "빈 자리"(욥 26:7) 위에, 즉 창공을 지나고, 깊음의 물들을 통과해서 "그 문"을 지나 지성소 안에 있음을 분명히 가르쳐 주고 있다. 북극성이 이 곳을 가리킨다. 이 우주에서 하나님이 고정시킨 한 방향은 바로 북쪽이다.

『**북편에 있는 위대한 왕의 도성 시온 산은 그 자리잡은 곳이 아름다우며**

온 땅의 기쁨이니』(시 48:2). 이것이 하늘의 예루살렘인지 지상의 예루살렘인지 잘 모르겠으면 "북편"이라는 표현을 보라(이 구절을 이사야 14:13과 비교하라). "내가 하늘에 올라가 나의 보좌를 하나님의 별들 위에 높이리라. 내가 또한 북편에 있는 회중의 산에 앉으리라." 자, 사탄은 폰 브라움(Von Braum), 아인슈타인(Einstein), 웰즈(H.G. Wells)나 우리 같은 모는 유한한 인간들보나 훨씬 뛰어난 감각을 가졌다. 그런 그가 팔레스타인의 예루살렘에 있는 하나님 보좌 위에 그의 보좌를 놓겠다고 말한 것은 아니라는 말이다. 사탄이 높은 별들 위의 "북편"이라고 했을 때 그는 아주 먼 곳에 대해 말한 것이다. 그곳이 시편 48:2에 "북편에 있는 위대한 왕의 도성"으로 표현되어 있다.

이것들 모두를 종합하여 한 치의 오류없이 분명하게 하려는 듯 성령께서는 시편 75:6,7에서 네 개의 방향을 언급하면서 유머스럽게도 한 방향을 빼고 그 방향을 대신하는 말로서 "하나님"을 사용하셨다!

『**이는 높이는 일이 동쪽에서나 서쪽에서나 남쪽에서 오는 것이 아니기 때문이라**』(시 75:6). 여러분이 다음에 기대하는 것은 "그러나 북쪽에서"일 것이다. 그런데 성령께서는 한 방향을 없애 버리고 이렇게 대용하신다. 『**오직** 하나님**께서 재판장이시니 그가 한 사람은 낮추시고 다른 사람은 세우시는도다**』(시 75:7). 자, 이것은 우연이 아니다. "하나님"이 "북쪽"을 대신하고 있다.

(만일 이것을 읽는 어떤 사람이 이 따위 설명은 광신적이거나 하나님의 말씀을 "지나치게 문자적으로" 대한다거나 그 깊은 뜻에서 벗어나는 것으로 생각한다면 그는 역사의 사실들이 이것을 입증해 주고 있다는 것을 명심해야 할 것이다. 애굽은 북쪽의 바빌론에게 정복당했고, 바빌론은 바빌론 북쪽에 있던 페르시아에게 정복당했으며, 페르시아는 페르시아 북쪽의 그리스에게, 그리스는 그리스 북쪽의 로마에게, 로마는 로마 북쪽에 있던 독일의 훈족, 서고트족, 반달족에게 정복당했고, 독일은 두 차례 세계대전에서 독일 북쪽의 영국에게 패배당했음을 잊지 말라. 하나님과 영광의 방향이 북쪽임을 믿지 않는 사람은 역사나 나침판도 제대로 읽지 못하는 사람이다).

앞에 나온 구절들에서 우리는 몇 가지 사실을 배웠다. 우리는 하나님께서 한 영이시라는 의미에서는 모든 곳에 계시지만 이런 의미로 하자면 그분의 성령은 모든 곳에 나타나시지 않는다는 것을 배웠다. 예를 들어 성령은 지옥에서 하나님의 심판으로 나타나신다. 성령은 죄인이 죄를 깨닫게 한다는 뜻에서 죄인을 상대하신다. 성령은 믿는 자들의 마음에 예수 그리스도의 몸의 형태(갈 4:19)인 거룩한 영으로 내주하신다. 그러나 그와 동시에 자신이 영광과 그 활동의 중심으로부터의 권능의 발현 가운데 계신 하나님께서는 여러분 머리 위 북쪽으로 수백만 광년 거리나 떨어진 창공 위의 물을 지나서 단단하고 부어 만든 거울과 같은 얼어붙은 유리 바다에 위치한 그 "보좌에" 계신다. "그룹들"로 불리는 초자연적인 네 생물이 호위하고 스물네 장로가 둘러싸고 있는 그 보좌에는 하나님 아버지와 그 오른편에 앉아 계신 우리 주 예수 그리스도께서 계신다. 성경은 기록된 그대로, 말하는 그대로, 그 문자적인 뜻 그대로를 의미한다. 우리 그리스도인들이 예수 그리스도께서 죽으시고 장사지낸 바 되었다가 죽은 자 가운데서 살아나셨고 지금은 "하나님 아버지의 오른편에 앉아 계신다."고 말할 때, 여러분은 우리가 말하는 바를 알겠는가? 그것은 그분께서 죽으셨고 장사지낸 바 되었다가 죽은 자 가운데서 살아나셔서 하나님 아버지 오른편에 앉아 계신다는 뜻이다. 우리 성경대로 믿는 사람들은 우리가 가는 곳과 어떻게 거기에 가는지를 안다(요 14:1-8).

4:5 그 보좌에서는 번개들과 천둥들과 음성들이 나오고, 보좌 앞에는 일곱 등불이 불타고 있었으니, 그것들은 하나님**의 일곱** 영**이라**.

『**일곱 영**』에 대해서는 이사야 11:1-3을 보라.

4:6 보좌 앞에는 수정과 같은 유리 바다가 있고, 그 보좌 가운데와 그 보좌 주위에는 앞뒤로 눈이 가득한 네 짐승이 있더라.

거듭 말하지만 요한은 그가 보는 것을 기록하기 위해 셋째 하늘에 올라가 있다. 이 보좌는 셋째 하늘에 있는데, 마치 단단하고 부어 만든 유리와 같고 절대 영도 이하의 얼어 있는 상태의 물 위에 즉 깊은 물이 결빙된 표면인 『**유리 바다**』(6절) 위에 있는 것이다.

욥이 하늘은 단단하고 부어 만든 거울과 같다고 말한 것을 기억하는가?(욥 37:18) 바울이 "지금은 우리가 유리를 통해 희미하게 보나 그때에는 얼굴과 얼굴을 마주볼 것이요"(고전 13:12)라고 말한 것을 기억하는가? 이 바다는 "수정과 같다."고 했는데 드라이 아이스 같은 것이다. 한편 요한이 본 보좌는 투명한(transparent) 것이었다. 그래서 그는 보좌를 통과해서 보좌 주위의 네 짐승을 한꺼번에 보는 것이다.

여러 주석서들에서 이 짐승들은 다양하게 설명되고 있다. 이들은 사복음서라고 추측하기도 하고, 유다가 동쪽에 에프라임이 서쪽에 르우벤이 남쪽에 그리고 단이 북쪽에 있는 것이라는 설명도 있다. 그러나 이 짐승들을 문자적인 짐승들로 믿어서는 안 될 하등의 이유도 없다. 이 짐승들은 에스겔 1장과 10장에 "그룹들"로 불리는 실제적인 모습으로 나타난다. 이들은 창세기 3:24에도 나타난다. "스랍들"로 불리는 이들과 같은 초자연적인 짐승들은 이사야서 6장에도 나타난다. 이 초자연적인 짐승들의 모습이나 흔적이 앗시리아, 바빌론, 이집트, 힛타이트 등의 유적에서 발견되는 것을 볼 때 이들이 초자연적인 짐승들(성경에서 말하는 그대로의 실제 생물들)이라고 믿어서는 안 될 하등의 이유가 없다. 희랍 신화와 중국 신화에도 모두 고유의 켄타우루스(반인반마), 사티로스(반인반수)와 사람 잡아먹는 괴물이 등장한다. 마귀들을 숭배하는 사람들은 이와 같이 반은 사람이고 반은 짐승인 존재에 대한 개념을 늘 가지고 있다. 이런 미신적인 숭배는 반드시 무엇인가를 배경으로 하고 있는 것이다.

이 짐승들은 에스겔 1장과 10장에 묘사되어 있으며 "그룹들"로 불린다. 계시록에서 이들은 에스겔서처럼 넷으로 나타나 있다. 놀라운 것은 이들이 처음에는 다섯이었다는 점이다! 에스겔이 에스겔 1장에서 이들을 볼 때는 넷이었고 요한이 계시록 4장에서 볼 때도 넷이었다. 그러나 에스겔 28:14을 보면 원래는 다섯이었음을 발견할 수 있다. 계시록 4장의 네 짐승은 한 그룹이 빠져 있는 것이다. 빠진 생물은 "보좌 위에" 있던 그룹이다. 계시록 4장에서 이들은 보좌 가운데와 보좌 주위에 있다. 그러나 에스겔 28장에서 여러분은 한 그룹이 "보좌 위에" 있는 것을 본다(우리는 성경이 말하는 그대로를 해석하고 있다. 어떤 사람이 이와 같이 이해하지 않는다면 그것은 그가 읽는 것이 참된 하나님 말씀임을 믿지 않는 까닭이다).

에스겔 28:14을 보라. 『**너는 기름부음을 받은 덮는 그룹이라.**』 다른 네 그룹 중 누구도 "기름부음을 받았다."고 하지 않는다. 여러분이 에스겔 1장과 10장을 읽어 보면 이 그룹이 기름부음을 받은 유일한 짐승임을 알 것이다. 이것은 매우 중요한데 "기름부음을 받은"(anointed)이라는 히브리 낱말이 "메시아"이며 신약에서 이 낱말은 바로 "그리스도"이기 때문이다. 이 그룹은 "그리스도"이다! 그가 주 예수 그리스도라는 말은 아니다. 하나님의 거룩한 기름부음을 받은 이, 즉 주 예수 그리스도가 아니지만 그는 그리스도이다(이것은 대단히 중요한 사실이다. 왜냐하면 후에 이 그룹이 적그리스도로 나타나기 때문이다).

『**덮는**』 이 그룹은 그의 밑에 무엇인가를 덮고 있었다. 에스겔 28:16을 보라.

『**네 상품이 풍부함으로 그들이 폭력으로 네 가운데를 채워서 네가 죄를 지었느니라. 그러므로 내가 너를 더럽게 여겨** 하나님**의 산에서 쫓아내리라. 오 덮는 그룹아, 내가 불의 돌들 가운데로부터 너를 멸하리라.**』

이것은 다른 어떤 그룹에 대해 한 말이 아니다. 그것은 "북편"에, 즉 히브리서 12장에 언급된 하늘에 있는 시온 산에 있다. 이것은 바로 "덮는" 그룹에 대해 한 말이다.

이 그룹은 너무나 특별하여 에스겔 28:12에서 그는 "완전한 규모와 충만한 지혜와 완벽한 아름다움을 이루었도다."라고 묘사된다. 13절에서 그는 "에덴 동산에" 있었다고 한다. 14절에서 그는 "기름부음을 받았다."고 하며 15절에서는 "죄악"의 창시자라고 한다! 그가 누구인지에 대해서는 의심할 여지가 없다. 그는 이사야 14:10-13에서 언급된 "루시퍼"인 것이다.

그러므로 본래는 다섯 그룹이 있었는데 한 그룹은 자리에서 쫓겨났으며 그는 더 이상 보좌 위에 있지 않다. 이것이 중요한 까닭은 다섯 번째 그룹의 본성과 그룹들 자신의 본성 때문이다(그룹들은 발렌타인 카드에 귀여운 아기 얼굴과 등에는 날개가 있고 조그마한 활과 화살을 가진 모습으로 그려지지만 이런 그림은 성경 속의 그룹들 모습이 아니다). 계시록으로 돌아가서 그룹들의 묘사를 자세히 살펴보도록 하겠다.

4:7 첫째 짐승은 사자 같고, 둘째 짐승은 송아지 같으며, 셋째 짐승은 사람과 같은 얼굴을 가졌고, 넷째 짐승은 날아다니는 독수리 같더라.

이렇게 이 네 짐승은 네 개의 다른 얼굴을 갖는다.

4:8 네 짐승들은 각각 자기 주위에 여섯 개의 날개를 가졌고 안쪽에는 눈들로 가득하더라. 또 그들은 밤낮 쉬지 않고 말하기를 "거룩하시도다, 거룩하시도다, 거룩하시도다, 전에도 계셨고, 지금도 계시며, 앞으로 오실 전능하신 주 하나님**이여!" 하더라.**

이 네 짐승은 그 정지한 위치에서 각각 여섯 날개를 가졌으며, "바퀴들"은 없다(에스겔 1장의 그룹들은 "바퀴들"을 가졌고 그들은 이동하며 돌아다녔다). 계시록 4장의 그룹들은 보좌 주변에 정지해 있다. 이들의 얼굴은 각각 사자, 송아지, 사람 그리고 독수리이다. 자, 에스겔 1장으로 돌아가서 이 그룹들이 약간 다르게 묘사된 것을 확인하라. 에스겔이 그들을 보았을 때는 그리스도가 태어나기 오래전(B.C. 588년경)이었고 요한이 그들을 보는 때는 90년경임을 여러분은 알 것이다.

에스겔 1:5은 『**또 그 가운데서 네 생물의 모습이 나오는데 그들의 생김새는 이러하더라. 그들은 사람의 모습을 가졌으며**』라고 말한다.

그렇다면 여러분이 그룹을 볼 때 사람처럼 볼 것이다. 즉 그들은 얼굴과 머리, 어깨, 팔, 복부, 다리, 등, 가슴, 목, 발 등등을 지니고 있다. 그러므로

"기름부음을 받은 그룹"이라 하는 마귀는 흔히 사람 모습을 하고 있다. 그래서 그는 "빛의 천사"로 나타난다. 물론 성경에서 천사는 남성이다(<피터 럭크만의 주석서 창세기Ⅰ, 말씀보존학회> 6:1-6 주석 참조).

『**각기 네 얼굴을 가졌고 각기 네 날개를 가졌더라**』(겔 1:6).

이것은 계시록과는 조금 다른 묘사이다. 이것은 각기 모두 네 개의 얼굴을 가졌다는 말이다("각기 네 얼굴을 가졌다."는 말은 네 생물이 각각 네 얼굴을 가졌다는 것이다).

『**그들의 발은 곧은 발이며, 그들의 발바닥은 송아지의 발바닥 같고 그들은 광택나는 놋쇠의 색깔처럼 번쩍이더라**』(겔 1:7).

비록 모두 사람처럼 보이고 모두 날개가 있으며 네 개의 다른 얼굴들이 등장하지만, 네 생물 모두가 송아지 발을 갖고 있다. 쉽게 말해서 모두 "갈라진 발"이었다는 것이다. 그러므로 기름부음을 받은 그룹인 사탄은 무지한 사람들에 의해서 종종 "오래된 갈라진 발"(old split foot)로 흔히 언급된다. 송아지는 모든 동물과 마찬가지로 발가락으로 걷는다. 동물 발 밑바닥인 발굽은 사실 발톱이다. 모든 동물은 발가락으로 걷는다. 이것이 말이 번개처럼 달릴 수 있는 이유이다. 말의 발은 땅에 닿는 부분에서 첫 관절까지인데 이것은 말 역시 송아지처럼 발끝으로 걷는다는 것을 뜻한다. 이상하게도 몸매를 날씬하게 하기 원하고 맵시있고 부드러운 모양을 내려는 20세기 여성들은 발 뒤꿈치를 3인치나 높인 신을 신음으로써 발가락으로 걷는다!

『**그들의 사면에 있는 날개 아래에는 사람의 손들이 있고 그들 넷은 얼굴들과 날개들을 가지고 있더라**』(겔 1:8).

『**그들의 얼굴 모습을 보면, 그들 넷은 오른편에 사람의 얼굴과 사자의 얼굴을 지녔고, 그들 넷은 왼편에 황소의 얼굴을 지녔으며, 그들 넷은 또한 독수리의 얼굴도 지녔더라**』(겔 1:10). 이 구절은 각 그룹이 모두 네 개의 얼굴을 가졌다고 가르치는 듯한데 에스겔 1:6과 설명을 보라.

네 그룹은 각각 네 개의 얼굴이 결합된 것으로 묘사되며 네 개의 방향에 각각 한 얼굴씩을 갖고 있다. 이것이 사실이라면 각 그룹은 여덟 개의 눈을 가진 셈이다. 요한은 "주위에 달린 눈들"을 말하고 있다.

『바퀴의 둘레는 매우 높아서 무서우며 네 면 주위에 눈들이 가득하더라』(겔 1:18). 이 묘사는 비행접시 윗 부분인 원반 둘레에 창문들이 나 있는 모양을 연상시킨다.

이 생물들은 각자 한 번에 네 방향을 모두 볼 수 있다. 독수리가 한 방향을 보고, 사자가 다른 방향을 보고, 사람이 또 다른 방향을 보고, 황소가 나머지 방향을 본다. 이들은 네 개의 날개와 "바퀴들"을 가졌다고 한다(겔 1:15-23). 그들 머리 위의 "얼어 붙은" 바다는(22절) "무서운 느낌의 수정" 빛깔 얼음으로 되어 있다. 이 생물들이 계시록 4장에서는 약간 다르게 묘사되어 있는데, 이러한 차이는 그들의 위치에 기인한다. 에스겔 1장에서 이들은 날면서 보좌를 수행했고(26절) 계시록 4장에서는 보좌가 있는 셋째 하늘에 정지해 있었기 때문이다.

얼굴들이 황소, 사람, 사자, 독수리임을 기억하면서 에스겔 10:14을 펴면 다섯째 그룹은 한 개의 얼굴을 가신 것을 알게 된다(<킹제임스성경>이 여기서 낱말을 바꾼 이유는 여러분이 루시퍼를 확인할 수 있도록 하기 위함이다! 요한이 사자, 송아지, 사람, 독수리를 말하고 에스겔이 사자, 황소, 사람, 독수리를 말하는 이유가 에스겔 10:14에 나타나 있다). 만일 요한이 계시록 4장에서 사자, "황소," 사람, 독수리로 말했더라면 여러분은 다섯째 그룹이 빠졌다는 것을 절대로 절대로 확인할 수 없었을 것이다. 사자, "송아지," 사람, 독수리라고 함으로써 여러분은 다섯째 그룹이 누구였는지를 알게 된다. 그는 황소였던 것이다!

『각기 네 얼굴을 가졌는데 첫째 얼굴은 그룹의 얼굴이고 둘째 얼굴은 사람의 얼굴이며 셋째는 사자의 얼굴이고 넷째는 독수리의 얼굴이더라』(겔 10:14).

<킹제임스성경, 1611>은 여기서 성경 연구가 시작된 이래로 세상의 어떤 히브리어 학자에게도 알려지지 않은 비밀을 공개한다(이것은 히브리어나 헬라어 성경에는 나타나지 않는다). 즉 본질적으로 그룹은 황소와 같은 얼굴이다. 에스겔 1:10과 10:14을 영어로 비교해 보면 대체된 단어로 이것을 알 수 있다. 에스겔 1:10은 사람, 사자, "황소," 독수리를 말하고 에스겔 10:14은 사

람, 사자, "그룹," 독수리를 말한다. 따라서 그룹은 황소와 같은 얼굴이다.

요약하면 북쪽 셋째 하늘 유리 바다 위에 있는 보좌에 하나님의 인격과 영광이 어떤 사람도 거하거나 접근하거나 볼 수 없는 빛 안에(딤전 6:16) 좌정하고 계신다. 그 불멸의 생명(하나님의 혼 – the soul of God) 오른편에는 그리스도 예수께서 앉아 계신다. 그 보좌 주위에는 네 그룹이 있다. 사람처럼 보이는 이들은 한 가지 공통점이 있는데 모두 송아지 같은 발을 가진 것이다. 이 네 그룹은 각기 네 개의 얼굴을 지녔다. 이 얼굴들은 송아지, 사자, 독수리, 사람이다. 에스겔이 에스겔 1장에서 보았던 환상처럼 이 그룹들이 재림 때에 이 보좌를 들어 이 땅 위에 운행할 때 그들은 서로의 얼굴들에 동화될 것이며 따라서 각자 네 개의 얼굴 즉 황소, 사자, 독수리, 사람의 얼굴을 지닐 것이다. 원래 창세기 1:1에는 보좌 위에 다섯째 그룹이 있었으나 지금은 그 자리에 없다. 이 그룹은 사람같이(그룹들이 그렇듯이) 생겼고 송아지의 갈라진 발(모든 그룹처럼)을 지녔으며 날개를 가졌고(천사들은 결코 날개가 없는데도 날개 달린 모습으로 사람들이 그리는데, 날개를 가진 것은 그룹들이다.), 머리에 두 뿔이 달린 황소의 얼굴을 가졌다. 이 "기름부음받은 덮는 그룹"의 이름은 "루시퍼"이다. 그러므로 그는 머리에 두 뿔이 달리고 갈라진 발과 뱀처럼 끝이 뾰족한 꼬리를 가진 사람의 모습으로 그려진다!

사탄의 만화는 전혀 "만화"가 아니며 그의 본래 모습을 그린 것이다. 하지만 그가 원래의 위치에 있었을 때부터 빨갰던 것은 아니다. 빨간색은 붉은 용(계 12:3–10 참조)으로서 그의 현재 모습을 나타내는 색이다. 원래 이 그룹은 찬란한 빛의 후광 속에 있었으며, 지혜와 미로 충만했고, 머리부터 발까지 귀한 보석들로 덮였으며, 하나님이 아시는 모든 것을 거의 다 알았고, 완벽한 미를 갖추었으며, 황소의 얼굴에 머리에는 두 개의 뿔과 네 개의 날개를 지닌 즉 날개 달린 "빛의 천사"로서 위치상으로 하나님의 보좌 위에 있었다. 죄 때문에 "뱀"이라 불리는 "붉은 용"으로 타락한 그는 금송아지 형태로 아론과 여로보암에게 경배받았으며, 바알이나 황소의 숭배자들로부터 황소로 경배받았고, 미국에서 그의 추종자들은 "카우보이"(cow-boys, 목동들)라 불리는데 이들은 사실상 바알 무리들(Baal Boys)이다. 영어로 "바알"(Baal)은 "bull"(황소)

인데, 그 용례를 살펴보면 - 교황의 교서(Papal Bull), 사도행전 14:13에서 제사장들이 소를 제물로 드리는 것, 자유 토론회(bull session), 최고의 감독자를 뜻하는 "숲 속의 황소"(the Bull of the woods), 앗시리아 유적에서 보이는 날개 달린 황소(겔 1:5-13) 등이다.

사탄은 황소의 얼굴을 하고 두 개의 뿔과 날개들을 가진 "기름부음 받은 그룹"이었다. 그의 현재 모습은 뱀으로 일곱 머리 달린 붉은 용이다. 그가 세상에 나타날 때는 그룹으로도 뱀으로도 나타나지 않는다. "빛의 천사"로 나타난다(고후 11:11-14). 즉 서른 세 살의 날개 없는 남자 "그리스도"로 나타난다!

계시록 4:8에서 세 번 반복되는 찬미를 주목하라. 『**거룩하시도다**[성부 하나님], **거룩하시도다**[성자 하나님], **거룩하시도다**[성령 하나님], **전에도 계셨고, 지금도 계시며, 앞으로 오실** 전능하신[성령 하나님] 주[성부 하나님] 하나님[성자 하나님]**이여**』.

4:9 그 짐승들이 보좌에 앉으시어 영원무궁토록 살아 계시는 분께 영광과 존귀와 감사를 드릴 때,

10 스물네 장로가 보좌에 앉으신 분 앞에 엎드려 영원무궁토록 살아 계시는 분 께 경배하며 그들의 면류관을 그 보좌 앞에 던지며 말씀드리기를

11 "오 주여, 주께서는 영광과 존귀와 권세를 받으시기에 합당하시니, 이는 주께서 만물을 창조하셨고, 만물이 주의 뜻대로 있으며, 또 창조되었기 때문이니이다."라고 하더라.

여기서 우리는 하늘에서 전능하신 하나님이 생물들과 스물네 장로의 경배를 받으시는 장면을 본다. 이것은 요한이 셋째 하늘에 들림 받아서 본 장면이며, 그의 여행은 교회가 휴거되는 유형이다.

요한계시록 5장

5:1 또 내가 보좌에 앉으신 분의 오른손에서 한 권의 책을 보았는데, 안팎
으로 기록되었고 일곱 인으로 봉해졌더라.
2 내가 큰 음성으로 선포하는 힘센 한 천사를 보았는데 "누가 그 책을 펴
며 그 봉인들을 떼기에 합당한가?"라고 하더라.
3 하늘이나 땅이나 땅 아래에서 그 책을 펴거나 볼 수 있는 사람은 아무
도 없더라.
4 그 책을 펴거나 읽거나 또는 그것을 볼 만한 사람이 아무도 보이지 않
기에 내가 심히 울었더니,

요한은 이 환상에서 "보좌에 앉으신 사람" 같은 형상을 본다. 그의 오른손에는 안팎으로 기록되고 일곱 인으로 봉해진 책이 있다. 이 책이 무엇인지는 알 수 없다. 이것은 계시록 자체일 수도 있다(왜냐하면 계시록 다음 두 장은 이 일곱 인을 떼는 것으로 시작하기 때문이다). 성경 전체를 말하는지도 모른다. 또 어떤 사람들은 이 책을 다니엘서로 보기도 하는데 그 이유는 다니엘 12장에 다니엘이 "이 일들을 끝날까지 봉인하라."는 말을 들었는데 여기서 그것들이 개봉되는 것으로 보기 때문이다. 이 책이 무엇인지 확실히 말하는 것은 절대 불가능하지만 계시록일 가능성이 높다.

필자는 이 주석서가 <킹제임스성경>의 장과 구절 표시를 권위 있는 것으로 믿지 않는 사람들의 손에 들어갈 것을 안다. 이에 대한 그들의 변명은 "장과 구절 표시는 나중에 첨가되었다."는 것이다. 이 변명은 이들이 간과해 버린 수많은 요소들이 없었더라면 그럴듯하게 들렸을 것이다. 가장 큰 요소는 이들(장과 구절 표시를 영감받은 것으로 믿지 않는)이 장과 구절을 우선적으로 연구해 본 적이 없었다는 것이다. 이들의 주장은 장과 구절 표시가 1200년에서 1600년경에 첨가되었기 때문에 영감이 담기지 않았으며, 하나님과 이 표시는 하등의 관계가 없다는 것이다. 하지만 이것은 부분적인 진리이다. 구약의 단락(paragraph) 구분은 그리스도의 탄생 이전에 이루어졌다. "유세비우스의 정경"에도 신약 성경 구절들을 일정한 단락으로 나눈 것이 보이는데 이러한 것은 400년 전에 유행하였다. 여러분이 <킹제임스성경>의 장과 구절 표시를 연구해 보면 이 장과 구절에 연관된 숫자들에 대해 "우연의 일치"가 너무나 많이 있기 때문에 철저히 연구한다면 어떤 사람도 하나님께서 이 작업에 손을 대지 않으셨다고는 더 이상 믿지 않을 것이다.

여기에 설명을 덧붙이자면 계시록은 22장으로 되어 있다. 계시록의 매 3장마다 한 봉인이 있는 것으로 친다면 일곱 봉인이 있는 셈인데, 이 책은 "안팎으로 기록되었으므로"(written within and on the backside) 22장은 마지막 봉인의 뒤에 기록된 것으로 맞아 떨어진다! 따라서 이 일곱 봉인의 책이 계시록일 가능성은 매우 높다고 할 수 있다.

일곱 봉인의 책이 거룩한 성경(Holy Bible - <킹제임스성경>을 지칭하는 말 - 역자 주)일 가능성 또한 높다. <킹제임스성경, 1611> 첫 페이지에 보면 일곱 봉인이 있는 조그마한 그림이 있다. 모든 <킹제임스성경, 1611>은 굉장히 우연한 일치로 뒷표지 겉면에 일곱 개의 표시가 있다. 만일 다섯 개의 표시만 되어 있는 성경이라면 가장자리 둘레에 나머지 두 개의 표시를 볼 수 있다.

이 책이 계시록이든 성경이든 간에 한 가지 확실한 것은 아무도 이 책을 열 수 없다는 점이다. 아무도 그 일에 "합당치" 않다.

『**하늘이나**[어떤 천사나 어떤 성도도] **땅이나**[어떤 설교자나 학자나 교회나 주교나 신부도] **땅 아래에서**[어떤 마귀나 구원받지 못한 혼도] **그 책을 펴거나 볼 수 있는 사람은 아무도 없더라.**』

이 말은 아무도 그 책을 사람들에게 이해시킬 수 없다는 뜻이다. 이것은 말씀을 "연다"는 말의 의미인데, 성경의 여러 곳에서 이러한 의미로 쓰인 것을 볼 수 있다. 즉 단순히 이 책을 읽도록 펼치는 것이 아니라 이해할 수 있도록 여는 것이다. 누가복음 24:45과 사도행전 16:14의 구절들을 비교해 보라.

『**그때 그들의 지각을 열어 성경을 깨닫게 하시더라**』(눅 24:45).

『**거기에 루디아라고 하는 여인이 있었는데 두아티라 성읍의 자주 옷감 장사로** 하나님을 **경배하는 여인이었으며 우리의 말을 듣더라. 주께서 그녀의 마음을 열어 바울이 말한 것에 주의를 기울이게 하시니라**』(행 16:14).

5:5 그 장로 가운데 하나가 나에게 말하기를 "울지 말라, 보라, 유다 지파의 사자**인 다윗의** 뿌리**가 이겼으니 그 책을 펴고 또 그 책의 일곱 봉인을 떼리라."고 하더라.**

『**유다 지파의** 사자』(5절)에 대해서는 의심할 여지가 없다. 그는 주 예수 그리스도이시다. 예수 그리스도는 유다 지파에서 나셨으며 마태복음 1:1에서는 "다윗의 아들"로 불리신다.

『**이겼으니 그 책을 펴고 또 그 책의 일곱 봉인을 떼리라**』(5절). 예수 그리스도는 광야에서 사탄을 이기셨다. 그분은 갈보리에서 세상 죄를 이기셨다. 그분은 겟세마네에서 이기시어 아담이 에덴에서 상실한 것을 회복하셨다.

5:6 이에 내가 보니, 보라, 보좌와 네 짐승의 한가운데와 장로들의 한가운데 도살당하였던 것 같은 한 어린양**이 서 있는데, 일곱 뿔과 일곱 눈을 가졌더라. 그 일곱 눈은 온 땅에 보내심을 받은** 하나님**의 일곱** 영**이라.**

환상 중에 요한은 그리스도가 실제 양으로 묘사되었음을 본다(우리는 항상 비유적인 것과 문자적인 것을 구별해야 한다. 우리는 예수 그리스도가 뿔 달리고 풀을 뜯어 먹는 네 발 달린 짐승이 아닌 것을 알지만 사탄도 그렇듯이 그분은 여러 모습으로 나타나실 수 있다. 사탄은 빛의 천사나 뱀, 용, 그룹으로 나타난다). 주 예수 그리스도는 "세상 죄를 제거하는 하나님의 어린양"과 "유다 지파의 사자"로 묘사된다. 요한은 그의 환상에서 그분을 글자 그대로의 양으로서 일어나 보좌로 걸어가서 그 책을 취하는 모습으로 묘사한다.

5:7 그가 와서 보좌에 앉으신 분의 오른손에서 그 책을 취하더라.

6절에서 "도살당한 것 같은 한 어린양이 서 있는데"라는 말은 제물로 드려진 어린양을 말한다. 이것이 문자 그대로 어린양을 의미한다면 목이 따진 채 피를 흘리는 모습을 묘사하는 것이고, 그렇지 않다면 예수 그리스도의 몸에 있는 십자가의 상흔들을 묘사한 것이다. 이것은 어떤 의미에서는 주 예수 그리스도께서 그분의 피의 구속의 증거로 십자가의 상흔들을 영원에서도 지니고 계실 것임을 보여 준다. 하늘에서 유일하게 불완전한 몸은 주 예수 그리스도의 몸일 것이다! "불완전한"이라고 말했을 때 흠이나 죄가 있다는 뜻은 아니다. 그것은 성경이 예수 그리스도의 부활한 몸에 그분이 죽은 자 가운데서 살아나기 전(눅 23,24장, 요 20,21장) 십자가 수난의 일부인 못자국들과 창자국을 여전히 지니셨음을 말하고 있는 것이다. 주 예수 그리스도의 영광받으신 몸은 십자가의 상흔들을 여전히 지니고 계셨다. 이것은 놀라운 사실이다. 영원에 들어가서 수십억 년이 흐르고 우리가 이 땅에서 겪은 모든 문제들, 슬픔들, 재난들을 오래전에 잊었을지라도 우리는 보좌를 지날 때마다 우리의 죄들과 구속의 흔적을 지니신 그분을 여전히 뵐 것이다! 만일 영원에서 자기가 죄인이었을 때 주님께서 그를 위하여 성취하신 일들을 망각하려는 그리스도인이 있다면, 그가 주 예수 그리스도를 뵐 때마다 자기가 죄인이었으며 오로지 하나님의 은혜로 구속되었다는 것을 기억하게 되리라.

5:8 그가 그 책을 취하니 네 짐승과 스물네 장로가 각자 하프와, 향으로 가득한 금호리병들을 가지고 그 어린양 **앞에 엎드렸으니, 그 향은 성도들의 기도라.**

9 그들이 새 노래를 부르며 말하기를 "주께서 그 책을 취하시며 그 봉인들을 열기에 합당하시니이다. 이는 죽임 당하셨던 주께서 하나님**께로 각 족속과 언어와 백성과 민족 가운데서 우리를 주의 피로 구속하여**

그리스도의 피를 신뢰하지 않고 하늘에 올라가려는 자들은 다시 생각해 보아야 한다. 캠벨파(그리스도의 교회 교인을 말하는데, 그들을 "침례"를 받음으로써 구원을 받는다고 주장함 - 역자 주)들이 하늘에 있다고 상상해 보라. 모든 사람들이 피를 노래하기 시작했을 때 그들은 물을 노래하고 싶을 것이다! 캠벨파가 하늘에 올라갈 수 있다고 가정한다면 그는 거기서 요한 웨슬리를 보고 실망하지 않겠는가? 요한 웨슬리는 가장 위대한 하나님의 사람들 중 한 사람으로서 알렉산더 캠벨이 그의 전생애 동안 했던 것보다 더 많은 영혼을 한 달 만에 그리스도께로 인도한 사람이었는데, 웨슬리는 "세례"를 받았다! 여러분은 이 그리스도의 교회 목사들이 하늘에 올라가서(만일 올라간다면!) 세례 받은 마틴 루터와 세례 받은 사보나 롤라, 그리고 "그리스도의 교회"에서가 아닌 재침례파와 독립파 심지어는 카톨릭에서 침례받은 존 위클리프와 존 후스가 와 있는 것을 보고 무슨 생각을 하리라고 짐작하는가! 만일 그리스도의 교회 목사가 하늘에 올라간다면 그는 거기서 성도들이 자기가 기대한 몫보다 더 많은 보상을 받으며 그 성도들은 물에 잠긴 적도 없음을 알 것이다(캠벨파가 하늘에 올라가면 그는 불행해질 것이다. 그가 행복해지려면 지옥에 가야 한다!). 하늘에서 성도들은 피밖에는 어떤 것도 노래하지 않는다. 그들은 교회를 노래하지 않으며 성사를 노래하지 않고, "은혜가 충만한 아베 마리아여, 주께서 당신과 함께 하시고 당신은 여자 가운데서 복을 받았나이다."를 노래하지 않는다(성도들은 십자가 사건 전에 구약의 유대 여인들에게 주어진 천사들의 메시지를 흉내내지 않는다!). 그들은 피를 노래한다(신부들이 피라고 하는 포도주가 아니다. 그들은 피를 노래한다!). 그들은 검은 제의의 신부들이 손에 들고 "피 피에 포 품"(Fi, fie, fo, fum)을 서툽 발하며 그것이 그리스도의 피인 체하는 발효시킨 밀주를 노래하지 않는다. 그리스도인들이 하늘에 올라가면 피를 노래한다! "무엇으로 나의 죄를 씻을 수 있는가? 예수님 피밖에는 없다. 무엇으로 나를 다시 온전케 할 수 있는가? 아무것도 없다(어떤 사람도 해결책이 못 된다. 즉 그의 명령이나 모든 사역, 모든 훌륭한 설교, 모든 회개와 믿음과 고백도 침례도 소용이 없다). 예수님의 피밖에는 아무것도 없다!" 만일 어떤 사람이 하늘에 올라가서 자기는 회개하고 믿었으며, 죄를 고백하고 침례받았으며, 계명들을 지켰고 "끝까지 견디어서!" 거기에 왔다고 말한다면 누군가 그에게 이렇게 말할 것이다. "병적인 자기 주장에 도취한 자여, 입 닥치게, 우리는 여기서 예수 그리스도를 경배하는 중일세." 『**너희가 믿음으로 말미암아 은혜로 구원을 받았으니 이것은 너희에게서 난 것이 아니요,** 하나님**의 선물이라. 행위에서 난 것이 아니니 아무도 자랑하지 못하게 하려 하심이라**』(엡 2:8,9).

5:10 우리 하나님 **앞에 우리를 왕들과 제사장들로 삼으셨음이니, 우리가 땅 위에서 통치하리이다."라고 하니라.**

하나님의 말씀을 한층 불경하고 거짓으로 왜곡시킨 것들 중 하나인 ASV(1901)는 "우리가 땅 위에서 통치한다."라고 되어 있다. 통치를 현재 시제로 하였다. 여호와의 증인들도 ASV 번역자들처럼(이 죽어버린 정통 장로교회와 회중교회 무리는 ASV를 만들어 루이스빌 신학교와 남침례교에서 사용하도록 하였는데) 이 시제의 변화에 동의할 것이다. 그들은 천국이 지금 여기 이 땅에 있다고 믿으며 실제적인 천국을 인정하려 들지 않는다. 이 성경 "변개자"들은 천년왕국이 영적인 나라이기 때문에 그리스도인이 지금 통치한다고 믿는다. 이 세속적이고 타락한 무리들은 십자가를 감당하지 않은 채 자신들의 면류관을 얻는 데 성공해 왔다(참 대단한 속임수이다). 주 예수 그리스도는 그분의 면류관을 얻기 위해 먼저 그분의 십자가를 지셔야 했다. 만일 여러분이 "왕국을 확장하기 위해" 지금 면류관을 쓰려고 노력한다면 여러분은 잘못된 세대주의에 빠진 것이다!

한편 <확대역본, *The Amplified Version*>[미시간의 네델란드계 개혁 교회 무리와 "언약-물뿌림"(covenant-sprinkling) 및 무천년 신학을 믿는 다른 그리스도인 "개혁주의" 무리가 만들었다.]은 "그들이 땅위에서 통치하리로다."라고 말함으로써 이 구절을 다른 이들에게 적용하려고 한다. 자, 쉬운 영어 성경(<킹제임스성경>을 말함)을 왜곡한 이 두 성경의 시도는 그리스도의 전천년 재림을 반대하고 성경을 변개시켜서, 죽어 버린 정통 장로교와 전통을 경배하는 로마카톨릭의 무천년과 후천년 신학에 적합하게 만들려는 수작이었다. 어거스틴과 유세비우스 그리고 오리겐이 A.D. 100-400년 사이에 같은 짓을 하였다. 그러나 하나님의 말씀은 분명히 『**우리가 땅 위에서 통치하리이다.**』이다. 이것은 미래의 재림이다. 우리는 "하늘에서"가 아닌 땅에서 통치할 것이다. 이것은 하늘에서의 통치나 영적인 통치가 아니라 땅 위에서의 통치이다!

5:11 **내가 또 보니, 그 보좌와 짐승들과 장로들을 둘러선 많은 천사의 음성**
을 들었는데, 그들의 수가 만만이요 천천이라.
12 **큰 음성으로 말하기를 "죽임을 당하신** 어린양**이 권세와 부귀와 지혜와**
힘과 존귀와 영광과 찬송을 받으시기에 합당하시도다."라고 하더라.
13 **또 내가 들으니, 하늘과 땅과 땅 아래와 바다에 있는 각 피조물과 그**
안에 있는 만물이 말하기를 "보좌에 앉으신 분과 어린양**에게 찬송과**
존귀와 영광과 권세가 영원무궁토록 있을지어다."라고 하더라.

모든 동물이 하나님을 찬양한다. 마치 하나님께서 발라암의 나귀의 입을 열어 그에게 복음의 메시지를 전하게 하신 것처럼 이 때에도 다람쥐, 물고기, 새, 기는 것, 헤엄치는 것, 달리는 짐승들이 입을 열어 주님을 찬양한다.

5:14 그때 그 네 짐승이 말하기를 "아멘." 하고 스물네 장로가 엎드려 영원무궁토록 살아 계시는 분에게 경배하더라.

도표 3 환란성도들의 휴거

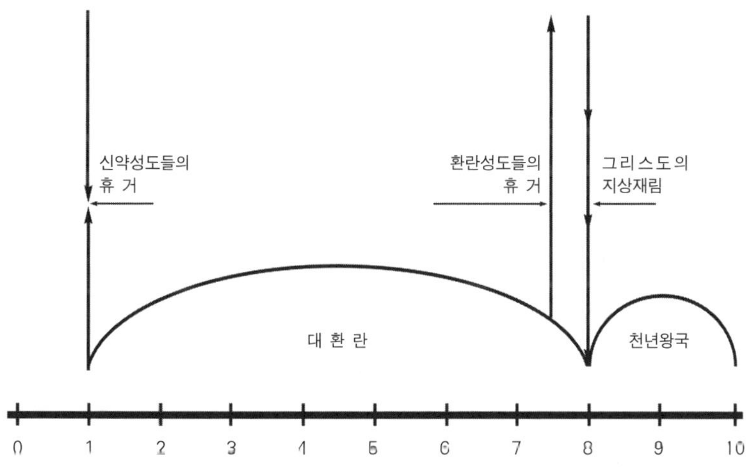

요한계시록 6장

배운 내용을 정리해 보자. 계시록 4장에서 교회는 하늘로 휴거되어 주 예수 그리스도와 함께 그곳에 있다. 주 예수 그리스도는 일곱 인으로 봉해진 책을 취하신다. 그분은 이제 그 책의 봉인들을 떼시기 시작한다. 각 봉인들이 떼어지면서 그에 따르는 일들은 땅 위에서 일어난다(6-19장의 일들은 다니엘 9장에서 "다니엘의 칠십째 주"로, 예레미야 30:7에서 "야곱의 고난의 때"로, 다니엘 12:1에서 "고난의 때"로 불린다. 이것은 미증유의 기간으로서 이스라엘이 박해를 받을 것이며 그 민족은 지상에서 말살되어 144,000명으로 줄어들 것이다). 이 엄청난 환란과 무서운 심판은 교회가 휴거된 후 이 땅에 닥칠 것이다. 그리스도의 몸은 들림받고 그 후 어느 때(우리는 정확한 때를 알지 못한다.)에 이 일들이 시작된다.

6:1 **또 그** 어린양**이 그 봉인 가운데 하나를 여실 때 내가 보고, 내가 들으니 네 짐승 가운데 하나가 천둥 같은 소리로 말하기를 "와서 보라." 하기에**

이제 일곱 봉인이 등장하는데 여러분은 또 하나의 도표를 만들어야 한다

(p.149 참조). 10인치 길이의 수평선을 그으라. 1인치 지점에 위에서부터 아래로 화살표를 하나 긋는다. 이 화살표는 수평선에 닿지 않도록 그어야 하는데 이것은 주님께서 그 성도들을 들어 올리고자 공중에 임하실 때 "호령과 함께 하늘로부터" 내려오시는 것을 나타낸다. 그런 다음 1인치 지점에서 위쪽으로 올라가는 선을 긋는다. 이 선은 들림받는 신약 성도들을 나타낸다. 이 선에서 포물선을 그어 8인치 지점에 떨어지도록 하라. 8인치 지점에서 10인치 까지는 그리스도의 1,000년 통치를 나타낸다(이제 환란을 공부하기 위한 보다 넓은 공간을 확보했다). 7.5인치 지점에서 위로 올라가는 또 하나의 화살표를 그으라. 이것은 "환란 성도들"의 휴거이다. 1인치에서 8인치까지의 공간은 "환란"의 7년 기간이다. 이 8인치를 일곱 개의 동일한 간격으로 구분하라(이것은 환란 때의 각 1년이 될 것이다). 자, 우리가 환란을 공부하면서 일어나는 일들을 이 도표에 표시해 보자.

『**네 짐승 가운데 하나가... "와서 보라." 하기에**』(1절). "네 짐승 가운데 하나"는 첫째 짐승이다. 첫째 짐승은 사자이다(계 4:7). 따라서 사자가 "와서 보라."고 말한 것이다.

6:2 내가 보니, 보라, 흰 말 한 마리가 있는데 그 위에 탄 자가 활을 가졌더라. 그에게 한 면류관이 수어졌고 그는 나가서 정복하고 정복하려 하더라.

이 "흰 말 탄 자"는 성경에서 열띤 논쟁의 대상이 되고 있다. 남북 전쟁과 독립 전쟁은 사실 이 인물을 잘못 해석했기 때문에 일어났던 것이다. 그는 열 개가 넘는 주요 전쟁에 간접적으로 책임이 있는 인물이다(여기서 여러분은 계시록을 올바로 이해해야 하는 중요성을 보게 된다!). 남침례 신학교들과 로마카톨릭 교회는 이 말 탄 자가 누구인지에 대해 여전히 잘못 가르치기 때문에 "기독교"가 계속 전쟁을 초래한다. 계시록 6:2을 올바로 이해하기 전에는

"전쟁과 전쟁의 소문"이 끊이지 않게 되어 있다.

만일 계시록 6:2이 예수 그리스도에 대한 것이라면(침례교, 감리교, 장로교, 루터교, 성공회, 하나님의 교회, 하나님의 성회, 로마카톨릭, 몰몬교, 제칠일 안식교, 여호와의 증인 등 대부분이 이렇게 가르친다.) 그분은 지금 왕이며(구절 중간에 면류관이 있다.) 그분은 지금 정복하시는데(구절 끝부분에 있다.), 이것은 예수 그리스도께서 이 땅을 정복해 나가실 때 "그의 왕국"(the kingdom)이 점차 확장되어 가는 것을 의미한다! 이것이 바로 어거스틴(5세기), 유세비우스(4세기), 오리겐(3세기)이 A.D. 200–500년 사이에 가르친 소위 "후천년설"이며, 1,500년 동안 이 땅을 타락시키고 부패시킨 로마카톨릭 교회가 가르친 거짓말이다. 이 교리는 "세상이 점점 더 좋아져 간다."는 것이다. 즉 교회의 다윈론이다. 이 거짓말은 여러분의 예상보다 훨씬 더 많은 전쟁의 원인이 되어 왔다. 만일 인간이 계속 "향상되어 가고" "그의 왕국"이 이 땅에 실현되고 있다면, 인간사에 비록 끊임없는 전쟁이 있어 왔더라도 인간은 이런 전쟁들을 통해 언제나 향상되어 가며 점점 더 배우고 더욱 "인간다워"진다고 말할 수 있을 것이다. 또 그의 왕국이 지금은 전보다 더 가깝고 이런 전쟁들은 그의 왕국을 오게 하는 데 기여했다고 말할 수 있다. 한마디로 그리스도께서 왕으로서 점진적으로 이 땅을 정복하고 있기 때문에 그의 교회가 세상에서 더욱더 많은 권세를 가져야 한다는 것이다. 이것이 바티칸국의 공식 입장이며 A.D. 500년과 1970년 사이에 유럽과 아시아에서 일어난 모든 주요 전쟁의 원인이다. 만일 그리스도가 땅을 정복하는 왕이라면 그와 함께하는 교회(소위 "왕"이 있다는 바티칸국이 그 예인데, 그 왕은 두 개의 면류관을 쓰고 "통치하며" 모든 카톨릭 신자들의 영적 통치자로 불린다)는 점진적으로 이 땅을 정복한다. 이것은 바티칸국이 가르치는 그대로의 권위적이고 "절대 오류 없는" 카톨릭의 교리이다! 그리고 이것은 정치적인 술수, 의회의 로비 활동가들, UN과의 거짓 교제 그리고 목적 달성을 위해 정부 기관에 파고드는 로마카톨릭의 모든 활동들을 정당화하는 강령이다. 그렇기 때문에 만일 그리스도가 점진적으로 정복하고 있다면 "카톨릭"은 그의 유일한 참된 교회(그들의 주장대로)가 되며 그러면 그들은 그와 함께 점진적으로 정복해 간다는 것이다! 이것이 어거스틴, 유세비우스, 오리겐(및 우연하게도 루이스빌 남침례 신학교)의 20세기 후천년 신학이다. 남침례교가 로마카톨릭에 동조하는 것이 매우 기이하지 않는가? 그렇게 우리는 이상한 시대에 살고 있다! 침례교인과 가톨릭 신자는 둘 중 한 사람이 잠들지 않는 한 같은 침대에서 서로 편안히 눕지 못할 것이다.

만일 흰 말 탄 자가 예수 그리스도라면 이 세상은 그리스도가 "점진적으로 정복"하므로 "점점 더 좋아질" 것이다. 그러나 만일 그가 예수 그리스도가 아니라면 모든 신학교의 98%는 기독교의 중요한 교리에 관해 뻔뻔스런 거짓말을 가르치는 셈이다. 어떤 사람은 "알게 뭐야?"라고 말한다. 아는 게 좋을 것이다! 현대 "기독교 신앙"의 척도는 말 탄 자가 주 예수님인가 아니면 어떤 다른 인물인가에 의해 결정될 것이다.

도대체 왜 이 말 탄 자를 예수 그리스도라고 하는 것인가? 말 탄 자를 예수님으로 가르치는 모든 신학교는 이것을 입증하려고 계시록에서 다른 구절을 인용한다. 계시록 19장을 펴면 여러분은 로버트슨(A.T. Robertson), 알포드(Alford), 벌콥(Berkhof), 댑니(Dabney), 카이퍼(Kuyper), 핫지(Hodge) 등 이 계시록 6장의 흰 말 탄 자가 예수 그리스도임을 입증하기 위해 사용하는 구절을 볼 것이다.

계시록 19장에 나오는 흰 말 탄 자에 대해서는 의심의 여지가 없는데, 이는 그가 "신실"과 "진실"이라는 이름을 가졌기 때문이다(계 19:11). 그분은 13절에서 "하나님의 말씀"이라 불린다. 16절에서는 "만왕의 왕, 만주의 주"이시다. 따라서 여기서 말하는 인물이 주 예수 그리스도이신 것은 의심의 여지가 없다. 그분이 "흰 말" 위에 계시기 때문에(계 19:11) 종교 지도자들은 계시록 6:2의 말 탄 자와 자연스럽게 연결지어 둘 다 같은 인물을 묘사한 것이라고 말한다(이것은 헬라어 학자들에게 잘 알려져 있는 부주의한 주석의 전형이다. 로버트슨은 3인치 두께의 헬라어 문법책을 썼으며 세상이 배출한 가장 해박한 헬라어 학자 중 한 사람이지만, 쉬운 영어를 읽는 데 있어서는 이제까지 살았던 가장 무식한 사람들 중 한 사람이기도 하다. 로버트슨은 장로교, 회중교회, 남침례 신학교들처럼 무천년주의자였고, 여러분이 <확대역본, *Amplified*> 신약의 관주에서 볼 수 있는 것과 같이 계시록 6:2의 흰 말 탄 자가 예수 그리스도였다고 믿었다. 이런 사람들이 헬라어에는 그렇게 능숙하면서 영어는 읽지 못한 이유는 그리스도의 심판석에서 해명돼야 할 문제이다).

그러면 이 두 "흰 말 탄 자"들을 비교해 보도록 하겠다. 계시록 19:11에서 여러분은 이 "흰 말"이 하늘에서 내려 오는 것을 본다. 계시록 6:2의 흰 말은 그 출처를 알지 못한다. 계시록 19:15에서 여러분은 흰 말 탄 자가 예리한 칼을 지녔음을 본다. 6:2의 흰 말 탄 자는 활을 가졌다. 19:14에서는 하나님의 군대들이 흰 말 탄 자를 따른다. 6:2의 흰 말 탄 자의 뒤에는 사망과 지옥과 기근이 따른다!(계 6:3-8) 여러분은 헬라어에 통달했으면서도 초등학교 6학년 영어 수준의 책에 인쇄되어 있는 글을 읽지 못하는 그런 사람을 상상할 수 있는가? 그런데 그런 사람들이 실제로 있다. 계시록에 관한 한 미국에서 초등학교 6학년 수준의 영어를 가르칠 만한 공인된 교단 신학교는 한 군데도 없다. 이것은 계시록이 이해하기 어려운 것이 아니라 믿기 어려운 책이라는 사실을 강조한다.

성경에는 그리스도를 너무나 많이 닮아서 100개나 되는 멍청한 신학교들로 하여금 자기를 예수 그리스도라고 생각하도록 만들 수 있었던 유일한 한 인물이 있다(성경을 아는 사람이라면 이 인물이 누구인지 말할 수 있다). 성경에 그리스도를 너무 많이 닮아서 그를 그리스도라고 사람들이 생각하도록 만드는 자가 누구인지 알겠는가? 글쎄, 바울은 아닐 것이다. 바울은 이방인들에게 복음을 전했지만 예수님은 유대인들에게 전하셨다. 성경에 정말로 "그리스도를 흉내내는" 어떤 인물이 있다면 그는 바로 사탄이다. 필자의 생각에는 이것이 모든 헬라어 학자들이 이 구절에 부딪힐 때 그렇게 혼란스러워하는 이유라고 본다. 대부분의 사람들은 사탄을 생각할 때 두 개의 뿔과 빨간 꼬리를 가진 모습을 연상한다. 그들은 그가 진짜 본성을 완전히 숨기고 사람들에게 "빛의 천사"로 나타난다는 것을 인식하지 않는다. 성경에서 그는 하나님 다음으로 우주에서 가장 높은 권세를 갖고 있다. 그는 그 정도로 예수 그리스도를 정확히 재현하기 때문에 이 둘이 나란히 서 있다면 여러분은 아마 누가 누구인지 구별할 수 없을 것이다. 이 두 인물이 얼마나 비슷한지 보도록 하겠다.

1. 예수님은 신부인 도성을 갖는다(계 21장).
   사탄은 신부인 도성을 갖는다(계 17장).
2. 예수님은 "나는 세상의 빛이다."라고 하셨다(요 8:12; 9:5).
   사탄은 "빛의 천사"라고 불린다(고후 11:14).
3. 예수 그리스도는 "만왕의 왕"이라 불린다(계 19:16).
   사탄은 "모든 교만한 자들의 왕"이라 불린다(욥 41:34).
4. 예수 그리스도는 "화평의 통치자"라 불린다(사 9:6).
   사탄은 "이 세상의 통치자"라 불린다(요 14:30).
5. 예수 그리스도는 "나의 주, 나의 하나님"이라 불린다(요 20:28).
   사탄은 "이 세상의 신"이라 불린다(고후 4:4).
6. 예수님은 사탄에게 시험 받을 때 "기록되기를"이라 말씀하셨다(눅 4장). 사탄은 그분에게 성경을 다시 인용하면서 "기록되기를"하고 시편 91:11의 일부만을 인용한다(눅 4장).
7. 예수님은 "유다 지파의 사자"라 불린다(계 5:5).
   사탄은 "사자"라 불린다(벧전 5:8).

쉽게 말해서 주 예수 그리스도의 가장 완벽한 모방자는 사탄 자신이지 셸던(Sheldon)이나 토마스 아 켐피스(Thomas A. Kempis)가 아니다! 계시록 6:2로 돌아가서 이 흰 말 탄 자는 사탄과 연관되어 있고, 여기에는 의심할 여지가 없다. 4절에서 전쟁이 그를 따르고, 5절과 6절에서는 기근이, 8절에서는 사망과 지옥이 그를 따르기 때문이다. 9절에서 그는 하나님의 말씀을 믿는 사람들을 죽이고 있다. 그의 사역은 17절에서 하나님 진노의 날과 더불어 끝이 난다. 어떻게 학자들(그것도 박사 학위를 가진)은 계시록 6:2이 "점진적으로 정복하는" 그리스도를 말한다고 믿는지 모르겠다. 그 뒤 6장의 나머지 내용은 온통 사망과 지옥, 기근, 심판으로 가득 차 있는데 말이다. 학자들은 참으로 이상한 사람들이다(성경은 어떤 다른 책보다도 자칭 지적인 학자라는 사람들을 더욱 혼란스럽게 해 왔다. 여러분이 여러분의 생애에서 만난 사람들 중에서 지적으로 가장 부정직한 사람은 여러분에게 6:2이 예수 그리스도라고 가르치는 설교자나 교사이다. 그것을 예수 그리스도라고 하려면 차라리 카스트로나 산타클로스라고 하는 편이 낫다).

면류관을 쓰고 나타나는 이 인물을(계 6:2) 주목하라. 면류관을 썼으니 그는 왕이다. 라틴어로 "왕"은 "렉스"(Rex)이다. 그는 손에 활을 가졌고 이 활을 가지고 쏜다. 여러분은 활을 쏠 때 화살을 활대에 교차시켜 뒤로 잡아당긴다. 여러분이 이것을 잘 살펴보면 화살이 활에 대해 직각을 이루면서 십자 모양이 된다. "십자가"를 라틴어로 하면 "크룩스"(crux)이다. 활을 가진 이 정체불명의 왕은 신비의 사람이다[그를 "미스터 엑스"(Mr. X)라 부르기로 하겠다]. "X"로 끝나는 낱말들을 연구해 본 적이 있는가? 이 남자는 신비의 인물이다. 그는 "X"이다. <짐승의 표, *Mark of the Beast*, 말씀보존학회>를 보라. 그리고 그는 활을 가졌다. 활을 쏠 때에는 줄을 뒤로 당겼다가 놓는다. 줄을 놓을 때의 검지와 중지를 보라. 엄지는 앞쪽으로 하고 두 손가락(검지와 중지)은 곧게 편다. 윈스턴 처칠이 승리의 신호로 두 손가락을 "V"자로 올린 모습에서 여러분은 필자가 뜻하는 바를 알 것이다. 이 "두 손가락의 신호"는 사람들이 사용하도록 사탄이 주입한 신호들 중 하나이다. 로마 교황이 성 베드로 광장에서 사람들을 축복할 때면 손을 들어 검지는 세우고 중지는 약간 굽혀서 이 두 손가락으로 축복을 표시한다. 카톨릭 신자가 성호를 그을 때도 이 두 손가락을 사용한다. 이 두 손가락은 프로테스탄트와 카톨릭의 예수 그리스도의 초상화에도 나타난다. 옛날에 나온 성경을 보면 예수 그리스도나 침례인 요한의 모든 그림에서 검지를 세우고 중지를 약간 구부린 것을 발견할 수 있을 것이다.

교황은 이 모두가 "아버지와 아들과 성령"을 의미한다는 식의 기막힌 동화를 꾸며냈지만, 그의 속임수를 무시하고 어떤 교황도 등장하기 전인 1000년경으로 돌아가 보자. 이는 어떤 "교황"도 없었던 시대로 돌아가서 우리가 듣는 모든 것을 믿는 대신 믿을 만한 정보를 얻으려는 이유에서이다.

우선 필자는 여러분에게 태고적부터 두 손가락을 머리 위로 올리고 앞으로 움직이는 것은 공격 신호였다는 사실을 환기시켜 둔다. 20세기에 이것은 보병에서 총검으로 습격하는 신호이다. 이것은 탱크 부대의 공격 신호이기도 하다. 이것은 사냥꾼 님롯의 신호이다. 이 두 손가락을 윗니 뒤에다 대고 앞쪽으로 밀면 이것은 여러분이 해 본 중에서 가장 모욕적인 표현이다(이태리에서). 이 두 손가락은 대단하다. 사람들은 이 두 손가락 사이에 담배를 끼운다. 오늘날 어떤 사람이든지 승리의 신호를 취하고 싶을 때는 이 두 손가락을 사용한다. 여러분은 정치가들과 공직에 입신하려는 후보자들이 이 두 손가락을 들어 보이는 모습을 볼 것이다. 필자는 알빈 바클리(Alvin Barkley), 아이젠하워, 트루만, 케네디, 에디 아놀드(Eddi Arnold), 교황 요한 등이 두 손가락을 공중으로 들어올린 사진이 담긴 "운명의 날"(Doomsday Book)이라는 스크랩북을 갖고 있다. 처칠은 "이것은 승리를 위한 'V'일 뿐이다."라고 하겠지만 사람들은 정의를 내리는 데 무지할 수 있다. 처칠이 승리의 "V"자로 두 손가락을 든 것이 갑자기 떠오른 묘안이었을 것이라고 생각지 말라. "해 아래" 새 것은 없다. 사탄은 사람들을 조종한다(엡 2:1-3). 구원을 받았건 받지 않았건 간에 사람들이 흔히 빠지는 자만 중 하나는 어떤 신호들이 무엇을 뜻하고 그 신호들이 긍정적인 의미를 지닌다고 말하는 것이다. 하지만 성경은 신호들의 뜻이 무엇인지에 관한 최고의 교과서이다. 여러분이 "검은 고양이"나 "13" 또는 "두 손가락"의 뜻을 알기 원한다면 처칠이나 교황에게 가지 말고 하나님의 말씀을 보라. 태고적부터 성경에서(성경 밖에서도) 두 손가락은 죽음을 뜻한다. 이것이 두 손가락의 의미이다. 두 갈래 즉 뱀의 갈라진 혀와 같은 모습이다(창 3:1,2). <짐승의 표>를 보라.

어쨌거나 그는 신비의 인물이며, "Mr. X"이다. 그가 올 때 기근, 사망과 지옥이 따라오는 것으로 보아 그는 끔찍한 인물이 분명하다. 그는 예수 그리스도의 모방자이기 때문에 사탄과 어떤 관계가 있다.

6:3 어린양이 둘째 봉인을 여실 때 내가 들으니 둘째 짐승이 말하기를 "와

서 보라." 하더라.

이 둘째 짐승은 송아지이다(계 4:7). 따라서 송아지가 "와서 보라."고 말한 것이다.

6:4 이에 붉은 다른 말이 나오는데 그 위에 앉은 자에게 땅에서 평화를 제거하는 권세가 주어졌으니 그들이 서로 죽이더라. 또 그에게 큰 칼도 주어졌더라.

언제나 세상은 더욱 더 좋아져가고 있고 그리스도가 "점진적으로 정복한다."고 믿는 사람들은 4절에서 약간 난처해지기 때문에 이 구절을 아예 무시해 버린다. 흰 말 탄 자의 뒤에는 유혈이 따르는 것이다.

6:5 어린양이 셋째 봉인을 여실 때 내가 들으니 셋째 짐승이 말하기를 "와서 보라." 하더라. 그리하여 내가 보니, 보라, 검은 말 한 마리가 있는데 그 위에 탄 자가 그의 손에 저울을 가졌더라.

셋째 짐승은 사람인데(계 4:7), 여기서 각 색깔의 의미는 매우 중요하다. 흰색은 보통 순결이나 결백을 상징한다. 그래서 사람들은 계시록 6:2의 말 탄 자가 예수 그리스도라고 생각한다. 마귀는 "빛의 천사"임을 잊지 말라. 붉은색은 여러분이 어디에서 보든지 항상 피를 상징한다. 이것은 러시아나 중국을 의미할 수 있으나 확실한 것은 아니다. 한 가지 분명한 것은 이 붉은 말과 함께 전쟁이 따른다는 사실이다. 그 다음은 검은 말인데 기근이 그 말의 발굽을 따라온다

『**그 위에 탄 자가 그의 손에 저울을 가졌더라**』(5절). 이 "저울"은 양식을

재는 옛날 기구였다. 이것은 양쪽의 균형을 맞추기 위해 접시를 단 간단한 저울이다. 한쪽 접시에는 적당한 무게를 놓고 다른 접시에는 양식을 둔다. 양 접시가 수평으로 균형이 맞을 때(가운데 화살표로 결정되는데) 올바른 무게가 정해진다. 저울은 양식의 무게를 재기 위한 것이다.

6:6 그때 네 짐승들의 한가운데서 한 음성을 들었는데, 말하기를 "밀 한 되가 한 데나리온이요, 보리 석 되가 한 데나리온이라." 하고 또 "너는 기름과 포도주는 손상시키지 말라." 하더라.

이 음식이 분배될 때 매번 저울에 달아서 분배된다. 한쪽 접시에는 보리나 밀을 담고 나머지 접시에는 무게를 달아 측량한다.

『**밀 한 되가 한 데나리온이요, 보리 석 되가 한 데나리온이라**』(6절). 이 부분은 애매해서 지금까지 어떤 사람도 훌륭한 주석을 쓰지 못했다. 호머의 오딧세이에 보면 이것은 로마 병정의 하루 급료라고 한다(헤로도투스의 "역사" 8장 637페이지에 나타나 있다). 그러므로 우리는 여기서 환란 때의 사람들은 로마 병사가 하루에 먹던 양밖에 먹지 못함을 배울 수 있다. 그런데 "올리브 기름과 포도주는 손상시키지 말라."는 말은 의미를 알아내기가 어렵다. 올리브 기름과 포도주는 비싸기 때문에 이것은 그들이 가난한 사람들을 학대하고 부자들은 봐 준다는 뜻일 수 있다. 욥기 24:10,11에서도 이와 비슷한 말을 볼 수 있다. 이에 대해 도움이 되는 구절들은 역대기하 2:15, 호세아 12:1이다. 어쨌거나 여기서 얻을 수 있는 분명한 결론은 환란 때에 적그리스도가 등장하고 전쟁이 일어난 뒤에는 분명히 기근이 뒤따른다는 것이다. 이 때는 보리와 밀이 매번 저울에 달아지는 때이다(에스겔 4:11,16을 보라).

6:7 어린양이 넷째 봉인을 여실 때 내가 넷째 짐승의 음성을 들었는데, 말하기를 "와서 보라." 하더라.

넷째 짐승은 독수리이다(계 4:7).

6:8 이에 내가 보니, 보라, 창백한 말 한 마리가 있는데 그 위에 탄 자의 이름은 사망**이요** 지옥**이 그 뒤를 따르니, 그들에게 칼과 굶주림과 사망과 땅의 짐승들로 땅의 사분의 일을 죽일 권세가 주어졌더라**.

『**창백한 말... 그 위에 탄 자의 이름은**』(8절). 말 탄 자들 중 처음으로 이름이 언급되고 있다. 이 창백한 말을 탄 자의 이름이 "사망"(Death)이라는 것은 그를 매우 특이한 유형의 인물로 만들어 주는데, 이것은 분명히 어떤 인물을 말하는 것이다. "사망"이라는 그 이름이 대문자("D")로 의인화된 것을 주목하라. 여러분은 성경에서 죽이는 것이 자기 임무이며 이 권세를 위임받은 천사를 볼 수 있다. 히브리서 2:14에서 하나님은 사망의 권세를 사탄에게 부여하시는데, 때때로 하나님은 사탄이 생명을 취하도록 허락하시나 때로는 허락하지 않으신다. 실제 집행은 사탄의 천사들 중 하나가 수행하는데 그의 특별한 이름은 계시록 9:11에서 "멸망시키는 자"로 나온다(이 단어는 히브리어로는 아바돈이며 헬라어로는 아폴루온이다. 두 낱말 모두 "멸망"이나 "멸망시키는 자"를 뜻한다. "아폴루온"은 여러분이 요한복음 17:12에서 보는 것과 똑같이 데살로니가후서 2:3의 "멸망의 아들"에 쓰인 낱말과 같다). 그는 죽이는 일을 위임받은 천사로서 사망이 인격화된 존재인데, 낫을 들고 창백한 말을 탄 늙은이의 모습으로 사람들이 그린다.

『**그 위에 탄 자의 이름은** 사망**이요** 지옥**이 그 뒤를 따르니**』(8절). 이사야 28:15에서 유대인은 환란 때에 "사망과 지옥"과 계약을 맺는데, 이 언약은 적그리스도에 의해 환란 중간에 깨어진다.

본문에서 여러분은 사망과 지옥이 환란 때에 풀려나는 것을 본다. 이에 대한 설명이 계시록 9장에도 나오는데 그것들은 땅 위로 나올 때 반인반수의 몸을 입고 있다. 그러므로 희랍, 히브리, 페니키아의 신화에 등장하는 "사티

로스" "켄타우루스" "식인 마귀" 등은 성경을 근거로 하고 있는 것이다. 괴기 소설들, 프랑켄슈타인 식의 이야기들, 드라큐라 시리즈 등은 모두 성경적인 근거를 갖는다(이렇게 유형들을 나타내는 것이 계시록의 주 목적이다. 그처럼 계시록이 성경을 여는 까닭에 여러분이 성경 밖에서 이해되지 않는 어떤 것의 의미를 알기 위해 사전을 찾게 된다는 뜻이다. 계시록은 성경에서 가장 위대한 책인데 그 이유는 사물들의 의미에 대해서 사람들이 그 사물들이 뜻하지 않는 어떤 다른 의미로 생각할 때 성경이 절대적이고 최종적인 권위임을 입증하기 때문이다).

6:9 **어린양이 다섯째 봉인을 여실 때 내가 보니, 제단 아래에는 하나님의 말씀과 그들이 가진 증거 때문에 죽임 당한 자들의 혼들이 있는데**
10 **그들이 큰 음성으로 울부짖으며 말하기를 "오 거룩하시고 참되신 주여, 땅에 살고 있는 그들을 심판하시어 우리의 피를 갚아 주실 날이 얼마나 남았나이까?" 하더라.**
11 **그러자 그들 각자에게 긴 흰 옷을 주시면서, 그들의 동료 종과 형제도 그들처럼 죽임을 당하여** *그 수가* **가득 채워질 때까지 잠시만 더 쉬라고 말씀하시더라.**

환란 후 3년 반 기간에 다섯째 봉인이 떼어진 뒤 요한은 "제단"을 보는데 이 제단 아래에는 하나님의 말씀과 또 "그들이 가진 증거" 때문에 죽임 당한 "혼들"이 있다(이것을 계시록 1:9에서 요한 자신의 위치와 비교해 보라. 본문은 계시록이 우선적으로 환란 때의 사람들에게 쓰여졌음을 보여 준다). 이 죽임 당한 순교자들은 "혼들"로 묘사된다. 이들에게는 목소리와 기억이 있고, 긴 흰 옷을 입을 수 있는 몸도 있다. 이것은 성경에서 찾아볼 수 있는 가장 급진적이고 혁명적인 교리 가운데 하나이다. 이 구절은 "혼"이 무슨 크리켓볼이나 테니스 공, 아니면 야구 공같이 생겨서 여러분의 몸 어디엔가 붙어 있는 것이 아니라는 사실을 밝혀 준다. 혼은 "육신의 몸"과 똑같이 생긴 형태

(bodily shape)이다. 혼은 인간의 정서가 존재하는 곳으로서 신체의 모습을 갖고 있지만 눈에 보이지 않는 "영"의 모습이다(invisible type of "ghost"). 그렇기 때문에 성도 안에 있는 주 예수 그리스도는 "거룩한 영"(the Holy Ghost)인 것이다. 바울은 『**너희 안에 그리스도가 형성될 때까지**』라고 말한다(갈 4:19). 혼은 팔과 다리, 눈, 귀, 코, 목청, 입, 입술, 치아, 혀, 등, 턱, 위 등을 가지고 있고 "행위"를 할 수 있다. 누가복음 16장에서와 같이 지옥에 있는 부자는 혀, 눈, 목소리를 가졌으나 그의 육신의 몸은 무덤에 묻혀 있다. "무덤"에 관하여는 전혀 논쟁할 것이 없다. 성경은 육신의 몸이 무덤에서 썩는다고 명백히 가르친다. 지옥은 무덤이 아니며 무덤은 지옥이 아니다. 누가복음 16장에서와 같이 몸은 지옥에 가는 것이 아니라 무덤에 묻혀 있었다. 혼이 지옥에 가는 것이다.

이 신체 형태를 가진 혼적인 몸(the soulish body)은 보이지 않는 몸이다. 장미십자회에서는 이것을 "영체"(Astral body)라고 부른다. 정신과 의사들은 "자아"나 "나"로 부른다. 그러나 우리는 "심리학"(psychology)이라는 낱말이 "혼"을 뜻하는 "프시케"(psyche)와 "지식" 또는 "지혜"를 뜻하는 "로지아"(logia)가 복합된 헬라어임을 기억해 두어야 한다. 혼의 지식에 관한 한 가장 훌륭한 "심리학" 서적은 <킹제임스성경, 1611>이다. 마르크스, 프로이트, 파블로브, 융, 메닝거의 이론들은 <킹제임스성경, 1611>과 나란히 놓고 봤을 때 너무 유치하고 천박한 것들이다.

성경에서 "혼"은 신체 형태를 가지며 그것은 사람이 죽을 때 육신을 떠난다(여러분은 이에 대한 언급으로 창세기 35:18에서 라헬이 죽을 때 그녀의 혼이 "떠나려 하는" 것을 볼 것이다). 이것이 "나의 떠날 때가 이르렀도다."(딤후 4:6), 『**내가 떠나서 그리스도와 함께 있을 욕망을 갖는 그것이 훨씬 좋으나**』(빌 1:23)라고 바울이 말한 이유이다.

성경은 사람에게 몸과 혼과 영이 있다고 가르친다. 몸(body)은 여러분이 눈으로 볼 수 있는 실제적인 것이다(헬라어로는 "소마"). 몸의 내부에는 몸을 온전히 채우는 혼의 몸(soulish body)이 있는데 이것은 눈에 보이지 않는다. 이 혼은 아담에게서 유래한 죽은 영인 "사람의 영"으로 채워져 있고, 성령께서 숨을 불어넣기까지는 생명이 없다. 죽은 영은 성령으로 다시 태어나야 한다(요 3:6). 구원받기 전에는 여러분의 영은 “허물과 죄”로 죽어 있었다(엡 2:1–3). 이런 사실들을 말해 주는 구절들은 성경에 너무 많다. 예를 들면 예수님께서 “아무도 하나님을 본 사람이 없다.”고 하신 것은 하나님의 혼을 말한 것이었다. 그 다음 그분이 “나를 본 자는 아버지를 보았다.”고 하셨을 때는 몸을 말한 것이었다. 마태복음 3장에서 주 예수 그리스도께서 침례 받으셨을 때 이 세 가지가 모두 나타난다. 마지막 세 구절에서 여러분은 하늘에 계신 아버지(혼)와 땅에 있는 아들(몸) 그리고 아버지와 아들 사이를 교류시키는 성령(영)을 볼 수 있다. 전능하신 하나님은 죽지 않고도 스스로를 분리시킬 수 있는 삼위일체시다.

우리는 구약에서 혼이 떠났다가 다시 사람에게 돌아오는 한 경우를 본다(왕상 17:22). 그 사람은 우리가 “현대 과학”에서 볼 수 있듯이 실제로 죽었는데 다시 돌아왔다(구약의 이 경우는 첨단 의학을 수천 년이나 앞서 있다). 성경은 그래서 자연 과학자들에게 알려지지 않은 사실들을 드러내는데, 초심리학이나 언어교정, 정신 신체 상관 의학 등은 어떤 방법으로도 문제의 본질에 접근할 길이 없다. 문제의 진실은 모든 인간이 배구 공과 같은 구조로 이루어졌다는 것이다. 인간은 겉이 가죽 껍질(몸)이고 안은 고무 튜브(몸과 같은 모습의 혼이다.)로 맞닿아 있는 공과 같은데, 구원받으면 그는 공기로 채워진다(성령). 데살로니가전서 5:23을 보라. 구원받지 못한 인간은 펑크난 공과 같다. 온전한 사람이 되려면 “성령으로 태어나야”한다. 창세기 2:7을 보라.

『**주** 하나님**께서 땅의 흙으로 사람을 지으시고**[몸], **그의 콧구멍에다 생명의 호흡을 불어넣으시니**[영], **사람이 살아 있는 혼이 되었더라**[혼].』

따라서 혼은 실제적인 몸 안에 있는 영적인 몸이다. 그 혼이 천을 뒤집어 쓴다면 “유령”처럼 보일 것이다. 그래서 <킹제임스성경>에 “성령”(Holy Ghost)으로 한 것이 올바른 번역이다. <확대역본, *Amplified*>, RSV, ASV 등이 “pneuma”(영)를 한결같이 “Spirit”(성령)으로 번역한 것을 무시해야 하는 이유는 그것이 항상 “Spirit”이 아니기 때문이다. 성령은 공기나 바람 같아서

(요 3:6-8) 그 성령은 단지 그릇을 채운다는 것과 관련 있다. 혼[또는 "영"(the ghost)]은 그릇이기 때문에, 주 예수 그리스도는 성도 안에 영으로는 물론, 그분의 영이 몸의 형태로도 거하신다. 따라서 "Holy Ghost"라는 단어가 여러분이 <킹제임스성경, 1611>에서 보듯이 성령의 올바른 용어이다.

요한은 제단 아래 있는 죽임 당한 이 혼들을 보았다. 목소리를 가졌으며 옷을 입을 수 있는(신체 형태이므로) 이 혼들은 어떤 일정한 방법으로 죽임을 당했다.

『**그들의 동료 종과 형제도 그들처럼 죽임을 당하여**』(11절). 이것은 특정한 죽음이다. 이것은 계시록 12:11에서 "그 죽음"(the death)이라 불리는데, 어떤 죽음인지는 계시록 20:4에 선명하게 나타나 있다.

『**또 내가 보좌들을 보니, 그들이 그 위에 앉았는데 심판이 그들에게 주어졌더라. 또 예수에 대한 증거와 하나님의 말씀으로 인하여 목베임을 당한 사람들의 혼들도 보았는데**』 그들은 목베임을 당한 것이다! 참수형은 바울 시대에 로마제국하에서 자행된 것과 똑같이 로마 교황 치하에서도 사형시키는 최후 형태가 될 것이다. 요한의 형제 야고보도 목베임을 당했다(행 12장). 로마서 16:4에서 바울은 어떤 성도들이 "나의 생명을 위하여 자기들의 목을 내놓았다."고 말했다. 바울 자신도 로마에서 목베임 당했다. 마지막 때의 사형은 칼이나 도끼로 목을 치는 형태일 것이다. 이것은 로마 교황의 전형적인 방법이었는데, 로마 시대에 죄인들을 처벌하는 관리는 사형을 집행하기 위해 눈에 보이는 곳에 도끼를 차고, 막대기는 다니면서 죄인들을 때리는 몽둥이로 사용했고 도끼로는 죄인들의 목을 쳤다. 우리는 얼마나 문명화되어 가고 있는가! 다윈은 위대하지 않았는가? 사형의 마지막 형태가 가스실이 아닌 것이 이상하지 않은가? 교수형이나 전기 의자? 아니면 다른 어떤 자비로운 수단들? 이 땅에서 일어날 최후의 사형 형태는 중공군이 베트남에서 저질렀던 행위와 똑같이 목을 자르는 것이다.

『**어린양이 다섯째 봉인을 여실 때 내가 보니, 제단 아래에는 하나님의 말씀과 그들이 가진 증거 때문에 죽임 당한 자들의 혼들이 있는데**』(9절). 이 제단은 문자 그대로 성전의 제단을 말한다(성경 구절은 그것이 문자적일 때는 항상 문자 그대로의 뜻이다). 구절이 문자적인 뜻인데 영적으로 해석하거나 비유적으로 보려는 태도는 현명하지 않다. 예를 들면 계시록 11:1,2에서 여러분은 문자적인 성전과 문자적인 성전 뜰, 문자적인 제단이 예수 그리스도께서 재림하실 때 이 땅에 있을 것을 본다. 마태복음 24:15에서 여러분은 실제적인 성전 안에 있는 "거룩한 곳"과 그 안에 어떤 자가 선 것을 본다. 데살로니가후서 2:3-8에서 여러분은 실제적인 성전에 실제적인 "지성소"와 자칭 하나님이라 하는 누군가가 그 성전에 앉아 있는 것을 본다. 이 구절을 영적으로 해석하려는 카톨릭의 모든 시도는 하나님의 말씀을 공격하고 성령과 싸우려는 것이다. 성경은 문자적인 성전이 실제적인 "성소"와 그 안의 "지성소"와 함께 이 땅의 예루살렘에 세워질 것이며, 실제적인 마귀가 자칭 하나님이라 하면서 거기에 앉아 이 성전 밖의 문자적인 제단(지극히 끔찍한 곳)에서 사람들을 사탄에게 경배하기 위한 제단의 제물로 목벨 것이라고 가르친다. 이것이 여러분에게 터무니없다고 여겨진다면 잠시 차분하게 생각해 보라. 미국에서 그리스도인이라고 고백하는 사람들 가운데 사분의 일이 매주일 아침 11시에 피의 제사를 믿는다고 고백한다. 그들의 신부는 "피 없는 형태"로 예수 그리스도의 실제 희생제사를 계속하며 밀조한 술을 예수 그리스도의 진짜 피인 양 마시도록 한다. 즉 우리는 미국에서 식인종들을 보고 있는 것인데 이들은 영국에서 피신한 퓨리탄 선조들의 뒤를 따라 이곳에 왔으며 미국 정부를 전복하기 시작했다. 이 사람들은 주일 아침 11시에 피를 마시고 시체를 먹으면서 자기들이 먹는 빵이 예수 그리스도의 실제적인 시신이라고 주장한다! 이들은 이것이 그분의 죽음을 기념하는 것임을 믿지 않고 다만 그분의 희생제사를 계속하는 것이라고 생각한다(지구상의 모든 검은 제의의 바알사제들은 여러분에게 미국 내에서 그리스도인이라고 고백하는 사람들 중 사분의 일이 참여하는 로마카톨릭 미사가 어떤 사람의 실제적인 시신을 먹는 실제적인 행위라고 말한다. 그러니 계시록에서 놀라지는 말라. 이 책은 그렇게 "현실과 동떨어지지" 않았다. 이 책은 이해하기 쉽지만 단지 믿기가 어려울 뿐이다).

이 혼들은 성전의 제단에서 목베임 당하여 제물이 되었다. 이 설명에 대해 조금이라도 의심이 있다면 레위기 1장과 2장을 확인해 보라. 모든 제물은 목을 자른다(레 1:8,15). 그들은 목베임을 당하는데 이 제단은(계 6장) 땅 자체가 아니라 문자적인 제단이다(계 8:5; 11:1,2, 살후 2:3-8). 이 혼들은 적그리스도에게 제물로 바쳐지는데 그는 이때쯤 "자신이 하나님이라고 하면서" 성전 안에 있을 것이다. 순교자들은 우리가 구약에서 보듯이(눅 16:22) 임시적 장소로서 땅에 있는 제단 아래에 있다(다음 장인 계시록 7:9-14에서 그들은 하늘에 올라가 있는 것으로 나온다). 같은 일이 다른 무리에도 적용된다. 계시록 7장에는 땅에 있는 144,000명이 나오는데, 이들은 계시록 14:1-4에서 셋째 하늘에 올라가 있다. 이것은 환란 때의 순교자들이 환란이 끝나기 전 어느 때에 휴거됨을 뜻한다.

계시록 6장에서 목베임 당한 성도들은 계시록 7장에서 셋째 하늘에 올라가며, 계시록 7장에서 땅에 있던 144,000명은 계시록 14장에서 셋째 하늘에 올라감으로써 환란 후 휴거가 있다는 것을 분명히 말해 준다. 이것은 교회의 환란 후 휴거가 아니다. 여러분이 마태복음 24:29-31에서 볼 수 있듯이 이것은 특별히 유대인 성도들의 환란 후 휴거이다.

6:12 또 내가 보니, 어린양이 여섯째 봉인을 여실 때, 보라, 큰 지진이 나며 해가 머리털로 짠 천같이 검어지고 달은 피처럼 되었으며
13 하늘의 별들이 마치 무화과나무가 강한 바람에 흔들려 설익은 무화과가 떨어지듯이 땅에 떨어지며

여기서 우리는 환란이 끝나기 앞서 일어나는 일들을 본다. 이 일들은 해, 달, 별들 등의 현상과 관련되는데, 이것은 복음서에서 주 예수 그리스도께서 경고하신 것과 일치한다(마 24:29, 눅 21:25, 막 13:24-26, 행 2장). 후천년주의자들과 무천년주의자들이 문자적이고 눈에 보이는 그리스도의 재림에 관한 구약의 예언들이 초림 때 성취되었다고 생각하는 이유는 사도행전 2장에서 베드로가 인용한 것(선지자 요엘을 언급한 것)을 초림에 대한 예언의 성취라고 보기 때문이다. 그러나 눈멀지 않은 한 사도행전 2:16-21을 읽는다면 그것이 재림의 약속임을 알 수 있을 것이다.

사도행전 2장의 그 구절들은 재림을 말하고 있다. 주님은 그 당시에 곧 재림하려고 하셨지만 사도행전 7장 이후에는 그것을 연기하셨다. 따라서 사도행전 7장까지 인용된 모든 약속들은 미래의 재림 때에 완성되는 것이다(그러나 여러분이 이것을 헬라어 학자에게 가르친다면 그는 결코 이해하지 못할 것이다. 그들은 이스라엘에 대한 구약의 약속들을 영적으로 해석하여 그 모든 약속이 예수 그리스도의 초림 때에 일어났다고 주장하기 때문이다. 이것은 뻔뻔스러운 거짓말이며 성경의 4분의 3을 부인하는 행위이다). 하늘의 현상들(행 2:19,20)이 일어나는 것은 (여러분이 6장에서 보듯이) 바로 그리스도의 재림 때이다. 시몬 베드로가 이것을 사도행전 2장에서 인용하는 이유는 모든 실제적인 목적들로 인해 주님이 곧 돌아오실 것이었기 때문이다. 하지만 여러분은 이것을 <킹제임스성경>을 믿지 않은 사람에게는 가르칠 수 없다.

6:14 하늘은 두루마리같이 말려서 쓸려가고 모든 산과 섬도 각기 제자리에서 옮겨졌으니

15 땅의 왕들과 위대한 자들과 부자들과 대장들과 힘 있는 자들과 모든 종과 모든 자유인이 각자 토굴과 산들의 바위틈에 숨어서

16 산들과 바위들에게 말하기를 "우리 위에 떨어져서 보좌에 앉으신 분의 얼굴과 어린양**의 진노에서 우리를 숨기라.**

17 이는 그분의 진노의 큰 날이 임하였으니 누가 감히 설 수 있으리요?" 하더라.

『**진노**』(16절)라는 단어를 주목하라. 베드로가 사도행전 2장에서 하늘의 현상들을 언급했기 때문에 그것이 사도행전 2장에서 일어났다고 믿는 사람은 문제에 봉착한다. 이 하늘의 현상들이 계시록 6:12,13에서 일어날 때 사도행전 2장에서 일어나지 않았던 "주의 진노의 날"이 따르기 때문이다. 사도행전

2장에서 복음은(당시에 제자들이 알고 있었던 만큼) 전파되고 있고, 그들이 예수님을 그들의 왕과 구세주로 받아들일 경우 이루어질 구원이 이스라엘에게 제시되고 있었다. 하지만 계시록 6장의 상황은 주의 진노의 날이며 이것은 분명히 초림 때 일어나지 않았다. 초림 때 "하나님은 세상을 이처럼 사랑하셔서 그의 독생자를 주셨으나" 재림 때(사 63:1-6) 여러분은 진노 가운데 임하는 주님의 강림, 즉 UN과 바티칸 공의회를 뿌리째 뽑아 버릴 "복수의 날"을 본다.

『**우리 위에 떨어져서 보좌에 앉으신 분의 얼굴과** 어린양**의 진노에서 우리를 숨기라**』(16절). 이것은 십자가에서 죽어가며 구원을 제시하셨던 그 예수 그리스도가 아니다! 이것은 재림 때 진노 중에 보좌에 계신 어린양이다. 또한 이것은 70년의 예루살렘 파괴도 아닌데 그 까닭은 이 책이 예루살렘이 파괴된 지 20년 후에 쓰여졌기 때문이다.

계시록은 여러분에게 환란을 여러 번 거치도록 한다. 디한, 게벨라인, 페팅길, 스코필드, 라킨, 펨버, 사우어 그리고 모든 전천년주의 주석가들이 계시록을 가르치는 보편적인 방법과는 반대로 성령께서는 여러분으로 하여금 환란을 네 번 명백히 거치게 한다. 마태, 마가, 누가, 요한이 그리스도의 초림에 관해 네 번 설명한 것과 똑같이 계시록은 그리스도의 재림을 네 번 설명하고 있다.

환란의 첫 번째 설명은 5장과 6장이다(7장은 삽입장이다). 두 번째 설명은 8-11:15이다(10장도 삽입장이다). 세 번째 설명은 12장에서 시작하여 13,14장을 지나 14:20에서 끝난다. 환란의 마지막 설명은 15,16,17,18장 그리고 19장까지이다. 각 설명마다 성령께서는 여러분을 환란으로 인도하시는데 각기 다른 점을 강조하여 보여 주신다. 이를테면 5장과 6장에서는 봉인들로, 8장에서 11장까지는 나팔들로, 12장에서 14장까지는 적그리스도의 활동으로, 그리고 15장에서 19장까지는 호리병들과 큰 바빌론의 멸망을 통하여 환란을 보여 주신다.

요한계시록 7장

계시록 7장을 삽입 장으로 보는 것은 이 장에서 이때까지 여러분이 거쳐온 봉인들이 나타나지 않기 때문이다. 여러분은 6:12에서 여섯 번째 봉인을 보지만 일곱 번째 봉인은 비로소 8:1에 나타난다. 따라서 7장에 기록된 일들은 환란 중에 일어나는 어떤 일을 말하고 있는 것이다. 이것은 봉인들이 떼어지는 중에 일어나는 일이 틀림없다. 그 이유는 여러분이 6:12-17을 볼 때 환란이 끝나고 하나님이 진노하시는 "그분의 진노의 날"인 재림이 이르기 때문이다. 하지만 7장에서는 이 모든 일이 일어나기 전에 144,000명의 유대인들이 "인장으로 표시되는" 한 장소가 나온다. 그래서 7장은 여섯 개의 봉인이 열리는 동안에 일어나는 어떤 일을 말한다. 그리고 연대기는 일곱째 봉인이 열리는 8장 서두에서 끝난다.

7:1 이 일들 후에 내가 보니, 네 천사가 땅의 네 모퉁이에 서서, 땅의 사방에서 부는 바람을 붙잡아 그 바람이 땅이나 바다나 어떤 나무에도 불지 못하게 하더라.

사람들이 성경은 비과학적이라고 생각할 만한 표현인 『**땅의 네 모퉁이**』라는 말에 주목하라. 그들은 이것이 구식 표현이라고 한다. 그들은 "이 멍청한 바보 요한을 보라구. 그는 지구를 '네 모퉁이'라고 했군. 그는 지구가 편평한 네 모퉁이로 되어 있다는 히브리인들의 관념을 믿고 있어."라고 말한다. 물론 이것은 20세기 천치들이 농담삼아 지껄이는 말들에 지나지 않는다. 그 이유는 그들이 사탄처럼 살고 있고 성경이 그들의 죄에 대해 말하는 것을 거부하기 때문이다. 쉽게 말해서 하나님은 그분이 뜻하는 바를 여러분도 충분히 알 수 있고 당연하게 여길 만한 표현으로 사용하신다. 네 모퉁이는 동, 서, 남, 북이다. 만일 성경이 20세기의 과학적인 언어로 쓰였다면 1890년까지 모든 사람들에게 봉인되었을 것이다. 하나님은 평범한 보통 사람들의 일상 언어를 사용하시기 때문에 그들은 심판 때에 변명을 하지 못할 것이다. 성경은 1970년대의 학식 있는 편협한 멍청이들 집단에게 쓰여지지 않았고 아담과 천년왕국이 끝나는 사이의 죄인들을 위해 쓰였다. 결론적으로 성경은 쉬운 언어로 쓰여서 누구라도 이해할 수 있으며 "과학적"이 아닌 일상의 보통 언어를 자주 사용한다. 그 이유는 과학자로 하여금 성경을 공격하고 불신하여 모가지가 부러지고 나자빠져서, 바로 지옥에 떨어지게 하려는 직접적인 목적 때문이다(살후 2:6-13).

이 네 모퉁이는 동, 서, 남, 북이다. 이사야 40:22에서 그분은 지구가 둥글다고 말씀하셨다. 눅 17장에서는 지구의 양면이 동시에 낮과 밤임을 말씀하신다! 그래서 누가복음(A.D. 50년)과 이사야서(B.C. 780년)는 콜럼버스보다 훨씬 앞서 있다.

7:2 **또 내가 보니, 다른 천사가 동쪽에서 올라오는데 살아 계신** 하나님**의 인장을 가지고 있더라. 그가 땅과 바다를 손상시킬 권세를 받은 네 천사에게 큰 음성으로 소리질러**

3 **말하기를 "우리가 우리** 하나님**의 종들인 그들의 이마에 인장으로 표시할 때까지 땅이나 바다나 또는 나무들을 손상시키지 말라."고 하더라.**

이 이스라엘의 남은 자들이 인장으로 표시될 때까지는 땅이나 바다나 나무들이 손상을 입지 않는다. 계시록 6:12-15에는 땅과 자연에 대한 재앙이 언급되므로 7장은 봉인들이 다 열리기 전의 어떤 일을 말하는 삽입된 내용이 분명하다.

7:4 또 내가 인장으로 표시를 받은 자들의 숫자를 들었는데 이스라엘 자손의 모든 지파에서 십사만 사천 명이 인장으로 표시를 받았더라.

자, 이것은 성경에서 가장 중요한 구절들 가운데 하나인데, 그 이유는 제칠일안식일예수재림교, 몰몬교, 여호와의 증인들이 그들의 엉터리 "신학"을 보강하기 위해 본문을 사용하기 때문이다. 이들 모두 이 구절을 그렇게 사랑한다! 이들은 모두 교회 시대를 넘어 더 이상 교회가 등장하지 않는 세대에 들어가 행위에 의한 구원을 가르침으로써 하나님 말씀 왜곡하기를 좋아한다. 그 이유는 이들 모두가 자기 의를 내세우는 자들로 구원받지 않았으며, 지옥으로 향하는 죄인들로서 예수 그리스도에게서 약간의 도움을 입어 행위로 구원을 받을 만큼 최고이며 훌륭하다고 생각하기 때문이다.

3절에서 이들은 봉인된 성도들인데, "하나님의 종들"은 항상 이스라엘에게 쓰이는 표현임을 주목하라. 그들에게 인장으로 표시하는 방법은 에스겔 9:1-8에 나타난다. 그들의 이마에는 인장으로 "여호와"라는 하나님 아버지의 이름이 표시된다(겔 9:4-8, 계 14:1 주석 참조). 이 144,000명에게 여호와의 이름이 표시되기 때문에 우리는 이 시대에 하나님 말씀을 변질시키고 왜곡하며 그들에게 속하지 않는 약속들을 훔치고, 무덤은 무덤이고 지옥은 지옥인데도 "무덤"이 "지옥"이고 "지옥"이 "무덤"이라고 말하는 자들과, 계시록 7장의 종들이 여호와를 마음에 두었기 때문에 여호와의 "증인들"이라고 말하며 다니는 이런 성경을 왜곡하는 독선적인 죄인들의 집단을 본다. 그러므로 이 파수대 집단은 스스로를 "여호와의 증인들"이라 부르며 본문에서처럼 유대인들이라고 주장한다. 그래서 러더포드(Rutherford)와 러셀(Russell)은 "지금 살아 있는 수백만의 사람들은 결코 죽지 않을 것이다."라고 쓴다. 그들은 우리가 지금 모두 환란 중에 있으며 끝까지 살아 있다면 영원토록 땅에서 육신의 몸으로 통치할 것이라고 한다.

『**말하기를 "우리가 우리** 하나님**의 종들인 그들의 이마에 인장으로 표시할 때까지 땅이나 바다나 또는 나무들을 손상시키지 말라."고 하더라**(신 32:43 참조). **또 내가 인장으로 표시를 받은 자들의 숫자를 들었는데 이스라엘 자손의 모든 지파에서 십사만 사천 명이 인장으로 표시를 받았더라**(사 49:6 참조)』.

자, 144,000명은 "여호와의 증인들"이 아님을 주목하라. 그들은 "제칠일안식일예수재림교"가 아니다. 그들은 "그리스도인들"이 아니다. "하나님의 이스라엘"이 아니다. 무엇보다도 그들은 "영적인 유대인들"이 아니다. 그들은 모든 이스라엘 자손 "지파들" 가운데서 144,000명이다. 그들은 영적인 유대인들이 아니다. 영적인 이스라엘도 아니다. 그들은 영적인 아브라함의 자손도 아니다. 그들은 열두 지파 중에서 144,000명이다. (여러분은 이것을 제칠일안식일예수재림교인이나 몰몬교인들, 캠벨추종자들, 혹은 여호와의 증인들에게 인용할 수 있지만 그 얼간이들은 성경에 쓰인 그대로의 뜻을 믿으려 하지 않는다. 그 이유는 성경이 그렇게 쓰여 있음에도 그것은 성경이 말하는 대로 의미하지 않는다고 가르침 받았기 때문이다. 필자는 이들에 대해 면역이 되었는데 오래전에 인내하는 것을 포기해서이다. 필자는 하나님 말씀에 대해 권위가 있는 것처럼 내세우는 이런 자들을 시간마다 상대했으며, 이들 각 사람을 특징짓는 공통점을 찾았다. 그들은 조만간 어떤 구절에 이르러서 이것은 그런 뜻이 아니라고 우긴다는 것이다.) 본문은 "이스라엘 자손의 모든 지파에서 144,000명"이라고 한다. 그러므로 이것은 "이스라엘 자손의 지파들"이지 "영적으로 믿는 자들의 지파들"이 아니다. 이것은 "영적인 이스라엘 자손들"이 아니다. "영적인 유대인들"도 아니다. 이것은 이스라엘 자손의 각 지파 중에서 144,000명이다. 바로 이것이다! 여러분은 이것을 해석할 필요가 없으며 단지 읽기만 하면 된다. 여러분은 이해할 필요도 없고 믿기만 하면 된다. 문제는 사람들이 그렇게 많이 종교적인 구정물, 하찮은 것들, 쓰레기들을 먹어 왔기 때문에 그들이 성경을 읽어도 믿을 수 없는 것이다. 본문은 "이스라엘 자손의 모든 지파에서 144,000명"이라고 하는데, 일단 성령께서 "이스라엘 자손의 모든 지파"라고 말할 때 여러분은 그것이 무슨 뜻인지 아는가? 그것은 "이스라엘 자손의 모든 지파!"이다. 필자가 그것을 어떻게 아는지 아는가? 성경이 그렇게 말하기 때문이다!

7:5 유다 지파에서 일만 이천 명이 인장으로 표시를 받았고, 르우벤 지파에서 일만 이천 명이 인장으로 표시를 받았고, 갓 지파에서 일만 이천 명이 인장으로 표시를 받았고

6 아셀 지파에서 일만 이천 명이 인장으로 표시를 받았고, 납탈리 지파에서 일만 이천 명이 인장으로 표시를 받았고, 므낫세 지파에서 일만 이천 명이 인장으로 표시를 받았고

7 시므온 지파에서 일만 이천 명이 인장으로 표시를 받았고, 레위 지파에서 일만 이천 명이 인장으로 표시를 받았고, 잇사칼 지파에서 일만 이천 명이 인장으로 표시를 받았고,

8 스불론 지파에서 일만 이천 명이 인장으로 표시를 받았고, 요셉 지파에서 일만 이천 명이 인장으로 표시를 받았고, 베냐민 지파에서 일만 이천 명이 인장으로 표시를 받았더라.

각 지파에서 만 이천 명씩인데, 곧 유다, 르우벤, 갓, 아셀, 납탈리, 므낫세, 시므온, 레위, 잇사칼, 스불론, 요셉, 베냐민이다. 문자 그대로 실제의 이스라엘 자손들인 열두 지파로부터 온 144,000명이다.

자, 본문에서 몇 지파가 대체되었음을 주목하라. 8절에 『**요셉 지파**』가 들어 있다. 요셉은 두 아들 에프라임과 므낫세가 있었는데, 므낫세는 6절에 나타나지만 에프라임은 빠져 있다. 그래서 우리는 요셉이 에프라임을 대신하고 있음을 본다. 또한 7절에 『**레위**』가 열두 지파 중 하나가 된 것을 본다. 레위는 열세 번째 지파였거나 제사장 직분을 수행하는 지파였는데 빠진 다른 지파를 대신하고 있다. 그 지파는 단이다. 두 지파 곧 에프라임과 단이 명단에 빠져 있다(에프라임 지파에 관해서는 호세아서에서 연구할 수 있다). "몰몬"

이나 "말일 성도들"은 자신들이 에프라임 출신이라고 주장하는데 이 지파는 기이하다(호 11:12). 에프라임 지파는 환란 때에 인장으로 표시되지 않으며 그들의 이름은 하늘 아래 호세아서에서 지워진다. 그들은 "우상들과 함께 하였다."고 하며 하나님께서는 "그들을 내버려 두라!!"고 말씀하신다(호 4:17). 그래서 우리는 요셉이 에프라임을 대신하고 레위가 단을 대신하였음을 본다(단 지파를 설명하는 구절들은 아모스 8:14, 신명기 29:20, 레위기 24:11이다).

"단 지파"가 하나님의 예언들에서 다른 지파들에게 해당되지 않는 한 위치를 차지한 이유를 살펴보자(이 위치는 확실히 나쁜 곳이다). 성경에서 단이 처음 언급되는 곳은 창세기 14:14이다. 여기서 여러분은 그 도성의 위치를 듣는다. 창세기 14:14은 모세가 창세기를 쓰지 않았다고 가정하는 증거들 가운데 하나이다. 학자들의 논리는 이러하다. 이스라엘의 열두 지파는 모세가 죽은 뒤 여호수아서까지는 팔레스타인 땅에 정착하지 못했다. 그래서 모세는 단의 도성이 어디에 있었는지를 알지 못했을 것이다. 창세기 14:14에서 여러분은 단의 도성이 팔레스타인 북부인 다마스커스 근처에 위치했음을 본다(15절). 학자들은 모세가 그 위치를 몰랐기에 그가 창세기를 쓰지 않았다고 말하지만 이것은 두 가지를 간과한다. 첫째는 여호수아가 모세의 사역자였으며, 그도 같은 영을 지녔고, 모세가 시작한 같은 사명을 계속하도록 위임받은 사실이다. 또한 모세가 죽기 전에 요르단 동쪽의 피스가 산에 올라가서 하나님께서 약속된 모든 땅을 "단까지!" 보여 주셨다는 사실을 살피지 못한 것이다.

『모세가 모압 평지로부터 느보 산에 올라 여리코 맞은편 피스가 산 꼭대기에 이르니, 주께서 그에게 길르앗의 온 땅을 단까지 보여 주시고』(신 34:1).

그러므로 모세는 그 장소가 어디인지 알았다. 문제는 하나님께서 그에게 온 지경을 보여 주신 후에 그가 창세기 14:14 말씀을 기록했는지이다. 만일 그렇게 했다면 그는 죽기 직전에 쓴 것이다. 모세의 저작권이 창세기의 모든 개개의 낱말이나 구절들을 포함하느냐 그렇지 않느냐를 문제 삼을지라도 모세는 창세기의 저자이며, 첨가 사항들은 여호수아가 같은 사명을 맡았기 때문에 주의 깊게 살폈을 것이다. 신명기 34:9에서 여러분은 여호수아가 모세의 임무를 계승하는 것을 보는데, 여호수아서가 이것을 입증한다.

"단"은 창세기 14:14에서 처음 언급되는데 그 문맥은 아홉 왕들의 반란이다. [13이라는 숫자가 성경에 처음 나타난다(창 14:4). 여기에 "르파" 족속과 "엠" 족속 같은 "하나님의 아들들"의 잔류자인 "거인들"이 나타난다(창 14:5). 또한 롯이 나타나는데 그는 그리스도의 재림 때 등장하는 유형이다(눅 17:28–30).] 이렇게 여기서 단이 처음 나타난다. 물론 이것은 후에 비로소 나타나는 도성으로 그 이름은 단지 위치를 말하고 있다.

단의 출생은 창세기 30:6에 나와 있다. 단은 라헬의 첫아들이다. 그녀는 이 아들을 "대리모"를 통해 얻는다. 그녀는 하나님의 뜻을 벗어나 그녀의 몸종을 통해 얻는다. 라헬은 언니를 질투했다가(창 30:1) 자랑하며 "하나님이 나를 판단하시고"(하나님은 그러셨다.), "또한 내 음성을 들으셔서"(하나님은 그러셨다.), "내게 아들을 주셨도다."(하나님은 그렇지 않으셨다.)라고 말했다. 그러나 라헬은 이브가 저지른 같은 실수를 범하는데, 이브는 "내가 여호와께 한 남자를 얻었도다."라고 했다. 이브는 남자를 육신적으로 얻었으나 이 남자는 영적으로 잘못되었다. 라헬의 첫아들은 단이며 이 이름은 "판단"을 뜻한다(창 30:6).

단에 대한 첫 번째 예언은 야곱이 죽을 때 주어진다. 야곱은 말하기를 『**단은 이스라엘 지파의 하나로서 자기 백성을 심판하리라**』(창 49:16). 이스라엘 열두 지파 중 하나로서 심판할 것이라고 말씀하신다. 『**단은 길가에 뱀이 되고 작은 길에 독사가 되어 말의 뒷굽을 물어서 말탄 자를 뒤로 떨어지게 하리로다**』(창 49:17). 이 지파에게는 험악한 미래가 전개된다. 창세기 49:17에서 단은 "뱀"으로 불리며 신명기 33:22에서는 "사자"라 불린다. 성경에서 사자와 뱀 같은 유일한 인물은 사탄이다(예수님은 "유다 지파의 사자"로 불리지만 그분이 십자가에서 죽으실 때를 제외하고는 결코 뱀을 닮지 않으셨다. 요 3:14). 사탄은 베드로전서 5:8에서 "울부짖는 사자"로 불리고 계시록 12:9에서는 "뱀"으로 불린다. 이것은 단과 관련 있다. 이것이 엉터리같이 여겨지면 단을 계속 연구해서 과연 얼마나 엉터리인지 보기로 하자.

제사장들의 모든 규례와 지침을 담은 레위기에서 우리는 하나님을 모독하여 벌을 받는 한 사람에 대해 우연한 말씀을 접한다.

『**그때 아비가 이집트인인, 어떤 이스라엘 여인의 아들이**[함족의 영향을 주의하라. 이것은 다른 족속과의 결혼인데 아버지는 함족이며 어머니는 이스라엘인이다.] **이스라엘 자손 가운데로 나갔는데, 이 이스라엘 여인의 아들과 어떤 이스라엘 사람이 진영 안에서 싸워 그 이스라엘 여인의 아들이 주의 이름을 모독하고 저주하니 그들이 그를 모세에게로 데려가니라. (그의 어미의 이름은 셀로밋으로 단 지파 디브리의 딸이더라)**』(레 24:10,11).

이것이 성경에 언급된 첫 번째 저주의 실제 사건이다. 모세의 율법 아래 있었던 저주의 한 경우는 (이름이 나와 있듯이) 단 지파의 한 사람이 여호와의 이름을 모독하는 것이다(계시록 13장에 가면 이 일의 중대함을 알 텐데 거기서 적그리스도는 그의 입을 벌려 하늘에 거하는 자들을 "모독한다").

그리하여 우리는 단 지파가 12지파 중에서 비교적 기이한 위치에 있음을 본다. 또 한 이스라엘 재판관은 대단한 "소동을 일으켰다가" 자살하고 마는데, 단 지파 출신으로(판 13:2) 그는 삼손이다. 그의 이야기는 재판관기 13-16장에 나와 있다. 단 지파의 얘기는 아직 끝나지 않았다. 재판관기 17:1에 에프라임 지파가 별안간 나타난다(우리가 공부하는 계시록 7장의 명단에서 에프라임이 요셉으로, 단이 레위로 대체된 것을 기억하라). 자, 재판관기 17장, 18장에서 레위, 에프라임, 단이 모두 등장하는 것을 주목하라.

『**에프라임 산지에 한 사람이 있었는데, 그의 이름은 미카더라**』(판 17:1). 그의 어미는 재판관기 17:2에서 그녀의 서원을 저주했다(아니면 맹세했다). 그 이유는 재판관기 17:3에서 예배 보조 기구로서 "새긴 형상과 부어 만든 형상을 만들기 위해" 돈을 봉헌하기 때문이었다. 미카가 살던 이 집은 "신들의 집"이었다(이 집은 사방에 "골고다 길" 같은 형상들을 "숭배 도구"로 갖고 있다).

『**유다 족속에 속하는 베들레헴유다에 한 젊은이가 있었는데 그는 레위인으로 거기에 기거하더라... 미카가 그에게 말하기를 "나와 함께 있어 내게 아버지와 제사장이 되라. 그리하면 내가 해마다 은 열 세켈과 옷 한 벌과 네 양식을 주리라." 하니 그 레위인이 들어가더라**』(판 17:7,10).

여기 그리스도가 오시기 1,200년 전에 로마카톨릭 체제의 뚜렷한 전당이 갑자기 나타난다! 이 검은 제의의 할로윈 "두건"을 쓴 집단이 자기들이 그리스도께서 땅에 세운 공식적인 제사장이라고 여러분을 속이지 못하게 하라. 그리스도는 제사장인 그리스도인 외에는 이 땅 위에 어떤 제사장직도 세우지 않으셨다(시몬 베드로는 이것을 베드로전서 2:1-8에서 말씀으로 선명하게 확증했기 때문에 여러분은 어떤 해석도 필요하지 않으며 단지 읽기만 하면 된다. 카톨릭 신자가 이것을 읽는다면 필자가 생각하건대 당연히 그는 문제에 부딪힐 것이다. 필자는 구원받기 전에 성공회 신자였으며 카톨릭 신자였는데, 성경을 믿던가 신부를 믿던가 둘 중 하나를 결정해야 했을 때 성경을 선택했다. 그래서 필자의 설명이 여러분에게 개인적인 해석으로 여겨진다면 필자는 그 이유를 안다. 여러분은 위협당할 것이다! "파문의 압력"을 받을 것이다! 여러분은 "교회"를 떠나면 저주를 받을까봐 두려워한다. 여러분이 필자의 말을 듣는다면 프로테스탄트의 해석을 듣는 것으로 생각하여 누려워한다. 필자는 여러분의 입장을 안다. 여러분은 자신의 구원이 로마 교회와 연관되어 있다고 가르침 받았기에 여러분이 소속되어 있는 교회를 무서워한다. 필자는 다녔던 교회를 무서워했을지라도 교회를 떠났다).

재판관기 17:10에서(필자는 읽는 것이지 "해석하는 것"이 아니다.) 미카는 "나와 함께 거하여 내게 아버지와 제사장이 되라." 하였다. 그것이 분명한가? 제사장이 "아버지"(神父, "holy father")로 불렸던 첫 번째이고, "아버지"가 제사장이었던 첫 번째이며, 한 사람이 제사장에게 자기를 위해 "아버지"가 되라고 요청했던 첫 번째이고, 한 사람이 제사장을 "아버지"라는 이름으로 불렀던 첫 번째가 재판관기 17:10이다. 여러분은 사도행전이나 로마서, 마태복음, 마가복음, 누가복음이나 요한복음 그 어디에서도 예수님께서 『**또 땅에 있는 사람을 너희 아버지라 부르지 말라. 이는 너희** 아버지는 **한 분, 곧 하늘에 계신 분이시기 때문이라.**』(마 23:9)고 말씀하셨던 것 외에는 어떤 것도 발견하지 못한다(예수님은 이 검은 긴 옷을 입은 바알 "제사장들"을 나무라셨던 것이다). 여러분은 신약에서 어떤 제사장에게도 "아버지"로 부른 것을 보지 못하는데, 재판관기 17:13에서 발견되는 것이다. 또한 그 문맥에서 집에 가득한 우상들은 "숭배 도구"이다. 그 장은 이상하게도 열세 구절인데 다음과 같은 미카의 말로 끝난다. 『**그때 미카가 말하기를 "이제 레위인이 내게 제사장이 되었으니**[내가 하나님 말씀을 믿었다거나 하나님 말씀에 근거하여 영생의 보장을 소유했기 때문이 아니라] **주께서 내게 복을 주실 줄 아노라." 하더라.**』 이 친구는 죄를 전가시키고, 자기 대신 짐을 지게하며, 자기를 대신하여 성경을 주장하고, "이단들"에게 답변할 만한 자를 찾음으로 해서 자기가 성경을 공부하지 않아도 되기에, 분명히 주께서 자기에게 선을 행하시리라고 생각했다!!

자, 단의 입장을 지켜보라.

『**그 당시에 이스라엘에 왕이 없었으며, 그때에 단인들 지파는 그들이 거할 유업을 찾고 있었으니, 이는 그때까지 이스라엘 지파들 가운데서 그들의 모든 유업이 그들의 수중에 들어오지 아니하였음이더라**』(판 18:1).

단의 자손이 등장하여 북쪽으로 이동하던 중 그들은 미카의 집 쪽으로 곧장 올라간다(판 18:3,4). 그들은 "아버지"라 불리는 그 제사장과 이야기한다. 그들은 계속 이동하여 시돈 지경에 이른다(판 18:7, 시돈은 갈릴리 바다 북쪽인 팔레스타인 서부 해안 윗쪽에 있다). 그 다음 그들은 돌아와서 싸울 태세를 하고(판 18:11) 두 번째 미카의 집에 이르러(판 18:13) 안에 들어가서 제사장과 다시 이야기한다.

『**그들이 그에게 말하기를 "잠잠하라. 네 손을 네 입에 대고 우리와 함께 가서 우리에게 아버지와 제사장이 되라. 네가 한 사람의 집 제사장이 되느니 이스라엘 한 지파와 한 족속의 제사장이 되는 것이 더 낫지 않느냐?" 하자**』(판 18:19).

그래서 이 제사장은 단 지파를 따라가는데 그들은 위로 이동하여 "라이스"라는 도성에 거하여(판 18:27) "단"으로 이름을 바꾸고(판 18:29), 단 지파는 이때(B.C. 1300년)부터 B.C. 800년에 이르러 이스라엘 열 지파가 포로로 잡혀갈 때까지 완전히 배교한다! 이 지파는 400년 이상 배교하는데 시돈의 바알숭배 집단과 연합하여 세상의 유명한 "미카 종교"를 확립한다.

『**미카가 말하기를 "너희는 내가 만든 내 신들과 제사장을 취하여 멀리 갔으니 내게 무엇이 남아 있느냐? 그런데 너희가 '무엇이 너를 괴롭게 하느냐?'**

고 함이 어쩐 일이냐?" 하더라』(판 18:24).

여러분은 "미카의 종교"를 항상 말할 수 있다. 이것은 아돌프 히틀러, 죠니 케네디, 무솔리니, 잔혹한 메리 여왕, 드골, 카스트로의 종교였다. 미카 숭배자들을 찾아내는 방법은 그들의 신들을 훔칠 수 있는가를 알아 보는 것이다. 이 글을 읽는 로마카톨릭 신자들이 있다면 필자는 여러분에게 매우 진지하게 제안을 할 것이며 여러분도 진지하게 응하기 바란다.

여기 여러분 생애에서 경험한 것 중에 가장 확실한 제안이 하나 있는데, 여러분이 이 제안을 듣지 않는다면 비열한 깡패에 지나지 않는다. 여기 제안이 있다. 만일 어떤 사람이 여러분의 초들을 쓰레기통에 던져 버리고, 묵주를 불태우며, "성수"(聖水)를 쏟아 버리고, 여러분의 신부를 죽이며, 성당을 불태우고, 밀조한 술을 내버리고, 여러분의 라틴 벌게이트(또는 RSV)를 불 속에 던지고, 미사전서를 강물에 내던지면 여러분의 종교는 어디에 있겠는가? 자, 가만히 생각해 보라! 모든 우상과 양초, 묵주, 신부, 교황, 추기경, 성경, 미사전서가 사라졌다면 여러분에게 무엇이 남아 있겠는가? 회피하지 말고 궤변이나 결의(決疑)를 사용하지도 말고, 우리로 하여금 여러분이 훌륭하다고 여기도록 애쓰지 말라. 필자가 묻는 것은 여러분에게 무엇이 남아 있겠는가 하는 것이다. 어떤 사람이 "미사" 때 사용하는 잔과 "성체"를 영원히 없애 버린다면 여러분에게 무엇이 남아 있겠는가? 여러분은 그 잔의 술과 그 빵이 예수 그리스도라고 믿고 있다. 어떤 사람이 그 밀조한 술을 쏟아 버리고 빵을 창 밖으로 던지고 신부를 총으로 쏜다면, 필자는 그렇게 하지 않을 것이나 어떤 사람이 그렇게 했다고 가정할 때, 말해 보라. 무엇이 여러분에게 남아 있겠는가? 여러분은 가엾게도 하나님 없는 문명화된 이교도에 지나지 않을 것이기에, 지옥으로 신속히 향하는데 볼 베어링 위에 윤활유를 바른 선철같이 미끄러져 들어가면서 지옥의 구멍을 너무 크게 뚫어 놓아서 사탄이 여러분이 뚫고 나간 구멍을 깁는데 6개월은 걸릴 것이다!

자, 필자의 말을 들어 보라. 여러분이 나의 찬송가를 태울지라도 나는 여러 곡을 외웠기 때문에 "내 마음에 노래"가 있다(골 3:16). 여러분이 나의 성경을 불사른다면 나는 성경을 "내 마음에" 간수했기 때문에 "내가 주께 범죄치 아니한다"(시 119:11). 여러분은 나의 제사장을 죽일 수 없는데 그분은 하늘에 계시기 때문이다(히 3:1,2). 여러분이 내 교회 건물을 불태운다면 나는 길가 한 구석이나 나의 집 뒤뜰에서 하나님께 "영과 진리"로 예배드릴 것이다(요 4:24). 여러분은 나의 초들을 태울 수 없는데 태울 초를 하나도 갖고 있지 않기 때문이다. 여러분은 나의 성화(聖畵)들을 부실 수 없는데 나는 한 점도 갖고 있지 않기 때문이다(설사 갖고 있더라도 내 차의 흙받이로 사용하고자 거꾸로 걸어 놓았을 것이다!). 여러분은 나의 "추기경들"을 제거할 수 없는데 나는 아무도 아는 자가 없다. 여러분은 나의 "교황"을 죽일 수 없는데, 내게는 교황이 로마에 있는 또 다른 술주정뱅이 우두머리일 뿐으로 "작은 예수"처럼 행동하려 애쓰며 여러분같이 무지한 사람을 이용하는 작자에 불과하다. 여러분은 내게서 나의 "종교"를 훔칠 수 없는데 나의 구세주는 내 안에 계시기 때문이다. 여러분이 나의 종교를 취할 수 있는 유일한 길은 나를 죽이는 것인데, 이것은 로마카톨릭이 성경대로 믿는 자들에게 천 년 동안 저지른 바로 그 행위이며 그들이 세상을 장악하면 다시 시작할 것이다! 여러분이 보다시피 어떤 사람이 여러분의 "종교"를 도적질할 수 있는 것은 여러분의 "종교"가 단지 뼈들과 묵주, 죄인들, 양초, 쓰레기, 대리석과 성냥들로 구성되었기 때문이다. 하지만 여러분이 나의 것은 취할 수 없다. 너희 낡아 빠진 바알족속이 나의 종교를 제거할 수 있는 유일한 방법은 나를 죽이는 것이다! (그리고 내가 장담하는데 여러분 중 어떤 자는 그렇게 하고 싶을 것이다!). 그리고 필자는 여러분 중 어떤 자들이 럭크만(Ruckman), 페이슬리(Paisley), 몬테노(Montano), 블랑샤르(Blanchard), 맨하탄(Manhattan), 자켈로(Zachello) 같은 사람들을 죽이고 싶어하는 이유를 안다. 여러분이 알다시피 여러분은 누구라도 불에 태워 버릴 수 있는 하찮은 낡아 빠진 "목마 종교"를 가졌지만, 나의 종교는 나를 불태우지 않고는 소각하지 못한다. 그 이유는 나의 구세주께서 내 안에 계시기 때문이다! 여러분은 죄인으로 결연히 서서 예수 그리스도를 빵조각 대신 한 인격으로 받아들이지 않겠는가? 여러분은 미카의 "아버지" 뒤에 숨어 있지 말고 성경을 사서 그대로 믿고 하나님을 위해 일하지 않겠는가? 미카의 제사장은 성경대로 믿는 사람들에게는 절대 "아버지"가 아니다.

우리 그리스도인들은 한 분 아버지만 모시는데 그분은 하늘에 계시다.

본론으로 돌아가서 단 지파를 다시 살펴보자. 그들은 시돈 부근으로 올라가서 페니키아 바알 숭배자들 주위를 배회하였다. 그런데 열왕기상을 보면 실세 그들은 그들 영광의 전성기에 있음을 본다. 여기서 우리는 단 지파 사람들의 부류가 "등장하는 것"을 보는데 단이 계시록에서 빠져야만 했던 분명한 이유를 본다.

『유다의 아사왕 제 삼십팔년에 오므리의 아들 아합이 이스라엘을 치리하기 시작하니라. 오므리의 아들 아합이 사마리아에서 이스라엘을 이십이 년간 치리하니라. 오므리의 아들 아합이 주의 목전에서 자기 앞에 있던 모든 사람보다 더 악을 행하였더라. 느밧의 아들 여로보암의 죄들을 행하는 것이 그에게는 마치 가벼운 것 같았으니 그가 시돈인들의 엣바알왕의 딸 이세벨을 아내로 삼아 가서 바알을 섬기고 그에게 경배하였으며 사마리아에 건축한 바알의 신전에 바알을 위하여 한 제단을 쌓았고 또 아세라를 만들었더라. 아합이 자기 앞에 있던 이스라엘의 모든 왕보다 이스라엘의 주 하나님을 **더욱 격노케 하였더라』**(왕상 16:29-33).

이 구절에서 모든 이스라엘(북쪽 지파들)은 바알 숭배를 채택하는데 이전에는 열 개 북쪽 지파 중 단 지파만 섬겼던 것이다. 이스라엘은 시돈 바알 숭배자인 이세벨과 결혼한 바알 숭배하는 왕과 "한 패"가 된다. 이것이 어떤 종교인가는 전혀 의심할 여지가 없는데 이 바알 숭배는 성경 전체에서 경계하고 있다. 아합이 만든 "아세라"(the grove)를 주목하라. 이것은 신명기 16:21,22에서 금하였다. 이 바알 숭배의 특징은 자그마한 숲을 만들어 거기에다 형상(우상)들을 세워 놓는 것이다(로마카톨릭 교회 마당에 숲을 꾸며 마리아상을 세워 놓은 것과 똑같다).

열왕기상 18장에서 바알 숭배의 다른 특징들을 주목해 보자. 열왕기상 18:10에서 바알 선지자들인 "아버지"라 불리는 검은 제의의 제사장들이 왕과 여왕과 밀접한 관계에 있음을 주목하라. 그들은 근본적으로 정치 집단이다(엘리야가 그 구절에서 참된 선지자이지만 그는 "당시의 정치 세력"에는 조금도 유익이 되지 않았다). 1964년 뉴욕 존 더반 출판사에서 펴낸 아브로 맨하탄(Avro Manhattan) 저 <20세기 바티칸의 제국주의, *Vatican imperialism in the 20th Century*>에서 카톨릭 교회가 정치에 관련되었음을 볼 수 있다. 카톨릭 교회가 나치와 우호 관계를 맺는 것은 1938년과 1939년에 히틀러가 일련의 군사적 승리를 한 것에 발맞추어 로마에서 시작되었다. 교황은 전 로마카톨릭 성직자들에게 독일 제 3정부(1933-1945)를 비난하지 말고 "총통을 위한 기도"를 드리도록 지시하였다. 그렇게 함으로써 "교황" 몬티니(Montini)는 독일에서 1938년에서 1948년까지 바티칸의 서기관으로서, 독일을 로마카톨릭 교회의 양떼로 회복시키려는 기초 준비 작업을 했던 것이다. 그래서 독일의 두 지도자 에르하트와 아데나워가 로마카톨릭 신자였다.

이 바알 숭배자들은(왕상 18장) 왕과 왕비와 우호적이었다. "제사장들"이었지만, 그들은 근본적으로 종교적이지 않았고 정치적이었다. 그들의 종교는 단지 "파멸에 이르는 수단"일 뿐이다. 주목할 것은 그들이 바알을 숭배하며(왕상 18:25) "하나의 참된 교회"임을 입증하는 방법은 아마 그들의 기도에 대한 응답으로 하늘에서 불이 내려오는 것이었을 것이다. 그래서 바알은 "불의 신"(god of fire)으로 대부분의 종교에서는 태양신(the sun god)이라 한다. 구약에서 아스타롯은 달의 여신이며 "하늘의 여왕"이다. 그 밖에 바알이 있는데 그것은 천둥의 신 아니면 불의 신이다. "바알"(Baal)은 영어로 "황소"(bull)이다. 열왕기상 18:26에서 우리는 바알 숭배자들의 숭배의식이 정오 12시까지 지속됨을 본다. 그래서 오늘날 모든 프로테스탄트는 일요일(Sunday) 아침 11시에서 정오까지 예배를 드림으로써 태양신(sun god)인 바알을 태양의 날(sun day) 아침 11시에서 정오까지 영화롭게 한다. 그 구절에서 제사장들은 자기들의 기도를 응답받기 위해 몸에 상처를 내며 고해하고, 기도 응답을 위해 애를 쓰며 몸의 일부를 절단한다(이것은 오늘날까지 필리핀, 스페인, 이태리에서 흔히 행해지며 마가복음 5:1-5에 귀신들린 자의 특징이다).

바알 숭배자들의 신분을 성경이 밝힌 것에 대해 조금도 의심할 여지가 없으며 우리는 그들을 초기 역사에 위치시킬 수 있다. 그들은 "아버지"라 불리는 제사장들을 거느리고 태양신(sun god)을 일요일(Sun-day)에 정오까지 숭배하며 "제의"라는 특별한 옷을 입는다(왕하 10:22).

『네게 응답해 줄 자가 있으면 지금 불러 보라. 네가 성도들 가운데 누구에게로 돌이키겠느냐?』(욥 5:1)

여러분은 이 구절이 어떻게 적용되는지 안다. 어떤 사람이 "성자들"(the saints)에게 기도한다(욥기는 그리스도께서 오시기 1,500년 전에 쓰였는데 여기서 우리는 이 하나님 없는 바알 숭배자들과 같은 자를 본다. 그래서 욥이 재난을 당했을 때 그의 친구 중 한 사람이 욥에게 "어떤 성자에게 그대는 돌이킬 것인가?"라고 묻는다. 이것은 고대 사람들이 죽은 거룩한 자들에게 기도했음을 보여 준다).

『보라, 그분은 그의 성도들을 신뢰하지 아니하시나니 정녕, 하늘들도 그분 보시기에는 깨끗하지 아니하거늘』(욥 15:15).

여기서 우리는 "성자에게 기도하는" 이 교리가 잘못되어 있으므로 바로잡히는 것을 본다. 이것은 성자에게 아직도 기도 드리는 모든 카톨릭 신자가 가능한 속히 붙잡아야 할 구절이다. 하나님은 그의 성도들(saints)을 전혀 신뢰하지 않으신다. 하나님은 성 유다나 성 크리스토퍼를 눈꼽만큼도 신뢰하지 않으신다. 그분이 시몬 베드로를 신뢰했더라면 시몬 베드로가 저주했고 맹세했던 모습에 실망하셨을 것이다. 그분이 바울을 신뢰했더라면 바울이 예루살렘에 감으로써 하나님의 뜻을 거역하였기에 실망하셨을 것이다. 그분이 노아를 신뢰했더라면 노아가 술취했기 때문에 실망하셨을 것이다. 그분이 마태, 마가, 누가를 신뢰했더라면 모두 그분을 버리고 도망하였기에 실망하셨을 것이다. 그분이 요셉을 신뢰했더라면 요셉이 잔에 대해 거짓말했기 때문에 실망하셨을 것이다. 여러분은 전능하신 하나님께서 "거룩한 요한"이나 "거룩한 마리아," "거룩한 요셉"이나 "거룩한 침례인 요한" 등을 신뢰한다는 생각에 동조하지 말라. 그분은 그들을 신뢰하지 않는다. **『보라, 그분은 그의 성도들을 신뢰하지 아니하시나니 정녕, 하늘들도 그분 보시기에는 깨끗하지 아니하거늘』**.

성경은 바알 숭배를 다루는 수십 개의 구절들을 담고 있다. 물론 그 구절들은 주로 구약에 있다. 로마카톨릭 교회가 구약은 "신약에서 성취되었고 이스라엘에게 주어진 약속들이 그리스도인들에게는 영적인 의미로 해석된다."고 가르치기 때문에 아무도 더 이상 구약을 읽지 않는다. 하지만 구약에서 소위 "카톨릭" 교회의 시작이 발견된다.

바알 의식은 예레미야 10:1-5에 나타나는데 우리는 여기서 크리스마스 트리를 본다! 매년 12월 25일에 선물을 주는 것은 물론 로마 교회의 이교도 의식인 "농신제"(農神祭)에서 유래하는데, 이것은 그 해의 첫 수확을 기념하여 진탕 마시며 법석대는 의식이었다. 드루이드족은 크리스마스에 사용되는 겨우살이를 들고 "히틀러 만세"나 "시이저를 환호하라."처럼 "만세"를 외치고 "환호"를 불렀다. 그들은 머리에 월계관을 쓴 로마의 승리자 뒤에서 "만세"를 불렀다. 서부 메사추세츠의 유니테리언 목사였던 에드먼드 시어즈(Edmond Sears)는 "그 맑고 환한 밤중에"라는 찬송을 쓴 사람인데, 그는 그리스도의 신성이나 동정녀 탄생, 그리스도가 하나님이셨다는 것조차 믿지 않았다. 카톨릭 교회에서(보스톤의 "성 삼위일체 교회") "카톨릭 신자들"은 화려한 첫 크리스마스 행렬을 가졌다. 성 프란시스는 1223년 첫 "크리스마스"를 기념했고, 한 아일랜드 카톨릭 교도가 월계수 화환을 그의 교회에 가져와 장식하였다. 네덜란드 카톨릭 주교였던 "산트 클라스"는 "성 니콜라스"로 명명된 사람인데, 그는 12월 5일경에 가난한 자들에게 선물을 주었으며 이 날짜는 태양신 탄생일에 맞추기 위해 12월 25일로 옮겨졌다. 12월 25일은 동지(冬至)인데 지구가 태양에서 가장 멀리 떨어지는 때이다.

이 바알 숭배는 남신만이 아니라 여신도 포함한다. 이 여신은 "하늘의 여왕"이라 불린다(렘 44장). 1845년 사람들은 프랑스 마르세이에서 다이아나 신전을 발견했는데 거기에 이런 비문이 있었다. "헤피지 바알(Hephizi-Baal)은 거룩한 여왕으로 심판자이다. 거룩한 여왕은 그녀를 숭배하기 위해 구운 케익들을 받는다."

뉴욕 파크 플레이스 78번지 벤싱어 형제회에서 1931년에 펴낸 로마카톨릭 신부 쿤즈(A.B. Koonz)의 "마리아의 위업" 32페이지에서, 저자는 "모든 은혜는 마리아가 베푸신다. 그녀는 죄인들과 하나님 사이에 평화의 중보자이다. 죄인들은 오직 마리아의 중보로 용서받는다. 마리아의 명령에 모든 이가 심지어 하나님까지 복종한다. 마리아를 떠나서는 구원이 없으며 그녀는 천국에 이르는 문이다."라고 썼다. 이 책은 추기경이 "공식 검열하여" 출간하였는데 "하등의 문제될 만한 내용이 없다."는 것이다! 너희 카톨릭은 프로테스탄트 기독교 신앙과 성경대로 믿는 그리스도인들을 향해 증오를 품고 있는데, 1931년 로마카톨릭 교회가 공식 검열을 통해 펴낸 한 출판물에서 하나님은 마리아에게 복종하며 마리아를 떠나서는 구원이 없고 "그녀는 천국에 이르는 문"이라 했음을 알아야 한다! 그리스도인이 관련되는 한 마리아는 구세주가 필요했던 구약 유대 여인에 지나지 않는다. 필자는 벨파스트를 경유하여 베를린으로 갈 때 무한궤도차를 타지 않듯이 천국에 가기 위해 마리아를 의지하지 않는다. 마리아는 죄인이었으며(눅 1:47), 구세주가 필요했던 여인으로서(눅 1:47), 제물을 드려야 했고(눅 2:24), 그럼으로써 그녀의 죄를 정결케 했던 것이다(눅 2:22). 여러분이 이것을 모른다면 그것은 여러분이 알기를 원치 않기 때문이며 그 이유는 죄와 고의적인 무지 때문이다.

『**이것이 정죄라. 즉 빛이 세상에 왔으나 사람들이 빛보다는 오히려 어두움을 더 사랑하니 이는 그들의 행위가 악하기 때문이라**』(요 3:19).

『**악을 행하는 자는 누구나 빛을 미워하며 빛으로 오지 아니하나니, 혹 자기의 행위가 책망받을까 함이라**』(요 3:20).

역사는 또 하나의 바알 신의 모습을 미국에 나타낸다. 약 10년 전 뉴저지의 한 공립학교 육상 경기장에 점토로 만든 파티마(Fatima) 상이 있었는데, 백만 명의 카톨릭 신자들이 그 경기장에 와서 그 형상의 점토 발가락들에 입을 맞추다보니 발가락들이 닳아 버렸다! 그래서 그것은 십 년을 견디지 못했다.

예레미야 44:17,18,19,25에서 이 여신은 "하늘의 여왕"이라 불린다. 로마인들은 그녀를 "비너스"로 부른다. 희랍인들은 "다이아나"로 부른다. 페니키아인은 "아스타롯"이라 부른다. 앗시리아인들은 "아스타르트"로 부른다. 그리스인들은 그녀를 "미네르바," "주노" 또는 "허마"로 부르는데, 성경은 그녀를 "창녀," "가증한 것들의 어미"라 부른다(계 17장). 로마 "교황들"은 그녀를 "마리아"로 부르며 계시록 12:1,2의 여인과 동일시하는데, 그 여인은 마리아가 아니라 이스라엘이다(계시록 12:1,2의 주석 참조).

우리는 지금까지 단 지파가 계시록 7장의 환란 때에 인장으로 표시받지 못하는 이유를 간단히 살펴보았다.

자, 그 명단을 다시 읽어 보면 단과 에프라임을 제외한 모든 지파가 있음을 본다. 요셉은 에프라임을 대신하며 레위가 단을 대신한다. 결국 이스라엘 자손의 모든 지파에서 144,000명이다(계 7:4). 필자가 이것을 반복하는 이유는 요즘(성경을 믿는다는 사람들이) 이것을 바꿀 만한 어떤 권리나 권한이 없으면서 자꾸 바꾼다기에 불쾌하고 정말 참을 수 없어서이다. 사람들이 여태껏 말려든 모든 거짓 교리와 하나님 말씀에서 취하지 않은 모든 엉터리는 성경이 말하는 것을 바꾸는 데서 비롯되었다. 성경이 말하는 것은 계시록 7:4-8의 이 사람들이 기명된 문자적인 열두 지파인 144,000명의 이스라엘 자손이라는 것이다. 그들은 제칠일안식일예수재림교인들이 아니며, 여호와의 증인들도 아니고, 말일 성도들이 아니며, 그리스도인들도 아니다. 그들은 성경이 이스라엘 자손이라고 했듯이 이스라엘인 것이며, 로마카톨릭 교회가 그들을 "영적인 유대인"이라든지 "불교 신자들"로 해석할지라도 필자는 상관 않는다. 만일 어떤 사람이라도 성경이 말하는 대로 그들이 이스라엘인들이 아니라고 한다면, 그는 거짓말쟁이이다. 그가 215년에 6개월이나 "그렇게 오래 교황"이었을지라도 필자는 상관 않는다.

7:9 이 일 후에 내가 보니, 보라, 모든 민족들과 족속들과 백성들과 언어들에서 온 아무도 셀 수 없는 큰 무리가 흰 옷을 입고 그들의 손에는 종려나무 가지를 들고 보좌 앞과 어린양 **앞에 서서**

"나"는 물론 요한인데 일인칭으로 말하는 것은 그가 셋째 하늘에 있기 때문이다. 그가 본 첫 번째 무리는 이스라엘 자손 지파들이었음을 주목하라. 두 번째 무리는 "모든 민족들과 족속들과 백성들과 언어들"인데, 곧 이방인들이다(이 보좌는 셋째 하늘에 있고 거기에 계시록 5장과 6장에서처럼 어린양이 있다). 우리는 이 "흰 옷 입은" 자들을 계시록 6:11에 언급된 이들에게 연결시킬 수밖에 없다. 우리는 또한 이들이 3:4과 3:18과 관계가 있음을 확인한다.

그래서 이 흰 옷들은 순교자들에게 주어지는 것이 분명하다. 이것은 19:8에서처럼 사람들의 의를 나타내는데 그 구절은 흰 세마포가 "성도들의 의"라고 한다. 그러므로 옷은 구원 후의 행위와 관계 있으며 예수 그리스도 자신의 의는 아니다. 7:9은 그래서 하나님께서 우리에게 죽임 당한 사람들의 큰 무리를 보여 주시는데, 그들은 6장의 "제단" 아래 있었지만 7장에서는 셋째 하늘에 있는 것이다.

7:10 **큰 음성으로 소리질러 말하기를 "구원이 보좌에 앉으신 우리** 하나님**과 어린양에게 있도다."라고 하더라.**
11 **또 그 보좌와 장로들과 네 짐승 주위에 둘러선 모든 천사가 그 보좌 앞에 얼굴을 대고 엎드려,** 하나님**께 경배드리며**
12 **말하기를 "아멘. 찬송과 영광과 지혜와 감사와 존귀와 권세와 능력이 우리** 하나님**께 영원무궁토록 있나이다. 아멘." 하더라.**

이 순교자들의 위치가 땅에서 하늘나라로 바뀐 것을 조금도 의심할 여지가 없다. 그 위치는 여러분이 계시록 4:1-7에서 보았던 것과 같이 셋째 하늘이다. 4:1-7에서 여러분은 장로들과 네 생물과 보좌를 보았다.

7:13 **그때 장로 가운데 한 사람이 대답하여 나에게 말하기를 "흰 옷을 입은 이 사람들이 누구며, 어디서 왔느냐?" 하기에**
14 **내가 그에게 말씀드리기를 "주여, 당신이 아시나이다." 하니 그가 내게 말하기를 "이들은 대환란에서 나온 사람들이며 자기들의 옷을 씻어** 어린양**의 피로 희게 하였느니라.**

『**주여, 당신이 아시나이다**』(14절). 쉽게 말해서 "나는 모르지만 당신은 아십니다."이다. 이 구절은 영적으로는 교회 시대의 그리스도인에게 적용될 수 있지만 교리적으로는 적용할 수 없다. 그리스도인의 의는 주 예수 그리스도이며, 그리스도인의 "흰 옷"은 그가 구원받고 나서 얻는 자기 스스로의 의이고, 그의 구원은 행위가 따라야 한다는 조건이 없다. 7:14에서 그들의 옷은 "어린양의 피로 희게"되었다. 그들이 어린양의 피로 구원받았거나 "어린양의 피로 씻겨졌다."는 것이 아니다. 그들은 그들의 옷을 씻어서 (그 옷들을) "어린양의 피로 희게"하였다.

"이들은 대환란에서 온 사람들이며," 즉 특정한 때임을 주목하라. 바울은 "우리가 많은 환난을 거쳐서 하나님의 나라에 들어가야 한다."(행 14:22), 또 "고통을 받는 너희에게는 우리와 함께 안식으로 갚아 주시는 것이... 하늘로부터 나타나실 때에"(살후 1:7)라고 말한다. 하지만 이것은(계 7장) "대환란"이며 이 환란을 교회 시대 그리스도인 삶의 시련과 유혹과 환난이라고 한다면 성경을 왜곡하는 것이다. 이것은(계 7장) 구체적인 기간임을 열두 군데에서 말하고 있으며 그리스도인으로서 하나님의 백성이 거치는 환난들과는 결코 관계 없다. 이 환란은 이스라엘이(144,000명) 구원받는 기간과 항상 관련 있다.

『이는 그때에 대환란이 있으리니, 그와 같은 것은 세상이 시작된 이후로 지금까지 없었으며, 또 결코 없을 것이기 때문이라』(마 24:21).

다시 말하지만 여러분은 이것을 그리스도인이 통과하는 환난으로 말해서는 안 된다. 이 구절은 재림 직전에 있을 대환란이다.

『그 날들의 환란 후에 즉시 해가 어두워지며, 달이 그 빛을 내지 아니하며, 별들이 하늘에서 떨어지고, 또 하늘들의 권능들이 흔들릴 것이라』(마 24:29).

이것은 우리가 계시록 6장 끝에서 읽는 하늘의 현상들이다. 다시 말해서 이 문맥은 교회 시대가 아니다.

『그후에 하늘에 있는 인자**의 표적이 나타나리니, 땅의 모든 지파들이 통곡할 것이며, 또 그들은** 인자**가 권세와 큰 영광으로 하늘의 구름들을 타고 오는 것을 보리라』**(마 24:30).

마태복음 24장의 문맥은 계시록 7장의 상황이다. 우리는 "모든 민족들과 언어들과 백성에게서 나온 큰 무리"를 보며 "지파들"을 본다. 이 사람들은

"대환란"이라 불리는 기간에 구원받으며 이 기간은 예수 그리스도의 재림에 앞서 있다. 이 진리를 깨달음은 전천년 체계의 해석을 가장 올바른 성경 체계로 확립시켜 준다. (무천년과 후천년주의 카톨릭, 장로교, 침례교, 감리교는 자신들이 가장 진실된 해석 체계를 가졌나고 주장함으로써 "참된 그리스도인들을 희롱하면서" 정작 "그들의 해석이 유일한 것"이라고 생각하는 "우쭐한 사람들"에게는 사색이 되어 호통치는데 그것은 결국 뭐가 뭐를 나무라는 격이다.) 성경과 성경을 비교하고 낱말(또는 구절)들을 바꾸지 않으며 구절과 구절을 비교하여 말씀들이 쓰여진 대로 여러분이 보는 그대로 또 누구나 읽는 그대로 볼 때에, 예수 그리스도의 재림이 이스라엘 열두 지파에 관계된 "대환란"이라 불리는 기간 뒤에 일어남을 가르치는 선명한 사실로 미루어 이 환란에(이스라엘도 포함하여) 구원받는 사람들은 교회 시대의 그리스도인들이 아니다.

『**이들은... 자기들의 옷을 씻어** 어린양**의 피로 희게 하였느니라**』(14절). 필자의 옷은 어린양의 피로 씻어 희게 하지 않았는데 필자는 어린양의 피로 씻겨졌기 때문이다(계 1:5). 『**네가 진리의 말씀을 올바로 나누어 자신이** 하나님 **앞에 부끄럽지 않은 일꾼으로 인정받도록 공부하라**』(딤후 2:15). 이 말씀은 성경 연구에 관해 또 하나의 위대한 진리를 일깨우는데, 정확한 성경 주석과 부정확한 성경 주석의 차이는 영어 원문에 기록된 것을 존중하는가에 달렸다. 여러분이 성경을 올바로 이해하는 유일한 길은 성경(<킹제임스성경, 1611>)이 말하는 그대로 믿는 것이다. 그리스도인들이 성경을 배우고 가르치는 방법과 학교에서 가르치는 체계적인 기준 신학의 차이는 기준 신학을 가르치는 자들은 그들이 읽고 가르치는 성경이 하나님 말씀임을 믿지 않는다는 것이다. 만일 그분이 한 곳에서 『**우리를 사랑하시어 자신의 피로 우리의 죄들에서 우리를 씻기시고**』(계 1:5)라고 하셨는데, 다른 곳에서는 『**이들은... 자기들의 옷을 씻어** 어린양**의 피로 희게 하였느니라.**』고 한다면 이것은 두 개의 다른 말이다. 그 이유는 두 구절은 서로 다른 낱말로 되어 있고, 장소도 다르며, 사람들의 구성도 다르고, 시간도 다르기 때문이다.

7:15 그러므로 그들이 하나님**의 보좌 앞에 있으며 그의 성전에서 그를 밤낮 섬기고, 보좌에 앉으신 분께서 그들 가운데 거하시리라.**

이 "무리"가 교회 시대의 그리스도인들이 될 수 없는 또 하나의 이유가 있다. 이 성도들은 그분을 "그의 성전에서 밤낮으로" 섬긴다. 자, 그리스도인들의 몸은 이 시대에 성령의 전이며, 그들이 하늘이나 새 예루살렘에 올라가면 성전은 없다. 그리스도의 신부인 교회는(고후 11:1-4; 엡 5장) 21장에서 "새 예루살렘"으로 불리는데 이 도성에는 성전이 없다(계 21:22). 그러므로 7:14,15에서 이 구원받은 무리는 교회 시대의 그리스도인들에게 적용되지 않는다. 이들은 환란 때 구원받은 성도들이다(여러분의 두 번째 도표에서 이들은 7.5인치나 8인치 부근에서 구원받아 휴거될 것이다).

7:16 그들이 다시는 굶주리지 아니하고 다시는 목마르지도 아니할 것이며, 태양이나 어떤 열기도 그들 위에 내리쬐지 못할 것이라.

본문과 관련되는 구절은 이사야 25:5과 49:10이다. 이 두 관련 구절의 메시지는 천 년 기간 때의 이스라엘에게 향한 것이지, 영원에 들어가는 그리스도인들에게 향한 것이 아니다.

7:17 이는 그 보좌 가운데 계신 어린양**이 그들을 먹이시고 생수의 샘들로 인도하시며,** 하나님**께서 그들의 눈에서 모든 눈물을 씻어 주실 것이기 때문이라."고 하더라.**

본문은 하나님이 모든 사람의 눈에서 모든 눈물을 "씻어 주신다"는 사실의 첫 번째 언급인데, 21:4까지는 다시 언급되지 않는다. 눈물이 "씻어진다"는 말이 두 번 나오는데 두 번 다 교회 시대가 끝난 후에 일어나는 것을 주목하라(여러분은 죽어서 하늘 나라에 갈지 모르지만 "저 하늘에는 눈물이 없네."라는 오래된 노래는 거짓말이다. 7장에서 천국에는 눈물이 있으며 21장에도 눈물이 있다). 자, 영원에는 눈물이 없다. 영원은 계시록 21장에서 비로소 시작되지 7장에서 시작되지 않는다. 구원받지 못하고 죽은 자들의 심판(계 20:12-15)이 끝난 후 21:4에서 하나님이 눈물을 씻어 주신다. 하나님께서는 큰 백보좌 심판이 끝날 때까지 마지막 시대의 모든 눈물을 씻어 주지 않으신다.

7:17에서 (여러분 도표의 7인치나 8인치 지점인데) 여러분은 이 눈물이 환란이 끝날 때까지 씻어지지 않는 것을 주목하라(도표 바로 위의 5인치 지점 부근에 보좌를 그려서 "그리스도의 심판석"이라고 하라. 1인치 지점에서 그 보좌로 올려 그은 화살표는 교회 시대가 끝나는 교회의 휴거를 나타낸다). 이것은 교회 시대의 끝에 그리스도의 몸이 "들림받는 것"을 보여 주며 환란이 이 땅에서 일어나는 동안 그리스도의 몸은 셋째 하늘의 그리스도의 심판석에서 심판받을 것이다. 눈물은 환란이 끝날 때까지 "씻어지지" 않는데(계 7:17) 이것은 환란 후 성도들이 보좌에 "들림" 받았을 때 한 번 일어난다. 눈물이 씻기는 때가 두 번 있으며 이 두 번은,

1. 그리스도의 심판석에서와
2. 큰 백보좌 심판에서이다.

이것은 그리스도의 심판석과 큰 백보좌 심판 때에 거듭난 그리스도인 가운데 울며 통곡함이 있을 것이며 환란과 천년왕국 성도들도 울며 통곡하게 될 것이라는 뜻이다. 여러분이 하늘나라에 갔을 때, 그리스도인으로서 여러분의 눈물은 그리스도의 심판석이 지나갈 때까지 그치지 않는다(그리고 여러분이 큰 백보좌 심판 때에 사랑하는 이들이 지옥으로 영원히 들어가는 것을 보면 "울부짖음"이 있을 것이다). 자, 20장에서 여러분은 그리스도처럼 될 것이며 "그리스도의 마음"을 가질 것이나, 그리스도는 죄인들 때문에 우셨고 예루살렘을 향해 우셨다.

『오 예루살렘아, 예루살렘아, 선지자들을 죽이며 너에게 보낸 사람들을 돌로 치는 자야, 마치 암탉이 자기 병아리들을 날개 아래 함께 모으듯이 내가 얼

마나 자주 네 자녀들을 모으려고 하였더냐? 그러나 너희가 원치 아니하였도다! 보라, 너희 집이 황폐하여 버린 바 되리라. 내가 너희에게 말하노니, 이제부터 너희가 '주의 이름으로 오시는 이는 복이 있도다.'라고 말할 때까지 나를 보지 못하리라."고 하시더라』(마 23:37-39).

하늘에서는 두 번 눈물을 흘릴 것이다. 첫째는 여러분이 그리스도를 위해 마땅히 해야 할 일을 하지 않았을 때로서, 이것은 그리스도의 심판석에서 일어날 일이다. 두 번째로 여러분이 구령해야 할 사람들에게 복음을 증거하지 않아 그들이 멸망하여 불못에 들어가는 것을 볼 때이다.

쉽게 말해서 하나님의 백성은 21장에 이를 때 비로소 눈물을 거두게 된다. 그리스도의 심판석에서 우리의 보상들이 상실되고, 성취했어야 할 면류관들을 받지 못하고, 우리가 사서 얻어야 했을 시간들을 놓쳐 버리고, 낭비한 기회들을 볼 때, 눈물을 흘릴 것이다. 큰 백보좌 심판에서 구원받지 못한 사랑했던 이들, 친구들, 친척들, 이웃들이 불못에 던져지는 것을 볼 때, 우리 중 어떤 이들은 그들을 예수 그리스도께 인도하고자 최선을 다하지 않았던 것으로 인하여 눈물을 흘릴 것이다.

이 두 구절의 교훈은 너무나 명백하게 실제적이다. 여러분은 사람들을 예수 그리스도께 인도하기 위해 최선을 다하라. 여러분이 그들을 위해 열심히 기도해 왔다면, 여러분이 할 수 있는 모든 것을 그들에게 증거하고 있다면, 기회들이 허락되는 대로 그들에게 전도지나 책자를 제공하고 있다면, 그들에게 하나님의 모든 증거와 분명한 권면 그리고 구원 계획을 제시해 왔다면, 걱정하지 말고 하나님께 맡기고 잊어버리라. 그러나 여러분이 이런 일들을 할 때까지는 "저 하늘에는 눈물이 있다"는 것을 기억하라. "저 하늘에는 눈물이 없네." 노래는 "예수님 조금만 더 기다려 주세요." 노래와 같을 뿐이다. 이 둘 모두 비성경적이고 비그리스도적인 엉뚱한 노래이다. 그리스도의 심판석과 큰 백보좌 심판에서 눈물을 흘릴 사람들이 많을 것이다.

요한계시록 8장

8:1 어린양이 일곱째 봉인을 여실 때 하늘에 약 반 시간쯤 정적이 있더라.

우리는 이제 두 번째로 환란을 통과한다. 이 두 번째의 환란은 계시록 8,9,10,11장에서 "나팔들"로 묘사된다. 본문을 이해하는 데 있어서 만족시킬 만한 해석이 없는데 그 이유는 성경에서 본문에 상응하는 다른 내용이 아직까지 발견되지 않기 때문이다. 어떤 사람들은 일곱째 봉인이 환란 끝에 개봉되며 『**하늘에... 정적**』이 있는 것은 땅을 정복하려는 만군이 그리스도를 대장으로 모시고 내려오는 중이기 때문이라고(계 19:11-15) 믿는다. 하지만 이것은 매우 엉성한 해석이다. 이 봉인이 환란의 시작에서 열리는지 끝에서 열리는지는 알 방도가 없다. 그러나 분명한 것은 계시록 6장과 7장에서 환란에 대한 설명을 명백히 하였다. 그래서 일곱째 봉인이 어디에서 열리든지 계시록 기록자의 입장에서 보자면 환란은 전반적으로 다시 시작된다.

8:2 그때 내가 보니, 일곱 천사가 하나님 **앞에 섰고 그들이 일곱 나팔을 받더라.**
3 다른 천사가 나와서 금향로를 가지고 제단에 서서 많은 향을 받았으니,

이는 모든 성도의 기도와 함께 그것을 보좌 앞에 있는 금제단에 드리고자 함이더라.

이것은 하늘의 성전임이 분명하다. 하늘의 성전은 계시록 7:17과 관련하여 언급된 보좌에서와 또 7:15에서 볼 수 있다. 우리는 8:3에서 요한이 앞에서는 언급하지 않았던 보좌 앞의 제단을 본다. 이것은 모세에게 보여 준 성막이나 성전의 원형이 하늘에 있음을 가리킨다. 이것이 하나님께서 모세에게 하늘에 있는 모형대로 성막을 짓도록 말씀하신 까닭이다(히 8:5). 이 하늘의 성전은 계시록 11:19에서 다시 언급되며 영원이 시작될 때까지 분명히 하늘에 있는데, 영원이 시작되고 새 예루살렘이(1,200 평방마일) 하나님에 의해 하늘에서 내려올 때 이 도성에는 더 이상 성전이 없다. 『**내가 보니, 성 안에는 성전이 없더라. 이는** 전능하신 주 하나님**과 그** 어린양**이 그곳의 성전임이라**』(계 21:22). 계시록 8:3의 금제단은 향을 피우는 제단으로 놋제단과는 다르다. 이 금제단은 "금향로와 전체를 금으로 싼 언약궤"(히 9:4)가 있는 곳에 있다. "기도들"이 금향로와 함께 드려진다. 언급된 다른 제단은 구약에 나타나는데 장막 밖의 놋으로 입힌 것이다(놋제단은 제물을 드리는 제단이고 금제단은 향을 피우는 제단이다). 장막 밖의 번제단은 놋을 입히고(출 38:1-7) 장막 안의 향을 피우는 제단은 금을 입힌 것이다(출 37:25-28). 『**다른 천사가 나와서 제단에 서서**[향을 피우는 금제단] **금향로**[향이 담겨 드려지는 것]**를 가지고.. 보좌 앞에 있는**["보좌"는 여기서 "언약궤"의 위치에 있는데 땅의 성막에서는 지성소 자리이다.]』

8:4 **그 향의 연기가 성도들의 기도와 함께 그 천사의 손에서** 하나님 **앞으로 올라가더라.**
5 **그 천사가 향로를 가져다가 제단 불을 담아서 땅에 쏟으니 거기에서 음성들과 천둥들과 번개들과 지진이 일어나더라.**

제단 "불"은 장막 안의 금제단이나 장막 밖의 놋제단 불일 것이다. 두 제단

중 하나에서 취해진 불은 향로에 담겨져 향을 불태운다.

본문에서 우리는 성도들의 기도가 향과 같이 하나님 앞에 올라감을 본다(시 141:2, 눅1:10). 이들의 기도는 "하나님 앞에 기억함"으로 상달되며(행 10:2-4) 응답을 받듯 복수하기 위하여 땅으로 돌아간다. 그것이 어떤 이들의 기도인지에 관해서는 크게 궁금할 것이 없다. 계시록 6:9,10에서 예수에 대한 증거 때문에 순교당했던(환란 때에 땅에서 사탄에게 희생된) 이들의 "혼"이 복수를 위해 기도하는 것이다. 이 복수가 계시록 8:5에서 응답된다.

8:6 그때 일곱 나팔을 가진 일곱 천사가 나팔을 불려고 준비하더라.
7 첫째 천사가 나팔을 부니, 피가 섞인 우박과 불이 따르더라. 그것들이 땅에 쏟아지니 나무의 삼분의 일이 타버리고 모든 푸른 풀도 타버리더라.

첫 번째 재앙이 닥칠 때 초목은 시들어 죽는다. 과거에는 어떤 사람이 이런 현상을 설교하면 사람들은 그를 비웃고 조롱했다. 하지만 원자 핵 융합을 실험하는 요즘 이런 일은 매우 쉽게 발생할 수 있다. 어떤 사람이 말하기를 "백 년 전만 해도 설교자들이 세상에 종말이 오고 있다고 말하면 과학자들은 그들을 비웃었다. 이제는 과학자들은 세상에 종말이 오고 있다고 말하는데 설교자들이 그들을 비웃는다."고 한다. 이제는 설교자들이 미래에 관해 과학자들보다 더 진실을 알지 못하는 기이한 시대가 되었다. 이것이 우리가 처한 현실이다. 멍청한 "목회자들"은 모든 사람이 점진적으로 더 향상되어 간다는 후천년설에 근거해 "바티칸 공의회"와 "UN" 그리고 "천국을 오게 하는" 설교를 계속하고 있다. 그렇지만 인간이 지금 손에 쥐고 있는 과학적 결과들은 너무 작아서 그것을 볼 수 없는데, 그럼에도 그것으로 "천국을 오게 하려고" 매진하고 있는 것이다.

8:8 둘째 천사가 나팔을 부니, 거대한 산이 불에 타서 바다로 던져지는 것

같더니 바다의 삼분의 일이 피가 되더라.

9 **또 바다에 있는 생명을 가진 피조물 삼분의 일이 죽고 배들의 삼분의 일이 파괴되더라.**

다시 말해 핵 융합과 원자력의 관점에서 볼 때 이런 일들의 문자적인 실현이 수긍된다. "바다"는 여러분이 구절들에서 보듯이 대개 지중해를 말하지만 여기서는 확인되지 않는다(여기에서 "바다"는 사람들의 무리가 아니다. 이것은 물이 "백성들과 무리들과 민족들과 언어들"이라는 계시록 17:15에서 제기된 그릇된 해석이다. 물은 바다가 아니다. 올바른 성경 해석과 학자적 전통 간의 차이는 하나님이 말씀하신 대로 여러분이 읽을 때에 그 읽는 것을 단순히 믿는가의 차이이다. 그분이 "바다"라고 하였으면 그것은 분명히 "물"이 아니다. "바다"는 "바다"이고 "물"은 "물"이다). 성경에서 "바다"를 언급할 때 "깊음"을 말한 것이 아니라면 항상 사해나 지중해 또는 갈릴리 바다이다. 이 바다(계 8:8)는 계시록 13:1에 다시 언급되는데, 적그리스도가 "바다"에서 나타나는 때로 여기서는 명백히 지중해이다. 그래서 본문의 바다가 지중해일 가능성이 많으나 꼭 그렇다고 말할 수는 없다.

피조물의 삼분의 일이 죽고 배들이 마치 마샬 군도의 비키니 환초에서처럼 파괴된다.

8:10 **셋째 천사가 나팔을 부니, 하늘에서 등불처럼 타는 큰 별이 떨어졌는데 그것이 강들의 삼분의 일과 물들의 원천에 떨어지더라.**

11 **그 별의 이름은 쑥이라 하고 물의 삼분의 일이 쑥이 되니 그 물이 쓰게 됨을 인하여 많은 사람이 그 물로 죽더라.**

관련 구절들은 직접적으로는 예레미야 9:15, 간접적으로는 예레미야 51:25이다. 물이 쓰게 되어 사람들은 그 물을 마심으로 죽는데, 즉 물이 독이 된다. 이 기간에 "이기는 자들"은 마가복음 16:17,18의 사도들에게 부여된 약속들을 지니기 때문에 이 물을 마셔도 해를 당하지 않는다. 사도행전 앞 부분에 나타나는 이 사도의 표적과 기사는 하나님께서 이스라엘을 환란 때에 상대하실 때 다시 나타날 것이다(이 진리는 "성결 교인들"과 "그리스도의 교회"에서는 결코 이해하지 못하는데 그들은 카톨릭처럼 후천년과 무천년주의자들이기 때문이다. 그들은 표적과 기사, 치유의 기적이 이스라엘에게 주어지는 것과 하나님께서 이스라엘을 상대하지 않는 한 결코 효력이 없다는 것을 전혀 알지 못한다. 그러므로 사도행전에서 이 표적과 기사는 사도들의 활동과 함께 사라지고 교회가 휴거되기까지는 다시 나타나지 않는다).

거의 모든 이단 교리는 환란 때의 진리에 관한 것이다. 오늘날 "치유," "성령세례," "방언" 그리고 "침례의 중생"에 대한 모든 거짓 가르침은 여러분이 보듯이 쉬운 영어로 쓰였음에도 불구하고 하나님 말씀을 거부하는 사람들에 의해 잘못 적용되어진 환란 때의 진리이다. 여러분이 성경을 읽을 때 하나님께서 여러분에게 주신 그대로의 내용을 신뢰한다면, 필자가 말하는 성경은 항상 프로테스탄트 표준원문역본인 <킹제임스성경, 1611>인데, 여러분은 전천년 해석 체계를 인식할 것이며, 이스라엘에게 주어진 "표적," "기사," "기적"의 올바른 때를 초림과 재림에 관련시켜 알 수 있게 된다.

대부분의 이단 교리는 환란 때의 진리에서 비롯된다. 제칠일안식일예수재림교도 마찬가지이다. 그 이유는 환란 때 사람들은 제칠일(마 24:20)과 성전 경배(마 24:15) 그리고 성전에 제물 드리는 것을 지킬 것이며, 성령을 받기 위해 "예수 이름으로 죄사함 받는" 침례를 받을 것이며, 성령이 "그 날들에 모든 육체 위에 부어질" 것이기 때문이다(행 2:17,18, 욜 2장). 그러므로 모든 "방언자들," 몰몬, 성결교, 제칠일안식일예수재림교, "치유자들"(은사주의자들), 여호와의 증인들, 그리고 그리스도의 교회 등 오늘날 지상의 모든 이단은 진리를 왜곡하여 거짓말을 가르치는데, 그 이유는 그들이 이 땅에 문자적이고 실제적이며 눈에 보이는 천 년 기간에, 문자적이고 실제적이며 눈에 보이는 왕국을 통치하고자 오시는, 문자적이며 실제적이고 눈에 보이는 예수 그리스도의 재림을 믿지 않기 때문이다. 이것이 문제의 근원이다.

환란 때의 성도들은 "쑥"이 된 쓴 물에서 보호되나 나머지 사람들은 죽는다.

8:12 넷째 천사가 나팔을 부니, 해 삼분의 일과 달 삼분의 일과 별들의 삼
분의 일이 강타를 당하여 그것들의 삼분의 일이 어두워지니 낮이 그
삼분의 일 동안 비치지 못하고 또 밤도 마찬가지더라.
13 내가 보고 들으니, 하늘 한가운데로 날아가는 한 천사가 큰 음성으로
말하기를 "땅에 사는 자들에게 화 있으리라, 화 있으리라, 화 있으리
라! 이는 세 천사가 이제 불려고 하는 다른 나팔 소리들 때문이라."고
하더라.

우리는 이 모든 일의 정확한 시기를 알 수 없는데, 필자는 이 일곱 나팔은 환란 중간에 비로소 울리기 시작한다고 생각한다. 성도들의 기도가 응답되어 복수로 돌아오는 것도 이 지점인 환란 중간이나 중간을 바로 지나서 시작된다. "그들은 잠시만 더 쉬라."는 말을 듣는데 이는 이 나팔들이 환란 중간을 지나서 불려지는 것을 암시한다.

계시록 8:12의 하늘의 현상들이 계시록 6:12에서 일어나는 하늘의 현상들과 얼마나 어울리는지 주목하라. 이 현상들은 환란 끝에 일어난다(필자는 이 모든 구절이 어디에 적용되는지 아는 데 있어 완벽하거나 거의 완벽하다고 주장하지 않는다. 계시록을 두려워하는 사람들은 이 책을 이해하지 못할 뿐 아니라 계시록이 말하는 것을 믿지 않는다. 그리스도인이라면 계시록이 말하는 대로 믿고, 계시록이 명료하기 때문에 그 대부분을 이해하지만 모든 일이 일어나는 정확한 달이나 햇수는 좀 애매하다. 환란이 일어날 때까지는 분명치 않은 것이다).

계시록과 연결되는 다니엘서에서 다니엘은 어떤 일들을 "마지막 때"까지 "개봉하지" 말고 기다리라는 말을 들었다. 네 천사가 나팔을 불었고 세 천사는 아직 나팔을 안 불었다.

요한계시록 9장

9:1 다섯째 천사가 나팔을 불 때 내가 보니, 하늘에서 별 하나가 땅에 떨어지는데, 그가 끝없이 깊은 구렁의 열쇠를 받더라.

이 별이 "그가"로 인격인 점에 주목하라(계시록 1:20로 돌아가면 우리는 별이 천사인 것을 본다).

『**끝없이 깊은 구렁의 열쇠**』(1절) 다시 학자들은 "끝없이 깊은 구렁"에 대해 근심한다. 어떤 사람들은 이것이 엉터리이고 동화나 전설 또는 허구라고 일축한다. 하지만 그렇지 않다. 끝없이 깊은 구렁은 매우 간단한 장치이다. 성경은 사탄이 마치 바닥이 없는 특별한 구덩이 같은 "구렁의 사면"에 내려갔다고 말한다(사 14:15). 이 구절은 바닥이 없는 구덩이 즉, 가운데가 빈 도넛과 같은 모양의 구덩이를 말한다. 성경은 이 땅의 중심에 그러한 구덩이가 있다고 말씀한다(지구의 중심을 나타내는 지리부도와 지질도를 보면 알 것이다!). 섭씨 235도를 훨씬 초과하는 온도의 이 "끝없이 깊은 구렁"에서 우리는 계시록 9장에서 언급된 것처럼 마귀의 세력들이 환란에 분출하는 것을 본다. 이 마귀의 세력들이 나올 때에 "바닥"이 없는 구렁에서 나오는데, 이 구렁은 문자 그대로 "사면"뿐이다. 이런 곳에서 사는 공포는, 지구 중심에 있는 이런 어떤 구렁이라도 지구의 자전과 함께 끊임없이 회전하고 있으리라는 것을 인식할 때, 거의 상상할 수 없을 정도이다. 이 구렁에 있는 자는 누구나 지구가 돌 때 사면 좌우로 끊임없이 도는 것이다.

9:2 그가 끝없이 깊은 구렁을 여니, 큰 용광로의 연기 같은 연기가 구렁에
서 올라오는데 해와 공기가 그 구렁의 연기로 말미암아 어두워지더라.
3 또 그 연기에서 메뚜기들이 땅 위로 나왔는데 땅의 전갈들이 지닌 권세
와 같은 권세를 받더라.

이것들은 초자연적인 "메뚜기들"이다. 그 이유는 보통 메뚜기들이라면 연기에 질식당할 것이며 또 그들에게는 "왕이 없기" 때문이다(잠 30:27). 이 메뚜기들은 그들 위에 왕을 모셨는데(11절), 보통 메뚜기들은 "지도자" 없이 떼지어 다닌다. 그래서 이 메뚜기들은 흉폭한 괴물들, 즉 여러분이 "중간 지대"나 "침입자들" 등등에서 읽은 것 같은 반인반마(半人半魔)의 괴물들이다. 중국, 몽고, 타타르, 독일, 이태리의 오랜 전통에 따르면 이 메뚜기들은 땅의 중심에서 나오는데, 이것은 모든 신화와 전통은 하나님의 말씀을 비방하거나 모방하려는 시도임을 입증한다. 9장의 이 군대들은 동쪽에서 오는데(14-16절), "기병대"이며(16절), "동방의 왕들"이라 불린다(계 16:12). 이 구렁에서 흉폭한 "메뚜기들"이 나오는데, 이는 마치 그리스 신화에서 아폴로가 지옥에서 나오듯이 유대 전통의 신화가 담긴 조하르(Zohar)에서 "구세주"가 이스라엘의 구원을 기다리며 지하 낙원에 있다고 말하는 것과 비슷하다. 바빌론 탈무드의 바빌론 산헤드린 98 A난에는 "구세주가 로마의 문들에 나타날 것이다!"라고 기록되어 있다. 이것은 믿음이 없는 이스라엘이 미래에 로마 교황을 구세주로 인정할 것임을 의미한다(요 19:15과 <짐승의 표> 참조).

9:4 그들에게 명령이 내려지기를 땅의 풀이나 또 어떤 푸른 것이나 어떤 나

무도 해치지 말고 다만 그들의 이마에 하나님의 인장으로 표시받지 아니한 사람들만 해치라고 하더라.

이 짐승들(계 9장)은 계시록 7:3,4 후에 구렁에서 나오는데 그 이유는 땅과 바다와 나무들은 계시록 7:3,4이 지나서야 비로소 손상시키도록 짐승들에게 허락되기 때문이다. 이것은 또한 계시록 8:7의 일들이 계시록 7:3,4 뒤에 일어남을 의미한다. 이것은 앞에서도 말했듯이 계시록 7장이 삽입장임을 뜻하는데 계시록 8:7-12과 9:4 전에 일어나는 일을 다룬다.

9:5 또 그들에게 명령이 내려지기를 그 사람들을 죽이지는 말고 오직 다섯 달 동안 고통만 주라고 하는데, 그 고통은 마치 전갈이 사람을 쏠 때의 고통과 같은 것이라.

여기서 우리는 이 고통이 다섯 달이나 계속됨을 본다. 이 대학살을 시작하는 자가 다섯 번째 천사임을 또한 주목하라. 이것은 매우 흥미로운 주제인 "다섯"이라는 숫자를 제시한다. 이 구렁을 여는 자가 "다섯 번째" 천사이며 5절에서 사람들은 다섯 달 동안 고통을 받는다. 그들은 죽지 않지만 죽음을 찾고 있다(6절). (느부캇넷살은 예루살렘을 다섯째 날 다섯째 날에 멸망시켰다.) 우리가 구약을 연구해 보면 "다섯이라는 숫자는 항상 "죽음"을 의미하는 숫자이지 은혜를 뜻하지 않음을 알게 된다(여러분은 정통주의 전천년 설교자가 숫자 다섯이 "은혜"의 수를 가리킨다고 말하는 것을 때때로 들을 것이다. 이것은 "다섯"이 그리스도의 죽음과 연관되었기 때문에 은혜의 수로 보는 가정에서 나온 실수이다. 다섯은 모든 사람의 죽음에 적용된다. 예수 그리스도의 죽음에서 숫자 5가 은혜의 수단으로 성도들과 죄로 저주받은 세상에 흐르도록 열린 것을 뜻함은 사실이다. 하지만 한 사람의 죽음이 단 한 번 은혜의 수단으로 성경에 나타났다고 해서 그 숫자의 의미를 은혜의 수로 성경에 고정시킬 수는 없다).

우리가 구약과 신약에서 숫자로써의 "다섯"을 연구해 보면 한 가지 뜻으로 집약되는데 그것은 "죽음"이다. 이것은 확실하며 성경은 "다양한 해석"에 대한 어떤 여지도 남기지 않는다(여러분이 "다섯" 숫자의 뜻에 관해 의심하는 사람을 대한다면 그에게 아래의 관련 구절들을 연구하도록 도전하라. 그가 이 구절들을 연구해 보면 "5"라는 숫자는 죽음을, 오직 죽음을, 죽음만을 뜻하며, 두 가지 해석은 없음을 알 것이다. 이것은 성경을 쓰신 성령께서 친히 하신 해석이다).

"그룹들"의 연구에서(계 4장) 우리는 본래 그룹이 다섯이었음을 배웠다. 보좌 주위에 네 그룹이 있고 "보좌 위에" "기름부음 받은" 다섯 번째 그룹이 있었다. 이 그룹은 보좌를 "덮는" 특별한 그룹이었다. 성경은 이 다섯 번째 그룹이 두 뿔 달린 소의 얼굴로 "루시퍼" 또는 "사탄"인 "빛의 천사"임을 수십 개의 관련 구절들에서 제시한다. 이 그룹은 다섯 번째 그룹이었기에 히브리서 2:14에서 우리가 읽듯이 『**자녀들이 피와 살에 참여하는 자인 것같이 그 역시 같은 모양으로 동일한 것**(피와 살)**에 참여하신 것은 자신의 죽음을 통하여 죽음의 세력을 가진 자, 곧 마귀를 멸망시키시며**』인데, 마귀는 그가 "다섯 번째" 그룹이기 때문에 "죽음의 세력"을 갖는다. 그는 "마귀"(Devil)(다섯개의 철자)라고 불리며, "죽음"(death)(다섯개의 철자)의 세력을 가졌고, "다섯 번째" 그룹이었기 때문에 "다섯"(fifth)이 죽음과 관계 있음을 재확인할 수 있다.

『**아담이 살았던 모든 날들이 구백삼십 년이었고, 그가 죽으니라**』(창 5:5).

우연의 일치로 이 땅의 첫 번째 사람의 죽음은 <킹제임스성경>의 창세기 5:5에 언급된다. 사람들이 <킹제임스성경, 1611>의 장과 절 구분은 영감이 담기지 않았다고 말하는데 이것은 불성실하여 장과 절 구분에 영감이 담겼는지 아닌지에 대해 확인하지 않는 게으르고 무례한 사람들의 전형적인 태도이다. 여러분은 지상에서 첫 번째로 죽은 사람이 창세기 5:5에서 죽었다는 사실을 어떻게 설명하겠는가? 기이하지 않은가? 첫 자연적인 죽음은 5:5에서 죽음의 숫자인 5와 연관되며, 다섯 번째 그룹이고 죽음의 세력을 가진 마귀와 관련이 있다. 사도행전 5:5에서 여러분은 한 사람이 쓰러져 죽는 것을 본다. 계시록 9:5에서 다섯째 천사는 이 메뚜기들이 쏘는 고통을 알렸다. 메뚜기들은 다섯 달을 고통 주고 사람들은 차라리 죽음을 찾는다.

그것이 전부가 아니다. 예를 들어 "메이 데이"(May Day)는 전투 조종사들에게 공중전에서의 경보 신호이다. 여러분 5월(May)이 몇 번째 달인지 아는가? 다섯 번째 달이다. 해상에서의 조난 신호는 다섯이다(즉 다섯은 배가 해상에서 침몰될 때 부여되는 숫자이다). 국제 조난 주파수는 500킬로사이클이며 S.O.S를 말한다. 해군에서는 사람이 배 밖으로 떨어지면 호각을 다섯 번 분다! 아직도 끝나지 않았다!

『그녀의 혼이 떠나려 할 때, (이는 그녀가 죽었음이라.) 그녀가 그 아이의 이름을 베노니라 불렀으나 그의 아비가 그를 베냐민이라 불렀더라』(창 35:18).

베냐민이 태어날 때 그의 어미가 죽는다. 자, 어떤 일이 이어서 일어나는지 보라. 여러분이 단지 읽음으로써만 설명될 수 있는 것이다.

『요셉이 자기 앞에서부터 그들에게 음식을 집어 주는데 베냐민의 음식은 그들 중 누구보다도 많아 다섯 배나 되더라. 그들이 요셉과 함께 마시고 즐거워하더라』(창 43:34).

『그가 그들 모두에게 갈아입을 옷 한 벌씩을 각자에게 주었으나 베냐민에게는 은 삼백 개와 갈아입을 옷 다섯 벌을 주더라』(창 45:22).

어떤 사람은 "당신은 구절들을 짜맞추고 있다."고 할 것이다. 그것이 문제다. 이렇게 말하는 사람은 구절들이 짝이 되는지 안되는지를 알기 위해 구절들을 찾아보려는 수고조차 해보지 않았다. 여러분은 성막을 만들 때 제물을 드리는 번제단의 가로 세로가 5큐빗씩임을 주목했는가?(출 27:1 참조) 구약의 예배 때에 피를 뿌리는 모든 번제단은 가로 세로가 각각 "5큐빗"이었다.

사무엘하에서 뜻밖에도 우리는 죽음에 관련하여(3번) 언급된 사람들의 다섯 번째 갈비뼈를 본다. 이는 단지 다섯이 죽음을 가리킴을 여러분의 가슴과 마음에 납득시키는 것 외에는 아무 이유도 없다. 심지어 아담의 다섯 번째 갈비뼈도 그의 죽음의 원인이었다. 아담은 아내를 얻기 위하여 죽었던 것이다. 남자들은 아내를 위해 아내를 죽도록 사랑해야 한다(엡 5장).

『그러나 그가 옆으로 돌이키기를 싫어하니 아브넬이 창 뒤 끝으로 그의 다

섯 번째 갈비뼈 아래를 찌르니 창이 그 뒤로 나온지라, 그가 거기 쓰러져 그 자리에서 죽었으니, 아사헬이 쓰러져 죽은 곳까지 온 모든 자들이 가만히 섰더라』(삼하 2:23).

『**그들이 밀을 가지러 온 체하고 집 가운데로 들어와서 그의 다섯 번째 갈비뼈 아래를 찌르고, 레캅과 그의 아우 바아나는 도망하였더라**』(삼하 4:6).

『**아마사는 요압의 손에 있는 칼에 주의하지 아니한지라, 요압이 칼로 그의 다섯 번째 갈비뼈를 찌르니 그의 창자가 땅에 쏟아져 나와 다시 찌르지 아니하여도 그가 죽으니라. 그리하여 요압과 그의 아우 아비새가 비크리의 아들 시바를 추격하더라**』(삼하 20:10).

우리는 창세기에서 아담이 죽음같이 의식 없는 깊은 잠이 들었을 때(마지막 아담의 죽음의 유형), 하나님께서 그의 옆구리에서 한 갈비뼈를 취해 여자를 만든 것을 읽는다. 아담은 그리스도처럼 그의 신부를 얻기 위해 죽어야 했다. 그리스도의 몸이 그분의 신부(bride, 다섯 철자)이듯이 아담의 아내는 그의 몸에서 나왔으며 그녀가 나온 부분은 다섯 번째 갈비뼈이다.

『**남편들아, 너희는 자기 아내를 사랑하되 그리스도께서 교회를 사랑하셔서 교회를 위하여 자신을 주신 것같이 하라**』(엡 5:25).

첫 남편과 아내는 아담과 이브였는데, 여기서 한 가지를 확실히 정리하면 여러분의 아내는 여러분의 다섯 번째 갈비뼈이며, 그녀는 죽음과 연관된다! 아담은 그녀를 얻기 위해 죽어야 했다.

그리스도의 경우 그것은 "은혜"이다. 그러나 이것은 유일한 은혜의 경우이고 여기서도 죽음이 여전히 내재한다. 옛날 노래에도 "그분은 다섯 군데나 피가 흐르는 상처를 지니셨네."라고 한다. 다섯 군데의 상처이다! 첫 번째 상처는 이 손에, 두 번째는 저 손에, 세 번째는 오른발에, 네 번째는 왼발에, 그리고 다섯 번째 상처는 심장 아래이다. 하나, 둘, 셋, 넷, 다섯이다! 그리스도께서 우리의 죄를 위해 죽음(DEATH)을 당하셨다.

9:6 그 날들에는 사람들이 죽음을 구하여도 찾지 못할 것이요 또 죽으려고

애를 써도 죽음이 그들을 피하리라.
7 **또 그 메뚜기들의 모양은 전쟁을 위하여 준비한 말들 같고, 그 머리에**
는 금 면류관 같은 것을 썼으며, 그 얼굴은 사람들의 얼굴과 같고
8 **그들의 머리카락은 여인들의 머리카락 같았으며, 그 이빨은 사자들의**
이빨 같더라.

즉 이 짐승들은 괴물이다. 반인반수(半人半獸)인 괴물이다(사 28장, 24장; 계 6장).

9:9 또 그들의 흉배는 철흉배 같았으며, 날개 소리는 전쟁터로 달려가는 많은 말들이 끄는 병거 소리 같더라.

이것들이 초자연적인 짐승들이 아니라면 1990년대의 비행기들을 묘사한 것이리라(이는 문자적으로 봐야 할 것 같다. 필자는 비유적이거나 영적인 해석을 주저하지만, 기억해야 할 것은 요한이 이런 일을 볼 때 그는 1990년경으로 이동해 있다는 것이다. 그는 1990년과 1995년쯤에 여러분들이 아직 가보지 않았지만 충분히 보아온 것을 보고 있다! 요한이 묘사하는 것은 날아다니는 날개 달리고 윙윙거리며 큰 소리를 내는 물체가 땅에서 오르는 것이다. 필자는 여전히 문자적인 해석을 따르지만, 문자적인 뜻이 통하지 않는다면 본문은 제트 비행기나 로켓 같은 종류를 묘사한 것이 확실하다).

9:10 그들에게는 전갈과 같은 꼬리가 있고, 그들의 꼬리에는 쏘는 침이 있으며 다섯 달 동안이나 사람들을 해치게 하는 권세가 있더라.

이것은 후미에서 발사되는 로켓이나 기관총류를 장착한 비행기를 묘사한 것으로 볼 수 있다!(그러나 다음 구절 때문에 흉폭한 짐승들의 문자적인 묘사인 것 같다.)

9:11 또 그들에게는 자기들을 다스리는 왕이 있으니 끝없이 깊은 구렁의 천사요, 그의 이름은 히브리어로 아바돈이며 헬라어로 그의 이름은 아폴루온이더라.

이 왕이 언제 올라왔는지는 말하지 않는다. 단지 그들은 왕을 모셨다고 언급할 뿐이다(그는 필시 9:1의 "별"이리라). 메뚜기들은 왕이 없기 때문에 이들은 문자적인 메뚜기들은 아니다(잠 30:27). 이 왕은 "끝없이 깊은 구렁의 천사"이다(우리는 계시록 6:8에서 이 천사를 살펴보았다. 이 천사는 사망의 천사로 "멸망시키는 자"이며 그의 이름은 데살로니가후서 2:3, 요한복음 17:12, 계시록 17장에서 "멸망"으로 번역된다).

9:12 한 가지 화는 지나갔으나, 보라, 아직도 이후에 두 가지 화가 더 오리로다.
13 여섯째 천사가 나팔을 불 때 내가 들으니, 하나님 **앞에 있는 금제단의 네 뿔에서 한 음성이 나는데**
14 나팔을 가진 여섯째 천사에게 말하기를 "큰 강 유프라테스에 결박하여 놓은 네 천사를 풀어 주라."고 하니
15 그 네 천사가 풀려나더라. 그들은 사람들의 삼분의 일을 죽이려고 그 연, 월, 일, 시를 위하여 예비해 둔 자들이라.

여러분의 도표에서 본문은 거의 환란 끝이다. 여러분은 계시록 6:8에서 땅의 사분의 일이 이 군대가 나타나기 전에 죽임당하는 것을 보며, 남아 있는 사분의 삼 중에서 삼분의 일이 계시록 9:15-18에서 죽는다. 사탄의 기병대인 이 군대는(계 9:16) 해돋는 곳에서 온다(계 16:12). 그들은 왕들을 따르는데 이 왕들은 중국이나 몽고 혹은 인도에서 올 것이며, 이들이 올 때 이 군대는 징기스칸이나 티무르의 군대 같을 것이다. 이 군대는 동쪽에서 서쪽으로 유프라테스 강을 건너 팔레스타인을 향하는데, 정해진 날짜에, 정해진 날과 시간에, 정해진 달, 정해진 해(年)에 온다(단 7:12). 이 군대는 남아 있는 사람들 중 삼분의 일을 죽이려고 온다.

9:16 기병대의 수는 이억이니 내가 그들의 숫자를 들었노라.

그래서 해돋는 곳에서 오는 이 흉폭한 기병대는 2억의 숫자를 헤아리는 것이다!

9:17 또 내가 환상 가운데 말들과 그 위에 탄 자들을 보았는데 그들은 불과 제신스와 유황으로 된 흉배를 지녔으며, 말들의 머리는 사자들의 머리 같고 그들의 입에서는 불과 연기와 유황이 나오더라.

본문을 이사야 5:26과 시편 57:4과 비교하라. 이 기병대는 초인간적이며 앞서 언급한 메뚜기들과 같은 괴물이다. 주님은 여러분이 시골 여기저기서 볼 수 있는 평범한 말들을 지으셨고, 또한 주님께서 친히 사용하시고자 엘리야가 하늘로 올라갈 때 병거를 끌었던 말의 종류(왕하 2:11)와 땅을 심판하고자 내려오실 때 사용할 그런 종류(계 19장)의 초자연적인 말들을 지으셨고, 여러분이 본문에서 보듯이 흉폭한 말들과 기병대를 지으실 만큼 그렇게 대단하신 분이다. 그들은 불과 연기와 유황을 내뿜으며 땅에서 날뛰기 위해 온다.

9:18 이 세 가지, 즉 그들의 입에서 나오는 불과 연기와 유황으로 말미암아 사람들의 삼분의 일이 죽더라.

이사야 24:6을 보라. 아인슈타인은 핵전쟁이 "지구의 이십억 인구 중 삼분의 이"를 죽일 수 있다고 말했다. 이 기병대는(계 9:18) 지구에 남아 있는 인구 사분의 삼 중 삼분의 일을 죽인다.

9:19 그것들의 힘은 그들의 입과 꼬리에 있으니, 이는 그들의 꼬리가 뱀 같고 머리가 달렸으며 그것으로 상하게 하더라.

다시 말하지만 이 표현은 20세기에 동원된 보병을 묘사한 당시의 일상 언어일 것이다. 요한은 1세기 언어로 말하지만 그 시대나 현 시대 간의 어떤 사람도 그가 말하는 것을 이해할 수 있도록 하였다. 그러나 본문은 성경이 기록된 대로의 뜻을 의미하는 것 같다. 이들은 해돋는 곳에서 오는 초자연적인 기병대인데, 사탄의 흉폭한 부하들로서 이스라엘을 전멸시키기 위해 온다.

9:20 그리고 이러한 재앙으로 죽지 않은 나머지 사람들은 자기들의 손으로 행한 행실을 여전히 회개하지 않고, 마귀들과 보지도 듣지도 걷지도 못하는 금, 은, 동, 돌과 나무로 된 우상들에게 경배하기를 그치지 아니하며

즉 사람들은 마귀들과 금(돈), 은(은 제품), 동(차들, 대포들), 돌(집들, 건물들), 나무(집, 가구 등등) 우상들을 계속해서 섬긴다. 그들은 여전히 "안정," "화합," "통합"을 추구하고 있으며 하나님께서 그들을 죽게 하신다는 사실을 망각할 뿐이다.

9:21 또 자기들의 살인과 마술과 음행과 도둑질을 회개하지 아니하더라.

"마술"(sorcery)은 독특한 낱말인데 헬라어의 "약학"(pharmacy)에서 유래한다. 문자적으로 "마술"은 약들을 사용한다는 뜻이다. 사람들은 계속해서 약들을 사용한다.

20절의 "경배"(worship) 역시 흥미있는 낱말인데 이것은 신약 어디에서나 사람들이 몸을 굽혀 어떤 것에 입맞추는 경배 형태를 의미한다. 마태복음 28:9에서 (『**그의 발을 붙잡고 주께 경배하더라.**』) 그 여자들은 그분의 발에 입맞추었다. 이런 경배는 단순히 주일 아침 예배에 형식적으로 참석하는 것이 아니라 몸을 굽혀 섬기는 대상에 입 맞추는 것이다.

예를 들면 시편 2:12에서 『**그 아들에게 입맞추라. 그렇지 않으면 그가 노하실 것이요.**』라고 한다. 바알 숭배 때는 사람들이 "송아지에게 입맞추라."는 말을 듣는다. 하나님은 열왕기상 19:18에서 엘리야에게 『**그러나 내가 나를 위하여 이스라엘에 아직 칠천 명을 남겨 두었나니, 곧 바알에게 꿇지 아니한 모든 무릎과 바알에게 입맞추지 아니한 모든 입이라.**』고 말씀하셨다.

여러분은 이것을 명심해야 한다. 이는 유다도 예수님께 입맞추기 때문이다. (계시록 13장은 이 "입맞춤"이 적그리스도의 세상을 향한 계획과 관계된다는 사실을 보여 주는 중요한 장이다. 그는 현대판 사랑의 신을 전하며 등장하는데 아주 대단한 입맞춤일 것이다. 혹은 베토벤이 그의 "9번 교향곡"을 썼을 때처럼 "이 입맞춤은 전 세계를 위한 것이다!" 이것은 "죽음의 입맞춤"이나 "나를 죽도록 사랑해 주오" 같은 문고판 소설을 흉내낸다. 이 "입맞춤"은 종말에 적그리스도의 신호로 나타나는데 그가 그의 추종자들에게 그의 "표"를 전달하는 방식일 것이다.) 20절의 "경배"는 이 낱말인 입맞춤이다.

여러분은 그리스도를 경배하라는 말을 듣는데, 즉 "그 아들에게 입맞추라." 이것은 몸을 굽혀 그의 발에 입맞추라는 것이다. 우리는 늙고 살찌고 술에 찌든 주정뱅이가 실제로 사람들에게 몸을 굽혀 그의 손가락에 "입맞추라."고 하는 타락한 이태리의 통치자를 잘 알고 있다. 비록 20세기의 "지성적인" 사람들은 생각하기 어렵지만 수많은 사람들이 20세기에 들어와 그렇게 타락하고 약삭빠른 정치가에 불과한 교황인데도, 그들은 몸을 굽혀 그의 손가락이나 손가락에 낀 반지에 입맞추는 것이다.

자, 차분히 생각해보라. 『**너는 내 앞에 다른 어떤 신들도 있게 하지 말지니라**』(출 20:3). 우리 대통령 가운데 한 사람이 그 뚱뚱한 주정뱅이 중 하나를 만나려고 가서 은밀히 대화를 나누었는데 아무도 그가 거기 들어가서 무슨 얘기를 들었는지 알 수 없었다. 그런데 그가 그 방에서 나오더니 연합통신(AP)과의 회견에서 성경 구절을 인용하며 "하나의 교구"를 말하면서 그의 대외 정책은 요한복음 10장에 일치하도록 노력하겠다고 하였다! 그 대통령이 그 늙은 주정뱅이 정치가를 만나고 미국에 돌아와서는 대외 정책에 관한 그의 연설에 성경 구절을 인용하였다! 그가 인용한 성경 구절은 교황 요한, 교황 바오로, 그리고 바티칸 공의회가 사용하는 성경 구절로서 요한복음 10:16과 요한복음 17:22을 인용한 것이다!

9장에서의 교훈은 명백하다. 하나님께서 사람들을 수없이 상대하셔서 그들을 때리고 죽이고 불구자로 만든다 해도, 그들이 온전해지기를 원치 않는다면 온전해지지 않을 것이며 어떤 압력도 그들의 의지를 굴복시키지 못할 것이다(선택은 자유이나 하나님은 자신이 지정하신 원에 자기 모자를 던진 사람들을 선택하신다). 인간의 의지는 여러분이 생각하는 것보다 더 완악하다.

여러분은 하나님께서 어떤 사람의 의지라도 완전히 "압도한다."고 말하기 전에 인류는(계 9:21) 그 남아 있는 사분의 삼 중에서 삼분의 이에도 미치지 못하는 숫자가 남을 때까지 죽임당하는 것을 기억하라. 남아 있는 인류의 사분의 삼 중에서 삼분의 이로 줄어들지라도 그들은 자기들의 길을 계속가면서 그 재앙들을 "우연한 사고"나 "기상 이변," "운명의 치명적인 타격" 또는 "대수롭지 않은 불운"이었다고 말하며, "하나님의 인자하심"이 그들을 회개케 하려고 "인도하시는 것"을 알지 못한 채(롬 2:4) 하나님께서 그들을 주관하신다는 사실을 간단히 무시한다.

요한계시록 10장

게시록 7장이 삽입장이었음을 기억한다면 우리는 여기 10장에서 또 하나의 삽입장을 본다(8장에서 첫 번째, 두 번째, 세 번째, 네 번째 나팔을 분 것을 주목하라. 9장에서는 다섯 번째, 여섯 번째 나팔을 불었고 그 다음에 쉼이 있다. 이것은 봉인의 경우와 똑같은데 6장에 첫째, 둘째, 셋째, 넷째, 다섯째, 여섯째 봉인과 쉼이 있다. 일곱째 봉인은 비로소 8장에서 개봉된다). 여섯 나팔들이 8장과 9장에서 불리고 이제 10장에서 쉼이 있다. 일곱째 나팔은 11:15에서 비로소 울린다. 7장은 비록 봉인들이 열리는 기간에 주어지지만 어떤 봉인도 언급되지 않았으며, 10장도 나팔들이 불리는 기간에 해당하지만 어떤 나팔도 언급되지 않는다. 그러므로 10장은 7장처럼 삽입된 것이다. 이것은 아무런 시간적인 요소가 부가되지 않은 채 "삽입된" 추가 내용이다.

10:1 내가 보니, 다른 힘센 천사가 하늘에서 내려오는데, 구름으로 옷입고 머리에 무지개가 있으며, 얼굴은 해와 같고 그의 발은 불기둥 같더라.

"구름"은 보통 예수 그리스도와 연관되어 나타난다(계 1:7, 행 1:9). 이 천사에 대하여는 의심할 것이 없는데 이들은 계시록 1:14-16에 나타난 천사이다. 이것은 주의 천사이며 주 예수 그리스도시다.

10:2 그의 손에는 작은 책이 펴 있고 오른쪽 발은 바다를, 왼쪽 발은 땅을 밟고서
3 사자가 포효하는 것처럼 큰 음성으로 외치니, 그가 외칠 때 일곱 천둥이 소리를 발하더라.

예수 그리스도는 계시록 5:5에서 "유다 지파의 사자"라 불리므로 이것은 분명히 주 예수 그리스도의 출현이다. 우리가 되풀이하는 바 이것은 환란에 나타나는 삽입된 기록인데, 환란이 끝나기 전 어느 때에 주 예수 그리스도께서 출현하실 것을 뜻한다. 성경은 환란 중 어느 때에 그리스도께서 친히 이스라엘에게 나타나시며 사람이 개종하듯이 이 이스라엘이 "어느 날 거듭나서" "해산의 고통에 있는 여인"이 "사내 아이"를 낳듯이 민족이 열매 맺을 것을 명백히 가르친다. 이런 모습은 구약에서 수백 개의 구절들에 나타나며 이 환란 중간의 출현도 많은 구절들에 나타나 있다(사 66:7,8, 미 5:3).

사도행전 9:6에서 우리는 바울의 개종을 본다. 그것은 의심의 여지가 없다. 이는 바울이 "달을 채우지 못하고 난 자 같은"(고전 15:8) 자신이 그리스도를 보았다고 말했기 때문이다. 바울은 환란 중에 구원받는 이스라엘의 남은 자들의 모습이다. 바울은 교회의 유형이 아닌데 그는 "때가 지나서" 구원받은 유대인이다. 바울은 "열두" 사도 중 "한 사람"이 아니며 추가된 사도이다(그는 열둘 다음이다). 바울은 마태복음 19:28에서 보듯이 열두 지파를 심판하는 열두 보좌 중 하나에도 앉지 않는다. 그러므로 바울은 요나가 그랬듯이 이방인들을 향한 특별 사역을 한다. 이 두 사람은 유대인들이 아닌 이방인들을 구령하도록 임명될 환란 때 구원받는 유대인 남은 자들(144,000명)을 대표한다.

창세기에서 요셉이 자신을 그의 형들에게 드러냈을 때 그때는 칠 년 기간 중 둘째 해였다(그런데 물론 어떤 이들은 여러분이 예표 혹은 유형을 가지고 교리로 가르칠 수 없다고 말할 것이다!). 요셉은 그리스도의 유형으로 152구절에 걸쳐 나타난다. 요셉은 그리스도께서 친히 그의 형제들에게 나타나실 때처럼 자신을 그의 형들에게 나타낸다. 요셉은 처음에 그의 형들에게 거부당했다가 두 번째는 영접되었는데, 그리스도도 처음에는 이스라엘에게 거부당했지만 두 번째는 영접될 것이다. 요셉의 형들이 그를 거부하고 그 다음 그를 영접할 때 기근 형태로 칠 년 기간의 환란이 일어난다.

『**그때 요셉은 자기 곁에 서 있는 모든 자들 앞에서 스스로를 억제하지 못하고 소리질러 "모든 사람은 나에게서 물러가라." 하니, 요셉이 자신을 자기 형제들에게 알리는 동안 그와 함께한 자가 아무도 없더라... 요셉이 그의 형제들에게 말하기를 "내가 당신들에게 부탁하오니, 내게 가까이 오소서." 하니, 그들이 가까이 온지라. 또 그가 말하기를 "나는 당신들이 이집트에다 팔았던 당신들의 동생 요셉이니이다. 그러므로 당신들이 나를 이곳에 판 것을 이제는 슬퍼하거나 괴로워하지 마소서. 이는** 하나님**께서 생명을 보존하시려고 당신들 앞서 나를 보내셨음이니이다. 이 두 해 동안 이 땅에 기근이 들었으나 아직도 오 년이나 이삭이 패지도 못하고 추수도 못할 것이니이다**』(창 45:1,4-6).

예수님께서 이 구절들로 인하여 환란의 둘째 해에 나타나실 것을 정확무오한 진리로 가르칠 수는 없지만 그 유형은 매우 명백하다.

욥기는 환란의 또 다른 완벽한 유형이다. 환란은 42개월, 즉 7년 중 후반부 3년 반 기간인데 욥기는 42장이다. "욥"(Job)은 이스라엘이 환란에서 박해당할 때처럼 "박해당하는 자"를 뜻한다. 욥은 사해 남쪽 에돔 땅인 우스에 산다(창 46:13, 애 4:21). 이곳은 이스라엘이 환란 때에 있을 곳이다.

『**욥이 그의 친구들을 위하여 기도하였더니 주께서 욥의 사로잡힘을 돌이키셨고 또 주께서는 욥에게 전에 소유했던 것의 두 배를 주시니라**』(욥 42:10).

『**사로잡힘을 돌이키셨고**』 이 표현은 이스라엘의 팔레스타인 땅에서의 회복을 말하는데 성경 어느 곳에도 결코 사용되지 않는다(욥기 42:10과 신명기 21:17을 비교하라). 욥은 이스라엘이 사탄에게 박해당할 때처럼(계 12:1-4) 사탄에게 박해당한다. 42장으로 된 욥기에서 주님은 마치 환란에서 38개월을 가리키듯 38장에서 욥에게 나타나시는데, 이것은 환란이 끝나기 4개월 전이다.

한 가지 분명한 것은 주 예수 그리스도께서 환란 때에 이스라엘에게 나타나시며, 그들은 바울이 그분을 보고 개종한 것과 똑같이 그분을 보고 개종한다. 예수님께서 환란의 어느 때에 나타나실 때(겔 43:2, 시 50:2), 찬란한 빛이(변화하실 때와 똑같이), 해보다 더 찬란한 빛이 있다. 우리는 이것이 다니엘의 칠십째 주 중간 앞에 일어나는지 혹은 그 중간에나 환란이 끝나기 바로 전의 환란 후 휴거 때인지는 알지 못한다. 정확한 날짜는 애매한데 그 이유는 이 위대한 진리 중 어떤 것은 환란이 오기까지는 "봉인"되어 있기 때문이다. 하나님께서는 환란 때의 사람에게 정확한 날짜를 밝히시지 않는 한 그 날짜를 드러내지 않으실 것이다. 이러한 진리들이 마침내 환란에 나타난다면(영어가 보편적인 언어일 것이기 때문에) <킹제임스성경, 1611>에 계시될 것이다. 바티칸 공의회와 로마 교회가 권력을 잡으면 "미사"를 영어로 드릴 것이다.

로마 교회는 훌륭한 감각을 지녔다. 그들은 대부분 영어를 쓰는 사람들이 돈을 가졌기에 영어로 말해야 하는 것을 알며, 그들의 이태리어 이름을 영어로 바꾸었다! 그들은 영어를 사용하는 사람들이 돈을 갖고 있기에(하나님께서는 그들에게 영어 성경을 보급하라고 주셨다.) 교활한 교황 바오로는 자신을 교황 몬티니나 교황 프레데릭 혹은 교황 스피노자라고 불리기보다는 자기를 "바울"(바오로)이나 "요한," "베드로" 또는 "빌"로 불리기를 좋아한다! 그는 영어 이름을 사용한다. 여러분은 "몬티니"라는 사람이 달러에 대한 속셈이 없는 한 "바울"이라는 이름을 취하지 않았을 것임을 잘 알고 있다! 옛날 군대 속어 중에 "이해할 수 없는 일 뒤에는 달러 지폐가 놓여 있다."는 말이 있는데, 여기에는 허구 이상의 진리가 담겨 있다. 여러분이 종교계나 사교계, 정계, 음악계나 세상의 어떤 다른 영역에서도 뜻이 통하지 않는 어떤 것을 본다면, 거기에 달러 지폐가 있기 때문이다. 여러분이 어떤 터무니없고 혼란스럽게 뒤엉켜 있는 것을 보고 실마리를 풀 수 없다면, 항상 거기에는 달러가 있는 것이다. 여러분이 이태리어를 쓰며 피자를 먹는 주정뱅이가 범죄 음모가 숨어 있는 "가명"을 쓰고 자신을 "바울"이나 "요한"으로 부르는 것을 보면, 그가 어떤 짓을 꾸미는지 알아야 한다. 여러분이 정직한 사람이라면 가명을 사용하지 않을 것이다. 가명을 사용하는 부류의 사람들은 악당들, 영화스타들, 그리고 교황들이다! 만일 러시아가 다음 시대를 지배한다면 교황은 교황 "이반"일 것이다! 만일 하나님께서 우리가 논의 중인 시간적 요소를 사람들에게 보여 주신다면 그분은 종교개혁 성경인 <킹제임스성경, 1611>을 통해서 나타내실 것이다. 그렇지만 필자는 이 말에 한 가지 조건을 둔다. 구약이 히브리어로 기록되었고, 하나님이 유대인을 주관하셔서 그들을 축복하셨으며, 성경의 모든 저자가 유대인이고, 이스라엘이 환란에서 회복될 것이기 때문에, 이 진리가 계시될 때 그것은 <킹제임스성경, 1611>의 히브리 구약에 나타날 가능성이 다분하다. 그 원문은 야곱 벤 하임(Jacob Ben Chayim)의 것일 텐데 이것은 <킹제임스성경, 1611> 히브리 "표준 원문"이었다. 이 히브리 사본은 히메네스(Ximenes) 추기경이 1514년에 펴낸 <콤플루텐시안 수개국어 대역 성경>(Complutensian Polyglot)에 나타난다. 이 성경은 바티칸 사본과 시내 사본, RSV와 ASV를 만든 칠십인역 성서 원문과 다르다. 다시 말하건대 ASV, RV, RSV, NEB, <확대역본>, <웨이마우스 역본>, <필립스 역본>, 미키마우스, <모팻 역본>, <굿스피드 역본>, 귀여운 빨간 승마용 두건, 바람과 함께 사라지다, 그리고 다른 모든 성경 번역본은 성경 사본들이 아니다. 이들의 구약은 북아프리카 이집트 알렉산드리아에서 오리겐, 유세비우스, 헤시키우스(Hesychius)가 라틴 교회를 위해 쓴 헬라어 칠십인역 성서이다. 이들의 신약은 그노시스교도와 비그리스도인들이 쓴 알렉산드리아 헬라 학문의 변개되고 왜곡된 헬라어 성서이다. 이들의 구약 원문은 모든 정통 유대인들이 정확한 구약 원문으로 인정한 야곱 벤하임의 히브리 원문이 담고 있는 "표준 원문"이 아니며, 또한 이들의 신약도 안티옥의 루시안(Lucian)이 사용한 시리아 비잔틴 계열의 헬라어 원문이 아니다. 모든 현대 "성서들"은 창세기부터 요한계시록까지 변개되어 있다.

10:4 그 일곱 천둥이 소리를 발할 때 내가 막 기록하려는데, 하늘에서 한 음

성이 내게 들리며, 말하기를 "일곱 천둥이 말한 것들을 봉인하고 기록하지 말라."고 하시더라.

그리고 그것이 문제의 결론이다. 러더포드 판사(Judge Rutherford)와 러셀(Russell)은 이 "일곱 천둥"을 천 년 다윈주의(Millennial Darwinism)로 해석하여 이 일곱 천둥은 계속되고 있다는 것과 그들이 말했던 것을 그리스도인들에게 전하려고 하였다(이것은 사탄이 애매한 구절로 시작하는 전형이다). 이 소리들이 났던 것은 하나님께서 요한에게 기록하지 말라고 하셨기 때문에 결코 기록되지 않는다. 우리가 발견할 수 있는 유일한 도움은 이사야 59:1과 시편 29편이다.

사탄은 자기가 거짓말을 가르치고 싶을 때 이런 애매한 구절로 시작하는 버릇이 있다. 지상의 어떤 켐벨파나 카톨릭, 루터교, 성공회, 제칠일안식일에수재림교, 몰몬교나 여호와의 증인치고 그들의 신학을 까다로운 성경 구절로 시작하지 않는 곳이 없다(행 2:38, 마 16:16-18을 보라). 정말 까다로운 구절이 있다면 그것은 계시록 10:4이 그 하나인데 "일곱 천둥"은 아무도 기록하지 않은 어떤 것을 말하기 때문이다! 본문은 새 종교를 시작할 수 있는 완벽한 구절이다. 만일 필자가 사탄이라면 여러분에게 어떤 구절들을 가르쳐야 할지 안다. 만일 필자가 사탄이라면 여러분을 혼란시켜서 본향인 지옥으로 보내기 위해 무슨 성경을 사용해야 하고 그것을 어떻게 봐야 하는지 안다. 만일 필자가 사탄이라면(사탄이 아닌 것을 하나님께 감사하는데), 여러분에게 행위로 구원받는 "산상수훈," 행위로 구원받는 "황금률"(마 7:12), 지상의 구원받지 않은 사람들에게는 절대 적용되지 않는 "고린도전서 13장," 여러분 개인이 아닌 이스라엘 민족에게 주어진 "사도행전 2:38," 여러분에게 해당되지 않는 열한 사도의 표적과 기사, 기적으로 부여된 "마가복음 16:16," 행위로 구원받는 "마태복음 25장," 행위로 의롭게 되는 "야고보서 2장," 침례가 여러분을 하늘나라로 데려갈 수 있다고 생각하게 만드는 반쪽 구절뿐인 "베드로전서 3:21," 그리고 여러분이 죽은 뒤에 누군가 여러분을 대신해 침례받도록 할 "고린도전서 15:29" 등을 가르치는 것이다! 만일 필자가 사탄이라면 여러분의 지능지수가 170이라 해도 여러분을 어떻게 멋지게 속일지 안다. 사탄은 여러분의 생애에서 만났던 어떤 똑똑한 열 사람보다 더 머리가 뛰어나다. 여러분의 혼을 파괴시킬 가장 훌륭한 수단은 하나님의 말씀이다. 그가 여러분을 지옥에 보내려고 저주하고 싶으면 그것은 골프 공을 통나무에 던져 넣는 것처럼 그렇게 쉬운 일인 것이다. 그는 무슨 구절들을 인용해야 하고 그 구절들이 어디 있으며, 어떻게 사용할지를 알고 있다. 그는 의심스럽거나, 복잡하거나, 까다로운 구절을 항상 사용하는 것이다. 그는 결코 여러분에게 요한복음 3:16; 1:12; 3:36, 로마서 10:9,10, 계시록 3:20이나 요한일서 5:10-12을 가지고는 결코 오지 않는다. 그는 여러분에게 사도행전 2:38, 마가복음 16:16, 베드로전서 3:21, 사도행전 22:7,8, 산상수훈, 고린도전서 13장, 그리고 하여튼 여러분에게 적용되지 않는 모든 구절을 동원해서 오는 것이다. 그것이 그의 방법이다.

10:5 또 내가 본 그 천사가 바다와 땅 위에 서서 하늘을 향하여 그의 손을 들고

단지 두 가지 요소인 바다와 땅이 주어진 것에 주목하라. 몇 개의 바다와 대양이 있는데 이것은 특정한 바다이다. 앞서 말했듯이 바다가 계시록 21장 전에 언급되는 곳은 지중해이다(계시록 21:1에서 "바다도 더 이상 있지 아니하더라."는 예외로서, 이것은 다른 바다를 말한다. 4장에서 이야기했던 그 바다이다).

계시록 10:5의 모습은 아마 주 예수 그리스도께서 한 발은 팔레스타인 땅에, 다른 발은 지중해에 두시는 것 같다. 팔레스타인은 하나님의 땅이다. 이것은 하나님께서 셈과 함과 야펫에게 주신 세 땅 사이에 있다(창 10장 주석 참조). 그렇다면 천사는 그가 이제 곧 발표하려고 하는 선포로 한 조각의 땅을 소유할 것이다. 이것이 매우 적절한 이유는 그 구절에서 하나님은 환란 끝에 일어날 일을 말씀하시기 때문이다. 계시록 10:7에서 여러분은 구약의 한 예언을 본다. 여러분이 그 예언을 11:15에 연관시킨다면 이 선포는 땅과 바다의 소유와 어떤 관계가 있음을 알 것이다. 그러므로 이것은 필시 주 예수 그리스도께서 한 발은 팔레스타인에 다른 발은 지중해에 딛고 서 있는 모습이다. 물론 세상의 모든 나라는 이 지역에서 유래한다.

계시록 10:7과 11:15은 그리스도께서 문자적이고 실제적이며 눈에 보이는 이 세상 나라들을 인수하기 위해서 문자 그대로 실제적으로 눈에 보이게 오시는 것을 말한다. 이 일은 (매우 분명히) 그리스도의 초림 때 일어나지 않았다. 역사는 이 일이 일어나지 않았음을 보여 주는데, 여러분이 하나님 말씀을 대하는 태도가 부도덕하지만 않다면 그 일이 일어났다고 믿지 않을 것이다. B.C. 4000년 이후로 예수 그리스도께서 "이 세상 나라들"을 인수했던 적은 없었다. 이 세상 나라들은 사탄에게 속했다(눅 4장). 그것들은 사탄의 지배 아래 있는데(고후 4:4) 지금까지 그랬으며 앞으로도 계시록 11:15까지 지속될 것이다. 만일 11:15이 과거라면 오늘날 신문 기자들은 미쳐 버린 것이다. 그 이유는 2,000년 동안 그들은 전쟁들과 전쟁의 소문들, 유혈, 히틀러, 흐루시초프, 카스트로, 교황 레오, 샤를마뉴, 나폴레옹 등이 정부의 우두머리가 된 기사들을 써왔으며, 결코 예수 그리스도를 그렇게 쓰지 않았기 때문이다! 역사의 어떤 곳, 어느 때, 어떤 상황에서도 예수 그리스도께서 죽은 자 가운데서 부활한 날 이후로 지상에서 무엇을 다스렸다는 어떤 지적도 없다. 물론 그분을 믿는 자들 안에 거하시는(고전 6장) 거듭난 사람들의 "몸"(고전 12장)은 예외이다.

십오 세기 동안 "카톨릭" 교회는 성경의 무지를 이용하여 예수님은 정치집단인 그들 안에 거하시고, 그들은 "통치자"로서 그분을 대표하며, 그들은 "나라들의 머리"로 땅을 통치하고, 그리하여 천국은 "임하였거나" 임하고 있다고 가르쳐 왔다. 그러나 로마카톨릭 교회의 참된 역사를 아는 사람이라면 오분도 그 말을 믿지 않을 것이다. 멍청한 "카톨릭 신자들"이여, 여러분 교회의 역사를 알지 못하고 (알았다면 교회에 있으려 하지 않았을 텐데!), 여러분 교황들의 역사를 알지 못하고 (알았다면 그들을 조소했을 텐데!), 여러분의 교회가 무엇을 가르치는지 알지 못하기에 (알았다면 마음과 혼을 다해 회개했을 텐데!), "천국"이 이 땅에 "왔다"고 생각할 수 있을 것이나 여러분이 역사를 알고 여러분 교회의 역사를 알았다면, 여러분의 교회가 정치 음모, 형식적인 예배, 종교적 오류들, 이교적인 우상 숭배, 국제 분쟁, 인구 과잉, "초교파 운동들"을 통해 사람들을 이교적인 바알 숭배로 돌아가도록 강요하려고 애쓰는 수작 외에 이 땅에 가져오는 것이 아무것도 없음을 알라. 여러분이 이것을 모르는 까닭은 성경을 읽지 않기 때문이다. 여러분은 월간 추천도서나 읽고, 영화나 보러 가며, 주말 문학 서평이나 교황 바울의 권장 도서나 읽을 뿐이다. 여러분은 <폭스의 순교사, *Fox's Book of Martyrs*>를 결코 읽지 않는다(여러분은 그 책의 "발췌문"조차 보지 않는다!). 여러분은 폴 블랑샤르(Paul Blanchard)의 <미국의 자유와 카톨릭 세력, *American Freedom and Catholic Power*>을 결코 읽지 않는다(여러분은 그 책을 읽을 용기도 없다). 여러분은 아브로 맨하탄(Avro Manhattan)의 <20세기 바티칸의 제국주의, *Vatican Imperialism in the 20th Century*>를 읽을 생각도 못했을 것이다. 그리고 여러분은 자신의 위치에서 "행복하고" "만족하기" 때문에 전능하신 하나님께서 거짓말을 믿고, 거짓말을 가르치며, 거짓말을 행하고, 진리를 피해 숨으며, 진리에 눈을 감는 여러분을 용서하실 것으로 생각한다. "진리를 발견하는 것"이 여러분을 불행하게 한다면 여러분은 사탄으로 가득 찼으며 잃어버린 양이다. 진리는 주님과 함께 있기 때문에 어떤 사람도 불행하게 만들지 않는다(요 8:40-48, 고전 13:6).

『**이것이 정죄라. 즉 빛이 세상에 왔으나 사람들이 빛보다는 오히려 어두움을 더 사랑하니 이는 그들의 행위가 악하기 때문이라**』(요 3:19).

『예수**께서 그에게 말씀하시기를 "나는 길이요 진리요 생명이라. 나로 말미암지 않고는** 아버지**께로 올 사람이 아무도 없느니라**』(요 14:6).

『**그러나 진리의 영이신 그분이 오시면 너희를 모든 진리로 인도하시리라. 그분은 자신에 관하여 말씀하지 아니하시며, 무엇이나 들은 것을 말씀하실 것이요, 또 너희에게 다가올 일들을 알려 주시리라**』(요 16:13).

성경은 이 구절들에서 분명히 예수 그리스도께서 이 땅의 왕들을 통치하기 위하여 문자적이고 실제적이며 눈에 보이게 재림하심을 가르친다. 이것은 미래에 일어날 것이며 과거에는 결코 일어나지 않았다. 이 성경의 진리를 거부한다면 여러분은 진리를 거부하는 것에 안주하여서 죄악된 생활을 고의로 영위하는 것이다. 여러분이 여러분의 "종교" 혹은 다른 것과 더불어 "행복하든" "만족하든" 상관 없다. 여러분이 거짓말 속에 살고 있다면 전능하신 하나님의 백보좌 심판에서 "책들이 펴지는" 때에 (구원받지 못한 사람으로) 여러분에게 해명을 요구하실 것이다. 그때 여러분은 필자가 지금 얘기하는 것, 즉 사탄 외에는 "이 세상 나라들"을 결코 인수하지 않았으며 앞으로도 그럴 것이고, 예수 그리스도는 "이 세상 나라들"을 결코 인수하지 않았으며 앞으로도 그분이 다시 올 때 까지는 그럴 것임을 알게 되리라! 이 진리에 관해 개혁주의와 로마"카톨릭"의 후천년과 무천년 가르침은 둘 다 하나님 말씀을 가증스럽게 왜곡하였다(여러분이 앞서 언급한 말씀들을 좋아하지 않는다면 그것은 바로 여러분이 하나님께서 그분의 뜻대로 계시한 것을 좋아하지 않기 때문이다. 여러분의 교만하고 강퍅한 마음이 하나님께 온전해질 때 비로소 하나님 말씀을 믿을 것이다. 성경이 말하지 않은 어떤 말도 여러분을 조금도 변화시키지 못한다).

10:6 하늘과 그 안에 있는 것들과 땅과 그 안에 있는 것들과 바다와 그 안에 있는 것들을 창조하신 영원무궁토록 살아 계신 그분을 두고 맹세하기를 "더 이상 지체하지 않을 것이라.
7 일곱째 천사가 소리를 내는 날들에 그가 나팔을 불게 되리니, 그때에 하나님의 신비가 그분께서 자기의 종들인 선지자들에게 선포하신 것과 같이 이루어질 것이라."고 하더라.

천사가 한 발은 땅에 한 발은 바다에 두고서 일곱째 천사가 소리를 낼 때 이 모든 일이 "이루어질 것"이라고 선포한다.

10:8 또 내가 하늘로부터 들은 그 음성이 내게 다시 말하여 이르기를 "가서

바다와 땅 위에 서 있는 그 천사의 손에 펴 놓은 작은 책을 가지라."고 하더라.

이 음성은(계 10:8) 천사 위에서 내려온다. 우리는 이 똑같은 일이 마태복음 3장에서 일어났음을 본다. 주 예수 그리스도께서 침례를 받으실 때에(마 3:16) 하늘에서 한 음성이 있어 "이는 내 사랑하는 아들이요 내가 기뻐하는 자"(마 3:17)라고 말한다. 이 두 경우에서 우리는 삼위일체의 모습을 본다.

10:9 그래서 내가 그 천사에게 가서 그에게 말하기를 "그 작은 책을 내게 주소서."라고 하였더니, 그가 나에게 말하기를 "집어서 먹어 버리라. 네 배에는 쓰겠지만 네 입에는 꿀처럼 달 것이라."고 하더라.

필자는 이 작은 책이 무엇인지 모르겠는데 여러분의 교회도 마찬가지이다. 이 작은 책은 확인되지 않는다(계 5:1-5). 샘 존스는 "어떤 사람이 성경을 모두 이해했다면 그는 자기보다 더 많이 알지 못한 누군가의 글을 아는 것이다."라고 하였다. 우리는 모든 성경이 교리적, 역사적, 영적인 뜻이 있음을 기억하면서 잠시 영적인 적용을 해보자. 비록 우리는 그 작은 책이 실제 무엇인지 알지 못하지만 하나님 말씀으로 볼 수 있겠다(겔 2:9; 3:3).

10:10 그리하여 내가 천사의 손에서 그 작은 책을 가져다가 먹으니, 내 입에는 꿀처럼 다나 먹고 나니 내 배에는 쓰더라.

11 그때 그가 내게 말하기를 "네가 많은 백성들과 민족들과 언어들과 왕들 앞에서 다시 예언해야 하리라."고 하더라.

이것은 하나님 말씀일 수 있다. 그 이유는 하나님께서 『주 **하나님이 말하였으니 누가 예언하지 않겠느냐?**』(암 3:8) 하시기 때문이다. 다윗은 『**주의 말**

씀들이 내 입맛에 어찌 그리 단지요! 정녕, 내 입에 꿀보다 더 다니이다.』(시 119:103)라고 했다. 그래서 실제적으로 우리가 본문에 적용할 수 있는 매우 참된 어떤 것이 있다.

요한이 이 책을 먹었을 때 "꿀처럼 다나" 그가 먹고 나자 곧 "내 배에는 쓰더라."고 하였다. 사람들이 이 복된 말씀을 맛볼 때 (말씀은 고린도전서 3장에서 "우유"라고 하며, 히브리서 5장에서는 "단단한 음식"으로, 누가복음 4장에서는 "빵"으로, 시편 119에서는 "꿀"로, 잠언에서는 "사과들"로 불린다.) 그 맛은 좋다. 그런데 나는 얼마나 하나님 말씀 읽기를 사랑하는가! 내가 말씀을 읽으며 보냈던 시간들이 얼마나 좋았던지 성경을 내려놓지 못한 채 성경을 읽으며 보냈던 시간들이 있었다. 필자는 제한된 시간 때문에 겨우 열 페이지를 읽기로 마음먹었다가 삼십 페이지를 읽어도 자리를 뜨지 못했으며 눈이 충혈될 때까지 계속 읽었다. 여러분도 하나님 말씀을 진실로 알기 시작하여 말씀을 절대로 덮지 못할 때가 있을 것이다(필자도 고백하지만 여러분이 말씀을 덮었다가 다시 펼치는 것은 어렵다. "이 책이 나를 내 죄에서 지켜주던가 아니면 나의 죄가 나로 이 책을 못 보도록 막는 것이다." 여러분이 말씀을 떠난 지 오래될수록 말씀을 이해하는 것은 더 어렵고, 말씀에 대한 이해가 더할수록 말씀을 손에서 놓는 것은 더 어렵다). 이 책은 여러분의 두 길 중 하나를 파괴할 것이다. 여러분의 성경이 책장에서 먼지가 쌓이고 거미가 거미줄을 칠 때까지 방치한다면, 결국 바티칸 공의회를 따르게 되는 것이다. 이곳은 적그리스도 세력하의 로마 교회가 배경이고, 암흑 시대와 20세기 "과학자들"과 더불어 "추기경들"과 "교황들"의 중세 미신들이 그 배경인데 이들은 감기 걸리면 코를 풀 만큼도 현명하지 못하다. 여러분의 죄가 여러분을 따라잡을 것이다. 여러분의 옛 성품은 여러분을 다시 공격할 것이다. 사탄은 여러분을 옛 생활로 다시 돌이킬 것이며 구원을 의심하게 만들 것이다. 여러분은 열매를 온전히 맺지 못할 것이다. 하나님은 그의 말씀만을 축복하시기 때문에 여러분을 쓰지 않을 것이다. 이 말은 곧 하나님의 말씀은 그분이 축복하기로 약속하신 유일한 것이라고 해야 적절하리라(사 55:1-11). 이 모든 것은 사람이든 나라이든 말씀을 떠날 때에 일어난다.

여러분이 말씀을 이해하고 즐긴다면 수많은 일이 일어난다. 일단 여러분이 말씀을 소화하면 박해의 대상이 되기 때문에 "쓸" 것이다. 개인적으로 필자는 "박해 강박관념"을 갖고 있지 않으니 오해하지 말라. 필자는 진짜 박해가 무엇인지 알지도 못한다. 하나님 말씀을 전하고 믿음을 지키며 영어 성경의 각 페이지마다 하나님의 모든 권면을 전하기 때문에, 필자는 단지 논쟁의 도전을 받거나 저주당하거나 "혼내주겠다."는 협박내지는 고소하겠다는 위협 또는 대여섯 가지 경우로 법원에 제소된 정도이다(한번은 3,000달러 상당의 재산 손실을 입었다!). 그렇지만 필자는 진짜 박해는 당해 보지 않았다. 필자는 4.5구경 권총을 들이대고 칼로 협박당한 적은 한 번 있었지만 실제 아무 일도 일어나지 않았다. 필자는 조금도 "박해 강박관념"을 갖고 있지 않으며, 하베이 스프링거(Harvey Springer)나 칼 맥킨타이어(Karl McIntyre), 빌리 제임스 하기스(Billy James Hargis) 같은 자들이 항상 자기들은 박해당한다고 말하는데 이 시시한 "자유주의자들"과 "현대주의자들"을 경멸한다! 극소수의 그리스도인들만이 그리스도를 위해 진정 박해당하고 있다. 그러나 여러분이 말씀을 이해하고 그 말씀에 거하면 여러분은 현대 사회에서 배척될 것이며, 로마카톨릭 "신부들"에게서 미움받을 것이며, 침례교 "총회"와 산하 교단, 관할 교구, 그리고 모든 교회를 하나의 거대한 통합 교회로 만들어서 혼들을 그리스도에게 인도하려는 노력 대신 각 교회 세금이나 탐내는 전미 기독교회 협의회에게서 미움을 받을 것이다! 그리고 여러분은 사랑하는 이들과 가족들에게서 반대와 핍박을 받을 것이다. 그래서 말씀은 "쓰다." 그것이 전부가 아니다. 말씀은 여러분을 매우 독특하게 만들 것이기 때문에 쓸 것이며 여러분을 이상하게 만들 것이다. 정신과 의사가 여러분을 주의 깊게 관찰한다면 그는 여러분이 정신병이나 신경증, 과대망상증, 병적 자부심, 편집증이나 정신분열증에 걸렸다고 말할 것이다(그들은 성경 말씀을 대신하여 헬라어 사전에서 습득한 엄청난 헬라어 낱말들을 알고 있으며 한 시간에 35달러 가치의 "그들 지식을 뽐낸다").

여러분이 성경을 이해하게 되면 여러분은 "이상한 녀석"으로 여겨질 텐데, 독특하고, "거슬리며," "사랑스럽지 않고," "비협조적"이며, "분리주의자"이고, “교회 분열을 일으키는 자”이며, “급진주의자”로, “극우파”로, “반역자”로, 그리고 기존 질서에 동조하지 않는 자로 여겨질 것이다. 여러분이 종교인들에게는 매우 독특하고 이상한 타입의 사람으로 보여지기 때문에 그들에게서 배척될 것이다. 성경은 여러분을 독특하고 이상하게 만들 것인데 그 이유는 미국이 더 이상 성경을 읽는 나라가 아니기 때문이다. 자, 성경 교사들은 주일 학교를 위해 공과를 준비하고, 설교자들은 설교 준비를 위해 성경을 참조하며, 전미 흑인 향상 협의회(NAACP)는 그리스도인들이 인종 혼합을 시도하도록 성경 구절들을 사용하지만, 진정 미국의 “그리스도인들”은 성경을 읽지 않는다. 여러분이 성경을 알고 성경을 배우며 말씀에 거하고 성경을 전할 때, 여러분은 “백만 명 중의 한 사람!”일 것이기 때문에 “이상한 녀석”이 될 것이다. 주님이 여러분에게 성경에서 보여 주실 일들은 여러분을 괴상한 부류의 사람으로 구분시키는 것인데, 그 이유는 나머지 사람들은 “교회 사역자들”도 포함해서 성경을 읽지 않기 때문이다. 만일 모든 미국인이 1700년과 1800년에 그랬듯이 성경을 읽는다면, 여러분은 그렇게 이상하고 독특하게 여겨지지 않을 것이지만 그들은 성경을 읽지 않는다! (오늘날 TV나 라디오에서 “목회자들의 공개 토론회”가 있을 때, 토론 중에 성경 구절을 언급할 수 있는 목회자가 오십명 중에 두 명도 안 되는 것을 볼 수 있다.)

여러분이 성경을 알면 그것은 여러분을 독특하게 할 것이고 박해를 초래할 것이다. 성경은 여러분을 사회에서 배척받게 할 것이며 고독하게 할 것이다. 여러분은 그다지 많은 친구를 얻지 못할 것이다. 여러분이 얻는 친구들은 성경을 읽는 사람들이고 성경을 믿는 사람들이며 여러분이 얻는 친구들의 모습은 초기 교회 시대에 나타난 그리스도인들의 모습일 것이다. 그들은 당시의 극단주의자들처럼 “인류를 사랑하지 않는다.”고 고발당하여 사자들에게 던져졌던 비국교도들과 같을 것이다. 사탄이 여러분에게 그런 그리스도인들이 그들이 믿었던 것 때문에 박해당했으며 말뚝에 묶여 화형당했다고 말하지 못하게 하라! 그들은 국가의 적들로 간주되었는데 그 이유는 그들이 그들 내부의 이교도 체제에 대하여 비우호적이거나 불쾌하게 여겨졌기 때문이었다. 그들이 비우호적이라고 여겨진 것이 비난의 이유였다. 그들은 초교파적인 이교 의식에 전적으로 동참함으로써 그들 체제의 친구로 애호자가 되도록 요청되었으나, 그들은 그 체제에 동조하기를 거부하였다(요일 2:15-17).

말씀이 여러분을 독특하게 만들 것은 확실한 법칙이라 여러분에게 핍박을 가져올 것이고, "비정상"으로 만들 것이며, 여러분은 분리될 것이고, "인류의 적"으로, "증오 문학"의 촉진자로, 또 "인류의 종교"에 대해 합당한 경외를 품지않는 자로 고발될 그런 부류의 사람이 될 것이다. "종교들"은 항상 인기있었으나 성경은 결코 그렇지 않다! "종교들"은 구원받지 않은 사람들에 의해 항상 관대했으며 권장되었고 후원되었지만 성경은 결코 그렇지 않았다! "종교"는 오늘날 구원받지 않은 세상에서 술과 돈, 섹스 다음으로 가장 위대하며 가장 인기있고 멋진 것이다. 성경은 구원받지 않은 사람들 가운데서 이런 식의 가치를 결코 누리지 않았으며 앞으로도 그럴 것이다.

여러분이 요한처럼 이 책을 먹는다면 입에는 달콤하지만(하나님께서 여러분을 축복하실 것이다. 그렇고 말고!) 소화될 때에는 쓸 것이다.

요한계시록 11장

11장은 계시록의 중간 부분이며 계시록에서 가장 중요한 장이다(좀 더 부연하면 성경의 첫 페이지에서부터 뒷 페이지에 이르기까지 성경의 모든 책과 모든 장에서 계시록 11장은 성경을 여는, 성경에서 가장 위대한 장이라고 말할 수 있다. 이것이 터무니없는 말처럼 들릴지 모르지만 여러분이 계시록 11장의 연구를 마칠 때는 수긍할 것이다). 계시록 11장은 계시록을 여는 열쇠이고, 계시록은 구약을 여는 열쇠이며, 또 구약은 신약을 여는 열쇠이다. 카톨릭과 그리스도의 교회들이 장로교, 남침례교, 북침례교, 감리교, 루터교, 성공회, 프로테스탄트들처럼 마태복음과 사도행전, 히브리서를 "엉망으로 해석하는" 이유는 그들이 이 책들과 관련되는 구약 성경 구절들을 여는 계시록에 대한 믿음을 거부해 왔기 때문이다. 계시록 11장을 이해하는 열쇠는 여러분이 읽는 그대로 믿는 것뿐이다.

누군가가 기록된 대로 계시록을 믿는다면 계시록 11:1-3을 읽을 때 그는 유대인의 예루살렘 성전 재건을 믿어야 할 것이다. 이것은 오늘날 주요 교단 신학교들에 알려지지 않은 전반적인 일련의 교리와 사상을 들추어낸다. 성전이 예루살렘에 재건될 것이라고 설교자들에게 가르치는 주요 교단 신학교는 세상에 한 군데도 없으나 계시록 11:1,2에는 기록되어 있다. 이 성전 존속의 정확한 기간이 11:2,3에 나타나는데 삼십 일씩 마흔두 달이다(성경이 성경 구절들을 스스로 해석하기 때문에 여러분은 "해석할" 필요가 없다).

그런데 이것으로 충분하지 않다면 여러분은 계시록 11:15에서 "이 세상의 나라들"이(하나님의 나라가 아닌데), 예수 그리스도께 속하는 것이지 로마카톨릭 교회에 속하는 것이 아니라는 사실을 알게 된다. 다시 말해서 여러분이 11장 내용을 그대로 믿는다면 여러분은 프로테스탄트와 카톨릭 또 유대인들에게 알려지지 않은 전례없었던 전반적인 새 교리들을 여러분 마음을 열고 받아들이게 될 것이다.

이것이 전부가 아니다. 여러분은 11장에서 매우 독특한 어떤 일을 보게 된다. 여러분은 11:12에서 죽임당한 어떤 사람들이 "들림받는" 한 휴거를 본다(이것은 백보좌 심판이 있기 오래전에 일어난다). 그런데 11:8에서 여러분은 예루살렘이 이 시대에서 "소돔"과 "이집트"라 불리지만 회복될 것이라는 사실을 알게 된다. 이 구절은 교회 시대에 이떤 실마리를 주는데, 곧 유대인과 이스라엘이 교회 시대에서 일시적인 거부를 당하지만 후에 회복되어서 구세주이신 주 예수 그리스도 아래서 정치 세력을 갖게 됨을 의미한다. 이것은 다시 전천년 해석체계를 지지하는데 이 체계는 무천년이나 후천년을 가르치는 헬라어 학자들, 새 성서 번역자들, 개정자들 그리고 신학교들에서 가르치는 사람들에게는 완전히 닫혀 있는 성경 구절들을 열어 준다.

또한 11:7에서 여러분은 "짐승"이라 불리는 사람을 만나게 된다. 이것은 "적그리스도의 영"이나 "무법한 영"이 아니다. 이것은 "짐승"이라 불리는 사람이다. 이 사람은 예수 그리스도의 인격과 사역 다음으로 성경의 주요 주제이다. 11:7에 나타난 이 사람에 대해서는 바울, 다윗, 모세를 합한 것보다 더 많은 관련 구절들이 구약에 있다. 주 예수 그리스도 다음으로 성경에서 가장 두드러진 인물은 "짐승"이고(계 11장), 적그리스도이며(요일 2장), "제멋대로 하는 왕"이고 "북방의 왕"이며(단 11장), "죄의 사람"이고 "멸망의 아들"이다(살후 2장). 그는 성경에서 18가지 유형으로 나타난다. 주 예수 그리스도 다음으로 그는 성경에서 가장 중요한 인물이다. 이 자는 또한 NCC(전미기독교교회협의회)에 수수께끼의 인물인데 여기에 가입한 500개가 넘는 교회 목회자 중 어떤 설교자도 지금 우리가 말하는 것을 전혀 이해하지 못한다.

11:1 또 내게 지팡이 같은 갈대를 주며, 그 천사가 서서 말하기를 "일어나서 하나님의 성전과 제단과 그 안에서 경배하는 자들을 측량하라.

『**지팡이 같은 갈대**』(1절)는 측량 막대이다. 또 이 측량되어지는 "하나님의 성전과 제단"은 요한계시록 8:3-5이나 요한계시록 11:19에 등장하는 하늘의 성전이 아니다. 본문의 성전은 이 땅에 있는 성전을 말한다.

11:2 그러나 성전 밖에 있는 뜰은 남겨 두고 측량하지 말라. 이는 그것을 이방인들에게 주었으며 그들이 마흔두 달 동안 그 거룩한 도성을 짓밟을 것이기 때문이라.

여러분이 읽는 것을 그대로 믿는다면 실제로 이방인들이 정확히 42개월 동안 "짓밟을" 실제적인 도성이 땅에 있을 것을 믿을 것이다. 따라서 이 성전과 이 제단은 하늘에 있지 않으며, 이 땅에 있는 지상의 성전이고 지상의 제단이며 이방인들에게 마흔두 달을 짓밟힐 도성이다.

그러므로 우리가 읽는 그대로 믿는다면 성전 경배가 미래에 회복될 것임을 믿어야 한다. 이것을 너무 강조한다고 생각하면 마태복음 24장에서 주 예수 그리스도께서 이 때에 관해 말씀하시는 것을 주목하라.

『**그러므로 너희가 선지자 다니엘을 통하여 말씀하신 멸망의 가증한 것이 거룩한 곳에 선 것을 보리니, (읽는 자는 깨달으라.)**』(마 24:15, 히 9:3,12, 살후 2:4 참조).

다시 한 번 우리는 마태복음 24장이 "A.D. 70년의 예루살렘 파괴"를 말한다고 주장하는 학자들의 기이한 왜곡을 본다. 그들이 이렇게 주장하는 이유는 과거에 이미 예언이 성취되었기 때문에 미래에 성취될 예언은 없다고 주장하려는 속셈 때문이다(이러한 주장을 하는 진짜 이유는 하나님의 말씀에 대한 혐오와 주 예수 그리스도에 대한 증오 때문이다. 필자는 그 사람이 얼마나 경건하고 학식이 있든지 또는 그가 "믿음의 정통"이나 "니케아 신조"를 고수한다 할지라도 신경쓰지 않는다. 주 예수 그리스도께서 이 땅에 돌아오셔서 그분의 소유를 합법적으로 통치하는 것을 보기 원하는 지상의 모든 사람은 성경에 기록된 대로 성경 구절들을 문자적으로 기꺼이 믿는다. 성경을 거부하는, 즉 성경의 문자적인 해석대로 성경을 받아들이기를 거부하는 모든 사람은 예수 그리스도께서 이 땅에 돌아오는 것을 진심으로 원치 않는 사람이다. 그런 사람은 롯처럼 땅에 뿌리를 두고서 성의 "문 곁에" 정착해 있는 사람이다. 롯은 "소돔을 향해 천막을 친" 성결치 못한 사람이다).

그리스도의 재림에 관한 논쟁은 기독교에서 1800년과 1910년 사이에 일어났다(삼위일체 논쟁이 교회사의 첫 세기에 있었고, 그리스도의 신성과 그리스도의 성품에 관한 논쟁이 교회사의 다음 2세기에 있었고, 성사에 관한 논쟁이 다음 3세기에 있었던 것처럼 말이다). 1910년 이후의 논쟁은 동정녀 탄생이 아니다. "그리스도의 신성"도 아니다. 바로 예수 그리스도의 재림이 논쟁점인데 그것은 가까이 오고 있다. 예수 그리스도의 재림은 그리스도의 몸의 지체들 가운데서 마지막 논쟁으로 규정되는 성경 교리이다. 지방의 비교단 신학교에서 학생들로부터 돈을 뜯으려고 이 입장에 타협하는 것을 고려하지 않는 신학교는 한 군데도 없다. 미국 어디에서나 여전히 일관되게 구령하면서 전천년 복음 전도자가 아닌 사람은 한 명도 없다. 지방 신학교들치고 바티칸 공의회와 NCC(전미기독교교회협의회)를 따르지 않는 무천년이나 후천년주의 학교는 한 군데도 없다. 필자는 그런 학교들이 동정녀 탄생, 피의 구속, 육신의 부활 등등을 믿는다고 고백할지라도 신경쓰지 않는다. 그런 학교들은 "진리의 말씀을 올바로 나누는" 전천년주의가 아니기 때문에, 이스라엘과 유대인에 관해서라면 종교개혁 전에 이 세상을 1,000년이나 저주했던 로마 교회와 암흑 시대의 신학으로 돌아가는 운명에 처해지는 것이다.

오늘날 이 시대의 논쟁은 예수 그리스도의 전천년 재림이다. 전천년주의자라면 성경 구절들을 올바로 이해할 수 있지만, 전천년주의자가 아니라면 구약을 어떻게 보아야 하며 또 선지자들과 미래가 어떤 관계에 있는지 알지 못하는데 그 이유는 선지자들이 미래에 대해 말하고 있기 때문이다.

계시록 11:1,2에서 성령님은 이방인들이 마흔두 달을 짓밟을 이 땅의 문자적인 성전에 관해 말씀하시는데, 이것은 A.D. 70년의 예루살렘 파괴가 아니다. 70년에 예루살렘은 마흔두 달 동안 짓밟히지 않았다. 70년에 파괴된 헤롯 성전은 뜰이 넷인 반면 여기 이 성전은 뜰이 하나이다(하나님은 어떤 학자라도 얼간이처럼 말하기를 계속한다면 그를 거짓말쟁이로 만드실 방편을 늘 갖고 계신다). 마태복음 24장과 계시록 11장이 70년 예루살렘의 파괴에 적용된다고 믿는 사람들은 미래 일들의 계시를 거부하고 싶어하는 사람들이다. 11:2의 성전은 하나의 뜰뿐인데 헤롯 성전은 네 개의 뜰이 있었다. 이것은 요세푸스나 당시의 어떤 다른 역사가들에게서도 확인된 역사적 사실이다.

『**그 거룩한 도성**』(2절). 이 "거룩한 도성"은 8절에서는 "소돔과 이집트"로 불린다. 그 차이를 주목하라. 8절에서 예루살렘은 주 예수 그리스도를 거부했기 때문에 하나님 보시기에 영적으로 "소돔"과 "이집트"이다. 그럼에도 불구하고 약속(환란 끝에 이스라엘의 회복)이 지속되는 한 이것은 "거룩한 도성"이다(계 11:2).

자, 이것을 생각해 보라. 사람들이 말하기를 A.D. 70년에 파괴된 "거룩한 도성"이라 하는 성이 있는데, 그들은 하나님께서 예루살렘과 완전히 끝났다고 말하며, "교회"가 참된 이스라엘이라 하고, 약속들은 이방인들에게 주어진 것이기에 영적으로 해석해야 한다고 하며, 예루살렘은 영적으로 "소돔과 이집트"이기 때문에 하나님은 그 도성과 아주 끝났다고 한다. 그렇다면 여러분은 11:2에서 그것이 "거룩한 도성"이라 불리는 사실을 어떻게 설명하겠는가? 2절의 문맥은 이방인들이 삼 년 반 동안 그 도성을 짓밟는 것이 끝났을 때이다. 티투스가 A.D. 70년에 예루살렘을 파괴했을 때는 "거룩한 도성"이라 부르지 않았다! 마태복음 24장, 마가복음 13장, 누가복음 17장이 70년 예루살렘 파괴를 말하는 것으로 믿는 이 사람들은 "역사성"만 강조한다. 이들은 성경의 모든 구절은 역사적일 뿐 미래에는 아무런 적용이 안 된다고 믿는다. 모든 구절은 세 가지로 적용된다(1장을 보라).

『**그들이 마흔두 달 동안... 짓밟을 것이기 때문이라**』(2절). 마흔두 달은 얼마나 많은 날인가?

11:3 내가 나의 두 증인에게 권세를 주리니, 그러면 그들이 굵은 베옷을 입고 일천이백육십 일을 예언하리라."고 하더라.

성경에서 마흔두 달은 일천이백육십 일이다. 그러므로 성경의 한 달은 삼십 일인데 그래서 환란의 마지막 반은 삼 년 반의 기간이다.

『**내가 나의 두 증인에게 권세를 주리니**』(3절). 이 구절에서 말하는 이는 계시록 10:1,9,11의 천사이다.

11:4 이들은 땅의 하나님 **앞에 서 있는 두 올리브 나무이며 두 촛대니라.**

이것은 무천년주의자들과 후천년주의자들에게 결코 알려지지 않은 또 하나의 전반적인 사고의 흐름이며 "헬라어 원문"만을 보는 정통주의자들 간에 엄청난 불일치를 가져오는 사고의 흐름을 공개한다. 다행히도 영어 <킹제임스성경, 1611>은 1881년 개정 위원회에 몰래 들어간 웨스트코트와 홀트의 헬라어 원문보다 훨씬 더 정확하다. 여러분이 영어를 반박하려고 헬라어 원문을 볼 때마다 "헬라어"가 잘못 사용되는 것을 항상 확인할 수 있다. 여러분의 <킹제임스성경>을 고치게 하는 "헬라어 원문"은 웨스트코트와 홀트의 "바티칸 사본"(A.D. 350)으로서 허미의 목자와 외경을 담고 있다. 영어 <킹제임스성경>은 여러분에게 필요로 하는 헬라어 원문의 올바른 뜻을 설명한다. 학계와 신학교들에서 "헬라어 원본"으로 언급되는 것은 오리겐과 유세비우스가 북아프리카나 이탈리아에서 쓴 이 변개된 히스키야 계열의 원문이다. 이것은 성경이 아니다.

주목하라. 즉 이 두 증인은 "지상의 하나님 앞에 서 있는 두 올리브 나무이며 또 두 촛대"라고 불린다. 몰몬교도들은 첫 증인이 성경이고 두 번째 증인은 조 스미스(Joe Smith)의 "몰몬경"이라고 믿는다. 이것은 종교적인 인기 전술인데 오늘날 종교 저능아들과 영적 천치들이 연출하는 풍자의 전형이다. 이 비뚤어진 사사로운 해석은 11:4,5,6과 7을 완전히 무시하는 것이다(여러분은 그 종교 저능아들이 성경을 가지고 무슨 짓을 하고 있는지 알 수 있다. 어떤 사람이든지 성경 구절을 취하여 자기의 생각이 옳다고 가르치려는 사람은 영적인 천치에 불과한데 그 이유는 그의 생각이 옳다고 한다면 그에게는 성경보다도 자신의 말이 더 중요하기 때문이다). 이 구절에서 여러분은 금으로 된 판들을 발견했다는 조 스미스에 관해서는 조금도 들은 바가 없을 것이다. 어떤 마귀가 그를 깨워 밖으로 데리고 나가서 파냈다는 그 황금판들에 <킹제임스성경>의 일부 내용이 담겨 있다는 사실을 여러분은 모를 것이다("몰몬경"의 말라키 3장은 <킹제임스성경> 본문이다). "몰몬경"(B.C. 2000-A.D. 1000년의 미국 인디언 시대에 쓰여졌기는커녕 1800년대에 쓰여진 것이다.)을 쓴 자가 누구이든 간에 그는 1611년까지 기다렸다가 그 황금판들을 다듬었다는 사실을 알겠는가?

요한계시록 11:4-7은 적합한 해석을 보여 준다. 우리는 가련한 메리 베이커 패터슨 에디(Mary Baker Patterson Eddy)처럼 이 부분을 엉망으로 만들어서는 안 된다(그녀는 자기가 죽지 않는다고 말했는데, 자신이 죽지 않음을 입증하려고 전화할 수 있도록 그녀의 무덤에다 전화를 설치하라고 요청하였다! 만일 그 가엾은 혼이 죽지 않는다면 전화를 무덤에다 설치할 필요없이 집에서 전화할 수 있었을 것이다!). 에디 여사가 한 증인은 성경이고 다른 증인은 "성경의 열쇠"라고 가르쳤을 때, 우리는 술통을 끌어안고 성경이 첫째 증인이며 외경이 둘째 증인이라고 하는 로마의 멍청하고 타락한 통치자를 다시 기억하게 된다! 그리스도를 거부하는 유대인들은 구약이 첫째 증인이고 탈무드를 둘째 증인으로 생각하며, 개종하지 않은 모슬렘 교도들은 첫 증인이 아브라함, 이삭, 모세와 율법이고 둘째 증인은 마호메트라고 생각한다. 성경을 부인하는 모든 타락한 죄인들은 한 가지 공통점이 있는데, 그들은 그 구절을 해석하기 위해 성경을 상고하지 않는다는 것이다.

『그때 내가 그에게 대답하여 말하기를 "촛대 오른편과 왼편에 있는 이 두 올리브 나무는 무엇이니이까?" 하고, 내가 다시 대답하여 그에게 말하기를 "두 금관으로 스스로 금 기름을 쏟아 내는 이 두 올리브 나무 가지들은 무엇이니이까?" 하니, 그가 내게 대답하여 말하기를 "너는 이것들이 무엇인지 모

르느냐?" 하시므로, 내가 말하기를 "내 주여, 모르나이다." 하니, 그가 말하기를 "이들은 두 기름부음받은 자들이니, 온 땅의 주 곁에 서 있는 자들이니라." 하더라』(슥 4:11-14).

두 증인은 책들이 아니다. 그들은 "두 기름부음받은 자들"인데 조 스미스가 태어나기 전이었던 현재 시제이며, 마호메트가 사막의 모래를 딛기 전이었던 현재 시제이다. 두 올리브 나무는 "두 기름부음받은 자들이며(현재 시제) 온 땅의 주 곁에 서 있다."고 스카랴서 4장에 나타나 있다(B.C. 534-487에 쓰여졌음). 그러므로 그 둘 중 어떤 사람도 "성경의 열쇠"나 "몰몬경"이 될 수 있었던 기회가 조금도 없다. 그래서 우리가 몰몬 장로들과 크리스챤 사이언스 실행자들에 대해 배우는 첫 번째 것은 그들이 성경에 전혀 주의를 기울이지 않는 뻔뻔스런 거짓말쟁이들이라는 점이다. 우리는 그들을 개인적으로는 사랑할 수 있고 복음을 증거하여 예수 그리스도에게 인도할 수 있다. 하지만 교회 조직체로서는 카톨릭 교회나 제칠일 안식교, 그리스도의 교회, 불교, 힌두교, 모슬렘, 여호와의 증인들, 도교나 유교 신자들과 같이 무시할 수 있다. 만일 그들이 "이들은 두 기름부음받은 자들이니 온 땅의 주 곁에 서 있는(현재 시제)" 자들로 예수 그리스도가 태어나기 487년 전에 존재한 것을 인정하지 않는 한, 그들 조직은 또 하나의 터무니없이 뻔뻔스런 거짓말쟁이들임이 분명하기에 아무 양심의 거리낌없이 그들을 무시할 수 있다! 성경은 여러분에게 헬라어나 히브리어의 어떤 도움 없이도 기록된 대로의 정확한 의미를 전달하기 때문에 원어 사전을 사용할 필요가 없다. 여러분에게는 교사도 필요 없고, 학교에 갈 필요도, 초등학교 6학년 수준의 지식도 필요하지 않다. 여러분이 해야 할 유일한 것은 성경을 읽는 그대로 믿는 것뿐이다.

11:5 누구든지 그들을 해치려고 하면 그들의 입에서 불이 나와 그들의 원수를 삼키리니 누구든지 그들을 해치려고 하면 반드시 이와 같이 죽게 되리라.

여러분이 "몰몬경"을 태운다 해도 그 책에서 여러분을 삼킬 만한 어떤 불도 나오지 않으며 외경을 태울지라도 어떤 교황의 파문도 여러분에게 떨어지지 않는다. <킹제임스성경, 1611> 번역자들이 외경을 번역했지만 그들은 이것에 영감이 담기지 않았다고 주를 달았으며 또한 구약에 포함시키지도 않았다. 2년 뒤 그들은 외경을 아예 빼버려서 성경으로 인정하지 않았다. 외경은 1611년 이후로는 <킹제임스성경>에 결코 실리지 않았는데 여러분은 외경에서 어떤 불이 나와 어떤 <킹제임스성경> 번역자를 삼켰다는 말을 듣지 못했을 것이다. 여러분은 프로테스탄트들이 외경을 성경으로 취급하지 않는다고 해서 교황들이 그들을 불태워 죽이려고 돌아다녔던 것을 기억할 것이다. 하지만 이 구절은(계 11장) 교황들이 아니며 어떤 교황도 B.C. 487년에 "주 곁에 서 있지" 않았다!

11:6 이들에게는 하늘을 닫는 권세가 있어서 그들이 예언하는 날 동안 비를 오지 못하게 하고, 물을 피로 변하게 하는 권세도 있어 원하는 때면 언제든지 온갖 재앙으로 땅을 치리로다.

온 땅의 주 곁에 서 있는 "두 기름부음받은 자들"은 그들의 적을 불로 소멸하고 그들 중 하나는 "그들이 예언하는 날 동안 비를 오지 못하게 하는 하늘을 닫는 권세"를 가졌다(2절 : 마흔두 달. 3절 : 3년 반. 약 5:17 – 삼 년 육 개월).

『**엘리야는 우리와 같은 성정에 속한 사람이지만, 비가 오지 않기를 간절히 기도하였더니 삼 년 육 개월이나 땅에 비가 오지 않았고**』(약 5:17).

그래서 첫 번째 증인은 조금도 의심할 여지가 없다. 첫 번째 증인은 성경이 아니며, 결코 성경이 아니었고, 결코 성경이 아닐 것이다. 첫째 증인은 "온 땅의 주 곁에 서 있는" "기름부음받은" 선지자이며 그의 입에서는 불이 나와 그의 적들을 소멸하고, "하늘을 닫아서" "삼 년 육 개월" 동안 비가 오지 않게 한다. 이 해석에 대해 어떤 의심이 있을지라도 우리는 다행히 신뢰할 수 있는 하나님의 말씀이 쉬운 우리 말로 되어 있기에, 자신들의 썩어빠진 사사로운 해석들을 가하는 "추기경들"과 "주교들" 같은 미신적이고 독단적인 개인들이나 교황 같은 천한 기회주의자들에게 결코 가지 않는다.

『길르앗 거민에 속한 티셉인 엘리야가 아합에게 말하기를 "내가 그 앞에 서서 섬기는 이스라엘의 주 하나님**께서 살아 계시거니와 내 말이 없으면 수 년 동안 이슬도 내리지 않겠고 비도 오지 아니하리라." 하니라』**(왕상 17:1).

엘리야는 온 땅의 주 앞에 서 있었다. 그는 촛대 오른쪽에 있고 변형산에 나타났었는데(마 17장) 그 왼쪽에는 누가 있었는지 알아맞혀 보라. 모세였다.

『물을 피로 변하게 하는 권세도 있어 원하는 때면 언제든지 온갖 재앙으로 땅을 치리로다.』

구절 중간에 "prophecy"라는 단어 다음의 콜론을 주목하라(in the days of their prophecy: and have power over watcrs to turn them to blood). 그 다음 문장은 다른 증인에게 해당된다. 두 번째 증인은 "물을 피로 변하게 하는 권세도 있어 원하는 때면 언제든지 온갖 재앙으로 땅을 친다." 이 사람이 누구인지는 의심할 여지가 없는데 이 사람은 모세이다. 여러분은 계시록 11장의 일들이 어떻게 일어나는지 알겠는가? 성경이 말한 대로라면 성경대로 믿는 설교자는 그리스도의 재림과 모세의 재림, 엘리야의 재림, 재건되는 두 번째 성전, 그리고 예루살렘에 회복되는 두 번째(천 년의) 경배를 설교할 수 있다. 지방 설교자일지라도 성경 구절의 기록된 대로의 뜻을 그대로 믿으면, 후천년주의와 무천년주의자인 지금까지 살았던 어떤 교황도 전혀 알지 못했던 미래의 절대무오한 열쇠가 있음을 분명히 확신하게 되고, 역사(history)가 완전한 주기를 이루며 스스로 그 글자를 되풀이하는 것을 이해할 수 있다(history : his + story)!

『또 주께서 말씀하시기를 "네가 내 얼굴을 볼 수 없으니 이는 나를 보고서 살 자가 아무도 없음이니라." 하시고 주께서 말씀하시기를 "보라, 내 옆에 한 곳이 있으니 너는 한 바위 위에 설지니라』(출 33:20,21).

그렇게 엘리야와 모세는 둘 다 온 땅의 주 앞에 서 있다. 구약과 신약에서 그 둘 다 "기름부음 받았다."

『그들 주위에 있던 온 이스라엘이 그들의 부르짖음을 듣고 도망하며 말하기를 "땅이 우리도 삼킬까 두렵다." 하더라. 또 주께로부터 불이 나와서, 향을 피우던 이백오십 명을 소멸시켰더라』(민 16:34,35).

이것은 모세가 코라, 다단, 아비람 자손들에게 말하는 것이다. 불이 모세의 사역에 사용되는 것을 주목하라. 자, 불이 엘리야가 그의 적들을 멸했던 방법과는 어떤 관련이 있는지 보도록 하자.

『엘리야가 대답하여 오십부장에게 말하기를 "만일 내가 하나님**의 사람이라면 하늘에서 불이 내려와 너와 너의 오십 명을 사르리라." 하자 하늘에서 불이 내려와 그와 그의 오십 명을 사르더라』**(왕하 1:10).

모세와 엘리야는 둘 다 기름부음 받았으나 에녹은 받지 않았다.

모세와 엘리야는 온 땅의 주 곁에 서 있으나 에녹은 그렇지 않다.

모세와 엘리야는 둘 다 그의 적들을 불로 멸하였으나 에녹은 그렇지 않았다.

모세와 엘리야는 재앙으로 땅을 치고 삼 년 반 동안 비를 막았으나 에녹은 그렇지 않았다.

모세와 엘리야는 시내 산에서 사십 주야를 있었으나 에녹은 그렇지 않았다.

모세와 엘리야는 아무것도 먹거나 마시지 않은 채 거기서 사십 주야를 있었으나 에녹은 그렇지 않았다.

모세와 엘리야는 둘 다 그들의 사역을 계승한 사역자들이 있었으나(여호수아와 엘리사) 에녹은 없었다.

모세와 엘리야 둘 다 변형산에서 예수님에게 나타났으나 에녹은 나타나지 않았다.

모세와 엘리야는 구약에서 언급된 마지막 두 사람이며(말 4장), 그들은 시내(호렙) 산과 주 예수 그리스도와 연관되어 언급된다.

이제, 정통주의자들이 그들은 모세와 엘리야일 수 없다고 생각하는 이유를 알아보기로 하자. 그들이 첫째 증인이 모세일 리 없다고 생각하는 이유는 모세가 "죽지 않고 들림받지" 않았기 때문이라는 것이다(대부분의 주석서는 그들이 에녹과 엘리야라고 하는데 그 이유는 에녹과 엘리야가 죽지 않고 들림받았기 때문이다. 그 주석서들은 모세가 죽어서 장사되었기 때문에 첫째 증인은 모세일 리 없다고 하는데 이것은 실수이다).

『그러므로 주의 종 모세가 주의 말씀대로 모압 땅에서 죽으니라. 주께서 그를 벧프올 맞은편 모압 땅에 있는 골짜기에 장사하셨으니 오늘까지 그의 묘를 아는 자가 아무도 없더라』(신 34:5,6).

주께서 모세를 장사지냈지만 사람들이 에녹의 흔적을 찾지 못했던 것처럼 모세의 묻힌 곳도 결코 찾지 못했는데 모세는 무덤에 머물러 있지 않았다!

『그러나 천사장 미카엘도 모세의 몸에 대하여 마귀와 더불어 다투며 논쟁할 때 감히 그를 모독하는 비난을 하지 아니하고 오직 "주께서 너를 책망하시느니라."고 말하였느니라』(유 9).

그래서 "모세의 몸"이 미카엘과 마귀의 논쟁 대상이었다. 이 "모세의 몸"이 사용된 것이다. "모세의 몸"이 엘리야와 함께 변형산에 나타난 것은 의심할 여지가 없다. 여기서 주 예수 그리스도는(시몬 베드로가 베드로후서 1장에서 말했듯이) 모세, 엘리야와 더불어 영광의 모습으로 나타난다. 이것은 모세가 죽음에 머물러 있지 않았고, 무덤에 누워 있지 않았으며, 죽은 자들로부터 일으켜졌음을 보여 준다. 모세가 예정보다 일찍 일으켜졌기 때문에 그의 몸의 사용에 관하여 미카엘과 마귀 사이에 논쟁이 있었다.

엘리야는 침례인 요한의 모습으로 이미 왔기 때문에 두 번째 증인은 엘리야가 아니라고 항의한다. 이 해석은 주석기로시의 시성과 상식과 교육 부족이라기보다 그 이상의 원인에 기인한다. 그것은 하나님의 말씀에 대한 부주의에서 오는 것이다. 다음 구절들을 읽을 때 소위 "정통 헬라어 원문"이라 하는 웨스트코트와 홀트의 바티칸 사본 내용은 배제하고 말씀 그대로 믿기 바란다.

『그후 그들이 산에서 내려갈 때에 예수께서 **그들에게 당부하여, 말씀하시기를** "인자**가 죽은 자들로부터 다시 살아날 때까지는 아무에게도 그 광경을 말하지 말라.**"고 **하시니라. 주의 제자들이 주께 물어 말씀드리기를 "어찌하여 서기관들은 엘리야가 먼저 와야 한다고 말하나이까?"라고 하니** 예수께서 **그들에게 대답하여 말씀하시기를 "과연 엘리야가 먼저 와서 모든 것을 회복**

할 것이라』(마 17:9-11).

"회복한다"는 낱말을 주목하라. 이 낱말은 항상 그리스도의 재림과 연관되어 있다(행 3:20,21). 주 예수 그리스도의 말씀은 엘리야가 오리라는 것이다.

『그러나 내가 너희에게 말하노니, 엘리야가 이미 왔으나 사람들이 그를 알아보지 못하고 그들 마음대로 대하였도다. 이와 같이 인자도 **그들에게 고난을 받으리라."고 하시더라. 그때서야 제자들은 주께서 자기들에게 침례인 요한에 관하여 말씀하신 것임을 깨닫더라』**(마 17:12,13).

그러므로 12절과 13절 때문에 주석가들은 그리스도께서 이미 오셨고 침례인 요한은 엘리야였다고 만장일치로 동의하는 것 같다. 따라서 그들은 모든 구약의 예언은 초림에서 성취되었으며 재림에 대한 예언들이 있다면 그것들은 영적인 것이라고 주장한다. 이것은 터무니없고 불성실하며 서투른 주석의 전형으로 모든 무천년과 후천년 주석가의 특징이기도 하다. 이 생각은 예수 그리스도께서 침례인 요한이 엘리야였다고 말했기 때문에(마 17:12,13), 선두 주자 엘리야와 더불어 엄청나고 무서운 다가올 "주의 날"(재림을 뜻함)을 다루는 구약의 모든 예언이 선두 주자인 침례인 요한과 더불어 그리스도의 초림에서 성취되었다는 것이다. 그래서 "주의 날"을 언급하는 모든 구절을 초림에 적용한다.

그 구절을 자세히 주목하라. "과연 엘리야가 먼저 와서(shall first come) 모든 것을 회복할 것이라. 그러나(분명한 반박을 보여주는 접속사) 내가 너희에게 말하노니..." 여러분이 여기서 발견하는 것은 겉보기는 모순인 것 같지만 주의 깊게 살펴보면 전혀 모순되지 않는다. 그래서 우리는 주의 깊게 분석할 것이다.

『그후 주께서 혼자 기도하고 계실 때 제자들도 함께 있었더라. 주께서 그들에게 물어 말씀하시기를 "무리들이 나를 누구라 말하느냐?"고 하시니 그들이 대답하여 말씀드리기를 "'침례인 요한이라.'고 하며, 어떤 사람들은 '엘리야라.'고도 하며, 또 어떤 사람들은 '옛 선지자들 가운데 한 분이 다시 살아났다.'고도 하나이다."라고 하니라. 주께서 그들에게 말씀하시기를 "그러면 너희는 나를 누구라 말하느냐?"고 하시니, 베드로가 대답하여 말씀드리기를 "하나님

의 그리스도시니이다."라고 하더라』(눅 9:18-20).

그래서 세 사람, 즉 침례인 요한, 예수 그리스도, 엘리야에 대해 혼동을 한다. 비록 여러분이 침례인 요한이 엘리야였다고 주 예수 그리스도에게 듣지만 요한 자신의 증거를 보라.

『**또 이것이 요한의 증거라. 유대인들이 예루살렘에서 제사장들과 레위인들을 보내어 그에게 묻기를 "네가 누구냐?"고 하였더니 요한이 시인하고 부인하지 아니하였으니, 시인하기를 "나는 그리스도가 아니라." 하더라. 그들이 묻기를 "그러면 네가 무엇이냐, 네가 엘리야냐?"고 하니, 그가 말하기를 "나는 아니라."고 하자, "그러면 네가 그 선지자냐?"고 하니, 그가 대답하기를 "아니라."고 하더라**』(요 1:19-21).

이것이 분명한가?(이것은 여러분이 하나님의 말씀에서 발견할 수 있는 외견상의 모순이다). 예수님께서 침례인 요한이 엘리야였다고 말씀하셨는데 침례인 요한 자신은 엘리야가 아니라고 말한다! 이것은 분명한 모순이다(이것은 어떤 사람들로 하여금 성경을 던져 버리고 볼테르, 탐 페인, 루소 같은 자들의 글을 읽도록 만든다!). 그러나 이것은 실제 모순이 아니라 외견상의 모순으로 보일 뿐이다. 성령님께서 헬라어 학자들이 설명하지 못하는 문제를 설명하기 위해 쉬운 영어 <킹제임스성경>으로 사용하시는 것을 확실히 주목하라.

『**그는 주의 목전에 위대한 자가 될 것이며, 포도주나 독주도 마시지 아니하며 모태에서부터 성령으로 충만하리라. 또 그는 많은 이스라엘의 자손을 그들의 하나님이신 주께로 돌아오게 하리라. 그는 엘리야의 영과 능력을 가지고 주 앞에 앞서 가서 아비들의 마음을 자식들에게로, 불순종한 자들을 의인들의 지혜로 돌아오게 하며, 주를 위하여 마련해 놓은 백성을 예비시키리라."고 하더라**』(눅 1:15-17).

외견상 모순은 침례인 요한이 "엘리야의 영과 능력"으로 온다는 사실로 설명되며, 만일 유대인들이 예수 그리스도를 자신들의 메시아로 받아들이고 사도행전 2-7장의 복음을 수용했다면, 그리스도는 돌아오셨을 것이며 침례인 요한은 엘리야가 되었을 것이다! 이것은 이중 수수께끼였고 쌍을 이루는 역설이었으며 분리된 어려운 문제였던 까닭에 지구상의 어떤 학자도 헬라어 원문에서 결코 발견할 수 없었다. "헬라어"로는 애매하다. "헬라어 원문"은 이 진리를 전혀 밝혀내지 못하였다. 『**네가 진리의 말씀을 올바로 나누어 자신이** 하나님 **앞에 부끄럽지 않은 일꾼으로 인정받도록 공부하라**』(딤후 2:15).

그리스도의 초림은 재림이 될 수 있었다(마태복음 1-3장 주석 참조). 구약의 모든 예언은 예수 그리스도께서 사도행전 7장에서 돌아오셨더라면 성취될 수 있었을 것이다(유대인들이 예수님의 메세지를 받아들였더라면). 예수 그리스도께서는 사도행전 7장에서 돌아오실 것을 예견하며 지상에 계실 때에 십자가의 고난을 당하시기 전에 사도들에게 『**사람들이 이 성읍에서 너희를 박해하면 다른 성읍으로 피하라. 진실로 내가 너희에게 말하노니**, 인자**가 올 때까지 너희가 이스라엘의 성읍들을 다 다녀 보지 못하리라.**』(마 10:23)고 그들의 사명을 말씀하셨다. 인자는 오지 않으셨으나 그들은 이스라엘의 성읍들을 다 다녔고 땅 끝까지 갔음에도 그분은 결코 오지 않으셨다. 그래서 후천년과 무천년 얼간이들은 그들이 항상 의지하는 구태의연한 습관을 고수한다. 그들은 구절들을 영적으로 해석해야만 하는데 이를테면 그분이 말씀하신 것은 진정 그 뜻이 아니었다든지, 그분은 어떤 사람도 알지 못하는 것을 말씀하신 것이라든지, 또는 그분의 초림이 재림이었다든지, 그분은 사도들에게 새빨간 거짓말을 했을 뿐이다라는 등등이다. 이것은 심지어 정교(正教), 보수주의, "정통주의" 학자들에 의해서 지속적으로 전수된 혼란스럽고 체계가 서지 않는 가르침의 두드러진 전형이다. 한 구절이 다른 구절을 부인하게 만드는 어떤 체계나, 평범한 문자적인 구절을 영적으로 해석하도록 만드는 체계나, 예수 그리스도를 거짓말쟁이로 만들거나 선지자들을 거짓말쟁이로 만드는 어떤 체계도 그릇된 것이다. 성령님께서 침례인 요한은 단지 엘리야의 유형으로서 만일 그리스도께서 사도행전에서 재림하셨더라면 예언을 성취했을 것이라고 분명히 가르치고 있다(우리가 말라키 4장을 누가복음 1장으로 비교하듯이). 그리스도께서(이스라엘의 거부로 인해) 그분의 재림을 연기하고 땅 끝까지 복음을 전하도록(그리고 교회 시대를 전개하도록) 바울을 부르시기 때문에 엘리야의 재림도 훗날로 연기된다.

『너희는 내가 온 이스라엘을 위하여 호렙에서 규례들과 명령들로 그에게 명했던 내 종 모세의 율법을 기억하라. 보라, 내가 주의 크고 무서운 날이 오기 전에 선지자 엘리야를 너희에게 보내리니, 그가 아비들의 마음을 자식들에게로, 자식들의 마음을 그들의 아비들에게로 돌이켜, 내가 와서 땅을 저주로 치지 않게 하리라』(말 4:4-6).

『그는 엘리야의 영과 능력을 가지고 주 앞에 앞서 가서 아비들의 마음을 자식들에게로, 불순종한 자들을 의인들의 지혜로 돌아오게 하며, 주를 위하여 마련해 놓은 백성을 예비시키리라."고 하더라』(눅 1:17).

위임된 내용이 같지 않다. 여러분이 쉽게 읽을 수 있는 쉬운 영어 성경 구절의 낱말이 같지 않기 때문에 같은 내용이 아니다. 그렇게 두 부분은 같은 낱말들이 아니고 철자도 다르기 때문에 내용이 같지 않다. 여러분이 사실 이것을 믿으면 간단하다. 여러분은 이 구절들을 이해하는 데 아무런 문제가 없지만 진정한 문제는 여러분이 믿지 않는 데 있다. 마치 모든 사람의 문제가 믿지 않는 데 있는 것처럼 말이다(마 16:16-18 주석 참조).

말라키 4:4-6에서 여러분은 호렙(시내) 산, 이스라엘, 주님, 모세와 엘리야가 재림에서 흥미있는 주요 주제가 될 다섯 개의 고유한 이름들인 것을 듣는다. "주의 크고 무서운 날"을 공부하기 전에 여러분은 시내 산, 주 예수 그리스도, 이스라엘, 엘리야, 모세를 다루게 될 것이다. 엘리야는 그리스도께서 재림하셔서 "땅을 저주로 치지" 않게 하려고 이스라엘을 하나님께 회복시키려고 온다. 침례인 요한은 그리스도의 초림 때 와서 "불순종한 자들을 의인들의 지혜로 돌아오게 하며, 주를 위하여 마련해 놓은 백성을 예비시킨다." 침례인 요한은 "엘리야의 영과 능력"으로 오기에 모든 실제적인 목적에서 엘리야인데, 만일 예수 그리스도께서 사도행전에서 돌아오셨더라면 엘리야가 되었을 것이다. 예수 그리스도께서 사도행전에서 돌아오지 않았기 때문에 사도행전은 성경 전체에서 가장 이해하기 어려운 책 중 하나가 되었고, 결과적으로 지상의 모든 구원받지 않은 교사들과 설교자들은 그들의 주요 교리를 사도행전에서 취하려고 애를 쓴다. 여러분이 사는 도시나 필자가 사는 도시에 있는 이단들치고 그들의 신학을 사도행전 1장에서 시작하지 않는 이단은 하나도 없다. 사도행전 2장의 상황은 오늘날의 상황이 전혀 아니다. 사도행전 2장에서 그들은 모두 사도인데 지금은 아무도 존재하지 않는다. 그들은 모두 표적과 이적과 기적을 행하는데 지금은 아무도 그렇게 행하지 못한다. 만일 그렇게 행하는 사람이 있다면 확인해 보라. "거짓말쟁이들"임을 알 것이다(계 2장). 사도행전 2장 38절에는 물 침례를 받아야 성령님을 받는다고 되어 있어 물 침례와 구원이 직접 관련이 되어 있다. 그것은 침례인 요한이 십자가 사건 이전에 침례와 구원을 연관시킨 것과 정확히 일치한다. 그러나 지금은 물 침례와 구원은 더 이상 아무런 관계가 없다(고전 1:17). 그들은 재산을 나누어 공동 분배를 하였는데, 이것은 막스가 그의 강령으로 채택하지만 그리스도인들은 더 이상 그렇게 하지 않는다. 그리스도의 교회들은 자기들이 사도행전 2:38을 지키기 때문에 하나님의 말씀에 순종하는 것으로 생각하지만 (같은 장에 있는) 사도행전 2:42-45을 지키는 그리스도의 교회 회원은 단 한 사람도 없다! 여러분은 그들이 그렇게 하지 않는 이유를 아는가? 사도행전 2장에서 이스라엘은 예수 그리스도의 재림을 기다리고 있다. 사도행전 3장에서 베드로는 유대인들에게 그들의 죄가 갈보리에서 사해졌다고조차 말하지 않는다! 그는 그들에게 그들의 죄는 예수 그리스도의 재림 때 사해질 것이라고 말한다(행 3:19)!

계시록의 열쇠는 11장이다. 일단 여러분이 모세와 엘리야가 두 증인임을 알았다면 여러분은 천 개의 다른 일들을 아는 것이다. 예를 들면 여러분이 모세와 엘리야만 시내 산에 있었던 것이 아니라 예수님도 이 산에 계셨던 것을 알았는지?(마태복음 4장, 누가복음 4장을 보라. 여러분은 그 산이 확인되지 않는다고 말한다. 그런가?). 여러분은 예수님께서 거기 올라가 40주야를 아무것도 먹거나 마시지 않은 채 계셨던 것을 알았는가? 여러분은 모세가 시내 산에 올라가서 40주야를 아무것도 먹거나 마시지 않은 채 있었던 것을 알았는가? 여러분은 엘리야가 이세벨에게서 도망쳤을 때 아무것도 먹거나 마시지 않은 채 40주야를 걸려 시내 산에 이르렀던 것을 알았는가?(왕상 19:8 참조) 여러분은 모세가 요단 동쪽 피스가 산에서 죽은 것을 알았는가? 여러분은 엘리야가 회오리 바람 속에 들려 올라갔을 때 모세가 죽었던 장소에서 들림받았던 것을 알았는가? 여러분은 엘리야가 예수 그리스도께서 침례받으신 요단 강을 건넜음을 알았는가? 여러분은 모세가 죽을 때 여호수아에게 그의 사역을 위임했던 것을 알았는가? 여러분은 엘리야가 하늘로 들림받을 때 엘리사에게 그의 사역을 위임했던 것을 알았는가? 여러분은 예수님께서 죽으셨다가 하늘로 올라가신 후 바울에게 로마서 15:16-19에서 보듯이 이방인들에게 복음을 전하도록 위임하신 것을 알았는가? 여러분은 모세의 사역자 여호수아가 이스라엘에 대한 그의 사역에 수반하여 표적과 기적을 행한 것을 알았는가? 여러분은 엘리야의 사역자 엘리사가 엘리야가 행한 것과 동일한 표적과 이적을 행했음을 알았는가? 여러분은 이방인을 향한 예수 그리스도의 사역자 바울이 예수 그리스도께서 행하신 표적과 이적과 기적을 행했음을 알았는가? 이에 관해 어떤 의심이라도 있다면 로마서 15:16,18,19을 보라.

구약에서 모세가 파라오에게 하나님을 증거했는데 이 파라오는 계시록 11장의 아직 오지 않은 적그리스도의 유형이다. 엘리야가 이스라엘의 사악한 왕 아합에게 하나님을 증거했을 때 이 아합은 아직 오지 않은 적그리스도의 유형이다. 아합의 아내가 이세벨이었기 때문에 이세벨이 계시록 2장에서 아직 나타나지 않은 바알 숭배와 연관되어 언급된다.

부가된 계시들은 매우 빠르고 맹렬하게 다가오기 때문에 모두 다루지 못하고 그러한 계시들을 담은 성경 구절은 너무 많아서 열거할 수 없다. 그래서 이 부분에 있어서는 독자가 이해할 수 있는 정도에 맞춰 언급하고자 한다.

주 예수 그리스도께서 죄인들을 대신해 죽으시고자 이 땅에 초림하시는 것은 구약에 예언되어 있다. 또한 그분이 장사지낸 바 되었다가 셋째 날에 죽은 자들로부터 살아나시는 것도 예언되어 있다. 그러므로 예수 그리스도는 모든 구약 예언을 성취하기 위해 오셔야 했고, 십자가에서 죽으셔야 했으며, 장사지낸 바 되었다가 다시 올라가셔야 했다. 그리스도께서 죽은 자 가운데서 살아나시어 사도행전 1장에서 하늘로 다시 가실 때 아직도 성취되어야 할 무엇이 구약에 남아 있었는가? 대답은 그리스도의 재림에 관련된 예언들이다.

구약에서 그분의 재림을 다루는 예언들은 500군데 이상이다. 여러분이(무천년주의자들과 후천년주의자들처럼) 재림을 초림으로 해석하면 여러분은 이 500개의 문자적인 약속들을 영적으로 만들어 버리게 된다. 주 예수 그리스도는 초림하셔야 했으며, 이제는 재림하셔야 한다. 구약에서 유일하게 빠진 사항은 초림과 재림 사이의 시간 간격이다. 이 부분이 가려져 있어서 하나님의 선지자들은 "그리스도의 고난과 다가올 영광"(벧전 1:9-12) 사이의 시간 간격을 결코 발견하지 못했다.

이것이 현대 신학자들의 문제이다. 현대의 모든 주요 교단 신학교 교수들은 초림과 재림 사이의 시간 요소를 구별하지 못한다. 즉 그들은 히브리 구약 성도들이 B.C. 1000년경에 그랬던 것처럼 그렇게 무지할 뿐이다. 이것은 하나님께서 영리한 사람들을 골탕먹여온 기막힌 농담 가운데 하나이다. 이 멍청이들이(제자들에게 헬라어나 가르치고, 고등 지식과 비평 연구, "공인된 관례," "이전보다 더 확장된 지식"에의 접근과 인간의 과학적 진보 등을 이야기 하며) 교수 자리에 앉아서 불쌍한 미신적인 구약 유대인들을(이들은 "영적인 왕국"을 찾았어야 했을 때 "문자적인 왕국을 찾았다.") 경멸하는 동안 가련한 눈먼 바보들은 같은 실수를 범해왔다.

초림과 재림 사이에 주어진 시간 간격을 몰랐기 때문에 유대인은 초림 때에 재림을 찾고 있었다. 즉 유대인은 그리스도께서 초림하셨을 때 문자적이고 실제적이며 눈에 보이는 지상의 왕국을 찾았던 것이다. 그들은 그분을 십자가에 못박았으나 그분은 장사지낸 바 되었다가 죽은 자 가운데서 살아나셨다. 사도행전 7장까지는 이스라엘에게 문자적이고 눈에 보이는 실제적인 왕국이 선포된다(그것이 사도행전 2-7장의 가르침이다. 사도행전 1-7장에서 여러분은 바울이 갈라디아서 1,2장, 에베소서 2,3장에서 전하는 "하나님의 은혜의 복음"을 전하는 어떤 사람도 발견하지 못할 것이다. 이것은 사도행전 1-7장에서 유대인은 여전히 문자적이고 실제적이며 눈에 보이는 왕국의 실현을 기다리고 있음을 말해 준다). 유일한 문제는 유대인들이 예수 그리스도를 이 왕국을 통치하실 그들의 메시아로 원치 않는 것에 있다. 그래서 그들은 그분을 십자가에 못박아 거부하였을 뿐만 아니라 예수께서 부활하신 후에도 왕국을 거절한다. 십자가에서 예수님은 "아버지여, 저들을 용서하소서.

이는 그들이 무엇을 하는지 알지 못함이니이다."라고 말씀하셨다. 주께서는 그들이 자기들이 행한 행위를 알지 못했기 때문에 그들을 용서하셨다. 사도행전 2-7장에서 그들에게 자기들이 거절한 예수 그리스도를 메시아로 영접할 두 번째 기회가 주어진 것이다.

초림과 재림 사이의 시간 요소가 주어지지 않았기 때문에 유대인들은 주의 오심을 동일시하였다. 그렇게 함으로써 하나님께서 그들에게 보내신 메시아를 거부했던 것이다. 그래서 그분은 눈에 보이는 문자적이고 실제적인 다윗의 왕국을 팔레스타인에 세울 기회를 연기하신다.

평범한 이방인인 미국 신학자들은 (필자가 말하는 이들은 신학 교수들과 헬라어 학자들 그리고 초교파 지도자들이다.) 이 옛날 생각을 주장하기 때문에 같은 실수를 저지른다. 이 세대에서 그들은 과거의 초림을 바라보며 그리스도께서 초림하셨을 때 초림과 재림 사이에 주어진 시간 요소가 없어서 문자적이고 실제적이며 눈에 보이는 이스라엘에 대한 약속들은 실현되었다고 말한다. 따라서 유대인들은 문자적이고 실제적이며 눈에 보이는 약속들을 받지 못했기 때문에 이 약속들은 영적인 것이며 그리스도인들에게 적용된다는 것이다! 이것이 하나님께서 모든 사람을 바보로 만드는 방법이다. 하나님께서 구원받지 않은 유대인들을 바보로 만들기 위해 신약을 쓰셨으며, 구원받지 않은 이방인들을 위해 구약을 쓰셨다. 그 결과로서 생기는 "바보"는 악한 마음의 산물이다. 이방인들이 구약 유대인들이 왕국에 관해 실수한 것을 경멸할 때 그들도 이미 같은 실수를 범하고 있음을 기억해야 한다. 여러분은 어떤 다른 사람의 눈 속에 있는 티를 빼라고 하기 전에 여러분 눈에 있는 들보를 먼저 제거하도록 하라.

유대인들은 초림과 재림 사이에 주어진 시간 요소가 없다는 이유로 초림을 재림이라고 생각하였다. 그러나 그들은 문자적이고 실제적이며 눈에 보이는 통치자로 오신 이분을 메시아로 원치 않았다. 그래서 그들은 그분을 죽인 것이다. 그분은 죽은 자 가운데서 살아나셨고 그들은 왕국을 받아들일 두 번째 기회를 가졌지만 거절하였다. 이 점에서부터 새 시대가 이르는데 그리스도께서 재림하실 때까지 하나님의 영적인 나라가 전파되며, 사람은 "거듭나야" 하고 하늘의 영적인 축복들을 받는다. 초림과 재림 사이의 시간 요소는 알려지지 않았다.

이것은 예수 그리스도께서 이 땅에 사도행전 7장까지는 어느 때나 오실 수 있었으며 구약의 모든 약속은 실현되었을 것임을 뜻한다. 스테판이 사도행전 7장에서 돌에 맞을 때 그는 하늘을 올려다 보았고 "인자가 서서" 내려오려는 모습을 보았는데, 그 이후로 성경에서 그분은 항상 앉아 계신 모습으로 언급된다. 그분은 아직 돌아오지 않으셨다. 이 시간 요소는 알려지지 않은 요소이다. 이것은 그리스도의 재림에 관하여 구약 유대인들에게 주어진 실제적이고 문자적이며 눈에 보이는 약속들이 후에 일어날 것을 뜻한다. 이것은 그 약속들이 영적이거나 이 시대에 적용되는 것을 의미하지 않는다. 그런데도 현대주의자들, 자유주의자들, 죽은 정통 보수주의자들은 엄청난 실수를 한다. 알려지지 않은 시간 요소는 우리가 살고 있는 교회 시대인데, 이는 예수 그리스도 안의 "거듭난 성도들"로 하나의 영적인 몸으로 불러냄을 받은 시대이다. 이것은 알려지지 않은 시기이며 그 마지막도 성경에 선명히 주어지지 않았다.

모세와 엘리야가 그리스도의 재림 전에 돌아온다면 (그리고 그들이라면) 그들은 미래에 올 것인데 아직 오지 않은 것이다. 그리스도께서 사도행전 7장에서 돌아오셨더라면 엘리야는 침례인 요한에게 나타난 "영과 능력"으로 구약의 약속들을 성취했을 것이다. 모세는 어땠을까? 구약에 모세가 돌아온다는 분명한 약속은 없으며 단지 엘리야가 오리라는 약속만 분명하다(말 4:3-6)! 여러분은 모세가 사도행전 7장으로부터 한참 후인 90년경에 쓰여진 계시록 11장에서 비로소 돌아올 것임을 듣는다. 사도행전 7장에서 일어나야 했던 모든 일은 그리스도가 돌아오셔서 적그리스도를 무찌르는 것이다(그런데 적그리스도는 존재하지만 우리가 계시록 13장에 가서야 보게 될 것이다).

그러므로 성경에 기록된 대로 그리스도의 재림 전에 모세와 엘리야가 다시 올 것이나 계시록 11장에 이를 때까지는 볼 수가 없다. 여러분이 구약을 (모든 사도가 가졌던, 즉 창세기에서 말라키까지 읽기만 해도 엘리야의 재림은 침례인 요한으로 이미 실현되었고, 그리스도의 초림은 그분의 죽음과 장사지냄 그리고 부활로 이미 성취되었음을 안다. 그분은 돌아와서 로마(재림 때에 다시 세력을 잡을)를 멸망시킬 수 있었다. 그분은 사도행전 7장에서 그렇게 할 수 있었던 것이다. 이것은 사도행전 1-7장이 과도기로서 하나님께서 이스라엘을 향한 그분의 약속들을 성취시킬 기회였음을 뜻한다. 만일 이스라엘이 그리스도를 그들의 메시아로 공식적으로 영접하고 이스라엘의 장로들, 제사장들, 서기관들이 그분을 구세주로 신뢰했더라면 예수 그리스도께서 이 땅에 돌아오셔서 사도행전 8장에서 예루살렘에 천년왕국을 세우셨을 것이다. 이것이 믿어지지 않는다면 이방인들이 천년왕국 때 예루살렘으로 오리라는 것처럼(사 11:10; 42:1) 이사야서를 읽으며 성전에서 나오는 함족 이방인(행 8장)을 보라! 그리스도께서 재림하시면 이방인들은 그분을 경배하러 예루살렘에 오는 것(사 60:3,5,16)이 비밀이 아니다. 이방인들이 천년왕국에서 구원 계획에 참여하리라(렘 16:19)는 것은 비밀이 아니다. 이것이 구약에 거듭 거듭 예언되어 있다(사 42:1; 49:6). 그래서 만일 그리스도가 돌아오셨더라면 단 한 가지 약속도 성취되지 않은 채로 남아 있지 않았을 것이다!

교회는 어땠을까? 여러분의 교회는 "하나님 안에 감추어진" 드러나지 않은 신비였고, 모든 구약은 창세기부터 말라키까지 한 구절도 부인함 없이 사도행전 7장에서 성취되었을 것임을 알 것이다(엡 3장). 교회는 구약에 계시된 진리가 아니었으며 사도 바울에게 에베소서 3장에 계시된 진리였다. 베드로와 야고보, 요한은 사도행전 2장에서 교회에 관하여 세 살짜리 아기가 핵물리학을 모르는 만큼이나 알지 못한다.

하지만 이것이 진실이라면 전 로마카톨릭과 그리스도의 교회들의 구원 계획은 모두 헛되다. 여러분은 "죄들을 사함받은 것으로 인하여 예수 그리스도의 이름으로 침례를 받아도" 소용없으며, 설사 침례를 받는다 해도 총알처럼 곧장 지옥으로 가는 것이다. 여러분은 "죄들을 사함받은 것으로 인하여 예수 그리스도의 이름으로 침례받음"으로 성령님을 받지 못한다. 설사 그리할지라도 마귀에 붙들려서 지옥으로 갈 때 그 불결한 영이 여러분을 데려갈 것이다. 여러분은 에베소서 3장으로 가야지 사도행전 2장으로 가서는 안 된다. 여러분이 구원받았다면 "그리스도의 몸"으로 거듭난 그리스도인이다. 여러분은 사도행전 2장의 율법을 따라 성전에서 경배하는 할례받은 유대인이 아니다. 하나님께서는 세대마다 다루시는 경륜이 있기 때문에 재림하실 때 지상의 모든 성경 변개자들은 거짓말쟁이가 될 것이다. 그분은 그들에게 누구나 쉽게 구할 수 있는 정확하고 선명한 <킹제임스성경, 1611>으로 어떻게 일이 전개되어 가는지를 보여 줄 것이다(30,000명의 교황이 "권위 있게" 앉아서 두 손가락을 튀기며 그들의 포도주에 취하고, "성령님 안에서 모였다."고 주장하며, 성모 교회는 하나의 "참된 이스라엘"의 실현이라 말하고, 하나님은 절대 권위를 카톨릭 교회에 위임하셨다고 주장하며, "로마 교황청"은 정확무오한 "기둥이며 진리의 땅"이라고 말하며, 또한 그 교리의 기초 위에서 로마 카톨릭 교회의 성직자들 외에는 이 땅에서 그리스도의 어떤 문자적이고 눈에 보이는 통치도 없을 것이라 한다 해도 필자는 전혀 개의치 않는다. 필자는 하나님 뵙는 것을 조금도 주저하지 않을 것이며 그분 앞에 30,000명의 모든 교황이 있다 해도 모든 종교 회의는 "파멸"이었으며 지상에서 가장 큰 기독교 거짓말쟁이 집단을 대표하였다고 말할 것이다. 천사들도 마태복음 23:1-13을 "진실로 진실로" 그렇다고 화답할 것이다).

일이 그렇게 전개되기 때문에 여러분은 그 일을 피할 수 없다. 일이 그렇게 전개되어서 초림이 재림이 될 뻔하였으나 그렇게 되지 않았으므로 재림은 미래에 놓여지게 된다. 유대인은 초림과 재림이 함께 있었다고 생각하는 실수를 범했을 뿐만아니라 그리스도를 그들의 메시아로 받아들이기를 거부함으로 또 하나의 실수를 저질렀다(만일 유대인이 그리스도를 영접했더라면 초림과 재림은 함께 있었을 것이다!). 이방 "교황들"은 초림과 재림이 유대인의 눈에 함께 있었기 때문에 그것이 실제 동시에 일어났고 이제는 과거라고 생각했다. 이 둘이 다 완전히 빗나갔다. 예수 그리스도의 문자적이고, 눈에 보이는 실제적인, 다윗의 보좌에 앉으실 메시아의 지상 왕국이 펼쳐질 재림은 미래이며, 이 재림에 앞서 모세와 엘리야의 두 번째 등장이 선행될 것이다.

필자는 오랜 동안 성경 연구를 하면서 하나님의 은혜로 한 가지 습관을 갖게 되었다. 그 습관은 필자가 어떤 성경 구절이 다른 구절을 반대하거나 분명히 모순된 것처럼 보일 때마다 필자의 생각을 성경에 맞추도록 항상 바꾸었다(그때마다 하나님께서 필자를 도우신다). 단 한 번이라도 필자는 내가 원하는 방식에 맞추기 위해 헬라어나 히브리어 성경을 고집한 적이 없다. 이것은 하나님의 말씀이 정한 방식이며 사람들이 성경에 자기 생각을 주장하는 방식과 매우 다르다. 그래서 사람들은 "글쎄 그것은 그의 해석일 뿐이야." 라든지, "그는 자기만 옳고 다른 모든 사람은 잘못이라고 생각하는군." 등의 말을 한다. 하지만 이것은 무지한 사람들의 반응이다. 그리고 이것은 여러분이 무지한 사람들을 항상 지적할 수 있는 방법인데 필자가 "무지하다"고 말할 때는 교육이 부족하다는 뜻이 아니다. 필자가 이 표현을 쓸 때는 바울이 말한 "불신앙 때문에 무지하다."고 하는 의미인 것이다. 필자는 "그는 자기만 옳고 다른 모든 사람은 잘못이라고 생각하는군." 식으로 말하지 않는다. 그 이유는 성경이 스스로 해석하기 때문이다.

누군가가 "그것은 당신의 해석일 뿐이요."라고 말할 때 여러분은 그 말이 무슨 뜻인지 아는가? "나는 결코 그 구절을 읽지 않았고 어디에 있는지도 모르기에 당신이 말하는 것을 알지 못한다."는 뜻이다. 이것이 성경에 무지하여 성경을 부인하는 자칭 "그리스도인들"의 특징 가운데 하나이다. 그들은 어떤 새로운 것이나 다른 것을 들을 때마다 하나님의 말씀을 보고 사실들을 확인하며 그것이 그런지 아닌지 알기 위해 확인하는 대신(사도행전 17:11에서 "베뢰아 사람들"이 그랬듯이), "그것은 당신의 해석일 뿐이요."라든지 "그는 자기만 옳고 다른 모든 사람은 잘못이라고 생각한다."고 말함으로써 무시해 버린다. 그들은 하나님의 말씀과의 관계에 있어서 자기들의 완고한 무지를 고수하며 자신들의 "교회"가 옳다고 교만을 떤다. 결과적으로 그들은 자신들보다 하나님의 말씀에 더 많은 시간을 투자하는 사람들을 비방한다. 그들은 오늘날 우리가 지상에서 보는 가장 저질의 형편없는 "그리스도인들"이다.

여러분이 카톨릭 신자와 교제한다면 그가 거듭거듭 "그것은 당신의 해석일 뿐이요"라고 하는 말을 들을 것이다. 여러분은 단지 성경 구절을 읽은 것밖에는 없는데도 그들은 "그것은 당신의 해석일 뿐이요"라고 한다. 여러분은 성경이 가르치는 대로 설명하고자 할 때까지는 한 가지도 "해석하지" 말아야 한다. 여러분이 성경을 읽기만 한다면 그것은 "해석"이 아니다. 단지 "읽는 것"이다. 이것은 성경을 혐오하고 성경을 부인하며 성경을 왜곡하고 성경에 무지한 사람들의 특징으로, 그들은 새로운 어떤 내용이나 이해하지 못하는 것에 직면하면 항상 다른 사람을 공격하여 "그것은 당신의 해석일 뿐이요." 라고 말함으로써 자신들의 무지를 늘 옹호한다. 이것은 하나님의 말씀을 전혀 사용하지 않는 편협한 무식쟁이들의 말이다. 이것이 전부가 아니다! 그들은 교만하여 성경에 시간을 투자하는 사람들을 공격하는데 그들을 "혹평하고" "비방하고" 매도하는 말로 비난함으로 자신들의 죄를 드러낸다. 그것이 이 특별한 부류에 속한 자들의 특징이다. 일반 설교자들이 "삽"(spade)을 "삽"(spade)이라 할 때 거칠고 험한 낱말을 사용한다고 해서 자주 비난당한다. 이들을 비난하는 자들은(천명 중에 한 사람도 예외없이) 그들의 시간을 잡지나 신문이나 T.V.를 보는 데 소비하는 사람들이다. 그들은 성경에 시간을 투자하지 않는다. 여러분이 성경에 시간을 투자한다면 이런 일들을 발견할 것이며 성경에 시간을 투자하지 않는다면 『**반드시 너희의 죄가 너희를 찾아낼 것임을 알라**』(민 32:23).

우리는 계시록 11:6의 두 증인의 신분을 이제껏 밝혀냈다. 그들에 대해서는 조금도 의심할 여지가 없다. 계시록 11장은 신약과 그 기간들 사이의 과도기적인 책들을 설명해 준다. 즉 계시록 11장은 마태복음이 구약과 신약 사이의 과도기임을 보여 주며, 사도행전이 이스라엘과 교회 사이의 과도기임을 보여 주며, (우리가 나중에 보겠지만) 히브리서가 교회 시대와 환란 사이의 과도기임을 보여 준다. 그래서 어떤 논쟁도 개의치 않는다. 계시록 11:2-6의 두 증인은 모세와 엘리야이다. 그들은 모세와 에녹이 아니며, 침례인 요한과 모세가 아니며, "몰몬경"과 구약이 아니며, 구약과 코란이 아니며, 성경과 "성경의 열쇠"가 아니다. 그들은 구약과 외경이 아니다. 그들은 성경에 기록된 대로 또한 여러분이 발견한 그대로 모세와 엘리야이다. 그들이 "엘리야와 에녹"이 아닌 것은 엘리야와 렛 버틀러(Rhett Butler)나 모세와 람보가 아닌 것과 같다.

성경은 스스로 해석하기 때문에 그대로 믿는 사람은 누구나 성경을 신실하게 열심히 연구하여 성령님의 절대 진리를 얻을 것이며, 바티칸 공의회나 전미기독교 교회협의회 같은 미혹된 기독교 협잡꾼들처럼 진리를 가리는 사사로운 해석들을 하지 않는다.

11:7 또 그들이 자기들의 증거를 끝마칠 즈음에 끝없이 깊은 구렁에서 올라오는 짐승이 그들과 전쟁을 하여 그들을 이기고 또 죽이리라.

계시록 11:7에서 "짐승"이라는 유명한 인물이 계시록에 처음 등장한다(앞서 언급했듯이 계시록의 열쇠는 11장이며, 계시록은 성경의 열쇠이다). 계시록 11장은 계시록 22장 모두를 열어 주고, 계시록은 구약을 열어 주며 과도기적 책인 마태복음, 사도행전, 히브리서를 정확히 해석할 수 있도록 해준다. 여러분이 구약을 이해하기 전에는 마태복음, 사도행전, 히브리서를 교리적으로 정확히 이해할 수 없으며, 계시록을 이해함이 없이 구약을 열 수 없다. 또한 계시록 11장의 이해없이 계시록을 열 수 없다.

7절에서 "짐승"이라 하는 이 인물이 나타난다. 이 짐승의 "통치"를 상세히 다루기 위해 계시록 13장에 이를 때까지 기다리는 대신 이 짐승이 사람인 것을 단번에 확인하는 성경 구절들을 당장 찾아보도록 하자.

『**또 그들이 자기들의 증거를 끝마칠 즈음에 끝없이 깊은 구렁에서 올라오는 짐승이 그들과 전쟁을 하여**』(7절).

이 짐승이 "부활한 로마제국"이 아님을 신중히 주목하라. 부활한 로마제국은 "끝없이 깊은 구렁에서" 올라오지 않으며, 끝없이 깊은 구렁은 유럽에 있지 않다. 그러므로 계시록 13장의 짐승을 "부활한 로마제국"이라고 하는 것은 엄청난 실수이며, 이것은 스코필드(Scofield), 게벨라인(Gaebelein), 페팅걸(Pettingill)과 최고의 보수주의자들을 포함한 천여 명의 다른 훌륭한 사람들이 저지른 것이다. 여러분이 짐승의 통치와 열 명의 왕들이 로마카톨릭과 함께 통치하는 것을 말할 때는 짐승을 부활한 로마제국이라고 할 수 있지만, 짐승 자신을 얘기할 때는 끝없이 깊은 구렁의 사람이다.

『**지혜가 여기에 있으니 지각이 있는 자는 그 짐승의 숫자를 헤아려 보라.**

그것은 한 사람의 숫자이니, 그의 숫자는 육백육십육이니라』(계 13:18).

"한" 사람의 숫자(the number of "a" man)임을 주목하라. 여러분은 사람들이 이것을 어떻게 바꾸는지 아는가? 이와 같은 사소한 변경이 거짓 교리와 올바른 교리의 차이이다. 진리는 여러분이 <킹제임스성경, 1611>에서 보는 그대로이다. 짐승은 사람(단수)이다. 여러분은 이 짐승을 구약에서 들었고 짐승이 왕국을 나타내기에 앞서 항상 사람을 나타낸다고 들었다.

모든 주석가들이 온통 헤매는 다니엘 7장에서의 네 짐승은(3절) 그들이 "나라들"로 확인되기 전에(23절) 네 "왕들"이라고 한다(17절).

『**이 커다란 네 짐승은 땅에서 일어날 네 왕이라**』(단 7:17).

어떤 표현도 이렇게 쉽게 쓰지 못할 것이다. 여러분이 이것을 다르게 할 수 있는 유일한 방법은 그것을 다르게 해석하는 것이며 이것을 바꿀 수 있는 유일한 방법은 여러분이 읽는 대로 믿지 않는 것이다. 성경은 짐승은 사람(단수)이고 그는 왕이며 끝없이 깊은 구렁에서 올라온다.

『**또 그들에게는 자기들을 다스리는 왕이 있으니 끝없이 깊은 구렁의 천사요, 그의 이름은 히브리어로 아바돈이며 헬라어로 그의 이름은 아폴루온이더라**』(계 9:11).

"끝없이 깊은 구렁"에 거하는 자들에게는 이름을 지닌 왕이 있다(우리는 이에 대해 계시록 9장에서 얘기했다. 이 왕은 죽음의 천사나 계시록 6:8에서 사망으로 의인화된 "멸망시키는 자"로 확인되었다).

이 짐승은 왕이며 그는 "끝없이 깊은 구렁의 천사"이다. 그는 히브리어 이름과 헬라어 이름을 가졌으며 그의 두 이름은 "멸망시키는 자"를 뜻한다. 그는 지금 끝없이 깊은 구렁에 있고 그곳의 왕이다. 환란 때에 그는 끝없이 깊은 구렁에서 "올라온다."

『**네가 본 그 짐승은 전에 있었다가**[그는 요한의 시대에 살았던 사람이었다.] **지금은 없고**[그는 요한이 계시록을 쓸 때에는 살아 있지 않았는데, 즉 요한이 계시록을 기록하기 전까지 살아 있었다.], **앞으로**[미래에] **끝없이 깊은 구렁으로부터 나와서**[그는 지금 끝없이 깊은 구렁에 있다.] **멸망으로 들어갈 자라**』(계 17:8).

성령님께서 바티칸 헬라어 사본의 아무런 도움없이 이 사람을 어떻게 확인하였는지 자세히 주목하라! (여러분은 대학 교육을 받지 않았어도 성경 내용을 이해할 수 있다. 사실 지난 1,500년 동안 살았던 어떤 신부나 주교 혹은 교황도 우리가 지금 공부하는 것을 전혀 알지 못했다).

1. 짐승은 사람(단수)이다.
2. 그는 끝없이 깊은 구렁의 천사이다.
3. 그는 끝없이 깊은 구렁의 왕이다.
4. 그는 두 개의 이름을 갖는다.
5. 그는 히브리어와 헬라어 이름을 가졌다.
6. 그는 멸망시키는 천사로 사망이 의인화된 인물이다.

이 사람은 요한이 계시록을 기록하기 전에 지상에 있었고, 지금은 끝없이 깊은 구렁에 있으며, 환란 때에 끝없이 깊은 구렁에서 올라올 것이다. 자, 어떻게 이보다 더 분명할 수 있는가? 『**아무도 어떤 모양으로든지 너희를 미혹하지 못하게 하라. 이는 먼저 배교하는 일이 이르지 않고, 또 그 죄의 사람 곧 멸망의 아들이 나타나지 않고서는 그 날이 오지 아니함이라**』(살후 2:3).

여기서 우리는 적그리스도가 환란 때에 등장하면 예루살렘의 문자적인 성전에 이르러(계 11:1-3) 성소에 들어가 "기름부음을 받은 덮는 그룹"으로(겔 28장; 사 14장) 그의 본래 자리에 앉음을 본다. 사탄의 화신인 루시퍼, "빛의 천사," 다섯째 그룹이 환란 때에 이 땅에 내려와 성전에 앉을 때 그를 뭐라고 부르는가 보라. "멸망의 아들"이다(살후 2:3). 이것은 계시록 17:8에서 "멸망"이라는 헬라 낱말과 같으며 계시록 9:11의 "아폴루온"이라는 헬라어와 동일하다!

『**그는 대적하는 자며, 또** 하나님**이라고 불리는 모든 것과 숭배받는 대상 위에 자신을 높여** 하나님**의 성전에 앉아** 하나님**처럼 보여 자신을** 하나님**이라고 하느니라... 그 악한 자가 오는 것은 사탄의 역사에 따라 모든 능력과 표적들과 거짓 이적들과**』(살후 2:4,9).

이 "그리스도"가 등장할 때 그는 이스라엘에게 주어진 사도의 표적과 이적을 행할 것이며 자신을 "유대인의 왕"으로 주장함으로써 거짓 구세주가 될 것이다. 그는 루시퍼이며, 다섯째 그룹이고, "빛의 천사"이며, 용이고, 짐승이며, 사람으로 육화한 마귀이며, 666 숫자를 가진 사람이고, 끝없이 깊은 구렁의 "천사"이거나 왕이며, "멸망의 아들"이고, 요한복음 17:12에서 확인된 멸망의 아들이다.

『**내가 그들과 함께 세상에 있었을 때는 아버지의 이름으로 그들을 지켰나이다. 아버지께서 내게 주신 그들을 내가 지키었고 멸망의 아들 외에는 그들 중 아무도 잃어버리지 아니하였으니 이로써 성경이 이루어지게 한 것이옵니다**』(요 17:12).

이것은 여러분이 데살로니가후서 2:3, 계시록 17:8; 9:11에서 보는 것과 정확히 같으며 요한복음 17:12에서는 유다 이스카리옷으로 언급하고 있다.

『**내가 그들에게 말하기를 "너희가 좋게 생각한다면 내 값을 내게 쳐주고, 그렇지 아니하거든 그만두라." 하였더니, 그들이 내 값으로 은 삼십 개를 달았느니라. 주께서 내게 말씀하시기를 "그것을 토기장이에게 던지라. 그들이 나를 매긴 좋은 값이라." 하시기에 내가 은 삼십 개를 취하여 주의 집에 있는 토기장이에게 던졌더라**』(슥 11:12,13).

그리스도가 유다에게 배신당한 그 다음에 바로 언급되는 사람이 적그리스도임을 주목하라. 여기서 여러분은 예수 그리스도를 은 삼십에 판 유다 이스카리옷의 예언을 보는데 그는 그것을 성전 금고 바닥에 던졌으며 바리새인들은 그것으로 토기장이의 밭을 사서 나그네들의 묘지로 썼다. 그런데 아무도 주목하지 않는 것은 그 다음의 세 구절이다! 『**이에 주께서 내게 말씀하시니라. 너는 다시 어리석은 목자의 도구들을 취하라. 보라, 이는 내가 그 땅에 한 목자를 일으킬 것임이니**[그 땅은 팔레스타인이며 이 자는 유대인의 구세주라고 주장할 것이다.] **그가 멸망한 자를 찾아보지 아니하고, 어린 자를 찾지 아니하며, 상한 자를 치유하지 아니하고, 조용히 서 있는 자를 먹이지 아니할 것이며, 오히려 그는 살진 자의 살을 먹고 그들의 굽을 산산이 찢으리라. 양떼를 버려 둔 우상 목자에게 화 있으리라! 칼이 그의 팔과 그의 오른눈에 임하리니, 그의 팔은 바싹 마르고 그의 오른눈은 완전히 어둡게 되리라**』(슥 11:15-17).

이 목자는 "우상 목자"(idol)이다. "게으르다"(idle)가 아님을 주목하라. 바알 숭배자들로서 아합, 이세벨과 페니키아 바알 숭배자들인 이 목자는 우상들(idols)을 숭배한다. 그는 형상들을 "예배 보조기구"로 사용하며 스스로 숭배 대상이 되어 성전에 앉는다. 그래서 스가랴 11:15-17에서 우리는 적그리스도에 대한 예언을 보는데 유다 이스카리옷에 대한 언급이 뒤따르고 있다. 유다 이스카리옷은 신약에서 "멸망의 아들"로 불린다.

『예수**께서 그들에게 대답하시기를 "내가 너희 열둘을 택하지 아니하였느냐? 그러나 너희 중에 하나는 마귀니라."고 하시니라. 주께서는 시몬의 아들 유다 이스카리옷에 대해 말씀하셨으니, 이는 그가 열둘 가운데 하나로 주를 배반할 자였음이라**』(요 6:70,71).

여기서 여러분은 유다가 사람과는 거리가 먼 "마귀"였음을 보는데 끝없이 깊은 구렁에 거하는 자들과 같다. 비록 그에게 육신의 아버지가 있었으나 카인처럼 "악한 자에게서 나왔다." 다시 말하는데 다른 변개된 번역본들과는 상반되는 <킹제임스성경, 1611>의 정밀하고 자세하며 과학적인 정확성을 주목하라. 요한복음 6:70의 말은 "내가 너희 열둘을 택하였는데 너희 중 하나는 그 마귀(the devil)이다."가 아니며, "내가 너희 열둘을 택하였는데 그 마귀가 너희 중 하나에게 있다."도 아니고, "내가 너희 열둘을 택하였는데 그 마귀가 너희 중 하나로 변신해 있다."도 아니며, "내가 너희 열둘을 택하였으나 그 마귀가 너희 중 하나에게 들어가고 있다."도 아니다. 그분의 말은 『**"내가 너희 열둘을 택하지 아니하였느냐? 그러나 너희 중에 하나는 마귀니라."**』이다(다시 한 번 말하지만 성경을 읽은 대로 믿지 못하는 사람은 신학의 벼랑 끝에 선 것인데, 돌이켜서 1901년의 정통주의를 다시 알아보는 게 좋을 것이다). 그분의 말씀은 유다가 사람이 아니었는데, 그는 사람처럼 걸어다녔고, 말했으며, 음식을 먹었고, 죽었다는 것을 선명히 나타낸다. 창세기 6장으로 돌아가서 타락한 천사들은 사람처럼 죽어야 했다는 것을 여러분에게 말할 여유는 없다(시 82편). 여기서 여러분을 히브리서 13장으로 데리고 가서 어떤 이들이 "자기도 모르는 사이에 천사들을 대접했다."고 말할 여유가 없다. 여러분을 구약으로 인도해서 구약의 모든 천사가 어떻게 남성이며, 사람들이 천사를 어떻게 남자로 오해하는지를 설명할 여유가 없다. 필자가 해야 할 것은 여러분에게 요한복음 6:70을 설명하고 유다 이스카리옷이 마귀였음을 보여 주는 것이다. 그런데 그는 죽어서 지옥으로 가지 않았다. 그는 "자기 거처로" 갔는데 그는 그곳의 왕이었다!

『**그들이 기도하며 말하기를 "주여, 모든 사람의 마음을 아시는 주께서 이 둘 중에 주께서 선택하신 사람을 보여 주시어 이 사역과 사도의 직분의 한 부분을 담당케 하소서. 유다는 범죄함으로 이로부터 떨어져 그 자신의 거처로 갔나이다."라고 한 후에**』(행 1:24,25).

이것은 주께 유다를 대신할 사람을 보여 달라고 하는 제자들의 기도이다. 우리는 요한복음 6:70에서 그가 "마귀"였음을 듣는다. 그러므로 그는 마귀의 처소로 갔는데 거기가 "자기 거처"였다(지금 이 설명은 정확무오하고 권위적인 해석이 담긴 <킹제임스성경>을 읽은 그대로 믿음으로써 나온 것이다).

증거들을 종합해 보자. 필자는 이것이 귀에 거슬리는 증거들이며, 두렵게 하는 증거들이고, 거부당하는 증거들임을 알고 있다. 그러나 『**하늘과 땅은 없어져도 내 말들은 결코 없어지지 아니하리라.**』(마 24:35)고 하였다. 로마서 3:4도 보라.

1. 이 땅에 "짐승"이라 불리는 한 사람이 올 것이다.

2. 그는 남자이다.

3. 그는 요한이 계시록을 쓰기 전에 살았었고, 요한이 계시록을 쓰던 시기에는 살아 있지 않았는데 희랍 신화의 아폴로처럼 끝없이 깊은 구렁에서 올라와 이 땅에 돌아올 것이다. 그가 이 땅에 돌아오면 하나님의 성전에 들어가서 하나님이 육신으로 오셨다고 주장할 것이다. 요한이 계시록을 쓰기 전에 지상에 있었던 이 사람은 육신의 부모에게서 태어났다. 그러나 카인의 경우처럼 불가사의하고 신비적이며 매우 심원하고 비밀스러운 신비로 이 사람은 사탄에 의해 잉태되어서 육신이 된 마귀(a devil)였는데, "사탄"(the Devil)이 아니고 "마귀"(a devil)였다. 그는 카인처럼 "악한 자에게서 태어났으며" 뱀의 후손이었다. 이 사람은 마귀였다. 그는 사람처럼 걸어다녔고, 말했으며, 음식을 먹었고, 마셨으며, 잠잤고, 죽었다. 하지만 지상에서 그는 마귀였으며

그리스도를 배신하는 수단이 되었다. 그는 예수 그리스도를 십자가형에 처하도록 로마인들에게 넘긴 자였다. 이 사람은 죽어서 "자기 거처"로 갔다. 이 사람은 "멸망의 아들"이라 불린다.

4. 그는 "멸망의 아들"로서 데살로니가후서 2장의 저그리스도와 동일시된다.

5. 이 사람은 죽어서 "그가 가야 할 곳으로" 갔는데 거기는 지옥이 아니라 "끝없이 깊은 구렁"이었다.

6. 이 사람은 지금 끝없이 깊은 구렁에 있으며, 마귀이고 끝없이 깊은 구렁의 왕이다. 거기가 그의 거처이다. 그는 "멸망"을 뜻하는 두 이름을 가졌다. 그는 끝없이 깊은 구렁의 천사이다. 그는 구약에서 "멸망시키는 자"로 불리는 천사이다. 그는 끝없이 깊은 구렁에서 나올 것이며 사탄은 직접 그 사람으로 육화할 것이다. 그러므로 여러분이 그를 이해하는 데 있어서 "삼위일체"를 이해하는 것과 같은 문제를 느낄 것이다. 여러분은 "멸망의 아들"로 불리는 사람(유다 이스카리옷)으로 직접 육신이 된 아버지인 사탄(Satan the father)이 하나님 아버지의 모방임을 보는데, 성령님을 흉내내기 위해 불결한 영으로 충만해 있다. 이 짐승, 이 사람, 이 "멸망의 아들," 곧 이 부활한 유다 이스카리옷은 자신이 육신을 입은 하나님이라고 주장하며, 예루살렘 성전에 들어가 지성소에 앉아서 자신을 위해 인간 제물을 요구할 것이다(계 6장). 그에게 모세와 엘리야가 증거할 것이다. 모세와 아론이 파라오에게 증거했던 것처럼, 열왕기에서 엘리야와 엘리사가 아합에게 증거했던 것처럼 두 증인이 나타나서 이 "짐승"에게 증거할 것이다.

이것이 우리가 성경의 열쇠는 계시록 11장이라고 거듭 주장하는 이유이다. 이 11장은 계시록을 열어 주며, 계시록은 구약을 열어 주고, 구약은 마태복음, 사도행전, 히브리서를 열어 준다. 그 다음에야 구원, 교회, 거듭남, 구원의 영원한 보장, 휴거, 세계사에 관한 여러분의 교리들은 올바르게 정립될 것이다. 그것들은 "필자의 해석"도 "당신의 해석"도 아니다. 그것들은 여러분의 성숙을 위해 여러분이 이해할 수 있는 언어로 기록된 성경에 부여된 전능하신 하나님 그분의 정확한 직접적인 계시이다.

계시록 11:1-7에서 성령님께서 필자의 지식에 계시하신 이 일들은 지금까지 살았던 모든 헬라어 히브리어 학자들에게 감추어져 있으며, 세상에 한 사람도 이 성경 구절들이 단순히 펼쳐놓은 것을 설명하지 못했다. 필자는 자신의 잘남을 말하고자 하는 것이 아니라 쉬운 <킹제임스성경, 1611>이 밝혀놓은 사실 그대로 말하고 있을 뿐이다. 올바로 가르치는 방법은 "측량할 수 없는 부요함"과 모든 "보화"를 캐내기 위해 결국 "실패"로 드러나게 될 히브리어나 헬라어 원문으로 가는 것이 아니다. 하나님을 영화롭게 하는 방법은 학생으로 하여금 "성경 구절들을 비교"하게 함으로써 그 구절들에 대한 성령님의 해석을 알도록 하는 것이다.

11:8 그리하여 그들의 죽은 몸들이 큰 도성의 길거리에 놓이리니, 그곳을 영적으로는 소돔과 이집트라고 부르며 우리 주께서 십자가에 못박히신 곳이라.
9 또 백성들과 족속들과 언어들과 민족들 중에서 온 사람들이 그들의 죽은 몸들을 사흘 반 동안 구경하며 그 죽은 몸들을 무덤에 장사하는 것을 허락하지 아니하리라.

『**죽은 몸들**』(dead bodies, 8절)이라는 특별한 표현을 주목하라. 필자가 특별하다고 말한 이유는 그들이 죽었기 때문인데(7절), "몸들"(bodies)에 "죽은"(dead)이란 낱말을 사용할 이유가 없기 때문이다. 그러나 성령님께서 "dead bodies"로 쓰신 것은 몸이 목과 분리되어진 사실에 관해 의도적으로 표현하신 것이다. 여러분이 계시록 6장에서 성전 제단에 바쳐진 인간 제물에 대한 설명을 기억한다면 환란 때 그리스도를 위해 순교당하는 사람들이 목베임 당할 것임을 알 것이다(계 20:3-5).

그래서 이 두 증인은 목베임 당한다. 이것은 엘리야가 죽을 것임을 뜻한다. 그는 열왕기하 2장에서 산 채로 들림받았으나 계시록 11장에서 죽을 것이다. 또한 이것은 모세가 두 번 죽음을 뜻한다! 모세는 죽어서 여리코 광야의 피스가 산에 묻혔지만 들림받았다(유 1:9). 모세는 이 땅에 돌아와서 환란 때에 다시 죽을 것이다.

이 계시는 히브리서 9장의 한 성경 구절의 기초를 흔들어 놓는다.

『**한 번 죽는 것은 사람들에게 정해진 것이고 그 뒤에 심판이 정해진 것같이**』(히 9:27).

많은 사람들이 에녹과 엘리야가 두 증인이라고 생각하는 까닭은 이 구절을 교리로 붙들기 때문이다. 그들은 에녹과 엘리야가 결코 죽지 않았기 때문에 환란 때에 돌아와 죽음으로써 히브리서 9:27을 이룰 것으로 생각한다. 그러나 히브리서 9:27은 한 번의 죽음과 한 번의 심판에 대한 정확무오한 교리를 말하는 것이 아니다. 성경을 아는 사람은 다섯 번의 심판이 있고 한 번 이상의 죽음이 있다는 것을 잘 알 것이다. 성경은 계시록 20장에서 『**둘째 사망**』을 말하고 있다.

성경에는 두 번 죽은 수십 명의 사람들이 있다. 요한복음 11장에서 나사로는 죽은 자 가운데서 살아났지만 후에 나이들어 죽었다. 나인 성 과부의 아들은 부활했다가 후에 죽었다(눅 7장). 수넴 여인의 아들도 살아났다가 후에 죽었다(왕하 4장). 야이로의 열두 살 된 딸은 죽었다가 살아난 후(눅 8장) 다시 죽었다. 유두고는 창가에서 떨어져 죽었는데 바울이 그를 붙들어 생명을 찾았고 후에 죽었다(행 20장). 사도행전에서 도르카는 병들어 죽었는데 베드로가 그녀를 죽음에서 살아나게 했으며 후에 죽는다(행 9장).

따라서 사람이 항상 한 번만 죽는다는 것은 사실이 아니다. 성경에 많은 사람이 두 번 죽는다. 그러므로 히브리서 9:27은 사람이 반드시 한 번만 죽는다는 교리가 될 수 없고 이 구절은 비교를 위한 것이다.

『**한 번 죽는 것은 사람들에게 정해진 것이고 그 뒤에 심판이 정해진 것같이 그리스도께서도 많은 사람의 죄들을 담당하시려고 한 번 드려지셨고, 두 번째는 자기를 바라는 자들을 구원에 이르게 하시려고 죄 없이 나타나시리라**』(히 9:27,28).

이렇게 비교되어 있다. 한 번의 죽음이 일반적인 진리라는 사실이 비교된 것이다. 그 구절은 "한 번 죽는 것은 한 사람 한 사람에게 정해진 것이고"라고 말하는 것이 아니다. 그 말은 "한 번 죽는 것은 사람들(인류)에게 정해진 것이고 그 뒤에는 심판이 있는 것같이"이다. 하지만 사람들은 이 구절에 집착하여 두 증인이 에녹과 엘리야라고 함으로써 이 연구에서 인용된 다른 구절들을 덮어 버린다. 사람들이 이상하지 않은가? 그들은 영원한 보장이나 물침례, 성령님 침례나 예정 같은 초보적인 수준에 머물러 있으면서도, 그들은 자기들의 목마를 타고 고약한 냄새나는 더러운 발굽으로 하나님의 말씀을 온통 짓밟아서 조각조각 찢어버릴 때까지 사망으로 달려가는 것이다. 그럼에도 자기들은 "성경적"이라고 주장한다. 사람들이 기이하지 않은가? 이것은 현대의 보수 정통주의 학자들이 저지른 엄청난 죄 가운데 하나이다. 그들은 성경의 모든 구절을 이 시대에 해당되는 확실한 진리로 적용하고자 애를 쓴다. 그러나 이 시대의 교리가 항상 다른 시대에도 적용되는 것은 아니다. 노아는 부활한 구세주를 믿고 구원받은 것이 아니라 방주를 지어 구원받았고 물침례도 받지 않고 구원받았다! 사도행전 2장에서 성령님을 받은 사람들은 물침례로 성령님을 받았다. 사도행전 10장에서 코넬료는 물로 침례받기 전에 성령님을 받았다. 사도행전 2장에서는 예수 그리스도의 이름으로 침례받도록 명해지나 열두 사도 중 단 한 사람도 예수 그리스도의 이름으로 침례받은 적이 없다! (캠벨파들의 이빨을 부러뜨릴 만한 호두인 것이다. 죄들을 사함받은 것으로 인하여 예수 그리스도의 이름으로 침례받은 사도들은 단 한 사람도 없었다! 그들 모두 침례인 요한의 침례를 받았다!). 어떤 제자들이 사도행전 19장에서 재침례를 받았을 때 그들은 방언을 했는데 캠벨파들(일명 그리스도의 교회)은 방언하지 않는다. 사람들이 이상하지 않은가? 이것은 사실 "이상한 것"이 아니다. 사람들은 "자, 사람이 한 번 죽는 것은 정해진 것이다. 에녹과 엘리야 둘 다 죽어야 하니 두 증인은 에녹과 엘리야다."라고 말할 것이다. 여러분 방금 무슨 짓을 했는지 아는가? 여러분은 성경의 50구절을 찢어 버렸고 계시록의 문을 탕 닫아 버렸으며, 다른 100구절을 열 수 있는 열쇠를 던져 버렸다. 그것이 충분하지 않았다면 여러분은 그리스도의 몸을 대적하여 죄를 범한 것이다. 에녹은 죽지 않았고 또 죽지 않을 유일한 사람으로 그렇게 죽지 않았거나 결코 죽지 않을 한 사람이 있어야 하는데, 그렇지 않으면 그리스도가 오실 때 살아 있는 그리스도인의 유형이 없게 된다. 에녹은 그리스도가 오실 때 살아 있는 그리스도인의 유형이기에 결코 죽지 않을 것이다. 만일 에녹이 환란 때에 두 증인의 한 사람으로 죽는다면 그것은 그리스도인들이 들림받은 후 이 땅에 돌아왔을 때 죽어야 함을 뜻한다! 여러분은 하나님께서 어떻게 일을 전개해 오셨는지 아는가? 여러분이 정확한 교리적 해석을 원한다면 유일하고 정확무오한 해석이 있는데, 곧 성령님이시다. 그분이 영어를 사용하는 사람에게는 영어 성경을, 독일 사람에게는 독일어로 된 성경을, 그리고 스페인 사람에게는 스페인어로 된 성경을 주심으로 해석해 주셨다. 여러분이 (영어를 쓰는 사람으로서) <킹제임스성경, 1611>을 변개시키려고 헬라어 성경을 보기 시작하면 "분명히 여러분의 죄가 여러분을 찾아낼 것이다." 여러분이 보는 헬라어 성경은 어떤 의미에서는 성경이 아니다. 그것은 웨스트코트와 홀트의 "헤시키안" 계열 사본으로 북아프리카 이집트 원문인데, 배교하고 거듭나지 않은 헬라 철학인 알렉산드리아의 영지주의자에 유세비우스와 오리겐이 동화되어 쓰여진 것이다.

성경에서 많은 사람이 두 번 죽고 모세도 두 번 죽을 것임을 알았는데, 이런 예는 두 번 죽게 될 어떤 다른 사람들의 유형임에 틀림없다. 에녹은 그리스도가 오실 때 살아 있는 그리스도인들의 유형이다. 모세는 죽었다가 휴거 때 들림받는 사람들의 유형이고, 에녹은 살아서 휴거 때 들림받는 그리스도인들의 유형이다. 모세의 두 번 죽음과 나사로의 두 번 죽음, 유두고의 두 번 죽음, 도르카의 두 번 죽음, 요니의 두 번 죽음은 문자적으로 두 번 죽게 될 어떤 사람들의 유형이다. 확실히 그렇다!(이것은 계시록 21장과 22장에서 알아 볼 것이다). 성령님께서 모든 사람에게 예수 그리스도와 같은 몸을 약속하셨거나, 결코 죽지 않을 영광스럽고 죄없는 완전한 몸인 예수 그리스도와 똑같은 몸을 약속하신 유일한 때는 교회에 쓴 바울 서신서들이나 90년경 요한이 바울의 모든 계시에 관련해서 쓴 교회에 보낸 서신서들에서이다. 구약이나 환란, 천 년 기간의 어떤 이들에게도 예수 그리스도처럼 완전한 죄 없는 몸을 가질 것이라는 약속은 하나도 없다(모든 정통주의 학자는 이들이 죄없는 몸을 가질 것이라고 생각한다. 하지만 그것은 여러분에게 그들이 교회 건축과 기부금 모금, 자선 시설들 방문 및 헬라어 성경을 보는 것 등에 너무

분주해 왔기에 하나님의 말씀에 대한 연구를 태만히 하고 있음을 드러낸다). 성경의 어느 곳에서도 어느 때에나 어떤 환경에서도 그들이 백보좌 심판 후에 완전한 몸을 갖게 되리라고 가르치는 데는 없다. 그들은 예수 그리스도와 같은 몸이 아니라 아담과 이브처럼 남성과 여성의 몸이다(잠시 후에 알아 볼 것이다).

11:10 **땅에 사는 자들은 그들로 인하여 즐거워하고 또 기뻐하며 서로 선물을 보내리니 이는 이 두 선지자가 땅에 사는 자들을 괴롭게 하였기 때문이라.**

11 **사흘 반 후에** 하나님**께로부터 온 그 생명의** 영**이 그들에게로 들어가니 그들이 자기 발로 서더라. 그러자 그들을 바라보던 자들에게 큰 두려움이 임하더라.**

성령님이 11절에서 『**생명의** 영』으로 언급됨을 주목하라. 계시록 4:5에서는 "하나님의 일곱 영"이라고 하였다. 3:13에서는 "성령님"으로 언급된다. "Holy Ghost"(성령님) 또는 "Holy Spirit"(성령님)이 구약에서 보듯이 "영"(Spirit)이나 "하나님의 영"(Spirit of God)으로 명칭이 변화된 것은 그 기간이 더 이상 교회 시대가 아닌 다른 세대라는 사실을 가리킨다(물론 세대주의자가 아니면서 성경을 가르치고 있는 사람은 허튼소리나 지껄이는 것이다. 필자는 악의를 가지고 하는 말이 아니며 명백한 사실임을 말할 뿐이다). 세대주의자가 아닌 사람은 성경을 세대별로 구분하지 못하기 때문에 하나님께 죄를 짓는데, 그 이유는 분명한 명령으로 『**네가 진리의 말씀을 올바로 나누어 자신이** 하나님 **앞에 부끄럽지 않은 일꾼으로 인정받도록 공부하라.**』(딤후 2:15)고 하시기 때문이다.

하나님의 말씀을 성령님이 인도하시는 대로 올바로 나누지 못하는 사람은 성경 해석을 할때 다른 방법을 의지해야 하는데, 이것은 성령님이 인도하시는 방법을 제쳐놓는 것이다. 이것이 사람들을 로마카톨릭의 사사로운 해석에 따르도록 한다. 하나님의 말씀을 세대별로 올바르게 나누지 못하는 사람은 구약과 신약을 구분하지 못할 것이다. 여러분이 구약과 신약을 구분한다면 이미 성경의 반은 제대로 구분한 것이다. 그러나 여전히 갈 길은 멀다. 필자는 "교육의 부족"을 말하는 것이 아니다. 여러분은 어떤 교육도 필요하지 않으며 단지 읽을 줄 알면 된다.

성경을 조금이라도 아는 사람은 누구나 구약(Old Testament)이 출애굽기 20장에 가서야 비로소 주어지는 모세의 율법임을 안다. 그러므로 창세기 1장에서 출애굽기 20장까지는 다른 세대이다. "신약"(new testament)이라는 낱말은 마태복음 26장에 나타나는데 새 언약(New Testament)은 최후의 만찬 때 주어진다. 그러므로 마태복음 1장에서 26장까지는 여전히 모세의 율법하에 있다. 마태복음 26장에서 사도행전 2장까지 성령님은 사람들에게 내주하시지 않으며, 그들은 믿음을 통한 은혜로 구원받지 않고, 영적으로 할례받지도 않으며, 그리스도를 영접해서 "거듭나는 것"도 아니고, 성령님께서 그분의 몸을 대표하기 위해 아직 오지 않았기 때문에 그리스도를 영접할 수 없다. 그러므로 마태복음 26장에서 사도행전 2장까지는 다른 세대이다. 우리는 또 다른 세대인 환란을 공부하고 있으며 또 다른 세대인 천년 기간도 공부하게 될 것이다! 그래서 세대주의자가 아니면서 성경을 가르치는 사람은 하나님의 말씀을 올바로 가르칠 수 없기에, 거짓말쟁이이며 또 그렇게 가르치는 모든 사람은 구약과 신약을 이미 하나로 구분했기 때문에 위선자이다!(필자는 여러분의 인격에 대해 "거짓말쟁이이고 위선자"라는 뜻이 아니라 하나님의 말씀과의 관계에 대해서 하는 말이다. 기본적으로 여러분은 세련되고 친절하며, 유쾌하고 낙천적이며, 성실한 채무 이행자이고 또 사교적이며, 도덕적이고 정직한 사람일 것이나, 성경을 가르침에 있어서는 "세대주의"를 모르기 때문에 여러분은 지옥으로 쏘아 버릴 만한 탄약의 가치도 못 된다).

계시록 11:8을 주목하고 예레미야 23:14과 에스겔 16:46과 비교하라. 이 구절들은 이 도성이 교회 시대의 예루살렘에 대한 언급임을 보여 준다. 예수 그리스도께서 재림하실 때 이 도성은 다시 한 번 "거룩한 도성"이 될 것이다

(계 11:2).

또한 계시록 11:9에서 "사흘 반"(three and a half)의 계속적인 언급을 주목하라(계 11:2,3,9,11). 이것은 성경에서 대단한 숫자이다. 예를 들어 다니엘 9장에서 여러분은 다니엘의 칠십째 주인 칠 년에 대해 듣는데 적그리스도가 그 주의 중간인 삼 년 반 (three and a half)에 약속을 깨뜨릴 것이다. 그 때는 수요일 정오이다! 이것은 예수 그리스도의 죽음에도 매우 교훈적이다. 이것은 그분이 금요일이나 목요일에 십자가형을 받지 않았음을 뜻한다.

『**요나가 사흘 낮과 사흘 밤을 고래 뱃속에 있었듯이**, 인자**도 그처럼 사흘 낮과 사흘 밤을 땅의 심장 속에 있을 것이라**』(마 12:40).

주 예수 그리스도는 땅의 심장에 사흘 낮과 사흘 밤을 계셔야 했다. 유대인의 하루는 밤에 시작해서 아침까지이다. 창세기 1장에서 우리는 "저녁과 아침이 되니 첫째 날이더라."는 표현을 본다. "저녁과 아침이 되니 둘째 날이더라." "저녁과 아침이 되니 셋째 날이더라." (여러분이 그 순서를 잘못 알았을까봐 그분은 주의 깊게 반복하신다. "저녁과 아침이 되니 넷째 날이더라." "저녁과 아침이 되니 다섯째 날이더라.") 여러분이 여전히 이해하지 못했을까봐, 신학 교육을 받은 "어리석은" 부류의 사람인 경우, 그분은 여섯 번째 말씀하신다. "저녁과 아침이 되니 여섯째 날이더라." 따라서 여러분은 유대인의 하루가 저녁에 시작해서 아침에 끝난다는 것을 알았다. 이것은 유대인의 하루는 저녁 6시에 시작해서 다음 날 저녁 6시에(즉 아침은 하루의 두 번째 부분에 해당됨) 끝남을 뜻한다. 처음 열두 시간은 밤인데 저녁 6시에서 아침 6시까지이며 다음 열두 시간은 낮인데 아침 6시에서 저녁 6시까지이다. 모든 유대인은 이 개념을 수용하고 이해하며 그렇게 믿고 지킨다.

주 예수 그리스도께서는 그 주간의 중간에 죽으신다. 여러분이 마가복음을 자세히 살펴보면 종려 주일 아침부터 그분이 수요일 아침 9시에 못박히실 때까지 한 날도 빠지지 않고 모든 아침, 점심, 저녁이 나타난 것을 알 수 있다. 여러분이 여기에 다른 날을 넣을 수 있는 유일한 방법은 덧붙이면 되는데 대부분의 학자들이 하는 짓이다. 여러분이 로마카톨릭과 루이스빌 침례 신학교의 로버트슨(A.T. Robertson)처럼 여기에 두 날을 넣을 수 있는 유일한 방법은 두 날을 첨가하는 것이다. 여러분이 보듯이 쉬운 영어 <킹제임스성경>은 그분이 사흘 낮과 사흘 밤을 땅의 심장에 있을 것이라고 하였다. 어떤 사람이 "유대인은 하루의 반을 하루로 계산했다."고 말했다. 여러분 그가 무슨 짓을 하려는지 아는가? 그는 그 구절들을 로마카톨릭의 전통에 맞추려 하고 있다. 여러분은 사람들이 그렇게 할 때 무슨 짓을 하려고 하는지 알지 않는가? 그는 쉬운 영어의 구절을 바꾸어서 그가 들었고 가르침받았던, 알기 쉬운 것이 아닌(잠 8:9) 어떤 요구들에 맞추려고 한다. 성경이 예수님께서 땅의 심장 속에 사흘 낮과 사흘 밤을 있었다고 하면, 그분은 사흘 낮과 사흘 밤을 계신 것이며 여러분은 그것을 변경시킬 수 없다.

주 예수님은 수요일 아침 9시에 못박히시고 오후 3시에 숨을 거두셨는데, 12시(정오)에서 오후 3시까지 어두움이 온 땅을 덮고, 주님의 몸이 오후 5시와 6시 사이에 십자가에서 내려지며, 서녁 6시경에 무덤에 안치된다. 예수님의 몸은 수요일 밤(1), 목요일 밤(2), 금요일 밤(3) 내내 무덤에 있는다. 그분의 몸은 목요일 낮(1), 금요일 낮(2), 토요일 낮(3) 동안 무덤에 있으며, 한 주간 첫날의 시작인 토요일 저녁 6시가 지나서 무덤에서 나오신다. 유대인의 "첫날"은 토요일 저녁 6시에 시작하여 첫날 아침은 일요일 아침 6시이다. 학자들이 1900년 동안 풀지 못했던 이 심원한 문제들이 쉬운 영어로 풀리는 것이 놀랍지 않은가?

그리스도는 "사흘 반"(three and a half)을 못박혀 죽어 있었고 두 증인도 "사흘 반"(three and a half)을 죽는데 그들은 예수 그리스도처럼 땅에 "사흘 반"을 죽은 채로 누워 있게 된다.

『**땅에 사는 자들은 그들로 인하여 즐거워하고 또 기뻐하며 서로 선물을 보내리니 이는 이 두 선지자가 땅에 사는 자들을 괴롭게 하였기 때문이라**』(10절). 자, 본문은 이 때가 크리스마스라고 말하지는 않으나 이런 식의 성향을 강하게 나타낸다. 여러분은 이 말이 과장되다고 생각할지 모르지만 필자가 성경을 수십 년 연구하며 배운 것 중의 하나는 사람들이 부지중에 성경에서 표현을 빌려 오며, 사탄은 사람들이 사용하는 표현을 선정하는 데에 있어서 그들을 확실히 조종한다는 것이다. 마리오 란자(Mario Lanza)가 "일곱 언덕 위의 도성"을 노래할 때 그는 그것이 계시록 17장에서 인용한 표현인 줄 몰랐을 것이다. 사람들은 "미숙한"(half-baked) 사람이라는 표현을 쓰는데 그들은 그것이 호세아에서 인용되었음을 모를 것이다. 필라델피아에 있는 자유의 종에 "자유를 온 땅에 선포할지라."는 비문을 새길 때 사람들은 그 말이 레위기 25장에 있다는 것을 알지 못했을 것이다. 남부인들이 "흰 빵"과 "옥수수 빵"을 말할 때 그것들이 이사야서와 민수기에서 인용되었음을 알지 못하지만 그렇다고 사실이 바뀌지는 않는다. "맥주"(beer)라는 낱말도 히브리어 구약성경에서 쓰여졌던 낱말인데 영어 성경에 인용되었다. 하나님의 말씀은 매이지 않는다. 이 말씀은 "진리의 바다에 떨어진 한 방울의 진리"가 아니며 수많은 다른 책을 수용할 뿐더러, 이 한 권의 책은 어떤 일말의 노력 없이도 지금까지 쓰여진 모든 책을 능가하며, 어떤 사람이 착하든 악하든 간에 어느 시대, 어느 때, 어떤 환경 아래서 했던 어떤 말이라도 뛰어넘는다. 이것은 정확무오하고 영원하며 무한한 하나님의 말씀이다. 여러분이 이 사실을 모를지라도 사탄은 알고 있다.

사람들은 말할 때에 다음 세 가지 중 하나의 입장을 취한다.

1. 하나님의 말씀이 진리라고 말한다(성령님).
2. 하나님의 말씀을 흉내내거나 위조한다(사탄이 조종하는 경우).
3. 하나님의 말씀을 바꾸거나 반박한다("사람의 영").

사람들이 사용하는 이 "성경적인 표현들"은 성경이 인간의 삶에 매우 밀접하게 연관되어 있음을 보여 준다. 사람들이 "그래, 네가 말한 대로야."라고 할 때 그들은 그 말이 마태복음에서 유다를 인용할 때 쓰인 것임을 알지 못한다. 사람들이 부인하려 해도 그 표현이 성경에서 유래한 것이라는 사실은 변하지 않는다. 여러분이 "너털웃음"(哄笑, horse laugh), "금 귀걸이"(golden earrings), "클로에"(Chloe), "위약"(違約, breach of promise) 같은 수백 개의 표현을 사용할 때 그 표현은 실상은 성경에서 빌려온 것이다.

『**기뻐하며 서로 선물을 보내리니**』. 이것이 크리스마스를 가리킨다고 독단적으로 말하지는 않겠지만 "크리스마스"의 본래 의도를 살펴야 할 것이다.

우리는 예레미야 10:1-5을 이미 찾아보았는데 이 구절들은 12월 25일 태양신 숭배와 관련하여 크리스마스 트리에 대한 분명한 언급이다. 예수 그리스도는 12월에 태어나지 않았고 9월이나 10월에 태어나셨음을 주목하라! 그분은 육신을 "입고"(tabernacled) "우리 가운데 거하셨으며" "장막"(Tabernacles)절인 9월과 10월 사이에 태어나셨다. 그리스도가 태어났을 때 양들이 들에 있었지 우리 안에 있지 않았기에 그분은 한겨울에 태어난 것이 아니다. 여러분이 실제 사실들과 자료들을 조사해보면 그분의 탄생을 한 달 내에 찾아낼 수 있다. 이것을 입증하는 자료는 린드버그(Lindberg)의 "기독교 교리" 392페이지에 나와 있다. 옥타비우스는 그리스도 탄생 시에 그의 종조부인 시이저(B.C. 27)를 계승한 전제 군주였다. 그는 B.C. 31-B.C. 27년 사이에 안토니, 레피두스와 함께 통치했다. 이때에 로마의 황제들은 로마에 전해진 바알과 태양신 숭배를 "대 원형 경기장"에서 행했다(시리아에서는 바알의 생일이 12월 25일이었다). 서커스와 검투사들의 싸움이 바알의 생일인 12월 25일에 행해졌다(레위기 23:39-44은 예수님의 생일이 12월 25일이 아닌 9월 15일경임을 암시한다). 로마 황제들의 연대와 침례인 요한의 출생을 확인해 보면 예수님의 탄생일을 한 달 이내에 알게 될 것이다.

그리스도가 12월 25일에 탄생했다는 최초의 언급과 망상은 3세기 북아프리카 이집트의 알렉산드리아에서 나왔다. 예수 그리스도가 태양신의 생일인 12월 25일에 탄생했다는 최초의 언급은 3세기의 알렉산드리아 클레멘트(Clement)의 "조직"(stromata)에서 나타난다. 클레멘트는 아프리카 학파를 오리겐과 유세비우스에게 인계했는데 유세비우스는 콘스탄틴 시대에 "바티칸 사본"을 완성했으며 이 사본에서 새 성서들(ASV와 RSV)이 만들어졌다. 사도행전이나 요한, 폴리캅, 이그나티우스(초기 교부들)의 사역에서 예수 그리스도의 탄생일을 어떤 곳에서나 어느 환경에서나 어떤 그리스도인들이 지켰다는 언급은 전혀 없다. "생일"을 지키는 것은 페니키아인들의 유명한 이교적 바알숭배 관습의 하나이다. 이것은 기독교적 토대와는 상관이 없다. 하나님의 말씀 어디에서도 어떤 성도들이 언제 어느 곳에서 어떤 사람의 생일을 기념했음을 보지 못할 것이다. 사람은 "부정하게" 태어나며 아담에게서 유래하기 때문에 "거듭나야 한다"(전 7:1,8, 요 3:3-6).

12월 25일은 동지인데 북반구가 태양에서 가장 멀리 떨어지는 때이며 지구가 태양 쪽으로 돌아와서 6월에 가장 가까와진다. 따라서 일 년 중 가장 긴 날은 그래서 6월 22일-25일경이고 가장 짧은 날은 12월 22일-25일경이다(지구는 태양 주위를 도는데 필자가 "태양에서 가장 멀리"라고 말할 때는 "각도가 다르다."는 뜻이다. 여러분이 원을 그려서 태양은 가운데 두고 지구는 원 밖에 둘 때 태양이 정확히 원 가운데 있지 않음을 볼 것이다. 태양은 우연히도 원에서 "중심을 벗어나는" 나흘의 간격이 있다. 이 나흘은 9월 20-23일인데 유대의 최고 권위자들에 따르면 지구의 창조 때에 생긴 간격이다. 지구는 여름보다 겨울에 더 태양에 근접하지만 9월 23일은 낮과 밤이 전 세계적으로 똑같다. 이 나흘 간격은 "장막절"을 가리킨다. 이것은 의심할 여지없이 예수 그리스도의 탄생일이다. 하나님께서 "이것을 명확히 하지" 않으신 이유는 매우 분명한데 하나님은 여러분이 '아기'를 기억하는 것을 결코 원치 않으셨으며, 그분은 여러분이 십자가형을 받고 장사지낸 바 되었다가 다시 살아나신 '구세주'로 기억하기를 원하셨다!) 이에 관해 여러분 마음에 조금이라도 의심이 있다면 누가복음 2장을 펴서 예수님의 탄생 때 일어난 모든 소동과 더불어 주어진 유일한 표적은 누가복음 2:12에 『**이것이 너희에게 표적이니 너희는 포대기에 싸여 구유에 누워 있는 아기를 보리라."고 하더라.**』임을 주목하라(모든 현대주의자는 누가복음 2장을 사랑하는데 그들은 자기들이 다루기 쉬운 갓난 아기를 사랑한다. 모든 사람은 갓난 아기를 세상에서 가장 만만하게 생각한다! 하지만 "머리털은 양모처럼 하얗고 그의 눈은 불꽃 같은" (계 1장) 구세주에게는 거의 관심이 없다. 누가복음 2장에서 아기의 유일한 표적은 그분이 다른 아기들과는 달리 다른 포대기에 싸여 있다는 것이었다! 다른 아기들은 담요로 두르지만 이 아기는 수의에 싸여 있다. "아기는 포대기로 싸는 법이다." 정말인가? 여러분은 어떤 책에서 이런 말을 보았는가? 여러분 성경에서는 보지 못했다. 그 포대기는 나사로를 쌌던 것과 같은데 그리스도께서 "그를 풀어주어 다니게 하라"고 말씀하셨다. 그 포대기는 젊은이들이 아나니아를 묻기 전에 그를 쌌던 것과 같다(행 5장)! 이 아기는 죽기 위해 태어났다! 수천 명의 아기들이 해마다 죽지만 이 아기는 여지껏 태어난 아기 가운데서 단 한 가지의 목적인 다른 사람들을 위해 죽으려고 태어난 유일한 아기이다.

『하나님**께서 세상을 이처럼 사랑하셔서 그의 독생자를 주셨으니, 이는 그를 믿는 사람은 누구든지 멸망하지 않고 영생을 얻게 하려 하심이니라**』(요 3:16).

『**우리가 아직 죄인이었을 때** 그리스도**께서 우리를 위하여 죽으심으로써** 하나님**께서는 우리를 향한 그의 사랑을 나타내셨느니라. 그러므로 이제 그의 피로 의롭게 되었으니 더욱더 우리가 그를 통하여 진노로부터 구원받게 되리라. 우리가 원수 되었을 때에도 그의** 아들**의 죽음으로 인하여** 하나님**과 화해하게 되었으니 더욱더 화해하게 된 우리는 그의 생명으로 인하여 구원받게 되리라**』(롬 5:8-10).

그래서 주 예수 그리스도의 생일은 명확히 제시되지 않는데 그 이유는 하나님께서 여러분이 그것을 기억하기를 원치 않으셨기 때문이다.

『**너희가 이 빵을 먹고 이 잔을 마실 때마다 주의 죽으심을 그분이 오실 때까지 선포하는 것이라**』(고전 11:26).

하나님께서는 여러분이 주 예수 그리스도의 죽음을 기억하기를 원하시는 것이지 그분의 탄생을 기억하기를 원하시는 것이 아니다.

이 날 12월 25일은 태양이 지구에는 가깝지만 북반구는 추운데 지구가 계속 태양 주변을 여행하면서 사물들이 따뜻해지기 시작하며, 페니키아인들은 항해하는 사람들로 유럽, 아프리카, 아시아 해변에서 살았다. 이들은 바알과 태양신, 왕과 친족, 아스타롯, 달의 여신인 "하늘의 여왕"을 숭배하는 날로 태고 적부터 지켜왔다. 이것이 세상의 모든 나라가 오늘날 12월 25일을 지키는 이유이다(여러분은 중국, 일본, 인도 등에서는 그리스도를 구세주로 믿는다는 고백도 없이 12월 25일을 지키는 이유가 궁금하지 않은가? 심지어 유대인들도 어떤 일들을 경축할 때 이 날에 맞추려는 것이 이상하지 않은가? 크리스마스가 구원받지 않은 주정뱅이들, 공산주의자들, 카톨릭 신자들, 프로테스탄트들, 불교신자들, 마귀 숭배자들과 약물 중독자들에게 항상 인기있다는 것을 이상하게 여긴 적은 없었는가?). 12월 25일은 예수 그리스도의 생일이 아니다. 이집트의 전통에 의하면 이시스의 아들이 12월 25일에 태어났다고 한다. "Yule"은 "유아"나 "어린 아이"를 뜻하는 칼데아 낱말이다. 영국에서는 사람들이 "크리스마스 전 날 밤에 굵은 장작"(yule log)을 쌓아놓고 불을 피우는데, 그것이 크리스마스 아침에 "부활하여" 아름다운 크리스마스 트리가 된다고 한다. 트리는 죽은 나무의 토템 기둥이 부활한 상징이다. 여러분이 이런 것을 자세히 알고 싶으면 히슬롭(Hislop)의 <두 개의 바빌론, *The Two Babylons*>을 읽어 보라. 12월 25일이 예수 그리스도의 생일과 아무 관계없음은 기도모임이 뉴올리안즈의 저속한 쇼(show)와 같을 수 없는 것과 마찬가지이다.

『**사흘 반 후에** 하나님**께로부터 온 그 생명의** 영**이 그들에게로 들어가니 그들이 자기 발로 서더라. 그러자 그들을 바라보던 자들에게 큰 두려움이 임하더라**』(11절). 본문은 이 시체들이 일어설 때 그들의 머리가 다시 불쑥 나타나는 것을 생각하면 무섭기도 하고 익살스럽기도 한 구절이다! 이 증인들은 목베임 당해서 목들이 잘려나갔다(계 6,20장; 11:8-10). "하나님께로부터 온 그 생명의 영"이 그들 안에 들어갈 때 그들은 일어서고 머리가 불쑥 나타나 몸에 붙는다. "그들을 바라보던 자들에게 큰 두려움이 임하는" 것은 전혀 놀랄 일이 아니다. 우리는 동화, 전설, 영화, 라디오, 연극, TV, 신화에서 이와 비슷한 이야기들을 본다. 예를 들면 익숙한 "도끼"질로 "네 머리를 잃지 말라."든지 "그들은 머리 잘라내는 일을 전담으로 하고 있다."든지 "머리없는 기사" 등등이다. 역사와 문학의 모든 줄거리는 33개의 플롯으로 요약할 수 있는데 그것들 모두가 <킹제임스성경, 1611>에 나와 있다.

11:12 **그들이 하늘로부터 나는 큰 음성을 들었는데 그들에게 말하기를 "이리 올라오라." 하므로 그들이 구름을 타고 하늘로 올라가니 그들의 원수들이 그들을 바라보더라.**

이 구름은 사도행전 1장에서 예수님이 들림받을 때, 마태복음 17장에서 모세와 엘리야가 변형산에 나타날 때, 그리스도의 재림 때, 그리고 계시록 14:15,16에서 다시 나온다. 여기서 우리는 눈에 보이는 휴거를 본다. 이것은 땅 밑에 있는 시체들이 그리스도와 같은 몸으로 변형되는 휴거도 아니며, 살아 있는 성도들이 "눈깜짝할 순간에" 들림받아서 아무도 보지 못하는 휴거도 아니다. 이것은 사도행전 1장에서처럼 주 예수 그리스도의 몸이 이 땅에서 들림받아 구름 속으로 하늘을 향해 곧장 올라가자 흰 옷을 입은 두 사람이 곁에 서서 『**너희 갈릴리 사람들아, 어찌하여 너희는 하늘을 쳐다보고 서 있느냐? 너희를 떠나 하늘로 들려 올라가신 바로 이** 예수는 **너희가 하늘로 가심을 본 그대로 오시리라.**』(행 1:11) 하였다.

이 휴거는 교회 시대 신약 성도들의 휴거가 아니라 환란 성도들의 환란 끝의 휴거이다. "이리 올라오라."의 문맥은 "이 세상의 나라들이(하나님의 나라나 천국이 아니다.) 우리 주와 그의 그리스도의 왕국들이 되어서 그분이 영무궁토록 통치하실" 때인 계시록 11:15임을 주목하라.

이것은 "이 세상의 나라들"이 "로마카톨릭 교회"의 재산이 되는 것이 아니다. 이것은 "거룩한" 로마제국이 모든 왕관을 빼앗고 모든 왕을 종속시킨다고 말하는 때가 아니며 로마카톨릭 교회가 UN에 외교 정책을 지시하는 때가 아니다. 이것은 이 세상의 나라들이 예수 그리스도의 왕국들이 되는 때이다(이것은 정확한 성경 해석과 부정확한 성경 해석의 차이이다). 지금까지 살았던 모든 로마카톨릭은 "이 세상 나라들"이 그리스도께 속하는 길은 로마카톨릭 교회가 세상 정부들을 지배하는 점진적인 세력 확장을 통해서라고 믿었다. 이것이 트렌트 종교회의(1546)의 결정 사항 중 하나인데 설사 그 "교회 신자들"은 그렇지 않았을지라도 이것을 믿지 않은 교황은 한 사람도 없었다. 지금까지 살았던 어떤 교황도(그는 모든 카톨릭 신자들의 영적 지도자이다.) 자기 교회가 이 세상을 예수 그리스도의 이름으로 인수하여 세상 나라들을 지배하여서 자기 교회에 종속시키도록 명령받았다고 믿지 않는 자는 하나도 없었다.

이 일은 일곱째 나팔로 일어나는데 나팔들은 교회가 들림받은 후 환란 시대에 시작된다. 그러므로 시간 요소는 전혀 의심할 것이 없으며 이 때는 환란의 끝이다(이것은 여러분 도표에서 그리스도가 임하시는 8인치 지점에 가깝다). 이 세상의 나라들은 그분이 내려와서 그들을 데려가실 때까지는 그분의 왕국들이 되지 않는다. 그분이 초림하셨을 때는 이 일을 하지 않으셨다(필자가 이것을 되풀이하는 이유는 오늘날 세상의 모든 신학교가 무천년주의와 후천년주의를 가르치기 때문이다. 심지어 밥존스대학도 지난 35년 동안 학교 신조에 전천년주의에 관한 말을 한마디도 담지 않았다! 그들이 그렇게 한 것은 장로교와 감리교 학생들을 놓칠까봐 우려했기 때문이다!).

요한계시록 11:12의 휴거는 문맥상 환란 끝으로서(15절) 환란 성도들의 들림받음을 분명히 가리킨다. 이것은 여러분의 두 번째 도표에서 7인치와 8인치 사이이다. 그들은 모세와 엘리야에 의해 인도되는데 이들은 구약의 할례받은 두 유대인으로서, 이스라엘을 위해 구약 성도들과 사도들에게 주어진 "표적과 이적과 기적"을 지녔다. 이 환란 후 휴거는 그 성격과 목적상 일차적으로 이스라엘을 위한 것이지 교회의 휴거가 아니다.

심지어 전천년주의자들도 이것을 어떻게 혼동하고 있는지 보기 위해 마태복음 24장을 보도록 하자. 모든 교단 신학교에서 마태복음 24장은 예루살렘의 파괴를 의미하는 것이며 세상이 교회에 전향함으로써 점진적으로 그리스도의 왕국이 임한다고 가르친다.

『**그러나 끝까지 견디는 자는 구원을 받으리라**』(마 24:13).

"끝"은 성결교와 감리교에서 인용하듯이 여러분 삶의 끝이 아니라 어떤 시대의 끝이다. 여러분은 이것을 어떻게 아는가? 여러분은 여러분 교회의 사사로운 해석 대신 성령님의 해석으로 아는 것이다. 사사로운 해석은 "자기 삶의 끝까지 견디는 자는 구원을 받으리라."로 읽는다.

『**이 왕국 복음이 모든 민족에게 증거되기 위하여 온 세상에 전파되리니, 그런 후에야 끝이 오리라**』(마 24:14).

성경이 어떻게 스스로 해석하는지 주목하면 로마 교회나 프로테스탄트 학자들의 "해석"을 결코 의지할 필요가 없다. 다행히도 주님께서는 진리를 원하는 어떤 사람에게나 언제 어느 곳에서나 진리를 찾을 수 있도록 이렇게 쉬운 언어로 사람들에게 말하고 있다. 이 진리를 원치 않는 사람은 누구나 미쳐 버린 종교 시대의 사사로운 해석들을 수용해야만 할 것이다. 이 구절에서 "끝"은 어떤 시대의 끝인데 그 시대에 대해서는 의심의 여지가 없다. 그 구절을 다시 보라. 웨스트코트와 홀트의 변개된 "헬라어" 원문 대신 항상 영어 원문을 보라.

『**이는 그때에 대환란이 있으리니, 그와 같은 것은 세상이 시작된 이후로 지금까지 없었으며, 또 결코 없을 것이기 때문이라**』(마 24:21).

이 기간은 "환란"이라 불린다. 이때 전파되는 것은 "하나님의 은혜의 복음"이 아니다. 그러나 바울은 이 복음을 전했고 "나의 복음"이라 불렀다(롬 2장). 마태복음 24:21에서는 "천국" 복음이 전파된다. 이 전파되는 천국은 문자적이며 실제적이고 눈에 보이는 유대인을 향한 다윗의 보좌에서 통치할 메시아의 왕국이다.

『**이새는 다윗왕을 낳으니라. 다윗왕은 우리야의 아내였던 여인에게서 솔로몬을 낳고**』(마 1:6).

어디의 왕이라고? 교회는?

『**말하기를 "유대인의 왕으로 태어나신 분이 어디 계신가? 우리가 동방에서 그분의 별을 보고 그분께 경배드리러 왔노라."고 하니라**』(마 2:2).

이분이 "그리스도인들의 왕"인가?

『**'너 유다 땅 베들레헴은 유다의 통치자들 가운데서 가장 작지 아니하도다. 이는 너에게서 한 다스리는 자가 나와 내 백성 이스라엘을 통치할 것임이라.'고 하였음이니이다." 하더라**』(마 2:6).

"그리스도의 몸"이 아니다! "하나님의 이스라엘"이 아니다! "영적인 유대인"이 아니다! "마음에 할례받은 자들"이 아니다! "내 백성 이스라엘"이다!

『**말하기를 "너희는 회개하라. 천국이 가까이 왔느니라."고 하니**』(마 3:2).

『**예수께서 온 갈릴리에 두루 다니시며 그들의 회당에서 가르치시고, 또 왕국 복음을 전파하시며, 백성 가운데 모든 질병과 모든 허약함을 고쳐 주시더라**』(마 4:23).

사도의 "표적과 이적과 기적"은 문자적이고 실제적이며 눈에 보이는 이스라엘 백성의 문자적이고 실제적이며 눈에 보이는 왕국과 관련된 문자적이고 실제적인 눈에 보이는 사역을 수반한다. 즉 이스라엘 백성은 문자적이고 실제적이며 눈에 보이는 표적들을 지닌 민족이기에 문자적이며 실제적이고 눈에 보이는 치유를 행하는 문자적이고 실제적인 눈에 보이는 사도들에게 주어졌다. 알겠는가?

『그 왕국의 자녀들은 바깥 흑암에 던져져서 거기에서 울며 이를 갈고 있을 것이라." 하시고』(마 8:12).

후천년주의자들과 무천년주의자들은 그들의 나라를 "하나님의 나라"로 생각하지만 여기서 "그 왕국의 자녀들"은 지옥으로 간다. 미국의 미혹된 헬라어 학자들, 설교자들, 언어 학자들은(한 번의 부활, 한 번의 심판, 그리고 교회는 이스라엘에 대한 구약 예언들의 성취라고 가르치는데), "그 왕국의 자녀들"이 지옥에 간다는 예수님의 권위 있는 말씀을 고려해 본 적이 없다! 마태복음 8:12은 문자적인 나라를 약속받은 사람들이 그 문자적인 나라가 오기 전에 영적인 나라를 받아들이지 않아서 바깥 흑암 속으로 던져진다는 것이다.

『그후에 예수**께서 모든 성읍들과 마을들을 돌아다니시며 그들의 회당에서 가르치시고, 왕국 복음을 전파하시며, 또 백성 가운데서 모든 질병과 허약함을 고쳐 주시더라**』(마 9:35).

『다만 이스라엘 집의 잃어버린 양에게로 가라. 가서 전할 때, '천국이 가까이 왔다.'고 말하고』(마 10:6,7, <피터 럭크만의 주석서 마태복음> 참조).

마태복음 24장의 가깝고도 먼 문맥에서(그 장에서, 그 장의 앞뒤에서, 그리고 그 외의 다른 장들에서) 하나님은 환란 기간의 이스라엘을 다루신다.

『그러므로 너희가 선지자 다니엘을 통하여 말씀하신 멸망의 가증한 것이 거룩한 곳에 선 것을 보리니, (읽는 자는 깨달으라.)』(마 24:15).

로마에는 "거룩한 곳"이 없으며 시카고에도 없고 지금 예루살렘에도 없다. 전등으로 비쳐봐도 여러분은 발견할 수 없을 것이다. 이 "거룩한 곳"은 여러분 마음에 있지 않다. 그 이유는 다니엘 선지자가 말하였듯이 "가증한 것"이 거룩한 곳, 즉 유대에(마 24:16) "서 있기" 때문이다. 이 사람들은 안식일을 지키고 있다(마 24:20). 이것은 A.D. 70년 예루살렘 파괴일 수 없는데 그 이유는 구약이 계속 교회 시대에 연결되는 유대인들에게는 "많은 자녀를 거느린

자가 복이 있다."(시 127:3-5; 128:3)고 말하기 때문이다. 하지만 이 기간(마 24:19)에는 그들에게 자녀를 갖지 말라고 말씀하신다!(그들은 또한 마가복음 13:17과 누가복음 23:29에서 자녀를 갖지 말라는 경고를 받는다).

마태복음 24장이 말하는 기간은 (모든 교황의 조서와 권위 있는 발언들에도 불구하고) 어떤 의심의 그림자도 없이 환란 때에 유대 땅에서의 이스라엘의 회복을 명백히 다루고 있다. 그러므로 마태복음 24:29,30의 휴거는 환란 성도들의 환란 후 휴거이다.

『**이는 그때에 대환란이 있으리니, 그와 같은 것은 세상이 시작된 이후로 지금까지 없었으며, 또 결코 없을 것이기 때문이라**』(마 24:21).

그러므로 이 구절이 예루살렘의 파괴라고 말할 수 없는 이유는 히로시마나 나가사키의 파괴가 이보다 훨씬 더 굉장한 모습이었기 때문이다. 교황들과 신학교 교수들은 예루살렘에서보다 더 많은 사람들이 죽은 수백 개의 전쟁이 있었음에도 불구하고 이 구절을 예루살렘 파괴(70년)에 적용한다. 쉽게 말해서 그들은 훌륭한 "그리스도인"의 탈을 쓰고 예수님을 거짓말쟁이로 만든다!

『**만일 그 날들이 단축되지 아니하면 어떤 육체도 구원받지 못하리라. 그러나 택함 받은 사람들을 위하여 그 날들이 단축될 것이라**』(마 24:22).

『**택함 받은 사람들을 위하여**』 이들은 여러분이 신약 로마서 9장과 11장에서 보듯이 유대인들이며, 이사야 28:5의 "택함받은 자"이고, 이사야 45:4의 "택함받은 자"이고, 스카랴 2:5,6의 "택함받은 자"이며, 이사야 65:9-12의 "택함받은 자"이고, 이사야 27:13의 "택함받은 자"이며, 다니엘 7:21의 택함받은 자이다. 여기의 "택함받은 자"는 에베소서 1장과 2장의 "예정된 택함"이 확실히 아닌데, 그 이유는 바울이 택함받은 자 근처에 있지 않았고, 그것에 관해 쓰지 않았으며, 쓴 적이 없고, 택함받은 자로서 구원받은 것이 아니기 때문이다. 이 구절들은 미래의 환란 때 유대의 어떤 자들을 말한다(사람들은 자기들이 유일하게 올바른 집단임을 입증하고자 일을 얼마나 엉망으로 만드는지 알겠는가?). 문맥은 명확한데 그들은 유대에 있고 여러분은 유대에 있지 않다. 이 구절은 환란 때를 말하며 여러분은 환란 때에 있지 않다. "멸망의 가증한 것"은 거기 있으며 여러분은 그것이 무엇인지 알 필요없다! 이 구절은 환란 때에 끝까지 견뎌야 하는 어떤 자들을 말하는 것이며 여러분은 그때에 거기에 없다. 수많은 그리스도인들이 그 기간이 시작되기 전에 죽는다! 여러분은 안식일을 지키지 않지만 이들은 지킨다. 사람들이 이상하지 않은가?

『**그 날들의 환란 후에 즉시 해가 어두워지며**[계 6장], **달이 그 빛을 내지 아니하며**[계 6장], **별들이 하늘에서 떨어지고**[계 6장], **또 하늘들의 권능들이 흔들릴 것이라**[계 6장; 사 27장]. **그후에 하늘에 있는** 인자**의 표적이 나타나리니**[콘스탄틴에게 나타났던 것과 같이 여러분을 저주하는 "X" 십자가가 아니다.], **땅의 모든 지파들**[tribes]**이 통곡할 것이며, 또 그들은** 인자**가 권세와 큰 영광으로 하늘의 구름을 타고 오는 것을 보리라**』(마 24:29,30).

이 문맥은 의심의 여지가 없다. 이것은 다니엘의 "칠십째 주"에 "야곱의 고난의 때"인 환란 중에 유대의 땅(적그리스도는 거기 "거룩한 곳"에 있는데)에 있는 유대인 족속들에게 해당되는 구절이다. 그때 그들은 그리스도의 재림을 기다리며, 예수 그리스도를 인자(그분의 지상의 문자적이고 실제적이며 눈에 보이는 이스라엘에 대한 유대인 이름)로 보고 환란 끝에 다시 돌아오는 것을 믿는다. 이보다 더 쉽게 말할 수 있는가? 여러분이 예수 그리스도를 거짓말쟁이로 생각하지 않는 한 이 일은 A.D. 70년에 일어나지 않았으며, 여러분이 예수 그리스도를 거짓말쟁이로 생각하지 않는 한 이 일은 여러분이 죽을 때에 일어나지 않는다. 예수님은 그분이 말씀하신 그대로 여러분이 읽는 그대로의 뜻을 의미하신다. 여러분은 여러분이 진리를 발견하지 못하도록 하나님께서 이 일을 애매하게 하셨다고 필자에게 말하려는가? 『**온 땅의** 심판자**께서 의를 행치 않으시려나이까**?』(창 18:25). 『**그 말에는 비뚤어진 것이나 왜곡된 것이 전혀 없느니라**』(잠 8:8). 하나님의 말씀은 어렵지 않다. 말을 이해하지 못하는 사람은 그것을 원치 않기 때문이다.

『**또 주께서 큰 나팔 소리와 함께 천사들을 보내시리니, 그들이 하늘 이편 끝에서 저편 끝까지 사방에서 그의 택하신 사람들을 함께 모을 것이라**』(마 24:31).

여기 나팔은 일곱째 나팔이다. 이것은 바로 여러분 눈 앞에서 일어나는 환란 성도들의 환란 후 휴거이다(여러분은 오늘날 환란 전 휴거의 교리를 버리고 거듭난 "그리스도의 몸"이 환란을 통과하여 마태복음 24장에서 들림받는다고 가르치는 수백 명의 "정통주의자들"을 본다). 이것은 계시록 11:12의 휴거이다. 아무리 레이저 광선과 현미경으로 조사해도 마태복음 24장에서는 (신약 교회를 이루는) 그리스도의 몸을 찾지 못한다. 왜냐하면 이 장은 환란 시대의 이스라엘을 다루고 있기 때문이다. 하나님께서 말씀하시는 것은 말씀하신 그대로 절대적이며 정확무오하고 반석에 뿌리 내린 권위이다.

11:13 또 같은 시간에 큰 지진이 일어나서 도성의 십분의 일이 무너지니 그 지진으로 죽은 사람들이 칠천 명이었더라. 남은 자들은 무서워하며 하늘의 하나님께 영광을 돌리더라.

환란 끝에 가서 구원받는 사람들도 있지만 땅에 남는 사람들도 있다. 그들은 12절의 휴거에서 구원받지 못했기에 "들림받지" 못하지만 "의롭게 된" 사람들이다. 그들은 "의롭게 되고" "하늘의 하나님께 영광을" 돌리지만(계 14:7) 주님은 환란 때 구원받는 사람들을 이미 들어 올리셨고 이들은 행위로 "끝까지 견디었던" 사람들이다(마 25장; 계 20장).

마태복음 25장에서 여러분은 꺼진 등불을 위해 기름(성령님의 유형)을 사라고 말하는 사람들, 구원을 얻기 위해 일하는 종들과 일하지 않아서 지옥에 가는 자들, 또 그리스도께서 다시 오실 때 다른 사람들에게 선을 행함으로써 천국에 들어가려는 사람들을 볼 것이다. 성경에서 구원이 "행위"와 관련되는 곳들은 구약의 이스라엘, 환란 때의 이스라엘, 그리고 그리스도께서 통치하실 천 년 기간의 이방인들에 관한 구절이며, 성경이 이렇게 세밀하게 계획되어졌다는 것은 놀랍고 훌륭하지 않은가?

여러분이 살고 있는 시대의 죄인은 "믿음으로 말미암아 은혜로" 구원받는다. 여러분이 그리스도의 재림을 올바로 이해하지 않는다면 어떤 것도 제대로 이해할 수 없다. 왜 하나님은 그런 식으로 구원을 정하셨을까? 여러분이 교제하는 하나님은 현명하시다(필자는 경외하는 뜻으로 말하고 있다). 여러분이 온 마음과 혼을 다하여 그분을 사랑하지 않는다면 여러분은 그분 보기를 원치 않는 것이다. 그렇다면 여러분은 그분이 재림하는 것을 원치 않는 것이다. 그렇다면 여러분은 그리스도의 재림을 공부하지 못할 것이다. 여러분이 공부하지 않는다면 재림을 배우지 못할 것이다. 그렇다면 재림 때에 이스라엘에 관계된 다른 세대들을 배우지 않는 것이다. 여러분이 이것들을 배우지 않는다면 구약을 배울 수 없다. 결과적으로 일반 그리스도인은 사람이 환란에서 "끝까지 견디어" 구원받는 것과 천 년 기간에 "산상설교"를 지키고 구원받는 것, 그리고 환란에서 "안식일을 지켜" 구원받는 것에 대해 아예 "모르는" 것이다. 그래서 일반 그리스도인은 몰몬교도, 여호와의 증인, "그리스도의 교회" 교인, 제칠일 안식일 예수 재림교인, 로마카톨릭 신자, 루터교인, 성공회 신자, 감리교도, 혹은 예수 그리스도가 재림하는 것을 원치 않는 그 어떤 다른 무리가 될 수밖에 없으며, 그들은 자기들의 독선적인 행위로 "천국을 오게 하도록" 위임받은 것으로 생각하고 있다. 하나님께서 이렇게 정하셨기에 여러분의 마음이 올바르지 않다면 성경을 제대로 이해할 수 없다(벧전 2:8).

마태복음에서 우리는 행위에 의한 구원이 마치 여러분 얼굴에 코가 있듯이 그렇게 확실한 것을 본다. 결과적으로 모든 인문주의자, 모든 자유주의자, 모든 현대주의자, 모든 제칠일안식일예수재림교인, 여호와의 증인들, 그리고 그리스도의 교회 "장로들"은 마태복음, 사도행전, 히브리서로 즉시 달려간다(필자가 제시했던 마태복음 24장과 25장의 구절들은 그렇게 명백하게 환란시대를 말하기 때문에 여러분이 그 구절들을 잘못 해석할 수 있는 유일한 길은 예수 그리스도의 재림을 원치 않는 것이다. 마태복음 25장에 예수 그리스도의 재림을 원치 않는 그 "종"은 바깥 흑암 속에 던져진다).

자, 필자는 구원받은 침례교인인데 하나님의 말씀을 변개시켜서 모든 장과 구절들을 "침례교인들이 믿는 것"에 적용하는 것보다는 더 훌륭한 감각을 갖고 있다. 필자의 성경은 필자가 성경을 "올바로 나눈다."고 말한다. 성경은 올바른 구분들이 되어 있으며 교사나 설교자는 그 구분들을 "그냥" 따르는 것이 "좋을 것이다." 마태복음 25장의 그 사람들은 병자들을 방문하고 갇힌

자들을 돌보며 먹을 것과 입을 것을 줌으로써 구원받는다. UN이나 평화봉사단에 해당하는 구절이 아닌가! 메이슨(비밀 공제 조합)에 해당하는 구절이 아닌가! 이 세상에 마태복음 25장과 같은 성경을 뒷주머니에 쑤셔넣은 독선적이고 하나님을 버린 병적 자부심을 가진 사람치고 지옥에 가지 않을 사람이 없다. 여러분의 마음이 올바르다면, 여러분이 예수님을 사랑한다면, 여러분이 그분을 보기 원한다면, 그분이 다시 오시는 것을 원한다면, 여러분이 첫째가는 계명에 순종해 왔다면, 여러분은 재림을 공부할 것이다. 그러면 재림을 올바로 알게 될 것이며, 재림을 올바로 알 때 마태복음 24장과 25장을 이해할 수 있다. 여러분에게 마태복음, 사도행전, 히브리서가 예수 그리스도의 재림이 있기 전의 내용으로만 가르치려는 모든 종교적이고 독선적인 미치광이들을 경계하라.

마태복음에서 여러분은 유대인의 왕의 복음부터 신약으로의 전환과 문자적이고 실제적이며 눈에 보이는 "천국"까지 보게 된다. 사도행전에서 여러분은 이스라엘에게 약속된 문자적인 왕국으로부터 거듭난 성도들에게 약속된 "하나님의 나라"까지 보게 된다. 히브리서에서 여러분은 신약 교회 시대에서 환란으로 들어가는데, 이 환란에서 하나님은 그분의 히브리인들, 곧 "영적 유대인들"이 아닌 문자 그대로의 히브리인들! 곧 "그리스도인들"이 아닌 바로 히브리인들! 곧 "교회"가 아닌 바로 히브리인들! 과의 교제를 새롭게 하신다.

여러분은 11장이 무엇을 보여 주는지 모르겠는가? 이 장은 환란 시대의 마지막에 있을 두 유형의 구원받는 무리를 보여 준다. 환란 끝에 들림받는 한 무리와 "끝까지 견디며" 구원받기 위해 "짐승의 표"를 거부하는 사람들이다. 비록 그들이 믿음으로 말미암아 은혜로 구원받는다 해도 그들은 믿음을 통한 은혜로 보호되지 않는데 그 이유는 바로 구약 율법 아래 있기 때문이다. 그들은 "끝까지 견디어야" 한다.

11:14 둘째 화는 지나갔으나, 보라, 셋째 화가 속히 오리라.

15 그 후에 일곱째 천사가 나팔을 부니, 하늘에서 큰 음성들이 있어 말

하기를 "이 세상의 나라들이 우리 주와 그의 그리스도의 왕국들이 되어서 그분이 영원무궁토록 통치하시리라."고 하더라.

이것은 예수 그리스도의 재림에 관해 두드러진 성경 구절이다. 지금까지 살았던 어떤 사람도 자기가 로마 "교황"처럼 명백한 영적 변절자가 아닌 한 이 구절을 그리스도의 초림에 적용시킬 수 있는 어떤 방법도 세상에 없다. 초림에서 이 세상의 나라들이 "우리 주와 그의 그리스도의 나라들이 된다."고 가르치는 사람들은 성령님이 몰지각한 거짓말쟁이라고 근본적으로 믿는 자들이다. 만일 성령님께서 여러분에게 이 세상 나라들이 우리 주와 그의 그리스도의 나라들이 되었던 적이 있다고 말씀하신다면 성령님이 거짓말쟁이인 셈이거나 주의 나라가 지금 여기 있어서 "확장되고" 있다고 가르치는 이 사람들의 눈에 성령님은 아주 바보 멍청이다. 그들이 전파하려고 애쓰는 지금 여기에 있는 나라는 초교파 국가 종교 회의(ENC)의 실제적인 교회 건물들이며, 이것은 원조 물자 발송 계획, 소송들, 정치 운동원들, 전미 흑인 향상 협의회의 기소자들과 더불어 재산, 저당들, 증서들, 공채들, 주식들, 담보, 보상, 이자들로 구성되어 있다. 이것은 바울이 전파한 영적인 "하나님의 나라"가 아니며 지금까지 한 번도 없었으며 앞으로도 없을 것이다. 본문은 "하나님의 나라"가 "하나님의 나라"가 되었다는 말이 아니다. 이 구절은 "이 세상 나라들(독일, 프랑스, 영국, 미국, 러시아, 쿠바, 중국, 오스트리아, 호주, 일본들)이 우리 주와 그의 그리스도의 나라들이 되는 것"을 말한다. 이 일은 결코 일어나지 않았다. 이 일이 일어난 적이 있다고 말하는 사람은 정신나간 사람일 것이다. 역사에서 이 일이 예수 그리스도의 재림 전에 일어나기 시작했다든지 아니면 일어난 척이라도 했다는 어떤 지적도 없다.

여러분에게 얼간이 집단인 이 초교파 코끼리들을 보여 주려는데, 미국의 모든 신학교에서는 본문을 "이 세상 나라들은(미국, 러시아, 일본, 독일 등등) 33년부터 우리 주와 그의 그리스도(예수 그리스도)의 나라들이었으며, 그분은 일본, 독일, 이탈리아, 미국, 러시아, 영국 등을 지금 통치하고 그렇게 영원히 계속할 것이다."라고 가르치듯이 그렇게 적용한다. 우습지 않은가? 이것은 여러분이 지금까지 들어본 가장 우스꽝스러운 일이다. "하지만" 그 둔한 자들은 "그분이 영적인 나라를 영원히 통치한다."고 떠들어댄다. 정말인가? 본문은 "이 세상 나라들"이라고 한다. 본문에 "하나님의 나라"는 어떤 기미도 보이지 않는다. 하나님의 나라는 전혀 언급되지 않았다. 본문은 그분이 "이 세상 나라들"을 통치한다고 말한다. 그러므로 무천년주의자나 후천년주의자는 그의 가르침을 고수하기 위해 성경에 대항하는 악당이 되어야 한다. 이것은 여러분의 생각보다 못한 것이다! 자, 이 나라들은(계 11장) 문자적이고 실제적이며 눈에 보이는 나라들이다. 우리는 성경 구절들을 비교함으로써 프로테스탄트 신학교들까지도 전염시킨 로마카톨릭 바이러스의 사사로운 해석 대신 성경적인 해석을 받아들인다.

『또 마귀가 주를 높은 산으로 데리고 가서 잠깐 동안에 세상의 모든 나라들을 보여 주더라』(눅 4:5).

누가복음 4:5에서는 어떤 형태로도 "하나님의 나라"나 "천국"을 말하지 않았다. 어떤 사람이라도 예수 그리스도가 다시 와서 인수하기를 원치 않는, 즉 성경을 거부하는 악당이 되지 않는 한 이 구절을 왜곡하거나 변개시킬 어떤 방법도 세상에 없다.

누가복음 4:5은 여러분에게 "이 세상 나라들"이 시 위원회, 군대, 도청, 의회, 해군, 시청, 순회 재판소, 학교 체제, 검인 재판소, 세법, 대법원, 국회, 하원, 상원, 수입, 사회보장 등등인을 말한다. 이 구절은 문자적이고 실제적이며 정치적이고 눈에 보이는 나라들을 말한다.

『그리고 마귀가 주께 말하기를 "내가 이 모든 권세와 그것들의 영광을 너에게 주리라. 그것이 나에게 넘겨졌으므로 내가 원하는 자에게 줄 수 있느니라』(눅 4:6).

사탄이 말하는 것은 "하나님의 나라"가 아닌 사탄에게 넘겨진 나라이다. "이 세상 나라들"은 결코 예수 그리스도에게 속하지 않았으며 그분이 다시 오실 때까지 결코 있지 않을 것이다. 그 나라들은 사탄에게 주어져서 그는 그 나라들을 "내가 원하는 자에게" 준다.

『그들의 주인들에게 말하라고 명하라. 만군의 주, 이스라엘의 하나님**이 이**

같이 말하노라. 너희는 너희 주인들에게 이같이 말하라. 나는 나의 위대한 권능과 나의 뻗은 팔로 땅과 지상에 있는 사람과 짐승들을 만들어 내게 합당하게 보이는 자에게 그 땅을 주었노라』(렘 27:4,5).

성부 하나님께서 친히 이 힘을 사탄과 사탄적인 인물들에게 위임하신다. 그러므로 교황이 이 땅에 그의 지배를 자랑할 수 있다면 한 가지는 입증하는 셈이다. 결론적으로 교황은 하나님의 허락하신 뜻 아래 활동하는 사탄의 힘과 그의 직접적인 뜻에 영향을 받고 있다(딤후 2:26). 로마카톨릭 교회가 날마다 세력을 확장한다고 해서 "지옥의 문이 그것을 이기지 못하리라."를 입증하는 것이 아니다. 이것은 사탄이 하나의 특정 종교 조직을 더욱 지배하고 있음을 의미할 뿐이다. 로마 교회가 "인수하기" 위해(그리고 인수해 왔던) 노력해 온 "이 세상 나라들"은 하나님의 허용된 뜻 안에서 사탄에게 속해 있다. 로마카톨릭 교회가 UN을 장악한다면 그것은 하나님의 허용된 뜻 아래 활동하는 사탄의 직접적인 힘을 통해서일 것이라는 데에 여러분의 마지막 달러를 걸 수 있다(눅 4:6).

『**이제 내가 이 모든 땅들을 나의 종 바빌론 왕 느부캇넷살의 손에 주었으며 들의 짐승들도 그에게 주어 그를 섬기게 하였느니라**』(렘 27:6).

여기서 하나님은 유대인을 미워하고, 그리스도를 부인하며, 성경을 거부하는 이교도 살인자를 그분의 "종"이라 부르신다. 이것은 여러분에게 하나님께서 사탄적인 인물들에게 힘을 위임하시는 것을 보여 준다. 로마 교회가 마태복음 28:18의 『**하늘과 땅에 있는 모든 권세를 나에게 주셨도다.**』를 인용하며 이 권세는 자기들 교회에 주어졌다고 주장할 때 여러분은 "아멘" 했을 것이다. 거기에 바로 함정이 있는데 로마 교회와 마태복음 28:18 사이의 중보자는 사탄이다. 사탄은 "이 세상의 신"이다(고후 4:4). 그는 하나님의 허용된 뜻 아래서 세상을 지배하는데 느부캇넷살, 히틀러, 카스트로, 무솔리니, 교황 바울, 교황 요한, 피의 메리 여왕, 루크레지아 보르기아(Lucrezia Borgia) 같은 사람들에게 그의 권세를 부여한다. 기독교 지노사들이 지지른 가장 큰 실수 가운데 하나는 자신들이 권세를 가졌기 때문에 이것은 마태복음 28장의 권세가 자신들에게 직접 위임된 것으로 생각한다는 것이다. 그리스도께서 『**하늘과**

땅에 있는 모든 권세를 나에게 주셨도다.』라고 말씀하셨을 때 그분은 다른 모든 것과 마찬가지로 사탄도 지배할 권세를 받으셨다는 뜻이었다. 사탄은 여러분에게 모든 권세를 줄 수 있다(요한복음 19:11을 보라).

"이 세상 나라들"은 예수 그리스도의 것이 아니며 성부 하나님의 것이고, 그분은 이 나라들을 "그분이 원하는 자에게" 위임하여 주신다.

"이 세상은 나의 집이 아니며 나는 지나갈 뿐이고 나의 보화는 하늘 너머 어딘가에 쌓여 있다네. 천사들이 하늘의 열린 문에서 내게 손짓하니 나는 더 이상 이 쓰레기 같은 집에 있을 수 없네."

이 땅에서 천 년을 통치하시기 위해 문자적이고 실제적이며 눈에 보이는 이스라엘 열두 지파를 이 땅의 그들 장소인 문자적이고 실제적이며 눈에 보이는 팔레스타인 땅을 회복하시고자 다시 오시는 문자적이고 실제적이며 눈에 보이는 구세주의 문자적이고 실제적이며 눈에 보이는 재림을 믿지 않는 그리스도인들은 성경을 거부하는 이단들에 지나지 않는다. 바티칸 공의회와 "인가된 학교들" 모두가 다 그렇다!

11:16 **그러자** 하나님 **앞 그들의 좌석에 앉은 스물네 장로가 엎드려** 하나님**께 경배드리며**

문장이 15절에서 끝났음을 주목하라. 연대기가 환란에서(13,14절) 천 년 기간으로(15절) 이동되었고 천 년 기간을 넘어간다(17절, 계시록 11:17-19을 환란 기간으로 제한하려는 사람들은 무서운 재난을 만난다. 왜냐하면 계시록 11:18에서 갑자기 "백보좌 심판"에 이르는데 이것은 도표의 10인치 지점에서 일어나기 때문이다).

계시록 11:12에서 여러분은 7인치 지점에 있으며, 계시록 11:14에서는 8인치 지점에, 계시록 11:15에서는 9인치에서 11인치로 그리고 계속해서 "그분이 영원무궁토록 통치하시리라."임을 주목하라. 계시록 11:16에서 여러분은 "스물네 장로"가 하나님을 셋째 하늘에서 경배하며 여러분이 방금 공부한 내용을 뒤돌아보는 어떤 일을 말하는 것을 본다. 그들이 말하는 것은(18절) 『**민족들이 분노하나**[10인치 지점] **주의 진노가 임하였고 죽은 자들의 때가 임하였으니**[10인치 지점], **이는 그들이 심판받으며**[도표 끝에 바로 있는 백보좌 심판], **주께서 주의 종들인 선지자들과 성도들과 주의 이름을 두려워하는 크고 작은 자들에게는 상을 주시며, 땅을 훼손한 자들을 멸망시키려 하심이니이다.**』이다.

이 스물네 장로는 다음과 같이 말한다.

11:17 **말씀드리기를 "지금도 계시고, 전에도 계셨고, 앞으로 오실, 오** 전능하신 주 하나님, **우리가 주께 감사드리는 것은 주께서 주의 크신 권세를 가지고 통치하셨기 때문이니이다.**

이 "스물네 장로"가 말할 때 그들은 그리스도의 천 년 통치를 뒤돌아보고 있다. 계시록 11:15에서 그분은 천 년 통치를 막 시작하신다. 그러므로 계시록 11:16-19은 환란과 천 년 기간의 일들을 뒤돌아보면서 영원을 묘사하는 부분이다.

11:18 **민족들이 분노하나 주의 진노가 임하였고 죽은 자들의 때가 임하였으니, 이는 그들이 심판받으며, 주께서 주의 종들인 선지자들과 성도들과 주의 이름을 두려워하는 크고 작은 자들에게는 상을 주시며, 땅을 훼손한 자들을 멸망시키려 하심이니이다."라고 하더라.**

『**민족들이 분노하나…**』. 이 구절은 계시록 20:8,9에 나타나는데 거기서 민족들은 예루살렘을 파괴하려고 마지막으로 함께 모인다(10인치 시점).

『**주의 진노가 임하였고…**』. 이 구절은 계시록 20:9에서 성취되는데 거기서 하나님께로부터 불이 내려와 모든 것을 소멸한다.

『죽은 자들의 때가 임하였으니』 이 구절은 계시록 20:11,12에 나타난다.

이제 우리는 매우 까다로운 구절에 이른다. **『주의 종들인 선지자들과 성도들과 주의 이름을 두려워하는 크고 작은 자들에게는 상을 주시며, 땅을 훼손한 자들을 멸망시키려 하심이니이다."라고 하더라.』**

여러분은 백보좌 심판 때 그 자리에는 구원받은 사람들이 없다고(여러분이 조금이라도 배웠다면) 배웠을 것이다. 여러분은 이것이 구원받지 못한 사람들만의 심판이고 거기에 구원받은 사람들은 없다고 배웠을 것이다. 이것은 실수이다. 여러분은 백보좌 심판 때 주어지는 "보상들"이 있다는 사실을 볼 때 즉각적으로 이것이 실수임을 알 수 있다(다시 한 번 "여러분이 진리의 말씀을 올바로 나누어 자신이 하나님 앞에 부끄럽지 않은 일꾼으로 인정받도록 공부하라"). 계시록 11:18은 신약 그리스도인들이 보상받는 그리스도의 심판석이 아니라 "그분의 종 선지자들"과 "성도들"이 보상받는 날이다. 여러분의 도표에서 교회는 1인치 지점에서 들림받아 환란 중에 그리스도의 심판석에서 심판받는다. 교회 시대 성도들의 심판은 환란 중 하늘에서 일어난다. 하지만 이 심판은(계 11장) 천 년 기간의 끝에 일어나며 구원받은 사람들이 아직 거기에 있다("성도들"이란 낱말은 주석가들을 당황하게 만드는데 그들은 "성도들"이란 낱말을 바울의 로마서 1장과 고린도전서 1장 등에서 사용하듯이 교회 시대 성도들에게 적용되는 것으로 생각하기 때문이다).

이것은 필자가 앞에서 여러 번 지적한 것과 똑같은 실수이다. 정통주의 학자들이 저지르는 심각한 오류 중 하나는 하나의 진리를 발견하면 그 다음에는 성경의 모든 부분을 그 하나의 진리로 맞추려 한다는 것이다. 그것은 침례교회에서 현저하게 나타난다. 그들은 자기들이 그러한 "믿음으로 말미암은 은혜"의 구원과 그러한 영원한 보장의 진리를 가졌기 때문에 "구원을 잃어버릴 수 있다."고 가르치는 모든 구절들은 바뀌어야 하는 것으로 생각하며, 결국 그들은 헬라어 원문으로 돌아가서 구절들을 바꾸려고 한다. 그들은 다른 구원 계획을 가르치는 모든 구절은 그 구절들이 은혜로의 구원을 가르칠 때까지 거부하거나 왜곡시키거나 뜯어 고쳐서 교회 시대로 밀어넣어야 한다고 생각한다. 침례교인은 성경 어디에서나 "성도"라는 낱말을 보면 아주 자연스럽게 그 낱말을 로마서 1:7에 넣고 신약 교회 시대의 그리스도인에게 적용시키는데 "성도"라는 말은 항상 교회 시대의 그리스도인에게만 적용되는 것이 아니다. 예를 들어 다니엘 7장에서 ("성도"라는 낱말이 사무엘상 2:9에서 사용된 것처럼) 그 "성도"는 교회 시대 성도가 결코 아니다(다니엘과 계시록이 부합되는 것을 잊지 말라). 다니엘 7장의 문맥은 적그리스도가 "끝까지 견디어" 구원받는 사람들을 대적하여 싸우고 있다.

『**내가 보니 이 뿔이 성도들과 싸워 그들을 이기더라**. 옛날부터 계신 분**이 오시니 지극히** 높으신 분**의 성도들에게 심판이 주어졌고 그 때가 이르자 성도들이 그 왕국을 차지하더라**』(단 7:21,22).

다니엘 7:18을 보라. 『**그러나 지극히** 높으신 분**의 성도들이 그 왕국을 얻으리니, 영원하고 영원무궁한 그 왕국을 차지하리라**』(계시록 11:15과 비교하라).

이 구절은 환란 성도들을 말하는데 그들은 큰 백보좌 심판에서 심판받고 영원에서 영원한 나라를 상속받는다. 이 구절은 천년왕국 전에 그리스도의 심판석에서 보상받는 교회 시대 성도들을 말하는 것이 아니라 환란 성도들을 말하는 것으로, 이들은 백보좌 심판에서 보상받으며 이스라엘에게 약속된 문자적이고 실제적이며 눈에 보이는 지상에 있을 다윗의 보좌에서 통치하는 메시아의 팔레스타인 왕국을 영원히 통치한다. 이것은 스코필드, 게벨라인, 페팅걸, 펨버, 라킨, 다비, 벌링거, 루터와 웨슬리 그리고 대부분의 정통주의 주석가들의 해석보다 훨씬 더 중요하다. 그래서 우리는 잠시 "개들의 입을 다물게 하고" 계시록 11:18에서 여러분이 읽은 것을 기록된 그대로 믿는다면 이 모든 것이 매우 명백해진다.

이 때는 그리스도가 통치를 끝내고(17절), "민족들이 분노하나"(18절), "주의 진노"가 임하고(18절), "죽은 자들의 때가 임하여 그들이 심판받는데"(18절), 그때 그분은 그의 종들인 "선지자들과 성도들과 주의 이름을 경외하는 크고 작은 자들에게는 상을 주시며 땅을 훼손한 자들을 멸망시킬 것이다." 이것은 두 가지 흥미로운 문제를 가져오는데 "생명의 책"에 기록된 백보좌 심판 때의 성도들과 환란과 천년왕국의 성도들은 그들의 구원과 관련하여 어떤 행위가 있어야 한다는 사실이다. "구원을 잃어버릴 수 있다."고 가르치는 마태복음, 사도행전, 히브리서의 모든 구절은 그 구절이 말하는 그대로를 뜻할 뿐이다! 이 구절들은 구원의 영원한 보장의 구절들을 반대하는 것처럼 보이지만 그렇지 않다. 문제는 해석 방법에 있다. 하나님께 가증한 자(주님을 거부하는 사람말고도)가 있다면 그는 계시록 11:18; 12:16; 14:12; 22:14, 사도행전 2:38, 마가복음 16:16 등의 구절을 교회 시대에 적용하여 사람이 "구원을 잃어버릴 수 있다"고 가르치는 설교자임에 틀림없다. 이들은 하나님의 말씀에 권위를 둔다고 하면서도 비성경적으로 가르친다.

『**주의 종들인 선지자들과**[그리스도의 몸인 거듭난 성도들이 아니다.] **성도들과**[이 낱말이 발견되는 모든 곳의 문맥은 이스라엘이다.] **주의 이름을 두려워하는 크고 작은 자들에게는 상을 주시며, 땅을 훼손한 자들을 멸망시키려 하심이니이다."라고 하더라.**』

이 보상들의 명목은 "주의 이름을 두려워하는" 것이지 "주의 이름을 믿는 것"도, "거듭나는 것"도, "그리스도"를 여러분의 구세주로 "영접하는 것"도 아닌 "주의 이름을 두려워하는" 것임을 주목하라. 이 복음은 환란 복음이다.

『**또 내가 보니, 다른 천사가 하늘 한가운데로 날아가는데 그가 땅에 사는 자들과 모든 민족과 족속과 언어와 백성에게 전할 영원한 복음을 가지고 큰 음성으로 말하기를** "하나님을 **두려워하며 그분께 영광을 돌리라. 이는 그분의 심판의 때가 이르렀음이라. 하늘과 땅과 바다와 물의 원천들을 지으신 그분께 경배드리라."고 하더라**』(계 14:6,7).

"주의 이름을 두려워하는" 이 사람들은 환란 성도들임을 주목하라. 언제 바울이 군중 앞에서 "주의 이름을 두려워하라."고 말한 적이 있는가? 바울은 "주 예수 그리스도를 믿으라. 그리하면 네가 구원을 받으리라."고 말했다. 바울은 "너희가 모세의 법으로는 의롭다 함을 얻지 못하였던 그 모든 일들에 있어서도 그분을 믿기만 하면 누구든지 의롭게 된다."고 말했다.

환란 때에 구원받은 사람들은 백보좌 심판에서 심판받는데, 그들은 그리스도를 위해 죽었기 때문에 보상받으며 그들의 죽음은 그들의 구원의 일부임을 또한 주목하라. 그들은 "어린양의 피로써 그들의 옷을 희게 씻었다." 그들은 "주의 이름을 두려워하며," "끝까지 견디었고," 주의 이름을 두려워했기 때문에 짐승의 표를 받지 않았다. 그들은 다가오는 심판의 때로 인하여 주의 이름을 두려워했다(계 14:6,7). 이것은 환란 성도들과 천년 왕국의 성도들이 그리스도의 심판석 앞에 나타나지 않을 것임을 뜻한다. 그리스도인들은 휴거된 후에 그리스도의 심판석에서 심판받으며, 환란 성도들과 천년왕국의 성도들은 구원받지 못하고 죽은 자들이 받는 심판과 같은 심판인 백보좌 심판에서 심판받는다. 그래서 "책들"이 거기에 있다. 여러분은 왜 그 책들이 거기에 있는지 궁금하지 않았는가? 대부분의 복음 전도자들은 그 책들이 펴져 있는 이유가 "여러분의 이름이 거기에 있지 않음을 입증하기 위해서"라고 한다. 즉 여러분의 저주가 완전히 끝난 증거라는 것이다. 바보같은 소리! 또 어떤 사람들은 "생명의 책"이 펴 있는 것은 여러분에게 여러분의 이름이 그 책에 있어서 사탄이 여러분을 고소하지 못함을 보여 주는 것이라고 말한다. 멍청한 소리! 그 책들이 펴 있을 때쯤 그리스도인들은 이미 1,000년 동안 예수 그리스도와 같은 모습일 것이다! 요한일서 3장, 빌립보서 3장, 고린도전서 15장을 보라. 책들이 거기에 있는 이유는 어떤 사람들의 이름은 거기에 있고 어떤 사람들의 이름은 있지 않기 때문이다. 그 책들에 있는 이름들은 환란과 천년왕국 성도들의 이름이다. 여러분은 자신의 이름을 행위로 거기에 넣고자 하지만, 형제여, 행위는 그 이름을 제할 수 있다네! 여러분은 계시록 3:5의 『[행위로] **이기는 자는 흰 옷을 입을 것이요, 내가 그의 이름을 생명의 책에서 결코 지워 버리지 아니할 것이며, 또 그의 이름을 내** 아버지 **앞과 그의 천사들 앞에서 시인할 것이니라.**』가 무슨 뜻인지 안다. 이것은 또한 계시록 22:19에도 적용되는데 『**또 누구든지 이 예언의 책의 말씀들에서 삭제하면** 하나님**께서 생명의 책과 거룩한 도성과 이 책에 기록된 것들에서 그의 부분을 제하여 버리시리라.**』고 했다. 환란과 천년왕국의 구원과 관련해서 교회 시대에는 나타나지 않는 행위의 요소가 있다. 이 "책들"은 그런 사람들을 위한 것이다. 그래서 여러분은 이 "책들"이 일차적으로 구약에 언급되었음을 발견할 것이다. 필자는 생명의 책에 필자의 이름이 있는 것을 아는데 그 이유는 바울이 자신의 "서신서"에서(빌 4장) 그것을 언급했기 때문이다. 그러나 필자는 이름이 지워지는 것을 걱정하지 않는데 어린양의 생명 책에 있는 필자의 이름은 필자가 환란에서 “끝까지 견디어야” 한다든지 산상설교를 따라 살아야 한다는 조건이 아니고 어린양이 내게 그의 생명을 주었기 때문이다. 『**그** 아들**이 있는 자는 생명이 있고** 하나님**의** 아들**이 없는 자는 생명이 없느니라**』(요일 5:12). 그 책들이 필자의 이름을 지운다면 어린양의 이름도 역시 지우는 셈이 된다. 왜냐하면 필자는 그분 안에 있기 때문이다!

11:19 **그러자 하늘에서** 하나님**의 성전이 열리며 성전 안에 있는 그의 언약궤가 보이더라. 또 거기에는 번개들과 음성들과 천둥들과 지진과 큰 우박이 있더라.**

이것은 여러분을 환란 끝인 계시록 11:15의 이야기로 곧장 돌아가게 한다. 이 일들은 계시록 6:12-14과 16:18에서 환란 끝을 묘사한 같은 일들이다.

요한계시록 12장

지금까지 계시록을 공부하면서 몇 가지 놀라운 사실을 배웠다. 성경의 많은 부분이 로마카톨릭 교회, 전미 기독교 교회 협의회, 바티칸 공의회, 루터교, 감리교, 침례교, 장로교, 성공회 신학교들의 가르침들과 반대된다는 것을 알았다. 그리고 이미 "다수"(the majority)가 영적인 일들에서는 항상 그릇되는 것을 보았고 늘 그랬듯이 앞으로도 그럴 것이다. 후천년주의와 무천년주의로 무장하여 "하나의 세계"를 지향하는 사회주의자들의 가르침에 반대되는 성경적인 진리인 전천년 체계를 확증하는 구절들을 알게 되었을 뿐만 아니라 1850-1960년 사이의 위대한 전천년주의자들의 글에서 볼 수 없었던 향상된 계시를 통한 새로운 진리를 계시록에서 많이 알게 되었다. 여러분은 이 새로운 진리들이 기묘하고 신기한 가르침들을 고안해서 습득한 것도, "헬라어나 히브리어 원문을 봄으로써" 얻어진 것도 아님을 주목해야 한다. 그리고 이 진리들은 더 많은 "최초의 사본들"을 입수했다거나, "최초의 자료들"을 더 많이 연구했다거나, 아니면 새로운 계시들이 나타날 만한 어떤 다른 방법을 도입하여 얻어진 것이 아님을 알아야 한다. 필자가 이렇게 향상된 계시를 통한 새로운 진리를 얻게 된 경위를 강조하는 이유는 모든 계시가 그 무엇도 아닌 오직 하나님으로부터 오기 때문에 그 사실을 알게 하기 위함이다. 성경의 저자는 성령 하나님이시기에 그분께서 성경을 계시하신다. 성령 하나님께서 영어를 사용하는 사람들에게 계시한 성경은 여러분이 보듯이 쉬운 영어이다. 그래서 우리는 스코필드, 피에터즈(Pieters), 페팅길, 맥클레인, 게벨라인, 팬터코스트(Pentecost), 디한, 엡(Epp), 켐프(Kemp), 펨버, 라킨, 뉴웰(Newell), 사우어와 다른 위대한 사람들에게 가려진 많은 진리를 <킹제임스성경, 1611>에서 배운다. 이들은 위대한 그리스도인 저술가들이었으며 이들 가운데 많은 이가 하나님의 사역에 쓰임받았고 지속적으로 쓰임받고 있다. 그러나 그가 누구라 할지라도 그의 교육이나 능력, 그의 과거, 현재, 미래의 명성이나 인격 및 하나님의 사역에의 유용성에 관계없이, 그의 학위나 성경 이해력 및 사역에의 충실성 내지는 헌신도에 관계없이, 만일 그가 종교개혁 표준원문인 <킹제임스성경, 1611>을 이 세기를 향한 최종적인 하나님의 권위로 인정하지 않는다면 하나님께서는 그 사람에게 모든 미래의 계시를 닫아 버리신다. 즉 하나님께서는 그의 면전에서 계시의 문을 꽝 닫는다! 필자가 말하는 바의 뜻은 그가 구원받지 않았다거나 "구령자"가 아니라는 것이 아니다. 그가 아는 모든 것은 다른 책들에서 습득되었기에 하나님께서는 그에게 성경의 직접적인 어떤 계시도 보이시지 않을 것이라는 말이다(그런 책들을 매우 "잘 알 것이나" 결과는 이렇다). 여러분이 이 계시록 주석서에서 깨닫게 된 새로운 진리들을 수용할 때에 그것을 어디서 배웠는지 기억해야 한다. 여러분은 그것들을 하나님께서 의도하신 영어 원문인 <킹제임스성경, 1611>의 문맥에서 구절들을 비교함으로써 배웠다. 여러분은 필자에게서 배운 것이 아니다. 필자는 그것들을 해석할 능력이 없으며 모든 명철과 지식은 쉬운 영어 원문을 단순히 읽고 믿음으로써 주 예수 그리스도와 성령께 직접 받는다. <킹제임스성경, 1611>은 여러분이나 필자처럼 평범한 영어 사용자들에게 초등학교 6학년 수준의 언어로 되어 있어서 어떤 얼간이라도 자기가 읽는 대로 믿기만 한다면 이해할 수 있다! 여러분은 계시록이 환란을 네 번 설명하고 있으며, 계시록이 세 가지 부분으로 즉 1-3장, 4-19장, 20-22장으로 구분되는 것을 배웠다. 여러분은 이 세 구분에서 교회 시대가 1-3장에 묘사되고, 환란이 4-19장에, 그리고 천년왕국, 새 하늘과 새 땅이 나머지 장들에 나온다고 배웠다. 여러분은 이 구분을 하늘이 두 번 열리는 사실 – 한 번은 4장에서, 또 한 번은 19장에서 적용하는 것이 성경적임을 배웠다. 4장에서는 어떤 이가 올라갔고 19장에서는 어떤 분이 내려온다. 요한은 이 책을 세 가지 시제로 기록하라고 들었는데, 즉 그가 본 것과 현재 있는 일들과 이후에 일어날 일들이다. 환란은 이 교회 시대의 그리스도의 몸(계시록 4:1,2에서 요한은 그리스도의 몸의 유형이다.)이 들림받은 후 이 땅에서 일어난다. 이 기간은 "다니엘의 칠십째 주" 또는 "야곱의 고난의 때"라 불린다(이것은 동일한 두 3년 반 기간이다). 계시록은 이때 일어나는 일들을 네 번 연속해서 설명한다. 그리스도의 초림을 기록한 네 복음서(마태, 마가, 누가, 요한)가 있듯이 환란도 네 번 설명된다. 첫 번째는 6장에서 끝나고, 두 번째는 11장에서, 세 번째는 14장에서, 그리고 마지막은 19장에서 끝난다. 환란의 첫 번째는 "봉인들"(4-6장)로, 두 번째는 "나팔들"(7-11장)로, 세 번째는 적그리스도의 행위와 사역(12-14장)으로, 마지막은 "호리병"(16-19장)의 모습 아래서 설명된다.

여러분이 그 동안 배운 새로운 진리 가운데 두드러진 것은 다음과 같다.

1. 환란 성도들의 환란 후 휴거이다(대부분의 전천년 학자들에게 알려지지 않은 사실이다).

2. 환란 때의 구원과 관련해서 교회 시대에 해당되지 않는 행위의 요소가 있다. 이것은 지금까지 살았던 모든 전천년주의자가 인식하지 못했고 인정하지 않은 사실이다. 왜냐하면 그들은 <킹제임스성경, 1611>을 기록된 대로 믿지 않았기 때문이다. 그리고 그들은 웨스트코트와 홀트의 헬라어 원문으로 영원한 보장을 입증하려고 하였다(많은 구절이 그것을 입증하지 않는다). 그들은 이 시대에 한 가지 귀중한 진리를(그것은 참되다!) 위태롭게 하기보다는 성경 전체를 이 시대의 진리에 맞추려고 변개시켰으나 진리는 왜곡되지 않는다.

3. 모세와 엘리야는 다시 와서 적그리스도에게 증인이 되어 목베임 당하지만 다시 생명이 돌아올 것이다.

4. 환란과 천 년 기간에 구원받은 사람들은 큰 백보좌 심판석에서 심판받을 것이다(이것도 역시 모든 전천년주의 학자에게 인식되지 않았고 인정되지 않은 사실이다).

여러분이 성경을 이렇게 이해하면 자신이 "드러나는 것"을 불현듯 깨닫게 된다. 여러분의 열정에 대해 구원은 받았지만 세상적이고 무지하고 육신적인 사람들이 보이는 일반적인 반응은 "자기만 옳고 다른 모든 사람은 잘못되었다고 생각하는군."이나. 하지만 그것은 편견에 빠진 게으른 악당의 전형적인 반응이기도 하다.

12장에서는 환란에서 일어나는 일들을 다시 이야기한다. 3년 반의 기간이 12장에 다시 나온다. 여러분은 12:6에서의 여인이 11:3에서 본 그대로 "일천이백육십 일" 동안 부양됨을 주목해야 한다. 또한 계시록 12:14에서 이 여인이 "한 때(한 단위)와 두 때(두 단위)와 반 때(반 단위)," 즉 3년 반 동안 부양됨을 볼 것이다. "3년 반"이라는 숫자는 성경의 이 부분(계 11,12,13장)에서 두드러진다. 그래서 이 부분은 환란 후반부에 일어나는 일들을 묘사한다. 환란의 끝이 11:15에 나타났고, 두 증인이 끝나기 전 3년 반을 예언하는데 모세와 엘리야가 이스라엘을 위한 예언적 사역을 환란 중간인 3년 반 지점에서 시작하는 것에는 이유가 있다. 12장에서 일어나는 일들은 이 "3년 반" 기간에 일어나고, 13장도 같은 "3년 반" 기간에 일어난다. 그러므로 11-14장은 환란의 마지막 3년 반의 마지막 일들에 대한 개관이다. 11장의 관심사는 두 증인의 사역이며, 12장은 환란 때의 이스라엘의 상황이고, 13장에서는 땅에 돌아오는 "그리스도"의 사역을 보게 된다. 그는 붉은 머리에 파란 눈을 지녔고 저음을 내며 산상설교를 악용하여 전 세계를 저주할 것이다. 13장에서 돌아오는 "그리스도"는 성경의 예수 그리스도(Jesus Christ)가 아니라 로마카톨릭이 꾸며낸 전통적이고 신비적인 전설의 "그리스도"(christ)이다.

12:1 하늘에 큰 이적이 나타났으니, 한 여인이 해로 옷입었고, 달은 그녀의
발 밑에 있으며, 머리에는 열두 별이 있는 면류관을 썼는데,
2 아이를 밴 그 여인이 산고로 울부짖으며 출산하려 함으로 아파하더라.

여기서 우리는 어떻게 "사사로운 해석"이 이루어지는가를 알 수 있는 또 하나의 훌륭한 예를 보게 된다. 여러분이 하나님의 말씀에 가장 두려움없이 "사사로운 해석"을 가하는 해석자들을 알고 싶다면, 먼저 로마 교회를 보고 그 다음에는 프로테스탄트 신학교의 헬라어 학자들을 보면 된다. 예를 들어 12:1,2에서는 "한 여인이 해로 옷 입었고 달은 그녀의 발 밑에 있으며, 머리에는 열두 별이 있는 면류관을 썼는데 아이를 밴 그 여인이 산고로 울부짖으며 출산하려 함으로 아파하더라."는 대목이 있다. 이 여인이 누구이겠는가? 여러분은 상점의 계산대 위에 놓여 있는 이런 그림을 본 적이 있을 것이다. "동정녀 마리아"가 옆에 해와 머리 위에 별들 그리고 달을 밟고 서 있는 그림 말이다! 그녀가 로마카톨릭 화가들에게는 "하늘의 여왕"이며 그리스도를 낳은 여인이다. 그들은 마리아가 예수 그리스도를 낳았고 예수 그리스도의 어머니이기 때문에 12:1,2의 여인은 그분의 어머니가 틀림없다고 한다.

필자는 여러분이 로마 교회에 개인적으로 관계가 있거나 설혹 중요한 위치에 있다 해도 아랑곳하지 않고 성경이 어떻게 이런 어리석기 짝이 없는 사사로운 해석들로 인해 말 그대로 완벽한 학살 장소가 되는지 보여 줄 뿐이다. 잠시 동안 모든 교황처럼 그 "여인"이 마리아인 것으로 생각하고 본문을 읽어가 보자. 그러다가 결국 이것이 터무니없는 어리석은 해석이었음이 판명되는 것을 주시하자.

『**하늘에 큰 이적이 나타났으니, 한 여인이 해로 옷입었고, 달은 그녀의 발 밑에 있으며, 머리에는 열두 별이 있는 면류관을 썼는데**』(1절). 1920년 교황 피우스(Pope Pius)에 따르면 (로마카톨릭 교회의 "권위적인" "정확무오한 가르침"으로) 마리아가 지금 하늘에 있다고 하는데, 이 말은 12:1에 근거한다! (이 말을 믿지 않는 사람은 훌륭한 로마카톨릭 신자가 아니다). 교황들에 따르면 이 가르침은 살아 있는 성령 하나님 그분의 말씀으로 "정확무오한" 기독교 교리라고 한다. 그러나 여러분이 이 조제된 교리를 살펴본다면 이보다 더 큰 허튼소리를 발견하지 못할 것이다.

『**아이**[예수님]**를 밴 그 여인**[마리아]**이 산고로 울부짖으며 출산하려 함으로 아파하더라. 하늘에 또 다른 이적이 나타났으니, 보라, 커다란 붉은 용 한**

마리가 있는데 일곱 머리와 열 뿔이 있고 그 머리들 위에는 일곱 왕관이 있더라. 그런데 그의 꼬리로 하늘의 별 삼분의 일을 끌어다가 땅에 던지더라. 또 그 용이 그 아이가 태어나자마자 삼키려고 출산하려는 그 여인[마리아] **앞에 서 있더라. 그녀**[마리아]**가 사내 아이**[예수님]**를 낳았는데 이 아이는 모든 민족들을 철장으로 다스릴 자라. 그녀**[마리아]**의 아이가** 하나님**과 그의 보좌 앞으로 들려 올라가더라. 그 여인**[마리아]**은 광야로 도망하였는데 그곳에는 그들이 그녀**[마리아]**를 일천이백육십 일 동안 부양하도록** 하나님**께서 그녀**[마리아]**를 위하여 마련해 놓으신 곳이 있더라**』(계 12:2-6).

『**그 용이 자기가 땅으로 쫓겨난 것을 알고서 사내 아이를 출산한 그 여인**[마리아]**을 박해하더라. 그때 그 여인**[마리아]**이 큰 독수리의 두 날개를 받았는데, 이는 그녀**[마리아]**가 광야에 있는 자기 처소로 날아가서 그곳에서 그 뱀의 낯을 피하여 한 때와 두 때와 반 때를 부양받으려 함이더라**』(계 12:13,14).

만일 이것을 읽는 로마카톨릭 신자가 이 말씀대로 믿지 않는다면 그는 두 가지 잘못 가운데 하나를 취하는 것이 된다. 그는 자신의 종교에 거짓말하는 위선자이거나 아니면 멍청해서 자신이 믿는 것에 대해 그 이유나 근거를 모르는 어리석은 자가 되는 셈이다. 바로 이런 실수가 "그 여인"이 마리아임을 주장하도록 하는 것이다! 그런 사람은 사사로운 해석을 믿는다! 이솝 우화 같은 얘기나 지어내는 교황을 믿고 있다! 그는 마리화나, LSD(정신분열 같은 증상을 일으키는 환각제), 코카인, 헤로인보다 더 지독한 환각에 빠져 있는 것이다.

이제 종교개혁을 일으킨 프로테스탄트 해석을 보기로 하겠다. 이것은 모든 주요 교단 신학교에서 가르치는 해석이다.

『**하늘에 큰 이적이 나타났으니, 한 여인**[교회]**이 해로 옷입었고, 달은 그녀**[교회]**의 발 밑에 있으며, 머리에는 열두 별이 있는 면류관을 썼는데, 아이를 밴 그 여인**[교회]**이 산고로 울부짖으며 출산하려 함으로 아파하더라**』(계 12:1,2).

『**그녀**[교회]**가 사내 아이를 낳았는데 이 아이는 모든 민족들을 철장으로**

다스릴 자라. 그녀[교회]**의 아이가** 하나님**과 그의 보좌 앞으로 들려 올라가더라. 그 여인**[교회]**은 광야로 도망하였는데 그곳에는 그들이 그녀**[교회]**를 일천이백육십 일 동안 부양하도록** 하나님**께서 그녀**[교회]**를 위하여 마련해 놓으신 곳이 있더라**』(계 12:5,6).

『**그때 그 여인**[교회]**이 큰 독수리의 두 날개를 받았는데, 이는 그녀**[교회]**가 광야에 있는 자기 처소로 날아가서 그곳에서 그 뱀의 낯을 피하여 한 때와 두 때와 반 때를 부양받으려 함이더라**』(계 12:14).

이 여인이 교회라면 율법으로 주어진 구약의 십계명을 지키는 교회가 말이 되는가? 계시록 12:17을 보라. 이 "여인"의 후손은 구약의 율법을 지킨다. 이 시대에 그리스도의 몸인 교회는 모세의 율법 아래 있지 않고 은혜 아래 있다(롬 6:14). 교회는 "자유의 법" 아래 있지 모세의 율법 아래 있지 않다(약 2:12). 교회는 십계명 대신 새로운 계명들을 받았다(요 14:21; 15:10-18). 교회가 받은 것은 예수 그리스도의 계명들이지 "하나님의 계명들"이 아니다. 12:17에서 여인의 후손 중 남은 자들은 "하나님의 계명들을 지키며," "예수 그리스도의 증거"를 갖는다. 이것은 열두 지파(약 1:1)에게 쓰여진 야고보서 2:24에서 보듯 "믿음과 행위"이다(계 14:12).

『**그의 계명들을 행하는 자들은 복이 있나니, 이는 그들이 생명 나무에 대한 권리를 가지며 또 그 문들을 통하여 도성 안으로 들어가게 하려 함이니라**』(계 22:14).

이것은 그리스도의 몸인 교회가 아니다. 필자는 "생명 나무"를 먹을 필요가 없다. 왜냐하면 필자는 필자에게 영생을 준 구세주를 이미 모셨기에 그 나무에서 생명을 취할 필요가 없기 때문이다. 『**그** 아들**이 있는 자는 생명이 있고** 하나님**의** 아들**이 없는 자는 생명이 없느니라**』(요일 5:12). 환란 기간에 생명을 얻는 사람들은 구약의 모세의 율법 아래 있다. 천 년 기간에 생명을 얻는 사람들은 모세의 율법이 반이나 담겨 있는 산상설교 아래 있다.

"그 여인"은 교회도 마리아도 아니다. 이것이 성경의 분석이며 본문에 대한 성경 구절들 스스로의 판단이다. 성경이 성경 구절들을 스스로 해석한다. 그 이유는 성경 구절들 각각이 스스로 비평하기 때문이다. 필자가 하는 비평은 성경이 본문에 하는 비평이다. 본문은 "그 여인"이 누구이든지 간에 예수 그리스도를 낳아야 하고, 광야로 도망가야 하며, 거기를 두 날개로 날아가서, 3년 반 동안 부양받아야 한다고 말한다.

<킹제임스성경, 1611>의 아름다움 중 하나는 단 하니의 실수도 없이 성경 구절들을 해석하는 자체의 능력에 있다.

『**그가 또 다른 꿈을 꾸고 그의 형들에게 이야기하여 말하기를 "보소서, 내가 또 꿈을 꾸었는데, 보소서, 해와 달과 열한 개의 별들이 내게 경의를 표하더이다." 하며**』(창 37:9).

영어 <킹제임스성경, 1611>에서 성령님은 마리아나 교회에 대한 어떤 언급도 없이 여러분을 위해 해석을 보존해 오셨다. 문맥에서 요셉은 꿈을 꾸어 그의 아버지 "이스라엘"에게 꿈을 말한다(계시록 12:1의 본문과 창세기 37:9의 유일한 차이는 별들의 수에 있다. 계시록 12:1에서는 열두 별이, 창세기 37:9에서는 열한 개의 별이 나온다. 다른 점들을 주의 깊게 살펴보자).

『**그가 그 꿈을 그의 아비와 형제들에게 이야기했더니, 그의 아비가 그를 꾸짖어 그에게 말하기를 "네가 꾼 이 꿈이 무엇이냐? 나와 네 어미와 네 형제들이 참으로 가서 땅에 엎드려 네게 절하겠느냐?" 하더라**』(창 37:10).

풍성하지 않은가? 여러분이 이렇게 아는 것은 히브리어 학자들이 찾아내지 못한 진리들을 성령께서 <킹제임스성경, 1611>을 사용해 깨달을 수 있도록 하신 축복의 결과이다! 필자가 아는 한 미국에서 가장 위대한 헬라어 학자인 로버트슨(A.T. Robertson) 박사는 계시록 12:1-3이 무슨 뜻인지 결코 알지 못했다. 헬라어 박사 학위를 가졌고 헬라어 문법에 관한 기념비적인 작품을 저술한 바가 있지만 이 가엾고 무식한 사람은 초등학교 6학년 수준의 영어는 읽는 법조차 결코 배우지 않은 것 같다! 그 구절(창 37:9,10)에서 "해"는 그의 아버지 이스라엘을 상징하고, "달"은 요셉의 어머니 라헬을 상징하며, "열한 개의 별들"은 그의 형들을 나타내며, 요셉은 열두 번째 형제이다. 계시록 12:1에는 해와 달과 열두 별로 옷입은 여인이 있다. 여러분이 로마카톨릭이나 유대인이나 프로테스탄트가 아닌 한 이 해석을 놓치지 말아야 한다. 그 "여인"은 이스라엘이다. <킹제임스성경, 1611>의 영어가 히브리어와 헬라어 학자들에게는 가려진 성령의 측량할 수 없는 부요함을 어떻게 드러내는지 보라. 이 문맥은 하나님께서 이스라엘에게 말씀하시는 것이다.

『**그러므로 보라, 내가 그녀를 꾀어 광야로 데려가서**[이 말은 계시록 12장에서 세 번 언급되었다.] **그녀에게 위로하여 말하리라. 또 내가 거기에서 그녀에게 그녀의 포도원을 주고 아콜 골짜기로 소망의 문을 삼으리니, 그녀가 거기에서 그녀의 젊은 시절처럼, 또한 그녀가 이집트 땅에서 올라오던 날처럼 노래하리라**』(호 2:14,15).

여러분은 이스라엘이 이집트땅에서 어떻게 나오며, 이스라엘이 이집트에서 나올 때 성령 하나님께서 그것을 어떤 모습으로 묘사하는지 아는가?

『**마치 독수리 한 마리가 제 보금자리를 휘젓고 자기 새끼들 위에 날개를 퍼덕이며 그 날개를 펴서 새끼들을 받아 자기 날개 위에 새끼들을 업는 것같이**』(신 32:11).

<킹제임스성경, 1611>이 RSV 같은 미숙한 책보다 얼마나 더 앞서 있는지 놀랍지 않은가? 알포드(Alford), 버트릭(Buttrick), 메이첸(Machen), 굿스피드(Goodspeed), 트렌치(Trench), 위글(Weigle) 같은 이들이 그들의 모든 언어적 능력과 어원학 및 의미론에서의 탁월한 실력에도 불구하고, 초등학교 6학년 수준의 <킹제임스성경>을 제대로 읽고 그대로 믿는 법조차 결코 배우지 않은 것이 우습지 않은가? 성경은 말씀하신다. 『**그가 누구에게 지식을 가르치며, 그가 누구에게 교리를 깨닫게 해줄 것인가? 젖을 떼고 젖가슴에서 물러난 자들에게로다**』(사 28:9). 『**바로 그 시간에** 예수**께서는 영으로 기뻐하시며 말씀하시기를 "오 하늘과 땅의 주이신** 아버지**시여, 이런 일을 지혜롭고 슬기로운 사람들에게는 숨기시고 어린 아기들에게는 나타내신 것을 감사하나이다. 그러하옵니다.** 아버지**시여, 이는 그렇게 하시는 것이 아버지 보시기에 선함이니이다**』(눅 10:21).

여기서 우리는 <킹제임스성경, 1611>이 다른 성서들이 나타내지 못한 것을 어떻게 드러내는지 완벽한 한 본보기를 본다. 다른 성서들을 번역한 개정위원회들은 여러분이 읽는 것조차 믿지 않았다. ASV, RV, RSV를 포함해서 다른 역본들을 만든 사람들은 여러분이 본 것조차 발견하지 못했다. 그러므

로 여러분이 한 가지 알 수 있는 것은 성령께서는 그들이 "새" 성서들을 번역해서 여러분에게 보여 줄 수 있는 것보다 그들이 미워하는 <킹제임스성경, 1611>이 더 많은 것을 보여 주도록 하신다는 것이다. 여러분은 다음의 사실을 기억해야 한다. 말씀을 다루고 번역하는 학자들은 여러분이 싸구려 상점에서도 구할 수 있는 <킹제임스성경, 1611>을 읽을 수 있을 만큼의 이해력도 없는 사람들이다. 그리고 성령께서는 종교개혁 원문인 <킹제임스성경, 1611>을 명예롭게 하시지, 결코 ASV(1901)나 RV(1884), RSV(1952) 원문들을 명예롭게 하지 않으신다는 것을 알아야 한다.

여기 성경 구절들 간에 완벽한 상호연관이 있다. 12장은 환란 중의 이스라엘을 다루고 있기 때문에 12장에서는 이스라엘을 보게 된다. 이스라엘은 "여인"이라 불리며, 여인은 "이스라엘"로 불린다. 교회는 "여인"으로 결코 언급된 적이 없다. 교회는 항상 "아내"나 "신부" 혹은 "처녀"로 언급되지 결코 여인으로는 언급되지 않았다(고후 11:2, 계 21:9 참조). 12장의 "여인"은 "여인"으로 불린다. 12장의 이 "여인"은 광야로 간다. 이스라엘은 "여인"으로 광야에 들어간다고 예언되었다(호세아서). 그녀가 갈 때는 "이집트에서 나올 때처럼" 간다고 한다. 그녀는 이집트에서 나올 때 독수리의 두 날개를 타고 나왔다. 그 여인이 12장에서 갈 때는 독수리의 두 날개를 타고 광야에 간다. 자, 말해 보라. 그 "여인"이 마리아인가? 아니면 그 "여인"이 교회인가? (필자는 유머감각이 있기에 멋진 농담이라면 항상 경의를 표한다. 그러나 필자에게 "교황들과 추기경들"을 진지하게 대해야 한다고 요구하지 말라!)

만일 교황이나 바티칸 공의회가 정부를 지배하여 그들이 소환장이나 영장을 발부하여 무장한 군대를 필자의 문 앞에 보낸다면 필자는 그들을 따를 것이다! 사람은 흔히 강제와 협박에 따르게 마련이다. 만일 여러분이 필자로 하여금 그들이 꾸며 놓은 감옥, 법률가들, 칼, 총탄, 총, 구치소, 판사들과 법정을 "존중하라"고 한다면 필자는 이것들을 존중할 것이다. 그러나 여러분이 필자로 하여금 그 사람들을 영적인 지도자들로 존중하라고 한다면 "농담이 너무 지나치시군요."라고 말할 것이다. 필자는 어떤 사람이 다가와서 얼굴에 총을 들이대고 "자네 이걸 믿나, 아니면 다른 걸 믿나?"라고 한다면 그를 어느 정도는 존중할 것이다. 그러나 12장의 "여인"을 "교회"나 "마리아"라고 말하는 사람은 그가 누구든지 간에 그를 영적인 사람이나 성경을 읽는 지적인 사람으로 진실하게 존중할 수 없음을 밝힌다.

『**아이를 밴 그 여인이 산고로 울부짖으며 출산하려 함으로 아파하더라**』(2절). 이 "여인"은 주 예수 그리스도를 낳는다. (우리는 마리아가 "주 예수 그리스도를 낳았지만" 그녀는 단지 2절에 해당될 뿐임을 안다. 그녀는 3,4,6,14절과 17절에는 맞지 않는다. 그러므로 이스라엘이 주 예수 그리스도를 낳는 그 여인임에 틀림없다.) 주 예수 그리스도는 "여인의 씨"(seed of woman)로 불릴 뿐만 아니라 "아브라함의 씨"(seed of Abraham, 갈 3장)와 "다윗의 씨"(seed of David, 롬 1:1-6)로도 불린다. 예수님은 또한 "이스라엘의 택함받은 자"로 불린다. 마리아를 통한 예수님의 인간적인 혈통에 의해 그분은 아브라함, 이삭, 야곱의 자손이 된다. 그러므로 이스라엘이 주 예수 그리스도를 낳은 것이다.

12:3 하늘에 또 다른 이적이 나타났으니, 보라, 커다란 붉은 용 한 마리가 있는데 일곱 머리와 열 뿔이 있고 그 머리들 위에는 일곱 왕관이 있더라.

"빨간색"은 항상 피를 상징한다. 이 용의 정체는 12:9에서 확인된다. 『**그리하여 그 큰 용이 쫓겨나니 그는** 마귀**라고도 하고 사탄이라고도 하는 옛 뱀, 곧 온 세상을 미혹하던 자라. 그가 땅으로 쫓겨나고 그의 천사들도 그와 함께 쫓겨나더라.**』 그는 사탄이며, 마귀이며, "용"(dragon)이라 불린다. 그래서 사탄은 자신의 정체를 가리기 위해 희랍과 중국의 신화 기록자들이 "용들"을 말하도록 격려함으로써 죄인들이 성경에서 "용"을 볼 때, 그들이 성경을 비웃으며 용은 "신화에 나오는 괴물" 정도로 여기게 했고, "계시록은 비유적이고 애매한 묵시 언어로 기록되었다."는 식의 말을 하게 한다. 이처럼 사탄은 신화를 연구하는 학자들과 비교도 안 될 만큼 훨씬 더 우수한 감각을 지녔음을 알아야 한다. 여러분이 성경에서 용을 읽을 때 그것이 무슨 뜻인지 아는가? 그것은 용(사탄, 마귀)을 뜻한다!

바로 여기서 이 "용"의 정체를 상세히 알아 볼 것이다.

루시퍼는 "기름부음 받은 그룹"이었지만 타락해서 "붉은 용"이 되었다. 그가 나타날 때는 "빛의 천사"(고후 11:11-14)인 33세의 남성으로 나타난다. 여러분이 배우게 될 이 구절들은 지상의 모든 종교 기관이 전적으로 거부한다는 사실을 인식해야 한다.

비록 사탄이 "빛의 천사"로 나타날지라도 우리는 (실락원을 쓴) 밀턴처럼 그렇게 무지하고 고지식해서는 결코 안 되며 사탄이 천사라고 추측해서도 안 된다. 사탄이 타락한 천사인 것은 그리스도인들에게는 보편적인 우화이다. 사탄은 결코 천사가 아니며, 그는 그룹이기에 날개가 있다. 성경 속의 어떤 천사도 날개가 없다(창 3:1 주석 참조). 그러나 사탄은 "기름부음을 받은 덮는 그룹"이기 때문에 날개가 있다. 천사들은 날개가 없으며 성경에서 날개는 천사들과 관계가 없다. 로마카톨릭이 꾸며낸 천사들은 (그들이 꾸민 마리아나 예수처럼) 오늘날 미국에서 가장 학식 있다는 자칭 그리스도인들의 신화의 주제이다. 사탄의 현재 모습은 날개 달린 그룹이 아니라 "붉은 용"이다. 그는 "빛의 천사"로 나타날 수 있지만(고후 11:11-14) 이것은 거짓 출현이며 속임수이다. 그의 실제 모습은 욥기에 잘 기록되어 있다(욥기는 성경에서 가장 오래된 책이기 때문에 창세기 1:1,2의 일들에 대해 창세기보다 더 상세히 다룬다).

욥기 41장에 기이한 창조물이 나와 있는데 실제로 그것을 묘사한 구절은 34구절이 된다. 사탄의 실재를 언급한 이 구절들은 성경에서 예수 그리스도의 인간적인 모습을 묘사한 구절들보다 많다. 이것은 성경에서 주 예수 그리스도 다음으로 가장 중요한 인물은 "붉은 용"이 된 "기름부음 받은 그룹"이라는 것을 말해 준다(그리고 여기서 다시 한 번 위대한 성경 학자들이 하나님의 말씀에 근본적으로 얼마나 무지한지를 관찰하는 절호의 기회를 갖게 될 것이다. 욥기 41장에서 정통주의 기독교의 모든 성경대로 믿는 부분이 시궁창에 완전히 빠져 결코 나오지 못하는 현실을 불행히도 보게 될 것이다).

『**네가 갈고리로 리비야단을 끌어낼 수 있겠느냐?**』(욥 41:1) "리비야단"이란 낱말을 모펫과 윌리암스 성경에서는 "악어"로 기록했다. 위대한 정통주의, 보수주의 학자들이 쓴 <국제 표준 성경 백과사전>(I.S.B.E.)에 "리비야단"을 "하마"나 "악어"로 규정해 놓았다(3권, p.1869). 이처럼 "리비야단"을 고래나 악어 같은 바다괴물 따위로 보는 것이 일반적인 견해이다. 그러나 이것은 보수적인 히브리어 학자들이 초등학교 4학년 수준의 영어를 읽지 못한다는 무능력을 입증할 뿐이다. 그 이유는 시편 74:14에 나와 있다. 『**주께서는 리비야단의 "머리들"**(heads)**을 산산조각내셔서 그를 광야에 거하는 백성들에게 식물로 주셨나이다.**』 여기서 "리비야단"은 하나 이상의 머리가 있음을 알 수 있는데 이 정확무오한 진리는 <킹제임스성경, 1611>에 계시되어 있다. 그럼에도 미혹된 <국제 표준 성경 백과사전> 편집자들은 리비야단이 악어나 고래 또는 하마라고 하나님의 사람들에게 말한다! 그러나 계시록 12:3에서 "용"이 일곱 머리(복수)를 가졌음을 주목하라. 방금 인용했던 시편 74:14의 문맥에서 여러분은 13절을 주목했는가? 『**주께서는 주의 능력으로 바다를 가르셨으며 물들 가운데 있는 용들의 머리들**(the heads)**을 부수셨나이다.**』 문맥과 문맥, 구절과 구절의 비교는 어떤 헬라어나 히브리어 학자가 원어로 155,000년을 연구했을지라도 결코 측량할 수 없는 부요함을 보여 준다. 즉 성경 계시의 열쇠는 여러분이 성경을 읽는 그대로 믿는 것이다.

이것으로 충분하지 않다면 "리비야단"은 이사야 27:1에도 묘사되어 있다. 『**그 날에 주께서 그의 격심하고 크고 강한 칼로 날쌘 뱀 리비야단을 벌하시리니**[계시록 12장에서처럼]**, 즉 꼬부라진 뱀 리비야단이라**[계시록 12장에서처럼]**. 또 주께서는 바다에 있는 그 용을 살해하시리라**[계시록 12장에서처럼].』

성경 구절들을 비교하는 것이 진리를 낳는 비결이다. 지금까지 살았던 가장 위대한 보수주의 학자 가운데 한 사람인 독일 학자 존 피터 레인지(John Peter Range)조차 이사야 27:1을 이해하지 못했다. 우리가 계시록 12장에서 사탄이 "온 세상을 미혹한다."고 읽을 때 그것은 전적으로 "소용없는 짓"임을 뜻한다. <킹제임스성경, 1611>이 하나님의 말씀(즉 종교개혁 영어 성경을 뜻한다.)임을 믿지 않는 사람은 그가 누구든 그가 아무리 명석하고 해박하며 풍부한 지성과 교양이 있다 해도 필자는 그를 존중하지 않는다. 왜냐하면 그가 <킹제임스성경>을 하나님의 말씀으로 믿지 않는 이상 교양서적을 통해 얻는 깨달음만큼도 얻지 못하는 무지한 사람이기 때문이다.

이사야 27:1, 계시록 12장, 욥기 41장에서 성경 구절들을 비교함으로 여러분은 직접적으로든 간접적으로든 어떤 주석서들에 의존하지 않고 성경이 성경을 스스로 해석하는 성경적인 해석을 볼 수 있다. 로마카톨릭 교회와 프로테스탄트 교회 그리고 교황들은 이 구절들을 명석하게 설명하기는커녕 극도로 무지해서 아예 맥을 못춘다. 여러분은 그들의 "해석"을 잠시라도 허용하지 말고 거부해야 한다.

『그가 모든 높은 것들을 바라보니 그는 모든 교만의 자식들을 다스리는 왕이니라』(욥 41:34).

이것이 그들이 위의 구절들을 이해하지 못하는 이유이다. 그는 그들의 왕이다! 불신자들, 현대주의자들, 자유주의자들, 심리학자들은 "럭크만씨, 당신은 이 구절들을 문자 그대로 정말 믿는다고 말하는 겁니까? 당신은 일곱 머리 달린 용을 정말 믿는거요? 하! 하! 사람이 그렇게 현대적일 수도 있군요." 등 등의 말을 한다. 필자가 여러분에게 한 가지 일러둘 것이 있다. 즉 원자 구조 밑에 중성자의 양자에서 양과 음성 충전 활동을 넘어서면 과학이 전혀 알지 못하는 영적인 세계의 작용이 있다! 성경은 이런 영적인 세계의 작용에 관하여 절대 무오하고 권위 있는 말씀을 담고 있는 과학적이고 유일한 최고의 권위가 있는 교과서이다. "과학"은 무덤 너머의 생명에 대해 전혀 알지 못하기 때문에 과학자들이 이 주제에 관해 설명을 제시하는 것은 물론이고 한마디 언급하는 것조차 합당치 않다. 욥기 41장, 계시록 12장, 이사야서 27장, 시편 74편, 이 구절들은 모두 강력한 영적인 존재를 다루고 있으며, 이 존재는 과학자들이 물질 창조와 물질 현상의 작용을 설명하기 이전에 여기 영적인 세계에서 활동한다. "리비야단"은 신체와 정서 구조인 "정신 신체 상관관계들"에는 아무 관련이 없는 존재이며, 그의 관심사는 여러분의 혼을 지옥에 떨어뜨리는 데 있다. 이 존재를 상대하려면 여러분은 에너지와 물질의 물리적 반응에 대한 일시적인 실험을 제외하고 영적인 일에 대해서는 전적으로 무력하고 보잘것없고 거짓되이 일컬어지는 소위 현대 과학(딤전 6:20)에 신뢰를 두기보다 한 차원 높고 훨씬 더 권위 있는 계시의 원천인 말씀을 보아야 한다. 왜냐하면 과학은 매우 제한된 분야이기 때문이다.

『**네가 갈고리로 리비야단을 끌어낼 수 있겠느냐**? [그들이 리비야단을 바다괴물로 생각하는 이유는 고리가 언급된 때문이다!] **또한 끈으로 그의 혀를 맬 수 있겠느냐**?』(욥 41:1)

여러분은 고기를 낚을 때 고리를 줄에 묶어서 물에 내려 놓는다. 그래서 모든 멍청한 학자들은 이것이 대단히 큰 고기임에 틀림없다고 생각한다. 하지만 앞서 지적했듯이 <킹제임스성경, 1611>은 이것을 바르게 보여 준다. 리비야단의 히브리어는 "꼬여 있는," "감겨 있는"의 뜻이다. 그러므로 리비야단은 일곱 머리 달린, 꼬이고 감겨 있는 바다 괴물이며, 이 영어 낱말은 용(DRAGON)이다!

『**보라, 그에 대한 소망이 헛되니 사람이 그를 보기만 하여도 기가 질리지 아니하겠느냐**?』(욥 41:9) 이 괴물은 아무 희망이 없다. 여러분이 그를 본다면 그 시선은 여러분으로 하여금 마치 어떤 훌륭한 신부가 "거룩한 의식"을 행할 때처럼 머리를 수그리게 만들 것이다!

『**아무리 사나워도 감히 그를 격동시킬 자가 없으니 누가 내 앞에 설 수 있겠느냐**?』(욥 41:10). "너무도 사나워 아무도 감히 그를 격동시킬 수 없지만" 하나님이 그를 지으셨다. 여러분이 사탄 앞에 설 수 없다면 틀림없이 "하나님 앞에 서지" 못할 것이다.

『**그의 입에서는 타는 등불들이 나오며 불똥이 튀는도다. 그의 콧구멍에서는 연기가 나오니 마치 끓는 솥이나 가마솥에서 나는 것 같도다. 그의 숨결로 숯불을 피우며 화염이 그의 입에서 나오는도다**』(욥 41:19-21). 여기 담배에 대한 최초의 언급이 있다! 사람들은 흡연에 관해서는 성경에 언급되지 않은 것으로 생각하지만 전혀 그렇지 않다. 여러분의 허파까지 빨아들이는 "숯불을 피운다"는 말과 "여러분의 코로 연기를 내뿜는다"는 첫 언급이 욥기 41:19-21에 나와 있다. 담배를 피우는 것은 토템 기둥 주변에서 춤을 추며 이 세상의 신(고후 4:4)인 "큰 흰 아버지"를 숭배하는 이교도의 긴 담뱃대

(peace-pipe ; 평화의 상징)와 더불어 시작하기 때문에 그 표현들은 조금도 의심할 여지가 없다. 하나님께서는 여러분이 지옥에 있지 않는 한 연기 내뿜는 것을 결코 원치 않으셨다. 계시록 14:11은 "그 고통의 연기가 영원무궁토록 올라가리라."고 말한다. 하나님과 연관되어 연기가 언급되는 유일한 때는 성소를 덮는 구름 연기뿐인데 이것은 하나님의 진노의 불을 나타낸다(하나님의 말씀 어디에서나 확인할 수 있다). 연기는 항상 제물을 태우는 뜻이 담겨있다. 심지어 연기가 향을 피우는 제단에서는 (성도들의 기도가 올라가는 계시록 8:3,4에서) 성도들이 목베임을 당하고 그들의 몸은 태워진다(여러분은 이사야 50:11에서 담배 피우는 것에 대한 또 다른 언급을 볼 수 있다!).

이것은 현대의 지성인에게는 농담처럼 들릴 것이다. 어떤 사람은 욥기 41장을 볼 때 "왜 내가 이런 사적인 해석을 들어 보지 않았을까! 욥기 이 구절들을 이렇게 적용하는 것은 이것이 고대 히브리인의 묵시적이고 상징적인 언어로 기록되었고 바알 언어의 지혜문학 등으로 되었기 때문일 거야."라고 말할 것이다. 하지만 여러분이 암을 유발하는 담배 한 모금을 빨아들이고 연기를 뿜어내는 것이 짧은 순간에 이루어지듯이 그만큼 빠르게 모든 갑갑한 공기도 불어낼 수 있다. 이처럼 거듭나지 않은 현대인은 단지 세상적으로 하나님을 부인하고 성경을 거부하는 실용주의자들이기 때문에 여러분은 그런 부류에 해당되는 견해는 무시해도 된다.

죄 중에 있는 "현대인"이 자기의 죄를 지적하는 구절들을 싫어한다는 사실은 성경 기록자나 주님 또는 욥에게 "전혀 놀랍지 않다." 욥기 41장의 문맥은 사탄의 현재 모습이며, 숨을 들이쉬어 숯불을 피우고 코와 입으로 연기를 뿜어내는 사람의 모습이다. 그리스도께서는 『**너희는 너희 아비 마귀에게서 나와서 너희 아비의 정욕을 행하고자 하는도다.**』(요 8:44)라고 말씀하셨다. 이처럼 아들은 아버지를 닮아 아버지와 마찬가지로 행하기 마련이다.

『**땅 위에는 그같이 생긴 것이 없나니 그는 두려움 없이 지음을 받았도다**』(욥 41:33).

이것은 하마가 아니다(하마들은 겁먹을 수 있다). 이것은 악어나 고래도 아니다(악어나 고래는 겁먹는다). 많은 고래가 먹이를 얻어 생명을 보존하기 위해 바다를 이리저리 다니지만 작살을 피하려고 깊은 곳으로 다닌다. 그러나 욥기 41장의 이 괴물은 두려움을 모른다! 『**주를 두려워함**[the fear]**이 곧 지혜요**』(욥 28:28). 이 괴물은 두려움을 모르는데 『**땅 위에는 그같이 생긴 것이 없나니 그는 두려움 없이 지음을 받았도다.**』(욥 41:33)라고 말한다. 이것은 고래가 아니다. 왜냐하면 창꼬치가 고래보다는 두려움을 덜 타기 때문이다. 이것은 악어도 아니다. 왜냐하면 피라냐가 악어보다는 덜 두려워하기 때문이다. 이것은 하마도 아니다. 필자가 여러분에게 장담하지만 사자는 하마처럼 그렇게 꽁무니빼지는 않는다. 여러분이나 여러분의 교회가 리비야단을 "고래"나 "악어" 내지는 "하마"라고 하는 것은 사사로운 해석임을 부인할 길이 없다. 여러분은 하나님께서 말씀하시는 모든 것을 그대로 믿지 않으면 정말이지 하나님의 말씀을 이해할 수 없다! 이 구절은 "모든 교만한 자손의 왕"을 다루는데 그는 온 땅을 지배하고, 이 땅의 모든 것이 "이 세상의 신"(고후 4:4)인 그의 손에 주어졌다. 그는 하나님도 어떤 다른 이도 두려워하지 않는다. 그는 하나님의 아들에게 올라가서 "네가 하나님의 아들이라면" 하고 말할 정도로 그 무엇도 두려워하지 않고 말한다. 그는 무례하며, 마땅히 두려워해야 할 분을 두려워하지 않는다. 그는 보좌 앞으로 걸어가서 『**욥이 아무런 이유 없이** 하나님을 **두려워하리이까**?』(욥 1:9)라고 하였다. 그는 두려움을 모른다!

『**그의 살에서 늘어진 부분들은 서로 연결되어 있고 단단해서 움직여지지도 않는도다. 그의 심장은 돌처럼 단단하며, 정녕, 맷돌의 아래짝같이 딱딱하도다**』(욥 41:23,24). 그의 가슴은 돌처럼 단단하고 비늘들이 있다.

『**그는 철을 지푸라기같이 놋을 썩은 나무같이 여기는도다. 화살도 그를 도망치게 할 수 없으며 던진 돌들도 그에게는 그루터기 같도다. 단창들도 그루터기처럼 여겨지니 그가 투창의 흔들림을 비웃는도다**』(욥 41:27-29).

이 묘사의 주인공은 사탄이다. 필자가 아는 한 욥기의 이 묘사가 사탄임을 인식하고 믿었던 역사상 유일한 사람은 마틴 루터였다. 그것은 그의 다음과 같은 찬송가 가사에서 알 수 있다. "그러나 우리의 오랜 적은 여전히 우리에게 화를 입히려고 노린다네. 그의 힘과 권세는 막강하며 그는 잔혹한 증오로 무장했다네. 땅에서 그와 비길 자는 없도다"(욥 41:33). 땅에서 그와 비길 자는 아무도 없다.

이와 같이 욥기 41장은 사탄의 현재 모습을 상세히 묘사했다. 욥기 41장의 이 모습은 일곱 머리와 늘어진 부분들을 가졌고 불과 연기로 숨쉬는 꼬이고 감겨 있는 뱀 같은 바나 괴물이다. 이것은 아마도 여러분에게 믿거지지 않는 모습일 것이다. 그 이유는 이런 모습은 믿어지지 않는 것으로 믿도록 자라왔기 때문이다. 본문은 만일 여러분이 그를 볼 수 있었다면 심장이 멎어 버릴 만큼 섬뜩한 모습임을 암시한다. 여러분이 섬망증 일시성(一時性)의 의식 혼동[이 병의 증상은 외계(外界)에 대한 의식이 흐려져서 착각을 일으키거나 망상을 일으키고 헛소리를 하거나 알아들을 수 없는 이야기를 하는 것으로 나타난다. 따라서 비애나 고민을 나타내고 때에 따라서는 독백이나 폭행을 하는 등, 마침내 마비 증상이 나타나는 병이다. 알콜, 몰핀의 중독이나 뇌막염, 급성 전염병 등에 나타난다.]에 걸린 주정뱅이의 모습을 보는 것 정도는 "아무것도 아니다"(의사들은 그것이 그의 뇌세포 속에 있다고 말하는데 여러분은 의사들을 위해 기도해야 한다. 왜냐하면 그들 역시 도움이 필요하기 때문이다). 물질이나 원자 구조의 물리적 구성에 의존하지 않는 자들이 활동하는 영적인 세계가 있다. 영적인 세계는 과학에는 알려져 있지 않고 오직 진리의 교과서인 하나님의 말씀에만 계시되어 있다. 그 증거는 계시록에 있다. 이것은 어떤 다른 곳에도 전혀 계시되지 않았다.

따라서 사탄은 "모든 교만의 자식들을 다스리는 왕"으로 이 세상을 누루 지배하는 큰 "일곱 머리 달린 붉은 용"이다. "이 세상 나라들"이 그의 것(눅 4장)이며 그는 자기가 원하는 누구에게나 이 나라들을 준다. 그는 "빛의 천사"로 나타나며 "그리스도"(christ)이다. 그는 기름부음 받은 메시아이다(겔 28:14). 자연적으로 그는 하나의 참된 "그리스도의 교회"(church of christ)를 주장한다! 그는 신으로 경배받기를 원하며, 통치자로 불리고(요 14:30), 왕이라 불리며, 천사로 불리고, 빛의 천사로 불린다(고후 11:14). 그는 성경을 인용하고(눅 4장), 그리스도의 신부가 예수님의 몸이듯이 사탄도 신부인 그의 몸을 갖는다. 사탄의 활동 영역은 일차적으로 종교적이다. 여러분은 사람들이 모이는 장소나 술집에서 사탄을 보지 못한다. 그런 곳은 육신적이기 때문이다. 오히려 여러분은 사탄을 종교적인 곳, 즉 바티칸 공의회나 전미교회 협의회나 전미흑인향상협회에서 볼 수 있다. [사람들은 이 사실을 결코 이해하지 못한다. 이는 그들이 하나님의 말씀을 읽지 않기 때문이다. 여러분이 하나님의 말씀을 많이 읽었다면 사탄의 활동 영역을 알았을 것이다. 그러나 여러분은 대부분의 시간을 라이프, 뉴스위크, 타임, 리더스 다이제스트와 T.V.를 보는 것에 소비하기 때문에 여러분이나 또 여러분 주변의 사람들이 사탄에 대해 잘 알지 못하는 것은 놀라운 일이 아니다.]

『**하늘에 또 다른 이적이 나타났으니, 보라, 커다란 붉은 용 한 마리가 있는데 일곱 머리와 열 뿔이 있고 그 머리들 위에는 일곱 왕관이 있더라**』(3절). 이것은 일곱 머리의 꼬이고 감겨 있는 뱀 같은 괴물로서 물 위아래로 돌아다닌다.

『**그는 깊음을 솥같이 끓이며 그는 바다를 향기름 솥같이 만드는도다. 그는 자기 뒤에 빛을 내는 길을 만드나니 보는 사람이 깊음을 회백색이라고 생각하는도다**』(욥 41:31,32, 계시록 4:6과 그 주석 참조). 여러분은 창세기 1장에서 창공 위의 물이 태평양과 대서양을 침 한 방울로 보이도록 만들 만큼 큰 물임을 배웠다. 여러분은 은하수와 태양계 위의 물이 하나님의 보좌까지 바로 올라가며, 북쪽은 얼어 있고, 유리 바다이며, 꼭대기는 단단하다는 것을 배웠다. 자, 여러분은 욥기 41:31,32에서 사탄의 활동 영역이 물(깊음)의 위아래라는 것을 배웠다. 그래서 그는 "바다 괴물"로 보인다. 그런데 오늘날의 박사학위 소지자들은 "바다의 깊은 곳"을 대서양이나 태평양 혹은 나일 강이라고 생각한다. 이 불쌍하고 미혹된 20세기의 천치들은 "바다 괴물"이 히브리 성경(창 1장; 욥 41장; 계 4,5장)에 나타난 하늘들 위의 물에 있음에도 불구하고 강에서 나온 실제적인 물고기나 괴물 중 하나라고 가르친다! 이것은 대서양이나 태평양, 나일 강, 사해, 갈릴리 바다, 요단 강과 아무 관계 없다. 이것은 현대 과학의 천문 학자들에게 알려지지 않은 물이다. 『**그 날에 주께서 그의 격심하고 크고 강한 칼로 날쌘 뱀 리비야단을 벌하시리니, 즉 꼬부라진 뱀 리비야단이라. 또 주께서는 바다에 있는 그 용을 살해하시리라**』(사 27:1).

사탄은 물 위아래로 다니며 일곱 개의 왕관이나 왕들로 세워진 왕국 체제로 땅을 지배한다. 붉은 용은 뿔이 열 개지만, 왕관은 일곱 개만 있고 각 머리에 하나씩 해당된다(계 12:3). 이것은 성경의 또 하나의 위대한 진리를 발견케 한다. 즉 성경은 자체적으로 일곱 머리와 일곱 왕의 모습으로 역사의 시작부터 끝까지 모든 나라를 망라한다. 이 모든 일곱 머리나 나라들의 왕은 하나님의 말씀에 나타나 있다. 그들은 여러분이 주석서에서 읽듯이 일곱 로마 황제가 결코 아니다. 주석서들은 항상 계시록을 과거로 봄으로써 바티칸 공의회와 로마카톨릭 교회에 대한 미래의 적용을 막고 있다. 즉 그 책들은 일곱 왕과 열 개의 뿔을 요한 시대의 황제들로 말한다. 이것은 하나님의 말씀을 변개시키는 죽은 정통주의의 역사적 해석 방법의 전형으로 모든 성경 예언은 과거 역사에서 성취되었다고 말한다. 결국 이들은 성경을 살아 있는 말씀 대신 죽은 말씀으로 만들어 가고 있다(막 8:1-12).

이 일곱 왕과 열 개의 뿔은 성경에 이름이 분명하게 기록되어 있다. 사탄이 세상을 지배하기 위해 사용한 첫째 머리는 창세기 10장에서 나타난다. 사탄의 부하 중 첫 번째는 함족이거나 아니면 적어도 혼혈아이다(그는 많은 부하를 거느렸고 그들은 세상에 널리 퍼져 있으며, 예수 그리스도께서 다시 올 때까지 항상 있을 것이다).

『**그가 주 앞에서 힘센 사냥꾼이었으므로, 사람들이 말하기를 "주 앞에 님롯 같은 힘센 사냥꾼이라." 하더라**』(창 10:9). 님롯은 구스의 아들(6절)인데 쿠스는 아프리카 흑인으로 에디오피아인이다. 『**그의 왕국의 시작은 시날 땅에 있는 바벨과 에렉과 악캇과 칼네에서였으며**』(창 10:10).

십(10)은 이방인의 숫자인데 이방인은 아담의 십대 후손인 노아에게서 유래한다. 사탄의 첫 머리는 바벨왕인 님롯이다(창 10:10). 님롯은 적그리스도의 첫 번째 유형이다. 그는 혼혈아이고, 함족이며, 흑인이고, 그가 정착해야 하는 함의 땅(시 105,106편) 대신 아시아에 정착하려고 하였다(이것은 창세기 11장의 바벨의 혼란을 야기시킨다. 창세기 11장 주석 참조).

『**파라오가 말하기를 "주가 누구기에 내가 그의 말을 복종하고 이스라엘을 보내겠느냐? 나는 주를 알지 못하며, 또한 이스라엘로 가게 하지도 아니하리**

라." 하더라』(출 5:2). 이집트 왕인 파라오는 사탄이 세상을 지배한 두 번째 머리이다. 이에 관해 조금이라도 의심이 있다면 에스겔 29:3에서 파라오가 "용"으로 불리는 것을 주목하라. 이집트 왕 파라오는 두 번째 왕이고, 두 번째 머리이며, 두 번째 나라이며, 이집트는 세상의 예표이다.

『**히스키야왕 제 십사년에 앗시리아의 산헤립왕이 유다의 모든 방벽 친 성읍들을 치러 올라와서 그것들을 취하였으니**』(왕하 18:13). 이 세상 나라들을 두루 통치하는 "리비야단"의 세 번째 머리는 앗시리아의 산헤립왕이다. 적그리스도는 "앗시리아인"이라 불리는데 적어도 한 파라오는 혈통상 순수한 이집트인이 아닌 앗시리아인이었음을 알 수 있다. 이 구절에서 적그리스도의 예표인 앗시리아 왕 산헤립이 적그리스도가 환란 때 하려는 것처럼 유대인들을 전멸시키기 위해 예루살렘을 침공하러 온다.

나머지 네 머리는 다니엘서에 나온다. 네 번째 머리는 다니엘서 3장에 등장하는 바빌론왕인 느부캇넷살이다. 이에 관해 조금이라도 의심이 간다면 앗시리아 왕 산헤립과 바빌론왕 느부캇넷살이 둘 다 "용들"로 불리는 것을 주목하라!(렘 51:34; 50:17,18).

남은 세 나라도 의심의 여지가 없다. 그들은 모두 다니엘서 2장에서 그들이 등장하기 오십 년 내지 사백 년 전부터 예언되어 있다. 다니엘은 큰 형상의 환상에서(단 2장) 그 형상에 묘사된 네 개의 다가오는 나라를 예언하는데, 그 예언은 단 한치의 오차도 없이 분명히 성취된다.

바빌론을 따라오는 나라는 메데와 페르시아이다(단 5:28). 유대인들에게 우호적인 다리오가 여기서 등장한다. 다리오는 이스라엘의 친구로 적그리스도는 환란 중에 3년 반 동안 이스라엘에게 친구가 될 것이다. 그러므로 페르시아 왕 다리오가 사탄의 다섯 번째 머리임을 알 수 있다.

여섯 번째 머리에 관해서는 조금도 의심할 것이 없다. 그리스의 알렉산더 대왕이 권세를 잡기 수백 년 전에 다니엘은 다음 나라가 그리스일 것임을 다니엘 10:20; 11:2; 8:20,21에서 말했다. 비록 그의 이름이 성경에는 나오지 않지만 이 왕은 알렉산더 대왕이다.

정리하면,

1. 님롯, 바빌론 왕

2. 파라오, 이집트 왕

3. 산헤립, 앗시리아 왕

4. 느부갓넷살, 바빌론 왕

5. 다리오, 페르시아 왕

6. 불명 - 신비의 사람인 "X"로 여섯 번째 머리는 불명의 신비적인 인물이다. 다니엘서에서 그는 "거친 숫염소"라 불린다. 그는 그리스와 관련 있다(역사에서 그는 알렉산더 대왕일 것이나 우리는 지금 역사뿐만 아니라 성경의 예언을 다루고 있다).

7. 일곱 번째 머리는 자연히 알렉산더 대왕을 쳐부수고 세상을 지배하여 주 예수 그리스도의 초림을 예비하는 나라인 로마이다!

『"**이스라엘의** 주 하나님을 **송축하라. 이는 주께서 자기 백성을 돌아보아 구속하셨으며 또 자기 종 다윗의 집에 우리를 위하여 구원의 뿔을 일으키셨음이라. 주께서는 세상이 시작되면서부터 있었던 자기의 거룩한 선지자들의 입을 통하여 말씀하신 것같이 우리의 원수와 우리를 미워하는 모든 자의 손에서 우리를 구원하려 하심이라... 당시에 카이사 아우구스토로부터 한 칙령이 내려 온 세상이 조세등록을 하게 되었는데**』(눅 1:68-71; 2:1). 이것은 그리스도의 재림 때에 초림 때처럼 로마가 권세를 잡으며, 온 세상이 초림 때처럼 로마의 왕 휘하에 있게 되어 영적 통치자인 "거룩한 아버지"에게 송속되며, 그가 여러분에게서 세금을 낱낱이 거둘 것임을 의미한다! 그래서 일곱 번째인 사탄의 마지막 머리는 로마제국의 카이사 아우구스토이다. 이것은 "거룩한 로마제국"이라 불린다. 여러분은 이것을 이해했는가? 사탄은 거룩함 - "거룩한" 로마제국 - 을 주장한다. 지금은 "거룩한" 카톨릭(Catholic) 교회라 불린다. 여러분은 그것의 의미를 분명히 이해했는가? 또 "cat"이라는 낱말의 기본 어근의 뜻이 "mother"임을 알았는가!(Cat-Holy, Catholic, Holy Cats, Holy Mother).

『하늘에 또 다른 이적이 나타났으니, 보라, 커다란 붉은 용 한 마리가 있는

데 일곱 머리와 열 뿔이 있고 그 머리들 위에는 일곱 왕관이 있더라』(3절). 일곱 왕관을 쓴 머리들은 사탄이 이 땅을 지배한 일곱 왕이나 나라들을 상징한다. 이들 왕 가운데 첫 번째는 B.C. 2400년경의 바벨의 왕 님롯이다. 이 나라들의 두 번째는(고고학자들이 많이 연구했는데 고대 왕국이나 초기 왕국으로 불렸다.) 이집트이다. 이 나라는 대략 B.C. 800년까지 이집트 파라오가 통치하였다(B.C. 710년경). 이스라엘에게 약속된 문자적이고 실제적이며 눈에 보이는 나라의 붕괴와 더불어 사탄의 세 번째 머리는 앗시리아 왕 산헤립이다. 그는 B.C. 606년경에 느부캇넷살이 인수할 때까지 통치한다. 느부캇넷살의 바빌론 왕국은 이때부터 B.C. 536년에 메데와 페르시아 왕국이 들어서서 B.C. 330년경까지 통치한다. 그래서 B.C. 330년경에 여러분은 알렉산더 대왕과 마케도니아의 필립 아래 그리스가 일어나서 B.C. 100년경까지, 그리고 로마제국이 A.D. 346년에 무너지는 것을 본다. 이것이 사탄의 마지막 머리이다. 그런데 이 로마제국은 『**신비라, 큰 바빌론이라, 땅의 창녀들과 가증한 것들의 어미라.**』(계 17:5)고 불리는 신비적인 형태로 되어 버린다. 사탄의 첫째 머리는 바벨(바빌로니아)이고, 가운데(넷째) 머리도 바빌론이며, 마지막 머리도 "신비라, 큰 바빌론이라."는 것을 신중히 주목하라. 바벨이 처음과 중간과 끝에 언급되어 있다. 여러분은 그 연결을 이해했는가? 카이사 아우구스토의 마지막 나라는 "바빌론"이라 불린다.

『**너희와 함께 택함을 받은 바빌론에 있는 교회와 내 아들 마르코도 너희에게 문안하느니라**』(벧전 5:13). 이 구절은 로마카톨릭 교회가 시몬 베드로는 실제적인 바빌론이 아닌 로마에 있었다고 입증하기 위해 사용하는 증거 구절이다. 콜럼버스의 기사단(Knights of Columbus) 공인 간행물에서 베드로전서 5:13(13인 것을 주목하라!)이 로마에 적용된 것을 볼 수 있다. 그래서 카톨릭 교회는 성경의 지적을 무시한 채 자기들이 하나님을 저버리고 타락한 사탄의 일곱 번째 머리임을 인정한다! 이것은 A.D. 346년까지의 로마제국이 역사적으로는 카이사 아우구스토(로마)인데 일곱 번째 머리임을 의미한다. 그래서 콘스탄틴(A.D. 313) 이후 훈족, 서고트족, 반달족 등에 의해 멸망당하는 대신 이 사탄의 일곱 번째 머리는 이 세상 나라들을 지배하려는 정치 세력을 유지하기 위해 신비의 종교 형태를 만들었다. 따라서 일곱 왕국 그 이상은 결코 없으며 앞으로도 분명히 없을 것이다. 이 땅의 일곱 번째 마지막 나라는 그 정치 세력을 유지하기 위해서 종교 형태로 변신한다. 이것이 오늘날 로마카톨릭 교회가 바티칸 국가인 이유이다. 이것이 스펠만 추기경(1900년경에 쓴 그의 책들에서)이 교황은 영적인 나라에서처럼 정치적인 나라의 머리라고 하는 이유이다. 성경은 분명히 지적하기를 사탄의 일곱 번째 마지막 머리는 정치적인 실재로 346년까지 지속된 일곱 번째 최후의 마지막 나라이며, 유세비우스, 파피아스, 이레내우스, 시프리안, 오리겐, 콘스탄틴, 어거스틴, 제롬과 같은 사본들을 쓴 ASV, RSV 군중의 후원하에 신비적인 종교 형태로 변신한다. 여러분은 예수 그리스도가 재림할 때 로마가 일곱 산 위에 있는 것을 여전히 볼 것이다(계 17:5–9). 그래서 이 일곱 머리 달린 용은 사탄이며 이 세상을 일곱 나라로 지배한다. 이 일곱 번째 왕국은 345년에 정치 형태에서 종교 형태로 탈바꿈했다. 그래서 346년경에 쓰여진 모든 사본, 곧 RSV, ASV에 사용된 <바티칸 사본>이나 시내 사본 그리고 ASV 서신서들에 사용된 <알렉산드리아 사본> 등은 사탄의 사본이며, 권위 있는 사본으로 인정받지 못한 것들이다. 그런 이유 때문에 우리는 이 사탄의 일곱 머리가 종교적인 "거룩한" 형태로 가장하던 346년에서 500년 사이에 필사되지 않은 표준원문에서 나온 <킹제임스성경, 1611>을 지지한다. 성경대로 믿는 그리스도인들은 서방 로마 교회가 아닌 동방 희랍 교회의 헬라어 표준원문을 본다. 성경대로 믿는 사람들은 성경대로 믿는 기독교 신앙의 원류를 잇고 있다. 이것은 1세기, 2세기, 3세기의 파피루스 사본들인 시리아 계열 원문이 5세기, 6세기, 7세기, 그리고 8세기를 거쳐 소아시아에, 그 다음 발칸으로 해서 독일과 영국으로 전달된 비잔틴 원문이다. 우리는 사탄의 일곱 번째 머리가 만든 사본들에 기만당하지 않는다. 왜냐하면 당시에 로마는 "신비적인 형태"로 변신하여 제롬의 벌게이트와 RV(1884), ASV(1901), RSV(1952)를 만든 북아프리카 사본들을 보존했고, 이것들이 북아프리카에서 스페인, 이탈리아를 거쳐 라틴어를 사용하는 함족 사람들에게 전해졌기 때문이다. 그것이 분명한가?

12:4 그런데 그의 꼬리로 하늘의 별 삼분의 일을 끌어다가 땅에 던지더라. 또 그 용이 그 아이가 태어나자마자 삼키려고 출산하려는 그 여인 앞에 서 있더라.

본문에서 용은 하늘의 존재이던가 아니면 적어도 "하늘에 있다"는 것에 주목하라. 이 땅에서 그의 활동 영역이 종교적인 짓이고, 지리적으로 물의 위 아래, 즉 하늘에 위치한다.

성경은 스스로 해석하는데 성경에서 "별"이 항상 해를 가리키는 것은 아니다. 때로 그렇기는 하지만 계시록 1:20에 나타나는 첫 정의에서 별은 천사이다. 계시록 6:13에서 땅에 떨어질 이 별들은 분명히 천사들이지 해가 아니다. 만일 해나 혹성 같은 별들이 땅에 떨어졌다면 즉시로 땅을 태워 버렸을 것이다. 성경은 이 별들이 "천사들"임을 명백히 나타낸다. 그렇게 계시록 12:4에서 떨어진 천사들이 창세기 6:1-6에서와 같이 이 땅에 다시 돌아오는 것을 볼 수 있다. 본문은 밀턴이 말하는 창세기 1장의 하늘로부터 추방된 사탄의 천사들이 아니다. 이것은 미래에 외계에서 올 방문자들이다(계시록 12:7-9에서 그들은 환란 때, 이 땅에 오는 것을 주목하라).

사탄이 환란 때에 벌이는 가장 효과적인 일은 (여기 본문에 묘사된 대로) 외계에서 내려오는 것이다. 대단히 효과적인 것으로 이것은 원래 계시록 19장에서 예수 그리스도가 재림하시는 방법이다. 누가복음 4:9-12에서 사탄은 그리스도가 그렇게 하도록 유혹했다. 그러므로 사탄이 하는 짓은 속임수와 모방에 불과하다. 사람들은 지금 외계에서 올 방문자들을 기다리는데 이 일은 자연스럽게 일어날 것이다. 이 일은 전에도 있었다. 창세기 6:1-4에 "하나님의 아들들"이 내려와서 사람의 딸들과 동거하였다. 사도행전 14장에서 바울과 실라는 그들이 사람이었음에도 외계에서 온 "신들"처럼 받아들여졌다. 그러므로 타락한 천사들이 이 땅에 온다면 날개를 펄럭이며 내려오지는 않을 텐데 그들은 내려와서 사람의 모습으로 나타날 것이다. 그들은 사람들로 보일 텐데 외계의 다른 혹성에서 온 사람들로 보통 사람의 능력을 초월하는 초인간들인 "다른 인종의 사람들"로 받아들여질 것이다. 그들은 몇몇 과학의 업적들을 보여 줌으로써 현대인보다 탁월하게 여겨져서 "신들"처럼 받아들여질 것이다. 그들은 위대하고 막대한 지식의 "원인"(原人)으로 사람들에게 최고의 존경을 받을 것이다. 이들을 반대하는 사람은 누구나 미치광이이거나 광신자 내지는 인류의 진보를 저해하는 부류로 간주될 것이다. 이 일이 일어날 때 모든 성경대로 믿는 사람들은 바보로 몰릴 것이다!

이 일은 그렇게 완벽하고 감쪽같이 될 것이기 때문에, 세상이 그 일을 분별할 만한 어떤 방법도 없다. 즉 오늘날의 세상은 외계에서 오는 방문자들을 열망하기에 그들을 기대하며, 기다리며, 찾고 있다.

『그러나 믿음에서 난 의는 이같이 말하기를 "네 마음에 '누가 하늘에 올라갈 것인가?' 하지 말라." 하였으니 (그것은 그리스도를 **위로부터 모셔 내리려는 것이요,) 또한 "'누가 깊은 곳으로 내려갈 것인가?' 하지 말라." 하였으니** (그것은 그리스도를 **죽은 자들로부터 다시 모셔 올리려는 것이라.) 그러나 그것이 무엇을 말하느냐? "말씀이 네게 가까워 네 입에 있으며 네 마음에 있노라." 하였으니 곧 우리가 전파하는 믿음의 말씀이라. 네가 네 입으로** 주 예수**를 시인하고 또** 하나님**께서 그를 죽은 자들로부터 살리신 것을 네 마음에 믿으면 구원을 받으리라**』(롬 10:6-9).

사람들은 이 계명에 코를 들이댔다가는 위로 코를 세우고 하나님 말씀을 무시함으로써 거역하고 있다. 이렇게 하나님 말씀을 경멸하고 무시하는 자들에 대한 하나님의 심판은 외계에서 오는 가짜 방문자들을 맞이하게 내버려 두시는 것이다.

창세기 6장의 타락한 천사들이 사람의 딸들과 동거하는 부분에서 우리는 성경 해석상 기이한 상황에 갑자기 접하게 된다. 바로 이러한 점에서(창 6장) 사탄은 사람이 성경 진리를 발견하지 못하도록 무장한 군대들을 소집한다. 창세기 6장에서 소집된 군대들이 손에 무기를 들고 정렬하여 죽기까지 실수를 옹호하려고 준비한 모습들을 보는 까닭에 그리스도의 재림의 교리가 그들의 시야에서 빠져나가는 것을 본다. 이들 가운데 선봉은 스코필드(C.I. Scofield)와 그의 편집자들이다. <스코필드 관주성경>의 성경 주석에는 "어떤 이들은 이 '하나님의 아들들'이 '자신들의 처음 위치를 지키지 않은 천사들'이었다고 하며(유 1:6), 이 명칭은 구약에서 천사들에게만 독점적으로 사용된다고 주장한다. 그러나 이것은 실수이다(사 43:6). 그들은 천사들에게는 성(性)이 없다고 본다. 이는 어떤 여성 천사도 성경에 언급되지 않았으며 결혼이 천사들과는 상관이 없는 것으로 듣기 때문이다(마 22:30). 히브리학자들과 기독교학자들의 일치된 해석은 2절이 셋의 경건한 혈통과 카인의 사악한 혈통간의 분리를 표시하는 것으로 보는데 그래서 주의 증거는 셋의 혈통에 위임되었다고 주장한다(창 4:26). 그러나 배교의 유일한 해결책은 심판뿐이다(사 1:2–7,24,25, 히 6:4–8; 10:26–31). '의의 설교자' 노아에게는 120년이 주어졌지만 한 명의 개종자도 얻지 못한 상황에서 그의 증조부가 예언한 심판이 내려졌다(유 1:14,15, 창 7:11)."고 엉망으로 주석하고 있다.

이 주석에 대해 로마 교황은 스코필드 편집 위원회에 갑자기 뛰어 들어와 존경하는 박사의 목을 붙잡고 "히브리인과 그리스도인의 동일한 해석"을 부여한 암흑 시대로 그를 돌려 보내려 한다. 그러나 성령님의 성경 해석은 그 내용이 전적으로 다른 것을 알 수 있다.

1. 천사들은 결코 성이 없는 것이 아니다. 여러분이 성구사전에서 관련 구절들을 백 개쯤 본다면 성경의 모든 천사는 남성임을 알 것이다. 여자 같은 머리와 황새 같은 날개를 가진 "무성(無性)의 천사들"은 로마 교회의 화랑에나 있지 성경에는 없다.

2. 천사들은 "하나님의 아들들"로 불리며 사람으로 나타난다. 스코필드가 말한 "셋의 경건한 혈통"은 착각이다. 성경 어디에도 "경건한 혈통" 같은 것은 전혀 없다. 구세주의 혈통은 있지만 이것은 "경건한 혈통"이 아니다. 만일 "경건한"이라는 낱말이 "구세주의"로 쓰인다면 그때 구세주는 인간의 혈통을 갖는 것인데 그렇게 되면 그분은 경건해야만 한다. 그러나 여러분은 구세주의 혈통에서 매춘부, 창녀, 혼혈 아프리카인, 간음자, 간음한 여인, 암몬 사람(유대인이 결혼해서는 안 되는, 마 1:3–10) 등을 볼 것이다. 소위 "경건한 혈통," "성수"(聖水)나 성호, 성 마리아처럼 속임수일 뿐 경건한 혈통은 없다(롬 3:10–23).

3. 구약에서 "하나님의 아들들"을 엄밀히 볼 때 그들은 결코 사람들이 아니다. 스코필드가 그의 주석 성경에 언급한 이사야 43:6은 "하나님의 아들들"

을 말하지 않는다. 그 구절은 이스라엘 사람들인 "아들들과 딸들"이지 셋의 경건한 혈통이 아니다.

4. 스코필드는 "결혼이 천사들에게는 알려지지 않았다."고 하는데, 그것은 옳지 않다. 인용한 마태복음 22:30은 그런 것을 말하는 것이 아니라, "... 하늘에 있는 하나님의 천사들과 같으니라." 하였다. 필자는 "하늘에 있는"이라는 단어가 RSV에 빠진 것을 보았는데 스코필드는 RSV에 관심을 기울인 것 같지 않다. 하긴 그가 주석 성경을 냈을 때에 RSV는 나오지 않았다. "범죄한 천사들"(벧후 2장)은 하늘에 있지 않다. 그러므로 그 구절의 인용은 단지 문제를 가리고자 주제에서 벗어난 구절을 지적하는 것에 불과하다.

5. 신약에서 "하나님의 아들들"은 (스코필드가 이들을 구약에서는 "경건하다"고 말한 이유인데) 아담 안에 있는 하나님의 타락한 형상이 예수 그리스도 안에서 신생하여 회복된 아들들이다. 아담의 후손 중 아무도 "거듭나지" 않았고 그들 중 아무도 잃어버린 형상을 돌려받지 않았으며, 그들 중 아무도 그 형상을 지니지 않았기 때문에 그들 중 아무도 요한복음 1:12에서 의미하는 "하나님의 아들들"이 될 수 없는 것이다. 셋은 하나님의 아들이 아니었으며 하나님의 형상을 지니지 않았다. 셋의 유일한 형상은 카인의 타락한 형상인 살인자의 형상이었다(창 5:1-4).

6. "하나님의 아들들"은 창세기 6:4에 의하면 홍수 후에도 등장하고 수치스러운 사람의 딸들도 마찬가지이다. 그러므로 만일 사람의 딸들이 단지 카인의 혈통이라면 어떻게 카인의 혈통이 홍수 후에 여전히 생존하고 있다는 것인가? (필자의 생각에 그들은 모두 물에 빠져 죽었다!) 스코필드는 여기서 큰 실수를 하였기에 더 이상 설득력이 없다.

7. "경건한 셋 족속"이 "사악한 카인 족속"과 결혼하여 거인족을 낳아야 한다는 분명한 이유가 없다. 만일 그들이 거인이라면 "용사들"로 희랍신화에서 "신들"로 영원히 남을 것이다. 그들은 반은 신이고 반은 사람인데 20세기 바티칸 공의회와 과학을 숭배하는 교회 신자들이 기다리는 사람들이다. 이 거인들은 홍수 전후로 땅에 있었다. 그래서 그들이 셋 족속과 카인 족속에서 유래했으리라는 따위의 설명은 추호도 용납되지 않는다. 정통의 전천년 신학

에 따르면 카인 족속은 홍수 때에 전멸되었으나 "거인들"은 그 후에도 계속 있었다. 우리는 그들을 롯의 시대에서 본다(신 2:9,11,19-22). 다윗의 시대에서도 본다(삼상 17:3,4). 세상에서 신자들과 불신자들의 결혼이 하나님께서 진멸하신 괴물 족속을 낳은 적은 결코 없었다. 오늘날, 항상 그렇지만, 신자들이 불신자들과 결혼한다면(고전 7장), 그들에게는 "육신에 고통이 있다."는 것이다. 창세기 6장은 고린도후서 6:14에 전혀 적용되지 않는데, 이 구절을 그리스도인의 헌신에 대한 좋은 설교를 준비한다고 창세기 6장에 적용하는 것은 몰상식한 짓이다.

8. "하나님의 아들들"은 "사람의 딸들"과 대조되기 때문에 천사들이다(창 6:1,2). 1611년의 쉬운 영어로 된 원문이 얼마나 선명하게 로마 교회에서 유래한 스코필드의 "잘못된 주석"의 실수를 지적하는지 주목하라. 이것은 "셋의 아들들이 카인의 딸들을 본 것"이 아니라 "하나님의 아들들이 사람의 딸들을 본 것이다."

9. 사탄은 사람을 도구로 사용하여 재생산하는 능력이 있다(요 8:44, 요일 3:12). 이 뿌리 깊고 사악한 주제는 여기서 충분히 말할 수 없지만, 사탄에게 팔려서 그의 권위에 복종한 자들로부터 나올 자들은 "진노의 자녀"(엡 2:1-4), "불순종의 자녀"(엡 2:1-4), "지옥의 자식들"(마 23:13-19) 그리고 "독사의 세대들"(마 23:33)로 생각보다 훨씬 더 사탄의 혈통에 가깝다고 말하는 것으로 충분하리라. 고린도후서 11:1-4과 요한복음 6:70,71은 (이브와 유다를 말하고 있는데) 이런 두려운 종류의 감추어진 교리를 담고 있기에, 우회하여 뱀은 하나님의 허용된 뜻 안에서 재창조하거나 자손을 번식하고 생명을 줄 수 있다고 말할 수 있다(창 3:15, 계 13:15). 정통주의자들은 출애굽기 8:18,19을 근거로 사탄을 오랫동안 비방해 왔는데, 이제는 그들이 이 구절들은 단지 사탄이 흙에서 생명을 창조하는 것만 못할 뿐이지, 생명 창조를 흉내내서 생명을 낳거나, 재생산하거나, 생명을 부여할 만한 능력이 있다는 사실에 눈을 뜰 때이다.

10. 올바른 성경 해석의 첫 번째 규칙은 비교되는 낱말들이 동일하게 맞아야 한다는 것이다. 존 R. 라이스(John R. Rice)는 겟세마네의 "잔"을 히브리서

5:7,8에 맞추지 못했는데 이 구절들에는 잔이 없기 때문이다. 스코필드는 "아들들과 딸들"을 찾기 위해 이사야 43장을 급히 보느라고 정확히 해석하지 못했지만 우리가 찾는 "하나님의 아들들"은 아담과 이브가 등장하기 전에 이미 이 땅에 있었다(욥 38:3-7). 이들은 욥기 1장, 2장, 38장에서 등장한다. 나의 친구여, "하나님의 아들들"은 하나님의 아들들을 뜻한다네. 성경 구절들을 비교할 때 "하나님의 아들들"은 "하나님의 아들들"을 말한다. 만일 욥기 38:7과 요한복음 1:12사이에 선택해야 한다면 가장 가까운 문맥이 분명히 정확한 정의이다. 그래서 성경을 거부하거나 성경을 변개시키는 학자들의 마음을 에베레스트 산만큼의 무게로 짓누르는 문제들을 약간의 상식과 간단한 논리가 풀어낼 수 있다. 이 천사들은 이전에 있었고 다시 올 것이다(계 12:4-9).

12:5 그녀가 사내 아이를 낳았는데 이 아이는 모든 민족들을 철장으로 다스릴 자라. 그녀의 아이가 하나님**과 그의 보좌 앞으로 들려 올라가더라.**

자, 우리는 "사내 아이"를 몇 가지 이유로 주 예수 그리스도라고 대개 말한다. 그는 "모든 나라를 철장으로 다스린다."고 하는데 우리는 주 예수 그리스도가 그렇게 하실 것을 안다. 그 여인은 이스라엘이며 그리스도가 이스라엘에서 나왔듯이 이 여인은 그를 낳는다. 그 아이는 그리스도가 사도행전 1장에서 들림받았듯이 들림받는다. 그럼에도 여기 여전히 신비에 쌓인 교리가 있다. 비록 여러분이 이 "사내 아이"가 예수 그리스도라고 영적으로 가르치지만, 이 "사내 아이"는 후에 이스라엘을 구해내기 위해 보내진 한 사람으로 주 예수 그리스도가 아님을 시사하고 있다.

12:6 그 여인은 광야로 도망하였는데 그곳에는 그들이 그녀를 일천이백육십 일 동안 부양하도록 하나님**께서 그녀를 위하여 마련해 놓으신 곳이 있더라.**

이 아이가 들림받은 후에 이스라엘은 광야로 도망가서 부양받는다.

『우리 콧구멍의 호흡인 주의 기름부음 받은 이가 그들의 구덩이들에 빠졌도다. 우리가 그에 관하여 말하기를 "그의 그늘 아래서 우리가 이방 가운데 살리라." 하였도다』(애 4:20).

여기서 예레미야는 대환란 때 유대인들이 "주의 기름부음 받은 이"라 불리고 적그리스도와 그의 군대의 구덩이들에 빠지는 한 사람을 신뢰할 것이라고 말한다.

『우스 땅에 거하는, 오 에돔의 딸아, 즐거워하고 기뻐하라. 잔이 너에게도 통과하리니 네가 취하겠고 벌거벗으리라』(애 4:21).

유대인이 우스 땅(욥이 42장에 걸쳐 사탄에게 핍박당한)에 있음을 주목하라. 욥은 하나님께서 실제로 출현하심으로 구원받는데 이는 마치 환란 때 유대인들에게 일어날 일과 같다.

『우리의 박해자들이 하늘의 독수리들보다 빠르며 그들이 산 위로 우리를 추격해 오며 광야에서도 우리를 숨어 기다리는도다』(애 4:19).

유대인은 그들이 부양받게 될 광야에서 비행기들로 폭격당할 것이다.

『우리는 광야의 칼 때문에 우리 생명의 위협을 무릅쓰고 우리의 빵을 얻었나이다』(애 5:9).

유대인이 빵을 얻기 위해 나갈 때마다 죽음의 위협이 있음을 주목하라. 또한 예레미야 애가 5:21,22에서 그는 하나님이 그에게 주신 구약의 약속들을 성취하기 위해 하나님이 두 번째로 나타나시기를 기도하고 있다.

『그 여인은 광야로 도망하였는데 그곳에는 그들이 그녀를 일천이백육십일 동안 부양하도록 하나님**께서 그녀를 위하여 마련해 놓으신 곳이 있더라』**(6절). 그 여인은 이스라엘로 확인되었고, 이스라엘은 이집트 땅에서 나왔던 날들처럼 다시 광야로 돌아갈 것이다(호 2:14-19). 이스라엘이 이집트 땅에서 나왔을 때, 독수리 날개를 타고 광야로 갔다(신 32:11, 계 12:14).

『그 용이 자기가 땅으로 쫓겨난 것을 알고서 사내 아이를 출산한 그 여인을 박해하더라』(계 12:13).

환란 때, 사탄은 늘 그래왔듯이 이스라엘을 개인적으로 핍박할 것이다.

『그때 그 여인이 큰 독수리의 두 날개를 받았는데, 이는 그녀가 광야에 있는 자기 처소로 날아가서 그곳에서 그 뱀의 낯을 피하여 한 때[1]**와 두 때**[2]**와 반 때**[1/2-합해서 3년 반]**를 부양받으려 함이더라. 그 뱀이 여인 뒤에다 자기 입에서 물을 홍수같이 쏟아 그 여인을 홍수에 떠내려가게 하려 하되 그 땅이 그 여인을 도와 그 입을 벌려 용이 그 입에서 쏟은 홍수를 삼켜 버리더라. 그러자 그 용이 여인에게 분노하여 여인의 씨 가운데 남은 자들, 즉** [1]하나님**의 계명들**[구약의 십계명]**을 지키며** [2]예수 그리스도**의 증거를 가진 자들과 싸우려고 나가더라**』(계 12:14-17).

이들은 환란 때 구원받은 히브리-그리스도인 "유대인들"로서 구약 십계명을 여전히 지킨다. "히브리서"는 (알맞게 이름을 붙였는데) 바로 이들을 위한 것이다. "히브리서"가 역사적으로 A.D. 60년이나 A.D. 70년 전에 쓰여졌다고 해서 무천년과 후천년 그리고 전천년 학문은 이 책을 과거인 사도행전 앞 부분의 유대인들에게만 적용해 왔다[벌링거(Bullinger)와 스템(Stam) 그리고 극단적 세대주의자들 역시 마찬가지였다]. 이들은 성경의 모든 구절들이 세 가지, 즉 역사적이고 영적이며 교리적으로 적용된다는 사실을 간과한다(1장을 보라). 히브리서를 사도행전 앞 부분의 과거시제로 한정짓는 것은 참으로 통탄할 과오이다. 히브리서 전체에서 여러분은 항상 이스라엘과 관련된 그리스도의 재림을 거듭거듭 주의해야 할 것이다. 히브리서 3장 전부, 히브리서 6장 앞부분, 히브리서 8장 전부 그리고 히브리서 10장의 반이 이 주제를 다루고 있음을 주목하라. 그래서 그 책은 (그리스도인들이나 교회, 이방인들이 아닌) "히브리서"라고 올바로, 정확하게 이름 붙혀진 것이다. 이들은 계시록 12:17에서 일차적으로 언급되는 무리이다.

자, 우리는 이 여인에 대한 일련의 사실을 알고 있다. 요한이 보는 이 여인은 "이스라엘"의 상징이다. 그녀는 창세기 37장에 잘 나타나 있다. 이 여인은 구약 호세아서와 많은 다른 구절에서 이스라엘을 상징한다. 이 여인은 "여호와에게서 버림받은 아내"라고 불린다.

성경에서 "여인"이 상징으로 쓰일 때는 단지 두 무리를 말하는 것이다. 우리는 계시록 17장과 18장에서 한 여인을 보는데 그녀의 신분은 의심할 여지가 없다. 이 여인은 일곱 산 위에 앉아 있고, 그녀의 색깔은 자주와 주홍이며, 금잔을 가졌고, 땅의 왕들을 통치하며, 예수 그리스도의 증인들을 죽인다. 계시록 12장의 여인은 사탄에게 미움받고, 박해받으며, 사탄 때문에 광야로 쫓겨가서, 하나님께 부양받으며, 하나님이 보호하시는 동안 이 여인의 후손들은 구약의 십계명을 지키면서 예수 그리스도를 믿는다.

그러므로 이 여인이 바로 이스라엘인데, 환란 때 삼 년 반 동안 광야에 가 있고 그녀가 이집트 땅에서 나왔을 때처럼 하나님께서 그녀를 부양하신다. 이것은 지금까지 세계의 모든 전천년주의 학자들에게 드러나지 않았고, 알려지지도 않은 또 하나의 매우 중요한 주제를 가져온다.

『**주[thy]의 백성을 주의 지팡이로 먹이소서...**』(미 7:14). 여러분은 "주(thy)의 백성"이라는 표현을 읽을 때 이제는 그리스도인들이 아니라 이스라엘임을 충분히 알 것이다. 그리스도인들은 "그리스도의 종들"로 불리며, "하나님의 아들들"로, "어린 자녀들"로, "자녀들"로, "아기들," 또 "형제들"로, "하나님의 자손"으로 불린다. 이스라엘은 하나님의 백성이며, "주의 백성"과 "나의 백성"은 구약에서 항상 이스라엘이지 결코 교회가 아니다. 『**주의 백성을 주의 지팡이로 먹이소서. 칼멜의 한가운데 삼림 속에서 외로이 거하는 주의 유업의 양떼를 먹이소서. 옛날처럼 바산과 길르앗에서 그들을 먹이소서**』(미 7:14).

『**이집트 땅에서 네가 나오던 날들과 같이 내가 그에게 놀라운 일들을 보여 주리라**』(미 7:15).

주목하라! 하나님께서 이스라엘을 출애굽기 15-20장에서처럼 광야로 끌어낼 것이다. 또 하나님께서는 출애굽기에서처럼 그들을 부양할 것이고 그들이 부양될 장소를 정하시어, 그들을 이집트 땅에서 불러내어 행하신 일들을 미래에 다시 하실 것이다. 이것은 출애굽기, 민수기, 신명기가 다가올 일들의 묘사임을 보여 준다(행 7:45, 히 4:8 참조).

우리가 미카 7:14,15에서 보듯이 이스라엘은 광야로 갈 것이며 과거와 마찬가지로 부양될 것이다. 이에 대한 관련 구절들은 예레미야 50:19,20, 에스겔 20:30-37 그리고 사무엘상 25:1,2이다. 성경은 이처럼 매우 명확하다. "이스라엘은 이집트 땅에서 나왔을 때처럼 그렇게 부양될 것이다." 이것은 그들이 하늘에서 내려오는 만나로, 기적적인 방법으로 부양됨을 의미한다. 하나님은 그들의 식량을 다시 하늘에서 내리실 텐데, 여러분은 이 놀라운 일이 출애굽기 16장에 기록된 것을 볼 수 있다. 우리는 적그리스도가 그의 표를 받지 않는 사람들에게 매매행위를 금지시킬 것을 나중에 보게 된다. 유대인이 그의 표를 받지 않을 것이기 때문에 그들은 살기 위해 "초자연적"으로 부양되어야 한다. 그래서 그들은 이집트 땅에서 나왔을 때와 같이 하늘의 만나를 먹는 것이다!

『네가 눈의 보고 속으로 들어갔느냐? 아니면 네가 우박의 보고를 보았느냐? 그것들은 내가 고난의 때와 싸움과 전쟁의 날을 위하여 간직해 둔 것이라』(욥 38:22,23).

이 구절은 어떤 학자도 자기가 읽는 대로 믿지 않는 한 알지 못할 교묘하게 기록된 구절이다. 욥기는 환란을 묘사한다(42개월을 상징하는 42장으로 구성되어 있다). 욥은 땅에서 7일 낮과 밤을 지낸다(하루는 환란 때의 일 년이다). 욥은 이스라엘이 피신할 우스 땅에 있으며 이스라엘을 박해할 그 사탄에게 박해당하는데, 계시록 19장의 이스라엘처럼 마지막에 하나님이 회복시키신다.

『눈의 보고』, **『우박의 보고』**. 만나는 작고 동그란데 더워지면 녹는다. 이것은 작고 동그라며 흰색인데 성경은 이것이 땅의 "흰 서리" 같다고 조심스럽게 기록한다. 그래서 이스라엘은 환란에서 적그리스도가 그들을 전멸하려는 동안 셀라(혹은 페트라)의 사해 남쪽 암벽 도시에 숨어서 (그 안에 굴들이 있는데 바르샤바의 게토처럼 숨을 것이다.) 밤에 나와 하나님께서 땅에 떨어뜨리는 그들의 빵을 매일의 양식으로 공급받을 것이다.

『그 여인은 광야로 도망하였는데 그곳에는 그들이 그녀를 일천이백육십 일 동안 부양하도록 하나님**께서 그녀를 위하여 마련해 놓으신 곳이 있더라』**(6절). 이스라엘이 광야로 도망할 때 안식일에 비행기로 가는 것이 분명하다. 이것은 마태복음 24장의 놀라운 한 구절을 해결해 주는데, 마태복음 24장이 예루살렘 파괴(A.D. 70)라고 생각하는 사람들에게는 알려지지 않았다. 주 예수 그리스도는 마태복음 24:20에서 환란 때의 유대인들에게 『**너희는 피난하는 일[your flight]이 겨울에나 안식일에 일어나지 않도록 기도하라.**』고 말씀하셨다.

이 문맥은 환란이다. 우리가 "flight"를 읽을 때 20세기를 사는 사람은 누구나 "679기(Flight) 탑승 승객은 16번 출구로 나가주십시오" 하는 말을 자연스럽게 떠올릴 것이다. 이스라엘에서는 비행기가 안식일인 금요일 밤과 토요일에는 비행하지 않는다. 20세기인 현대에도 이스라엘에서는 안식일에 상업용 비행기는 비행하지 못한다(이것은 1962년 8월 10일 CBS뉴스 기사이다). 계시록 12장은 여러분이 이 환란 때의 유대인 남은 자들이 "하나님의 계명들을 지킨다."고 듣는다.

『**그때 그 여인이 큰 독수리의 두 날개를 받았는데, 이는 그녀가 광야에 있는 자기 처소로 날아가서 그곳에서 그 뱀의 낯을 피하여 한 때와 두 때와 반 때를 부양받으려 함이더라**』(계 12:14).

만일 이것이 "독수리"라면 왜 우리는 그 여인이 독수리 날개를 타고 갔다고 말하지 않는가? (성경은 문자적으로 해석하기 불가능한 곳을 제외하고는 항상 문자적인 뜻이다.) 그런데 12:1에서 여러분은 그 "여인"이 상징인 것을 알게 되는데 그 이유는 이스라엘이 여인으로 묘사되기 때문이다. "용"은 욥기 41장에 문자적으로 묘사된 문자적인 짐승이다. 그 "여인"은 창세기 37장과 호세아 2장에서 문자 그대로 묘사된 문자적인 열두 지파이다. 그런데 큰 독수리의 두 날개는 문자적인 어떤 다른 모습이다. 이 여인이 "독수리의 날개"를 타고 도망하기에 이것은 단순한 보통 독수리가 아닌데 왜냐하면 그 여인은 열두 지파이기 때문이다!

『**그 뱀이 여인 뒤에다 자기 입에서 물을 홍수같이 쏟아 그 여인을 홍수에 떠내려가게 하려 하되**』(계 12:15).

이것은 팔레스타인 땅에 일어날 실제적인 홍수로, 다니엘 9장, 욥기 40:23, 예레미야 12:5, 이사야 45:7,8에 잘 묘사되어 있다. 출애굽기 15,16장에서처럼 그렇게 이스라엘이 수장되지 않도록 구해낼 또 하나의 기적적인 간섭이 있을 것이다. 출애굽기 15,16장에서 여러분은 이스라엘 자손이 갈라진 홍해에 들어갔을 때 수장되지 않았음을 읽는다. 이것은 출애굽기의 일들이 전부 다시 일어날 것을 뜻한다. 적그리스도의 유형인 파라오가 다시 등장할 것이고, 모세와 아론의 유형으로 모세와 엘리야가 다시 올 것이며, 이스라엘이 함족의 흑인에게 다시 속박당할 것이고, 그들로부터 이스라엘의 탈출과 자유가 다시 있을 것이며, 이스라엘은 다시 만나를 먹을 것이고, 그들은 팔레스타인으로 돌아와서 다시 그 땅을 차지할 것이다.

12:7 또 하늘에 전쟁이 있으니 미카엘과 그의 천사들이 용을 대항하여 싸우고 용과 그의 천사들도 싸우나

이 전쟁은 미래임을 주목하라. 1990년경에 전쟁은 하늘에서조차 끝나지 않는다! 하나님은 창세기 3:15에서 전쟁을 선포하셨는데, 66번째 책이고 6,000년 뒤인 계시록 12장에서 여전히 싸움이 있다. 『**주는 전사시요, 주는 그분의 이름이로다**』(출 15:3). 여러분이 30년 정도라도 "이 땅에 평화"가 있었다고 생각한다면 유감스럽지만 실수이다. 전쟁은 계시록 20장에서야 비로소 끝난다. 성경에서 싸움이 없는 곳은 겨우 네 장뿐인데 창세기 1,2장과 계시록 21,22장이다.

미카엘은 그의 활동과 사역이 특별히 유대인적인데 (교회와는 아무 연관이 없기에) 그 "여인"은 교회가 분명 아님을 거듭 입증한다. 미카엘은 다니엘서 12:1에서 이스라엘을 위해 싸우는데 하늘에서 이스라엘을 대표하는 특별한 영적 존재라고 한다. 이 땅의 민족은 하늘에 대표하는 천사가 있으며 미카엘은 다니엘 백성을 대표한다(단 10:21). 다시 한 번 미카엘과 그의 활동이 특별히 유대인적임을 알 수 있다.

12:8 그들이 이기지 못하여 하늘에서 더 이상 있을 곳을 찾지 못하더라.
9 그리하여 그 큰 용이 쫓겨나니 그는 마귀라고도 하고 사탄이라고도 하
는 옛 뱀, 곧 온 세상을 미혹하던 자라. 그가 땅으로 쫓겨나고 그의 천

사들도 그와 함께 쫓겨나더라.

사탄은 미카엘을 이기지 못하고 땅으로 쫓겨난다. 사탄이 내려올 때 (사람들처럼 보이는) 33세 정도의 천사들이 그와 함께 온다. 이것은 미래에 있을 엄청난 사건 중 하나이다. 이 "외계의 방문자들"이 등장하여 이 땅에 내려올 것이다. 그들이 이 땅에 오는 목적은 나라들을 로마에 있는 하나의 초교파적인 교회로 모으는 것인데, 하나님은 이들 모두를 아마겟돈에서 단번에 진멸하시고 태워 없애 버리실 것이다(계 19장).

12:10 **또 내가 들으니, 한 큰 음성이 하늘에서 말하기를 "이제 구원과 능력과 우리** 하나님**의 나라와 그의** 그리스도**의 권세가 임하는도다. 이는 우리 형제들을 우리** 하나님 **앞에서 밤낮 고소하던 그 고소자가 쫓겨났기 때문이니라.**

여기서 사탄은 "고소자"나 "검사" 같은 부류의 적으로 지적된다. 우리는 본문에서 그가 그리스도인들과 성도들을 환란 중간까지 고소해온 것을 듣는다. 환란 중간이 아직 이르지 않았기 때문에 사탄은 욥기 1,2장에서 그랬듯이 위 아래로 다니며 고소하고 여전히 강력한 권세를 행사한다.

12:11 **그들이** 어린양**의 피와 자기들이 증거한 말로 그를 이겼으니, 그들은 죽기까지 자기들의 생명을 사랑하지 아니하였도다.**

이 "죽음"은 환란에 나타났듯이 특정한 부류의 죽음을 뜻한다.

12:12 **그러므로 너희 하늘들과 그 안에 거하는 너희는 즐거워하라. 땅과 바**

다에 사는 자들에게는 화 있으리라! 이는 마귀가 자기 때가 얼마 남지 않았음을 알고 크게 분노하며 너희에게로 내려갔음이라."고 하더라.

시간적 요소가 주어진다. 즉 3년 반이다. 본문은 현대와 과거 기독교의 모든 종류의 이론과 신화를 타파한다. 이 마귀의 모습은 도어(Dore)가 밀턴의 <실락원>에 그린 것처럼 손에 창을 들고 하늘에서 떨어지는 날개 달린 천사가 아니다. 그의 모습은 자칭 예수 그리스도라고 주장하는 33세 남성인 "빛의 천사"로 나타나고, 그는 에스겔 28장의 기름부음 받은 "그리스도"로 "이 세상의 신"이며, 대단히 매력 있는 인물로서 이 땅에 내려와 하나님의 화신이라고 주장할 것이다. 그는 괴물로 나타나지 않는다(괴물들은 밑에서 올라온다! 계시록 9장을 보라). 그는 대단히 매력 있는 인물로 내려와서 세계적으로 하나 되는 초교파 운동 아래 땅을 통치한다(계 13:3–8). 그가 외계에서 나타나면 ("외계의 초인간"이나 "화성인"으로) 모든 과학, 교육, 철학, 미술, 음악, 라이프, 룩, 뉴스위크, 라디오, T.V.와 언론은 그를 고도로 진화한 가장 위대한 초인간적인 존재로 환호할 것이다! 이 장면에서 하늘의 심판은 "땅과 바다에 사는 자들에게 화있으리로다!"이다. 왜냐하면 이 자는 아담에게서 나라를 취했었고, 하나님의 아들을 죄인으로 죽게 만든데다가, 수많은 혼을 지옥으로 보냈는데 그 수는 여러분이 밤을 새워도 다 셀 수 없을 것이다.

계시록 12:11에는 성도들이 세 부류로 기록되어 있는데 이 세 부류는 하나님 말씀에 수없이 나타난다. 물론 직접적인 문맥은 환란 성도들이다. [요한이 자기는 하나님의 증거 때문에 거기에 있다고 말했듯이 (직접적인 언급은 9절의 "용"이나 "뱀"이다.) 특정한 형태의 죽음인데 목베임 당하는 것이다.] 비록 환란 성도들의 직접적인 언급이지만 여기서 그리스도인들의 세 부류에 대한 구체적인 영적 적용을 볼 수 있다. 이 세 부류는 하나님 말씀에 많이 나오기 때문에 의심할 여지가 없다.

열두 사도(첫째 부류)중 주님과 비교적 가까운 세 사람(둘째 부류)이 있는데 베드로, 야고보, 요한이다. 그리고 이 셋 중에서 가장 가까이 사랑받은 제자 한 사람(셋째 부류)이 있는데 요한이다. 그는 최후의 만찬 때 주의 가슴에 기대었으며 십자가까지 줄곧 그분을 따라갔다. 요한은 혼자서 한 부류가 된다. 우리는 최후의 만찬에서 제자들이 모두 둘러앉았을 때 주께서 말씀하시기를 "너희 중 하나가 나를 배반하리라."고 하실 때 제자마다 "주여, 나니이까?," "주여, 나니이까?"라고 말했음을 본다. 그러나 요한은 "주여, 누구니이까?"라고 말했다. 요한은 그 말씀에 대해 깨끗한 양심을 가졌다(요 13:13-26).

여기서 우리는 그리스도인들의 세 부류를 볼 수 있다. 열둘은 일반적으로 불리는 무리이며, 셋은 가까운 사이이고, 하나는 진실로 신실한 가장 가까운 자이다. 좀 더 살펴보자.

『**어떤 씨는 좋은 땅에 떨어지니, 어떤 것은 일백 배로, 어떤 것은 육십 배로, 또 어떤 것은 삼십 배로 열매를 맺었느니라**』(마 13:8). 가장 많이, 그 다음으로 많이, 그리고 가장 적은 순서이다. 삼십 배, 육십 배, 백 배는 주를 위해 맺는 열매들의 다른 부류이다. 요한복음 15장에서 주 예수 그리스도는 그리스도인은 첫 부류로 "열매"를(4절), 둘째 부류로 "더 많은 열매"를(2절) 그리고 세째 부류로 "많은 열매"를(8절) 맺을 수 있어야 한다고 말씀하신다. 그리스도인들은 세 가지 동기에서 주를 섬긴다.

1. 그분을 두려워해서 섬기는 자들로 종처럼 섬긴다.
2. 보수나 상을 받기 위해 섬기는 자들로 고용인처럼 섬긴다.
3. 그분을 사랑하기 때문에 섬기는 자들로 아들처럼 섬긴다.

이 세 부류는 계시록 12:11에 나타난다. 모든 그리스도인은 어린양의 피로 구원받았기 때문에 사탄을 어린양의 피로 이긴다(셋째 부류). 그러나 모든 그리스도인이 주님을 증거하지는 않는데 다음 부류를 형성하는 자들은 그들의 증거인 말씀으로 사탄을 이긴다. 그럼에도 그들은 자기들의 생명이나 가족, 세상만큼이나 더 주 예수 그리스도를 전적으로 사랑하지는 않는다. "죽기까지 자기들의 생명을 사랑하지 않는" 사람들은 셋째 부류이다. 같은 부류가 계시록 17:14에 나타난다.

『**이들이** 어린양**과 맞서 싸우겠으나** 어린양**이 그들을 이기시리라. 이는 그가 만주의 주요 만왕의** 왕**이시며, 그와 함께한 자들은 부르심을 받았고**[1], **택함을 받았으며**[2], **신실한 자들임이라**[3]."**고 하더라**』(계 17:14).

모든 그리스도인은 "부름받았다"(롬 8:29,30). 그러나 모든 그리스도인이 주를 위해 부름받은 수준을 넘어 "택함받지"는 않는다. "택함받은" 모든 이가 "신실하지"는 않다. 우리는 계시록 17장에서 이런 세 부류를 보는데 부름받은 자들, 택함받은 자들 그리고 신실한 자들이다.

그리고 이 세 부류는 실제 적용이 된다. 열두 제자는 (유다 이스카리옷은 제외) 삼십 배 결실을 거두는 그리스도인들을 상징하는데, 믿음이 있고, 부름받았으며, 어린양의 피로 사탄을 이기고, "열매를 거둔다." 세 제자인 베드로, 야고보, 요한은 육십 배 결실을 거두는 그리스도인들을 상징하는데, 택함받았으며, "더 많은 열매를 거두고," "말씀을 증거한다." 요한은 마지막 부류로 백배의 결실을 거두는 그리스도인을 상징하는데, 사랑받는 제자이며, 부름받았고, 택함받았으며, 신실하고, 피로 구원받았으며, 말씀을 증거하고, 죽기까지 자기 생명을 사랑치 않기에 "많은 열매"를 거둔다.

12:13 **그 용이 자기가 땅으로 쫓겨난 것을 알고서 사내 아이를 출산한 그 여인을 박해하더라.**

14 **그때 그 여인이 큰 독수리의 두 날개를 받았는데, 이는 그녀가 광야에 있는 자기 처소로 날아가서 그곳에서 그 뱀의 낯을 피하여 한 때와 두 때와 반 때를 부양받으려 함이더라.**

15 **그 뱀이 여인 뒤에다 자기 입에서 물을 홍수같이 쏟아 그 여인을 홍수에 떠내려가게 하려 하되**

16 **그 땅이 그 여인을 도와 그 입을 벌려 용이 그 입에서 쏟은 홍수를 삼켜 버리더라.**

17 **그러자 그 용이 여인에게 분노하여 여인의 씨 가운데 남은 자들, 즉 하나님의 계명들을 지키며 예수 그리스도의 증거를 가진 자들과 싸우려고 나가더라.**

자, 이 장 전체를 함께 보면서 마지막 절에 이르렀는데 우리가 연구해 볼 두 가지가 있다.

첫째는 이스라엘에 대한 사탄의 특별하고 맹렬한 증오인데 이것은 역사를 통해 명백히 드러난다. 사탄의 증오 대상이 이스라엘인 이유는 구세주가 이스라엘에서 나왔고 성경 각 권이 이스라엘 사람들에 의해 쓰여졌기 때문이다. 또한 이 증오는 이스라엘이 이 세상을 다스리도록 약속받은 사실에서도 유래하는데, 사탄이 “이 세상의 신”이기 때문에(고후 4:4) 이스라엘이 예수 그리스도의 재림 때 실현될 그 약속을 자기에게서 빼앗을 것을 가만히 보고 있지 않는다.

물론 이 위대한 성경의 진리는 무천년과 후천년 신학자들에게 전적으로 무시되고 있다. 필자가 무천년과 후천년 신학자들을 말할 때는 그리스도가 천 년을 통치하러 다시 오는 것을 믿지 않는 사람들이나 “현대인들”이 예수 그리스도가 돌아오기 전에 먼저 그리스도의 천 년 통치를 오게 하려는 것을 믿고 있는 사람들을 뜻한다. 이 신학자들은 이스라엘이 이 시대에서는 거부당했지만 후에 회복된다는 사실을 무시한다. 이 무식하고 타락한 육신적인 지도자들은 모두 이스라엘의 핍박은 하나님이 그들과 영원히 관계를 끊었다는 사실에 기인한다고 보는 것이다. 이것을 확인하고 싶으면 빌리 그래함과 디오도 엡과 수십 여 명의 다른 정통주의자들이 추천한 “The Amplified New Testament”(확대신약)이라는 거창한 비그리스도적이고 통속적인 유치한 책을 사보라! 데살로니가전서 2:14-16에서 <확대역본>은 하나님의 진노가 유대인에게 영원히 임한다고 말한다! 정통주의자들과 전천년주의자들이 왜 이 얼토당토않은 번역본을 추천하는지 모를 일이다. 확대역본은 개혁주의 신학자들인 무천년주의자들에 의해 만들어졌는데 이들은 지상의 그리스도의 천 년 통치를 믿지 않는다.

『예수**께서 대답하시기를 “나의 왕국은 이 세상에 속한 것이 아니니라**. **만일 나의 왕국이 이 세상에 속한 것이라면 내 부하들이 싸워서 나를 유대인들에게 넘어가지 않게 하였을 것이라**. **그러나 지금은 나의 왕국이 여기에 속한 것이 아니니라**.”**고 하시더라**』(요 18:36).

<확대역본> 저자들이 “지금은”이란 낱말을 빼버렸기 때문에 여러분은 그

분의 나라가 결코 "여기에" 없는 것으로 생각하였을 것이다. 이 교만하고 무지한 사람들은 로마서 11:25에 따르면 "지혜 있는 체하는 무지한 자들"로 불린다. 성령께서 얼마나 주의 깊게 필자가 사용한 "지혜 있는 체하고 무지하나"는 표현을 사용하는지 주목하라. 성경에 따르면 그들은 헬라어나 히브리어에 있어서 그들의 학위나 해박한 지식에 관계없이 지혜 있는 체하는 무지한 사람들이다.

『**형제들아, 너희가 스스로**[in your own conceits] **지혜 있는 체하지 않게 하기 위하여 이 신비를 너희가 모르기를 내가 원치 아니하노니 이는 이방인들의 충만함이 차기까지는 이스라엘의 일부가 완고하게 된 것이라**[blindness in part]. **그리하여 온 이스라엘이 구원을 받으리라. 기록된 바 "구원자가 시온에서 와서 야곱에게서 경건치 아니한 것을 제거하리라. 이는 내가 그들의 죄들을 없앨 때 그들에 대한 나의 언약이 이것임이니라." 함과 같으니라. 복음에 관하여는 그들이 너희로 인하여 원수가 되었으나 선택에 있어서는 그들의 조상으로 인하여 사랑을 받는 자들이라**』(롬 11:25-28).

예레미야 33:8, 데살로니가전서 2:14과 로마서 11:5-7과 비교해 보라. 그래서 무천년 교사들인 그레샴 메이첸(Gresham Machen), 벌콥(Berkhof), 댑니(Dabney), 핫지(Hodge), 카이퍼(Kuyper), 장로교, 회중교회, 전체 개혁 신학자들, 존 칼빈 추종자들, 로버트슨(A.T. Robertson), 루이스빌 신학원, 달라스, 포트워스 등 예외 없이 미국의 모든 선도적인 주요 교단 신학교는 무지하고 지혜 있는 체하는 자들로서 하나님 말씀을 변질시켜서 이스라엘의 현 시대 위상에 대해 거짓말하고 있다. 현 시대에서 이스라엘은 여호와가 내쫓은 아내로 예수 그리스도의 재림 때에 회복될 것이다.

쉽게 말해서 하나님은 유대인과 다시 교제하실 것이고 이방인들과의 교제는 끊을 것이다. 성령께서 다니시며(그분은 항상 동에서 서로 다니신다.) 이방인들과의 교제를 끝낼 때 로마 교황들을 필두로 하나님을 거부하여 배교한 교회의 거대한 시체 공시소밖에는 아무것도 남지 않을 텐데, 이것은 구약의 약속들을 영적으로 해석하여 자기들에게 적용시켰기 때문에 영적인 "참된 이스라엘"이라고 주장한다. 이 배교한 교회의 불경한 가증스러움만이 이방 교회에 남을 것이다. 하나님은 이스라엘과 단절하시지 않았으며 이스라엘을 회복시키실 것이기 때문에 이 시대에 사탄의 특별한 분노가 이스라엘을 향한다. 이 점에 있어서 성경의 정확성은 의심할 여지가 없다. 주 예수 그리스도가 십자가에 못박힐 때 유대인들은 하나님이 그들에게 주신 천국의 면류관을 거부하고 그것을 로마에게 돌렸다. 유대인들은 그들의 지도자들과 대제사장들에게 이끌려 "그의 피를 우리와 우리 자손에게 돌리라."고 말했다(마 27:25). 유대인들은 그들 구약의 지도자인 주 하나님 여호와를 떠났고 그들이 원했던 유일한 왕은 "거룩한 아버지"인 교황, 곧 카이사였다(요 19:15).

그래서 이 시대에 이스라엘의 진노는 명백히 규정되는데 이스라엘은 일시적인 거부를 당하지만 주 예수 그리스도의 재림 때 회복될 것이다. 사탄의 증오 대상은 이 시대에 이스라엘인데 이들이 그들의 구세주를 거역했기 때문에 사탄은 하나님의 허용된 뜻 안에서 그들을 지배하는 권세를 갖는다. 이 시대에 사탄은 우리가 지금 계시록 12:16,17에서 보고 있듯이 이스라엘에 대해 맹렬하고 집중적인 공격을 퍼붓고 있다.

국가로서의 이스라엘에 대한 이 초자연적인 증오에 관해 어떤 의심이라도 있다면 역사를 살펴보자. A.D. 135년에 로마 황제 하드리안(Hadrian)은 580,000명의 유대인을 죽였다. 이것은 A.D. 70년 예루살렘 파괴 후의 일인 것이다. 티투스(Titus)는 A.D. 70년에 예루살렘을 파괴하였는데 500명의 유대인을 예루살렘성 밖에서 십자가에 못박았다. 사람들은 예루살렘이 포위된 당시 너무 굶주려서 그들의 자녀를 삶아 먹었다. 이 사건의 기록은 요세푸스(Josephus)의 책에서 상세히 읽을 수 있다. 1020년에 카누트(Canute)왕은 모든 유대인을 영국에서 쫓아냈다. 1096년 로마카톨릭의 세례에 순종하지 않으려는 모든 사람을 근절하기 위해 "성전"(Holy War)이 유럽에서 시작되었다. 1272년 에드워드 1세(카톨릭)는 모든 유대인의 재산을 몰수하였고 16,500명의 유대인을 영국에서 추방하였다. 1306년 프랑스에서는 100,000명의 유대인이 그들의 소유를 몽땅 빼앗기고 추방되었다. 루이 14세(카톨릭) 치하인 1683년 모든 유대인은 프랑스 식민지들에서 추방되었다. 루이 15세(카톨릭) 치하인 1723년에야 프랑스에서 유대인들이 부동산을 소유하는 것이 허용되었다.

1345-1350년에 유대인들은 독일에서 화형당하였는데 그들은 카톨릭 아이들을 유월절 양들로 먹기 위해 살해했다고 고발당했다! 이때에 유럽을 휩쓴 "흑사병"에서 유대인들은 레위기에 기록된 정결례를 지킴으로써 피해를 입지 않았지만 "흑사병"을 일으켰다고 고발당하였다. 그들은 프라하와 콘스탄티노플에서 1560-1600년경에 추방되었다.

도미니카 카톨릭은 그들을 1492년 "종교 재판"에 회부하여 스페인에서 몰아냈다. 1938년 히틀러(로마카톨릭 신자)와 요셉 폴 괴벨(로마카톨릭 신자)은 유대인들에 대한 공작을 꾸몄는데 여러분은 그때 무슨 일이 일어났는지 알 것이다. 로마카톨릭 교회가 히틀러 시대에 "유대인들을 지하에서 도왔다."는 언론의 보도가 여러분을 바보로 만들지 않도록 주의하라. 오랜 로마카톨릭 신자인 히틀러와 그의 로마카톨릭 동료인 괴링, 괴벨, 히믈러는 유대인들을 붙잡아서 불태워 죽였으며, 그들의 재산을 몰수했고, 껍질을 벗기었고, 철조망에 목 매달아 죽였으며, 강제 수용소에서 굶겨 죽였다. 로마카톨릭 교회는 이 모든 공작이 벌어지는 동안 히틀러와 화친 조약을 맺었다. 히틀러는 결코 파문당하지 않았다. 라이프와 룩 잡지들이 잠시라도 여러분을 바보로 만들지 않도록 하라. 히틀러는 프로테스탄트가 아니었으며 그는 샤를마뉴, 나폴레옹, 키신저, 카스트로, 바티스트(Batiste), 디엠(Diem), 트루질로(Trujillo), 프랑코, 드골, 케네디와 똑같은 로마카톨릭이었다.

1918년경 (밸푸어 선언 후) 영국을 떠난 두 척의 배는 (어떤 항구에도 정박하지 못한 채) 팔레스타인에 도착하지 못하였다. 이 배들은 갑판에 굶어 죽은 사람들을 싣고 정박지를 찾아 세계를 헤매다가 마침내 상해에 닻을 내렸다.

1825년 러시아의 니콜라이 1세는 5,000,000명의 유대인을 격리된 도시로 이동시키도록 명령을 내렸다. 1215년 교황 이노센트 3세는 모든 유대인에게 노란 뺏지를 달게 하였다(이 노란 뺏지는 히틀러가 유대인들에게 달도록 하였던 것이다). 1242년 로마카톨릭은 히브리어로 기록된 자료들을 24대의 수레에 실어 프랑스에서 소각하였다. 백이십 개의 공동체가 5,000명의 카톨릭 폭도에 의해 1336년에 파괴당했다. 알자스, 바바리아, 오스트리아에서는 800,000명의 유대인이 1684년에 사라졌다. 우크라이나에서는 500,000명의 유대인이 1943-1945년 사이에 학살되었거나 헝가리, 유고슬라비아, 오스트리아 등지로 사라졌다(이 통계는 헝가리 독립당의 당수가 밝힌 것이다. 그는 또 5,000,000명이 아우슈비츠의 살인 공장들에서 화장되었다고 말했다).

유대인들 스스로가 "그의 피를 우리와 우리 자손에게 돌리라."고 말했던 것을 그대로 받게 될 것이다. 유대인들의 이런 박해는 끊임없이 계속되어 왔다. 무하마드와 아랍인들이 유대인들을 박해하였고, 몰아내고, 죽였다. 유대인들은 1900년 동안 이 지상에서 몰리고, 죽임당하며, 추방되었으며 하나님께서 구약의 마지막 책에서 가라고 말씀하신 팔레스타인으로 돌아갈 때까지는 계속 떠돌아다니고, 추방되며, 죽임당할 것이다. 그 후에야 예수 그리스도께서 나타나실 것이다.

박해가 계속되는 한 그럴 것임은 조금도 의심할 여지가 없다. 그들은 계속 박해받았고 당분간도 계속해서 박해를 당할 것이다. 아돌프 히틀러가 "나의 투쟁"에서 써먹은 로마카톨릭 자료는 "종교 재판소" 시절 스페인의 도미니카 수도승들이 쓴 문헌들이었다. 이 자료는 "시온 장로들 의정서"라 불리는데 "칠십 명의 국제적인 유대인 은행가들"이 세상을 금력으로 장악해서 이방족속을 이스라엘에 복종시키려는 계획이었던 것 같다. 이것을 로마카톨릭 신자인 히틀러가 써먹었고 오늘날 UN이 반이스라엘 분위기를 조장하는 데 사용하고 있다(여러분은 이런 일을 가까운 미래에 더 많이 볼 것이다. 이런 일은 역사 전반에 걸쳐 있다).

러시아 혁명(1916-1918) 때 동부 유럽의 유대인들은 폴란드에서 계획적인 학살의 희생자들이었는데, 대규모 학살들이 백러시아인이나 반 혁명세력에 의해 자행되었다. 1918년의 유혈 사건들은 1945년에 반복되었으며 유대인 자위 조직은 무장한 군대의 상대가 될 수 없었다. 그들은 죽임을 당했고, 박해를 받았으며, 고난을 당했다.

오토 폰 비스마르크 치하에서 유대인들은 박해를 받았다. 그는 자유주의자들, 급진주의자들, 칼 막스, 페르디난트 라살르 그리고 유대인 출신의 독일 사회주의 운동 지도자들과의 싸움에서 반 이스라엘 분위기를 이용하였다. 독일, 오스트리아, 헝가리 같은 나라에서는 1930년 유대인을 대적하는 "피의 고발들"이 있었다. 유대인은 "그의 피를 우리와 우리 자손에게 돌리라."고 말했는데 그리스도의 부활 이후로 계속해서 응답되었으며 그리스도가 재림할 때까지 계속 응답될 것이다. 그래서 우리는 계시록 12:17에서 "그 용이 여인에게 분노하여 여인의 후손 가운데 남은 자들과 싸우려고 나가더라."를 읽는 것이 놀랍지 않다. 사탄은 로마카톨릭 교회에 미쳐 있지 않다. 신부들은 "지옥의 문들이 우리를 이기지 못할 것이다."라고 말하며 사탄이 그들의 교회를 전복하려고도 했으나 그들의 교회가 여전히 건재하다는 것을 자랑한다. 그러나 사탄은 결코 "로마 교회를 전복하려고" 애쓰지 않는다. 그는 그런 생각을 하지 않았을 것이다! 로마카톨릭 교회는 그가 이 땅에 갖고 있는 최고의 비밀 기구이다. 만일 필자가 사탄이라면 여러분 교회를 축복하고 번성케 해서 이 땅에서 가장 크고 부유하며 가장 영향력 있는 기관으로 만들 것이다. 만일 필자가 사탄이라면 예수 그리스도의 "하늘과 땅의 모든 권세"를 취하여 여러분의 교회가 원하는 모든 것을 주어 여러분 교회를 세계 정상에 올려 놓을 것이다. 필자가 여러분 교회를 전적으로 이용할 수 있기 위해서는 사탄이 되어야 했을 것이다! 사탄은 절대로 로마카톨릭 교회에 화내지 않는다. 그는 이 교회를 보호하고 살피기에 하늘의 문이 이 교회 어느 곳에도 가까이 하지 못하게 한다! 그리스도께서 반석이며 예수 그리스도(고전 10장) 위에 세움을 받는 교회는 사탄을 화나게 했을 것이나, 그는 구세주와 성경을 낳은 나라를 상대할 때만큼, 그렇게까지 참된 교회를 "말살"하지는 못한다. 마지막 단계에 그의 진노는 하나님이 불러내신, 하나님이 창세기 12:3에서 (아브라함, 이삭, 야곱을 통해) 말씀하신, 나라를 대적하도록 돌변한다. 『**너를 축복하는 자들에게 내가 복을 주고 너를 저주하는 자를 저주하리라. 네 안에서 땅의 모든 족속들이 복을 받을 것이라." 하셨더라**』(창 12:3).

『**네 안에서**』 이것은 아브라함, 이삭, 야곱이지 이방인인 정치적이고 종교적이며 로마카톨릭의 북아프리카에서 유래한 가짜 종교인 UN이라는 괴물이 아니다.

자, 우리는 성경의 깜짝 놀랄 만한 교리에 다시 이르는데 이 교리는 사람이 구원을 상실할 수 있다는 것이다(물론 이것은 침례교나 장로교 신자에게는 충격적인 말일 것이다!). 우리가 이에 대한 구절들을 확인하기 전에 사람은 구원받은 후 구원을 상실할 수 있다고 분명히 지적하는 구절들이 성경에 있다는 것을 확실히 얘기하고 모든 관계된 내용을 철저히 이해하도록 하자. 필자는 그런 구절 가운데 어떤 것들은 그리스도인이 구원을 상실할 수 있음을 입증하려고 왜곡되었음을 밝히는 선에서 위의 진술을 제한한다.

다시 말해서 그런 구절 가운데 많은 부분은 그리스도인이 구원을 상실할 수 있음을 입증하기 위해 왜곡되었다. 우리가 이 구절들을 공부하기 앞서 이 구절들이 적용되는 기간은 교회 시대 다음인 환란 때임을 분명히 인식하자. 이 때는 그리스도의 몸이 "들림받은" 이후이다. 환란 때의 사람들이 이 시대의 우리 그리스도인들처럼 사람이 구원받을 때와 같은 일이 일어난다고 말하는 것은 대단한 실수이다. 예를 들어 이 시대에서 여러분이 "거듭나면"(구약의 어떤 사람도 "거듭나지" 않았다.) 여러분은 예수 그리스도의 일부가 된다(구약의 어떤 사람도 예수 그리스도의 일부가 된 적이 없는데 그들이 직접적으로나 간접적으로 이런 교리에 익숙했다는 어떤 지적도 없고, 또 그들은 환란 때 있지도 않는다). 이 시대에서는 여러분이 구원을 받으면 성령이 여러분 안에 들어오는데, 여러분은 육적인 몸이지만 영적으로 할례받으며 그리스도의 몸 안으로 침례받는다(이것은 구약이나 환란 때에 나타나지 않으며 어떤 사람도 그래야 할 것으로 생각할 아무런 이유가 없다). 영원한 보장을 믿는 사람들이 구원받은 모든 사람은 "믿음을 통한 은혜"로만 구원받는다고 생각하는 것은 대단한 오해가 아닐 수 없다. 노아는 방주를 지음으로 구원받았다. 어떤 사람들은 "하지만 노아는 여호와의 눈에 은혜를 얻었다."고 말한다. 그는 은혜를 얻었다. 하지만 은혜로 구원받은 것이 아니다. 노아는 물로 구원받았다(벧전 3:20,21).

우리는 정통주의 전천년 학자들에게 알려지지 않은 또 하나의 교리에 직면한다. 펨버, 해리 아이언사이드(Harry Ironside), 라킨, 디한 박사, 윌버 스미스(Wilber Smith), 디오도 엡, 벌링거, 드와이트 무디, 퍼시 크로포드(Percy Crawford), 해롤드 오케나(Harold Ockenga), 빌리 그래함이나 20세기의 모든 위대한 복음주의 설교자와 교사들이 다음 구절들이 무엇을 말하는지 어떤 의견도 제시하지 못한다.

『**그러자 그 용이 여인에게 분노하여 여인의 씨 가운데 남은 자들, 즉** 하나님**의 계명들을 지키며** 예수 그리스도**의 증거를 가진 자들과 싸우려고 나가더라**』(계 12:17).

『**여기에 성도들의 인내가 있으며 여기에** 하나님**의 계명들과** 예수**의 믿음을 지키는 자들이 있느니라.**"**고 하더라**』(계 14:12).

『**그의 계명들을 행하는 자들은 복이 있나니, 이는 그들이 생명 나무에 대한 권리를 가지며 또 그 문들을 통하여 도성 안으로 들어가게 하려 함이니라**』(계 22:14).

자, 이 구절들은 제칠일안식일예수재림교와 그리스도의 교회에서 여러분이 하늘나라에 가려면 계명들을 지켜야 한다는 것을 입증하기 위해 사용한다(물론 이 두 집단은 위의 구절들이 이스라엘에게 주어진 구약의 십계명을 말하며 환란과 구약에 적용된다는 사실을 무시한다. 그 계명은 교회 시대 신약 성도들에게 결코 주어지지 않았다). 사람이 구원을 상실할 수 있는 시대에 대하여 성경 전체가 어떤 방법으로 증거하기 시작하는지 주목하라! 명심할 것은 구약에서 성령은 사람에게 들어왔다가 떠난다는 사실이다(사울의 경우처럼). 또한 성령께서 어떤 사람에게 들어가서는 떠나지 않았다(다윗의 경우처럼). 성령은 사람에게 들어갔다가 나와서 다시 들어갔다(삼손의 경우처럼). 즉 구약에서는 성령의 거하심에 대해 일관된 교리가 없다. 성령은 상황에 따라 들어오고 나간다. 구약 성도는 영적으로 할례받지 않기 때문에 그들의 혼이 육신의 몸에 붙어 있고, 성령은 사람들이 율법에 순종하는 동안에만 머무른다. 다윗이 이것을 알았기에 끔찍한 죄를 범한 후에 "주의 면전에서 나를 내어쫓지 마시고 주의 거룩한 영을 내게서 거두어 가지 마소서."(시 51:11)라고 기도했다. 주의 영은 삼손을 떠났다가 돌아온다. 주의 영은 사울을 떠났고 돌아오지 않는다(그래서 사울은 그리스도의 교회, 로마카톨릭, 루터교, 성공회, 제칠일 안식일 예수 재림교, 몰몬, 여호와의 증인들이 신약의 거듭난 그리스도인이 구원을 상실할 수 있다는 것을 입증하려 할 때 구약에서 즐겨 인용하는 인물이다! 물론 이런 사적인 해석은 그들이 어떤 부류의 사람들인가를 보여 준다. 그들은 율법의 저주 아래 있는 사람들이며 자기들의 독선적인 행위로 구원받으려 애쓰는 자들이다. 그들은 그리스도의 피가 의롭게 되는 완전한 해결책임을 거부하는데, 그들은 그 피를 자기들이 하늘나라에 가기 위한 독선적인 행위의 일부로만 본다. 그것이 이들 집단의 가르침이다).

『**그러나 끝까지 견디는 자는 구원을 받으리라**』(마 24:13).

이것은 만일 "끝까지 견디지" 않는다면 구원받지 못한다는 뜻임을 주목하라. 문맥에서 "하나님의 은혜의 복음"이 전파되지 않고 "왕국 복음"이 전파된다(14절). 이 "끝"은 여러분 생애의 끝이 아니라 "환란"으로 불리는 기간의 끝이다(14,21,22,29절).

『**종이 예기치 아니한 날 그가 알지 못하는 시간에 그 종의 주인이 오리니, 그러면 주인이 그를 갈라내어서 위선자들과 함께 그의 몫을 지우리니, 거기서 울며 이를 갈고 있으리라**"』(마 24:50,51).

여기서 우리는 주님을 섬기는 종을 보는데 그는 갈라져서 위선자들과 함께 지옥에 간다.

『**너희는 그 쓸모없는 종을 바깥 흑암에 내어 던지라. 거기서 울며 이를 갈고 있으리라**』(마 25:30).

여기서 우리는 "바깥 흑암에 던져지는" 그리스도의 종을 본다! (영원한 보장을 믿는 이 사람들이 그 종은 "신앙 소유자"가 아니고 단지 "신앙 고백자"였다고 하기 위해서 이 구절들을 왜곡하려 한다면, 그들로 하여금 다음의 구절들인 마태복음 25:31-46에서 구원받은 모든 양들은 행위로 구원받았다는 무섭고 끔찍한 사실에 직면하도록 하라!) 이것이 로마카톨릭 교회, 제칠일안식일예수재림교, 여호와의 증인들, 루터교, 성공회, 감리교, 몰몬 그리고 모든 이단들(!)이 사람은 그의 행위로 충분히 하늘나라에 갈 수 있음을 입증하기 위해 사용하는 마태복음 25장인 것을 여러분이 아는 까닭이다. 그들은 마태복음 25:31-46을 사용한다. 이 구절들에서 아무도 은혜로 구원받지 않았으며 아무도 믿음으로 구원받지 않았음을 주목하라. 또한 그 구절들에서 아무도 "거듭난 그리스도인"이 아님을 주목하라. 아무도 "그리스도인"으로 불리지 않았다. 그 구절들에서 아무도 "교회"에 있지 않는데 교회는 그 구절들에 있지 않다! 하나님께서 여러분에게 "네가 진리의 말씀을 올바로 나누어서 자신이 하나님 앞에 부끄럽지 않은 일꾼으로 인정받도록 공부하라."고 말씀하실 때 그것은 여러분을 위협하거나 농담하는 것이 아닌 대단히 엄숙한 진리이다. 마태복음 25장은 선행에 의한 구원을 명백히 가르친다. 제대로 보라, 선행으로 인한 구원이다! 여러분이 야고보서 2장에서 보는 것과 똑같다, 즉 "이제 너희가 알거니와 사람이 행함으로써 의롭게 되는 것이요 믿음으로만 되는 것이 아니니라." 그러나 모든 사람이 믿는데 실패하는 것은 (문제는 항상 믿음인데) 그 내용이 "인자가 그의 영광 중에 올 때"(마 25:31) "그 앞에 모든 민족을 모으시리라."(마 25:32)는 것이다.

마태복음 25:31,32에서 하나님의 아들이 아닌 "인자"라는 명칭이 언급된다(바울은 예수 그리스도를 인자로 말한 적이 없다). 인자란 예수님께서 이스라엘을 상대하실 때 연관된 지상에서의 문자적인 명칭인데, 마치 구세주가 문자적이고 실제적이며 눈에 보이는 나라에 관련된 명칭인 것과 같다. 그 구절은 그분이 "그의 영광 중에" 올 때이지 그리스도인들을 데려갈 휴거 때가 아니다! 마태복음 25:32에서 그분은 민족들을 심판하시는데, 그들은 그리스도인들이 아니다! 세 부류가 등장하는데 "그의 형제"(40,45절), "양들"과 "염소들"이다. "구원받고," "구원받지 못한" 것에 대해서는 아무런 논의가 없다. 문맥에서 양들은 형제를 잘 대해 주었고 염소들은 형제들을 올바로 대하지 못했다. 이에 대하여 (바티칸 공의회와 전미 기독교 교회 협의회 그리고 세상의 모든 주요 교단 신학원에서 마태복음 25장은 계시록 20장의 백보좌 심판이라고 공식적으로 가르치는데) 마태복음 25:34은 "천국이나 새예루살렘으로 올라오라."가 아니라 "오라, 내 아버지의 복을 받은 자들아, 그 왕국을 이어받으라."이다. "유업"은 항상 신약에서 매번 행위로 얻어진다(골 3:24). 여러분은 "믿음을 통한 은혜"로 구원받지만 형제여, 유업은 "믿음을 통한 은혜"가 아닌 행위로 얻는다네! 유업은 고린도전서 6:9-12에서처럼 정결한 삶을 통해 얻는 것이고, 골로새서 3:24,25에서처럼 주님을 섬기고 그리스도를 위해 일함으로써 얻는 것이며, 야고보서 2:5에서처럼 유혹을 이기고 주님을 사랑하는 행위로써 얻는 것이고, 갈라디아서 5:16-21에서처럼 여러분이 구원받고서 육신을 좇지 않고 성령을 좇아 행하는 행위로써 얻는 것이다. 마태복음 25장에서 "왕국을 이어받는다."는 표현은 하늘나라에 간다는 뜻이 결코 아닌데 성경 어디에서도 이 표현이 하늘나라에 간다는 뜻으로 쓰이지 않았다! 하나님께 저항하고 성경을 왜곡하는 실용주의자들의 사적인 해석만이 이 표현을 제멋대로 말할 수 있는 것이다. 필자가 이것을 말하면서 느끼는 것은 이 해석이 오늘날 세상의 모든 교단 신학교에서 반발되는데 필자는 성경대로 믿는 것을 말하기에 어떤 것도 해석할 필요가 없다. 그것을 하나님께 감사한다! 성경은 스스로 해석한다(고전 2:10-13).

마태복음 25장을 교회 시대나 그리스도인들, 백보좌 심판이나 구원 계획 혹은 선행으로 "끝까지 견디는" 그리스도인에 대해 가르치는 모든 사람은 설사 그가 성경을 믿는다고 할지라도 거짓 선지자라고 성경은 명백하게 말하고 있다. 마태복음 25장에서 여러분이 행위로 구원받는 사람들을 볼 때, 있는 그대로 직면하면 된다. 여러분은 행위가 없어서 구원을 상실한 사람들을 본다. 거듭난 사람들 중에 우리 같은 이들은 모든 성경이 이 시대의 교리로 적용될 만한 구원의 길이 아님을 안다. 우리는 노아가 방주를 지음으로 구원받았고 물에서 구원된 것을 안다. 우리는 여러분이 기진맥진할 때까지 방주를 만들어서 물속에 50,000번이나 들어가거나, 노아처럼 물 표면에 떠 있거나, 노아처럼 방주에 자신을 가두거나, 또는 유다처럼 침례받을 수 있지만 여전히 호수에 있을 것을 아는데 "호수"는 물이 아니다! 요점은, 사람이 이 시대에 구원받을 때 노아나 아브라함, 모세, 다윗, 이삭, 야곱, 에녹이나 구약의 모든 믿음의 영웅들에게 일어나지 않은 일들이 일어난다는 것이다. "믿음으로" 그들은 수많은 일을 행했지만 그것은 그들이 구원받았을 때 하나님을 믿었다는 것 외에 어떤 일이 일어난 것을 뜻하지 않는다. 이 시대에 예수 그리스도를 구세주로 믿은 우리는

1. 영적으로 할례받았고(골 2장).
2. 거듭났으며(요 3장).
3. 성령이 내주하시며(요 14장).

4. 성령으로 봉인되었고(엡 4장).
5. 예수 그리스도의 지체이며(고전 12장).
6. 성령으로 침례받았고(엡 4장).
7. 성령으로 인해 그리스도의 몸 안으로 침례받았다(고전 12장).

여러분의 눈이 박쥐처럼 멀 때까지 성경을 읽지 않았다면 아브라함, 이삭, 야곱, 모세, 다윗, 삼손, 입다의 경우에는 이런 일들이 일어나지 않았음을 발견하지 못했을 것이다.

좀 더 구체적으로 히브리서 3장을 보자(여기에도 환란 때의 유대인들을 다루는 구절들이 있다).

『그리스도는 자기 자신의 집을 맡은 아들이니, 만일 우리가 확신과 소망의 기쁨을 끝까지 굳게 붙들면 우리가 그의 집이라』(히 3:6).

이 구절도 카톨릭 신부가 여러분에게 구원을 상실할 수 있음을 입증할 때 사용하는 구절이다! 그 구절의 "끝"은 여러분 생애의 끝이 아니라 어떤 기간의 끝이다. 문맥(7-15절)을 보고 "문맥을 무시한 본문은 핑계"임을 기억하라.

『이는 우리가 처음의 확신을 끝까지 견고하게 붙들면 그리스도께 참여한 자가 되기 때문이라』(히 3:14).

무엇의 끝? 16,17,18,19절은 어떤 기간이라네. 형제여! 히브리서 4:1-9의 문맥을 보라. 여러분이 "처음의 확신을 끝까지 견고하게 붙든다." 해서 그리스도께 참여한 자가 되지 않는다. 여러분은 그분을 개인의 구세주로 신뢰한 순간에 그리스도께 참여하였다(요 1:12, 엡 1장, 롬 10:9,10 등). 필자는 "붙든다" 해서 그의 집이 되는 것에 신경쓸 필요가 없다. 필자는 "그의 가족"의 한 구성원으로 그의 몸 안에 있기 때문이다(엡 2,3장).

히브리서 6:4-6에서, 여러분은 그들이 구원을 상실하는 것을 볼 것이다.

『우리는 너희 각자가 끝까지 소망의 온전한 확신을 향하여 같은 부지런함을 보여 주기를 바라노니 이는 너희가 게으른 자가 되지 아니하고 믿음과 인내를 통하여 그 약속들을 유업으로 받는 사람들을 따르는 자들이 되게 하려는 것이라』(히 6:11,12).

『약속들을 유업으로 받는』 이 구절은 영생을 받는 것을 말하지 않는다. 없는 말을 있는 것처럼 읽지 말라.

히브리서 8:8-12을 읽고 히브리서에 사용된 새 언약은 "이스라엘 집"과 "유다의 집"과 맺어질 것임을 주목하라. 이것은 "영적인 유대인들"에게 해당되지 않는다. "영적인 히브리인들"에게 향한 것이 아니다. "아브라함의 상속자들"에게 향하지 않는다. 그것은 그 말한 그대로를 뜻한다. 하나님이 히브리서 8:8에서 "내가 이스라엘 집과 유다의 집과 더불어 새 언약을 맺으리라."고 말씀하실 때 여러분은 그분이 무엇을 말씀하시는지 아는가? 그분은 이스라엘 집과 유다의 집을 말씀하시는 것이다.

히브리서 10:26-31에서도 같은 것임을 주목하라. 여기 여러분이 구원을 상실할 수 있음을 입증할 때 사용되는 성경에서 가장 유명한 구절 가운데 하나가 있다. 그럼에도 <킹제임스성경, 1611>은 여러분에게 그 구절은 고난 때의 유대인에게 적용됨을 보여 준다. 히브리서 10:26-30을 보라. 성경을 거부하는 "성경 교사들"과 설교자들은 "주께서 자기 백성을 심판하리라."는 것이 그리스도인들이라고 하는 것이다! 여러분이 조금이라도 배웠다면 "그의 백성," "나의 백성," "너의 백성"은 "이스라엘"임을 알 것이다. 여러분은 히브리서 10:30이 신명기 32:35,36의 인용인 것을 주목했는가? 놀랍지 않은가! [디한 박사는 그 구절이 그리스도의 심판석이라고 가르치며, 침례교는 온전히 구원을 이루지 못한 사람에게 해당된다고 가르치고, 성결교는 구원받았다가 잃어버린 사람에게 해당된다고 한다! 이들은 모두 하나님 말씀을 왜곡하여 사적인 해석을 한 것이다.] 인용된 그 구절은 신명기 32:35,36인데 여러분이 신명기 32:35-40을 읽어 보면 그 구절이 누구에게 말한 것이며 어떤 기간에 적용되는지 조금도 의심하지 않을 것이다. 이것은 팔레스타인 땅에 이스라엘의 회복과 다윗 왕국의 설계 바로 앞서 히브리인들의 환란을 말하는 구절이다. 여러분은 그 환란에 직면할지도 모른다. 신약에서 사람이 구원을 상실할 수 있다고 가르치는 수십 개의 구절 가운데 단 하나도 신약의 거듭난 이방인인 예수 그리스도의 몸된 그리스도인들에게 직접적으로 해당되지 않는다.

환란에 관한 여러분의 도표를 보라. 여러분은 1인치 지점에서 교회의 휴거를 나타내는 위로 올라간 선을 볼 텐데 그 선이 다시 내려오는 것은 8인치 지점이다. 1인치에서 8인치 사이의 이 기간은 환란이나 다니엘의 칠십째 주, 또는 야곱의 고난의 때이다. 1인치 지점 앞은 “교회 시대”로 사람이 “믿음을 통한 은혜”로만 구원받는 시대임을 주목하라. 그는 자기 구원의 증거로 어떠한 행위도 필요없다. 어떤 가난하고 상심한 죄인이라도 예수 그리스도께 와서 그분을 개인의 구세주로 믿음으로 영접하면 그는 거듭나고 구속의 날까지 성령으로 봉인되고 그리스도의 몸 안으로 침례받는다. 주 예수 그리스도께서 오시고(도표의 1인치 지점에서 내려오는 화살표처럼), 그리스도의 몸이 들림받을 때(1인치 지점에서 올라가는 화살표처럼), 여러분은 교회 시대의 이전인 구약의 상황으로 다시 돌아간다. 여러분은 율법 아래의 체제로 다시 돌아가는 것이다. 필자는 이것이 율법은 그리스도인에게서 제거되었고(갈 3장, 고후 3장, 딤전 1장), 그래서 세상은 율법과 영원히 단절하였다고 생각하는 그런 사람에게는 어려운 부분임을 이해한다. 이것은 또 하나의 실수에 불과하다. 제칠일안식일예수재림교는 근본주의 신학이 저지른 이 실수를 이용하였으며 마찬가지로 그리스도의 교회도 성령 침례를 믿는 침례교인들이 성령침례 받기를 거부하는 사실을 이용한다. 즉 하나님은 사탄을 격동하여 이단을 일으키시어 그분의 백성이 공부하도록 하신다. 그리스도의 교회는 배교한 무리로 주님은 사탄이 그들에게 침례교인들로 하여금 유일한 참된 침례는 물에 잠기는 것이 아님을 인정하도록 했다. 침례교인들이 그 입장을 고수하는 한 캠벨파들은 그들을 목매달 수 있다. 같은 동기로 주님은 제칠일안식일 예수 재림교가 그리스도인들에게, 비록 그리스도인들이 율법이 아닌 은혜 아래 있지만, 율법은 이스라엘이 회복되고 안식일이 다시 지켜지는(골 2:16,17; 사 66:21-24) 환란이나 천 년 기간에 다시 제정될 것을 주장하도록 허락하셨다. “안식일”과 “새달”은 영원에서 지켜질 것인데 안식일은 환란 성도들이 하나님의 계명들을 지키는 환란 때에 지켜진다(마 24장).

도표의 1인치 지점에서 8인치 지점까지 비록 사람이 예수 그리스도의 피를 믿음으로 인해 은혜로 구원받지만, 여러분이 이 시대에 구원받을 때 일어난 일들이 환란성도들에게는 일어나지 않는다. 그들은 구원받을 때 그리스도의 몸이 되지 않는데 그리스도의 몸은 사라지기 때문이다. 그가 구원받을 때 성령은 그의 혼을 "그의 육신의 몸"으로부터 할례시키지 않는다. 비록 사람이 환란 때에 "믿음으로 말미암은 은혜로" 구원받아도 "그리스도의 참여자"가 되려면, 그 기간을 "끝까지 견디어야"만 한다. 환란 때에 "끝까지 견디지" 않고 "믿음에 더한 행위"가 없다면 구원을 상실할 수 있는데, 그 이유는 그의 구원이 영원히 내주하시는 그리스도에게 근거하지 않고, 그가 하나님의 계명들에 개인적으로 복종하는 지속적인 행위에 근거하기 때문이다.

이것은 여러분이 이 나라의 다섯 개 정통주의 신학교에서 4년 동안 배우는 것보다 진지하게 성경을 15분 보는 것이 더 많이 배울 수 있음을 보여 준다. 여러분이 구원을 상실할 수 있다고 가르치는 구절을 성경에서 볼 때 자세히 살펴보라. 그러면 그것은 항상 교리적으로 환란에 적용될 것이다. 필자를 그릇되이 인용하지 말라! 필자를 거짓말쟁이로 만들려 하지 말라! "럭크만 박사는 이 구절이 단지 이 사람이나 저 사람에게 적용되지 교회 시대에는 절대 적용되지 않는다고 말하는군." 따위로 말하지 말라!

『**모든 성경은** 하나님**의 영감으로 주어진 것으로 교리와 책망과 바로잡음과 의로 훈육하기에 유익하니**』(딤후 3:16).

그리스도인은 성경의 모든 구절에서 교훈을 배울 수 있다. 성경의 모든 구절은 그리스도인에게 축복이 될 수 있으며 그리스도인이 사용할 수 있다. 그런데 여러분이 하나님의 진리를 하나님이 기록하신 때와 장소 및 그 말씀하신 대로 직접적인 교리를 얻고자 한다면 그분이 말씀하신 대로 때와 장소 및 여러분의 상황에 맞춰 믿어야 할 것이다.

우리는 12장의 끝에 이르렀다. 11장과 12장에는 많은 내용이 소개되었는데 13장에는 더 많은 새로운 내용이 있다. 계시록의 이 중간 부분(11,12,13장)은 성경에서 가장 많은 내용을 담고 있다. 계시록 11,12,13장과 견줄 만한 유일한 곳은 창세기 1,2,3장이다. 창세기 1,2,3장 외에 계시록 11,12,13장은 성경의 어떤 다른 세 장보다 더 많은 새로운 내용을 담고 있다(요한복음 1,2,3장은 엄청난 양의 영적인 내용을 담고 있지만 계시록 11,12,13장의 내용은 성경 전체를 조명한다!). 여러분은 계시록 11,12장에서 세상의 위대한 성경 교사들에게는 알려지지 않은 열 가지 이상의 내용을 배웠다. 2천 년 교회사에서 그들은 여러분이 배운 이런 내용을 다루는 성경 구절들조차 발견해 내지 못했다. 그 이유는 위대한 설교자들과 교사들이 헬라어와 히브리어는 당연히 보면서 오직 "성경을 열 수 있는" 성령의 권위(요 16:13)를 의지하지 않았기 때문이다. 11,12장에서 여러분은 모세와 엘리야가 돌아올 것을 배웠고, 이 땅에 인간을 희생제물로 드리는 성전 경배가 다시 있을 것이며, 모세와 엘리야가 다시 나타날 때 출애굽기 1-20장의 일들이 다시 되풀이 될 것이고, 적그리스도는 하늘에서 내려오는 사탄의 화신인 부활한 유다 이스카리옷이며, 환란 후 휴거가 있고, 큰 백보좌 심판 때 천 년 기간과 환란에서 구원받은 사람들이 나올 것이며, 이스라엘은 이전에 결코 겪어보지 못한 박해를 당하는데 그 박해 기간과 박해당할 장소와 이스라엘을 박해할 자에 대하여 배웠고, 출애굽기, 민수기, 신명기의 거의 모든 일이 다시 일어날 것이며, 환란 때에는 믿음과 관련된 행위의 요소가 요구되고, 이스라엘은 다시 만나를 먹을 것임을 배웠으며, 무엇보다 여러분은 성결교인들과 로마카톨릭 교회가 결코 열지 못한 마태복음, 사도행전, 히브리서의 열쇠를 발견했다. 즉 재림에 선행하는 환란 기간에 교리적으로 다루어지는 구절들은 마태복음과 사도행전 1-7장에 주어지는데, 그 이유는 모든 실제적인 이유로서 재림이 곧 성취될 것이기 때문이다.

다음 장에서 우리는 성경에서 예수 그리스도 다음으로 비중있는 인물을 다룰 것이다. 그에 대하여 성경은 어떤 다른 두 사람을 합친 것보다 더 많은 내용을 담고 있다. 곧 성경에는 모세와 바울을 결합한 것보다도 "적그리스도"의 내용이 더 많음을 알 수 있다.

요한계시록 13장

13:1 **내가 바닷가 모래 위에 서서 보니, 한 짐승이 바다에서 올라오는데 일
곱 머리와 열 뿔을 가졌더라. 그 뿔들에는 열 개의 왕관이 있고 그 머
리들에는 하나님을 모독하는 이름이 있더라.**
2 **또 내가 본 그 짐승은 표범과 같고, 발은 곰의 발 같고, 입은 사자의
입 같은데, 용이 자기의 능력과 자리와 큰 권세를 그 짐승에게 주더라.**

『**짐승**』(1절)은 일차적으로 왕임을 기억하라. 짐승이 나라를 상징하기도 하지만 우선적으로는 항상 왕을 상징한다(단 7장 참조). 이것은 매우 중요한데 많은 전천년주의 학자들이 본문의 짐승을 부활한 로마제국으로 제한하여 성경학도들에게 적그리스도를 13:11의 다른 짐승으로 생각케 함으로써 성경 해석을 모두 망치고 있다. 이것은 온갖 혼란을 초래해서 짐승의 숫자를(18절) 사람에게 적용하지 않고 "인류"에게 적용하도록 만들지만 13:18은 "그것이 한 사람의 숫자"이지 나라나 "인류"의 숫자가 아니라고 말한다.

성경은 항상 정확한 해석자이므로 다니엘서 7장을 보도록 하자. 다니엘서 7장(네 짐승의 환상)에서 우리는 다니엘이 본 네 짐승이 계시록의 짐승들과 부합되는 것을 안다. 다니엘서 7장에서 처음 묘사된 세 짐승은 (그들은 13:1처럼 그대로 바다에서 나온다.) 사자와 곰 그리고 표범이라고 하는데, 여러분이

본문에서 표범, 곰 그리고 사자를 보는 것과 같다. 그것이 전부가 아니다. 계시록 13:2에서 짐승은 표범이고, 곰이며, 사자이고, 용이다. 다니엘서 7장에서 짐승은 사자이고, 곰이며, 표범이고, 열 개의 뿔을 가진 정체 모를 짐승이다(단 7:7,8). 다니엘서 7장의 넷째 짐승은 본문에 나타나는 짐승과 같은 수의 뿔이 있다. 즉 이 짐승들은 같다. 다니엘 환상의 네 번째 짐승은(단 7:7) 이 본문의 짐승이다. 그는 정체 모를 짐승인데 다니엘 7:7,8에 이름이 언급되지 않았다. 그는 "리비야단"처럼 한 개 이상의 머리가 있고 열 개의 뿔을 가졌다.

『**이 커다란 네 짐승은 땅에서 일어날 네 왕이라**』(단 7:17).

그럼에도 우리는 다니엘서 7:3에서 "큰 짐승 넷이 바다에서 나왔다."고 읽는다. 그리고 "바다"는 이 땅의 물이지 계시록 17장의 "물"처럼 "사람들의 무리"가 아니다. 다니엘서의 낱말은 "바다"이며 계시록의 낱말은 "물"이다. 이 두 낱말은 다르다.

『**이 커다란 네 짐승은 땅에서 일어날 네 왕이라**』(단 7:17).

성경은 "왕들"을 먼저 말하고 그 다음 "왕국들"임을 주목하라.

『**그러므로 그분께서 말씀하시기를 "넷째 짐승은 땅 위의 넷째 왕국이 되리니 그것은 모든 왕국들과 달라서 온 세상을 집어삼키고 밟아서 산산조각을 낼 것이라**』(단 7:23).

이것이 "넷째 왕국"이다. 그러므로 이 구절에서 네 짐승을 다니엘의 형상에 맞춘다면 페르시아부터 시작하는 것이며, 바빌론부터가 아니다. 이것은 스코필드(Scofield) 주석과 아이언사이드(Ironside), 게벨라인(Gaebelein), 페팅길(Pettingill), 라킨(Larkin) 등의 실수이다.

다니엘서 7장의 문맥을 보라.

『옛날부터 계신 분**이 오시니 지극히** 높으신 분**의 성도들에게 심판이 주어졌고 그 때가 이르자 성도들이 그 왕국을 차지하더라**』(단 7:22).

이것은 당신이 대환란에서 환란 후 휴거를 발견하는 것과 같고, 계시록 14:12의 본문이 『**여기에 성도들의 인내가 있으며 여기에** 하나님**의 계명들과** 예수**의 믿음을 지키는 자들이 있느니라.**』라고 말씀하는 것과 같다.

다니엘 7장의 이 구절과 관련하여 7:25의 적그리스도를 주목하고 여러분이 마태복음 24:13에서 보듯이 다니엘 7:26에서 "끝"이라는 특별한 표현을 주목하라.

『**그러나 끝까지 견디는 자는 구원을 받으리라**』(마 24:13).

『**이는 우리가 처음의 확신을 끝까지 견고하게 붙들면 그리스도께 참여한 자가 되기 때문이라**』(히 3:14).

<킹제임스성경, 1611>이 인체보다도 얼마나 더 정확하게 배열되는지 주목하라. 문맥은 그 문맥의 구절을 다루는 어떤 구절의 문맥에 항상 부합되는데 설사 다음 문맥이 그 앞에 문맥보다 2,000년이나 떨어져 있다 해도 가능하다. 성경 구절들은 <킹제임스성경>에 기록된 대로 어떤 실수나 오류 없이 완벽하게 짝이 맞는다. 그렇기 때문에 자유주의자들이 미처 의구심을 갖지 못한 곳에 있는 함정들을 빠져 나간다. <킹제임스성경>은 그들이 거기에 있다고 생각하는 실수들을 가릴 뿐 아니라 그들이 찾아낸 문제들을 해명하는데, <킹제임스성경>은 짝이 잘맞기 때문에 그들이 아직까지 인식하지 못한 문제들도 정리한다! 이 배교한 보잘것없는 타락한 전천년 정통주의자들이 자기들이 아직껏 찾아내지도 못한 문제들까지 설명한 영어 성경이 있음에도 불구하고 이 <킹제임스성경>을 고치는 것은 항상 난센스가 아닐 수 없다. 무디 성경 연구소의 헬라어 학자인 케네스 뷁스트(Kenneth Wuest)의 "귀한 글들"을 읽는 것은 언제나 필자를 즐겁게 하는데, 그는 "<킹제임스성경>에 도움이 되는" 헬라어 원문들이 "헬라어"를 보지 않는 한 풀리지 않는 문제들에 대해 어떻게 헤매는지를 보여 준다. 여러분은 뷁스트가 부딪힌 모든 문제에 대해 <킹제임스성경, 1611>에서 해답을 발견할 수 있는데 그가 아직 찾아내지 못한 문제들까지도 영어에 나타난 대답들을 얻을 수 있다. 성경은 매우 확실하다.

그렇게 계시록 13:1,2에서 우리는 다니엘서 7장의 자연스런 결과를 보는 것이며, 다니엘서 7장에서 여러분은 그것이 "나라"인 만큼이나 "왕"인 것을 분명히 보았다. 이것을 기억해야 하는데, 곧 "짐승"은 "사람"이고 "왕"이며 이것은 계시록 13장의 주제이기도 하다.

주목하라, 13:1 "짐승," 13:2 "짐승," 13:3 "짐승," 13:4 "짐승," "짐승," "짐

승," 13:14 "짐승," "짐승," 13:15 "짐승," "짐승," "짐승," 13:17 "짐승," 13:18 "짐승," 14:9 "짐승," 14:11 "짐승," 16:2 "짐승," 16:10 "짐승," 16:13 "짐승," 17:7 "짐승," 17:8 "짐승," "짐승," 17:11 "짐승," 17:12 "짐승," 17:13 "짐승," 17:16 "짐승," 17:17 "짐승".

여러분이 짐승을 보는 것은 당연하다. 여러분이 모든 바울 서신서에서 침례의 구절들을 보는 것보다 신약의 네 장에서 보는 『**짐승**』이 나타나는 구절이 훨씬 많다. 이 "짐승"은 매우 중요하다(이 "짐승"에 대해 계시록 11장의 주석을 보라).

『**내가**[요한] **바닷가**[지중해] **모래 위에 서서 보니, 한 짐승이 바다에서 올라오는데**[이 짐승은 바다괴물 같다, 욥 41장], **일곱 머리와 열 뿔을 가졌더라** [우리는 이 짐승이 사탄과 매우 닮은 것을 아는데 12:3에서 "커다란 붉은 용 한 마리가 있는데 일곱 머리와 열 뿔이 있고"라고 하였기 때문이나]. **그 뿔들에는 열 개의 왕관이 있고 그 머리들에는 하나님을 모독하는 이름이 있더라** [12:3의 왕관이 아니다]』(계 13:1). 약간의 차이를 주목하라. 13:1의 "짐승"은 "그 뿔들에 열 개의 왕관이 있고 그 머리들에는 하나님을 모독하는 이름이 있고," 12:3의 "짐승"은 "그 머리들 위에 일곱 왕관이 있고 열 뿔에는 아무 왕관도 없다." 12:3의 짐승은 "붉은 용"이며 13:1,2의 짐승은 "곰의 발"과 "사자의 입"을 가진 "표범"이다. 12:3의 짐승은 "일곱 왕관"을 쓴 "일곱 머리"이며 13:1에서는 "열 개의 왕관"을 쓴 "일곱 머리"이다. 12:3의 짐승은 왕관이 없는 "열 뿔"을 가졌다. 13:1에서 각 뿔은 왕관을 썼다. 그렇게 차이가 있다! 이 "커다란 붉은 용"은 땅에 내려왔고(그는 더 이상 하늘에 있지 않다.) 적그리스도는 지중해 바다에서 올라온다! 그는 일곱 왕의 나라 대신 열 왕의 나라를 상징하면서 온다.

필자가 사역 초기에 배운 가장 위대한 교훈 중 하나를 어느 추운 겨울 밤 사우스캐롤라이나의 파이니 그로우브라는 한 도시에서 얻었다. 필자가 구원받고 3년쯤 되었는데(1951년경) 이 도시의 한 조그마한 교회에서 부흥회를 인도하였다. 우리는 천막에서 부흥회를 했는데 그 날의 집회가 끝나면 필자는 매일 밤 성도들의 집을 돌아가면서 묵었다(복음 전도자에게는 단 하루라도 영원히 쉴 곳이 없다). 필자는 그 주의 부흥 기간에 세 성도의 집에서 묵었다.

어느 날 한 노인(성도들에게 상당한 골칫거리였다가 후에 교회를 떠난)이 필자에게 그날 밤을 자기 농장에서 쉬도록 청하길래 동의하였다. 우리는 9시경에 교회를 떠나 9시 30분경 그의 집에 도착하였다. 그는 60세 내지 65세쯤 된 독신 노인이었다(이것은 필자의 사역에서 매우 독특한 경험 중 하나였는데 십수 년 동안 결코 잊지 않고 있는 기억이다. 그것은 필자가 어떤 사람이 성경은 어떻게 가르친다고 말한 것을 무시하고 대신 성경이 어떻게 말했는지를 알기 위해 접했던 모든 것보다 더 인상적인 것 같았다). 필자는 그를 따라 집으로 들어가서 탁자 곁에 앉았고 그는 벽난로 위의 덮개에 손을 뻗쳐 큰 성경을 집어 내렸는데 "허틀 블루 리본"(Hertel Blue Ribbon) 판이었으며 6인치 두께쯤 되었다.

"젊은이, 자네는 훌륭한 일을 하고 있군."

"감사합니다."

"나는 그 일의 중요성을 안다네."

"감사합니다."

"그런데 자네는 바로 잡아야 할 몇 가지가 있어."

"네, 그렇습니까?" 필자가 대답하였다. "그것들이 무엇인지 알아봅시다." 필자는 신실하였다. 필자는 지금까지 어떤 사람과 앉아서 성경을 펴고 성경 구절들을 비교하는 일을 거절해 본 적이 없다. 단지 성경을 읽을 줄 모르면서 주의나 끌려는 얼간이 캠벨파들 몇몇과의 토론은 거부하였는데, 그들 사역에 주의를 기울이는 자들과 관련되어 있지 않은 한 아무도 그들 사역에 관심이 없다. 필자는 스컹크와 토론하기 위해 시간을 낸 사자를 지금까지 결코 알지 못한다. 왜냐하면 사자가 스컹크를 한방 먹였다 해도 그는 고약한 냄새를 육 개월 동안 면할 수 없기 때문이다. 하지만 필자는 캠벨파나 카톨릭, 유태인이나 어떤 다른이와도 어느 때나 앉아서 성경 구절 살피는 일이라면 절대 거절하지 않을 것이다.

그래서 우리는 밤 10시경에 탁자에다 성경을 폈다. 우리는 새벽 2시까지 탁자 곁에 앉아 있었고 2시 30분에 잠자리에 들어서 아침 8시에 일어났다. 그 다음 우리는 8시에서 12시 정오까지 탁자 곁에 앉아 있었다. 우리 둘은 탁자에 성경을 펴고 밤 10시에서 새벽 2시까지(4시간), 아침 8시에서 12시 정오까지 모두 8시간을 앉아 있었다. 8시간 동안 필자는 그와 함께 성경 구설들을 살펴보았는데 그는 제칠일안식일예수재림교, 말일 성도, 여호와의 증인, 그리스도의 교회, 크리스찬 사이언스, 유니티, 로마카톨릭 교회, 영국 유대주의, 그리고 성결교의 모든 가르침을 완전히 외워서 소화하고 있었다! 그는 8시간 동안 400구절 이상을 지적했는데 우리는 한 시간에 50구절 정도, 즉 거의 한 구절에 일 분 정도를 "살펴보았다." 그는 여러분이 구원을 상실할 수 있고, 물로 침례받아 구원받으며, 여러분이 구원받은 후에는 죄가 없고, 안식일을 지켜야 하며, 구원받았으면 돼지고기를 먹지 말아야 하고, 여러분은 죽음에서 무의식 상태에 있으며, 혼이 잠들고, 실제적인 지옥은 없으며, 혼은 영원에서 파괴되고, 사탄은 자연히 회복되며, 환란이나 천 년 기간은 없고, 그리스도의 재림은 영적이며, 여러분은 중보로 인해 성화되고, 여러분은 죽은 사람을 대신해서 침례받을 수 있으며, 예수 그리스도는 창조된 하나님이지 구약의 "여호와" 하나님이 아니고, 여러분은 동정녀 마리아와 성인들에게 기도해야 하며, 하나의 참된 교회는 여러분이 물침례 받고 들어간 "그리스도의 교회"이고, 첫 교회는 로마카톨릭 교회였으며, 교회는 베드로 위에 세워졌고, 참된 이스라엘은 영어를 사용하는 사람들이라고 가르친 모든 구절을 알았던 것이다! 그는 필자가 아는 모든 이단에 동화되었기에 그들에 관련된 구절을 알았다. 필자는 그와 함께 8시간을 앉아서 그 시간 내내 "말씀에 이렇게 되어 있습니다." 하면 그는 "그 말씀이 여기서는 이렇게 기록되어 있네." 하였고, 필자가 "여기서는 이렇습니다." 하면, 다시 "그 말씀이 여기서는 이렇게 되었는데." 했던 것이다. 우리는 거기 앉아서 성경 각 페이지를 넘기며 8시간 동안 400구절이나 살펴보았다! 논쟁이 끝났을 때 그는 몸을 떨었는데 얼마나 속상했는지 전신을 떨고 있었다. 그는 단 하나의 교리도 결코 확신한 적이 없었고 단 하나의 교리를 믿는 필자를 결코 흔들리게 하지 못하였다. 여덟 시간을 그 성경으로 논쟁하고 한숨 자고 나니 정신이 맑아져서 그와의 논쟁을 음미하다가 문득 섬뜩한 생각이 머리를 쳤는데 잊혀지지 않는다. 필자를 놀라게 한 그 생각은 여덟 시간의 논쟁에서 그가 <킹제임스성경> 구절의 철자를 최소한 하나 이상 바꾸지 않은 구절은 하나도 없었다는 사실이다. 필자가 곰곰이 다시 생각해 보니 그가 인용한 모든 구절은 <킹제임스성경>에서, 비록 그가 사용한 성경이었지만, 적어도 낱말 하나 철자 하나 또는 구를 바꾸었음이 문득 깨달아졌다.

필자는 특별히 한 경우를 기억하는데 우리가 요한복음 8장에 이르렀을 때 그리스도의 신성을 얘기하고 있었다.

"예수 그리스도가 여호와입니다. 그분은 '아브라함이 나기 전부터 나는 있느니라.'고 하셨지요." "아닐세, 예수님은 아브라함이 나기 전에 그가 있었다는 뜻이야." "하지만 성경은 '아브라함이 나기 전부터 나는 있느니라.'고 말합니다." "글쎄 그가 뜻하는 것은 '나는 있었노라.'이네."

"그래요, 만일 그분이 뜻하는 것이 '나는 있었노라.'이면 왜 그분은 '나는 있었노라.'고 말하지 않았을까요? 그분은 '나는 있느니라.'고 말했거든요." "글쎄 그가 뜻하는 것은 '나는 있었노라.'일세."

"잠깐만요! 성경 본문은 '아브라함이 나기 전부터 내가 있느니라.'고 말했습니다." "그게 무슨 뜻인가?"

"의미는 따지지 마시구요. 성경이 뭐라고 말씀하시는가 그것만 보세요." (필자는 주께서 내 입술을 주장하심을 알았는데 그 말을 할 당시는 그것은 몰랐었다). 그러나 그 날부터 지금까지, 여러분에게 솔직히 말하지만, 필자는 성경이 무엇을 "가르치는지"에 대해 두 마음을 먹어본 적이 없다. 필자는 부처가 아편 중독에 시달렸다고 조작하지 않듯이 성경이 무엇을 뜻하고 어떻게 가르치는지에 대해서 관심이 없다. 그러나 필자는 성경이 어떻게 말하는지에 관해서는 항상 지대한 관심이 있다. 필자는 어떤 사람이라도 자기가 가르치고 싶은 대로 무엇이든지 성경으로 가르칠 수 있음을 많이 보아 왔다(로마 교회가 완벽한 예이다). 필자는 또한 어떤 사람이라도 자기가 뜻하고 싶은 것은 무엇이든지 성경으로 뜻할 수 있음을 보아 왔다. 하지만 형제여, 여러분은 성경이 말하는 것 외에 어떤 것도 말할 수 없다.

그래서 우리는 이 구절들에서 성경이 말하는 것에만 관심을 갖고 있는 것이다. 성경이 한 곳에서는 뿔들에 아무런 왕관이 없는 채 "머리들 위에 일곱 왕관이 있다." 하고, 다른 곳에서는 머리들 위가 아닌 "뿔들에 열 개의 왕관이 있다."고 하면 그대로 수용해야 한다. 여러분이 성경은 무엇을 뜻한다고 생각하든지, 필자가 성경이 무엇을 뜻한다고 생각하든지, 또는 성경이 무엇을 가르치든지 아무 차이가 없는데 우리는 단지 성경이 말하는 대로 따르기 때문이다.

13:1,2의 "짐승"은 12장의 짐승과 같지 않지만 그들은 연관이 있다. 12장의 짐승은 사탄이며 13장의 짐승은 적그리스도로 그의 힘을 사탄에게서 얻는다. 13:2에서 "용이 자기의 능력과 자리와 큰 권세를 그 짐승에게 주더라."고 하는 것을 주목하라. "용"이 자리에 있다! 여러분은 이것을 이해했는가? 이 "용"은 12장의 사탄과 같은데 13:2에서 "자리"에 있다고 한다. 우리는 2:13에서 이에 관련된 내용을 본다.

『**내가 너의 행위와 네가 거하는 곳을 아노니, 곧 그곳은 사탄의 자리가 있는 곳이라. 네가 나의 이름을 굳게 붙들어서 심지어는 나의 신실한 순교자 안티파가 너희 가운데, 곧 사탄이 거하는 곳에서 죽임을 당하던 그 날들에도 나의 믿음을 부인하지 아니하였도다**』(계 2:13).

『**사탄이 거하는 곳**』은 그가 앉아 있는 곳이다. 그는 환란 때에 성전 속죄소가 있는 지성소에 앉을 것이다. 그러나 그는 지금 자리에 있다. 사탄이 그의 자리에 앉아서 "권위 있게" 절대확실한 교리를 말한다면 여러분은 그가 어떤 자리에 앉아 말할지 아는가? 그는 "그의 자리에 앉아" "권위 있게" 말할 것이다. 이것은 전에 어디에서 들어본 표현이 아닌가? 그 다음 "바다에서 나오는" 이 "짐승"은 "사람"이다(계 13:18). 11:7의 주석을 보라.

"짐승"은 "곰의 발"과 "사자의 입"을 가진 "표범"으로 상징된다. 그는 사람이고 그가 나타날 때는 열 왕과 관련이 있으며 그가 다스리는 이 열 왕의 나라는 지중해 지역에 나타날 것이다. 이 짐승은 "용"과 관련되어서 "용"이 가진 모든 권세를 소유하는데 그는 사탄의 화신으로 나타난다. 유다가 처음 나타났을 때 사탄은 공작을 부리기 위해 그에게 들어가는 정도였지만 유다는

"마귀"(a devil)였지 사람이 아니었다. 그는 환란 때 "사탄"(the Devil)이 된다. 그는 사탄(the Devil)이 아니었지만 사탄(the Devil)이 될 것이다. 사탄은 직접 사람으로 육화하는데 주 예수 그리스도가 거룩한 삼위일체의 화신이었듯이 이 자도 불경한 삼위일체가 된다. 이 불경한 삼위일체는 거룩한 삼위일체와 같이 세 부분이다.

『또 내가 보니, 개구리 같은 더러운 세 영이 용의 입과 짐승의 입과 거짓 선지자의 입에서 나오는데』(계 16:13).

1. 용, 사탄, 아버지
2. 짐승, 사탄, 아들
3. 거짓 선지자, 사탄, 불결한 영

그래서 이 자는 육신을 입은 사탄의 삼위일체로서 주 예수 그리스도를 대신하고 싶어한다. 구약에서 여러분은 이 불경한 세 구성원이 한 구절에 묘사되고 상징되었음을 볼 텐데 그 구절은 민수기 22:41이다. 이 구절에서 세 이름 모두 "B"로 시작하는데 알파벳의 두 번째 철자이다. (여러분은 성경의 어느 책도 "B"로 시작하지 않음을 주목한 적이 있는가? 여러분은 성경에서 12권이 "J"로 시작함을 주목하였는가? 여러분은 성경에서 "B"로 시작하는 낱말의 85%가 나쁜 말이고 "J"로 시작하는 낱말의 85%가 좋은 말임을 주목한 적이 있는가? 여러분 무엇을 공부해 왔는가? "유다," "예수님," "예루살렘," "여호와"는 매우 좋은 말이나 "바빌론," "베냐민," "발락," "벨리알," "바알세불"은 나쁜 말임을 알 것이다.)

『아침에 발락이 발라암을 데리고 바알의 산당에 올라가, 발라암으로 거기서 그 백성의 맨 끝을 보게 하더라』(민 22:41). 적그리스도 유형인 거짓된 왕 발락은 계시록 13장에서 거짓 선지자 유형인 거짓 선지자 발라암을 데리고, 용이고, 사탄인, 거짓된 신의 유형인 바알 산당에 올라간다!

『또 내가 본 그 짐승은 표범과 같고, 발은 곰의 발 같고, 입은 사자의 입 같은데, 용이 자기의 능력과 자리와 큰 권세를 그 짐승에게 주더라』(2절). 여기서 우리는 다니엘서 7장에 반대 순서로 언급된 세 짐승을 본다. 위의 구절을 주의 깊게 보라. "내가 본 짐승은 표범과 같고," 이것이 주목해야 할 부분이다. 짐승은 "용"이나 "곰," "사자" 같지 않으며 표범 같다. 사실상 이 짐승이 표범과 차이가 나는 유일한 점은 그가 일곱 머리(13:1)와 열 뿔(13:1)을 가진 것이다. 그는 사자의 입과 곰의 발을 가졌는데 표범은 그렇지 않다. 그 외에 그의 목, 귀, 코, 눈, 꼬리, 가슴, 등, 배, 옆구리, 다리 등은 표범의 모습이다. 이것은 세 짐승이 하나로 된 복합적인 괴물이다. "괴물"이나 "짐승"의 히브리어 낱말은 복수로 "비히못"이다. 여러분은 이 히브리어 낱말을 <킹제임스성경> 욥기 40:15에서 볼 텐데 표범과 곰, 사자가 결합된 복합적인 동물의 또 다른 모습이다.

그래서 여기 등장하는 괴물은 일차적으로 표범인데 점박힌 동물이다. 여기서 우리는 성경 유형의 위대한 진리를 배운다. 주 예수 그리스도께서 이 땅에 오셨을 때 "세상의 죄를 제거하는 하나님의 어린양"이라 하였다. 그분은 출애굽기 12장의 유월절 양으로 또 이사야서 53장의 "죽임당하는 어린양"으로 예표된다. 그래서 하나님이 기름부으신 하나님의 그리스도인 주 예수 그리스도는 흰 동물 같은데, 즉 그분은 한 개의 점도 없다(출 12:2-6). 그러나 하나님께서 적그리스도(사탄의 그리스도로 기름부음 받은 사탄인, 사탄 "구세주")를 나타내실 때 선택한 짐승은 온몸에 점이 있는 짐승이다. 그것이 전부가 아니다! 그는 혼혈이다! 표범은 아시아인처럼 황색이고, 배는 유럽인처럼 희며, 온몸이 아프리카인을 상징하는 검은 점들로 덮여 있다! 이 짐승은 세 인종을 대표하는 혼혈인간이다. 그는 혼혈인 로마카톨릭 시리아 유대인이다. 그는 이방 교회를 지배하는 함족 유대인이다. 그는 하나의 세계, 연합, 상호 관계, 통합, 종합의 완벽한 대표자로 우주적인 호소를 통해 세상의 모든 권세를 손아귀에 넣을 것이다. 흑인들은 그가 검은 점들이 있어서 그를 지지할 수 있고, 백인들은 그의 배가 희기 때문에 그를 지지하며, 아시아인들은 그가 아시아의 동물로 황색을 띄기 때문에 그를 따를 것이다.

"점들"은 성경 어디에서나 항상 나쁜 뜻으로 나타나는데 결코 좋은 뜻으로 쓰이지 않는다. 사람들이 뾰루지나 여드름을 열심히 제거하려는 것처럼 성경에서도 마찬가지이다.

『**자기 앞에 영광스러운 교회로 나타내서 점이나 주름진 것이나 또는 그러한 것들이 없이 거룩하고 흠 없게 하려 하심이니라**』(엡 5:27).

『**그들은 너희와 더불어 잔치를 할 때 두려움 없이 자신들을 먹이는 너희 애찬의 흠이요, 그들은 바람에 밀려다니는 물기 없는 구름이며, 두 번 죽어 뿌리까지 뽑힌, 열매가 시들어 열매 없는 나무요**』(유 1:12).

『**다른 자들은 불 속에서 끌어내어**[이들은 짐승의 표를 받아 문둥병에 걸린 자들이다.] **두려움으로 구원하되, 육신으로 더럽혀진 그 옷조차도 증오하라**』(유 1:23).

우리는 짐승의 표를 받은 사람들에게 점이 생기는 것을 발견하는데 이 점은 "표범"(leopard)과 관련된 문둥병(leprosy)이다. 이것이 상관없는 것이라고 생각되면 레위기 13장을 주목하라(13을 주목하라!). 잊지 말라. 거기서 여러분은 13절에 문둥병인 것을 볼 텐데 26절(2x13)과 39절(3x13)에서는 "반점"으로 불린다. 이 점은 사람에게 내리는 재앙인데 사람의 몸만 아니라 의복과 집까지 피해를 입는다. "함족인 에디오피아인이 그 피부를 바꿀 수 있으며 표범이 그 점들을 변하게 할 수 있겠느냐?" 표범은 아프리카 동물이다. 표범의 점들은 에디오피아인의 피부처럼 검다. 1600-1800년대에 사람들은 해적을 죽일 때 그에게 "검은 점"을 주었다. 이 표범은 검은 점으로 표시된다. 다음 구절들을 확인해 보라, 예레미야 13:23, 베드로후서 2:13, 신명기 32:5.

자, 짐승은 표범과 사자, 곰이지만 주로 표범이다. 노련한 사냥꾼들에 따르면 이 세 동물은 비교적 독특한 버릇을 가졌다고 한다. 세 동물 모두 그들이 닿을 수 있는 높은 곳의 나무 껍질을 쳐냄으로써 나무들에 표시를 한다. 이것은 단지 그들의 발톱을 날카롭게 하는 것이 아니다. 세 동물 모두 밀림을 다니면서 올라갈 수 있는 데까지 가서 나무 껍질를 쳐 그들의 발자국을 남긴다(나무는 물론 성경에서 사람과 비슷하다. 나무는 가족을 이루며 뿌리가 있는 것이다. 그리스도는 "이새의 뿌리"에서 났다).

『**의인은 종려나무같이 번성하며 레바논의 백향목같이 자라리로다. 주의 집에 심겨진 자들은 우리 하나님의 뜰들에서 번성하리로다. 그들이 늙어서도 여전히 열매를 낼 것이요, 그들이 기름지고 번성하여**』(시 92:12-14).

『내가 큰 세력을 가진 악인을 보았더니 푸른 월계수같이 뻗어나갔으나』(시 37:35).

『이에 주께서 그 소경의 손을 붙잡고 그 고을에서 데리고 나와 그의 두 눈에 침을 바르시고 그에게 안수하시며 "무엇이 보이느냐?"고 물으시니 그가 쳐다보며 말씀드리기를 "사람들이 나무 같고, 걸어가는 것이 보이나이다."라고 하더라』(막 8:23,24).

곰과 표범, 사자는 나무에 표시한다. 그래서 우리는 계시록 13:16에서 "짐승의 표"를 보는 것이 놀랍지 않다. "짐승의 표"를 받는 자들은 재앙이나 고통 또는 질병을 당한다(그들은 또한 지옥으로 떨어져서 영원히 불태워진다, 계시록 14:1-11).

"짐승의 표"는 그래서 검은 점이다(어떤 사람들은 "짐승의 표"가 안식일이나 주일을 지키지 않는 것이라고 말한다. 그런데 제칠일안식일예수재림교는 세 살짜리 젖먹이 아이들이 그랜드 오페라를 해설하지 못하듯이 "짐승의 표"가 무엇인지 말할 자격이 없다). 본문은 "짐승"으로 그 "짐승"은 표범이다. 표범은 표시가 있는데 검은 점이다. 모든 표범은 퓨마처럼 온통 검은색이 아닌 검은 점들로 표시되어 있다. "검은 고양이를 조심하라!" 여러분은 "카톨릭"(catholics)의 검은 옷을 주목한 적이 있는가? 본문에서 "짐승의 표"는 검은 점이다. 라틴어로 검다는 낱말은 "styx"인데 "x"로 끝난다. 라틴어의 "고양이"는 "felix"이며 "x"로 끝난다. "styx-felix"는 "검은 고양이"이다. 그의 표를 받는 자들은 "x"를 쓰는데 "고통"(pox)으로 저주받는다. 계시록 6장의 흰 말 탄 자는 활을 가졌는데 "십자"(crux) 표시를 하며 평화롭게 온다. 라틴어로 평화는 "pax"이다. 여기 계시록 13장에서는 그는 하나님의 "음성"(vox)으로 말한다. 여러분은 "x"로 끝나는 낱말들을 공부해야 한다. 이 흰 말 탄 자는 "왕"(rex)인데 "속이는 자"(hoax)이고 그의 숫자는 "육"으로(계 13:18) 헬라어의 "육"은 "hex"이다. <짐승의 표, *The Mark of the Beast*, 말씀보존학회>를 보라.

외눈의 퓨마인(슥 11:17) 바야바가 1257년 마지막 십자군 원정에서 성 루이스를 공격한 것같이 "짐승"은 구절 가운데서 갑자기 등장했다. "검은 고양이를 조심하라!" 표범의 히브리 낱말은 "nimur"인데 창세기 10:9의 님롯

(Nimrod)과 같다. 님롯은 함족 출신인데 쿠스의 아들로 에디오피아인이다. "에디오피아인이 그의 피부를 바꿀 수 있으며 표범이 그 점들을 변할 수 있겠느냐?" 에디오피아인은 "검은" 피부이고 표범은 "검은" 점들이 있다. 짐승은 표범이다. 자, 표범은 어떻게 표시되어 있는가? 여러분이 찾는 것이 "짐승의 표"이고 그 짐승이 표범인데 그러면 표범은 어떻게 표시되어 있는가? 표범은 검은 점들로 표시되어 있다. 표범의 검은 점은 로제타처럼 두 개의 반달 모양이다. 점들을 주의 깊이 조사해 보면 대부분의 점이 입맞춤처럼 살갗에 찍힌 큰 검은 입술 모양이다. 여러분은 적그리스도가 유다 이스카리옷임을 알 텐데 그가 입맞춤으로 인자를 배반한 이유가 궁금한 적이 있었는지? 왜 사람들은 '사랑'과 '키스'를 xxx로 표시하는가? "x"와 "고양이"는 분리할 수 없으며 검은색도 마찬가지이다.

"x"로 끝나는 낱말들을 연구하라. "paradox"는 신비인데 적그리스도는 데살로니가후서 2:7에서 "불법의 신비"라 불리고 그는 세상을 평화롭게 손에 넣는데 라틴어는 "pax"(평화)이다. 그는 "왕"(rex)으로서 그의 권좌에서 "권위 있게" 말할 때 하나님의 "음성"(vox)을 흉내낸다. 그의 장기는 입맞춤(배교)과 "행음"이며(계 2:20,21), 온 세상에서 "세금"을 거둘 것이고(눅 2:1), 사람들을 "괴롭히고"(vex) "도끼"(ax)로 그들의 목을 쳐 "상자"(box)에 묻을 것이다. 사탄을 숭배하는 자들은 "고통"(pox)을 당하는데 그것은 음험한 "고통"(pox)인 "흑암"(styx)이다. 이것은 고양이인 "felix"에게서 오며 표범은 고양이 일가이다. 북미산 고양이는 "lynx"이나 로마의 고양이는 "felix"이다. 반은 사람이고 반은 고양이인 사람은 "sphinx"이다. 그는 "여우"(fox)로 불린 헤롯으로 한 번 상징된다. 여러분이 어떤 사람들에게 "hex"를 쓸 때 여러분은 그들에게 악마의 철자를 던지는 셈인데 이것은 "육"이기 때문이다. 그는 실제로 "jinx"(불운)나 "hoax"(속임)이다. 그는 "검정"과 관련되어 있고 성경 어디에서나 검정은 밤이나 죽음을 상징한다. 검정은 어느 나라의 어느 언어에서도 순수나 진리, 명예, 용기를 상징하지 않는다. 카톨릭 신부들은 검은 옷을 입는다! 여러분이 "Catholic"이라는 낱말을 조사해 보면 이 말이 고양이에게 전적으로 드려진 사람을 뜻하는 "cat-holic" 복합어임을 발견한다. "alcoholic"(알콜 중독의)은 전적으로 술에 빠진 것이다. “Catholic”은 우주적이라는 뜻이 아니다. 플라토는 그렇게 말했지만 필자는 그 사제의 말에 관심없는데 사전은 그렇게 말하지 않는다. “Cat-holic”은 “고양이에게 전적으로 드려진”이라는 뜻이며 고양이의 어근은 “어머니”이다! 카톨릭(Cat-holic) 신부들과 수녀들이 검은 옷을 입는 것이 전혀 이상하지 않다! 미망인이 장례식에서 검은 옷을 입는 것이 조금도 이상하지 않다. 계시록 6장의 검은 말이 기근을 상징하는 것이 전혀 이상하지 않다. “등화관제”시 아무 빛도 볼 수 없는 것이 전혀 이상하지 않다. 검정과 흰색이 반대 색상인데 검정이 혼합 과정에서 회색으로 변하는 것이 전혀 이상하지 않다! 교황을 선출할 때 검은 연기를 사용하는 것이 전혀 이상하지 않다! 흑인들이 본토를 “검은 대륙”으로 부르는 것이 전혀 이상하지 않다. “함”이라는 말이 “새까만”임이 전혀 이상하지 않다. 함의 모든 자손이 해와 가까운 적도 부근에 사는 것이 전혀 이상하지 않다. 아프리카를 “함의 땅”이라고 한다. 아프리카에는 이스라엘이 그곳에서 구원받은 이집트가 있다. 이집트를 포함한 아프리카는 성경에서 세상의 유형이며 “용광로”로 불린다. 북아프리카는 파라오가 위치한 곳이다! 북아프리카는 스핑크스가 위치한 곳이다! 북아프리카는 어거스틴, 터툴리안, 제롬, 유세비우스와 콘스탄틴에 의해 후에 이태리에 자리를 잡은 라틴교회가 위치한 곳이다. 북아프리카는 RSV와 ASV의 근간인 바티칸 사본과 시내 사본 원형이 위치한 곳이다! 이 두 사본 다 “검은 제의”를 입은 카톨릭(Cat-holics) 수노원과 거처에서 발견되었다. 북아프리카는 하나님께서 단 한 권의 성경도 쓰여지도록 허락하신 곳이 아니었다. 북아프리카의 이집트 히스키야 계열 원문은 본래 사탄적이고 “카톨릭적(Cat-holic)”이다. 여러분은 이것을 “X”와 “검정” 그리고 아프리카를 나타내는 표시들이 있는 어떤 성경이나 종교도 성경적 기독교 신앙과 무관하다고 말함으로써 결론지을 수 있다. 어떤 “믿음”을 고백하든지 얼마나 위대한 역사적 증거들을 가졌든지 간에 성경은 이미 성경 자체가 분명하고 쉬운 영어로 이 표시들을 가진 무리를 규정하였다. 이들은 사탄의 믿음을 고백하고 사탄의 그리스도를 섬기며 사탄의 교회를 하고 있다. 여러분은 “짐승의 표”를 발견했다. 그것은 검은데 그 이유는 나의 친구여, 그 짐승은 표범이기 때문이네.

『또 내가 본 그 짐승은 표범과 같고, 발은 곰의 발 같고, 입은 사자의 입 같은데, 용이 자기의 능력과 자리와 큰 권세를 그 짐승에게 주더라』(2절).

다니엘 7장으로 돌아가서 이 자의 정확한 위치를 알아보자. 다니엘 7장에는 이 모든 세 짐승이 반대 순서로 나오는 것을 본다. 다니엘 7:3-7에서 짐승은 사자와 곰, 표범, 그리고 다른 짐승이다. 계시록 13장에서는 표범과 곰, 사자, 그리고 다른 짐승이다. 다니엘서 7:17에서 여러분은 짐승들이 왕국 대신 "왕들"로 나타남을 본다. 사실 넷째 짐승은 다니엘 7:23에서 "왕국"으로 불리지만 17절에서는 "왕"이라 불린다. 그래서 여러분이 이 짐승들의 위치를 안다면 그리스도의 재림과 적그리스도의 등장에 대해 몇 가지 생각을 얻을 것이다.

여기서 우리는 스코필드 주석 성경이 범한 또 하나의 중대한 실수를 발견하는데 물론 디한 박사(Dr. DeHaan), 잉글리쉬(E.S. English), 펨버(Pember), 라킨(Larkin), 벌링거(Bullinger)도 마찬가지이다(필자는 훌륭한 사람들을 비판하는 것이 아니다. 필자는 여러분에게 필자나 여러분처럼 평범한 사람들이 영어성경(<킹제임스성경>)을 단순히 믿음으로써 학자들이 이해하지 못한 것을 이해할 수 있음을 보여 주려는 것이다. 우리는 매우 주의 깊이 읽어야 하며 읽는 그대로 믿어야 한다).

『바빌론의 벨사살왕 원년에 다니엘이 자기 침상에서 한 꿈을 꾸고 머릿속에 환상들을 받고서 그가 그 꿈을 기록하고 그 일들의 실상을 말하니라. 다니엘이 고하여 말하였더라. 내가 밤에 환상을 보았는데, 보라, 하늘의 네 바람이 큰 바다로 불어 닥치더니 큰 짐승들 넷이 그 바다에서 올라오는데 서로 다르더라』(단 7:1-3).

『이 커다란 네 짐승은 땅에서 일어날 네 왕이라. 그러나 지극히 높으신 분**의 성도들이 그 왕국을 얻으리니, 영원하고 영원무궁한 그 왕국을 차지하리라』**(단 7:17,18).

짐승들이 그리스도의 재림과 더불어 멸망되는 것에 주목하라. 넷째 짐승이 언급될 때(23절) 재림이 바로 따르는 것을 주목하라. 24,25절에서 넷째 나라는 계시록 13장에 언급되는 나라이다.

『이 왕국에서 나온 열 뿔은 장차 일어날 열 왕이며 또 하나가 그들 뒤에 일어나리라. 그는 먼저 있던 자들과는 다르며 그가 세 왕들을 복종시킬 것이라』(단 7:24).

나중에 오는 자는(25절) 적그리스도이다. 이 부분의 한결 같은 해석은 다니엘 7장의 네 짐승이 다니엘서 2장의 네 나라에 부합한다는 것이다. 이 두 꿈이(단 2장과 단 7장) 어떻게 모든 정통주의 주석가에게, 최고 주석가들을 포함해서, 일치되는지 주목하라. 우리는 그것이 부합하지 않음을 곧 볼 것이다.

다니엘 2장은 다니엘의 신상에 대한 환상인데 이 신상은 바빌론왕을 이을 왕국들임을 다니엘이 설명한다. 여러분은 그 설명에서 "금 머리" 바빌론왕 느부캇넷살임을 볼 것이다(37절), 다음 나라(39절)는 메데아 페르시아인데, 그리스가 그 뒤를 따른다. 다음 나라(40절)는 로마제국으로 적그리스도의 열 발가락인 열 개의 연합 왕국으로 구성된다(42-44절). "열"이라는 숫자가 나타날 때마다 그리스도의 재림이 바로 따르는 것을 주목하라. 여러분이 열 개의 이방 발가락을 보자마자("열"은 이방인의 수인데, 아담의 십대 후손 노아는 이방인의 조상으로 그의 이방 나라들이 창세기 10장에서 흩어져 버린다. 창세기 주석을 보라.) 여기 다니엘 2:44,45에서 예수 그리스도의 재림이 언급된다. 여러분이 열 개의 뿔달린 짐승을 다니엘 7:17에서 보자마자 주님이 7:18에 나타나신다. 여러분이 열 뿔 달린 나라를 7:24,25에서 보는 즉시 7:26,27에서 재림을 보는 것이다. 이런 유사함 때문에 이 나라들은 스코필드에게 일치되는 것으로 해석되었다. 스코필드는 사자가(단 7:4) 다니엘 2:37의 바빌론 왕이라고 말한다. 그 다음 그는 곰이(단 7:5) 다니엘서 2:39의 메데와 페르시아라고 하며, 표범이(단 7:6) 다니엘 2:39의 그리스라고 한다. 그는 또 넷째 짐승이(단 7:7) 다니엘 2:40의 로마로, 다니엘 7:8,20,25에 나오는 작은 뿔은 다니엘 2:41,42의 발톱과 부합한다고 한다. 자, 이것은 참으로 올바르고 매우 논리적인 듯이 보인다. 이 전체 해석을 창 밖으로 몽땅 던져 버릴 만한 한 가지가 있다.

『바빌론의 벨사살왕 원년에 다니엘이 자기 침상에서 한 꿈을 꾸고 머릿속에 환상들을 받고서 그가 그 꿈을 기록하고 그 일들의 실상을 말하니라. 큰 짐승들 넷이 그 바다에서 올라오는데 서로 다르더라. 이 커다란 네 짐승은 땅에서 일어날 네 왕이라』(단 7:1,3,17).

그래서 첫째 짐승인 사자는 벨사살이 끝난 뒤에 와야 하는데 벨사살은 바빌론의 마지막 왕이다. 그러므로 다니엘 7:4의 사자는 다니엘이 본 신상의 머리가 될 수 없다. 다니엘 7장의 네 짐승은 바빌론이 멸망한 후에 나타나는 네 나라 또는 네 왕이다. 다니엘이 꿈을 꾸었을 때가 "바빌론왕 벨사살 원년"으로 벨사살은 다니엘 5:29,30에서 살해되고 메데와 페르시아가 들어선다. 그러므로 다니엘 7:4의 사자는 메데와 페르시아에 연결되어야 하고, 7:5의 곰은 그리스에, 7:6의 표범은 로마에, 그리고 다니엘 7:7의 넷째 짐승은 적그리스도의 나라에 연결되어야 하며 여기에서 다니엘 7:8에 적그리스도가 등장한다. 자, 이렇게 연결하는 것이 맞다! 여기서 스코필드 주석은 7장 첫절의 쉬운 가르침으로부터 명백히 빗나간다. 다니엘 7:1을 7:17과 비교하고 네 짐승의 등장은 바빌론의 마지막 왕인 벨사살 이후임을 주목하라.

자, 이 모든 신사들의 주석을 명백하게 빠져 나간 또 다른 것이 있다. 전반적으로 짐작되는 것은 교회 시대에 대한 어떤 내용도 알려지지 않은 것이다. 다니엘이 언급한 모든 내용은 느부캇넷살에서 그리스도의 초림까지 나라들에 대한 것이다. 그렇게 다니엘은 로마까지 계시를 하는데(로마는 신상에서 다리이고 단 7:6의 셋째 짐승이다.), 그렇지만 다니엘서 7장의 넷째 짐승과 다니엘서 2장의 다리, 그리고 (단 2장의 열 발가락에 연결되는) 다니엘서 7:8의 작은 뿔 사이에 알려지지 않은 내용이 있다. 이 내용은 다니엘서 7장에서 밝혀진다.

『다니엘이 고하여 말하였더라. 내가 밤에 환상을 보았는데, 보라, 하늘의 네 바람이 큰 바다로 불어 닥치더니』(단 7:2).

"밤에"라는 표현을 주목하라.

『내가 밤에 환상들을 보았더니, 보라, 인자 **같은 분이 하늘의 구름들과 함께 오셔서** 옛날부터 계신 분**께로 오시니 그들이 인자 같은 분을 그분 앞에 안**

내하였더라』(단 7:13).

"밤에 환상들"이라는 표현을 주목하라(다니엘 7:14은 천 년 기간이다). 이 표현을 흥미있게 한 것은 성령이 미국, 러시아, 영국을 여러분 무릎에 털썩 내려 놓을 것이기 때문이다. (필자는 성령께서 그렇게 하셨다고 하지 않았으며 성경을 아는 사람은 누구나 "밤"이 느부캇넷살에서 그리스도의 초림까지의 세내가 아님을 잘 안다. 이것은 오순절에서 재림까지의 세대이다. 교회 시대인 것이다!) 자, 성경을 주목하여 어떻게 이것이 그런지 알아 보자!

『**그러나 형제들아, 그 때와 시기에 관해서는 너희에게 쓸 필요가 없으니 이는 주의 날이 밤에 도둑같이 오리라는 것을 너희 자신이 정확히 알고 있기 때문이니라. 그들이 "평안하다, 안전하다."고 말할 때에, 아이 밴 여인에게 진통이 오듯 갑작스런 멸망이 그들에게 임하리니, 결코 피하지 못하리라. 그러나 형제들아, 너희는 어두움에 있지 아니하니 그 날이 너희를 도둑같이 덮치지 못하리라. 너희는 모두 빛의 자녀들이며 낮의 자녀들이라. 우리는 밤이나 어두움에 속하지 아니하노라. 그러므로 우리는 다른 사람들과 같이 자지 말고 깨어 있어 정신을 차리자. 이는 자는 자들은 밤에 자고 술 취하는 자들은 밤에 취하기 때문이라**』(살전 5:1-7).

『**밤이 많이 지났고 낮이 가까웠느니라. 그러므로 어두움의 행위를 벗어 버리고 빛의 갑옷을 입자**』(롬 13:12).

이 세대를 "밤이 많이 지난 것"으로 부르는 것을 주목하라.

『**내가 세상에 있는 동안 나는 세상의 빛이라**』(요 9:5).

『예수**께서 그들에게 말씀하시기를 "아직 잠시 동안은 빛이 너희와 함께 있으니, 너희는 빛이 있을 동안에 행하여 어두움이 너희를 엄습하지 못하게 하라. 어두움 가운데 행하는 사람은 자기가 어디로 가는지 알지 못하느니라. 빛이 있을 동안에 너희는 그 빛을 믿으라. 그리하면 빛의 자녀들이 되리라."고 하시더라**. 예수**께서 이 말씀을 하시고 떠나시어 그들로부터 숨으시더라**』(요 12:35,36).

예수 그리스도께서 이 땅에 계셨을 때 그분은 "내가 세상의 빛이라."고 하셨다. 그분이 세상을 벗어났을 때 그리스도인들에게 "너희는 이 세상의 빛이라."고 말씀하셨다. 예수 그리스도께서 다시 오시면 『**그때에 의인들은 그들의 아버지의 왕국에서 해처럼 빛나리라. 들을 귀 있는 자는 들을지어다.**』(마 13:43)라고 말씀하신다. 예수 그리스도께서 다시 오실 때 그분은 말라키 4:2의 "태양"으로 불린다. 하나님 말씀 어디에서나 교회 시대인 이 세대는 밤으로 불린다.

『... **"파수꾼아, 밤이 어떻게 되었느냐? 파수꾼아, 밤이 어떻게 되었느냐?" 하시니 파수꾼이 말하기를 "아침이 오나니 밤도 오리이다." 하였도다. 너희가 물으려거든 물을지니 돌아오라, 오라**』(사 21:11,12).

예수 그리스도는 "빛나는 새벽별"이라 불린다. 그리스도인들이 현재의 밤에서 『**날이 새어 샛별이 너희 마음에 떠오르기까지 너희가 어두운 곳에서 빛나는 빛에 주의하듯 이 예언의 말씀에 주의하는 것이 잘하는 것이니라.**』(벧후 1:19)는 말을 듣는다.

『**그러므로 깨어 있으라. 그 집주인이 언제 올는지, 저녁일는지**[저녁 6시 -9시], **밤중일는지**[저녁 9시 -12시], **닭이 울 때일는지**[밤 12시 -새벽 3시], **아니면 아침일는지**[새벽 3시 -6시] **너희가 모르기 때문이라. 그가 갑자기 와서 너희가 잠든 것을 보지 않도록 하라. 내가 너희에게 말하는 것은 모든 사람에게 말하는 것이니 깨어 있으라**』(막 13:35-37). 그래서 다니엘이 "내가 밤에 나의 환상을 보았다."고 말할 때 그는 초림 이후의 한 세대를 말하는 것이었다. 그가 다니엘서 7장에서 보는 이방 나라들은 다니엘서 2장과 계시록 사이의 간격을 채운다. 그리하여 필자는 이 세상 제국들을 다음과 같이 열거한다.

1. 느부캇넷살, 바빌론 왕
2. 다리오, 메데와 페르시아 왕
3. 알렉산더 대왕, 그리스
4. 카이사, 로마
5. 영국 (단 7:4)
6. 러시아 (단 7:5)
7. 미국 (단 7:6)
8. 신비의 바빌론 -로마카톨릭 교회로 육신으로 나타난 마귀인 적그리스

도가 그 우두머리이다.

『**전에는 있었으나 지금은 없는 그 짐승이 여덟 번째지만 일곱 중에 속한 자라. 그가 멸망으로 들어가리라**』(계 17:11).

자, 손색 없는 배열이 아닌가? 하지만 우리는 지금 열 뿔과 열 개의 왕관을 다루고 있음을 기억하라. 계시록 13장에는 열 왕이 있으며 일곱만이 아니다.

그 짐승의 일곱 머리는

1. 님롯, 바벨 왕
2. 파라오, 이집트 왕
3. 산헤립, 앗시리아 왕
4. 느부캇넷살, 바빌론 왕
5. 다리오, 페르시아 왕
6. 알렉산더, 그리스 왕
7. 카이사, 로마황제이다.

우리는 이 제국들이 계시록 12장에서 신비한 종교 형태인 거룩한 로마제국으로 되는 것을 배웠다 이 제국 다음에 열 개의 뿔과 열 왕을 형성하는 다른 세 나라가 나타난다. 그것은

1. 영국, 사자
2. 러시아, 곰
3. 미국, 표범. 모든 민족이 융화된 도가니이다.

이제 계시록 12장의 사탄에게로 돌아가면 그는 일곱 머리에 일곱 왕을 갖고 있는데 그가 여덟 번째이다. 계시록 17장의 여덟 번째 왕으로 그는 열 개의 왕관을 쓴 열 왕과 더불어 통치한다.

『**또 네가 본 그 열 뿔은 열 왕이라. 아직 왕국을 받지는 못하였으나 그 짐승과 더불어 한 시간 동안 왕들로서의 권세를 받으리라**』(계 17:12).

다니엘서 7장의 첫째 짐승은 사자이다. 다니엘의 신상에서(단 2장) 그 짐승은 머리와 맞지 않고 가슴과 팔에 맞는데 곧 메데와 페르시아이다. 이 짐승은 메데와 페르시아로서 그 짐승은 영국의 유형이다(스 1:1,2). 유대인들이 메데와 페르시아의 명에 의해 페르시아 치하의 팔레스타인으로 돌아가서 재

정착하였듯이 그들은 영국이 1918년 밸푸어 선언을 함으로써 팔레스타인으로 돌아가 재정착하였다. 페르시아는 영국의 유형으로 사자이다.

다니엘 7장의 둘째 짐승인 곰은 다니엘 2장의 신상에서 "배와 넓적다리"에 맞는다. 이 짐승은 그리스를 나타내는데 곰인 그리스는 러시아의 유형이다. 그리스가 희랍 정교였듯이 러시아도 1918년 혁명 전까지는 희랍 정교였고, 러시아는 그리스에서 나왔는데 철자와 언어도 그리스에서 유래한다.

다니엘 7장의 셋째 짐승은 표범인데 다니엘 2장의 신상에서 철로 된 다리와 맞는다. 이 짐승은 로마를 나타내는데 이 로마의 짐승은(표범) 미국의 유형이다. 이 표범에게는 네 개의 날개가 있음을 주목하라. 이 짐승은 지금 두 개의 날개만 있는데 곧 알라스카와 하와이이다. 이 짐승은 나중에 다른 두 개를 더 얻을 것이다!(여러분이 표범을 공부할 때 "13," "검정," "통합" 등등에 주목하라. 셋째 짐승인 표범은 미국의 유형이다).

다니엘 7장에서 넷째 짐승은 적그리스도의 열 왕이 다스리는 나라를 나타낸다. 다니엘 7:7 끝에 열 뿔을 주목하라. 적그리스도는 이 무리에서 나올 것이며, 여러분이 계시록 13:2,3에서 보는 그대로 그의 밑에 열 왕을 거느리고 세상을 지배한다.

『**이 왕국에서 나온 열 뿔은 장차 일어날 열 왕이며 또 하나가 그들 뒤에 일어나리라. 그는 먼저 있던 자들과는 다르며 그가 세 왕들을 복종시킬 것이라. 그가 지극히** 높으신 분을 **대항하여 큰 말을 하며 또 지극히** 높으신 분의 **성도들을 지치게 할 것이고 또 때와 법을 변경시키려고 생각할 것이라. 그들은 그의 손에 주어져서 한 때[1]와 두 때[2]와 반 때[1/2]를 지내리라**』(단 7:24,25).

전에 어디에서 읽어 보지 않았는가? 계시록 12장에서 여러분은 "한 때와 두 때와 반 때"가 이스라엘이 광야에서 "뱀의 낯을 피하여" 부양되는 기간임을 읽었다. 삼 년 반인 것이다!

『**그러나 그 심판이 시작되리니 그들이 그의 권세를 빼앗아서 끝까지 그것을 소멸하고 멸망시키리라. 그 왕국과 권세와 온 하늘 아래 왕국의 위대함이 지극히** 높으신 분의 **성도들의 백성에게 주어지리니, 그 왕국은 영원한 왕국이**

며 모든 권세들이 그분을 섬기고 복종하리라." 하시더라. 여기까지가 그 일의 끝이라[마 24장, 히 3장, 6장 등과 같이]. **나 다니엘로 말하자면, 내 생각이 나를 몹시 번민케 하였으며 내 용모가 변하였으나 내가 그 일을 내 마음 속에 간직하였노라**』(단 7:26-28). 사자가 영국을, 곰이 러시아를, 표범이 미국을 나타내는 것을 명심하면서 계시록 13:2로 돌아가면 여러분은 헌틀리(Huntley)와 브링클리(Brinkley)가 결코 읽어 보지 못할 방법으로 미래 역사를 읽을 수 있다.

『**또 내가 본 그 짐승은 표범과 같고**[최후의 세상 나라는 미국과 같다. 그 나라는 점이 있고 통합되어 있다. 그 나라는 아시아인, 아프리카인, 유럽인이 혼합된 도가니인데 표범의 배가 흰 것처럼 바닥에 백인이 위치한다. 그 나라는 온통 아시아적이지만 아프리카 인종의 피로 얼룩이 질 것이다.], **발은 곰의 발 같고**[이 짐승은 곰처럼 움직이는데 러시아는 세상에서 가장 큰 군대를 보유하고 있다. 러시아 같은 유일한 부분은 그 발인데 곰인 그 짐승은 러시아처럼 움직인다. 그 짐승은 미국과 같지만 공산 국가 러시아처럼 활동한다.], **입은 사자의 입 같은데**[그 짐승은 계시록 13:5,6을 말한다. 그는 영어를 말하는 짐승이다. 그 짐승이 영국 같은 유일한 점은 그의 입이다. 이것은 그리스도의 재림 때 보편적인 언어가 영어임을 뜻한다. 프로테스탄트들을 로마 카톨릭 교회로 끌어들이려고 교황 바울은 미사를 영어로 할 것이다. 즉 "지옥의 문"이 그 교회를 이용할 것이다!], **용이 자기의 능력과 자리와 큰 권세를 그 짐승에게 주더라**』(계 13:2, <피터 럭크만의 주석서 마태복음>에서 16:16-18 참조).

적그리스도 밑의 이 열 개의 연합된 나라가 마지막 형태로 온 세상을 지배할 것이다(단 7:21, 계 11:7, 단 11:31-34, 계 13:7,8).

계시록 13:18의 사람은 짐승인데 그는 "표범과 같은" 모습이다. 그는 로마 카톨릭 교회를 통해 열 개의 연합왕국과 더불어 세상을 손에 넣는데, 구라틴 체제와 같이 로마법 체제로 세상을 지배하고, 공산주의처럼 정치가 운영되는 미국 같은 사회 체제로 세상을 지배하고, 세상은 영어를 일상 언어로 사용한다. 그는 세상을 3년 반 동안 열 명의 왕과 함께 지배하면서 예수 그리스도를 대적하여 전쟁을 벌이는데, 이스라엘을 핍박하여 죽여서, 그들의 목을 잘라 성전에 있는 사탄에게 인간 희생제물을 드린다.

이때 사탄은 이 땅에 사람으로 내려와 예루살렘 성전에 들어가서 두 그룹이 새겨 있는 "속죄소"에 앉아 "마치 하나님이 하나님의 성전에 앉으신 것처럼 자신이 하나님이라고 보일 것이다"(살후 2장).

13:3 또 내가 보니, 그의 머리들 가운데 하나가 상처를 입어 죽게 된 것 같았으나, 그의 치명적인 상처가 나으니 온 세상이 기이히 여겨 그 짐승을 따르더라.

그 짐승의 머리 중 하나가 베임을 당해 상처를 입는다. 이것은 님롯(바벨왕), 파라오(이집트 왕), 산헤립(앗시리아 왕), 느부캇넷살(바빌론 왕), 코레스(페르시아 왕), 알렉산더(그리스 왕)나 카이사(로마 왕) 중 하나이다. 이 머리 가운데 하나가 "상처를 입어 죽게 되다가" "그의 치명적인 상처가 나았다." 베임을 당한 그 나라 가운데 하나가 부흥하여 권세를 잡을 것이다.

13:4 사람들이 그 짐승에게 권세를 준 용에게 경배하고 또 그 짐승에게도 경배하며 말하기를 "누가 그 짐승과 같으며 누가 감히 그와 더불어 싸울 수 있으리요?"라고 하더라.

헬라어로 경배한다는 "proskuneo"로서 "입맞춘다"라는 뜻이다. 그들은 그에게 "입맞추는데" 여러분이 계시록 9:20에서 주의하고 본 내용 그대로이다. 그들은 사탄에게 "입맞춘다". 이 사탄을 경배할 때 그들은 그에게 "입맞춘다."

『하나님**께서 그에게 하신 대답이 무엇이냐**? "**내가 나를 위하여 바알의 형상에 무릎을 꿇지 아니한 칠천 명을 남겨 두었노라.**" **하셨느니라**』(롬 11:4).

구약으로 돌아가서 바알을 경배하지 않은 사람들은 그것에 입맞추지 않았다.

열왕기상 19:18(6+6+6)『그러나 내가 나를 위하여 이스라엘에 아직 칠천 명을 남겨 두었나니, 곧 바알에게 꿇지 아니한 모든 무릎과 바알에게 입맞추지 아니한 모든 입이라." 하시니라.』

『예수께서 그에게 말씀하시기를 "유다야, 네가 입맞춤으로 인자를 배반하느냐?"고 하시더라』(눅 22:48).

13:5 그 짐승이 큰 일들과 모독하는 말들을 하는 입을 받았으며 또 마흔두 달 동안 활동할 권세를 받았더라.

6 그 짐승이 입을 벌려 하나님을 대적하여 모독하되 그의 이름과 그의 성막과 하늘에 거하는 자들을 모독하더라.

7 그가 성도들과 싸워 그들을 이기는 권세를 받았으며 모든 족속과 언어와 민족을 다스리는 권세를 받았더라.

8 세상의 기초가 놓인 이래로 죽임당한 어린양의 생명의 책에 그들의 이름이 기록되지 못하고 땅에 사는 모든 자는 그에게 경배할 것이라.

9 누구든지 귀 있는 자는 들을지어다.

10 포로로 삼는 자는 그도 포로가 될 것이요, 칼로 죽이는 자는 그도 칼에 죽게 될 것이라. 여기에 성도들의 인내와 믿음이 있느니라.

11 또 내가 보니, 다른 짐승이 땅에서 올라오는데 어린양처럼 두 뿔을 가졌으며 용과 같이 말하더라.

이 사람은 거짓 선지자이다. 유다가 적그리스도로 부활하듯이 이 사람은 거짓 선지자로 부활하는데 아마 발라암일 것이다. 그는 신명기 18:21,22에서 예표되었으며 요한복음 10장에서의 "이리"이다.

13:12 그가 자기 앞에 있던 첫째 짐승의 모든 권세를 행사하고 또 땅과 거기에 사는 자들로 하여금 치명적인 상처를 치유받은 그 첫째 짐승에

게 경배하게 하더라.

13 **또 큰 이적들을 행하는데 심지어는 사람들 앞에서 불을 하늘에서 땅 위로 내려오게 하더라.**

14 **그가 짐승 앞에서 행할 권세를 받아 그 같은 기적들을 통하여 땅에 거하는 자들을 미혹하며, 또 땅에 거하는 자들에게 말하기를 칼로 상처를 입었다가 살아난 그 짐승을 위하여 형상을 만들어야 한다고 하더라.**

사탄은 기적을 행할 능력이 있다(계 16:13,14). 헬라어로 "칼"(sword)은 재판관기 3:21에서 에훗이 에글론을 죽일 때 사용한 것과 같은 작은 칼을 말한다(계 2:16 참조).

적그리스도는 형상을 사용하는 우상 숭배자이다. 그래서 예수 그리스도를 흉내낼 때(가짜 구세주나 선지자로) 그는 스카랴 11:17에서 "우상(idol) 목자"로 불린다. 그 문맥은 스카랴 11:13의 유다 이스카리옷임을 주목하라. "13"인 것을 보라!

13:15 **또 그가 짐승의 형상에게 생명을 주는 권세를 받아 그 짐승의 형상으로 말도 하게 하고, 그 짐승의 형상에게 경배하지 아니하는 자는 다 죽이도록 하니라.**

여기서 사탄은 하나님의 허락을 받아 "짐승의 형상에게 생기를 주는데" 사탄은 재창조할 수 없다고 말하는 사람들이 잘못되었음을 입증한다. 그는 하나님께 허락을 받아 생명을 위조할 수 있는데 그는 그렇게 할 것이다.

13:16 **그가 모든 자, 즉 작은 자나 큰 자, 부자나 가난한 자, 자유자나 종이나 그들의 오른손이나 이마에 표를 받게 하고**

17 그 표나 그 짐승의 이름이나 그의 이름의 숫자를 지닌 사람을 제외하고는 아무도 사거나 팔 수 없게 하더라.

이 자는 바티칸 공의회를 기반으로 UN을 지배하여 세상을 로마카톨릭의 손에 넣고 여러분을 꼼짝 못하게 함으로써 여러분이 눈 사이나 손바닥에 검은 표를 받지 않으면 여러분의 아기에게 줄 우유나 빵, 버터를 얻지 못한다. 여러분은 그 표를 받을 것이다. 그렇지 않으면 물건을 살 수 없을 테니까! 정부는 여러분을 그들 뜻대로 통제하기 위해서 사회보장번호를 받도록 요구할 것이다. 짐승의 표를 받지 않으려고 연합적인 반대가 있을 것이다. 너희 구원받지 않은 기독교 지도자들이요, 복음을 혼란시키고 예수 그리스도를 제쳐놓은 너희들에게 하나님은 너희들 요구에 맞는 기이한 원숭이 한 마리를 예비하셨다! 전능하신 하나님은 너희가 사탄을 숭배하지 않으려고 연합적으로 반대할 위치에 너희를 두실 것이다! 그렇지만 너희는 그를 경배할 것이다! 너희는 투옥되기를 원치 않을 것이다! 너희가 예수 그리스도를 고백하는 것이 부끄럽다 하면서 연방 정부가 너희에게 사탄을 경배하라고 말했을 때 그것을 거부할 용기가 있다고 착각하며 자신들을 기만하지 말라. 너희는 따라갈 것이다. 너희는 지금 "겁장이"거나 아니면 이미 구원받았어야 했다.

13:18 지혜가 여기에 있으니 지각이 있는 자는 그 짐승의 숫자를 헤아려 보라. 그것은 한 사람의 숫자이니, 그의 숫자는 육백육십육이니라.

육! 육! 육! (요한복음 6:66처럼) 육(HEX)! 육(HEX)! 육(HEX)!이다.

우리는 그의 이름을 아는데 유다 이스카리옷이고, 우리는 그의 표를 아는데 "검은" 점이며, 우리는 그의 표시를 아는데 입맞춤이며, 우리는 그의 종교를 아는데 로마카톨릭이다. "검은 고양이"(black Cat)에 전적으로 드려진 "고양이 인간"(Cat-man)이다. 우리는 그의 국적을 아는데 함족 출신의 시리아 유대인이고, 우리는 그의 권세를 아는데 사탄에게서 받으며, 우리는 그의 숫자를 아는데 666이다. 여러분은 이 숫자를 성경의 다른 두 곳에서 발견한다.

『**아도니캄 자손이 육백육십육 명이요**』(스 2:13).

"아도니캄"은 "반역의 우두머리"를 뜻한다.

『**일 년 동안 솔로몬에게 들어온 금의 무게가 금 육백육십육 달란트인데**』(대하 9:13).

우리는 "그 숫자를 헤아려 보라."는 말을 듣는다. 계시록 13:18의 "그리스도"는 성경의 두 숫자와 분명히 연결되는데 사람의 숫자인 6과 사탄의 숫자인 13이다.

잠시 동안 헬라어와 히브리어가 한 연구를 감당할 것이다. 모든 히브리어나 헬라어 철자는 수가(數價)를 갖는다. 우리가 찾는 자는 "666"으로 그는 영어나 헬라어 또는 히브리어에 있다.

이 수들의 가능한 조합을 무한히 만들어내는 것은 불필요하다. 주석가들은 알파에서 오메가까지 무엇이든지 밝혀질 수 있는 헤아릴 수 없이 많은 조합이 가능하기 때문에 13:18은 실제적인 의미가 없고 비유적인 말에 불과함을 입증하려고 시도해 왔다. 그러나 이것은 아무 문제가 되지 않는다. 왜냐하면 앞서의 연구에서 이 거짓 "그리스도"는 우리가 수점(數占)의 미로를 헤맬 필요가 없게끔 위치가 포착되어 경계가 드러나서 국한시킬 수 있기 때문이다. 우리는 이 자에 대해 성경에서 많은 것을 알았기 때문에 어느 방향에서 이 자의 위치를 봐야 하는지를 안다. 우리는 사람들이 예수 그리스도와 빌라도를 보고 "우리에게는 카이사 외에 다른 왕이 없나이다."고 말한 그 장소와 때를 볼 것이다.

헬라어로 라틴(Latin)은 Lateinos인데 30+1+300+5+10+50+70+200=666이다.

Teitan(영어는 "Titan"인데 태양의 날에 숭배된 태양신의 오랜 시적인 이름으로 생일은 12월 25일이다.)은 300+5+10+300+1+50=666이다.

유대인에 대해 심한 편집병을 앓았던 네로는 "Neron Kesar"로만 알려져 있는데 그의 수점은 50+200+6+50+100+60+200=666이다.

로마(Rome)의 고대 히브리 낱말인 Romith는 200+6+40+10+10+400=

666이다.

히브리어로 쿠스의 아들 님롯도 666이다.

사탄의 칼데아 말도 666이다.

VV IL DUCE(무솔리니)도 666이다.

그런데 가장 기막힌 것은 미지막이다. VV IL DUCE에서 우리는 헬라어와 히브리어의 수점뿐 아니라 라틴어 수점도 일치하는 것을 본다. 라틴어에서 V는 5를 나타내며, L은 50을, C는 100을, D는 500을 나타낸다. DUCE에서 "U"는 물론 또 하나의 "V"로 쓰인 것인데 그 이유는 로마 철자는 PVBLIC LIBRARY에서처럼 "U"대신 "V"를 사용하기 때문이다. 그래서 "총통이여, 만수 무강 하소서"의 뜻인 VV IL DUCE는 완벽한 666이다.

마지막으로 "VICARIVS FILII DEI"를 주목하라. 이 글씨는 수세기에 걸쳐 많은 교황의 이마에 충실하게 붙어 있었다. 그런데 19세기 후반 추기경단에서 교황 이마에 거는 그 글씨를 속히 떼어야 한다고 결정했는데 그 이유는 배후에 전천년주의의 불길한 요동이 있었기 때문이다. 무디, 스펄전, 크로닌 같은 열정적인 사람들이 "형제"로 단합했던 것이며 몇 가지 일이 더 있었다. (그들이 한 위선자 집단으로 돌아서기 전에) 충실하게 그 글씨를 이마에 항상 붙였는데 곧 "VICARIVS FILII DEI"이다. 이것은 라틴어이다. 이 글씨는 500, 100, 5가 두 개, 50, 1이 여섯 개로, V=5, D=500, C=100, L=50, I=1이다. E,A,R,S와 F는 로마 숫자가 아니다. FEARS(두려움!)이다. 수가 되는 모든 철자는 정확히 666이다. 수가 안 되는 철자는 빼고 남는 모든 철자는 666이다. 자, 여러분 얼마나 오랫동안 이 복합된 일치들을 보면서 눈 감은 채 다음과 같이 말하고 있을 것인가, "글쎄 나는 사람들이 종교를 비판하는 것에 관심이 없어." VICARIVS FILII DEI는 "하나님의 충실한 대리자" 혹은 "하나님을 대신한 아들"이나 "하나님의 목자 아들"의 뜻이다. 자세한 것은 <짐승의 표, *The Mark of Beast*, 말씀보존학회>를 보라.

계시록 13장의 이 자는 사탄의 삼위일체이다. 사탄은 아버지로 루시퍼인데 (보좌를 덮는 "기름부음 받은 그룹"이었다.) 타락해서 로마의 "교황"으로 몸을 입을 것이다. 용이 이 땅에 내려오면 이 자는 로마에서 3년 반 동안 "교황"이 될 것이다. 이 자는 북아프리카 출신으로 마귀적 종교들의 원천인 페니키아 노선에 속한 바알 숭배자이다.

필자가 말한 것이나 그렇게 말한 이유에 대해 여러분 마음에 조금이라도 의심이 있으면 이 시점에서 우리는 13장에서 17장으로 건너 뛰어서 여러분에게 케네디가, 교황들, 클레어 부스 루스(Claire Booth Luce), 라이프, 룩, 타임, 뉴스위크, TV 등등이 여러분의 혼을 앞으로 십 년 동안 미국에서 장악하게 될 것임을 분명히 깨닫도록 해주겠다. 17장은 여러분에게 가까운 미래가 어떻게 로마카톨릭 교회 주변에서 항상 맴도는지를 보여 준다. 이것은 여러분의 생명과 여러분의 가족 그리고 여러분의 직업에 앞으로 20년 동안 영향을 미칠 것이다.

여러분이나 여러분 친구들이 로마카톨릭이라고 한다면 내 말을 믿지 않을 것이다. 그럼에도 이것은 매우 기이하다. 이 엄청난 종교 변절은 하나님 말씀을 믿는다고 고백하며, 성경의 보호자임을 주장하고, 그 점들을 끊임없이 성경에 호소하지만 성경에서 로마 교회 자신을 말할 때는 믿기를 거부한다. 예를 들면 콜럼버스 기사단이 펴낸 "계시, 신성한 희망의 메시지"라는 소책자 51권을 보자. 이 책자는 미주리 주 세인트 루이스 8번가의 로마카톨릭 종교 안내 쎈타인 콜럼버스 기사단 최고 의회에서 펴내는데 그 책자 13페이지에 "묵시는 매우 두드러진 것으로 특별히 논할 만한데 그 한 현상은 바빌론 형상이다(계 17장). 바빌론은 계시록에서, 베드로전서 5:13의 바빌론이 의심할 것 없이 로마를 뜻하는 것처럼, 로마제국을 나타낸다."라고 쓰여 있다.

자, 콜럼버스 기사단이 바빌론을 로마로 확인하는 것을 주목하라. 그러나 그들은 여러분에게 그것은 "로마제국!"에만 적용된다고 신중하게 말한다. 이것은 여러분에게 교황들이 하나님 말씀을 어떻게 보고 있는지 한 실마리를 제공한다. 그들은 비록 하나님 말씀이 로마를 영적으로 종교적으로 이방 창녀라고 할지라도 성경은 과거에 쓰여졌기 때문에 상황이 변했다고 말할 것이다. 그러므로 성경은 여러분에게 로마에 관한 어떤 것도 더 이상 실제적으로 말할 수 없다고 한다. 즉 그들은 여러분에게 17장과 18장은 지금은 사라진 로마제국에 적용된다고 말하는 것이다. 이에 관한 증거는 성경에 나타나지 않으며 이 사사로운 해석은 유세비우스, 파피아스와 콘스탄틴의 전통적인 전설들에서 취한 것으로 그 전설들은 하나님 말씀에 근거하지 않는다. 콜럼버스 기사단은 계속해서 "첫째는 큰 창녀인 바빌론이 짐승 위에 앉는 모습이다(계 17:1-6). 창녀는 로마의 여신이다(38페이지)."라고 한다.

자, 성령께서 얼마나 주의 깊이 콜럼버스 기사단의 이 사사로운 해석을 반박하는지 주목하고, 성령께서 얼마나 정확하게 그들의 해석을 간단히 거부함으로써 이러한 성경의 왜곡을 항상 고치시는지 주목하라. 17:18에서 성령은 "네가 본 그 여자는 땅의 왕들을 다스리는 큰 도성이라."고 (어느 성경에서나) 말한다. 콜럼버스 기사단은 그 여자가 "로마의 여신"이라고 말했다.

<틴데일 성경, 1525>은 "네가 본 그 여자는 땅의 왕들을 다스리는 큰 도성이라."고 말한다.

<그레이트 바이블, *Great Bible*, 1539>은 "네가 본 그 여자는 땅의 왕들을 다스리는 큰 도성이라."고 한다.

<제네바 성경, 1560>은 "네가 본 그 여자는 땅의 왕들을 다스리는 큰 도성이라."고 한다.

<비숍 성경, 1602>은 "네가 본 그 여자는 땅의 왕들을 다스리는 큰 도성이라."고 한다.

<킹제임스성경, 1611>은『**네가 본 그 여자는 땅의 왕들을 다스리는 큰 도성이라.**』고 한다.

로마카톨릭 성경인 림즈-듀웨이(1582)는, 그들이 말씀을 변개시키면서도 믿는다(!)고 고백하는 성경으로, "네가 본 그 여자는 땅의 왕들을 지배하는 왕국을 가진 큰 도성이라."고 말한다.

이것은 콜럼버스 기사단이 그들의 독자를 기만하려는 교묘한 시도였으며, 그들이 하나님 말씀을 거부하고 성경과는 아무 상관이 없는 사사로운 해석을 끼워 넣었음을 뜻한다(지상에서 가장 악명 높은 사사로운 해석자는 로마카톨릭이다!). 자, 콜럼버스 기사단에서 펴낸 소책자 51권 38페이지를 인용하여 그 문맥에서 조금도 이탈하지 않고 전체 구절을 보면 이렇다.

"첫째는 큰 창녀인 바빌론이 짐승 위에 앉은 모습이다. 창녀는 로마의 여신이다. 그녀는 악의 상징인 물 위에 앉아 있다." 『**또 그가 나에게 말하기를 "네가 본 그 창녀가 앉아 있는 물은 백성들과 무리들과 민족들과 언어들이라**』(계 17:15). 이 말씀은 트랜트 종교 회의에서(1546) 채택된 카톨릭 공인 성경에 기록되어 있다. 여기서 우리는 여러분이 로마카톨릭 교회에서 배우는 "성경 가르침"의 멋진 장면을 본다. 그들은 성경을 사용하며 요점들을 입증하기 위해 성경을 인용하지만 그들은 사용하고 있는 자신들의 성경을 믿지도 않는다! 지금까지 살았던 교황들 중에서 성경 한 권이라도 실제 기록된 대로 믿은 자는 한 사람도 없다. 만일 그들이 성경의 어떤 책을 기록된 대로 믿었다면 그것은 그들 노선의 전통적인 선배들이 그것을 믿으라고 말했기 때문이다!

자, "물"은 악이 아니라 "군중들"과 "나라들"과 "백성들"이다. "그 여자"는 로마의 여신이 아니고 "도성"이다. 즉 로마카톨릭 성경이 믿을 만한 것이라면 말이다!

콜럼버스 기사단 소책자 38페이지에 계속해서 우리는 다음의 내용을 읽는다.

"짐승의 일곱 머리는(계 17:9) 그 여자가 앉은 일곱 산으로 이것은 일곱 산의 도성인 로마를 분명히 말한다. 여기서 우리는 요한이 왜 악의 세력을 바빌론으로 상징했는지 그 이유를 아는데, 마치 바빌론이 구약의 모든 악한 유대인을 나타내고 핍박을 상징하듯이 그렇게 로마도 요한의 시대에 상징되었던 것이다." 여러분은 이것이 무슨 짓인지 아는가? 이들은 계시록을 사도 요한 시대인 로마제국에만 적용하고 있다. 로마카톨릭 교회는 계시록 전체를 과거로, 사도 요한 시대의 "로마제국" 외에는 아무데도 적용되지 않는다고 선포하였다! 그럼에도 21장과 22장은 모두 영원을 다루고 있으며 20장은 미래인 그리스도의 천 년 통치와 큰 백보좌 심판을 다루는데, 여지껏 살았던 모든 정통 카톨릭 신자는 20장의 "마지막 심판"을 믿었다. 13장은 아직 나타나지 않은 적그리스도를 다룬다. 그들은 필자가 여러분에게 말한 대로 그들이 이책의 1장에서 한 짓을 그대로 하고 있다. 그들은 계시록의 기록 연대를 네로 통치하의 68년으로 봄으로써 이 책 전체를 과거로 취급하여 계시록은 로마카톨릭 교회에 전혀 적용되지 않는다고 한다! 이 범죄 행위를 막기 위해 성령은 17장에서 속임수를 만들어 그 사과 수레를 엎어 버리는데 그분은 항상 그렇게 하신다.

『또 내가 보니, 그 여자가 성도들의 피와 예수**의 순교자들의 피에 취하였더라. 그러므로 내가 그녀를 보고 크게 의아해 하며 놀랐노라』**(계 17:6).

요한이 이 "여자"를 볼 때 그는 충격을 받고 당황했으며 그녀가 무슨 일을 하고 있는지 놀랐음을 주목하라. 만일 이 "여자"가 "로마제국"이었다면 요한은 조금도 당황하지 않았을 텐데 이는 요한 자신이 로마의 박해로 90년경 팟모 섬에 죄수로 있었기 때문이다! 왜 요한이 그리스도인들을 죽이는 로마제국에 "놀랐겠는가?" 그들은 그를 죽이려고 하였다. 성령은 여기에 어떤 것을 주입하셔서 교황들이 자기들의 정체를 가리기 위해 가르친 사사로운 해석의 모든 체계를 엉망으로 만드신다. 로마카톨릭 성경에서 여러분은 다음 구절을 본다.

『또 내가 보니, 그 여자가 성도들의 피와 예수**의 순교자들의 피에 취하였더라. 그러므로 내가 그녀를 보고 크게 의아해 하며 놀랐노라』**(계 17:6).

이것이 "로마제국"이라면 요한이 무엇 때문에 놀랐을까? 그는 그렇게 멍청했는가? 로마는 그를 팟모 섬에 유배하였고 그는 "하나님 말씀과 예수 그리스도의 증거" 때문에 박해당했다. 만일 요한이 예수 그리스도의 성도로 순교하였다면 로마가 그의 피를 흘리게 했을 텐데 왜 그가 자기 피를 흘리게 한 로마제국이라는 이 "여자"에게 놀랐을까? 여기 덧붙여 주 예수 그리스도는 요한에게 이 모든 일이 일어나기 전에 박해가 있을 것을 분명히 말씀하셨다.

『내가 너희에게 이런 일들을 말함은 너희로 실족하지 않게 하려 함이라. 그들이 너희를 회당에서 출회할 것이라. 참으로 그 때가 오면 너희를 죽이는 자는 누구든지 하나님을 **섬기노라고 생각하리라. 또 그들이 이런 일들을 너희에게 행하리니, 이는 그들이** 아버지도 **모르며 나도 모르기 때문이라』**(요 16:1-3).

그러므로 17장에 대한 로마카톨릭 교회의 전반적으로 주관적인 사사로운 해석은 타락한 멍청이들이나 떠들 수 있었던 터무니없는 닭과 황소의 이야기 외에 아무것도 아님이 드러난다. 이 "여자"가 나타날 때 여러분은 교회 시대 너머에 있으며 교회는 존재하지도 않는다. 그럼에도 이 "여자"는 "성도들의 피와 예수의 증인들의 피에 취하였다."고 한다. 하지만 이것이 일어나는 때에 교회는 떠나 버렸다(계 4:1-3). 이것은 로마제국일 수 없는데 교회는 사도 요한의 시대에 땅에 있었기 때문이다. 교회가 4장에서 사라진 이후로 교회에 대한 구절은 하나도 없다.

다시 말해서 우리는 앞서 이야기한 성경 해석의 근본적인 문제에 이르렀다. 여러분이 성경 구절이 무엇을 의미하는지 또는 가르치는지를 알려고 하면서 성경이 말하는 것을 무시하려 할 때마다 여러분이 원하는 대로 가르치거나 의미하도록 할 것이기에, 하나님이 여러분에게 말씀하신 것을 거부할 것이다.

이것은 지난 1,600년 동안 교황들의 표준 관행이었다.

17:1로 돌아가자. 여러분은 카톨릭 교회가 그 구절과 어떤 관계인지 알 텐데, 그 구절이 카톨릭 교회와 어떤 관계인지 주목하라 계시록 17:1 『**또 일곱 호리병을 가진 일곱 천사 가운데 하나가 와서 나와 대화하며 말하기를 "이리 오라, 많은 물 위에 앉은 그 큰 창녀의 심판을 네게 보여 주리라.**』

성경 구절들을 비교해 보고 콜럼버스 기사단의 모든 단계를 주시하라.

『**또 그가 나에게 말하기를 "네가 본 그 창녀가 앉아 있는 물은 백성들과 무리들과 민족들과 언어들이라**』(계 17:15).

성경이 스스로 해석하는 것이 놀랍지 않은가? 17:1에서 "물"은 "백성들"과 "무리들"과 "민족들"과 "언어들"이다. 여러분은 그것이 왜 그런지 아는가? 성경이 그렇다고 말하기 때문이다. 성경은 어떤 것을 가르치지 않는다. 성경은 단지 그렇다고 말한다! 여러분 그것이 무엇을 뜻하는지 아는가? 그것은 성경이 말하는 그대로를 뜻한다!

『**땅의 왕들도 그녀와 더불어 음행하였고 땅에 사는 자들도 그녀의 음행의 포도주에 취하였도다."라고 하고**』(계 17:2).

여러분은 이 구절을 2장에서도 발견할 것이다.

『**그러나 네게 두어 가지 책망할 것이 있나니 이는 네가 자칭 여선지자 이**

세벨이란 여자를 용납함으로 그녀가 내 종들을 가르치고 유혹하여 행음하게 하고 우상에게 바친 제물을 먹게 하기 때문이라. 보라, 내가 그녀를 침상에 던질 것이며, 그녀와 더불어 간음하는 자들도 자기들의 행위를 회개하지 아니하면 대환란에 던지리라』(계 2:20,22).

이세벨은 구약에서 아합과 결혼한 이교도 왕의 딸이었다. 11장의 주석을 보라. 그녀는 바알 숭배를 하였는데 이것은 "아버지"라는 검은 제의를 입은 제사장들이 마리아를 이시스(Isis), 오시리스(Osiris) 등으로 불리는 "하늘의 여왕"으로 섬겼고 태양신인 바알의 탄생일이 12월 25일인데 주 예수 그리스도의 공식 탄생일로 지켰다. 이세벨은 음행을 예배의 일부로 교회에 혼합한 종교적인 여선지자로 묘사된다.

『**이는 모든 민족들이 그녀의 음행으로 인한 진노의 포도주로 취한 까닭에 땅의 왕들이 그녀와 더불어 음행하였고 또 땅의 상인들은 그녀의 사치의 풍요함으로 부유하게 되있음이라."라고 하더라**』(계 18:3).

"로마제국"이 전혀 아님을 주목하라. 땅은 로마제국의 진수성찬으로 "치부하지" 않았다.

『**그가 나를 영 안에서 광야로 이끌어가니라. 또 내가 보니, 한 여자가 주홍빛 짐승 위에 앉아 있는데, 그 짐승은 하나님을 모독하는 이름들로 가득하고 일곱 머리와 열 뿔을 가졌더라**』(계 17:3).

이 "여자"는 의심의 여지가 없다. 17:18을 보라.

『**네가 본 그 여자는 땅의 왕들을 다스리는 큰 도성이라."고 하더라**』(계 17:18).

자, 이렇게 매우 분명하다. 이 여자는 콜럼버스 기사단에서 펴낸 엉터리 소책자의 "여신"이 아니다. 이 여자는 "땅의 왕들을 다스리는 큰 도성"이다. 이 여자는 사도 요한의 시대에(A.D. 90년) 예루살렘에 주둔한 군대로 그 점령한 도성들을 통치한 큰 도성이 아니다. 여기의 이 도성은 "땅의 왕들"을 다스린다.

『**일곱 머리와 열 뿔을 가졌더라**』(계 13:1). 우리는 해석하는 것이 아니고 단지 읽을 뿐이다.

『**또 네가 본 그 열 뿔은 열 왕이라. 아직 왕국을 받지는 못하였으나 그 짐**

승과 더불어 한 시간 동안 왕들로서의 권세를 받으리라』(계 17:12). 이것은 로마제국이 될 수 없다. 로마제국에는 "아직 왕국을 받지는 못하였으나 그 짐승과 더불어 잠시 왕들로서의 권세를 받는 열 왕"이 없었기 때문이다. 그것뿐만이 아니다!

『**이들이 한 생각을 가지고 자기들의 권세와 능력을 그 짐승에게 넘겨주리라. 이들이** 어린양**과 맞서 싸우겠으나** 어린양**이 그들을 이기시리라. 이는 그가 만주의 주요 만왕의** 왕**이시며, 그와 함께한 자들은 부르심을 받았고, 택함을 받았으며, 신실한 자들임이라."고 하더라**』(계 17:13,14). (어린양이 그들을 이기는 것이지 교회나 그리스도인들이 아님을 주목하고, 그분은 만왕의 왕이고 만주의 주이시다. 계 19:16; 11:15).

17장에서의 싸움은 "어린양"을 대적하여 싸우는 "열 왕"인 "열 개의 뿔"과 이 왕들에게서 지상의, 문자적이고, 눈에 보이는, 실제적인 왕국을 취하려고 재림하시는 "만왕의 왕" 사이에 일어난다. 자, "콜럼버스 기사단"이 여러분 생애에서 들어 본 가장 앞뒤가 맞지 않는 거짓말로 이렇게 떠드는 것을 주시하라. 콜럼버스 기사단 판 소책자인 "계시, 신성한 희망의 메시지" 39페이지에서 우리는 다음의 내용을 읽는다.

"짐승의 열 뿔이라고 설명된 계시록 17:12의 열 왕은 아마 요한의 시대에 로마의 권력을, 비록 잠시지만, 공유한 땅의 다른 왕들을 말하는 것 같다. 그들은 또한 그리스도를 반대하는 세상을 구축해서 교회의 핍박을 지원했다. 하지만 결국에 그들과 그 짐승은 로마를 대적하여 멸망시킬 것이다. 요한은 앞서 묘사된 짐승을 통해 로마제국의 멸망을 예언하였으나 단지 로마와 동일시된 적그리스도의 권세는 알지 못했음을 보여 준다. 이것은 계속되는 권세로 로마제국보다 오래 지속할 것이다."

자, "콜럼버스 기사단"이 얼마나 주의 깊이 이 구절을 사사로운 해석으로 멋대로 썼는지 주목하라. 그들은 여러분에게 38페이지에서 오직 로마제국이 17장에 언급되어 있다고 말한다. 그 다음 그들은 그것이 실제 로마제국이 아니라 단지 로마라고 갑자기 결론을 내린다. 그러나 그들이 단지 "로마"라고 말할 때 이것이 자기들임을 깨닫는다! 그래서 결론으로 그것은 사실 로마제국에 대한 언급이 전혀 아니고 로마제국보다 오래 지속될 "권세"라고 왜곡하여 주장한다! 그래서 그들은 정말 문제에 빠지는데 로마제국은 교황이 통치하는 로마 교회가 됨으로써 로마제국보다 오래 지속하기 때문이다! "로마제국"은 "거룩한 로마 교회"가 되었기에 "콜럼버스 기사단"이 피하려 했던 모든 불길한 암시가 엄청난 힘으로 나타난다! 그들이 맞다! 그것은 로마제국보다 오래 지속하는 "권세"인데 "하늘과 땅에서 예수님께 주어진" 권세이다(그것은 예수님께서 사탄에게 주는 권세이다! 그는 "공중 권세를 잡은 자들의 통치자"로 세상의 모든 나라가 그의 것이다). 이것이 "지옥의 문들이 이기지 못할" 권세인데 그 이유는 사탄이 지옥의 문들을 관장하기 때문이다.

이 말은 단 한 부류로 로마에 대항하는 왕들의 연맹이 있으며 그 다음에 다른 이들이 말하는 것은 "로마제국을 이용해서" 로마제국보다 오래 살아남아, 로마 교회가 아닌 주님의 몸된 교회를 핍박하는 그 로마를 뜻하는 것이다. 아무리 둘러대려고 해도 계시록에서 묘사된 로마는 현존하는 로마일 뿐이나. 계시록 17:12,13,14 문맥에서 "열 왕"은 역사적인 "왕들의 무리"가 아닌데 (이 무리는 왕들이 아니었으나 왕들이 된 후에 로마제국을 파괴했고 다른 체제로 변신해 교회를 계속 핍박하였다!) 이것이 종교 희극 배우가 조작한 가장 이상하고 우스꽝스러우며 터무니없는 허튼소리이다.

그 말은 "열 왕"(12절)이 "짐승"(13절)과 함께 있으며 "이들이 어린양과 맞서 싸운다." 그들은 교회를 핍박하지 않고 어린양과 전쟁을 벌인다.

『또 그 여자는 자주색과 주홍색 옷을 입고 금과 보석과 진주로 장식하고 손에는 금잔을 가졌는데 그 잔은 가증스런 것들과 그녀가 행한 음행의 더러운 것들로 가득 찼더라』(계 17:4).

여러분은 "금잔"이 상징인 "자주색과 주홍색"의 "땅의 왕들을 통치하는" 도성을 아는가?

『또 내가 보니, 그 여자가 성도들의 피와 예수의 순교자들의 피에 취하였더라. 그러므로 내가 그녀를 보고 크게 의아해 하며 놀랐노라』(계 17:6).

"땅의 왕들을 통치하는" 도성으로서, 상징색은 "자주색과 주홍색"이요 상징물은 "금잔"이었으며 (금잔은 로마제국의 상징이 아니었다. 로마제국의 상징은 막대기에 도끼날을 묶어 놓은 "속간"(fasces)이라는 것이었다.) "예수 그리스도의 증인들을" 죽이는 죄를 범한 도성을 아는가? <폭스의 순교사>를 읽어 보았는가? 여러분 신비의 바빌론이 미국 퓨리탄, 프로테스탄트들, 퀘이커, 성공회가 200년 동안 한 것보다 더 많은 거듭난 성경대로 믿는 그리스도인들을 하룻밤에 죽인 것을 아는가?(여러분의 입장을 옹호하려고 여러분의 신부가 말해 준 "세일렘의 마녀 재판"을 들먹거리려 하지 말라. 이는 여러분의 무지를 드러낼 뿐이다). 2백만 명이 넘는 성경대로 믿는 그리스도인들이 독일과 프랑스, 오스트리아, 스페인, 헝가리와 스위스에서 1000년과 1700년 사이에 죽었다. 이것은 이태리와 남미에서의 박해는 포함시키지도 않았다.

『**지혜 있는 생각이 여기 있으니 일곱 머리는 그 여자가 앉은 일곱 산이요**』(계 17:9).

되풀이하면 17장에서 우리는 "일곱 산" 위에 세워진(9절) 도성을(18절) 본다. 도성은 "자주색과 주홍색"이며(4절) 그 상징은 "금잔"이다(4절). 이 도성은 "증인들"과 "성도들"을 죽인다(6절). 이 도성은 정치 세력이다(18절). 이 도성은 금을 첫째로 사랑하고(계 18:12) 사람의 혼들을 마지막으로 사랑한다(18:13). 이 도성은 술 취했고(18:3), 상 행위를 하며(18:15), 부유하고(18:12), 교만하고(18:7), 신비스럽고(17:5), 하나님께 저주받았다(18:18).

『**그녀의 이마에 한 이름이 기록되어 있는데 "신비라, 큰 바빌론이라, 땅의 창녀들과 가증한 것들의 어미라."고 하였더라**』(계 17:5).

『**선지자들과 성도들과 이 땅에서 살해된 모든 사람의 피가 그녀 안에서 보였느니라."고 하니라**』(계 18:24).

『**이는 그녀의 죄들이 하늘에까지 닿았고 또 하나님께서는 그녀의 불의를 기억하셨기 때문이니라. 이로 인하여 그녀의 재앙들이 하루 만에 닥치리니 죽음과 슬픔과 기근이요 또 그녀는 불로 완전히 태워지리니, 이는 그녀를 심판하시는 주 하나님은 강하시기 때문이니라**』(계 18:5,8).

그것이 분명한가? 로마제국은 맷돌이 바다에 빠지는 것처럼 그렇게 가라앉지 않았다(계 18:21). 그리스도인들은 로마제국에서 나오라고 하지 않았으며 그들은 거기에서 죽었다(계 18:4). 17장에서는 단 한 구절도 로마제국에 전혀 맞지 않는다.

『**또 내가 들으니, 하늘에서 다른 음성이 나서 말하기를 "나의 백성들아, 그녀에게서 나오라**[여러분이 앞에서 배웠듯이 "나의 백성"과 "너의 백성"은 그리스도인들이 아니라 환란 때의 유대인들이다]. **그리하여 그녀의 죄들에 동참자가 되지 말고 그녀의 재앙들도 받지 말라**』(계 18:4).

이것은 70년의 그리스도인들에게 쓴 것이 아니다. (성경은 이에 대해 매우 명백하기 때문에 여러분이 그 구절을 읽는다면 실제 문제는 한 가지뿐이다.) 여러분은 그 여자가 도성임을 알고, 일곱 산 위에 세워졌으며, 자주색과 주홍색 옷을 입었고, 금잔이 상징이며, 증인들과 성도들을 죽이고, 정치 세력이며, 금을 첫째로 사랑하고 사람의 혼들을 마지막으로 사랑하며, 술 취했고, 부유하며, 교만하고, 하나님이 저주하신 신비의 도성임을 안다. 자, 여러분에게 오직 한 가지 문제가 있는데 그것은 헬라어나 히브리어 또 "해석"과는 전혀 상관이 없다. 여러분의 유일한 문제는 여러분이 그 도성에 충성할 때 할 수 있는 일이 무엇이겠는가 하는 것이다. 여러분은 문제를 보지 못하는가? 보통 탐구자나 과학자는 도덕과 관계 없는 객관적인 진리를 물질 세계에서 찾고 있는데 성경은 종교 세계에서 도덕적인 절대 진리를 다룬다. 질문은 "우리가 올바로 해석하는가?"가 아니다. 질문은 "성경 구절을 읽고 그분이 말씀하시는 것을 정확히 이해할 때 그 내용이 당신에게 해당된다면 기분이 어떻겠는가?"이다. 과학자들은 니코데모처럼 어떤 다른 사람들을 포함하는 추상적인 개념에만 관심이 있다. 주목하라, 니코데모는 예수님께 "사람이 어떻게 거듭날 수 있습니까?"라고 물었지 "내가 어떻게 거듭날 수 있습니까?"라고 하지 않았다.

자, 17장과 18장의 구절들을 기록 연대를 바꾸고 "비유적으로 해석하여" 제거하려는 무리들과 그들의 시도를 대하기 전에, 또 그 구절들이 그들에게 정면 도전을 하기에 로마 교회가 그들의 비열하고 불경한 종교적 변절을 감추려고 시도해 온 모든 속임수를 대하기 전에 몇 가지 사실을 고려해 보자.

1. 여러분이 그 구절들을 읽었다면 그 도성을 알았다. 여러분이 몰랐다고 한다면 거짓말하는 셈이다.

2. 여러분은 헬라어 원문이나 여러분 교회의 공인된 해석에서 아무런 도움도 받지 않고 그 도성을 알았다. 쉽게 말해서 여러분은 그 도성을 알기 위해 고등학교에 갈 필요가 없다.

3. 여러분은 이 도성이 뉴욕, 워싱톤, 런던, 마닐라, 상하이, 헐리우드, 뉴올리안즈, 멤피스, 로스엔젤레스, 샌프란시스코, 마이애미, 리스본, 도쿄, 카이로, 뉴델리, 수에즈나 어떤 다른 곳이라고 말할 수 없을 것이다. 여러분은 그 도성이 무엇인지 안다!

4. 여러분은 그 구절이 무엇을 말하는지 알며 분명한 지식을 가졌고 누구든지 그 구절을 읽는 사람은 분명히 그 도성에 관한 지식을 갖는다.

모든 문제는 여러분이 좋아하지 않는 구절일 때 어떻게 그것을 제거할 것인가이다. 그것은 "교황"이 어떻게 그 구절들을 취급하는가이다. 여태껏 살았던 교황들 가운데 그가 갖고 있는 성경에서 그 구절들을 읽을 때 무슨 뜻인지 알지 못한 자는 한 명도 없다! 모든 "교황"은 단지 한 가지 문제를 안고 있는데 그것은 어떻게 17장과 18장을 제거하는가이다.

이 물음은 1611년 이후로 성경을 개정한 모든 번역자와 개정자가 그들이 다루는 것이 완전하고 절대적이며 권위 있는 정확무오한 하나님의 말씀인 것을 <킹제임스성경> 번역자들처럼 믿지 않는 한 첫째 가는 고려사항이다.

『**그녀의 이마에 한 이름이 기록되어 있는데 "신비라, 큰 바빌론이라, 땅의 창녀들과 가증한 것들의 어미라."고 하였더라**』(계 17:5).

무슨 일이 일어났는지 조금도 의심할 여지가 없다. 로마제국은, 유세비우스, 파피아스, 콘스탄틴, 시프리안과 제롬의 라틴 벌게이트가 쓰여진 과도기인 A.D. 325년에서 A.D. 500년 중, A.D. 500년경에 교황이 통치하는 로마가 되었다. 요한이 17장과 18장에서 본 로마는 A.D. 90년경 신약의 성경대로 믿는 그리스도인들을 박해한 로마제국이 더 이상 아니다. 그것은 신비한 체제인 "신비의 큰 바빌론"으로 불린다. 그것은 "정확무오한 진리의 기둥과 터전"인 하나의 참된 몸으로 주장하며, 하나님 말씀의 모든 정통 교리를 믿는다고 고백하는 일곱 산 위에 앉은 여자이다! 그녀는 예수 그리스도의 동정녀 탄생, 십자가 형, 부활과 재림을 믿는다고 하지만 그럼에도 거듭난 성경대로 믿는 사람들이나 환란 성도들 또는 환란에서 유대인들을 죽인다. 그것이 요한이 "크게 의아해하며 놀란" 이유이다.

이 여자는 마태복음 13장에서 발견된다. 그녀가 발견될 때마다 도성으로뿐만 아니라 여러분이 계시록 2:20에서 보는 여자처럼 교리를 다루는 종교적인 여선지자로도 묘사되는 것을 주목하라.

『**주께서 그들에게 또 다른 비유를 말씀하시기를 "천국은 어떤 여인이 가져다가 가루 서 말에 숨겨 넣어, 전체를 부풀게 한 누룩 같으니라."고 하시더라**』(마 13:33).

이 여인은 교회가 결코 아닌데 교회는 "아내," "처녀," 또는 "신부"로 말하기 때문이다. 이 여인이 성경에 거짓 교리(마 16:6-12)로 정의되는 누룩을 떠서, "왕국의 자녀들"로 정의되는(마 13:38) 가루 서 말 속에다 전체 덩어리가 부풀어 부패로 가득할 때까지 감춘다. 이것은 로마 교회가 프로테스탄트와 카톨릭, 그리스 정교회를 "목양하여" 그들을 온통 타락으로 가득 채우는 것이다. 이 여자는 이세벨로 상징된 여선지자인데 고대 바빌론의 신비적인 체제인 일곱 산 위에 세워진 도성이다(마태복음 주석 참조).

그 여자와 연관된 짐승(계 17:3)이 12:3에 나오는 모습과 같음을 주목하라. 그녀가 타고 있는 짐승은 노란 갈색의 검고 흰 표범이 아니라 "주홍빛 짐승"으로 빨간색이다! 이것은 그 여자가 사탄을 타고 있음을 의미하는데 그녀는 다니엘서 2장의 열 뿔과 열 개의 왕관을 쓴 왕들과 연관되어 있나(계 17:12, 창세기 11:4-8 주석 참조). 이 여자는 하나님께 저주받았고 주 예수 그리스도의 죽음에 책임이 있다. 『**선지자들과 성도들과 이 땅에서 살해된 모든 사람의 피가 그녀 안에서 보였느니라."고 하니라**』(계 18:24).

성도들은 "세상 창조 이전에 그리스도 안에서 택함받았다"(엡 1:4). 그래서 주님과 구세주를 못박은 어떤 도성이라도 여지껏 죽은 모든 그리스도인의 죽음에 간접적으로 책임이 있다. 이 요건에 맞는 유일한 한 도성이 있는데, 그분의 손에 못을 박고 그분의 머리에는 가시 면류관을 또 그분의 옆구리에 창자국을 내고도 그분을 믿는다고 고백하는 한 도성이 지옥이나 천국이나 땅에서 유일하게 있으며, 그리스도인들을 원형 경기장에서 사자 먹이로 또 말뚝에 묶어 화형을 시키면서도 모든 그리스도인의 "성모 교회"라고 계속해서 고백하는 유일한 한 도성이 있는데, 교회라고 고백하지만 자주색과 주홍색 옷을 입고 금잔이 상징이며 정치적으로 "땅의 왕들"에 관계된 유일한 한 도성이 있다. 여러분이 어디에 그 도성이 있는지 그래도 모른다면 필자가 할 수 있는 모든 말은 그리스도인들은 "낙담한 자들을 위로하라."라고 권면받은 것이다(살전 5장). 여러분이 이 여자가 누구인지 모른다면 다음 세 가지 잘못 가운데 하나를 범한 것이다. (1) 여러분은 박쥐처럼 눈멀어서 브래일 점자 성경도 읽지 못하거나, (2) 게으르고 불성실해서 진리가 여러분을 위협할까봐 진리를 원치 않거나, (3) 사탄에 단단히 붙들려서 하나님 말씀에 대한 증오가 사탄 자신의 증오만큼이나 타오르는 자이다.

요한계시록 14장

계시록을 공부하면서 우리는 환란을 두 번 통과했는데, 한 번은 "봉인"으로 그 다음은 "나팔"이었다. 세 번째 과정에서 성경은 적그리스도와 그의 활동을 보여 준다. 그는 계시록 11:7, 12장, 13장, 그리고 14장에서 다시 나타나는데 마치 성령이 여러분에게 환란을 다시 한 번 통과하도록 하는 셈이다. 14장에 들어가기 전에 상황이 후 3년 반임을 주목하라. 이것은 매우 중요한데 우리가 계시록 앞 부분에서 본 144,000명이 등장하기 때문이다(우리는 이들을 마지막 "봉인"이 떼어지기 전인 계시록 7장에서 보았다).

14:1 또 내가 쳐다보니, 보라, 어린양**이 시온 산 위에 서 있고 그와 함께 십사만 사천 명이 있는데 그들의 이마에는 그의** 아버지**의 이름이 쓰여 있더라.**

자, 여러분은 이 사람들을 계시록 7:4-9에서 보았는데 이들이 이스라엘 열두 지파에서 나왔음이 성경에 매우 명백하게 드러났다. 그들은 "영적인 유대인들"이 아니었다. 그들은 로마서 2장에서처럼 "마음에 할례받은" 자들이 아니었으며, 갈라디아서 6장에서처럼 "하나님의 이스라엘"이 아니었다. 그들은 이단들이 하나님 말씀을 왜곡하여 자기들이라고 하는 그 어떤 무리도 아니었다. 그들은 기록된 대로, 문자적으로, 실제의, 이스라엘 열두 지파인 144,000명의 유대인들이다! 이 같은 무리들이 본문에서 하늘에 올라가 있음을 주목하라.

『**그들이 보좌 앞과 네 짐승과 장로들 앞에서 새 노래 같은 것을 불렀는데, 땅에서 구속을 받은 십사만 사천 명 외에는 그 노래를 배울 사람이 없더라**』(계 14:3).

『**또 그 보좌와 장로들과 네 짐승 주위에 둘러선 모든 천사가 그 보좌 앞에 얼굴을 대고 엎드려,** 하나님**께 경배드리며**』(계 7:11).

이 장면은 땅 위가 아니라 셋째 하늘이다. 여기에 등장하는 큰 무리는 휴거된 것이다.

『**스물네 장로가 보좌에 앉으신 분 앞에 엎드려 영원무궁토록 살아 계시는 분께 경배하며 그들의 면류관을 그 보좌 앞에 던지며 말씀드리기를**』(계 4:10).

자, 이 장면은 하늘이지 땅이 아닌데 요한이 셋째 하늘에 들림받았음을 기억하라(계 4:1,2). 그럼에도 계시록 7:4에서 144,000명이 처음 언급되었을 때 그들은 환란을 통과하기 위해 "봉인"되어 땅에 있다. 그들이 그 다음 나타나는 14:1-3에서는 휴거되어 하늘에 올라가 있다.

이것은 14:1에서 "시온 산" 표현에 대해 문제를 야기한다(다시 말해서 프로테스탄트와 카톨릭 주석가들은 성경을 그들의 요구에 맞도록 고치기 시작한다. 그들 대부분은 "시온 산"이 "교회"를 나타낸다고 말한다. 14:1의 "시온 산"은 에베레스트 산이 쿠바와 관련이 없듯이 교회와 관련이 없다). 14:1의 "시온 산"은 "시온 산"(the mount Sion)이라고 하였다. 여러분이 북쪽의 "빈 공간"에 관한 앞서의 언급을 기억한다면 시온 산이 어디에 있는지 아는데 아무런 문제가 없을 것이다. 이곳은 "교회"와 상관이 없는 문자적이고 실제적인 곳이며 어떤 사물이 아니라 한 장소이다.

『**그러나 너희는 시온 산과, 살아 계신** 하나님**의 도성인 하늘의 예루살렘과, 무수한 천사들과**』(히 12:22).

이것은 여러분 머리 위 북쪽 하늘에 있는 "하늘의" 도성을 지칭하는 것이지 땅 위에 있는 장소와는 아무 관련이 없다. 이것은 북쪽을 가리키는 우주의 산인데 사탄은 처음부터 이 산 꼭대기에 있었다.

『**너는 기름부음을 받은 덮는 그룹이라. 내가 너를 그렇게 세웠더니 네가** 하나님**의 거룩한 산 위에 있었고 네가 불의 돌들 가운데를 위아래로 걸었도다**』(겔 28:14).

여러분이 계시록 4장과 5장에서 한 공부를 기억한다면 "북쪽"이 우주 위의 하늘임을 알 것이다.

『**북편에 있는 위대한 왕의 도성 시온 산은 그 자리잡은 곳이 아름다우며 온 땅의 기쁨이니**』(시 48:2).

그래서 이것은 문자적이고 실제적이며 지상에 있는 예루살렘이 아니다. 여러분은 이것이 히브리서에서 "하늘의 예루살렘"임을 들었다. 여러분은 이것이 계시록에서 "시온 산"임을, 또 시편 48장에서는 "북쪽"에 있음을, 이사야 14:13에서는 "북쪽"이 혹성계와 별자리들 훨씬 너머에 있음을 들었다. 여러분은 이 "시온 산"이 무엇인지 알려고 애쓰거나 무지를 변호할 필요가 없다. 또 거기 앉아서 "젠장! 이것을 이해하려면 많은 것을 알아야겠군. 왜 하나님은 이렇게 애매하고 헷갈리는 책을 쓰셨을까? 왜 그분은 명확하게 하지 않으셨을까?"라고 말할 필요가 없다. 그것은 여러분이 읽을 때에만 명확한 것이다! - 요점은 하나님께서 여러분이 얼마나 많이 읽었고 얼마나 많이 공부했는지 아시며, 그분은 여러분에게 여러분의 능력에 대해서 확실히 책임지우실 것이다. 사람들은 자기가 하나님 말씀을 공부하지 않으면 하나님이 그에게 책임지우지 않을 것으로 생각한다. 이것이 로마카톨릭 신자들의 전형이다. 그들은 그들의 개인적인 책무를 그들 교회나 신부들의 손에 맡기고 그들을 위해 교회가 말씀을 다룬다는 터무니없는 생각을 갖고 있다. 나의 친구여, 하나님은 그 책의 모든 말에 관해서 자네에게 책임을 지우실 것이네. 『**사람이 빵으로만 사는 것이 아니요** 하나님**의 입에서 나오는 모든 말씀으로 사느니라.**』 박사 학위 눈문의 유일한 보증은 주 예수 그리스도의 말씀인데 그분은 『**성경을 상고하라.**』고 하셨다(요 5:39). 『**네가 진리의 말씀을 올바로 나누어 자신이** 하나님

앞에 부끄럽지 않은 일꾼으로 인정받도록 공부하라』(딤후 2:15).

여러분은 이 두 "시온 산"이 다른 것을 알기 위해 천재가 될 필요는 없다. 둘 중 하나는 땅에 있으며 다른 하나는 하늘에 있다. 둘 중 하나는 위에 있는 새 예루살렘과 관련 있는데 이것은 "우리 모두의 어머니"인 하늘의 예루살렘이다(갈 4장; 계 14장). 다른 것은 땅의 예루살렘인데 땅의 시온 산에 있으며 "지금 그녀의 자녀들과 더불어 종노릇"한다(갈 4장). 계시록 14:1-3에서 144,000명이 있는 곳은 여러분 머리 위 15억만 광년 거리의 하늘인데, 거기는 "북쪽"으로 이 144,000명이 휴거될 곳이다.

『**또 내가 쳐다보니, 보라,** 어린양[a Lamb]**이 시온 산 위에 서 있고 그와 함께 십사만 사천 명이 있는데 그들의 이마에는 그의** 아버지[his Father's]**의 이름이 쓰여 있더라**』(계 14:1). 우리는 예수 그리스도가 어린양으로 묘사된 것을 다시 발견한다(이것은 실제 양의 "아비"는 어떤 이름도 가지지 않았지만 어린양의 아버지는 이름이 있다는 단순한 비유이다. 어린양은 대문자 "L"이고 그의 아버지는 대문자 "F"이다. 이 어린양은 주 예수 그리스도이다).

14:2 또 내가 하늘에서 나는 소리를 들으니, 많은 물 소리와도 같고 큰 천둥 소리와도 같더라. 또 내가 하프 타는 자들의 하프 소리도 들었노라.

하늘에서 그들은 악기로 주님을 찬양하는데 "하프"가 주어졌다(계시록 15:2,3에서 다시 나타난다).

14:3 그들이 보좌 앞과 네 짐승과 장로들 앞에서 새 노래 같은 것을 불렀는데, 땅에서 구속을 받은 십사만 사천 명 외에는 그 노래를 배울 사람이 없더라.

이 무리는 매우 특별한데 그 이유는 144,000명을 제외하고 이 노래를 배울 수 있는 사람이 없기 때문이다. 이들은 "여호와의 증인들"이 아니며 매우 특별한 무리이다(자기들이 매우 특별한 척하는 어떤 사람들은 자신들이 이 무리라고 주장하기를 좋아한다). 이 144,000명은 매우 독특하다. 그들이 부르는 노래는 계시록 15:3에 나타나는데 "모세의 노래"이다. 그들은 구약 모세의 율법과 관계 있다. 그들은 또한 "어린양의 노래"를 부른다. 그래서 그들은 믿음을 통한 은혜에 모세의 율법을 더하여 구원받는다. 환란에서 그들의 구원은 "짐승의 표"에 반대해서 "끝까지 견디어" 얻는다(계 12:17을 보라).

『**내가 보니, 불로 뒤섞인 유리 바다 같은 것이 있고 그 짐승과 그의 형상과 그의 표와 그의 이름의 숫자에 대하여 이긴 자들이** 하나님**의 하프들을 가지고 유리 바다 위에 섰더라. 그들이** 하나님**의 종 모세의 노래와** 어린양**의 노래를 부르며 말하기를** "전능하신 주 하나님, **주의 행하신 일이 위대하고 놀라우니, 성도들의** 왕**이여, 주의 길은 의롭고도 진실하나이다**』(계 15:2,3).

여러분은 신명기 32장에서 "모세의 노래"를 볼 것이다.

『**여기에 성도들의 인내가 있으며 여기에** 하나님**의 계명들과** 예수**의 믿음을 지키는 자들이 있느니라.**"**고 하더라**』(계 14:12).

모세의 노래처럼 "하나님의 계명들"을 지키고 어린양의 노래인 "예수의 믿음"을 지킨다.

『**그러자 그 용이 여인에게 분노하여 여인의 씨 가운데 남은 자들, 즉** 하나님**의 계명들**[모세의 율법이나 모세의 노래]**을 지키며** 예수 그리스도**의 증거**[은혜로 어린양의 피로 인한 신약의 구원]**를 가진 자들과 싸우려고 나가더라**』(계 12:17과 그 주석 참조).

그래서 환란의 구원은 믿음과 행위의 결합이지 믿음으로만이 아님이 매우 선명하게 강조된다. 여러분은 이 생각이 야고보서에도 반복되었음을 볼 것인데 이 책도 여러분이 계시록 7장에서 보는 것과 같이 우연히도 "열두 지파들"에 대해 쓰고 있다.

『하나님**과** 주 예수 그리스도**의 종 야고보는 널리 흩어져 있는 열두 지파에게 문안하노라**』(약 1:1).

이것은 "하나님의 이스라엘"이나 영적인 유대인 또는 "아브라함의 후손"

에게 쓴 것이 아니다. 행위로 의롭게 됨을 말하는 이 부분은(약 2장) 계시록 7장의 열두 지파, 즉 은혜와 믿음과 행위 그리고 모세의 율법으로 구원받는 자들에게(계 11,12,14장; 마 14장 등) 향한 것이다.

『**그들이 보좌 앞과 네 짐승과 장로들 앞에서 새 노래 같은 것을 불렀는데, 땅에서 구속을 받은 십사만 사천 명 외에는 그 노래를 배울 사람이 없더라**』(계 14:3).

『**그들이... 새 노래 같은 것을 불렀는데, 땅에서 구속을 받은 십사만 사천 명 외에는 그 노래를 배울 사람이 없더라**』(3절). 새 노래이다! 교회 시대에 부른 노래가 아니다!

14:4 이들은 여자들과 더불어 더럽혀지지 아니한 자들이니 이는 그들이 동정들임이라. 이들은 어린양**이 어디로 가든지 따라가는 자들로** 하나님**과** 어린양**께 첫열매들이 되어 사람들 가운데서 구속을 받았느니라.**

이 선택되어 모인 자들은 모두 미혼 남성으로 여자로 더불어 "더럽히지 아니하였음"을 주목하라. 그들은 카톨릭 신부들이나 트라피스트(Trappist) 수도승들이 아닌데, 이들은 순결을 맹세하지만(순결을 저버릴 기회가 생기면 놓치지 않는다!) 그들은 결혼한 남성들이 아니며 "그리스도의 신부" 가운데 일부도 아니다. 하나님 말씀 어디에서도 그리스도인들이 "동정들"(virgins)로 언급된 적은 없다. 그리스도인들을 뜻하는 그리스도의 몸은 고린도후서 11:2에서 "한 순결한 처녀"(a chaste virgin)로 불리는데 단수임을 분명히 주목하라. 여러분은 한 낱말의 복수 표시(s) 차이를 아는가? <킹제임스성경, 1611>의 한 "s"는 올바른 교리와 거짓 교리 사이의 차이이다(계 11:15 참조). 14장의 무리는 "동정들"(virgins)이다. 여러분은 "virgin과 virgins 사이에 무슨 차이가 있겠느냐?"고 할 수 있다. 글쎄 그 차이는 그것이 교회 시대와 환란을 구분하는 차이이다. 즉 은혜로 구원받느냐 아니면 행위로 구원받느냐이다.

『**그 때에 천국은 등불을 들고 신랑을 맞으러 나간 열 명의 처녀와 같으니**

라』(마 25:1).

열 명의 처녀 즉 처녀들(VIRGINS)! 복수임을 보라. 이 말은 "교회인 그리스도의 몸이 동정인 미혼 남성, 즉 로마카톨릭 교회의 순결을 맹세한 자들처럼 된다."는 뜻이 아니다. 이 말은 "천국이 열 처녀 같은 모습임"을 뜻한다. 신랑이 올 때 그들은 ("순결한 처녀"인 "그리스도의 몸"처럼) 그와 결혼하기 위해 나가는 것이 아니라 그를 맞으러 나간다!

『**한밤중에 소리가 나기를 '보라, 신랑이 오니 나가서 맞으라.' 하더라**』(마 25:6).

계시록 14장의 144,000명도 마태복음 25장에 언급된 같은 무리인데 이들은 환란성도들이다. 이들은 환란에 "끝까지 견뎌서" 신랑이 올 때 "그를 맞기 위해" 들림받는 처녀들이다. 이들은 그리스도가 교회를 위해 올 때 그를 맞기 위해 들림받는 하나의 참된 그리스도의 몸인 "순결한 처녀"(고후 11:1-3)의 구성원들이 아니다. 이들은 환란 때 "끝까지 견뎌서" 모세의 율법을 지키고 "모세의 노래"를 부르는 동정들(virgins)이다. 이들은 신랑이 땅을 차지하려고 돌아올 때 그를 맞기 위해 들림받는다(이것은 필자의 해석이 아니고 침례교의 해석도 아니며, 성령의 정확무오한 교리로 영어를 쓰는 사람들을 위해 쉬운 영어로 된 하나님 말씀에 나타내셨다. 여러분은 사람들이 어떻게 온통 비뚤어진 해석을 하는지 아는가? 그들은 자기들 머릿속에 한 고정 관념을 갖고서 성경 구절이 그의 관념에 제대로 맞지 않으면 헬라어 원문으로 영어 본문을 그의 관념에 맞도록 고친다! 성경은 교회 시대의 이방인 무리를 위해서만 쓰여진 것이 아니다. 우리가 지금 공부하는 구절은 "교회"와 전혀 상관이 없는 것이다). 계시록 14:1-4은 환란에서 선택된 성도들의 무리로, 모세의 율법을 지키며 "동정들"로 불리고, 144,000명이며, 이들은 이스라엘 열두 지파에 속해 있다. 이것은 요한복음 3:16보다 더 명백하다. 이들은 어린양의 혼인 잔치에 참석할 뿐 신랑과 결혼하지 않는다(이것이 얼마나 분명하게 어린양의 혼인 잔치 내용인 시편 45장에 나와 있는지 주목하라).

『**왕의 딸이 안에서 온갖 영화를 누리나니 그녀의 옷은 금으로 짰도다. 그녀가 수놓은 옷을 입은 왕께로 인도될 것이요, 그녀를 따르는 그녀의 동료**

처녀들도 왕께로 인도되리니』(시 45:13,14).

처녀들은 그리스도의 신부인 순결한 처녀의 "동무들"이다. 그들은 "그리스도의 신부" 안에 있지 않다. 그러므로 어떤 사람이라도 여러분에게 계시록 14:1-4의 "동정들"(virgins)이 여자로 더불어 결코 더럽혀지지 않은 카톨릭 "신부들"이고 이들이 하나님의 첫 열매들이라고 한다면 여러분은 "여호와의 증인들은 어떤가?"라고 대꾸하라. 모든 사람이 그 장면을 이해하지 못한다! 너희 제칠일안식일예수재림교인들은 그 장면에 끼어들지 못한다. 그 이유는 너희는 구약 모세의 율법을 지켜야 한다고 생각하면서 지키지 않기 때문이다. 너희는 십계명 중 하나 내지는 둘을 지켜야 한다고 생각할 뿐이다. 너희를 주시하는 우리 같은 사람들은 너희가 계명을 제대로 지키는지 상당히 궁금하다. 너희 여호와의 증인들도 그 장면에 포함될 수 없다. 왜냐하면 너희는 단지 144,000명의 여호와의 증인들로 생각만 할 뿐이지, 너희 중에는 결혼했고 결혼하지 않은 자들 중에도 여자들과 음행하는 자도 있기 때문이다! 또 너희는 면도하고 이발도 하니까 모세의 율법도 지키지 않고 있다! 너희는 "모세의 노래"를 알지 못한다. 너희는 그 장면을 이해하지 못한다. 그 장면은 환란성도들이 "짐승의 표"를 받지 않고 "끝까지 견디며" 모세의 율법과 행위로 그들의 구원을 이룬 동정들(virgins)을 위해 예비된 것이다. 그들은 환란 끝에 휴거된 처녀들인데 신랑인 주 예수 그리스도와 그리스도의 몸인 그 "순결한 처녀"와의 혼인 잔치에 참석한다.

여러분은 성령이 같은 내용을 솔로몬의 노래에서 되풀이하는 것을 본다. 『**왕후가 육십이요 후궁이 팔십이요 처녀들은 셀 수도 없으나**[너무 많아서 셀 수가 없다.] **나의 비둘기, 나의 더럽혀지지 않은 자는 오직 하나요, 그녀는 그 어머니의 외동딸이며 그녀를 낳은 어머니의 귀한 사람이라. 딸들이 그녀를 보고 그녀를 축복하니, 정녕, 왕후들과 후궁들과 그들이 그녀를 칭찬하는도다**』(솔 6:8,9).

한 사람이 분명한가? 이 "한 사람"은 그리스도의 신부이다. 어떤 표현도 이렇게 명백할 수 없고 이렇게 쉬울 수 없다. 그러므로 14장의 동정들(virgins)은 영어 <킹제임스성경, 1611>에서 명백히 확인된다. - 모펫(Moffat),

웨이마우스(Weymouth), 굿스피드(Goodspeed), 확대역본(Amplified), 센테니얼(Centennial), RSV, ASV, New English 등등이 그들의 애매하고 형편없는 "고전 헬라어 원문"에서 발견하지 못한 것을 성령께서 여러분에게 쉬운 영어에서 발견토록 하시는데 문제는 여러분이 그분의 말씀을 믿는 것이니라.

『이들은 여자들과 더불어 더럽혀지지 아니한 자들이니 이는 그들이 동정들임이라. 이들은 어린양**이 어디로 가든지 따라가는 자들로** 하나님**과** 어린양**께 첫열매들이 되어 사람들 가운데서 구속을 받았느니라』**(계 14:4).

바로 여기서 RSV는 여러분에게 동정들(virgins)을 설명하기 위해 "헬라어 원본!"에서 어떤 "도움"을 주려고 시도한다. 거기에는 다음과 같이 기록되어 있다.

계시록 14:4 "이들은 여자로 더불어 자신들을 더럽히지 아니하였는데 이는 그들이 순결하기 때문이라." 모든 사본은, 시틴의 사본들도 포함해서, "동정들"(virgins)로 되어 있지 "순결하다"(chaste)는 말은 없다. 여러분 RSV 성경편수위원회가 "순결하다"는 낱말을 쓴 이유를 아는가? 그들이 "순결하다"는 낱말을 쓴 까닭은 그 구절은 문자적으로 실제 여자들을 언급했음을 진정 믿지 않았기 때문이다. 그들은 본문이 교리상 순결이나 영적인 예배에서 순결한 것과 관련이 있다고 생각한다! 여러분은 정통주의자들이 같은 멍청한 입장을 가르치는 것을 볼 텐데 그들은 "이 구절은 그들이 거짓 예배에 참여하지 않았다는 사실을 말한다."고 한다(형제여, 자네는 계시록 2장과 3장을 다시 읽어 보는 것이 좋겠네!). 마지막 날들의 거짓 예배는 음행이 예배의 일부이다! [RSV 주석에서 "순결하다"는 낱말은 헬라어로 "처녀들"이라 한다. 쉽게 말해서 RSV는 "순결하다"는 낱말이 어떻게든 헬라어에서 오지 않았다고 인정하는 것이다! 학자들이 원본에 더 가까운 헬라어 사본에서 만든 더 훌륭한 번역 성경이라고 주장하면서, 헬라어 사본에 없는 낱말을 그들의 번역 성경에 인정해 놓은 것은 참으로 기이한 상황이다!]

14:5 그들의 입에서 교활함을 찾아볼 수 없는 것은 그들이 하나님**의 보좌**

앞에서 흠이 없기 때문이라.

그래서 이 구절은 우리를 재림 직전의 한 장면으로 인도하는데 환란성도들은 "끝까지 견디었고"(마 24:13), "짐승의 표"를 받지 않음으로 사탄을 이겼으며, 모세의 율법을 지키고(마 24장, 계 11,12,14,22장), 예수 그리스도를 그들의 구세주로 믿어서 구원받는 것이다. 그들이 성령으로 할례받지 않았기 때문에 행위로 "끝까지 견뎌야" 하는 것이다. 그래서 그들의 구원은 은혜와 행위의 결합이다. 그들은 환란 끝에 들림받아서 신랑을 맞는다. 어떤 이들은 마태복음 25장에서 구원을 잃는 것으로 묘사되는데 그 이유는 그들이 "끝까지 견디지" 않았기 때문이다.

여러분은 이것을 마태복음 22,24,25장에서 볼 텐데 이것이 마태복음이 모든 카톨릭, 자유주의자들, 제칠일안식일예수재림교인들, 여호와의 증인들, 그리고 캠벨파들이 가장 좋아하는 복음서인 이유이다. 이들 모두 자기들이나 다른 사람들에게 아무 상관없는 그와 같은 성경 구절들을 좋아하지만 그 구절들은 그들에게 거짓말하고, 거짓 맹세하며, 자기들의 목적을 위해 하나님 말씀을 변질시키는 성경적 근거를 제공한다. 이것이 모든 구원받지 않은 종교인들의 전형이다. 여러분이 성경을 왜곡시키기 원한다면 마태복음, 사도행전, 히브리서에서 공작을 벌일 것이며 그리하여 플로리다 해안을 덮치는 허리케인처럼 나타나려 할 것이다. 이 시대를 위한 분명하고 직접적인 교리들은 로마서에서 빌레몬서에 걸쳐 언급되어 있다. 비록 "모든 성경이 우리의 유익을 위해 쓰여졌으나" 구원받지 않은 설교자들은 모든 성경이 교리적으로 그리스도인들을 위해 쓰여졌다는 터무니없는 견해를 갖고 있는데, 그렇지 않다. 14장은 이에 대한 완벽한 보기이다.

이들은 환란성도들이며 "동정들"(virgins)로 불린다. 이들의 순결함은 환란 때에 이교도의 예배에(부도덕한 행위를 포함한) 참여하지 않는 것과 관련 있으며, 이 144,000명의 환란성도들은 모두 이스라엘 열두 지파의 (문자적으로 실제 눈에 보이는 유대인들인) 이스라엘 사람들이고, 이들은 인장으로 표시받고 환란을 통과하며, 환란 끝에 들림받아서 14:1-4에서 하늘의 "시온 산"

인 하늘의 예루살렘에 나타난다.

환란성도들의 들림받음과 재림 사이의 실제 기간이 환란이 끝나기 한 달 전일지 육개월 전일지(이 마지막 간헐적인 기간)는 알려져 있지 않다. 이것은 그리스도께서 "그러나 끝은 아직 아니니라."고 말씀하신 데 있다. 그 때는 알려져 있지 않다(그 때를 발견하는 사람은 누구든지 당연히 다니엘서에서 찾을 것이다). 이것은 비밀이기에 정통주의 학자들에게도 아직 드러나지 않았는데, 의심할 여지 없이 앞으로도 계시되지 않을 것은 정통주의 학자들이 다니엘서의 히브리어를 상고하기 때문인데, 결과적으로 그들은 계시의 실마리를 놓치고 있다. 하나님이 여러 언어를 후세에 전하여 위대한 진리를 계시하는 것은 비로소 여러분이 사전을 완벽하게 통달할 때이다. 성령 하나님은 "성경 구절들을 비교하여" 진리를 계시하는데 그분은 여러분이 이해하기를 바라는 것에 대해 그분의 최종적이고 안전한 말을 여러분이 발견할 때까지 하나님께서 쓰신 모든 것을 비교하신다. 이것은 어떤 사람이 환란 후 휴거와 재림 사이의 실제 날짜를 발견한다면 그것은 기도하는 마음으로 쉬운 영어 <킹제임스성경>과 상의함으로써 얻어질 것임은 당연하다. 이것은 헬라어 원문에서 결코 발견되지 않을 것이다!

14:6 또 내가 보니, 다른 천사가 하늘 한가운데로 날아가는데 그가 땅에 사는 자들과 모든 민족과 족속과 언어와 백성에게 전할 영원한 복음을 가지고
7 큰 음성으로 말하기를 "하나님을 두려워하며 그분께 영광을 돌리라. 이는 그분의 심판의 때가 이르렀음이라. 하늘과 땅과 바다와 물의 원천들을 지으신 그분께 경배드리라."고 하더라.

"하늘 한가운데로" 날아가는 이 천사는 또 하나의 복음을 전하는데 "바울이 전한 복음"이 아니다.

『그러나 우리뿐만 아니라 하늘에서 온 천사라도 우리가 너희에게 전한 것

외에 어떤 다른 복음을 전한다면 그는 저주를 받으리라』(갈 1:8).

여기서 우리는 한 천사가 "또 하나의 복음"을 전하는 것을 본다. 이 복음은 "영원한 복음"이라 한다. 이것은 캠벨파들에게 매우 엄청난 문제를 일으킨다. 만일 갈라디아서 1장이 마태복음 1장부터 계시록 22장까지의 모든 것을 말한다면 본문의 천사는 하나님께 저주받고 진리를 전하는 것이 아닌데, 시몬 베드로도 오순절에 그 진리를 전하지 않았다! 그것이 전부가 아니다! 만일 마태복음 1장에서 계시록 22장까지에 나타난 복음이 오직 하나의 복음뿐이라면 예수 그리스도는 이스라엘에 대한 그분의 지상 사역에서 매우 부주의한 셈이다. 예수 그리스도는 이스라엘의 누구에게도 "너희가 믿음으로 말미암아 은혜로 구원을 받았으니 이것은 너희에게서 난 것이 아니요 하나님의 선물이라."고 결코 말씀하지 않으셨다. 더욱이 그분은 그들 누구에게도 그들이 유대인들과 이방인들로 구성되어 믿는 자들의 한 몸이 되리라(고전 12:10-20)고 말씀하지 않으셨다.

이것은 모든 캠벨파들(그리스도의 교회)의 중요한 정신적 문제를 지적한다. 그들의 체계에서 성경을 반박하는 것은 설사 그들이 쉽게 안다 할지라도, 그들은 자기들의 입장을 하나님 말씀에 맞추어서 어떤 것도 반박하지 않도록 하는 것보다는 자기들의 입장을 고수하기 위해 오히려 성경을 반박한다. 예수님께서 이 땅에 계셨을 때 마태복음 10장에서 그분은 이스라엘에게만 전하셨다(마 10:3-6). 그분은 사도들에게 부활 전 후에 "병든 자들을 고쳐 주고, 문둥병자들을 깨끗게 하라. 또 죽은 자들을 살려 주며 마귀들을 내어 쫓으라."고 말씀하셨다(마 10:8, 막 16장). 이방인들의 사도인 바울은 그리스도인들에게 "문둥병자들을 깨끗게 하라."든지 "이스라엘 집의 잃어버린 양"에게만 전파하라는 사명을 부여하는 글을 쓴 적이 없다. 그리스도인들이 "모든 사람들"에게 복음을 전해야 하는 것은 사명이나 마가복음 16장에서 열한 사도에게 주어진 온전한 사명은 이 시대의 그리스도인들에 의해서는 결코 수행되지 않았다!

『**또 주께서 그들에게 말씀하시기를 "너희는 온 세상에 가서 모든 피조물에게 복음을 전파하라**』(막 16:15).

사도들은 모든 사람들에게 복음을 전파하라는 말을 듣는데 예루살렘을 떠나기도 하고 머물기도 한다(행 8,15장). 그들은 할례자들을 위한 사도들이며 이방인들을 위한 사도들이 아니었다(갈 2장).

『믿고 침례를 받는 자는 구원을 받을 것이나 믿지 않는 자는 정죄함을 받으리라』(막 16:16).

가련한 캠벨파 장로들은 이 구절을 마치 그들이 "사도들의 믿음과 행위"의 굳건한 뿌리에 기반을 둔 것처럼 인용하지만, 그 다음 두 구절이 그들의 전체 체계를 정면으로 깨뜨린다는 것을 인식하지 못한다.

『믿는 자들에게는 이러한 표적들이 따르리니, 즉 내 이름으로 그들이 마귀들을 쫓아내고 또 새 방언들로 말하리라. 그들은 뱀들을 집을 것이요, 어떤 독을 마실지라도 결코 해를 입지 않을 것이며, 병자에게 안수하면 그들이 회복되리라."고 하시더라』(막 16:17,18).

이 구절들은 오직 사도들의 사역 기간에만 부여된 사도들의 "표적과 기사"이다. 사도들의 사역이 끝난 후에 표적과 기사는 사라진다. 이것은 캠벨파들을 매우 기이한 처지에 놓이게 하는데 왜냐하면 그들이 가장 좋아하는 구절은(행 2:38) 사도들이 특정한 유대인 무리에게 사역했던 매우 짧은 기간의 역사적 이야기에 불과하기 때문이다. 이 책(사도행전)이 끝나 버린 후 1900년을 지속한 위대한 은혜의 시대는 캠벨파 사역자들에게 알려지지 않은 기간이다. 그들은 자신들이 은혜의 시대에 있는 것조차 알지 못한다. 만일 갈라디아서 1:8,9이 사실이라면 여러분은 베드로가 이 복음을 전혀 전파하지 않았다는 사실을 어떻게 설명하겠는가? 베드로가 사도행전 2장에서 전파한 것은 여러분이 갈라디아서 2-4장에서 보는 내용이 아니며, 로마서 10:9,10, 요한복음 3장에서 보는 내용도 아니다! (베드로가 사도행전 2장에 설교했을 때는 요한복음이 쓰여지지 않았고, 갈라디아서도 계시록도 마찬가지이다.) 캠벨파들과 카톨릭 신자들은 갈라디아서 1:8,9을 사도행전 2장에서 계시록 22장까지 모두 적용되는 것처럼 말한다 그렇지만 사도행전 2장에서 베드로는 은혜의 복음을 전혀 알지 못했다. 그는 여전히 돼지고기를 금하고, 할례받고, 안식일을 지키고, 성전에서 예배드리는 유대인으로서, 사도행전 10장에서는 돼지고기 먹는 것을 주저했다! 그는 물침례(침례인 요한과 구약처럼)를 구원의 일부로 여전히 가르쳤고 그리스도께서 모든 사람의 죄를 위해 죽으셨다는 것을 전혀 말하지 않았다(고전 15:1-6과 비교). 사도행전 2장에서 그리스도께서 모든 사람의 죄를 위해 죽으셨다고 언급된 성경은 세상 어디에도 없다. 캠벨파 설교자들이 이런 문제에 직면할 수 없는 이유는 근본적으로 그들이 정신적인 문제를 안고 있기 때문이다. 그들이 "사탄에 사로잡혔거나," "이단"이라기보다는 단지 멍청해서이다. 계시록 14장에서 여러분은 다른 복음을 전하는 천사를 보는데 이 영원한 복음에는 "신생"이나 "부활," "십자가 수난"에 대해 한마디의 언급도 없다! 또한 침례에 관한 말도 없다!

『**큰 음성으로 말하기를** "하나님을 **두려워하며 그분께 영광을 돌리라**. **이는 그분의 심판의 때가 이르렀음이라**』(7절).

이것은 하나님의 은혜의 복음이 아니다! 바울이 계시록 14:7에서 이 천사가 말하는 것을 갈라디아서 1장에서 전했는가? 여러분, 사람이 성경에 기록된 대로 자기가 읽는 것을 믿지 않을 때 빠질 수 있는 혼란을 아는가? 예를 들면 사도행전 2:38,39이 그렇다. 『**베드로가 그들에게 답변하기를 "회개하라. 그리고 죄들을 사함받은 것으로 인하여 너희**[이스라엘의 집이다! 문맥을 보라.] **각자는** 예수 그리스도**의 이름으로 침례를 받으라. 그리하면 너희가** 성령**의 선물을 받으리라. 이 약속은 너희**[이스라엘의 집]**와 너희 자녀**[이스라엘의 집]**에게 한 것이며, 또한 먼 곳에 있는 모든 사람, 즉 주 우리** 하나님[이스라엘의 하나님이다. 문맥을 보라.]**께서 부르실 모든 사람에게 하신 것이라."고 하더라.**』

알렉산더 캠벨(Alexander Cambell)은 사도행전 2:38을 이방인의 "구원 계획"으로 인용하였다! 얼마나 미친 짓인가! 사도행전 2장의 전체 문맥은 이스라엘 집에 주어진 것이다. "너희 유대 사람들과 예루살렘에 거하는 모든 사람아"(행 2:14). "너희 이스라엘 사람들아, 이 말씀들을 들으라"(행 2:22). "그러므로 이스라엘의 온 집이 분명히 알 것은"(행 2:36).

사도행전 2장의 복음은 바울이 갈라디아서 1장에서 말하는 복음이 아니다. 바울은 갈라디아서 1장에서 하나님의 은혜의 복음을 말하고 있다(갈라디아서 1장은 오순절이 지난 수년 후에 쓰여졌다. 갈라디아서 1장이 쓰여졌을 때 하나님의 은혜의 복음은 매우 분명히 확립되었기 때문에 베드로도 그것을 전파하였다).

『**우리는** 주 예수 그리스도**의 은혜로 구원받는 것을 믿으며, 그들도 마찬가지니라**."**고 하더라**』(행 15:11).

바울은 베드로에게 이 복음을 가르쳤는데 그가 이것을 전한다. 사도행전 15장에는 "침례"라는 말이 한 번도 언급되지 않는다. 여러분은 캠벨파들이 그 명료한 구절들을 깨닫지 못함을 본다. 갈라디아서 1장에서 바울은 말하기를 천사라도 "어떤 다른 복음"을 전한다면 "저주를 받으리라."고 했는데, 다른 복음을 전하는 천사가 있으며 베드로도 그랬던 것이다! 이들은 단지 시기가 달랐을 뿐이다. 불쌍한 캠벨파들은 "말씀을 올바로 나누지" 못한다. 그들은 시기를 알지 못하고 계절을 알지 못하며 세대를 구분하지 못하는데 그 이유는 공부하지 않기 때뮤이다. 캠벨파들이 하는 일이란 캠벨파 설교자들의 논쟁과 설교들을 읽는 것으로, 그 설교자들은 여러분이 그들의 교회에 참여하지 않기에 그들이 더 훌륭한 사람들임을 입증하려고 애쓰는데, 그 이유는 그들이 "진실한 것"에 참여하는 데 충분한 감각이 있다고 생각하기 때문이다. 캠벨파들이 하는 모든 일은 결국 "남부 카톨릭 신자들"과 마찬가지이다. 여지껏 살았던 카톨릭 신자들 중에 침례의 중생을 가르치지 않은 자는 한 사람도 없고, 그의 교회가 그리스도의 유일한 참된 교회라고 배우지 않은 카톨릭 신자도 없다. 그러나 이런 가르침들이 시험받을 때 캠벨파들처럼 제대로 증명하지 못하게 하는 원인이 된다. 카톨릭 신자들과 캠벨파들 사이의 유일한 차이는 카톨릭 신자들은 "카톨릭"이라 불리는 것을 좋아하고, 캠벨파들은 사람들이 자기들을 "그리스도인"으로 생각하기를 바라는 것이다.

사도행전 2장에서 베드로는 한 복음을 전하고, 갈라디아서 1장에서 바울은 다른 복음을 전하며, 계시록 14장에서는 한 천사가 또 다른 복음을 전한다. 이리하여 성경은 모순된 책인가 하는 문제를 야기시킨다. 천만에! 시몬 베드로가 사도행전 2장에서 복음을 전파할 때는 33년경인데 그는 구약의 계시만 전파했다. 바울이 고린도전서 15장과 갈라디아서 1장에서 전파할 때 그는 이미 하나님의 은혜의 계시를 받았는데, 이것은 사도행전의 과도기에 이 세대로 들어온 것이다. 바울이 그의 서신서들을 쓸 때는 사도행전의 후반부인데 베드로, 야고보, 요한이 전혀 알지 못한 일들을 기록하고 있다. 카톨릭과 캠벨파들 둘 다 그들의 무지로 인해 유대인이고, 할례받은 사역자이며, 유대인들에게 사역한 베드로를 영원히 지지하는데, 베드로가 전한 교리들은 거듭난 교회인 이방인과는 전혀 관계 없음을 알지 못한다. 이것이 전형이다. 즉 바울 대신 베드로를 지지하는 것이다!

로마카톨릭이 이렇게 가르치는 것에 주목하라. 이것은 교황 회칙에 있는데, 정경 율법 학자이며 검열관인 존 구드윈(John A. Goodwine)이 뉴욕의 대주교인 스펠만(Francis Cardinal Spellman)의 출판 인가를 받은 "절대 반대해서는 안 되는" 내용이다. "반대 절대 불가"라는 뜻의 "Nihilobstat"와 "출판 인가" 표식은 그 출판물이 카톨릭의 절대적 교리임을 증거하는 것이다. 회칙 15페이지에 교리적인 언급으로 "카톨릭은 그리스도가 전파한 것, 오직 그것만 가르친다. 카톨릭 신자들은 그들의 믿음이 사도 교회의 믿음과 조금도 변함없음을 믿는다." 이것이 로마카톨릭 교회의 전형으로 바울 서신서들의 모든 교리적 내용을 거부한다. 예수님은 이스라엘에게 전하시고 바울은 이방인들에게 전했으며, 예수님은 마태복음 24장과 25장에서 행위의 구원을 전하시고 바울은 에베소서 2장에서 은혜의 구원을 전하였다. 여러분이 둘 중 하나를 경시하면 그 둘을 함께 이해하지 못할 텐데, 로마 교회와 캠벨파들은 바울을 밖으로 차 버리고 시몬 베드로의 사도행전과 그리스도의 지상 생애와 사역이 담긴 마태복음을 취한다. 물론 이것은 성경을 잘못 취급하는 경우이다. 여러분이 전하고 가르쳐야 할 모든 것이 예수 그리스도와 사도들의 전한 것과 가르침이라면 여러분은 하나님을 저버린 교회의 몰락자에 불과하다. 그들이 전하고 가르친 것 중 사분의 삼 이상이 십자가 수난 전이나 환란 때의 이스라엘에게 적용된다!

앞에서 언급한 카톨릭 책 11페이지에 있는 내용보다 더 진실한 말은 없다. "그래서 카톨릭 신자들에게 첫째로 '그 책(성경)이 뭐라고 말하는가?'라고 말하지 말라. 오히려 '교회의 가르침이 뭐라고 말하는가?'를 물으라." 즉 정직한 카톨릭 신자는 성경이 무엇을 말하는지에 대해 물어볼 기회도 허락되지 않는다. 성경이 어떤 것을 말했는데 "교회의 가르침"과 다를 때 그는 성경을 보는 즉시 던져 버릴 것이다. 그 말을 주목하라. "성경이 뭐라고 말하는가?"가 아니라 "교회의 가르침이 뭐라고 말하는가?"이다. 다시 그 책을 인용하면 "교회의 이 정통 시각은 카톨릭으로 하여금 교리를 감독하도록 하는데 왜냐하면 로마카톨릭 주교들은 신실한 하나님 메시지의 해설자들이기 때문이다. 이것은 주교들이나 로마의 대주교를 우상화하는 것이 아니라 카톨릭 교회 이론의 결과이다." 여기서 여러분은 카톨릭이 그 전체 권위를 이론에 근거하고 있다는 것을 인정하고 있음을 본다! 여러분은 이 말이 뉴욕의 대주교인 스펠만(Spellman)에 의해 "이상 없는" 것으로 인쇄되었음을 알 것이다. 그것이 캠벨추종자들과 카톨릭 해석의 전형이다. "교회"가 그들의 특별한 기관임은 주관적이고 가설적인 상상에 근거할 뿐이다. 주관적인 편견을 왜곡된 해석의 틀로 사용하는 이 가련하고 타락한 광신사들은 자기들의 교회가 "하나님 말씀"이라고 가르치도록 매구절을 억지로 해석한다. 그렇지만 그때마다 성령께서는 그들이 감당할 수 없는 짐을 부과하시는데 여기 계시록 14장의 천사와 사도행전 2장의 베드로가 그런 짐들 가운데 하나로 이들은 설사 바울이 갈라디아서 1장에서 말했을지라도 저주받지 않았다. 여러분이 헬라어 원문으로 이것 하나 감당하는지 보자!

영어 <킹제임스성경>이 참된 해석을 보일 것이다. 복음은 네 가지 형태인데

1. 우리는 "하나님의 은혜의 복음"을 가졌다. 이것은 이 시대의 기쁜 소식인데 하나님은 믿음으로 그분을 신뢰하는 어떤 죄인이라도 은혜로 구원하실 것이며, 이것은 로마서 10장과 로마서 4:5에 기록된 기쁜 소식이다. 『**행함이 없어도 불경건한 자를 의롭다 하시는 그분을 믿는 사람에게는 그의 믿음이 의로 여겨지느니라.**』

2. 하나님의 은혜의 복음은 로마서 2:16에서 바울이 "나의 복음"으로도 부른다. 하지만 "나의 복음"은 거듭난 성도들로 구성된 불러냄을 받은 교회, 즉 그리스도의 참된 몸에 대한 위대한 계시를 포함하는데(이 거듭난 성도들의 몸은 미국 해외 종군 군인 협회나 미국 위문 협회가 아닌 것처럼 카톨릭이나

캠벨파들의 기관이 아니다.), 성령으로 거듭난 이 성도들의 부름받음은 유대인과 이방인으로 구성되어 한 몸을 이룬다.

3. 우리는 "왕국"의 복음을 본다. 이것은 예수 그리스도가 이스라엘에게 전한 지상에 실현될 복음인데, 로마카톨릭 교회가 고백하는 유일하게 참된 가르침이다.

4. 마지막 복음은 "영원한 복음"이다. 이것은 이스라엘에게 주어진 천국의 기쁜 소식이 아니며, 하나님께서 죄인을 거듭나게 하여 그리스도의 몸이 되게 하시는 하나님 은혜의 기쁜 소식도 아니다. 다시 말해서 이것은 미래의 이방인들에 대한 회개의 메시지이다.

이렇게 우리는 복음의 네 가지 형태를 본다. 우리는 이스라엘에게 주어진 천국 복음과 구원받지 못한 죄인에게 주신 하나님 은혜의 복음과 그리스도의 몸인 교회에게 주신 바울의 복음을 소유하며, 환란 때의 이방인들에게 주신 영원한 복음을 본다.

『**큰 음성으로 말하기를** "하나님을 **두려워하며 그분께 영광을 돌리라. 이는 그분의 심판의 때가 이르렀음이라. 하늘과 땅과 바다와 물의 원천들을 지으신 그분께 경배드리라."고 하더라**』(7절). 주목할 것은 이방인들에 대한 메시지인데 (캠벨파들과 여호와의 증인들이 인용하기 좋아하는) 전도서 12장에서 솔로몬이 구약의 유대인들에게 말한 것처럼 "하나님을 두려워하고 그분의 계명들을 지키라."가 아니고, 본문은 "하나님을 두려워하며 그분께 영광을 돌리라."이다.

14:8 또 다른 천사가 뒤따라가며 말하기를 "큰 도성 바빌론이 무너졌도다, 무너졌도다. 이는 그녀가 모든 민족들에게 그녀의 음행으로 인한 진노의 포도주를 마시게 하였음이로다."라고 하더라.

이 구절은 왜 우리가 13장을 마치고 바로 17장을 공부했는지를 보여 준다. 그렇기 때문에 여러분은 14:8에서, 바벨론이 무너진 것을 보기 전에, 바벨론의 멸망을 알았던 것이다(이것은 여러분에게 계시록의 설명이 연속적인 역사가 아니라 동일한 사건에 대한 동시적인 설명임을 보여 준다. 계시록은 4장에서 19장까지 환란을 연속적으로 진행하는 역사에 대한 세세한 묘사가 아니고 환란과 그리스도의 재림을 네 번 설명하는데, 마치 마태, 마가, 누가, 그리고 요한복음이 그리스도의 초림을 네 번 설명하는 것과 같다).

14:9 **셋째 천사가 그들을 따라가며 큰 음성으로 말하기를 "누구든지 그 짐승과 그의 형상에게 경배하고 그의 표를 자기 이마나 손에 받는다면**
10 **그 역시** 하나님**의 진노의 포도주를 마시게 되리니, 그것은 그의 진노의 잔에 혼합하지 않고 부은 것이니라. 또 그 사람은 거룩한 천사들의 면전과** 어린양**의 면전에서 불과 유황으로 고통을 받으리니,**
11 **그 고통의 연기가 영원무궁토록 올라가리라. 그 짐승과 그의 형상에게 경배하고 그의 이름의 표를 받는 자는 누구든지 밤낮 쉼을 얻지 못하리라.**
12 **여기에 성도들의 인내가 있으며 여기에** 하나님**의 계명들과** 예수**의 믿음을 지키는 자들이 있느니라."고 하더라.**

우리는 앞장에서 철저하게 "짐승"을 살펴보았다. 우리는 그에 대해 그의 형상, 그의 표 및 그의 모든 것을 알아 보았다. 사람들은 환란 때에 생계를 유지하기 위해 그의 표를 받을 것이며, 그는 철저하게 조사되었기 때문에 여러분은 그를 분명하게 알아 볼 수 있다. 그를 경배하거나 그의 표를 받는 사람은 확실히 지옥으로 가게 되며 아무 희망이 없다. 그러므로 환란 때의 복음은 "끝까지 견디는" 것이다. 사람들이 "끝까지 견디지" 않거나 "짐승의 표"를 받아 하나님께 영광을 돌리지 않는다면 구원을 잃고 지옥에 가고 만다.

이들은 구세주가 죽어서 장사지낸 바 되었다가 죽은 자 가운데서 살아나 다시 오시는 것을 믿어야 한다. 그렇게 계획은 분명하다. 그리스도의 몸이 들림받은 후에 성령은 여전히 죄를 깨닫게 하고 사람들을 구원하시는데, 비록 그들이 "믿음을 통한 은혜로" 구원은 받지만 "믿음을 통한 은혜로" 보호되지는 않는데, 그 이유는 이 세대의 그리스도인들처럼 더 이상 그리스도의 몸으로 성령이 내주하지 않기 때문이다. 그리스도의 몸이 들림받은 후에 오는 세대는 사람이 예수 그리스도를 믿으면 "끝까지 견디기" 위해 하나님의 계명들을 지키면서 "하나님을 두려워하고 그분께 영광을 돌려야" 한다. 그가 유대인이라면 모세의 율법 아래 있고 이방인이라면 "짐승의 표"를 받지 말고 "끝까지 견뎌야" 한다. 로마 교황(그는 후에 예루살렘에 들어가 자신을 하나님으로 신격화 할 텐데 지금 멋진 출발을 하고 있다.)의 표시일 "짐승의 표"를 받는 사람은 저주를 받는다. 끝까지 견디는 사람들은 "양들"로 들어와서(마 25:31-40) "세상의 시초부터 그들을 위하여 준비된 그 왕국을 이어받는다." 그러나 짐승의 표를 받는 사람은 죽어서 지옥에 가는데 예수님께서 재림하실 때 불못에 던져진다(마 25:31-46). 여러분이 얼마나 선명하게 이 해석이 모든 성경 구절을 제자리에 두었는지 보라. 이것은 야고보서 1,2장, 히브리서 6,10장, 마태복음 24,25장, 마가복음 13장, 누가복음 17장, 히브리서 9장 등이 모두 환란의 문맥임을 뜻하는데, 그때는 믿음의 요소에 행위가 더해지고 모든 사람은 환란 끝까지 "짐승의 표"에 저항해야 한다. 그래서 환란 때에 여러분은 구원을 상실할 수 있다! 자, 이것은 침례교인이나 장로교인에게는 끔찍한 교리이지만 우리가 기억해야 할 것은 오래전부터 침례교인들이나 장로교인들은 <킹제임스성경>이 하나님 말씀임을 믿지 않았다. 미국의 정통주의 신학교에서 <킹제임스성경, 1611>을 하나님 말씀으로, 심지어는 가장 잘된 번역본으로 가르치거나 그렇게 믿는 곳은 한 군데도 없다. 결과적으로 필자가 지금 얘기하는 진리는, 1945년에 처음 가르쳤는데, 전천년주의 학자들에게는 알려져 있지 않다.

환란 때에는 다음과 같은 이유로 해서 구원을 잃을 수 있다.

1. 영적으로 할례받지 않는다.
2. 예수 그리스도의 몸이 아니다.
3. "거듭나지" 않는다.

4. 혼이 구약에서처럼 "몸에 붙고" 몸과 같은 뜻으로 말하게 된다(창 2:7의 주석 참조).

5. 구원은 조건적인 상황인데, 주님이 완성하신 일에 안식하는 대신 그 기간을 끝까지 견뎌야 한다.

6. 구원과 관련해서 계명들을 지켜야 하는 요소가 있는데, 이 계명들은 이 세대에는 부여되지 않았으나 이 때에는 "믿음"을 입증하기 위해 지켜야만 한다.

7. 그 기간은 이스라엘이 주도권을 회복하는 시대인데, 결과적으로 모세의 율법이 다시 행해진다.

필자는 디한 박사, 테오도르 엡, 존 R. 라이스, 그리고 다른 이들이 이런 내용을 찾지 못했음을 아는데, 물론 이 사람들이 많은 사역을 수행하여 구령하고, 책들을 쓰고, 성도들이 하나님 말씀에 뿌리 박도록 든든히 세우며, 말씀의 순전한 젖을 공급하는 훌륭한 일을 하지만, 하나님 말씀 자체에 대해서 깊은 기도 가운데 연구하고 탐구하는 데에는 별로 시간을 드리지 못한다는 것을 여러분은 기억해야 한다. 이들은 하나님의 사람들이지만 하나님 말씀이 기록된 대로 올바르게 해석하는 데 있어서, 즉 말씀이 단지 젖의 수준을 넘어가는 그런 구절들에 있어서는 여러분이 이들에게서 어떤 도움을 얻지 못할 것이다. 여러분이 진정한 도움을 얻으려면 <킹제임스성경, 1611>을 상고해야 한다.

14장을 공부하면서 우리는 지옥을 다루는 구절에 이르렀다. "동정들"(virgins)로 불리는 환란성도들을 언급하면서 우리는 14:9-11에서 "끝까지 견디지" 못한 자들의 상황을 묘사한 장면을 보는 것이다.

『**셋째 천사가 그들을 따라가며 큰 음성으로 말하기를 "누구든지 그 짐승과 그의 형상에게 경배하고 그의 표를 자기 이마나 손에 받는다면 그 역시** 하나님**의 진노의 포도주를 마시게 되리니, 그것은 그의 진노의 잔에 혼합하지 않고 부은 것이니라. 또 그 사람은 거룩한 천사들의 면전과** 어린양**의 면전에서 불과 유황으로 고통을 받으리니**』(9,10절).

『**진노의 잔**』 이것은 주 예수 그리스도가 겟세마네 동산에서 마시기를 원치 않았던 것과 같은 잔이다. 성경은 이 "잔"이 하나님의 "진노의 포도주"로 부어진 것임을 나타낸다(사 51:17). 이것은 죄에 대한 하나님의 진노이며 심판이다. 이것은 예수 그리스도께서 지나가게 해달라고 기도했으나 죄인의 자리에 서기 위해 마셔야 했던 잔이다. 이 잔은 죽는 것과는 아무 관련이 없는데 특히 십자가에서의 죽음과는 전혀 관계가 없다. 이 잔은 죄인에게 있어서 죄의 삯과 온전히 관계가 있다. 이 잔에 대한 관련 구절은 예레미야 25:15, 이사야 51:17이다.

『**또 그 사람은 거룩한 천사들의 면전과** 어린양**의 면전에서 불과 유황으로 고통을 받으리니 그 고통의 연기가 영원무궁토록 올라가리라**. **그 짐승과 그의 형상에게 경배하고 그의 이름의 표를 받는 자는 누구든지 밤낮 쉼을 얻지 못하리라**』(10,11절).

이것은 구원받지 못한 자들이 지옥에서 받는 영원한 형벌에 관해 신약에서 가장 잘 묘사된 구절들 가운데 하나이다. 미국에 있는 대부분의 사람이 아주 그럴듯한 이유로 해서 실제적인 지옥을 믿지 않는 것을 말하지 않을 수 없는데 그들은 거기에 갈 것이다! 설교자들이 지옥을 전하지 않는다는 사실은 지옥에 에어콘을 설치했다거나 혁신 내지는 새롭게 수리했거나 하는 그런 신호가 아니다. 이 세대의 비극 가운데 하나는 "지옥 불"에 대한 설교가 강단에서 사라졌다는 것이다. 미국에서 성경대로 믿는 설교자들조차도 문자적으로 영원히 불타는 지옥에 대해 설교하는 것을 부끄럽게 여기는 때에 이르렀다. 그들이 두려워하기 때문에 이 진리는 비이성적이며, 비논리적이고, 지적이지 못한 것으로, 그들이 이 진리를 전하면 구닥다리, 광신자 내지는 "미운 오리새끼"로 낙인찍힐 것이기에 잠자코 있다. 이러한 분위기가 오늘날 미국에서 상식으로 통하며, "사도신경"에서도 그리스도가 "지옥에 내려가셨다."는 이 지옥에 대한 말이 빠져 있나. 세칠일안식일예수재림교와 여호와의 증인들은 여러분이 전멸될 것으로 결정을 내렸다. 자유주의자들, 공산주의자들, 여호와의 증인들과 영국의 이스라엘인들은 "만사가 잘 되어가며 지옥은 없다."고 모두 결정을 내렸다. 그럼에도 실제적인 지옥을 거부하는 구절이 신약에서는 발견되지 않는다. 어떤 유명한 헬라어 학자가, 다른 학자들처럼 잘못 인도받았음에도 여전히 그의 헬라어에 관한 업적은 알려져 있는데, "사람들이 실제로 불타는 영원한 지옥에 대한 믿음을 망각할지라도 그들은 헬라어 신약에 근거한 지옥에 대한 믿음을 저버린 것은 아니다."라고 말한 적이 있다. 필자는 그들이 영어 신약에 근거한 지옥에 대한 믿음을 저버린 것도 아니라고 추가하고 싶다. 영어 신약과 헬라어 신약은 문자적으로 불타는 영원한 지옥을 가르친다! 이것이 그렇게 인기 없는 교리이고, 미움받는 교리이며, "거친" 교리이기 때문에 미국의 대부분의 설교자는 이것이 성경의 교리라는 믿음을 저버렸다. 여러분은 <확대역본, *Amplified Version*>과 ASV처럼 보수주의자들이 번역한 최상의 "성서들"이 "지옥" 낱말 번역하기를 거부했음을 주목할 것이다. 그들이 헬라어에서 "hades"(지옥)라는 낱말을 보는 곳에서 그들은 그것을 번역하지 않고 "hades"(하데스)로 음역하였는데, 이것은 번역이 아니다("Hades"는 'ades'의 음역이다. 새 "성서들"은 번역하기를 꺼려했다). 그들은 헬라어 "*우라노스*"(uranos)를 "천국"으로 번역하면서도, 헬라어 "hades"를 "지옥"으로 번역하지 않는다. 쉽게 말해서 여러분이 헬라인이면 지옥에 갈 것이나(눅 16:19-21) 영어를 쓰는 사람이므로 천국에 간다는 것이다(고후 12:1-4). 이것은 훌륭한 현대 번역자들이 하나님 말씀을 대하는 그들의 참된 태도를 보여 준다. 필자는 (그리스도의 심판석의 어떤 반박도 개의치 않고) 오늘날 시판되는 최상의 번역본들이 성경에 대해 눈먼 모기의 왼쪽눈을 자극할 만큼의 경외심도 없는 사람들에 의해 번역되었다고 말하련다.

W.O.H. 가먼(Garman)이 "현대 전 세계의 배교 추세"에서 인용한 노스웨스턴 대학의 한 교수가 실시한 여론 조사에서 우리는 다음 내용을 본다.

회중교회 목사 중 96%가 문자적인 지옥을 믿지 않음.

루터교 목사 중 30%가 문자적인 지옥을 믿지 않음.

성공회 목사 중 96%가 문자적인 지옥을 믿지 않음.

장로교 목사 중 85%가 문자적인 지옥을 믿지 않음.

감리교 목사 중 92%가 문자적인 지옥을 믿지 않음.

침례교 목사 중 50%가 문자적인 지옥을 믿지 않음.

대부분의 설교자가 더 이상 지옥을 설교하지 않는 것은 그것을 믿지 않기 때문이며, 그들이 믿지 않는 것은 거기로 향하고 있기 때문이다. 여러분이 지옥을 혁신하고 에어콘으로 장식하는 데 분주한 어떤 사람을 본다면, 그가 곧 그곳으로 갈 것임을 확신할 수 있다.

하지만 우리는 신약에서 지옥이 결코 꺼지지 않는 실제적인 불로 타오르는 실제적인 장소로, 거기에서 태워지는 죄인들은 그들이 육체적인 몸 대신 혼적인 몸을 가졌기에(계 6:9,10 주석 참조) 결코 소멸되지 않는다고 하는 구절들을 조사해야 한다.

『**그 역시** 하나님**의 진노의 포도주를 마시게 되리니, 그것은 그의 진노의 잔에 혼합하지 않고 부은 것이니라. 또 그 사람은 거룩한 천사들의 면전과** 어린 양**의 면전에서 불과 유황으로 고통을 받으리니, 그 고통의 연기가 영원무궁토록 올라가리라. 그 짐승과 그의 형상에게 경배하고 그의 이름의 표를 받는 자는 누구든지 밤낮 쉼을 얻지 못하리라**』(10,11절).

어떤 사람들은 "연기"는 세세토록 올라가도 "고통"은 영원히 계속되지 않는다고 말한다. 그러나 그 구절은 "그 고통의 연기가 영원무궁토록 올라가리라."(11절), 또 "그 사람은... 불과 유황으로 고통을 받으리니"라고 말한다.

『**그러나 그 짐승이 잡히고, 짐승 앞에서 기적들을 행하던 거짓 선지자도 그와 함께 잡혔으니 그는 짐승과 더불어 그 짐승의 표를 받은 자들과 그의 형상에 경배한 자들을 속이던 자라. 이 둘이 유황으로 불타오르는 불못에 산 채로 던져지더라**』(계 19:20).

이곳은 "유황으로 불타는 불못"임을 주목하라.

『**그들을 미혹하던 마귀가 불과 유황 못에 던져지니 그곳에는 그 짐승과 거짓 선지자도 있어 영원무궁토록 밤낮 고통을 받으리라**』(계 20:10).

사탄이 이 동일한 "불못"에 던져지는데 짐승과 거짓 선지자도 거기에 함께 있어서 "영원무궁토록 밤낮 고통을 받으리라"(계 14:11).

『그러나 두려워하는 자들과 믿지 아니하는 자들과 가증스런 자들과 살인자들과 음행하는 자들과 마술하는 자들과 우상 숭배하는 자들과 모든 거짓말하는 자들은 불과 유황이 타는 못에 참여하리니 이것이 둘째 사망이라."고 하시더라』(계 21:8).

그들이 불에 소멸될 것이라고 말하지 않고 거기에 "참여하리라"고 한다. 불과 유황이 타는 이 못의 연기는 "영원무궁토록" 올라간다. 거기에 있는 사람들은 영원히 고통받는다. 사탄이 거기에 있으며 영원히 고통받는다. 짐승과 거짓 선지자가 거기에 있으며 영원히 고통받는다. 그들의 고통의 연기가 "밤낮" 영원무궁토록 올라간다. "그들은 쉬지 못하고" 밤이나 낮이나 영원토록 고통받는다. 여러분이 성경에 기록된 대로 믿기만 하면 이것은 너무나 명백하다(그러나 여러분 가운데 많은 이가 여러 가지 이유로 믿지 않으며, 믿지 않을 것이고, 믿을 수 없는 것이다. 이 다양한 이유의 대부분은 한 낱말로 모아지는데 그것은 죄이다).

『너희는 그 쓸모없는 종을 바깥 흑암에 내어 던지라. 거기서 울며 이를 갈고 있으리라』(마 25:30).

이것은 여호와의 증인들에게 흥미로운 문제를 야기시킨다. 만일 "지옥"이 무덤이라면 러셀(Judge Russel)은 "바깥 흑암" 어디에 있는가? 만일 사람들이 "무덤"에서처럼 지옥에서 사라진다면, 바깥 흑암에서 울며 통곡하고 이를 갈 사람들에게 무슨 일이 일어나겠는가? 그들의 고통이 끝날 것이라고 하는 어떤 말도 없고, 그들이 바깥 흑암에서 돌아온다고 말할 어떤 여지도 없다.

『자기의 수치를 거품처럼 내뿜는 바다의 성난 파도며, 유리하는 별들이니 이들에게 캄캄한 흑암이 영원히 간직되어 있느니라』(유 1:13).

유다서 1:13에서 무덤에서 썩는 어떤 자에 대한 언급도 없으며, 어떤 자도 지옥에서 소멸된다고 말하지 않는다.

『이들은 물 없는 샘이요, 폭풍에 밀려다니는 구름이니 이들을 위하여 흑암의 안개가 영원히 간직되어 있느니라』(벧후 2:17).

이 구절은 무덤과는 상관없는데 바깥 흑암을 언급하기 때문이다.

『그때에 왕이 왼편에 있는 자들에게도 말하기를 '너희 저주받은 자들아,

내게서 떠나 마귀와 그의 천사들을 위하여 준비한 영원한 불 속으로 들어가라』(마 25:41).

여러분은 계시록 20:10에서 사탄이 『**불과 유황 못에 던져지니 그곳에는 그 짐승과 거짓 선지자도 있어 영원무궁토록 밤낮 고통을 받으리라.**』고 조금 전에 읽었다. 마태복음 25:41에서 주님은 어떤 이들에게 "너희 저주받은 자들아, 내게서 떠나 마귀와 그의 천사들을 위하여 준비한 영원한 불 속으로 들어가라."고 말씀하신다.

"영원한"이란 낱말을 주목하라. 이것은 요한복음 3:16에 있는 낱말과 동일하다. 『하나님**께서 세상을 이처럼 사랑하셔서 그의** 독생자를 **주셨으니, 이는 그를 믿는 사람은 누구든지 멸망하지 않고 영생을 얻게 하려 하심이니라**』(요 3:16).

그래서 "영원한 불"은 "영생"처럼 그렇게 오래 지속된다. 영원한 저주가 영원한 구원처럼 그렇게 오래 지속된다. 하나님께서 사라져 없어지는(필자는 매우 경건하게 말하는데) 날이 여러분에게 내리는 저주가 끝나는 날이 될 것이며, 그 전까지는 단 일 분도 아닐 것이다.

『**그러므로 이들은 영원한 형벌에 들어갈 것이라. 그러나 의인들은 영원한 생명으로 들어가리라."고 하시더라**』(마 25:46).

『**영원한 형벌**』은 형벌이 끝나지 않음을 뜻한다. 여러분은 이 표현이 "오랜 시간"을 의미한다고 생각할 것이다. 만일 그렇다면 요한복음 3:16에서 "영원한"은 무슨 뜻이란 말인가? 여지껏 살았던 여호와의 증인들 가운데 "영생"을 믿지 않은 자는 한 사람도 없는데, 그들이 지옥을 언급한 동일한 낱말을 볼 때 거기서는 "영원한"임을 믿지 않는다면 사람들이 이상하지 않은가? 왜 여러분은 영원히 끝이 없는 영생을 믿는 사람이 영원히 끝없는 지옥에 대해서는 단지 잠시라고 생각하는가? (터무니없지 않은가, 이 사람아!) 왜냐하면 모든 구원받지 않은 사람은 죄의 기질과 도덕적인 이유 때문에 문자적인 지옥을 거부하는 것인데 이러한 이유는 문자적인 지옥에서 해방된 사람들에게는 매우 분명하다.

『**그러므로 이들은 영원한 형벌에 들어갈 것이라. 그러나 의인들은 영원한**

생명으로 들어가리라."고 하시더라』(마 25:46).

"영원한 생명"과 "영원한 형벌"의 대조를 주목하라. 영원한 죽음이라고 말하지 않고 영원한 형벌이라고 한다. 여러분은 한 시체에게도 형벌을 내릴 수 없다! 이 형벌은 특별한 정서가 느껴지는 어떤 것으로 말해진다.

『**땅의 흙 속에서 잠자는 많은 사람들이 깨어날 것이며, 얼마는 영원한 생명을 얻겠고 얼마는 수치와 영원한 모욕을 받으리라**』(단 12:2).

구원받지 않은 자들은 이 형벌로 응답이 있음을 주목하라. 시체는 어떤 것에도 반응하지 않는다! "영원한 수치"는 감정이며, "영원한 모욕"은 정서이다. "거듭난" 성도가 영원한 생명을 갖는 만큼이나 분명히 구원받지 않은 죄인은 수치와 모욕과 형벌의 영원한 저주를 받는다.

만일 무덤이 지옥이라면 모든 거듭난 그리스도인은 죽어서 "지옥"에 가는 것이다. 그렇게 생각해 본 적이 있는가? 그리스도인들은 죽으면 무덤에 간다. 그렇지 않은가? 나사로는 구원받았고 장사지내졌으며, 바울도 구원받았고 장사지내졌고, 베드로도, 마틴 루터도, 요한 웨슬리도 마찬가지였다. 여러분은 그들이 "지옥"에 있다고 필자에게 말하려는가?(여러분 사람들이 얼마나 터무니없는지 아는가? 그 가련한 멍청이들은 성경이 그 낱말에 대해 뭐라고 말하는지 알아볼 여유를 갖기 전에 헬라어 사전을 들고 한 낱말은 다른 낱말임을 입증하려고 애쓴다). "무덤"이 지옥이 아닌 것은 상식이다. 무덤이 지옥이라면 모든 개, 고양이, 새, 박쥐, 벌, 그리스도인들, 불교도들, 무신론자들, 카톨릭 신자들, 프로테스탄트들, 유대인들, 여호와의 증인들마저 지옥에 가는 것이다. 여호와의 증인들도 장사지낸다. 그렇지 않은가? 여러분이 어떤 여호와의 증인에게 그가 지옥에 간다고 말하면 몹시 분개할 것이다! 『**내가 내 친구들인 너희에게 말하노니 몸을 죽이고 난 후 더 이상 아무 일도 할 수 없는 자들을 두려워하지 말라. 그러나 너희가 누구를 두려워해야 하는지 내가 보여 주리라. 죽인 후에 지옥에 던져 넣는 권세를 가진 그분을 두려워하라. 정녕, 내가 너희에게 말하노니 그분을 두려워하라**』(눅 12:4,5).

여러분은 몸을 죽일 수 있을 뿐인 자들을 두려워할 필요가 없는데, 그들이 몸에 할 수 있는 모든 일은 무덤에 장사하는 것이기 때문이다. "죽인 후에 지옥에 던져넣는 권세를 가진 그분을 두려워하라." 여러분이 보듯이 단지 "몸을 죽여서" 무덤에 장사하는 것보다 더한 일이 있는 것이다. 하나님은 여러분이 죽은 후에 여러분을 지옥에 던질 수 있다! 무덤을 파는 어떤 인부라도 여러분을 무덤에 던질 힘이 있고 장의사 역시 같은 힘을 갖고 있다. 여러분은 지옥이 "무덤"이라고 가르치는 불합리를 보지 못하는가? 지옥에 가는 것은 "무덤에 가는 것"이 아니다. 여러분의 몸은 무덤으로 가고 여러분의 혼은 지옥으로 가는데, 그곳은 영원한 수치와 영원한 고통과 영원한 형벌이 있다. 성경은 이곳에 대해 거듭, 거듭, 거듭, 거듭, 거듭 되풀이하기에 아주 명백하다. 왜 사람들은 이것을 계속 혼동하고 있는가? 지옥이 무덤보다 더 나쁘다는 것은 상식이다. 지옥에서는 울며 통곡하고 이를 갈지만 무덤에서는 그런 일이 없고, 지옥에서는 기도해도 무덤에서는 그렇지 않다. 여러분은 이 나라의 모든 무덤을 파헤쳐도 "울며 통곡하고 이를 가는" 무덤은 하나도 보지 못할 것이다. 또한 어떤 무덤을 파더라도 "불타는 용광로"를 보지는 못할 것이다.

여러분이 복음을 붙들기 바란다. 우리 주 예수 그리스도의 말씀을 보자.

『**그리하여 그들을 불타는 용광로 속으로 던지리니, 거기서 울며 이를 갈고 있으리라**』(마 13:42).

『**그들을 던지리니**』 여러분은 조금 전에 누가복음 12:5에서 "지옥에 던질" 수 있는 그분을 두려워하라고 읽었다. 하나님은 여러분을 잔디밭에 파 놓은 공동묘지로 던지시지 않는다.

『**그들을 불타는 용광로 속으로 던지리니, 거기서 울며 이를 갈고 있으리라**』(마 13:50).

『**불타는 용광로**』 이것은 특정한 곳이다. 어떤 사람들은 그것이 비유에 불과하다고 했지만, 이것은 여러분이 대단히 잘못 알고 있는 장소이다. 왜냐하면 비유는 바로 앞에서 설명되었기 때문이다.

『**그후에** 예수**께서 무리를 보내시고 집으로 들어가시니, 제자들이 와서 말씀드리기를 "밭의 독보리의 비유를 우리에게 설명하여 주소서."라고 하니, 주께서 그들에게 대답하여 말씀하시기를 "**[1]**좋은 씨를 뿌리는 자는** 인자요, [2]**밭은 세상이며,** [3]**좋은 씨는 왕국의 자녀들이니라. 그러나** [4]**독보리는 악**

한 자의 자녀들이요, [5]독보리를 뿌린 그 원수는 마귀이며, [6]추수는 세상의 끝이요, [7]추수꾼들은 천사들이니라. 그러므로 독보리를 거두어서 [8]불에 태웠듯이, 이 세상의 끝에도 그렇게 되리라』(마 13:36-40).

불이 무엇인가? 그것은 불이다! 여러분 그분이 방금 뭐라고 하셨는지 알겠는가? 그분은 비유의 모든 내용에서 법칙이나 의미를 두셨지만 "불"은 예외였다. 여러분은 그 이유을 아는가? 왜냐하면 "불"은 불이기 때문이다! 분명하지 않은가? 여러분은 독보리가 누구인지 아는가? 그들은 악한 자의 자녀들이다. 원수가 누구인지 아는가? 그는 사탄이다. 밭이 무엇인지 아는가? 세상이다. 씨를 뿌리는 이는 누구겠는가? 예수님이시다. 좋은 씨는 누구인지 아는가? 왕국의 자녀들이다. 추수는 무엇인지 아는가? 세상의 끝이다. 추수꾼들은 누구인지 아는가? 천사들이다. 불은 무엇인지 아는가? 그것은 불이다. 바로 글자 그대로 불이다.

"불"에 대해서는 어떤 의미도 부여되지 않았는데, "불"은 "불"이기 때문이다.

『**나는 정녕 회개시키기 위하여 너희에게 물로 침례를 주거니와 내 뒤에 오시는 분은 나보다 더 능력이 많으시니, 나는 그분의 신을 들 만한 자격도 없느니라. 그분은** 성령**으로 또 불로 너희에게 침례를 주시리라. 그분은 손에 키를 들고 자기의 타작마당을 철저히 정결케 하시며, 알곡은 모아서 창고에 들이실 것이나, 쭉정이는 꺼지지 않는 불로 데우시리라."고 하니라**』(마 3:11,12).

여러분은 그리스도인들이 "성령과 불의 침례"를 받으려고 기도하는 것을 들었을 것이다. 친구여, 자네는 불침례를 받지 않는 것이 좋을 걸세, 불침례를 받는다면 자네는 지옥에서 핫도그처럼 튀겨지고 말거야. 왜냐하면 자네가 여기서 침례받는 그 "불"은 "꺼지지 않음"을 주목하라구. 그것은 지옥 불이라네! 자네를 거듭나게 하는 불이 아니란 말이야. 어떤 친구는 "나는 성령과 불의 침례를 받았어."라고 말한다. 글쎄 불이 그 친구 머리 위에 왜 내리지 않았을까? 마태복음 3:12은 "꺼지지 않는" 불이다. "알곡"은 성령의 침례를 받고 창고에 들어간다. "쭉정이"는 쓸모없는 부분이기에 "불침례"를 받는다.

『**요한은 정녕 물로 침례를 주었으나 너희는 여러 날이 지나지 않아** 성령으

로 침례를 받으리라."고 하시더라』(행 1:5).

"불"이 없는 것을 주목하라. 성령은 이것을 가리키기 위해서 매우 주의하셨다(주 예수 그리스도를 미워하고 성령께 저항하는 사람들은 결코 그렇게 주의 깊이 읽지 못한다). 어떤 사람들은 "그런데 사도행전 2장 등에서는"이라고 말할 것이다.

『**거기에 불 같은 모양으로 갈라진 혀들이 나타나 그들 각 사람 위에 머물더니**』(행 2:3).

그들에게 임했던 것은 "불 같은 모양으로 갈라진 혀들"이었다. 불이 아니라 불 같은 것이다. 성령께서 얼마나 주의 깊게 오순절 무리들을 바로잡으셨는지 알 것이다. 오순절의 회개는 성령에 대해 전혀 아무 의미가 없다. 필자가 다른 교파를 비판하는 것을 여러분이 어떻게 생각하든지 간에, 성령께서 하나님 말씀을 기록한 부분에서 그분은 어떤 사람들의 "회개"에 대해 하등의 경의를 표시하지 않는다.

시몬 베드로가 마태복음 3:11을 인용할 때 "불로"를 빠뜨렸음을 주목하라.

『**그때에 내가 주의 말씀, 곧 '요한은 정녕 물로 침례를 주었으나, 너희는** 성령**으로 침례를 받으리라.'고 말씀하신 것을 기억했노라**』(행 11:16).

주목하라, 불은 아니다!! 사도행전의 어떤 사람도 불로 침례받은 적이 없는데, 지옥에 간 구원받지 못한 죄인들은 예외이다. 불 침례는 저주의 침례이다.

자, 잠시 여담을 하겠는데 여호와의 증인들과 제칠일안식일예수재림교, 캠벨파들, 카톨릭 등등이 사람은 지옥에서 불타지 않음을 입증하기 위해 사용하는 구절들을 살펴보자(물론 카톨릭은 카멜레온 같은데 중간적인 입장을 취해서 여러분은 잠시 동안 불타다가 그 다음에 나온다고 한다!).

『**보라, 이는 화덕같이 탈 그 날이 오기 때문이니, 교만한 자와 악을 행하는 자는 정녕 다 그루터기가 되리라. 오는 그 날이 그들을 태우리니, 뿌리나 가지도 그들에게 남기지 아니하리라. 만군의 주가 말하노라... 또 너희는 악인들을 짓밟으리니, 이는 내가 이것을 행하는 날에 그들이 너희 발바닥 밑에 재가 될 것이기 때문이라. 만군의 주가 말하노라**』(말 4:1,3).

말라키 4:1은 악인들이 태워져서 재밖에는 아무것도 남지 않는다는 것이다(말 4:3). 이것은 여호와의 증인들이 "소멸"을 가르치는 증거로 삼는 구절이다. 이것은 "믿는다"고 생각하는 사람들이 이 나라에서 행하는 엉터리 주석의 전형이다. 구절을 보라(여러분은 이 구절을 이해하기 위해 어떤 교육도 필요치 않다).

『보라, 이는 화덕같이 탈 그 "날"이 오기 때문이니』『내가 이것을 행하는 "날"에』『주의 크고 무서운 "날"이 오기 전에』(말 4:1,3,5).

지옥에 대한 말은 전혀 없다. 사람이 지금 죽으면 지옥에 간다는 말도 없다. 이것은 "주의 날"로 그리스도의 재림을 말한다.

『보라, 이는 화덕같이 탈 그 날이 오기 때문이니, 교만한 자와 악을 행하는 자는 정녕 다 그루터기가 되리라. 오는 그 날이 그들을 태우리니, 뿌리나 가지도 그들에게 남기지 아니하리라. 만군의 주가 말하노라』(말 4:1).

그들의 몸은 말라키 4:3에서 "재"이다. 성도들이 예수 그리스도의 재림 때에 돌아와서 죽은 시체들 무더기 위를 지날 때 그들은 문자 그대로 재를 밟는 것이다. 그러나 땅 밑에 혹은 영원에서 불못인 "지옥"으로 불리는 곳에 대해서는 아무 언급이 없다. 말라키 4장에서 지옥에 대한 말은 한마디도 없다.

『그러나 악인은 세상에서 끊어질 것이며, 범죄자들은 그로부터 뽑히리라』(잠 2:22).

성령께서 얼마나 주의 깊게 여러분에게 악인들이 "끊어지고" "검불"이 되는 장소가, 지면에서 사라지는 그들의 소멸과 관계 있는지 나타냄을 주목하라. 이것은 지금의 삶이 전제된 어떤 관련 구절도 아니다.

그리스도께서는 "이제 도끼가 나무 뿌리에 놓였다."고 말씀하셨다.

뿌리가 죽는다! 그들은 여러분 발 밑의 "그루터기"같이 될 것이며, "뿌리나 가지도 남지 않을 것이다"(말 4:1). 뿌리나 가지도 남지 않는다. 왜? 그들은 뿌리까지 뽑히기 때문이다(잠 2:22). 악인들은 끊어져서, 그루터기처럼 되고, 뿌리가 뽑히며, 뿌리도 가지도 남지 않을 것이다. 이보다 더 쉽게 말할 수는 없다. 이 모든 문맥에서 악인들이 죽임당하여 지면에서 사라지는 것을 말하고 있다.

여러분은 여호와의 증인들이 "소멸"을 주장하는데 애용하는 구절들이 구약에 있음을 주목할 것이다. 여러분은 어떤 사람이라도 부활 후의 구절을 가지고 자신을 지옥에 가도록 스스로 저주하는 경우를 자주 볼 수 없지만, 캠벨파들은 가끔 그 짓을 한다! 자, 어떤 사람이 사람은 지옥에 있는 것을 의식하지 못한다거나, 지옥에서 소멸된다든지, 또는 지옥에 있는 것을 전혀 모르기 때문에 지옥불이 그를 태운다 해도 어떤 불길도 느낄 수 없음을 입증하는데 사용할 전형적인 구절을 보도록 하자(이 구절을 이해하기 위해 여러분은 다시 갈보리의 반대쪽으로 돌아가서 어떤 바울 서신서도 읽지 않은 것으로 가장해야 한다!).

『**살아 있는 모든 자에게 참여하는 자에게는 소망이 있나니, 이는 살아 있는 개가 죽은 사자보다 나음이라. 살아 있는 자들은 그들이 죽을 것을 알지만 죽은 자는 아무것도 모르며 그들은 더 이상 상도 받지 못하나니, 이는 그들에 대한 기억이 잊혀짐이라. 뿐만 아니라 그들의 사랑과 그들의 증오와 그들의 시기도 이제 사라지고 해 아래서 행해지는 어떤 것에서 더 이상의 몫을 영원히 얻지 못하느니라**』(전 9:4-6).

이 말은 "죽은 자들"은 아무것도 알지 못한다는 것인데, 죽은 자들이 "아무것도 알지 못한다."면 어떻게 그들이 자기들을 태우는 지옥불을 느낄 수 있는가? 이것은 지옥을 모르는 사람들이나 인용하는 구절이다. 다시 말해서 이것은 해석을 아주 멍청하게 한 것이다. 결국 이 구절들은 "해 아래" 있는 사람의 의견에 불과하다. 자기 의견을 제시하는 이런 사람은 여러분에게 단지 자기 의견을 말할 뿐이다.

『**예루살렘에 있는 왕, 다윗의 아들** 전도자의 **말씀이라**』(전 1:1).

전도서는 성령이 주신 그리스도인의 교리라고 결코 말하지 않는다. 이 책은 "다윗의 아들, 예루살렘의 왕인 전도자의 말씀이다." 이 책은 신약 기독교 교리의 연재물이 아니다. 전도서는 이제껏 살았던 사람 중에 가장 지혜로운 사람인 솔로몬의 책으로 그는 자기에게 계시된 삶을 통해 삶과 죽음을 표현하려고 노력하였다. 솔로몬이 삶을 묘사하느라 애쓴 그 시대에 성경은 반도 기록되지 않았다. 이런 책을 인용하는 것은 성경을 억지로 풀다가 "스스로 멸망에 이르는"(벧후 3:16) 사람들의 전형이다.

전도서는 그리스도인 교리서가 아니다. "해 아래" 표현이 이 책에서 29번 나온다. 전도서 1:3,9과 14; 2:11,17,18,19,20과 22; 3:16; 4:1,3,7과 15; 5:13,18, 6:1,12; 8:9,15(두 번)과 17; 9:3,6,9(두 번),11과 13; 10:5인데, 여러분은 이 책이 "해 아래"의 삶을 묘사했음을 본다. 이 책에 땅 밑에나 영원에서 불타는 어떤 사람들에 대해서는 전혀 언급이 없다. 이 책은 사람이(자연인) 자기가 소유한 자연 계시의 능력으로 삶을 표현한 흔적이다. 누구라도 이런 내용을 말할 수 있다면 이 책의 결론에 동의할 것이다.

『**전체 일의 결론을 들을지니,** 하나님을 **두려워하고 그의 계명들을 지키라. 이것이 사람의 모든 의무니 이는** 하나님**께서 선이든 악이든 모든 행위와 모든 은밀한 것들을 심판하실 것임이라**』(전 12:13,14).

이 책의 결론인 "하나님을 두려워하고 그분의 계명을 지키라."는 명령은 복음이 아니다. 복음은 "성경대로 그리스도께서 우리의 죄들을 인하여 죽으시고 장사되셨다가 성경대로 셋째 날에 다시 살아나셨다."는 것이다(고전 15:1–6). 그러므로 여러분이 천국과 지옥, 신약의 구원에 대해 직접적으로 교리를 알기 원한다면 신약을 먼저 믿고 솔로몬 형제는 그 다음에 믿는 것이 좋을 것이다. 의견을 듣기 위해 단지 부분적으로 계시한 신약의 진리에 대해 솔로몬에게 달려가지 말라.

이것은 오늘날 교계의 가장 큰 문제 중 하나인 진보적 계시의 문제를 다시 초래한다. 거기에는 사람이 취하는 두 극난이 있는데, 첫째 입장은 "성경이 하나님 말씀이라고 믿지 않는다."는 자유주의적인 견해이다. 그러나 자기가 구원받았으면 성경이 하나님의 말씀인 것을 믿어야 한다. 여러분은 사탄이 이런 자를 어떻게 하려는지 아는가? 사탄은 그를 반대 입장으로 미는 것이다. 그래서 그는 "성경의 모든 내용이 하나님 말씀임을 믿는다."고 말한다. 그래서 그는 성경의 모든 내용을 지키려고 애쓰는데 여러분은 성경이 모순되지 않고는 이렇게 할 수 없다. 그래서 여러분은 구원받지 않은 자유주의자로 돌아가는데 왜냐하면 모든 구원받지 않은 자유주의자는 성경이 모순된다고 믿기 때문이다! 이것을 좀 더 구체적으로 설명하면 다음과 같다.

1. "나는 성경의 모든 내용이 하나님이 말씀하신 것이고, 모든 성경은 우리

를 위한 것이기에 성경의 모든 내용을 지켜야 한다고 믿는다." 이것은 비록 구원은 받았지만 사탄에게 속은 미치광이의 말이다.

2. "성경은 사람의 의견에 불과해. 하나님 말씀이 그 안에 있을지 모르지만 그것은 사람의 생각이고 철학이고 전설이다." 이것은 구원받지 않은 사람의 말이다. 사탄은 여러분을 한 방향이나 다른 방향으로 민다.

자, 구원받은 건전한 그리스도인의 입장은 이렇다.

하나님은 내가 성경의 모든 내용을 읽기를 바라신다. 하지만 성경의 모든 내용이 내게 적용되는 것은 아니다. 예를 들면 예수님은 열두 사도에게 "이스라엘 집의 잃어버린 양"에게 전해야 한다고 말씀하셨다. 그것은 나에게 향한 것이 아니다! 성경의 모든 내용을 내가 읽어야 하고, 내게 도움이 되며, 권면을 받고, 위안을 얻으며, 배우지만, 성경의 모든 내용이 내게 향한 것은 아니다, 성경은 기록하는 데 2,000년이 넘게 걸린 책이며 세 개의 다른 땅에서 38명의 저자가 기록하였다. 그래서 여러분은 전도서나 역대하 또는 예레미야에서 지옥의 최종 계시를 얻으려는 생각을 잠시도 하지 말라! 여러분이 계시록을 다 읽을 때까지는 완전한 계시를 알지 못한다. 여러분이 전체 내용을 이해할 때까지는 완전하고 절대적이며 최종적인 분명한 교리를 올바로 알지 못한다.

여러분이 혼은 지옥에서 소멸됨을 입증하려고 전도서나 잠언, 말라키를 언급하더라도, 여러분의 모든 주장은 여러분을 총알같이 지옥에 보내서 여러분으로 하여금 거기에 도착하여 소멸되지 않는 진리를 알게 한다. 신약의 계시는 이 두 가지 사실에 대해 매우 명백하다.

『**이를 이상하게 여기지 말라. 무덤들 속에 있는 모든 자들이 그의 음성을 들을 때가 오나니 선을 행한 자는 생명의 부활로, 악을 행한 자는 저주의 부활로 나오리라**』(요 5:28,29).

『**저주의 부활**』 이 말이 분명한가? 예수님은 "너희가 지옥의 심판에서 피할 수 있겠느냐?"고 말씀하셨다(마 23:33). "지옥의 심판"이 "무덤에서 소멸된다."면 심판이 무의미하다. "지옥의 심판"은 무덤 구덩이에 장사지내는 것이 아니다.

『내가 너희에게 말하노니, 까닭없이 자기 형제에게 노하는 자는 누구나 심판의 위험에 처하게 될 것이며, 자기 형제에게 라카라 하는 자는 누구나 공회의 위험에 처하게 될 것이요, 또 어리석은 자라 하는 자는 누구나 지옥불의 위험에 처하게 될 것이라』(마 5:22).

왜 그분은 "지옥불"이라 하셨을까? 무덤에는 어떤 불도 없다! 만일 무덤과 지옥이 같다면 불이 거기서 무엇을 하고 있다는 말인가?

『또 만일 너의 오른쪽 눈이 너로 실족케 하거든 빼어 던져 버리라. 네 지체 가운데 하나가 없어지는 것이 네 온몸이 지옥에 던져지는 것보다 나으니라』(마 5:29).

만일 지옥이 무덤이라면 죽어서 무덤에 가는 것보다 팔과 다리를 잘라내는 것이 더 낫다는 뜻이 된다. 하지만 잠깐만! 모든 사람은 죽어서 무덤에 간다. 왜 모든 사람이 그들의 눈과 팔 다리를 잘라내지 않는가? 여러분은 이것이 얼마나 터무니없고 우스꽝스런지 아는가? 친구여, 자네는 어떤 부분을 잘라내든 말든 무덤에 갈 것이네! 예수님이 여기서 말씀하시는 것은, 여러분이 건장한 몸으로 살지만 구원받지 못해서 결국 지옥에 가느니 보다는 한 눈과 한 팔이 잘라졌어도 구원받은 사람의 삶이 더 나은 것이고, 이런 끔찍한 지옥불이 있는 저주스런 공포의 불타는 영원한 형벌이 앞에 있다는 것이다.

어떻게 "지옥"이 "무덤"일 수 있는가? 대답은 그렇지 않으며 결코 그렇지 않았는데 앞으로도 결코 그럴 수 없다.

마지막 분석에서 여호와의 증인과 로마카톨릭의 지옥에 대한 입장은 아무런 차이가 없다. 유일한 차이는 그들이 지옥을 제거하는 방법이다. 로마카톨릭은 자기들은 지옥 대신 연옥에 간다고 꾸미며, 여호와의 증인은 지옥 대신 무덤에 가는 것으로 가장한다. 여러분이 몽상에 빠지기 위해 어떤 종류의 환각제(LSD)를 사용하든지 필자는 신경쓰지 않지만, 그것이 여러분을 속여서 상처를 주고 여러분을 파괴할 것이다. 여러분이 죄인임을 인정하고 예수 그리스도를 영접하는 것이 좋을 것이다(요 1:12). 그렇지 않으면 여러분은 영원한 수치와 영원한 고통, 영원한 연기, 영원한 형벌, 영원한 저주가 있는 데로 가서 불태워지고, 불태워지고, 불태워지고, 불태워지며 결코 나오지 못한다.

사탄이 이브에게 『**너희가 반드시 죽지는 아니하리라.**』(창 3:4)고 했을 때 그 말은 진리가 아니었다. 그 말은 성경 구절이지만 진리가 아니다. 욥이 『**강도들의 장막들은 번성하며** 하나님을 **진노케 하는 자들은 평안하니** 하나님께서 **그들의 손에 풍성하게 가져다 주심이라.**』고 했을 때 이것은 성경 구절이지만(욥 12:6) 이 말에는 한마디의 진리도 없다. 기록된 것은 하나님이 기록되기를 원하셨고, 사람들이 기록하고 내용을 분류하게 하셔서, 그분이 원하신 내용이 성경에 보존되었음이 유일한 진실이다. 하지만 성경에 있는 모든 사람의 말이 성령께서 적용하시는 그리스도인 교리는 아니다.

성경은 매우 주의 깊게 기록되었다. 성경은 놀라운 책인데 성경의 정확무오함과 영감의 위대한 증거 가운데 하나는 어떤 사람이라도 (다른 구절들이 증거하지 않는) 비성경적인 어떤 것을 가르치려고 구절을 찾을 때, 그는 자기의 교리로 만들기 위해 상식의 규칙을 깨뜨려야만 한다는 사실이다. 성경은 "양날 있는 칼"이다. 이것이 여러분을 구원할 수도 있고 구원을 상실케 할 수도 있다. 이것은 그런 내용이 기록된 유일한 책이기에 독자의 생각을 미리 알고 있다. 그래서 그의 생각이 올바르고 신실하며 바람직하지 않을 때 그에게 함정을 놓는다(겔 14:1-11). 이것은 거룩한 하나님이 기록하신 도덕경으로 성경 어떤 부분이나 자기가 옳다고 생각하는(살후 2:1-13) 기준에 맞추기 위해 어떤 식으로든 왜곡하는 모든 사람, 교회, 주교, 신부, 교황, 설교자, 교사 및 그리스도인이라고 고백하는 이들을 혼란에 빠뜨리고 좌절시키며, 저주하고 파괴할 목적으로 쓰신 것이다. 그 구조는 스위스 시계보다 더 정밀하고 인체보다 더 훌륭히 작용한다.

14:13 또 내가 하늘에서 나는 음성을 들었는데 나에게 말씀하시기를 "기록하라, 이제부터 주 안에서 죽는 자들은 복이 있도다. 성령께서 말씀하시니라. 이는 실로 그들은 자기들의 수고를 그치고 쉴 것이요 그들의 행위가 그들을 따를 것임이라."고 하시니라.

주의 깊게 살펴보면 환란 때 죽는 사람들은 그들의 행한 일로 평가받는데 후에 그들의 행위로 심판받는다. 교회 시대의 여러분 입장은 전혀 다르다. 여러분이 행한 일은 여러분보다 앞서 가는데 후에 그리스도의 심판석에서 볼 것이다(그리스도의 심판석이 지나가면 여러분의 심판은 그리스도인이었기에 과거일 것이다). 환란 때의 이 성도들은 미래의 어느 때에 심판받는다. 그리스도의 심판석은 환란 기간 중에 일어나기 때문에 환란 때에 구원받는 성도들은 분명히 교회 시대에 구원받는 성도들과 같은 방법으로 심판받지 않으며, 교회 시대 성도들과 같은 때와 같은 장소에서 심판받지 않는다. 환란성도들은 큰 백보좌 심판에서 심판받는다(계 11:18 참조).

14:14 또 내가 쳐다보니, 보라, 흰 구름이라. 그 구름 위에 인자**와 같은 이가 앉았는데 그분의 머리에는 금 면류관을 썼고 손에는 예리한 낫을 가졌더라.**

본문의 "인자와 같은 이"는 물론 주 예수 그리스도이다. 여기서는 "주의 천사"로 나타나셨다. 본문에 "인자"가 아니라 "인자와 같은 이"이다(계 10:1에 구름 가운데 나타나는 천사를 보라). 그래서 이 모습은 주 예수 그리스도가 실제 재림하기 전의 환란 중 어느 때에 출현하시거나 땅에 내려 오신 것이다. 그분이 땅에 실제로 내려오실 때는 말을 타시고 군대를 거느리며 오신다(계 19:11, 욜 2:1-11). 이 말 탄 군대는 올리브 산에서 공격을 중지하고, 그리스도는 말에서 내려 땅에 서시는데 그때 땅이 그분 밑에서 갈라진다. 그 다음 그분은 흰 아랍 종 말에 다시 오르시어 동쪽 문으로 해서 예루살렘에 들어가신다(슥 14:1-21).

하지만 계시록 14:14의 출현은 주님이 보좌에 앉으셨거나 보좌 곁에 계신 모습이다. 이것은 계시록 19:11,12의 머리에 "많은 왕관"을 쓰고 말을 타고 계신 모습이 아니다. 이것은 재림 전의 출현이다. 이 출현의 정확한 시기가 주어지지 않아서 언제인지는 분명히 알 수 없다. 필자가 확실히 아는 것은 환란이 끝나기 전에 그리스도의 출현이 있다는 것인데, 마치 요셉이 칠 년 기근이 끝나기 전 그의 형제들에게 모습을 나타낸 것과 같다. 이것은 바울의 회심과 같은데 그가 다마스커스 도상에서 예수 그리스도 부활 후의 출현으로 구원받고 이방인들에게 복음을 전파하기 시작했던 것이다. 144,000명은 환란 중에 예수 그리스도를 보게 될 텐데 그들은 재림 전까지 이방인들에게 전파할 것이다(필자는 계시록 14:14의 시기를 정확히 알지 못한다. 그 시기는 끝까지 계시되지 않을 가능성이 다분한데 어쨌든 환란 중에 유대인들에게 계시될 것이다).

14:15 그때 다른 천사가 성전에서 나와 구름 위에 앉으신 그분께 큰 음성으로 부르짖기를 "주의 낫을 대어 곡식을 거두소서. 주께서 거두실 때가 되었으니 이는 땅의 곡식이 익었음이니이다."라고 하더라.

이 관련 구절들은 이사야 17:6; 66:8, 예레미야 6:9, 야고보서 5:7, 마태복음 13:39이다. 본문을 재림의 완전한 묘사로 보통 가르친다. 하지만 이것은 적합하지 않다. 여러분이 여기서 실제 보는 것은 환란이 끝나기 전의 예수 그리스도의 출현이며, 그 다음에는 칠 년 끝에 실제 재림이 있기까지 간격이 있다. 이것은 농업 활동을 나타내는 두 개의 단어가 사용된 것을 자세히 살펴봄으로써 알 수 있다.

『**주의 낫을 대어 곡식을 거두소서. 주께서 거두실 때가 되었으니 이는 땅의 곡식이 익었음이니이다.**』

14:16 그러자 구름 위에 앉으신 이가 그의 낫을 땅에 대어 땅에서 곡식을 거두시더라.

이것은 마태복음 13:39과 이사야 66:8에 있는 구절이다. 계시록 14:18,19은 땅의 곡식이 아니고 곡식을 거두는 땅도 아님을 주목하라.

14:17 **그 후에 또 다른 천사가 하늘에 있는 성전에서 나오는데 그 역시 예리한 낫을 가졌더라.**

18 **불을 다스리는 권세를 가진 또 한 천사가 제단에서 나와 예리한 낫을 가진 자에게 큰 소리로 외쳐 말하기를 "너의 예리한 낫을 대어 땅의 포도송이를 거두라. 이는 그 포도들이 다 익었음이라."고 하더라.**

땅의 곡식은 마태복음 13장에서처럼 거두어서 창고에 넣는데, 이 곡식은 마태복음 13장에서처럼 불과 관계 있고 어떤 것을 태운다. 차이를 주목하라. 한 가지는 "땅의 곡식"으로 땅에서 곡식을 거두는 때이고, 다른 경우는 "땅의 포도송이"이다. "땅의 포도"는 대단히 중요한 말이다.

14:19 **그러므로 그 천사가 낫을 땅에 대어 땅의 포도송이를 거두어서** 하나**님의 진노의 큰 포도즙틀에 던져 넣으니라.**

계시록 14:15,16에서 낫이 곡식을 수확할 때처럼 "땅의 곡식"에 사용된다. 알곡은 하나님을 향해 자란 것으로 수확하여 창고에 넣는 반면(신 16:9, 사 17:6, 마 13:39, 약 5:7), 여기 14:18,19에서 우리는 하나님의 진노를 초래하여 하나님이 파괴하시려는 어떤 것을 보는데, "땅의 포도"라 불린다. 이것은 "창고에 모아들이는 것"이 아니라 "하나님의 포도즙틀"에 던져져 거기서 피가 흘러나와 160마일 거리의 세 배가 넘을 때까지 짓밟힌다!(이것은 계시록 14:15,16이 환란 후 휴거를 나타내는 반면, 계시록 14:18,19은 재림 때임을 우리에게 선명히 보여 준다).

"땅의 포도"는 신명기 32:31의 언급인데, 로마카톨릭을 말한 것임을 주목하라(그래서 로마카톨릭 성경에는 이 말이 빠져 있다).

『**그들의 반석이 우리들의** 반석**과 같지 않음을, 우리의 원수들까지도 스스로 판단하는도다**』(신 32:31).

첫째 "반석"(rock)은 소문자 "r"인데 곧 시몬 베드로이고, 다음의 "반석"(Rock)은 대문자 "R"로 예수 그리스도임을 주목하라. 문맥은 이스라엘인데 언급된 적들은 이스라엘의 적들이다.

『**그들의 포도나무는 소돔의 포도나무요, 고모라의 들에서 나온 것이라. 그들의 포도는 쓸개 포도니, 그 송이들은 쓰며**』(신 32:32).

예레미야 24:2과 비교하고 창세기 4:3-6의 주석을 보라.

이 구절은 하나님이 쓰시지 않는 "포도"인데 그분이 저주하여 없애 버릴 것이다.

『**그들의 포도주는 용의 독이요, 독사들의 지독한 독이라**』(신 32:33, 시 16:4과 신 32:38 비교).

이 "땅의 포도"(계 14장)의 특징은 이 "땅의 포도"가 발효시켜 만드는 술(로마카톨릭 교회가 주 예수 그리스도의 피를 흉내내는데 사용하는 포도주처럼)의 원료인 포도를 생산하는 것이다. 이것은 하나님이 계시록 14:18,19에서 쓸어 버리기로 작정하신 포도이다. 이 포도주는 계시록 17:4,6과 18:3의 "큰 바빌론"인 여자와도 관련되는데 그녀는 (술취한) 싸구려 포도주 애호가로 예수 그리스도에 기초한 "하나의 참된 교회"임을 주장한다! 그녀는 알콜 중독자로 음주광이다. 이 14장의 "땅의 포도"는 구원받지 않은 종교인들의 거대한 집단인데, 문자 그대로 그분의 발 밑에 짓밟혀서 피로 그분의 옷을 온통 적실 것이다!

『**보스라에서 물들인 옷을 입고, 에돔에서 오는 이가 누구인가? 그의 의복이 화려하고 그의 능력의 위엄으로 거니는 이가 누구인가? 의로 말하는 나니, 구원할 능력이 있는 나로다. 어찌하여 네 의복이 붉으며 네 옷이 포도즙틀을 밟는 자 같은가? 나는 홀로 포도즙틀을 밟았고 백성 중에 나와 함께한 자가 아무도 없었도다. 나의 분함으로 그들을 밟고 나의 진노함 속에서 그들을 짓밟으리니, 그러면 그들의 피가 내 옷에 튀어서 내가 내 의복을 모두 얼룩지게 할 것이라. 이는 복수의 날이 내 마음속에 있고, 내 구속의 해가 오기**

때문이라... 내가 나의 분함으로 백성들을 밟을 것이요, 나의 분노로 그들을 취하게 하리라. 또 내가 그들의 기력을 땅으로 끌어내리겠노라』(사 63:1-4,6).

이 구절들은 조금도 의심의 여지가 없다. 이것은 사랑의 친절한 하늘의 구세주가 오셔서 "마음이 순결한 자들은 복이 있나니 그들이 하나님을 볼 것임이요." 하는 것이 아니다.

이 구절들은 복수하려고 오는 포효하는 사자가 그의 적들을 발로 짓밟아 피가 그의 옷에 온통 튀는 내용이다.

『**그러므로 너는 이 모든 말씀을 그들에게 예언하고 그들에게 말하라. 주가 높은 데서 소리지르며 그의 거룩한 처소에서 목소리를 내는도다. 그가 그의 처소 위에서 힘있게 소리지르리니 그가 포도를 밟는 자들처럼 땅의 모든 거민들에게 소리를 지르리니**』(렘 25:30).

『**피에 적신 옷을 입었는데 그의 이름은** 하나님의 말씀**이라고 불리더라... 그의 입에서는 예리한 칼이 나와서 그것으로 민족들을 칠 것이요 또 철장으로 그들을 다스릴 것이며,** 그는 전능하신 하나님**의 맹렬한 진노의 포도즙틀을 밟으실 것이라**[짓이기고 깨부순다]』(계 19:13,15).

14:20 그 포도즙틀이 도성 밖에서 짓밟히니 그 틀에서 피가 흘러나와 말고삐까지 닿고 일천육백 스타디온까지 퍼지더라.

이것이 "문 밖에서" 또는 히브리서 13장의 "진영 밖에서"처럼 예루살렘 성 밖에서 일어나는 것을 주목하라. 자, 이 표현들이 무엇을 가르치는지 보도록 하자. 이 표현들은 끔찍하고 잔혹한 장면이기에 설교자들은 한결같이 계시록의 문자적인 해석을 거부하였던 것이다. 그 구절들은 "그리스도"를 이 현대의 교회 공산주의와 초교파 자유주의의 우유나 먹는 시대 개념에는 어울리지 않기 때문에 현대의 목회자들은 성경 표현들을 소화할 수 없다. 여기 이 구절들은 끔찍한 적용인데 여러분이 문자적으로 이해한다면 심장의 피가 얼어붙을 것이다. 그것이 우리 성경대로 믿는 그리스도인들이 보는 입장이다!

주 예수님의 재림을 다루는 구절들은 재림의 때를 결코 언급하지 않는데,

"상냥하고 온유하신 부드러운 예수님은
어린 아이에게도 귀기울이신다.
기꺼이 나는 주님께 인도받으려 하니
자비로운 주님, 나를 금하지 마소서."

이 표현은 "세상 죄를 제거하는 하나님의 어린양"처럼 그분의 초림에서 모두 확인되는데, 그분의 재림은 약간 다른 데가 있다. 요엘은 재림을 "흑암의 날," "슬픔의 날," "구름의 날," 그리고 "깊은 흑암"으로 부른다. 재림의 표현이 긍정적인 것은 아무 데도 없다.

『**슬프도다, 그 날이여! 이는 주의 날이 가까웠으며** 전능하신 분**으로부터 오는 멸망처럼 그 날이 올 것임이라**』(욜 1:15).

이 엄청나고 무시무시한 부정적인 내용이 하나님 말씀에 반 이상인데, 오늘날 설교자들이 거부하는 이유는 그들이 이 구절들이 지향하는 자들을 동정하기 때문이다.

『하나님은 **질투하시며 주는 복수하시는도다. 주는 복수하시며 진노하시고 주는 그의 대적들에게 앙갚음을 하시는도다. 그는 그의 원수들로 인하여 분노를 간직해 두시는도다. 주는 노하기를 더디하시며 능력이 크시고 악인을 결코 면죄해 주지 않으시며 주는 회오리바람과 폭풍 가운데도 그의 길을 가지고 계시며, 구름은 그의 발의 티끌이로다. 그는 바다를 꾸짖으시고 그것을 마르게 하시며 모든 강을 말려 버리시는도다. 바산과 칼멜이 시들며 레바논의 꽃이 시드는도다. 산들이 그의 앞에서 진동하며 작은 산들이 녹아 내리고 땅이 그의 면전에서 타나니, 실로 세상과 그 안에 거하는 모든 것이로다. 누가 그의 분노 앞에 설 수 있느냐? 누가 그의 분노의 열기 속에 거할 수 있느냐? 그의 격노함이 불처럼 쏟아지고 바위들이 그에 의하여 던져지는도다**』(나 1:2-6).

이것이 "주의 날"인 예수 그리스도의 재림에 대한 성경의 묘사이다. 여러분이 로마카톨릭 교회와 성공회, 장로교, 루터교, 침례교, 감리교 등이 문자 그대로 눈에 보이도록 이 땅을 통치할 예수 그리스도의 전천년 재림을 거부

하는 진정한 이유를 알기 원한다면, 그것은 이 역사상 특별한 사건에 관한 성경 예언들이 전부 부정적이기 때문이다. 그 예언들은 모두 진노, 복수, 분노, 맹렬함, 질투, 분격, 싸움, 죽임, 짓밟음과 땅을 3피트나 채울 유혈 등을 말한다. 보다 쉽게 말해서 성경이 거부당하는 이유는 성경이 "이해하기 어렵기" 때문에 "현대인"에게 거절당하는 것이 아니며, 성경이 "모호하기" 때문에 개정되는 것도 아니며, 성경이 "묵시와 상징"으로 되었기 때문에 제쳐두는 것이 아니라 성경이 사람을 거슬러 말씀하시기 때문이다. 그래서 사람들은 성경을 거역한다! (여러분은 성경을 빨리 이해하는 만큼 그 즉시 여러분이 알게 된 성경 교리를 제쳐 버리는 것이다.)

재림에 관한 구절들을 좀 더 조사해 보면 시편 68:23, 재판관기 5:21, 호세아 13:13, 창세기 49:11, 이사야 63:1, 34:5, 하박국 3:15이다. 이 구절 모두 예수 그리스도의 재림이, 마치 구약 유대인들이 포도를 틀에 넣고 맨발로 포도를 밟고 돌아다녀서 즙이 발목과 무릎에 묻어 입고 있는 짧은 의복에 튀는 것과 같이 매우 명백하게 표현하고 있다. 그 시대에 그들은 땅에 직경 6내지 8피트의 가운데가 움푹 들어간 원형 시멘트 구조를 만들었는데 마치 천사 발 모양의 케익 같다. 이 구조물의 가운데 들어간 부분에 포도를 놓는데, 사방에 일정한 간격으로 주둥이들이 달려서 즙이 그리로 흘러 주둥이 끝의 가죽 병들에 채워진다. 그래서 포도를 밟는 사람들은 신발을 벗고 발과 다리를 씻은 후 그 구조물 안의 포도들을 오래 밟으며 돌아다니는데, 포도가 밟혀서 완전히 으깨어지면 전체 구조물에 2내지 3피트의 포도즙이 차서 이 즙이 측면에 달린 주둥이들로 흘러든다. 이것이 "포도즙틀"이다.

여러분이 지금까지 읽은 구절들에서 예수 그리스도의 재림이나 "주의 날"은 십자가에서 죽은 그리스도를 묘사하지 않았고, "주의 날"은 동정녀에서 탄생하고 후에 부활하신 그리스도를 그리지 않았으며, "산상수훈"이나 "예루살렘 파괴"의 모습이 아님을 알 것이다. "주의 날"은 예수 그리스도께서 팔레스타인에 다시 오셔서 2억의 유엔(UN) 기병들의 머리 위에 임하여 그들을 쳐서, 그분의 발 밑에 깔아 뭉갬으로써, 그들의 피가 팔레스타인에서 강들로 3피트 두께로 160마일의 거리를 흐르는 장면을 묘사한 것이다. 그리스도께서 흰 말을 타고 다시 오실 때 (나중에 공부할 텐데), 이 피가 너무 높이 쌓여서 말 고삐들이 이 피에 젖고 그리스도와 함께 돌아온 성도들은 그들의 발을 이 피에 적신다(시 68:23). 참으로 끔찍한 장면이 아닌가? 그럼에도 이것이 예수 그리스도 재림의 모습이다. 그분은 초림 때에는 어린양으로 오셨지만, 재림 때에는 포효하는 성난 사자로 오신다(렘 25:30)!

한 여성 복음성가 작사자가 "그분은 진노의 포도들이 담긴 포도즙틀에서 짓밟고 계신다네."라고 썼을 때 그녀는 여자가 창세기 3장 이후로 했던 거짓말 가운데서 가장 큰 거짓말 중에 하나를 쓴 셈이다. 이 땅의 어떤 남자나 여자도 사도 요한을 빼고는 "주님이 오시는 영광"을 본 적이 없기 때문이다. 이 일은 미래에 일어날 것이다. 위의 가사가 실린 노래는 "북부 공화국 군대의 진중가"라고 제목을 붙혔지만, 그 가사를 뽑게 된 책을 통해 판단하건대 이것은 가장 지독한 성경 왜곡의 하나임을 보여 주는데, 계시록을 과거의 사건들로 규정하는 후천년과 무천년 체계에서는 흔한 예이다. 여러분이 읽은 성경 구절들은(계 14장) 모두 가까운 미래에 일어날 것이다. 필자는 여러분이 올바른 입장에 있기를 바란다.

요한계시록 15장

계시록을 공부하면서 우리는 그리스도의 재림을 이미 세 번 보았는데 (1) 6:12-17 (2) 11:13-16 (3) 14:18-20이다. 우리는 또한 환란의 세 과정을 거쳤으며 (1) 봉인들 5,6,7장 (2) 나팔들 8,9,10,11장 (3) 적그리스도 11,12,13,14장이다. 우리는 이제 "호리병들"의 모습으로 등장한 환란의 네 번째인 마지막 과정을 연구할 차례에 이르렀다.

15:1 **또 내가 하늘에서 크고 놀라운 다른 표적을 보았는데 일곱 천사가 마지막 일곱 재앙을 가졌더라. 이로써** 하나님**의 진노가 그것들 안에서 끝마치리로다.**

이는 이 마지막 재앙들이 일어날 때는 이미 환란성도들이 사라졌음을 가리키는 것 같다. 데살로니가전서 5:8-10에서 『하나님**께서 우리가 진노를 받도록 정해 놓으신 것이 아니라**』(살전 5:9)고 말씀하신 대로 확실히 교회도 사라졌다. 그리스도인은 이 진노와는 상관 없지만, 계시록 15장의 시기에 세상에 있는 사람들은 진노를 받도록 예정되어 있다.

호리병은 나팔 재앙과 겹치는데, 유일한 차이라면 호리병 재앙이 나타나는 것은 다니엘의 칠십째 주 중간이나 그 후라는 것이다.

『**그러므로 첫째가 가서 자기 호리병을 땅에 쏟으니, 그 짐승의 표를 가진 자들과 그의 형상에 경배한 자들 위에 악취가 나는 심한 헌데가 생기더라**』(계 16:2).

이 진노의 호리병들이 부어지기 시작할 때에 사람들은 이미 "짐승의 표"를 받은 상태다. 짐승이 그의 표를 주기 시작하는 것은 환란 중간이기 때문에(계 13장), 호리병들이 비로소 부어지는 것은 후 3년 반 기간에서이다. 호리병들이 나팔들과 동시에 일어나는 재앙이라면 나팔들도 후 3년 반에 일어난다.

15:2 **내가 보니, 불로 뒤섞인 유리 바다 같은 것이 있고 그 짐승과 그의 형상과 그의 표와 그의 이름의 숫자에 대하여 이긴 자들이** 하나님**의 하프들을 가지고 유리 바다 위에 섰더라**.

우리는 이 『**유리 바다**』를 앞에서 알아 보았다(계 4:6의 주석 참조). 성경 본문은 환란 후 휴거가 있음을 매우 분명히 보여 준다. 이 성도들은 계시록 14:2,3; 7:13-15의 사람들과 부합하며, 이것은 이들이 (환란 때에 짐승의 표를 받지 않음으로 "승리를 얻었는데") 셋째 하늘로 "들림 받아서" 재림이 일어나기 전에 유리 바다에 서 있다는 것을 결론적으로 보여 준다.

15:3 **그들이** 하나님**의 종 모세의 노래와** 어린양**의 노래를 부르며 말하기를** "전능하신 주 하나님, **주의 행하신 일이 위대하고 놀라우니, 성도들의** 왕**이여, 주의 길은 의롭고도 진실하나이다**.

"모세의 노래"는 구약 신명기 32장에 있는 노래이다. 이것은 매우 중요한데, 신명기 32장은 미래의 성취를 기다리지만 그 성취가 예수 그리스도의 초림 때 완성되지 않았음을 뜻하기 때문이다(앞서도 말했고 주님 오실 때까지 계속 되풀이하겠지만, 전천년 체계를 도외시하고는 온전하고 분명하기는커녕, 최소한 "기독교적"이기라도 한 어떤 해석 체계도 있을 수 없다. 이 땅에 천년 왕국을 세우려고 예수 그리스도께서 문자 그대로 실제 눈에 보이도록 오실 것을 믿지 않는 사람이라면 성경대로 믿는 그리스도인이 아니다. 그는 구원받은 죄인일 수 있으나 성경대로 믿는 그리스도인은 아니다). 후천년주의자이든 무천년주의자이든 간에 그 누구라도 계시록 15장이 그리스도의 부활과 승천 후에 쓰여졌다는 사실을 부인할 수 없다. 그럼에도 이 책에서 "승리를 얻는" 사람들은 "교회 시대"의 성도들이 아닌데, 그 이유는 그들이 유대인이고 율법과 십계명 아래 살았던 "모세의 노래"를 부르기 때문이다.

계시록 15:3에 나타나는 믿음과 행위의 결합을 다시 주목하라. 그들은 "모세의 노래"를 부를 뿐만 아니라 "어린양"의 노래도 부르는 것이다(계 14:12과 비교). 환란 때에도 "믿음으로 말미암은 은혜"로 구원을 받기는 하지만, 그 구원은 구약에서 모세에게 주어진 하나님의 계명들을 지킴으로써 유지되는 것이다.

『**성도들의 왕이여**』(3절). 예수 그리스도는 교회 시대인 이 세대에서 결코 "왕"으로 불리지 않으며 "왕"이라고 언급된 적도 없다. 캠벨파들이 『**그분께서 우리를 흑암의 권세로부터 구하여 내셔서 그분의 사랑하는** 아**들의 나라로 옮겨 주셨으니**』(골 1:13)라고 말하면서 여러분을 속이려 드는 것을 용납지 말라. 왕국에는 왕이 있어야 하기에 그들은 그리스도를 그리스도인들을 다스리는 왕이라고 한다. 그러나 그리스도는 거듭난 성도들의 영적인 몸의 머리이지만, 유대인의 몸, 즉 천국의 왕이시기도 하다. 그분이 "유대인의 왕"으로 불리시기는 하지만, 재림하실 때까지는 『**만왕의 왕, 또 만주의 주**』(계 19:16)가 되지 못하신다. 지금 그분을 그리스도인들의 왕으로 가르치는 것은 하나님의 말씀을 왜곡하는 것이다. 여러분은 거듭나서 하나님 나라에 속한 그리스도인이기는 하지만 천국을 다스릴 왕인 유대인 왕 밑에 예속되지는 않는다. 여러분은 하나님의 나라에서 몸의 머리인 예수 그리스도와 연합한 몸의 일부이기 때문이다(엡 5장). 이 시대의 그리스도인들은 살아 있는 몸의 일부이다. 필자는 나의 머리이고, 나의 주님이며, 나의 구세주인 예수 그리스도의 몸의 일부이지 천국을 다스리는 왕의 백성이 아니다. 주님께서 그분의 왕국을 세우기 위해 "만왕의 왕, 만주의 주"로 오실 그 때에 필자는 그 왕국을 다스리게 될 것이다.

성령에 의해 "한 몸 안으로 침례받은"(고전 12:13) 우리 같은 사람들은 우리가 보게 될 왕을 안다. 그러나 지금 "왕처럼" 통치하려고 드는 종교 정치꾼들은 자신들의 신학을 던져 버려야만 한다. 성경에서 그리스도인은 그리스도가 오실 때 "왕"과 "제사장"이 되며(계 1장), 그리스도와 함께 "공동 상속자"(엡 3장)가 될 것이라고 말씀하신다. 그리스도께서 돌아오실 때 그리스도인들은 그분과 함께 이 땅에서 다스릴 것이다(눅 19장, 딤후 2장, 롬 8장). 형제들이여, 자네들이 지금 다스리고 있다고 생각한다면 실수한 것이다. 이 세대는 "왕들"이 아니라 십자가를 지는 종들의 세대이다.

15:4 오 주여, 누가 주를 두려워하지 아니하며 주의 이름을 영화롭게 하지 아니하리이까? 오직 주만 거룩하시나이다. 모든 민족들이 주 앞에 나와 경배하리니 이는 주의 심판이 나타났기 때문이니이다."라고 하더라.

『**모든 민족들이 주 앞에 나와 경배하리니**』(4절)는 재림과 관계 있음을 주목하라. 이것은 스가랴 14장의 주제이고, 이사야 2:1-4의 주제이며, 미카 4:1,2의 주제로, 나라들이 예루살렘에 경배하러 오며 유대인들이 온 땅의 머리로 세움받는 구약의 주제이다. 구약의 3/4 정도가 이 주제를 다루는데, 모든 나라가 이스라엘과 예루살렘에 모여서 야곱의 하나님을 경배하는 장면으로, 곧 재림이다. 15:4은 갈보리에서 죽는 예수 그리스도의 초림을 말한 것이 결코 아니다! 이것은 시편 96장의 내용이며, 시편 97장의 전체 가르침이다 이것은 예수 그리스도가 "유대인의 왕"으로 오셔서 "다윗의 보좌"에 앉아 땅을 다스리는 때이지, 하늘 보좌의 오른편에 계시는 때가 아니다. 그분이 오시면 예루살렘에 계시지 셋째 하늘에 계시지 않는다. 그분은 보좌의 오른편이 아니라 왕국의 보좌에 앉을 것이며, 교회가 아닌 야곱의 집을 다스리실 것이다. 『**만왕의 왕, 또 만주의 주**』로 러시아, 독일, 미국, 남미 등 모든 나라들이 그분께 복종하는데, 그런 일은 지금까지 없었다.

15:5 **또 이 후에 내가 보니, 보라, 하늘에 있는 증거의 성막의 성전이 열리며**
6 **일곱 천사가 성전에서 나오는데 일곱 재앙을 가졌으며, 정결하고 흰**
세마포를 입고 그들의 가슴에는 금띠를 둘렀더라.
7 **그때 네 짐승 가운데 하나가 영원무궁토록 살아 계신** 하나님의 **진노로**
가득 찬 일곱 금호리병을 일곱 천사에게 주니
8 **성전이** 하나님의 **영광과 그의 권세로부터 나오는 연기로 가득 차서 일**
곱 천사의 일곱 재앙이 끝나기까지는 아무도 성전에 들어갈 수 없더라.

본문의 성전은 계시록 14:17; 11:19과 8:3-5에도 언급되었듯이 하늘의 "성전"이다. 본문은 마지막 일곱 재앙으로 주 예수 그리스도를 거부한 이 땅의 거민들에게 내리는 심판이다. 이 재앙들은 환란이 거의 끝날 무렵에 닥친다.

요한계시록 16장

이 장에서 벌어지는 사건들은 의심의 여지가 없이 아직까지 일어난 적이 없었다. 여기의 사건들은 교회의 휴거를 뒤따르는 칠 년 환란인 다니엘의 칠십째 주를 분명히 가리킨다. 16장의 사건들은 이 특별한 기간의 뒷부분으로 아마 최후의 몇 개월일 것이다. 즉 예수 그리스도의 재림 바로 직전의 상황인 것같다. 사람이 하나님을 두려워하는 자세로 성경을 존중하고, 성경을 하나님의 말씀으로 믿으며, 성경의 권위에 복종한다면, 그는 성경 구절들을 비교함으로써 어떤 내용도 자의적으로 해석하지 않고 진리를 얻을 수 있다. 여러분이 이 주석서에서 보았듯이 그런 자세가 우리가 성경을 대하는 태도이다. 우리는 처음부터 성경을 대할 때 <킹제임스성경, 1611>이 말하는 것은 무엇이든지, 어떤 것이나 어떤 사람도 개의치 않고, 최종적인 권위로 여겨 왔다. 우리가 취한 유일한 전제라면 하나님께서는 그분이 하시는 일을 아시며, 우리를 향하신 뜻과 그것을 아는 방법을 우리에게 알려 주신다는 것이다.

16:1 또 내가 성전에서 나오는 큰 음성을 들었는데, 일곱 천사에게 말하기를 "가서 하나님의 진노의 일곱 호리병을 땅에 쏟으라."고 하시더라.

이 호리병들은 환란 끝에 "부어지는" 최후의 진노인데, 사람들이 하나님의 아들인 주 예수 그리스도를 거부한 것에 대한 하나님의 진노로 요약된다. 하나님께서는 그분의 아들을 거절한 이 세대에 대해 영원토록 침묵을 지키지는 않으실 것이다. "하나님의 진노의 호리병들"이 이 땅에 쏟아질 때, 이 진노는 여러분이 사는 이 지구에 부어지는 것이다.

16:2 그러므로 첫째가 가서 자기 호리병을 땅에 쏟으니 그 짐승의 표를 가진 자들과 그의 형상에 경배한 자들 위에 악취가 나는 심한 헌데가 생기더라.

본문은 둥그런 바닥에 목이 가느다란 조그만 향수 병 안에 담겨 있는 어떤 내용물이 부어지는 장면이다. 이 사건들이 다니엘의 칠십째 주 중간부터 시작되는 이유는 환란이 끝나기 42개월 전까지는 어떤 "짐승"이나 어떤 "형상"도 없기 때문이다.

『**그 짐승이 큰 일들과 모독하는 말들을 하는 입을 받았으며 또 마흔두 달 동안 활동할 권세를 받았더라**』(계 13:5).

적그리스도는 "마흔두 달"을 지배한다.

『**그러나 성전 밖에 있는 뜰은 남겨 두고 측량하지 말라. 이는 그것을 이방인들에게 주었으며 그들이 마흔두 달 동안 그 거룩한 도성을 발 아래 짓밟을 것이기 때문이라. 내가 나의 두 증인에게 권세를 주리니, 그러면 그들이 굵은 베옷을 입고 일천이백육십 일을 예언하리라."고 하더라**』(계 11:2,3).

적그리스도는 "두 증인"에게 "마흔두 달" 동안 저항받는다.

『**그 여인은 광야로 도망하였는데 그곳에는 그들이 그녀를 일천이백육십 일 동안 부양하도록** 하나님**께서 그녀를 위하여 마련해 놓으신 곳이 있더라**』(계 12:6).

적그리스도가 이스라엘을 "일천이백육십 일" 동안 핍박하는 것에 주목하라(42개월이다).

『**악취가 나는**』(Noisome)은 "유해한," "고통스러운"이라는 뜻의 고어인데, "지독한," "고통스러운," 또는 "참기 어려운"을 뜻한다. 사람들이 받는 점(짐승의 표)은 다른 종류의 점으로 대가를 치르는데, 즉 "악취가 나는 심한 헌데"이다. 그들은 검은 점을 받음으로써 "헌데"인 흰 점이 생긴다. 이것에 부합하는 병이 문둥병이다(레 13장). 문둥병은 이스라엘 자손이 이집트에 있을 때 내린 재앙으로 이스라엘이 여호와의 율법과 그의 계명을 지키면 어떤 "이집트의 질병"도 내리지 않을 것이라는 약속을 받는다(출 15:26). 이 북아프리카의 질병인 문둥병은, 마치 북아프리카 동물인 표범의 비유처럼, 환란 때의 질병이다.

『**어떤 사람이 자기 피부에 부스럼이나 딱지가 생기거나 반점이 생겨서, 그 피부가 문둥병같이 되면, 그를 제사장 아론이나 제사장들인 그의 아들들 중 하나에게로 데려갈 것이요... 만일 피부에 있는 반점이 하얗고, 눈으로 보기에 피부보다 깊지 않고, 거기에 있는 털도 하얗게 되지 않았으면, 제사장은 그 질환을 가진 자를 칠 일 동안 가두어 둘 것이요... 그 종기 자리에 흰 부스럼이 있거나 희고 약간 불그스름한 반점이 생기면 제사장에게 보일 것이요... 그러나 살갗을 불에 데었는데, 데인 속살에 흰 반점, 즉 약간 불그스레하거나 하얀 반점이 생기면... 만일 그 반점이 그 자리에 그대로 있고, 피부에 퍼지지 않고...**』(레 13:2,4,19,24,28).

"점"에 관련된 이 구절들은 문둥병을 말한다. 레위기 13장은 이를 "하얀 반점"으로 말하고 있다. 환란 때의 "검은 점"인 "짐승의 표"에 대해서는 이미 알아 보았다.

성경에 문둥병을 고침받은 특별한 한 사람이 있었다. 그는 "흰 반점"을 가졌는데 깨끗게 되기 위해 물에 "일곱" 번이나 들어가야 했다. 곧 물에 한 번 들어가는 것은 환란의 일 년에 해당한다!(왕하 5장)

모세는 에디오피아 아내를 가졌다(주목할 것은 아론과 미리암에게 내리는 심판이 단지 모세의 아내를 비판했기 때문이 아니라, 모세가 "에디오피아 여인"을 아내로 맞이한 사실에도 불구하고 하나님께서 모세에게 말씀하시는 것을 비판했기 때문이었다). 미리암은 문둥병에 걸려서 "7"일을 진영 밖에 있어야 했다(민 12장). 레위기 13:12,13에서 문둥병자가 "온통 희어지면" 그가 깨끗하다는 것을 말한다. 그래서 여러분은 함족인 북아프리카 출신의 롯의 아내(흑인)가 소금 기둥으로 변했음을 상기해야 한다. 소금은 희다! 예수 그리스도께서 『**롯의 아내를 기억하라.**』(눅 17:32)고 하셨다(우리는 지금 환란에 관한 본문을 보고 있다. 성경은 미래의 모든 상세한 일을 예언하는데, 심지어는 성경이 쓰여진 2,000년 뒤에 사람들이 당할 질병의 형태와 그 기간 및 치료까지 예언하였다).

이 『**심한 헌데**』는 한 환란 서신서에 언급되어 있다.

『**다른 자들은 불 속에서 끌어내어 두려움으로 구원하되, 육신으로 더럽혀진 그 옷조차도 증오하라**』(유 1:23).

여러분의 피부와 옷, 집을 "더럽힐" 수 있는 유일한 한 가지 질병이 곧 문둥병이다(레 13장). 어떤 회의적인 사람이 이 글을 읽으면서 질병이 집에 전염될 수 있음을 믿지 않는다면, 그 사람으로 하여금 질병의 확산을 막기 위해 집 자체를 격리시키곤 했던 것을 상기시키라. 여러분은 레위기 14:33-53에서 문둥병이 집들의 벽에 있었음을 알 수 있다. 여러분이 또 기억할 것은 방사성 코발트는 금속들의 결함을 발견하는 데에 사용되는데, 성냥개비 머리 크기만한 방사성 코발트 10펠릿(Pellets)을 운반하기 위해서 자그마치 800파운드 중량의 납을 입힌 콘테이너 선들이 동원된다. 한 번은 이 콘테이너 선 중 두 척이 파선한 적이 있었는데, 방사성 먼지가 텍사스 휴스턴에 유출되어 강철로 된 탈의실 장을 뚫고 들어가 한 작업자의 옷에 묻었으나 그 사실을 모른 채 그 옷을 입고 귀가하여 그 먼지가 가구와 차, 그의 아이들과 장난감 등에 묻었다(그 먼지가 아이들 신발에는 닿지 않았으나 한 아이의 왼쪽 양말에 소량이 묻었다!). 만약 문둥병에 관한 <킹제임스성경>의 설명이 사실임을 믿지 않는 사람이 있다면, 그는 비과학적이고 전근대적이며 시대에 뒤떨어진 사람이다.

『**헌데**』가 그들에게 생기며, 그들의 옷과 집에까지 침투한다. 그들이 구제될 수 있는 방법이 하나 있는데(필자는 이것이 확실하다고 말하는 것은 아니다.), 그 방법은 물로 침례받는 것으로 캠벨파들이 좋아할 것이 분명하다. 환란 때에 "짐승의 표"를 받거나 그의 형상을 경배하는 사람에게는 "심한 헌데"가 생긴다. 그러나 그런 사람들도 "두 증인"인 엘리야와 모세의 증거에 귀를 기울이고 "죄들을 사함받은 것으로 인하여 침례를 받는다면"(행 2:38), 질병에서 깨끗해진다는 지침이다(왕하 5장을 보라).

환란 때 다시 나타날 모세(계 11장)는 침례를 준 적이 있으며 그가 베푼 침례는 고린도전서 10:1-4에 있다. 엘리야는 비록 자기가 침례를 준 적은 없지만 요단 강을 건널 때 물 밑으로 통과하였다(왕하 2장). 침례인 요한이 등장했을 때 사람들이 그에게 처음 물은 것 중 하나는 "네가 엘리야냐?" "네가 그 선지자냐?"하는 것이었는데(사도행전 7:37에서 모세도 마찬가지였다.) 그들은 물에 잠기는 침례를 엘리야와 모세를 연관지어서 인식하였다. 침례는 시몬 베드로가 사도행전 2장에서 이스라엘에게 그들의 메시아에 대한 회개와 믿음을 증명하는 것의 일환으로 전파했으며, 침례받을 때 일어날 일, 즉 "성령을 선물로 받으리라."는 것이었다. 사도행전 2:38은 교회 역사 2,000년 동안 이단들이 걸려 넘어진 걸림돌이었다. 로마카톨릭과 캠벨파들이 대표적인데 그들의 머리로는 사도행전 2:38에서 한 이스라엘인이 구약 세대에 해당되는 이스라엘 사람들에게 행한 설교임을 결코 이해하지 못한다. 베드로가 사도행전 2장에서 행한 설교에서 인용한 모든 성경은 창세기에서 말라키까지였다. 사도행전 2장은 사도 베드로가 이스라엘에게 전한 설교인데 거기에서 침례는 이스라엘 중생의 일부이다(행 2:37 참조). 로마카톨릭과 캠벨파들은 이 구절을 취해서 하나의 "참된 교회"가 되는 길은 물로 침례받는 것이라고 말한다. 캠벨파들은 그들의 교회를 "그리스도의 교회"라고 하며 "하나의 참된 교회"임을 내세운다. 로마카톨릭은 그들의 교회가 시몬 베드로의 사도직을 계승했다고 주장하여 "하나의 참된 교회"임을 내세운다. 그래서 그들은 여러분이 물로 침례받을 때 성령을 받고 자기들 교회의 일원이 된다고 주장한다. 물론 이것은 사사로운 해석의 정도를 지나쳐 거의 헛소리에 가까운 말이다.

"짐승의 표"를 받은 사람들은 "점"이 생기게 될 것이다. 그에 따라 그들에게는 하나님께서 그들에게 내리시는 "헌데"가 생기게 된다. 그때 그들은 침례를 받음으로써 이 "헌데"를 치유받을 것이다. 물론 구약에서 이에 해당되는 사람은 나아만으로 그는 문둥병을 치료받기 위해서 침례받는다. 그는 일곱 번의 침례를 받았는데 한 번은 대환란의 일 년을 나타내며 환란 때의 물침례가 사람을 "육체의 더러움"에서 깨끗게 할 수 있음을 암시한다.

반면 시몬 베드로는 이 세대의 모든 그리스도인들을 향해 주의 깊게 말한다. 『**물은** 예수 그리스도**의 부활하심으로 인하여 이제 우리를 구원하는 모형이니, 곧 침례라**. (**이것은 육체의 더러움을 제거하는 것이 아니라** 하나님을 **향한 선한 양심의 응답이라**.)』(벧전 3:21).

이 구절은 사도행전 2:38과 환란 때의 물침례가 현 세대(교회 시대)의 물침례와 다르다는 것을 가리킨다. 이 세대에서의 물침례는 구원의 "모형"으로 "하나님을 향하여 선한 양심을 고백하는 것"이다. 그러나 사도행전 2장에서의 침례는 성령을 받는 수단이다. 환란 때의 침례는 "육체의 더러움" 곧 문둥병을 제거하는 수단이다! - 이것은 <킹제임스성경, 1611> 외에 어떤 책에서도 어느 곳에서도 어느 때에도 발견하지 못할 계시이다.

『**...그 짐승의 표를 가진 자들과 그의 형상에 경배한 자들 위에 악취가 나는 심한 헌데가 생기더라**』(계 16:2).

바로 이 때에 엘리야와 모세가 나타나서 침례를 주는 것이다. 『**짐승의 표**』를 받은 사람들이 이 『**헌데**』를 치유할 수 있는 한 가지 방법이 있는데, 즉 "죄사함받은 것을 인해 예수 그리스도의 이름으로" 받는 사도행전 2장의 물침례를 통한 유대인으로의 개종이다. 진리는 이렇다. "이 시대의 모든 이단 교리는 환란 때의 진리이다!!!"

16:3 둘째 천사가 자기 호리병을 바다에 쏟으니 바다가 죽은 자의 피같이 되어 모든 살아 있는 혼들이 바다에서 죽더라.

이 재난은 모세가 사역하는 중에 일어나는데 그 이유는 그가 "물을 피로 변하게"하는 권세가 있기 때문이다(계 11:6).

『**...바다가 죽은 자의 피같이 되어 모든 살아 있는 혼들**[living soul]**이 바다**

에서 죽더라』(3절).

이 혼들은 "자의식이 있는 생명들"이다(이 구절은 계시록 8:9로 해석된다). "모든 살아 있는 혼"(living soul)이라는 말은, 동물들에게도 혼이 있다는 것을 증명하는 말이며, 이 혼은 단지 "몸의 형태"(bodily shape)이다. 동물이 죽으면 그 혼도 죽는데 그 이유는 혼이 몸에 붙어 있기 때문이다. 민수기 31:28에서도 동물들이 혼을 가지고 있다고 말씀하신다. 『**전투에 나갔던 전사들에게서도 주께 드릴 공물을 징수하되, 사람들이나 소들이나 나귀들이나 양떼의 오백 분의 일**[one soul of five hundred]**을 드릴지니라**』(**민** 31:28).

동물들은 혼들로 계수 되는데, 혼은 육체적인 몸 안에 있는 몸과 똑같은 형태이다. 혼은 몸과 똑같이 생겼다. 그래서 "모든 살아 있는 혼들"(living soul)은 "바다에서 죽는" 동물들이나 사람들을 말한다. 이것은 환란 중에 문명이 바다 밑에 건설될 것인가에 대한 여러 생각을 갖게 한다. 아마도 환란 중에 있을 방사능 폭발과 재앙들로부터의 보호 시설일 수도 있다. 환란의 재난들이 대기에 큰 영향을 미쳐서 사람들이 살아남기 위해 바다 밑에 문명을 건설하리라는 추측들이 있었기에, 공론가들은 계시록 16:3의 표현이 ("바다에" 있는) 사람들이라고 말한다. 그것이 사실일지 몰라도 너무 빈약한 개인적 견해에 불과하다. 본문에서 "혼"이라는 낱말은 "모든 살아 있는 창조물"이라는 뜻으로 쓰였지 살아 있는 사람의 불멸의 혼의 의미로 쓰이지 않았다(창 2:7의 주석 참조).

16:4 셋째 천사가 자기 호리병을 강들과 물의 원천들에 쏟으니 그것들이 피가 되더라.

여러분은 이 때 세상 사람들이 얼마나 끔찍한 충격에 사로잡힐지 상상할 수 있겠는가! 우물에서 물을 길었는데 그것이 피인 것이다. 배의 사면이 온통 피이기에 배를 깨끗이 씻어내지 않으면 악취가 나고 부패하여 썩어 버릴 것이다. 물을 마시려고 수도 꼭지를 틀면 물이 아니라 피가 콸콸 쏟아지는 것이다!

16:5 또 내가 들으니, 물의 천사가 말하기를 "오 주여, 주는 지금도 계시고, 전에도 계셨고, 앞으로도 계실, 의로우신 분이시니, 주께서 이렇게 심판하셨나이다.
6 그들이 성도들과 선지자들의 피를 흘렸으므로 주께서 그들에게 피를 주어 마시게 하신 것이 그들에게는 마땅하니이다."라고 하더라.

다시 우리는 이 일들이 환란의 뒷부분에 일어나는 사실을 상기하게 되는데 이는 『**성도들과 선지자들**』이 바로 환란 중간에 살육당하기 시작하기 때문이다. 『**흘렸으므로**』는 과거 시제이다.

『**주께서 그들에게 피를 주어 마시게 하신 것이**』(6절). 이것은 많은 이들이 그 피를 마실 것이라는 표현인데, 물론 이것은 전혀 새로운 것이 아니나. 요한계시록 17장의 여인은 피를 마신다. 비록 피를 마시는 행위가 율법 이전(창 9장)과 율법 아래서(레 17장)와 율법 이후(행 15장)까지 금지되지만, 우리는 오늘날 매주일 아침마다 피를 마신다고 고백하는 교회를 본다. 이 교회는 성경 66권의 세 가지 계명을 모두 거역함으로써 하나님께 죄를 범할 뿐 아니라 오히려 그 범죄를 자랑하는데, 그들은 여러분이 그 피를 마시지 않으면 그리스도인이 아니라고 주장한다!! (그러나 이 피를 마시는 자들이 성도들과 선지자들을 죽인 범죄 조직이기에, 하나님께서는 그들이 피를 마시기를 즐겨하므로 피를 마시도록 하시겠다고 계시록 17:1-7에서 말씀하신다.)

『**그들에게는 마땅하니이다**』(6절). 더 쉽게 말해서 그들에게는 당연한 것이다. 이것이 풍자적인 표현임을 주목하라. "그들이 벌어들인 대가이다." 그들은 그렇게 오랫동안 매주일 아침 11시에 피를 마셔왔고, 그리스도의 피를 마시지 않으면 구원받지 못한 것이며, 그들이 발효시킨 술이 그리스도의 피로써 그리스도의 피는 독한 술임을 자랑해 왔으며, 매우 오랫동안 "피! 피!"를 말해 왔기에 하나님께서 "그들에게 당연하다."고 말씀하신다. 마시라! 그들이 마시도록 내버려 두라! 그들에게 피를 주라!

16:7 **또 내가 들으니, 제단에서 다른 소리가 나서 말하기를 "그러하나이다. 전능하신 주 하나님, 주의 심판들은 참되시며 의로우시니이다."라고 하더라.**

8 **넷째 천사가 자기 호리병을 해에 쏟으니, 해에게 불로 사람들을 태우는 권세가 주어지더라.**

이것은 이해하기 어렵지 않은데 천 년 기간을 통치하려고 그리스도가 돌아올 때의 해는 지금보다 일곱 배나 밝아질 것이기 때문이다(사 30:26). 해가 지금보다 일곱 배 밝아지면 대기가 감당을 못하여 땅에 있는 사람들은 햇볕에 구워질 것이다. 그들은 햇빛으로 인해 화상을 입고 고통을 받을 것이다. 이 구절은 그것에 관한 내용인데 대기권이 다 찢어지고 빛이 직접 사람을 비추어서 불태울 것이다.

16:9 **그리하여 큰 열기로 사람들을 태우니 그들이 이러한 재앙에 권세를 가진 하나님의 이름을 모독하더라. 그들이 회개하지 아니하고 그분께 영광을 돌리지 아니하니라.**

그들은 마음을 고쳐먹는 대신 "하나님의 이름을 모독한다." 그들은 "열기에 태워져서" 바베큐가 되고 화상을 입는다. 그들은 이 모든 일이 계속됨에도 불구하고 "회개하지 않고 하나님께 영광을 돌리지 않는다." 사람이 아침에 일어나서 마실 것은 피밖에 없다. 밖에 나가면 햇빛 때문에 화상을 입어 고통받는다. 그럼에도 이 모든 재난에서 회개하고 하나님께 돌이켜 온전해지기는커녕 하나님을 저주하고 하나님의 이름을 모독한다.

16:10 **다섯째 천사가 자기 호리병을 짐승의 자리에 쏟으니 그의 왕국이 흑암에 싸이며, 그들이 고통으로 인하여 자기 혀를 깨물고**

이것은 거의 환란의 끝인데 마지막 해 가까이 와서 육개월쯤 남겨 둔 시점이다. 이와 같은 현상이 출애굽기에 나타나는데 이스라엘 자손의 처소만 빼고는 모든 지역이 흑암에 덮인다(출 10:20-23). 다시 말해서 이것은 엘리야와 함께 돌아올 모세의 사역을 가리킨다.

『**짐승의 자리**』(10절). 이것은 짐승이 앉아 있는 곳이다(계 2:13). 이것은 로마에 위치해 있는데 문자 그대로 권위 있는 성 베드로의 자리인 "교황의 자리"이다. 이 호리병은 "짐승의 자리"가 있는 로마와 로마제국에 부어진다.

그들은 기갈에 허덕이는 자들처럼 "고통으로 자기 혀들을 깨무는데" 그 이유를 아는 것은 어렵지 않다. 계시록 11장에서 엘리야가 예언하는데, 본문은 그가 "하늘을 닫는 권세가 있어서 그들이 예언하는 날 동안(42개월이다.) 비를 오지 못하게 한다."고 말한다. 바로 그 다음에 "물을 피로 변하게 하는 권세도 있어 원하는 때면 언제든지 온갖 재앙으로 땅을 치리로다."(계 11:6)라는 내용을 읽을 수 있다.

그래서 여러분이 계시록 16장을 이해할 때 세 가지가 일어남을 보는데, 곧 재앙(계 16:2), 피(계 16:3), 그리고 그 동안 물이 없는 것이다. 그러므로 16:10에서 사람들이 자기 혀들을 깨무는 것이 이상하지 않다. 사람들은 수십 개월 동안 불타는 햇빛 아래서 문둥병을 앓으며 피밖에 마실 것이 없는 상태에 처하는 것이다. 그래서 그들은 흑암에 앉아 검게 된 채 부어오른 혀들을 씹고 있다! 마음을 돌이키는 대신 그들은 여전히 하나님의 이름을 모독한다.

16:11 **자신들의 고통과 헌데로 인하여 하늘에 계신** 하나님을 **모독하되 자기들의 행위는 회개치 아니하더라**.

이것은 마음이 "만물보다 거짓되고 심히 악함"(렘 17:9)을 결론적으로 입증하며, 『**진실로 가장 좋은 상태에 있는 모든 사람도 다 헛될 뿐이니이다.**』(시 39:5)라는 것을 증명하는데, 사람들이 그렇게 타락해서 하나님과 멀어졌기에, 하나님께서 그들을 채찍질하고 벌주고 때려서 거의 죽을 지경이 되게 하여도 회개하지 않음을 보여 준다. 이런 장면은 사람이 하나님의 뜻을 거역하여 하나님이 인간에게 어떻게 하시든지 상관하지 않고 구원받기를 거부하기로 마음먹을 수 있는 인간의 의지가 얼마나 강한가를 보여 주고 있는 만큼 인간의 전적인 타락과 구원받을 수 없는 무능력을 입증하지는 못한다.

16:12 여섯째 천사가 자기 호리병을 큰 강 유프라테스에 쏟으니 강물이 말라 버려서 동방의 왕들의 길이 예비되더라.

같은 일이 계시록 9:13,14에서 여섯째 천사가 그의 나팔을 불 때 일어남을 주목하라. 그때 일어나는 일은 본문에서 여섯째 천사가 그의 호리병을 부은 후이다(이것이 필자가 호리병들과 나팔들은 동시에 일어나는 것 같다고 말한 이유인데, 여기서 나팔들의 시작이 환란 중간부터일 것이라는 필자의 견해가 설명된다. 확실한 것은 호리병들의 시작은 적어도 환란 중간부터이다). 이것은 우리를 마지막 해나 육개월 전 혹은 본문에서 보듯이 환란 때의 마지막 달까지 인도한다.

『**동방의 왕들**』(12절)은 "유프라테스 강 동쪽에서" 온다. 이것은 기병대의 공격이 동쪽에서 팔레스타인을 향해 오는 것을 말하며 그들은 유프라테스 강을 마른 상태로 건넌다. 본문의 진실성은 2억 기병대의 대장인 "동방의 왕들"이 환란 끝 무렵에 등장하는 것이다. 이들은 예수 그리스도의 재림 전에 예루살렘을 총 공격하기 위해 모인다. 좀 더 알아보자.

『**그들은 기적들을 행하는 마귀들의 영들이라. 그 영들은 이 땅과 온 세상의 왕들에게로 가서** 전능하신 하나님**의 위대한 날의 전쟁을 위하여 그 왕들을 모으더라**』(계 16:14).

UN이 여기서 등장하는 것 같다. 모든 나라가 모일 수 없고 온 세상이 연결될 수 없다는 말(1500-1900)이 지금은 우스운 옛말이 되었다. 현대 수송 수단과 통신 덕분으로 여러분은 지상의 모든 문명화된 나라로부터 군대들을 48시간 이내에 모을 수 있다. 본문에 "온 세상"으로 표현되었다. 그러므로 우리는 바티칸 공의회와 UN이 환란 끝 무렵에 얼마나 큰 사탄의 도구들이 될지를 알 수 있다. 이 기구들 곧 바티칸 공의회와 UN이 하나님의 말씀에 대해 믿음도 없고 순종하지도 않은 채 우선적으로 인류에게 평화와 번영을 가져오려 하지만 그들은 끝에 가서 사탄의 가장 쓸모 있는 도구들이 될 것이다. 바티칸 공의회나 UN은 자신들 기구의 목표에 반대되는 성경 구절은 무엇이든지 믿으려고 하지 않는다. 그들이 행여 성경을 믿는다고 고백한다면 그것은 상업적인 이유일 것이며, 성경에 부합되는 사도신경의 "원칙"이나 진술을 주장하면 순전히 정치적인 방편 때문이다. 그들의 주장은 66권의 책을 쓰신 성령님이나 하나님께 대한 충성과는 전혀 관계 없다.

그래서 바티칸 공의회와 UN은 유대인들을 지상에서 쓸어 버릴 이 마지막 총공격에 나서는데 이때 "동방의 왕들"을 이용한다(이 왕들은 나중에 계시록 17:10-12에서 공부하겠지만 열 명인 것 같다). 이 왕들은 군대들을 전쟁으로 이끄는데, 2억 정도이며 중국, 일본, 러시아, 인도와 이전에 페르시아로 알려진 지역에서 동원된다.

16:13 또 내가 보니, 개구리 같은 더러운 세 영이 용의 입과 짐승의 입과 거짓 선지자의 입에서 나오는데

성령은 비둘기 같은데(마 3장), 불결한 영은 개구리 같아 목쉰 소리를 내고 물기 있는 습한 곳에 살며 날아다니는 것들을 잡아 먹는다! 본문은 적그리스도의 본성과 인격에 관한 논쟁을 단번에 영원히 해결한다. 본문에서 여러분은 사탄이 삼위일체임을 보는데, 그는 "용"으로서 성부 하나님을 흉내내며, "짐승"으로서 어린양인 성자 하나님을, "거짓 선지자"로서 성령 하나님을 흉내내는데, "모태에서부터 성령으로 충만했던" 침례인 요한이 예시하였다. 그래서 사탄의 삼위일체는 용과 짐승, 거짓 선지자로 나타난다. 적그리스도는 사탄으로서 아버지인 "용"이며, 그는 아들인 "짐승"으로 육신을 입고, "개구리"처럼 불결한 영이다. 이 사탄의 삼위일체는 구약에서 전형적인 세 사람으로 나타나는데, 그 이름들이 참 이상하게도 모두 "B"로 시작된다(그래서 성경의 어떤 책도 "B"로 시작되지 않는다!).

『**아침에 발락**[적그리스도 유형]**이 발라암**[거짓 선지자의 유형]**을 데리고 바알**[거짓 신의 유형]**의 산당에 올라가 발라암으로 거기서 그 백성의 맨 끝을 보게 하더라**』(민 22:41).

바알은 용의 모습이며, 발락은 짐승의 모습이고, 발라암은 거짓 선지자의 모습이다.

『**또 내가 보니, 개구리 같은 더러운 세 영이 용의 입과 짐승의 입과 거짓 선지자의 입에서 나오는데**』(13절).

이들은 미혹하기 위해 보냄 받은 영들로(살후 2:9), 양서류인데 물과 연관되는 것은 용이 바다 괴물로 불리기 때문이다(욥 41장). 용은 요나를 삼킨 큰 물고기로 나타난다(계시록 16:13은 입에서 개구리를 내뱉는 사람 같은 모습이 두드러진다. 여러분은 훨씬 더 불결하거나 혐오스러운 어떤 것도 상상할 수 없을 것이다!).

16:14 그들은 기적들을 행하는 마귀들의 영들이라. 그 영들은 이 땅과 온 세상의 왕들에게로 가서 전능하신 하나님의 **위대한 날의 전쟁을 위하여 그 왕들을 모으더라.**

『**기적들을 행하는 마귀들의 영들이라**』(14절). 불결한 영들은 병을 치료할 수 있고, 방언을 말하며, 죽은 자를 살린다. 그들은 사람들로 하여금 (하나님이 아시는) 묵주와 로사리오, 양초들로 장식된 "성모 마리아"를 보도록 할 것이다.

『**또 내가 보니, 그의 머리들 가운데 하나가 상처를 입어 죽게 된 것 같았으나, 그의 치명적인 상처가 나으니 온 세상이 기이히 여겨 그 짐승을 따르더**

라』(계 13:3).

『**그가 짐승 앞에서 행할 권세를 받아 그 같은 기적들을 통하여 땅에 거하는 자들을 미혹하며, 또 땅에 거하는 자들에게 말하기를 칼로 상처를 입었다가 살아난 그 짐승을 위하여 형상을 만들어야 한다고 하더라**』(계 13:14).

나았다, 형제여, 그의 상처가 나았다!

낫는 것은 사탄적일 수 있다. 어떤 사람은 "모든 병이 마귀에게서 온다."고 말했다. 어떤 사람은 "모든 치유는 하나님에게서 온다."고 말했다. 그렇게 신속하게 이동하지 말라! 바울이 "그의 약함을 인하여 하나님께 영광을 돌리고" 의사인 누가와 동행하였는데, 그는 전능하신 하나님의 허용된 뜻 안에서 누가와 동행한 것이었다(고후 12:1-8). 비록 여로보암이 팔을 고침 받았지만 그는 가장 사악한 자 중 한 사람이었으며, 나은 후에도 여전히 사악하였다(왕상 13장). 여러분 마음에 조금이라도 의심이 있다면 마귀였던 유다 또한 병고치는 자였음을 잊지 말라(마 10:1-8).

『전능하신 하나님**의 위대한 날**』(14절). 이것은 로마제국의 예루살렘 파괴가 아니며, 제1차 세계대전이나 제2차 세계대전 같은 군사 책동도 아니고, 한국 동란이나 남북 전쟁, 백년 전쟁같이 후방에서 지연되던 행동도 아니다. 이것은 "전능하신 하나님의 위대한 날의 전쟁"이다.

16:15 보라, 내가 도둑같이 오리니 깨어 있어 자기 옷을 지켜서 벗은 채로 다니지 아니하고, 사람들에게 자기 수치를 보이지 않는 자는 복이 있도다.

자, 본문은 일어나는 사건을 차단시키는 구실을 한다(여러분은 계시록 16:16이 계시록 16:14의 연속임을 볼 것이다). 본문은 아마겟돈 전쟁 전에 일어나는 환란 후 휴거이다(이것은 계시록 14장에서 논했다). 군대들이 함께 모여 예수 그리스도의 발에 짓밟힐 아마겟돈에 이를 때 우리는 "보라, 내가 도둑같이 오리라."고 말씀하신 것을 알게 된다.

『그러나 이것을 알라. 만일 그 집주인이 도둑이 어느 시간에 올 것인지 알았더라면 그가 깨어 있어 자기 집을 뚫는 것을 허락하지 아니하였으리라... 종이 예기치 아니한 날, 그가 알지 못하는 시간에 그 종의 주인이 오리니』(마 24:43,50).

문맥은 그리스도의 재림인데 믿음이 행위와 관련되는 때이며, 환란 후이다.

『그 날들의 환란 후에 즉시 해가 어두워지며, 달이 그 빛을 내지 아니하며, 별들이 하늘에서 떨어지고, 또 하늘들의 권능들이 흔들릴 것이라. 그후에 하늘에 있는 인자의 **표적이 나타나리니, 땅의 모든 지파들이 통곡할 것이며, 또 그들은** 인자**가 권세와 큰 영광으로 하늘의 구름들을 타고 오는 것을 보리라』**(마 24:29,30).

환란 후 휴거가 바로 이어짐을 주목하라.

『또 주께서 큰 나팔 소리와 함께 천사들을 보내시리니, 그들이 하늘 이편 끝에서 저편 끝까지 사방에서 그의 택하신 사람들을 함께 모을 것이라』(마 24:31).

그래서 여러분은 재림 바로 앞서서 환란 후 휴거를 명백히 본다. 말씀이 나타낸 사건들의 순서를 이 이상 더 쉽고 분명하게 할 수는 없을 것이다.

『자기 옷을 지켜서』(15절). 세마포는 "성도들의 의로운 행실"이라고 한다. 이것은 여기서 행위가 구원을 이루는 사람들의 등장과 관련된다(계 6:11; 7:14; 12:11; 14:12 참조). (휴거는 구약 시편 50:3-5과 이사야 26:12-21에 언급되어 있다).

16:16 그가 그들을 히브리어로 아마겟돈이라고 하는 곳으로 모으더라.

아마겟돈은 문자 그대로 "무리들의 언덕"이다. 우리는 아마겟돈 계곡으로 말하지만 정확한 표현이 아니다. 므깃도는 "무리들의 계곡"이라는 뜻이다. 그러나 아마겟돈은 히브리어로 "무리들의 언덕"이라는 뜻이다. 이것은 2억 군대가 이 특정한 공간이나 지역에 모일 것을 뜻한다. 그 지역은 신약성경

지도에 표시되어진다.

『**그 날에 예루살렘에 큰 애통이 있으리니, 마치 므깃도 골짜기 하닷림몬의 애통과 같으리라**』(슥 12:11).

이 구절은 예수 그리스도의 재림을 언급하며 그 장소로는 "므깃도 골짜기"이다. 그 위치가 여기서는 "골짜기"로 말하나 다른 구절에서는 "언덕"으로 말한다.

『**너희 모든 이방들아, 모여서 오라. 다 함께 주위에 모이라. 오 주여, 주의 용사들로 그곳으로 내려오게 하소서. 이방으로 깨어서 여호사밧 골짜기로 올라오게 하라. 이는 내가 거기에 앉아서 주위의 모든 이방을 다 심판할 것임이로다. 너희는 낫을 대라. 이는 곡식이 익었음이라. 너희는 와서 밟으라. 이는 포도즙틀이 가득 차고 독들이 넘쳐남이니, 그들의 죄악이 크기 때문이라. 결단의 골짜기에 많은 무리들이 있으니, 이는 주의 날이 결단의 골짜기에 가까움이라. 해와 달이 어두워지고 별들이 그들의 빛을 거두리라. 주께서 시온에서 포효하시고 예루살렘에서 그의 음성을 내시리라. 또 하늘들과 땅이 진동하리라. 그러나 주는 그의 백성의 소망과 이스라엘 자손의 힘이 되시리라**』(욜 3:11-16).

이 구절들은 의심의 여지가 없는데 그 설명이나 위치도 전혀 의심할 것이 없다. 이 구절들에서 한 가지 일이 어떤 것과 연관되는 것에 관해 "애매하거나," 상징적이거나, 묵시적이거나, "비유적인" 것은 전혀 없다. 성경은 역사와 미래 역사에 대한 교과서이기에, 성경이 과거와 현재와 미래의 실제 역사 기록임을 믿지 않는 사람은 누구든지 그가 성경을 말한다 해도 그리스도의 재림을 준비하지 못할 것이다.

이 구절들에서 여러분은 예수 그리스도께서 이 땅에 그분의 원수들에게 진노하시고 복수하기 위해 다시 오실 것을 보았다. 그분의 원수들은 UN총회로 구성될 것이며, 그것은 사람들이 이스라엘을 대항해 함께 모인 세계적인 종교 회의로서, 그 배후에는 2억의 기병대를 보유한 동방의 열 왕이 주도할 것이다. 이들은 팔레스타인에 모일 것이며 군대들이 예루살렘을 향해 북쪽 계곡에서 올 것이다. 이들은 주 예수 그리스도께 짓밟혀서 그 피가 거의 3피트 깊이로 160마일을 기손에서 요단 강으로 흐를 것이다. 말들의 고삐와 말 탄 사람들의 발이 피에 잠길 것이다. 이것은 여러분이 성경 전체에서 그리스도의 초림을 아는 것보다 더 자세한 예언이다. 그리고 위의 구절들은 아마겟돈 전쟁만 언급하고 있을 뿐이다!

16:17 **일곱째 천사가 자기 호리병을 공중에 쏟으니 하늘의 성전에서 큰 음성이 보좌로부터 나와 말하기를 "다 이루었다."고 하니**
18 **음성들과 천둥들과 번개들이 있었고 또 큰 지진이 일어났는데, 그 지진이 너무도 엄청나서 사람이 땅에 거주한 이래로 그처럼 강력하고 큰 지진은 일찍이 없었더라.**

지진이 있을 것이 틀림없다! 샌프란시스코에 일어났던 지진(1906)보다 클 것이며, 알래스카에 일어났던 지진(1917)보다 더 클 것이다. 그 지진은 다른 어떤 지진과도 비교할 수 없을 만큼 엄청날 것이다. 이 끔찍한 진동이 이사야 24:1-23에도 기록되어 있다.

16:19 **또 그 큰 도성이 세 부분으로 갈라지고 민족들의 성읍들도 붕괴되며 큰 바빌론이** 하나님 **앞에 기억되었으니 이는 그녀에게 그분의 맹렬한 진노의 포도주 잔을 주기 위함이니라.**

필자가 요한계시록의 대환란을 설명함에 있어서 네 번에 걸쳐서 서로 다른 형태로 동시적으로 기술하고 있음을 가르쳤는데 이제 한 완전한 보기가 나타남으로 해서 그것이 분명해진다. 여러분은 바빌론이 파괴될 것을 방금 보았다(이것은 계시록 18:2에서 일어난다). 그럼에도 여러분은 바빌론이 계시록 14:8에서 무너졌음을 보았다. 여러분은 그것이 계시록 16:19에서 무너지는 것을 본다! 이것은 이 구절들 세 개가 동시적인 사건이지, 한 사건이 다음 사건을 연대적으로 따라가는 것이 아니라는 명백한 증거이다. 계시록 12-14장에서 적그리스도 치하의 바빌론 파괴는 계시록 14:8에, 진노를 붓는 호리병으로의 파괴는 계시록 16:19에, 그 다음 이 일의 세부적인 내용은 계시록 17장과 18장에 기록되어 있다.

여러분은 지금까지 호리병의 설명에서 그리스도의 재림이 아직 일어나지 않았음을 알 것이다. 성경은 군대들의 집결(계 16:13-16)과 환란 후 휴거(계 16:15), 바빌론 파괴(계 16:19)를 말했는데 재림은 계시록 19:11에서 일어난다. 그래서 계시록 17장과 18장은 계시록 16:19의 묘사이다.

16:20 **그러자 모든 섬이 사라지고 산들도 보이지 아니하더라.**
21 **또 무게가 각기 한 달란트나 되는 큰 우박이 하늘로부터 사람들 위**
에 떨어졌는데, 사람들은 그 우박의 재앙 때문에 하나님을 **모독하니**
이는 그 재앙이 심히 크기 때문이라.

이 『**우박의 재앙**』(21절)은 무게가 8파운드 나가는 돌들과 함께 떨어진다. 볼링공 같은 비가 분명하다! 어떤 회의론자가 이것을 읽는다면 그로 하여금 1803년 4월 26일 프랑스 노르망디 지방 레글에 떨어진 우박에 관한 기사를 보도록 하라. 어떤 우박들은 10파운드나 되었다. 그는 비키니 환초에서의 폭탄 시험에 관한 보고서들을 읽는 것이 좋을 텐데, 우박들이 떨어져서(폭격실험이었음) 전함들에 막대한 피해를 주었다. 원자폭탄은 대기를 변화시켜서 10내지 20파운드나 되는 우박들이 떨어지게 했는데 그 전함들의 갑판을 찌그러뜨렸던 것이다! 군 당국은 그 사건을 대중에게 자세히 알리지 않았는데 공중에서의 원자 실험들이 기상 변화를 초래할 수 있다는 지적 때문이었다! 이것은 정부에서도 미국의 농부들이 모르기를 바란 사건이었다! 여러분이 농사짓는 지역의 날씨가 앞으로 10년 내지 15년 동안 계속 나쁜 상태라면 그것은 원자의 방사와 낙진 및 폭발로 인한 대기의 정상 기능 장애에 기인한 것임을 알아야 한다.

이 우박은 구약에서 여호수아의 전쟁 때에도 나타나는데(수 10:8-13), 이로써 여호수아서가 예수 그리스도의 재림의 한 장면임을 분명히 알려 준다("여호수아"는 "예수"를 뜻한다. 히 4:8 참조).

『**사람들은 그 우박의 재앙 때문에** 하나님을 **모독하니 이는 그 재앙이 심히 크기 때문이라**』(시 18:13, 레 24:16, 계 11:19, 벧후 3:9과 비교).

그렇게 환란 전체를 통해 사람들은 나아지지 않고 더 악해진다. 갈보리의 십자가에 달려서 피를 흘린 어린양이 증명한 하나님의 피(행 20:28)는 사람들의 마음을 변화시키지 못했다. 성령은 복된 위로자로 지상에서 가장 숭고한 여인보다 더 순결하여 지난 2,000년 동안 남자들과 여자들에게 구혼했음에도 불구하고 사람들의 마음은 변화되지 않았다. 성경적 기독교 신앙의 모든 부드럽고 품위 있는 영향과 그리스도인 어머니, 기독교 가정과 주일 아침 교회의 종소리, 장례식과 결혼식의 꽃들, 손에 성경을 들고 식을 인도하는 목사님 등 그 모든 감미로운 기억, 이 모든 정겹고 세련된 지난 2,000년의 서구 기독교의 감화가 불신자들의 마음을 변화시키거나 인간성을 혁신하는 데 실패하였다.

이제 세상 마지막에 이르러 하나님께서 그리스도를 거역하고 성경을 멸시한 종교 세계에(그들 모두 종교적이다. 그런 자들에게 속지 말라. 그들 모두가 유다처럼 종교적일 뿐이다.) 끔찍한 지옥을 쏟아 부을 때에도 사람들은 여전히 회개하지 않고 마음을 고쳐먹지 않는다. 그들의 정원과 곡식들, 집들, 차들 등을 파괴할 8파운드나 되는 우박들과 등가죽을 태우는 해와 갈증의 고통으로 부은 혀와, 피밖에는 마실 것이 없고, 인구의 반은 약물에 중독되어 땅을 비틀거리며 오가고(계 9:21), 광포한 동물들이(히치콕의 "새!"처럼, 계 6:8) 아이들을 죽이는 세상에서 사람들은 하나님이 주신 혀로 예수의 이름을 저주하는 데 사용하며, 섹스와 교육과 돈과 "과학"을 계속해서 숭배할 것이다.

요한계시록 17장

우리는 큰 바빌론을 13장에서 이미 철저히 공부하였기에 그 내용을 다시 언급하는 데 많은 시간을 들이지 않을 것이다. 간단히 정리하면, "여자"는 "땅의 왕들을 다스리는 큰 도성"(계 17:18)이며, "땅의 왕들을 다스리는 큰 도성"은 "일곱 산"(계 17:9)에 앉아 있고, "여자"는 "성도들의 피와 예수의 순교자들의 피에 취해 있고"(계 17:6), 자주색과 주홍색 옷을 입었으며(계 17:4), 상징은 "금잔"이다(계 17:4). 이제 "여자"의 신분은 의심의 여지가 없다. 여러분은 그 구절들의 어떤 것도 "해석"할 필요가 없이 그 "여자"가 누구인지 안다(이것을 읽는 사람 중에 그 "여자"가 누구인지 알지 못하는 사람은 없을 텐데, 만일 여러분이 모른 척한다면 여러분은 아마 그녀의 친척이기 때문이리라).

1825년 교황 레오 12세는 한 메달을 만들었는데, 한 면에는 자신의 모습을 이면에는 잔을 든 한 여자를 새겨넣었다. 그 여자의 모습이 새겨진 이면에 "Sedet Super Universum"이 기록되어 있다. 이것은 라틴어로서 "온 세상이 그녀의 보좌이다."라는 뜻이다. 더 쉽게 말해서 그는 온 세상 위에 앉아 있는 여자의 모습과 그 다음 자신의 모습을 새긴 메달을 만든 것이다. 카톨릭 교회는 사람은 자신이 참되다고 믿는 어떤 종교든지 자유롭게 가질 수 있다고 가르치는 것은 거짓된 가르침이라고 이미 확언했다. 카톨릭 교회는 사람이 자신의 종교를 선택하는 데 있어 강제력을 사용하고 직접적인 간섭을 할 수 있는 권리가 자신들에게 있다고 주장한다. - 이것은 1864년에 출판된 피터슨(Peterson)의 <로마카톨릭 교회의 흥망, *The Rise and Fall of the Roman Catholic Church*> 125페이지에 인용된 교황 피오 9세의 "여든 가지의 그릇된 교서 및 요목"에 담긴 내용이다.

그 "여자"는 의심할 여지없이 로마 교회이다! 그녀는 "신비들"로 가득 차고 "성경을 이해하지 못하는" 교활한 로마 종교이다! 계시록 17:5에서 그녀는 『**"신비라, 큰 바빌론이라, 땅의 창녀들과 가증한 것들의 어미라."**』고 불린다(계 16:13과 사 57:3 비교).

요한은 당시에 그리스도의 증거로 로마제국에 의해 박해당하고 유배당한 상태였기 때문에 로마제국이 순교자들을 죽일 것으로 생각했으나 실제로는 이교도 로마제국이 아닌 로마카톨릭 교회임을 알고 크게 의아해하며 놀랄 수밖에 없었다. 요한은 이런 환상을 보기 위해 미래의 "주의 날"로 들림받아 예수 그리스도의 교회로 그리스도의 신부로 고백하는 교회를 내려다보면서, 그 교회가 그리스도인들을 죽이는 선도적인 살인자임을 보는 것이다! 이것은 로마제국이 아니다. 왜 요한이 로마제국이 그리스도인들을 죽이는 것에 놀랐겠는가? 자신도 그들이 죽이려 한 이들 가운데 하나였는데 말이다. 그가 보고 있는 것은 가증한 "믿음의 어머니," 즉 성모 교회이다. 여러분은 성령께서 그녀를 누구라고 말하는지 아는가? 그녀는 종교 창녀이다!(계 17:1 참조). 이것이 로마카톨릭 교회가 <킹제임스성경>을 좋아하지 않는 이유이고, 자유주의와 정통주의 학자들이 수백 년 동안 성경 개정 위원회들에게 압력을 넣어서 <킹제임스성경>을 없애려 한 이유이며, 영국에서 1611년판 <킹제임스성경>을 더 이상 출판하지 않는 이유이다. 1965년부터 영국의 옥스포드와 캠브리지(대학 출판부)에서 출판하는 성경들은 외경을 담고 있는 RSV일 뿐이다. 이것은 로마카톨릭 교회가 영국과 미국에 인가한 공인 성서이다. 로마카톨릭 교회가 신자들에게 "성경을 이해하지" 못한다고 말하는 이유이고, 프로테스탄트 학자들이 요한계시록은 묵시이며, 상징이고, "비유적"이라고 가르치는 이유이기도 하며, 프로테스탄트 설교자들과 교사들이 계시록을 가르치지 않는 이유이고, 하나님의 백성이 계시록은 "이해하기 어렵다."고 생각하는 이유도 계시록 17장이 “믿음의 어머니” “성모 교회”는 실제 종교 창녀라고 세상에 말하기 때문이다 이것은 피터 럭크만 박사(Dr. Peter S. Ruckman)의 해석이 아니며, 침례교의 가르침도 아니고, 정확무오하고 영감 있는 성령의 말씀으로 초등학교 6학년 수준의 쉬운 영어이기에 지능지수 90 이상인 사람은 누구나 그 말씀을 이해할 수 있다(여러분도 그 말씀을 이해한다! 유일한 문제는 여기에 있다). 왜 사람들은 로마카톨릭 교회가 다른 교회들만큼 좋지 않은 것을 알면서도 참된 교회인 것처럼 따르는가? 여러분이 TV를 켰는데 로마카톨릭 교회가 종교 창녀라는 내용을 본다면 어떻게 반응하겠는가? 하지만 그것은 하나님께서 하신 말씀이다! 문제는 “그것이 무엇을 의미하느냐”가 아니다. 여러분은 그 말의 뜻을 알기 때문이다. 문제는 여러분이다.

현재 로마 교회의 당면한 목표는 영국을 손아귀에 넣는 것이다. 8개국 이상의 나라에 간접적인 통제력을 행사하는 그녀는 12,107,000평방 마일에 682,945,000 명의 신자를 갖고 있다. 영어가 세계 공용어이기에 로마 교회가 영국과 영어를 사용하는 사람들 외에 어떤 나라를 손아귀에 넣고 싶어하겠는가? (자연적으로 교황 바울은 “미사”를 영어로 바꿀 것이다. 그는 가능한 한 달러 한 장이라도 거두기 위해 미련하게 굴지 않을 것이다! 그런 기회를 놓칠 멍청이가 어디 있겠는가?).

17:1 또 일곱 호리병을 가진 일곱 천사 가운데 하나가 와서 나와 대화하며 말하기를 “이리 오라, 많은 물 위에 앉은 그 큰 창녀의 심판을 네게 보여 주리라.

2 땅의 왕들도 그녀와 더불어 음행하였고 땅에 사는 자들도 그녀의 음행의 포도주에 취하였도다.”라고 하고

요한일서 2:15과 예레미야 51:7을 비교하라. 여러분은 정치가 주목적인 “큰 도성”의 정치적 수작에 이제 눈을 뜰 것이다. 그녀는 자신이 정치적이지 않고, 오히려 "기독교적"임을 주장한다. "유일한 보호자"이며 "하나님의 말씀의 수호자"로 고백하기도 한다. 그러나 성경의 관점에서 볼 때 그녀의 유일한 종교 활동은 거듭난 성경대로 믿는 그리스도인들을 제거하는 것이었다(계 17:6). 그녀의 활동은 주로 정치적인데, 여러분이 바티칸의 정치 활동을 정확히 알고싶다면 필자는 폴 블랑샤르(Paul Blanchard)의 "미국의 자유와 카톨릭 세력"(American Freedom and Catholic Power)이나 히슬롭(Hislop)의 <두 개의 바빌론, *The Two Babylons*> 등의 책을 적극 권한다(로마카톨릭 신부들은 이들 책의 증거를 용납하지 않을 것이다. 하기야 그들 자신의 거짓말이 녹음된 내용까지 용납할 상습적인 거짓말쟁이들은 그렇게 많지는 않으리라).

17:3 그가 나를 영 안에서 광야로 이끌어가니라. 또 내가 보니, 한 여자가 주홍빛 짐승 위에 앉아 있는데, 그 짐승은 하나님을 모독하는 이름들로 가득하고 일곱 머리와 열 뿔을 가졌더라.

4 또 그 여자는 자주색과 주홍색 옷을 입고 금과 보석과 진주로 장식하고 손에는 금잔을 가졌는데 그 잔은 가증스런 것들과 그녀가 행한 음행의 더러운 것들로 가득 찼더라.

5 그녀의 이마에 한 이름이 기록되어 있는데 "신비라, 큰 바빌론이라, 땅의 창녀들과 가증한 것들의 어미라."고 하였더라.

6 또 내가 보니, 그 여자가 성도들의 피와 예수의 순교자들의 피에 취하였더라. 그러므로 내가 그녀를 보고 크게 의아해 하며 놀랐노라.

7 그러자 그 천사가 내게 말하기를 "왜 놀라느냐? 내가 그 여자의 신비와 그녀를 태운 일곱 머리와 열 뿔을 가진 그 짐승의 신비를 너에게 말하리라.

자, 하나님께서 "성모 교회"라고 고백하는 가증스런 종교 창녀를 누구에게 연결시키는지 보도록 하자. 이 "짐승"(계 17:7)이 앞에 설명한 짐승과 얼마나 유사한지 주목하라. 계시록 12:3에는 일곱 머리와 열 뿔 그리고 일곱 개의 왕관을 쓴 "붉은 용"이 있다. 계시록 17장에는 "주홍빛"(밝은 적색) 짐승이 나오는데 이 짐승이 누구인지는 의심할 여지가 없고 계시록 12장의 짐승과 똑같이 일곱 머리와 열 뿔을 가졌다. 이 짐승은 빌리 제임스 하지스(Billy James Hargis), 빌리 그래함 또는 다른 이들이 가르치듯이 공산주의가 아니다. 계시록 12장에서 여러분은 그 짐승이 누구였는지 들었다.

『**그리하여 그 큰 용이 쫓겨나니 그는** 마귀**라고도 하고 사탄이라고도 하는 옛 뱀, 곧 온 세상을 미혹하던 자라. 그가 땅으로 쫓겨나고 그의 천사들도 그와 함께 쫓겨나더라**』(계 12:9).

이제 모든 것이 분명해졌다. 그는 마귀, 즉 사탄이다. 그래서 로마 교회는 그리스도의 신부를 흉내내고, 그리스도의 몸을 흉내내는 사탄의 교회이며, 그 지도자는 "이 세상의 신"인 사탄이다!

17:8 **네가 본 그 짐승은 전에 있었다가 지금은 없고, 앞으로 끝없이 깊은 구렁으로부터 나와서 멸망으로 들어갈 자라. 또 땅 위에 사는 자들, 곧 세상의 기초가 놓인 이래로 생명의 책에 그 이름이 기록되지 않은 자들이 전에 있었다가 지금은 없고 그러나 있는 그 짐승을 보고 놀랄 것이라.**

9 **지혜 있는 생각이 여기 있으니 일곱 머리는 그 여자가 앉은 일곱 산이요**

주위 깊게 살펴보라. 『**네가 본 그 짐승은 전에 있었다가 지금은 없고**』(8절). 이 짐승은 마귀이지만 어떤 눈에 보이는 형태로 나타난 마귀이다. 이렇게 사탄은 용이면서 사람으로 나타난다(사 7:10-15과 비교).

17:10 **일곱 왕이 있는데 다섯은 패망하였으나 하나는 남아 있고, 또 하나는 아직 오지 아니하였으나 그가 오면 잠시 동안 머물러야만 되리라.**

11 **전에는 있었으나 지금은 없는 그 짐승이 여덟 번째지만 일곱 중에**

속한 자라. 그가 멸망으로 들어가리라.

비록 "짐승"이 사탄(용)이지만, 사탄이 육화한 사람이기도 한데 "짐승"으로 불린다. 우리는 이 자를 계시록 13장에서 살펴보았다(13장 주석 참조).

『**네가 본 그 짐승은 전에 있었다가**』 그래서 그는 이 땅에 살았던 사람이다(계 13:18). 『**지금은 없고**』 이 자는 요한이 계시록을 쓸 때에는 살아 있지 않았다. 『**앞으로 끝없이 깊은 구렁으로부터 나와서**』 그렇지만 이 자는 다시 돌아온다. 그는 예수 그리스도가 재림하듯이 그렇게 두 번째로 올 것이다. 이 자가 다시 올 때는 "끝없이 깊은 구렁으로부터 나와서 멸망으로 들어갈 것이다." 정리하면 그는 유다 이스카리옷인데 지금 끝없이 깊은 구렁에 있다(계 11:7 참조). 그는 사람이 아닌 "끝없이 깊은 구렁의 천사"이며 마귀이다. 그는 히브리어와 헬라어 이름이 있고(계 9:11) 시리아의 요르단 동쪽 케리옷 출신이다. 그는 혼혈 시리아 유대인으로 함족 혈통이다. 그는 환란 때의 적그리스도이며 사탄이 육화한 "멸망의 아들"로 지금은 끝없이 깊은 구렁에 있지만 이제 거기에서 나와 멸망으로 들어갈 것이다.

『**...세상의 기초가 놓인 이래로 생명의 책에 그 이름이 기록되지 않은 자들이 전에 있었다가 지금은 없고 그러나 있는 그 짐승을 보고 놀랄 것이라**』(계 17:8).

그는 여기에 있지 않지만 그럼에도 있는 것이다. 이것은 이 사탄의 삼위일체의 신비를 기억한다면 그 신비는 간단하다. 계시록 16:13에서 여러분은 사탄이 용과 짐승과 거짓 선지자로 삼위일체임을 배웠다. 여러분은 예수 그리스도께서 어떻게 땅과 하늘에 동시에 계셨는지 설명할 수 없지만 그분은 그렇게 계셨다. 또한 여러분은 하늘에 계신 하나님 아버지께서 성령 하나님을 내려보내 성자 하나님이 침례받을 때 임하도록 하셨는지 설명할 수 없지만(마 3장) 그분은 그렇게 하셨다. 마찬가지로 여러분은 어떻게 적그리스도인 유다 이스카리옷이 사탄이 육화한 존재이며, 더군다나 그가 이 땅이 아닌 끝없이 깊은 구렁에 있다는 것을 설명할 수는 없다. 그럼에도 성부 하나님을 흉내낸 용은 여기에 있다. 자, 적그리스도인 짐승은 사라졌으나 짐승은 여기 있으며 그 짐승은 용이다(계 12장).

『**전에 있었다가** [이 땅에 사람으로] **지금은 없고** [유다는 끝없이 깊은 구렁에 있다.] **그러나 있는** [사탄은 바로 여기서 지금 계속 활동한다.] **그 짐승을 보고**』

그는 지금 여기에 적그리스도, 즉 "멸망의 아들"로 육화해 있지는 않으나, 곧 나타난다. 그러나 사탄은 지금 여기 있고 "짐승"은 활동 중이다(여러분이 이것을 알지 못한다면 조간 신문을 보지 않는다는 말이다!).

『**지혜 있는 생각이 여기 있으니**』(9절). 이 말은 다른 데에서도 언급되었는데, 즉 계시록 13:18에 『**지혜가 여기에 있으니 지각이 있는 자는 그 짐승의 숫자를 헤아려 보라.**』고 하였다.

『**일곱 왕이 있는데 다섯은 패망하였으나 하나는 남아 있고, 또 하나는 아직 오지 아니하였으나 그가 오면 잠시 동안 머물러야만 되리라**』(10절).

『**일곱 왕이 있는데**』 우리는 이 일곱 왕을 계시록 12:3에서 일곱 머리 가진 용을 설명할 때 논의하였다. 정리해 보면 이 왕들은

1. 님롯, 바빌론 왕
2. 파라오, 이집트 왕
3. 산헤립, 앗시리아 왕
4. 느부캇넷살, 바빌론 왕
5. 다리오, 페르시아 왕
6. 알렉산더 대왕, 그리스
7. 카이사, 로마 황제

성경에서 첫 왕국은 창세기 10장에서 시작하고 복음서에서 마지막 왕국이 나타난다. 일곱 사람은 일곱 왕국의 일곱 "머리"이다. 성경에 다른 왕은 모두 이름이 나와 있는데 유일하게 알렉산더 대왕의 이름은 언급되지 않았다. 알렉산더 대왕은 다니엘서에 나타나지 않지만 "거친 숫염소"로 언급되는데 그는 적그리스도로 간주된다. 그래서 적그리스도는 "그리스의 왕"이며 일곱 머리 중 하나이다

『**일곱 왕이 있는데 다섯은 패망하였으나**』 패망한 다섯 왕은

1. 님롯, 바빌론 왕
2. 파라오, 이집트 왕
3. 산헤립, 앗시리아 왕
4. 느부캇넷살, 바빌론 왕
5. 다리오, 페르시아 왕

『**일곱 왕이 있는데 다섯은 패망하였으나 하나**[알렉산더 대왕]**는 남아 있고, 또 하나**[카이사, 로마 황제]**는 아직 오지 아니하였으나 그가 오면 잠시 동안 머물러야만 되리라.**』

하지만 그렇게 진행되지 않을 것이다! 요한이 기록할 때 로마는 이미 권세를 누리고 있었는데 여섯 왕이 이미 왔다가 사라진 것이다. 그런데 왕국들을 다시 보라. 바빌론이 두 번 나타난다. 첫째 머리인 님롯이 다스린 바빌론과 넷째 머리 느부캇넷살이 다스린 바빌론이다. 다시 헤아려 보자. 이번에는 두 "바빌론"을 하나로 보라.

1. 님롯이 다스린 패망한 바빌론
2. 파라오가 다스린 패망한 이집트
3. 산헤립이 다스린 패망한 앗시리아
4. 다리오가 다스린 패망한 페르시아
5. 알렉산더 대왕이 다스린 패망한 그리스

『**일곱 왕이 있는데 다섯은 패망하였으나 하나는**[카이사, 로마 황제] **남아 있고, 또 하나는 아직 오지 아니하였으나 그가 오면 잠시 동안**[3년 반 또는 42개월] **머물러야만 되리라.**』

"카이사"는 요한이 이 말들을 기록할 때의 왕이다. 요한은 이 글을 쓸 때인 A.D. 90년경 로마 황제인 도미티안에게 박해당했다!

아직 오지 않은 또 하나의 왕이 있는데 "그가 오면 잠시 동안 머물러야만 되리라."

『**전에는 있었으나 지금은 없는 그 짐승이 여덟 번째지만 일곱 중에 속한 자라. 그가 멸망으로 들어가리라**』(계 17:11).

『**여덟 번째지만**』 그는 로마 황제인 카이사 다음에 오는 왕일 것이다.

『**일곱 중에 속한 자라.**』

그는 사탄의 여섯 번째 머리이다. 그래서 사탄의 여섯 번째 머리는 역사상 알렉산더 대왕에 비유되는 적그리스도로 다니엘서에 그 이름은 언급되지 않았다. 그의 숫자는 "666"이고 용의 "여섯 번째" 머리이다. 그가 오면 로마제국이 패망한 뒤의 여덟 번째 왕이 될 것이다. 이것은 적그리스도가 오면 로마제국이 로마카톨릭 교회 수중에 들어가게 될 것을 뜻한다(단 2장). 다니엘이 본 신상의 열 발가락이(다리와 발) 로마제국에서 자란 것처럼 계시록 17:12의 열 왕은 적그리스도와 함께 로마카톨릭 제국을 통치한다. 그래서 적그리스도인 짐승은 오게 될 여덟 번째 왕인데 사탄의 일곱 머리 중 하나이다.

17:12 **또 네가 본 그 열 뿔은 열 왕이라. 아직 왕국을 받지는 못하였으나 그 짐승과 더불어 한 시간 동안 왕들로서의 권세를 받으리라.**

이 "열 뿔"은 "열 왕"을 나타내는데 다니엘 2장의 열 왕과 같다. 예수 그리스도께서 오실 때 이 땅의 마지막 왕국은 열 왕이 통치하는 왕국이 되는데, 열 왕으로 구성된 열 개의 나라가 연합한 왕국이므로 이들은 여러분이 다니엘 2장을 공부하면서 배웠듯이 악마 같은 왕들이다. 다니엘이 본 마지막 왕국의 열 발가락은 그리스도가 재림하기 전 계시록의 용의 열 뿔에 해당한다.

『**왕들로서의 권세를 받으리라**』(12절). 그들은 "왕"이라 할 필요는 없지만 "왕들로서의 권세를 받으리라."는 표현을 주목하라. 그들은 "대사"나 "수상" 내지는 "주지사" 등으로 불릴 것이나 "왕들로서"의 권세를 갖는다.

17:13 **이들이 한 생각을 가지고 자기들의 권세와 능력을 그 짐승에게 넘겨 주리라.**

14 **이들이** 어린양**과 맞서 싸우겠으나** 어린양**이 그들을 이기시리라. 이는**

> **그가 만주의 주요 만왕의 왕이시며, 그와 함께한 자들은 부르심을 받았고, 택함을 받았으며, 신실한 자들임이라."고 하더라.**

이 장면은 예수 그리스도께서 오실 때 성취될 것으로 로마카톨릭 교회는 로마제국으로 부화해서 모든 왕, 주지사, 대통령, 수상, 대사를 로마카톨릭 교회에 종속시킬 것이며 이 어미 창녀는 세상과 짝하기 위해 성경을 팔아먹었다(그녀가 창녀인 까닭은 돈에 미혹되어 자신을 내주었기 때문이다!). 로마카톨릭 교회는 정치적인 나라들을 지배하기 위해 예수 그리스도와 성경을 세상에 내주었다. 그들은 자신들을 세상적인 교회로 꾸며서 세상의 호의를 얻었는데, 그것이 오늘날 그들이 세상에서 가장 강력한 정치 세력인 이유이다. [아브로 맨하탄(Avro Manhattan)의 <20세기의 바티칸 제국주의, *Vatican Imperialism in the 20th Century*> 참조] 예를 들면 50개국이 바티칸 국가에 외교사절을 파견하고 있으며, 거의 20개국 이상이 1960년 이후에 추가되었다. 로마 교회가 추악한 "여자"인 것은 돈 때문에 세상에 환심을 사고 세상은 돈을 지불함으로써 그 교회를 파멸시키기 때문이다. 그 교회는 이 세상과 영적인 음행을 하여 부패하였다(계 18:3; 17:2,4; 2:21, 이 "여자"는 마태복음 13:33에 언급된 "부풀리는 교리"로 그리스도의 몸을 파괴하는 일에도 나타난다).

사탄이 세상에 내려와서 통치하는 장면은 유다 이스카리옷의 영이 구렁에서 나와 로마 교황에게 들어가 사탄의 자리에 앉아서 "권위 있게" 말하며, 열왕을 모을 것이다. 여러분이 로마카톨릭 신자이거나 카톨릭 신자와 결혼했거나 그런 친구를 두었다면, 필자가 진지하게 권면하는데 가능한 한 속히 그 교회에서 나오라. 카톨릭 교회에서 나오는 것이 용서받을 수 없는 죄라고 말하는 신부(神父)가 있다면 그에게 교인 명부나 채워서 주교에게 갖다 주라고 대꾸하라!

계시록 18:4,5에서 『**나의 백성들아, 그녀에게서 나오라. 그리하여 그녀의 죄들에 동참자가 되지 말고 그녀의 재앙들도 받지 말라. 이는 그녀의 죄들이 하늘에까지 닿았고 또 하나님께서는 그녀의 불의를 기억하셨기 때문이니라**』고 말하는 것을 들으라. 이때에 예수 그리스도께서 오신다(계 17:14).

17:15 또 그가 나에게 말하기를 "네가 본 그 창녀가 앉아 있는 물은 백성들과 무리들과 민족들과 언어들이라.

사람은 태어날 때 물에서 출생하여 "백성들과 무리들과 나라들과 언어들"이라는 큰 물 속에 속하게 된다. 이것은 바다가 아닌 물이다. 우리의 첫 번째 출생은 물과 관련이 있다. 우리는 붉은 진흙과(창 2:7 주석 참조) 물로 반죽된 진흙으로 만들어졌다.

17:16 네가 그 짐승에게서 본 열 뿔은 그 창녀를 증오하며, 그녀를 패망시키고 벌거벗기며, 그녀의 살을 먹고 그녀를 불로 태우리라.

『**그녀의 살을 먹고**』(16절). 이 악마 같은 왕들은 식인종이다. 여러분은 "그 '여자'가 단지 로마카톨릭 교회라면 그들은 로마카톨릭 신자들의 살을 먹지 못할 것이다."라고 말하리라. 그러나 하나님의 말씀이 그렇다고 하신다! 예를 들면 주일 아침 "미사"에서 성체를 받는 사람들은 예수 그리스도를 먹는 식인 행위를 하는 것이며 이런 일들이 자행되는 곳이 바로 로마카톨릭 교회이다. 말씀의 요점은 사탄이 열 왕을 완전히 통제한 뒤 로마 교회를 배신하여 그녀를 파괴한다는 것이다. 이것은 환란 중간에 일어날 듯하다. 시간 요소는 그다지 확신이 안 서는데 "큰 바빌론" 심판은 환란 끝에 일어나기 때문이다(계 16:19).

클라렌스 라킨은 이에 대해 18장의 상행위를 하는 바빌론은 17장의 교회 바빌론과 같지 않다고 주장한다. 그는 적그리스도가 열 왕을 거느리고 17장의 로마카톨릭 교회 체제를 파괴한다고 말한다. 그러나 문자적인 바빌론의 실제 파멸은 환란 끝인 계시록 18장이다. 라킨이 옳은지도 모른다. 성경은 스카랴서에서 바빌론의 재건을 말하는데 조금 어색하다. 왜냐하면 바빌론이 일곱 산 위에 세워지는 것이 아니고 평지에 세워지기 때문이다. 또한 18장의 바빌론은 상업적인 도성만은 아니다(계 17:6; 18:24 참조). 바빌론의 파멸은 단순히 부유한 정치적인 도성의 파멸이 아니라 영적인 가증한 행위의 파멸이다(계 18:3-6). 그녀의 죄는 하나님을 대적한 영적인 죄이다. 그것은 17장이 18장과 내용이 같은 이유이다. 하늘이 상업적인 도성의 몰락을 "기뻐할" 하등의 이유가 없음에도 계시록 18:20에서 하늘이 기뻐하는 것이다. 또 19:2에서 하늘이 바빌론의 파멸을 기뻐한다.

어쨌든 여러분은 17:16에서 열 왕이 "신비이며, 큰 바빌론"인 이 "여자"를 미워해서 그녀를 패망시키고 벌거벗겨 "불에 태우는 것"을 듣는다. 이것은 18:21에 문자적인 바빌론의 파멸과 잘 맞지 않는데, 거기서 바빌론은 맷돌처럼 물에 잠기는 것으로 묘사된다(렘 50:3,28, 즉 예레미야 50,51장은 이 주제를 다룬다).

17:17 **이는** 하나님**께서 자신의 뜻을 이루시려고 그들의 마음을 일치시켜 그들의 왕국을 그 짐승에게 주도록 하셨음이니** 하나님**의 말씀이 이루어질 때까지니라**.

『**이는** 하나님**께서 자신의 뜻을 이루시려고 그들**[열 왕]**의 마음을 일치시켜** [사탄과 한 뜻이 되어] **그들의 왕국을**[이 열 왕이 연합한 나라] **그 짐승에게**[로마 교회 대신 사탄] **주도록 하셨으니** 하나님**의 말씀이 이루어질 때까지니라**.』

17:18 **네가 본 그 여자는 땅의 왕들을 다스리는 큰 도성이라**."**고 하더라**.

도성들은 여호수아 17:11에서 여자로 비유된다. 이 도성(로마)은 새턴(Saturn)의 도성으로 원래는 "Saturina"로 불렸다. "Saturn"은 "감추어진 거짓말"을 뜻한다. "Lateinos"는 "Latin"의 희랍 말인데 "감추어진 자"를 뜻한다. 그래서 로마는 큰 "신비"이며 그 거룩한 고양이들은(Holy Cats : Cat-holy) 큰 무리를 이뤄 자주색 옷과 묵주, 종 고해성사, 불 밝힌 양초 등으로 특색을 나타낸다. 변개되지 않은 하나님의 말씀을 제외한 모든 장식을 걸치고 있다!

계시록 17장은 모든 의심스러운 그늘을 걷어 버리고 분명히 가르치기를 예수 그리스도께서 이 땅에 다시 와서 아마겟돈 전쟁에 임하실 때 주님께서는 그리스도인임을 고백하지만 실제는 하나님 없는 교회 창녀에 시나시 않는 연합된 로마카톨릭 세상을, 열 왕들과 더불어 다스리는 육화한 사탄을 공격하여 파멸시키신다.

요한계시록 18장

필자는 계시록 18장을 17장의 지속적인 묘사로 보는데, 그 이유는 이 장도 로마 교회에 대한 내용을 담고 있기 때문이다. 이 두 장의 내용은 로마 교회가 행사하는 교회로서의 세력과 역시 그들이 소유하고 있는 상업적이고 정치적인 세력에 관한 설명이다. 그러나 여기에는 약간의 이견이 있는데, 클라렌스 라킨은 매우 유능한 성경 학도이고 그 자신이 학자다운 깊이가 있으나, 그는 여기서 교회 바빌론(로마, 계 17장)과 구약의 원래 바빌론 위치에 재건될 문자적인 바빌론을 구분하여 보았다. 이를 뒷받침하는 그의 성경적인 증거는 스카랴 5:5-11인데, 여기서 성경은 악한 도성(여인으로 상징된)이 시날 땅에 재건될 것을 말하고 있다(여러분이 창세기 10장을 기억한다면 "시날"은 고대 바빌론이 세워진 평지임을 알 것이다). 하여튼 이 부분 때문에 라킨은 문자적인 바빌론이 페르시아만으로 흘러가는 유프라테스 강변에 재건되리라고 믿는다.

필자는 이 두 장의 내용을 로마 교회로 보는데 그럴 수밖에 없는 몇 가지 이유가 있다. 두 장의 내용이 같은 도성일 것이라는 첫째 이유는 바빌론이 평지에 세워지는 것이지 일곱 산 위에 세워지는 것이 아니기 때문이다(계 17:9). 그것은 단순한 교회 체제가 아닌 "큰 도성"(계 17:18)이기 때문이다. 계시록 18:24에서는 이 도성에서 『**선지자들과 성도들과 이 땅에서 살해된 모든 사람의 피가 그녀 안에서 보였느니라.**』고 했다. 아무도 바빌론 본래 도성이

"이 땅에서 살해된 모든 사람"에 대해 얼마나 책임이 있는지 알지 못한다. 종교 체제가 어떠했으리라고는 이해할지 몰라도 고대 도시 자체에 대해서는 모르는 것이다. 그래서 필자는 계시록 18장을 한 도성으로 그리고 그 도성을 로마 교회로 본다. 자, 예수 그리스도를 못박은 사람들은 누구나 여태껏 살았던 모든 성도나 순교자의 피를 흘린 것에 직접적으로든 간접적으로든 책임이 있다. 구약성도들의 죄가 예수 그리스도의 피흘림으로 속죄되었다면, 그분의 피를 흘리게 한 자들은 누구나 그분께서 보내신 선지자들의 죽음에 대한 책임이 있다. 그리스도의 피를 흘리게 한 모든 자는 지난 2,000년 동안 죽은 모든 그리스도인에 대해 책임이 있는데, 교회 시대의 성도들은 "창세 전에 그분 안에서 택함 받았기" 때문이다. 이런 까닭에 필자는 계시록 17장과 18장을 로마 교회 체제로 보는 것이다.

자, 이 도성의 특징들을 주목하라. 이것은 가증한 도성이며(계 18:2), 술취한 도성이고(계 18:3), 상업적인 도성이며(계 18:19), 이방 도성이고(계 18:4), "잔"을 가졌으며(계 18:6), 교만한 도성이고(계 18:7), 행음하는 도성이며(계 18:9), 견고한 도성이고(계 18:10), 부유한 도성인 데다가(계 18:12), 사형 선고받은 도성이며(계 18:21), 전능하신 하나님의 진노와 저주 아래 있는 도성이다(계 18:5). 이것은 완전히 로마 교회의 모습인데 이 모든 사항에 해당될 만한 다른 도성은 지상에 하나도 없다. 세계 지도를 보면 50,000개 이상의 도성(city)이 있지만, 이 도성들 가운데 오직 한 도성만이 부유하고, 견고하며, 행음하고, 신비적이나 사형 선고받았으며, 저주받고, 상업적이며, 가증하고, 술취했으며, 이교도인 데다가, 교만하고 일곱 산에 앉아 있으며, 잔이 그 상징이고, 자주색과 주홍색 옷을 입었으며, 그리스도인들을 죽이고, 땅의 왕들을 다스리며, 선지자들과 성도들의 피에 책임이 있다. 오직 한 도성만이 그렇다! 모든 길은 그곳으로 통한다!

18:1 이 일들 후에 내가 보니, 또 다른 천사가 큰 권세를 가지고 하늘에서 내려오는데, 땅이 그의 영광으로 환하여지더라.

여기의 일들은 여러분이 계시록 17장과 16장에서 이 "여자"가 죽는 것, 즉 바빌론이 무너지는(계 16:19에서처럼) 것에 뒤이어 일어나는 일이라고 단정할 필요는 없으며, 여기서 다시 성경은 뒤로 돌아가 같은 내용을 되풀이한다.

18:2 그가 큰 음성으로 힘있게 외쳐 말하기를 "큰 바빌론이 무너졌도다, 무너졌도다, 마귀들의 거처가 되었고 온갖 더러운 영의 소굴이요, 모든 더럽고 가증한 새의 소굴이로다.

"마귀들"과 "더러운 영"이 "더럽고 가증한 새"와 서로 연결되어 있는 점에 주목하라. 더러운 영들은 새와 같다. 성령이 마태복음 3장에서 임하실 때 비둘기, 곧 정결한 새의 형태로 나타나셨다. 그러나 더러운 영들은 성경 어디에서나 불결한 새와 같다.

『**누구든지 왕국의 말씀을 듣고도 깨닫지 못할 때에는 악한 자가 와서 그 사람의 마음에 뿌려 놓은 것을 빼앗아 가나니, 길가에 씨가 뿌려졌다는 것은 곧 이 사람을 두고 말하는 것이요**』(마 13:19; 13:4과 비교).

여기서 사탄은 하나님의 말씀을 훔치는 새로 비유된다.

『**주께서 그들 앞에 또 다른 비유를 들어 말씀하시기를 "천국은 어떤 사람이 가져다가 자기 밭에 뿌린 겨자씨 한 알과 같으니, 그것은 참으로 모든 씨 중에서 가장 작지만 자라나면 푸성귀 중에서 가장 커지고, 나무가 되면 공중의 새들이 와서 그 가지에 깃들이느니라."고 하시더라**』(마 13:31,32).

(로마카톨릭 신자들의 믿음인) "어머니 믿음"이라 하는 "세상적인 믿음"은 악마들을 불러들인다는 것을 주목하라. 물론 이 비유에 대해 기존 침례교, 감리교, 성공회, 루터교, 카톨릭의 가르침은 이렇다.

『**천국은 어떤 사람이 가져다가 자기 밭**[세상]**에 뿌린 겨자씨 한 알**[믿음]**과 같으니, 그것은 참으로 모든 씨 중에서 가장 작지만 자라나면 푸성귀 중에서 가장 커지고, 나무**[교회]**가 되면 공중의 새들**[그리스도인들]**이 와서 그 가지에 깃들이느니라**』

하지만 "공중의 새들"은 그리스도인들이 아니기 때문에 이것은 사사로운 해석이다! "공중의 새들"은 마귀들이다. 전도서 10:20에 보면 『**이는 공중의 새가 그 음성을 전하고 날짐승이 그 일을 퍼뜨릴 것임이라.**』고 했는데, 이것은 마귀들의 영석인 세계에서의 영적 교통과 직관과 초심리 등을 말하는 것이다. 공중의 새들과 더러운 새들은 특히 마귀들과 같은 것이지 그 새들은 그리스도인들이 아니다.

18:3 이는 모든 민족들이 그녀의 음행으로 인한 진노의 포도주로 취한 까닭에 땅의 왕들이 그녀와 더불어 음행하였고 또 땅의 상인들은 그녀의 사치의 풍요함으로 부유하게 되었음이라."라고 하더라.

4 또 내가 들으니, 하늘에서 다른 음성이 나서 말하기를 "나의 백성들아, 그녀에게서 나오라. 그리하여 그녀의 죄들에 동참자가 되지 말고 그녀의 재앙들도 받지 말라.

"나의 백성들"은 교리적으로 유대인을 말하지만 그리스도인들에게 영적으로 적용해서 그리스도인들이 로마 교회에서 나와야 한다고 말할 수 있겠다. 물론 이것은 마틴 루터가 적용한 것으로 이런 식의 적용은 종교개혁 초기에 전형적으로 이루어졌다. 그러나 원래 문맥인 예레미야 51:5-7은 이스라엘이 마지막 때에 로마 교회를 벗어나라는 뜻인데, 로마 교회는 유대인들을 배반하고 그들을 진멸할 것이기 때문이다. 물론 현재의 교황 바울은 유대인들에게 접촉하고 있는데 여러분이 잊지 말 것은 적그리스도가 더 적극적으로 접근한다는 점이다. 그는 평화 조약을 맺어 유대인들과 그 약조에 서명하지만 그 뒤 약속을 깨뜨린다(단 9:27). 속지 말라. 로마카톨릭의 추기경단이나 교회, 신부나 주교가 프로테스탄트나 유대인과 조약을 맺을 때마다 그들은 "목적이 수단을 정당화한다."는 예수회(Jesuit)의 강령 아래 그들의 손가락을 들어 "성호를 그었다." 로욜라(Loyola)가 가르친 특별한 철학을 배경으로 모든 로마 교황은 프로테스탄트나 유대인들에게 생명과 자유, 평화와 관용을 약속하고, 양심에 거리낌없이 일 년 이내에 그들을 죽일 수 있다(여러분이 이런 수법을 모른다면 예수회 신학을 모르는 것이다). 로마카톨릭의 가르침은 하나님의 영광과 로마카톨릭 교회를 위하는 한 언제나 옳다. 설사 그 가르침이 거짓말일지라도 그렇다! 어떤 로마카톨릭 신자도 그 거짓 가르침이 교회에 상처를 줄까봐 진실을 말하지 않는다. 이것은 아브라함 링컨이 피살된 경우를 보면 명백해진다. 여러분은 이 사건의 진실을 전 로마카톨릭 작가가 쓴 <링컨이 피살된 날, *The day Lincoln was shot*>에서는 보지 못한다. 여러분이 피터슨(Peterson)의 <로마카톨릭 교회의 흥망, *The Rise and Fall of the Roman Catholic Church*>을 잘 읽어 보면 링컨 피살의 객관적인 설명을 볼 수 있는데, 그것을 통해 여러분은 실제 무슨 일이 일어났는지를 통찰할 것이다. 어떤 카톨릭 신자라도 하나님과 교회를 영화롭게 하는 일이라면 양심에 거리낌없이 거짓말 할 수 있다. 그것이 예수회의 가르침이다.

계시록 18:4은 직접적으로 환란 중의 이스라엘에게 하는 말이다. 물론 간접적으로 이 구절은 로마카톨릭 교회 구성원이라면 누구에게나 해당된다. "가능한 한 속히 나오라, 나오라!"(카톨릭 신부들이 미워하는 것은 자기들 교회 사람들이 그리스도인들로 개종하는 것이다. 신부들은 카톨릭 신자들에게 바빌론 창녀의 과오들을 보여 주려고 증거하는 그리스도인들을 미워한다. 이것이 그들이 "당신은 당신의 종교가 있고 나는 내 종교를 갖고 있소. 나는 당신을 성가시게 하지 않을 테니 나를 귀찮게 하지 마시오"라고 말하는 이유이다. 그들이 이런 말을 하는 속뜻은 진리가 두려워서 거짓말의 피난처에 숨었기에 자신들의 거짓이 노출되는 것을 감당하지 못하기 때문이다).

18:5 이는 그녀의 죄들이 하늘에까지 닿았고 또 하나님께서는 그녀의 불의
를 기억하셨기 때문이니라.
6 그녀가 너희에게 준 만큼 그녀에게 되돌려 주라. 그리고 그녀가 행한
것을 따라 두 배로 갚아 주라. 그녀가 채운 잔에도 그녀에게 두 배로
채워 주라.

계시록 17:4과 비교하라. 이것은 재림하시는 하나님의 복수인데, 즉 "그녀가 네게 행한 만큼 두 배로 갚아주라."이다.

18:7 그녀가 자신을 영화롭게 하고 즐기며 산 만큼 그녀에게 고통과 슬픔을 주라. 이는 그녀가 마음에 말하기를 '나는 여왕으로 앉아 있고 과부가 아니로다. 그러므로 내가 결코 슬픔을 당하지 아니하리라.'고 하였기 때문이니라.

8 이로 인하여 그녀의 재앙들이 하루 만에 닥치리니 죽음과 슬픔과 기근이요 또 그녀는 불로 완전히 태워지리니, 이는 그녀를 심판하시는 주 하나님은 강하시기 때문이니라.

9 그녀와 더불어 행음하고 즐기며 살던 땅의 왕들이 그녀가 불에 타는 연기를 볼 때 그녀로 인하여 울며 애곡하리니

10 그들은 그녀가 당하는 고통이 두려워 멀리 서서 말하기를 '슬프도다, 슬프도다, 큰 도성 바빌론이여, 견고한 도성이여! 일시에 너의 심판이 임하였구나.'라고 하리라.

11 또 땅의 상인들도 그녀로 인하여 울고 애통하리니 이는 이제 자기들의 상품을 사는 사람이 더 이상 없기 때문이니라.

12 그 상품들은 금과 은과 보석과 진주와 세마포와 자주색 옷감과 비단과 주홍색 옷감과 각종 향목과 각종 상아 제품과 아주 진귀한 각종 목재 제품과 놋 제품과 철 제품과 대리석 제품과

13 계피와 향료와 향유와 유향과 포도주와 기름과 고운 가루와 밀과 짐승들과 양과 말과 마차와 노예들과 사람들의 혼들이라.

14 네 혼이 열망하던 과일들이 너에게서 떠나갔으며 또 온갖 기름지고 빛난 것들이 너에게서 떠나갔으니 결코 다시는 그들을 찾지 못하리라.

로마 교회가 탐닉하던 과일은 "금"으로 시작해서(계 18:12) 명단의 마지막 항목인 "사람들의 혼들"로 끝난다(계 18:13). 로마 교회는 처음에 금에 관심이 있다가 마지막에는 사람의 혼들에 관심을 갖는다. 로마 교회의 큰 행사인 "크리스마스"와 "부활절"은 상업의 부활이다.

이 거대한 로마 교회 체제는 전적으로 나라들의 상업과 무역으로 유지되는데, (산아제한 없는) 결혼을 장려하여 큰 가족들을 이룸으로써 그들에게 유모차, 우유병, 기저귀, 옷들을 팔도록 하고 그들을 위해 차, 집 등을 구입하도록 만든다. 즉 세상 모든 나라의 빈부 차이는 바티칸국의 가르침을 수행하는 상업 활동에 기인한다. 소위 "기독교"의 영향을 받은 세계는 이 상업적인 기반 위에 건설되었다.

첫째 관심은 금이고, 두 번째는 은이며, 이 목록의 마지막 항목은 사람의 혼들이다. 이것은 어떤 카톨릭 "신부"도 죄인을 구령하여 예수 그리스도께로 인도해 본 적이 없는 이유를 설명한다. 그럼에도 불구하고 그들은 어떤 가족이라도 로마카톨릭 교회로 개종하도록 한다. 카톨릭 신부가 사람들에게 어떻게 구원받는지를 말하는 유일한 때는 임종시의 "종부(終傅) 성사"에서 회개하는 순서뿐이며, 그 성사를 받고 나면 죽어가는 자는 안심한다. 더 쉽게 말해서, 많은 사람들 가운데서도 신부들이 행하는 가장 사악하고 썩어빠진 수작은 죽어가는 자에게 "종부 성사" 때 구원을 제시하고, 그 구원마저도 믿음이 아닌 행위로 얻기 위해 "진실하게" 기도하는 것이다. 그것도 그가 숨이 넘어가기 직전까지는 결코 종부성사를 하지 않는다. 신부들의 이런 태도는 그로 하여금 "성령 안에서 자유가 된" 생명을 호흡하지 못하게 하고, 하나님의 말씀을 공부할 시간도 허락하지 않는 것이며, 하나님께 쓰임받을 길도 막아 버리고, 그가 죽는 날까지 그를 구속한 그 썩어 빠진 타락한 종교 체제를 벗어날 길도 막아 버린다!

18:15 그녀로 인하여 치부한 이런 상품들의 상인들이 그녀가 당하는 고통을 무서워하며, 멀리 서서 울고 통곡하여

16 말하기를 '슬프도다, 슬프도다, 세마포와 자주색과 주홍색으로 옷입고 금과 보석과 진주로 단장한 큰 도성이여!

17 **그처럼 막대한 부가 일시에 황폐케 되었도다.'라고 하더라. 그러므로 모든 선장과 모든 선객과 선원들과 바다에서 장사하는 모든 자가 멀리 서서**

18 **그녀가 불에 타는 연기를 보고 외쳐 말하기를 '이 큰 도성 같은 도성이 또 어디 있겠는가!'라고 하니라.**

19 **그리고 그들은 티끌을 자기들의 머리 위에 뿌리고 소리질러 울고 통곡하며 말하기를 '슬프도다, 슬프도다, 큰 도성이여! 바다에 배를 가진 모든 자가 그녀의 값진 상품으로 치부하였는데 일시에 그녀가 황폐하게 되었도다.'라고 하니**

이것은 로마 교회 동맹국들의 비탄이다. 즉 스페인, 멕시코, 이태리, UN, NATO 등등. 그들은 혼란의 소용돌이에 휩싸이게 될 것인데, 이는 상업 제세가 모두 끝장나서 "시장"이 와해되기 때문이다.

18:20 **너 하늘과 너희 거룩한 사도들과 선지자들이여, 그녀로 인하여 기뻐하라. 이는 하나님께서 그녀에게 너희 원수를 갚아 주셨기 때문이로다."라고 하더라.**

21 **그러자 한 힘센 천사가 큰 맷돌 같은 돌을 들어 바다에 던지며 말하기를 "큰 도성 바빌론이 이처럼 세차게 던져져서 결코 다시는 보이지 아니하리라.**

22 **또 하프 타는 자와 음악하는 자와 피리 부는 자와 나팔 부는 자들의 소리가 결코 다시는 네 안에서 들리지 아니할 것이며, 어떤 공예에 종사하는 장인일지라도 다시는 네 안에서 찾아볼 수 없을 것이며, 맷돌 소리도 결코 더 이상 네 안에서 들리지 아니할 것이니라.**

"공예"(craft)라는 말을 다니엘 8:25의 적그리스도의 "계략"(craft)과 비교하라. 또한 위의 구절들을 다니엘 11:43과 예레미야 50:28과 비교하라.

18:23 또한 촛불의 빛도 결코 더 이상 네 안에서 비치지 아니할 것이며, 신
랑과 신부의 음성도 결코 더 이상 네 안에서 들리지 아니할 것이니
라. 이는 네 상인들이 땅의 귀인들이었으며 네 마술로 모든 민족들이
미혹되었기 때문이니라.
24 선지자들과 성도들과 이 땅에서 살해된 모든 사람의 피가 그녀 안에
서 보였느니라."고 하니라

요한계시록 19장

요한계시록 19장은 독자들로 하여금 환란의 마지막을 통과하도록 한다. 이 장에서 우리는 같은 사건(아마겟돈 전쟁)을 보게 될 것인데 이것은 계시록 6:15-17, 11:15과 14:20에 간략하게 묘사되었다. 이 묘사는 예수 그리스도의 재림의 "사복음"인데(네 번의 동시적인 설명이다.) 이것은 마치 초림을 묘사하는데 "사복음서"가 있는 것과 같다.

이 장을 공부하기 전에 구약으로 돌아가서 이 전쟁에 대하여 언급한 여러 부분을 보도록 하자. 예수 그리스도의 재림이 하나님의 달력에서 가장 중요한 사건이기에 구약에서는 예수 그리스도의 초림보다는 계시록 19장에서 일어나는 이 마지막 사건에 대해서 다섯 배나 더 자주 언급하고 있다. "피의 구속"인 예수 그리스도의 십자가 고난은 "우리 죄인들"에게 가장 뜻깊은 사건이다. 역사에서 (우리처럼 구원이 필요한 자들에게) 가장 놀라운 사건은 예수 그리스도께서 하늘의 영광을 떠나 이 땅에 한밤중에 내려오셨다가, 우리의 죄를 위해 고통받고 피흘리며 돌아가신 날이다. 그러나 이것은 인간적인 관점에서 본 것일 뿐이다. 성부 하나님의 관점에서 가장 흥미 있는 것은 그분의 아들이 이 땅에 내려와서 조롱과 멸시를 당하고 저주받아서 죄많은 인간들에 의해 죽은 날이 아니다. 성부 하나님의 "달력"에 있는 위대한 날은 그분의 아들이 이 땅에 다시 와서 마땅히 그분에게 속한 것을 인수하여 소유하시는 날이다. 그러므로 성경에서 가장 위대한 사건은 "주의 날"이다. 이 사건의 관련 구절들은 창세기 3:15이다. 『**그녀의 씨**[여자의 씨]**는 너의 머리**[뱀의 씨]**를 부술 것이요**』

뱀은 사탄으로 그의 씨는 "멸망의 아들"인 적그리스도이다. "뱀의 씨"가 머리에 상처 입는 것은 그리스도께서 십자가에서 죽었을 때 일어나지 않고 재림 때에 일어난다. 바울은 예수님 부활 후 수년 뒤에 뱀이 상처 입게 될 것을 말했다(롬 16:20). 창세기 6장에서 우리는 "노아의 날"을 보는데 그리스도는 『**노아의 날들에 일어났던 것같이** 인자**의 날들에도 그러하리라.**』고 말씀하셨다(눅 17:26).

"롯의 날"은 창세기 19장에 나오는데 "인자가 나타나는 날"과 비교되어 있다(눅 17:28-30).

창세기 14:1-10에서 우리는 첫싸움을 보는데 이것은 재림의 유형으로 재림시 전쟁 상황을 묘사한 것이다.

창세기 49:9-12에서 재림에 관한 언급을 볼 수 있다. 특히 창세기 49:11을 계시록 14장과 비교해 보라. 창세기 49:17,18도 재림에 관련된 구절이다. 창세기 49:24은 "목자"(초림)와 "이스라엘의 돌"인데 이것은 다니엘서의 신상을 치는 돌이다.

출애굽기 4-10장은 주의 재림 때 다시 일어날 재앙들을 나타낸다. 출애굽기 15:1-19에서 우리는 아마겟돈의 유형 아니면 사탄의 패배를 본다. 여기서 미리암의 경배와 찬양은 예수 그리스도의 재림을 경축하는 것이다. 출애굽기 17:16은 예수 그리스도의 재림의 유형이다.

레위기 26:1-12에서 우리는 천 년의 축복된 약속들을 본다. 레위기 26:14-43은 환란 때에 이루어질 진노의 약속들이다.

민수기 21-24장은 재림을 다룬다. 특별히 민수기 24:22,23을 주목하라.

우리는 신명기 27장과 28장에서 환란의 저주들을 본다. 신명기 28:1,2은 이스라엘의 개종과 더불어 동시에 약속된 천 년의 축복들이고, 신명기 28장의 나머지 부분에서는 "교회 시대"와 재림 전의 이스라엘에게 일어날 일들을 다룬다. 신명기 29장은 이스라엘이 재림 전에 실제 겪을 저주들의 연속이다. 신명기 30:1-9은 재림의 내용이다. 신명기 32장과 33장도 재림을 다룬다.

여러분은 여호수아서가 재림의 유형임을 이미 배웠다. 여호수아 6장은 저주받은 도성 "바빌론" 몰락의 유형으로서 여리코 성으로 상징되었다. 여호수아 10장은 싸우는 중에 해는 "여전히 떠 있고," 달은 "떠오르지 않았는데," 이것은 예수 그리스도 재림의 한 장면이다.

재판관기 5장은 재림의 한 장면이다. 재판관기 7장은 아마겟돈 전쟁과 재림으로 상징된다.

룻기는 그리스도의 재림을 보여 주는데 "타작마당"으로 언급되었다.

사무엘상하에서 다윗이 팔레스타인들에게 대적한 싸움들이 그리스도의 재림 장면들임을 주목하라. 다윗은 이 내용들에서 왕이신 예수 그리스도의 유형이다. 사무엘하 8:3에서 다윗이 "유프라테스 강변에 그의 경계를 회복하려고" 갈 때 그는 아브라함에게 약속된 땅을 획득하러 가는 것이었는데, 그 땅은 재림 후 천년왕국 때에 아브라함, 이삭, 야곱이 받게 될 것이다.

욥기는 전체가 42장인데 다니엘의 칠십째 주인 42개월로 마지막 3년 반을 의미한다.

시편 45편은 "어린양의 혼인식"으로 환란 중에 일어난다. 시편 68편의 모든 내용은 재림과 천 년 기간이다. 시편 69,72,74편은 환란을 다룬다. 여러분은 시편 78편에서 창세기부터 여호수아서까지의 모든 내용이 재림에 관련됨을 듣는다! 시편 83편의 반은 그리스도의 재림이다. 시편 99편의 모든 내용은 예수 그리스도의 재림 다음에 오는 천년왕국 기간이다. 시편 105편과 106편은 재림 전에 일어날 일들의 유형이다. 시편 110편은 전적으로 재림의 내용이다. 시편 114편은 그리스도의 재림을 상징한다. 시편 124편과 132편은 재림 후 유대인들의 기쁨을 노래한다.

재림의 내용은 거듭, 거듭, 거듭, 거듭해서 나타난다! 그 구절들이 너무 많아 열거할 수 없을 정도이다. 예수 그리스도의 재림은 성경에서 가장 중요한 교리이다. 그리스도의 재림을 빼면 교회, 성사들, 침례, 심지어는 구원도 별 의미가 없다. 이 글을 읽는 사람이 이단 교리로 여긴다면 필자도 그에게 느끼는 것이 있다! 그는 하나님의 말씀에 그렇게 많은 시간을 투자하지 않는다는 것이다. 하나님의 말씀에 시간을 있는 대로 투자하는 사람은 누구나 가장 중요한 주제가 주 예수 그리스도의 재림으로, 모든 다른 주제 다섯에 하나 꼴 이상으로 나타남을 안다. 그래서 이 주제는 성경을 이해하는 열쇠이다.

이사야 2:1-5은 천년왕국이다. 이사야 4장의 모든 내용은 재림과 이스라엘의 회복을 다룬다. 이사야 11장 전체는 각 구절마다 예수 그리스도의 재림을 다룬다. 이사야 16:1-8에서도 우리는 재림의 구절을 본다. 이사야 14:12-19에서는 재림과 관련하여 "아침의 아들"인 사탄의 파멸을 주목하라. 우리는 그리스도의 재림에 대한 이사야 21:11-14에서 "세일 산에 있는 땅"의 "두마(에돔)에서 나오라."는 경고를 듣는다. 이사야 24장의 모든 구절은 환란이다. 이사야 26장에서 환란 후 휴거를 주목하라. 이사야 27:1-6은 재림이다. 이사야 34:1,2은 아마겟돈 전쟁이다. 이사야 40:1-11은 그리스도의 재림인데 초림 때 침례인 요한에게 적용되었다(기억할 것은 초림이 사도행전 7장까지는 재림일 수 있었다. 마태복음 3:1-3의 주석 참조). 이사야 52,54,60,61,62,63장은 모두 예수 그리스도의 재림에 대한 내용이다. 이사야 64장의 반은 재림을 다룬다. 이사야 65장의 모든 내용은 재림이다. 이사야 66장의 절반도 재림이다.

예레미야는 재림의 유형인 날과 때를 살았다. 그는 성경에서 결혼하지 말라는 말을 들은 유일한 사람이었다. 예레미야 50장과 51장은 예수 그리스도의 재림을 다룬다.

예레미야 애가의 전 내용은 환란의 장면이다.

에스겔 1장의 모든 내용은 재림으로 예수 그리스도께서 "접시 모양"의 병거를 타고 오시는 모습이다.

다니엘 2장의 대부분은 예수 그리스도의 재림을 다룬다. 다니엘 7장의 모든 내용은 직접적으로나 간접적으로나 재림을 다룬다. 다니엘 9장의 대부분은 재림을 다룬다.

요엘 2장의 모든 내용은 그리스도의 재림을 다룬다.

미카 4장의 모든 내용은 재림이다.

스카랴 14장의 모든 내용은 재림이다.

마태복음 24장과 마가복음 13장의 모든 내용은 재림을 다룬다. 누가복음

17장, 21장과 요한복음 14장의 반은 재림이다. 계시록의 스물한 장이 예수 그리스도의 재림과 관련된다.

더 쉽게 말해서 그리스도의 재림을 빼면 신생과 구원, 속죄와 기도, 교회와 침례는 거의 "의미가 없나." 필사는 하나님께서 친히 그분의 밀씀을 그분의 책에 담을 때 중요하게 여기셨으리라는 것을 당연히 염두에 두고 하는 말이다. 성경에서 재림의 이런 비중은 로마카톨릭과 캠벨파들에 대해 매우 해학적인 어떤 것을 가져오는데, 이 둘은 성경 독자 가운데서도 더 무지한 부류에 속한다. 로마카톨릭은 그들의 교회와 성사들을 강조하고 캠벨파들은 그들의 교회와 물침례를 강조한다. 그런데 헤아려 보면 이들이 강조하는 것들은 하나님의 말씀에서 가장 중요하지 않은 교리 중의 세 가지이다! 여러분은 이 세 가지 말고도 주목할 가치가 없는 많은 것을 찾아낼 수 있다! 여러분이 진실한 성경 학도이기 원한다면 "성사들"로 인해 조금이라도 시간을 낭비하지 말라. 여러분이 첫 번째로 배워야 할 것은 예수 그리스도의 재림과 천 년 기간이다. 그럴 때 여러분은 유대인의 회복과 적그리스도, 전미 기독교 교회 협의회 및 로마카톨릭 교회를 배울 수 있다. 그 다음 여러분은 비유들을 어떻게 해석할 것인가를 배우고 나면 사도행전을 선명히 이해할 수 있다. 여러분이 여기까지 배웠으면 교회, "성사들" 등을 올바로 이해할 준비가 된 것이다. 그때까지는 그것들이 무엇이며 어떻게 적용되는지 모른다. 그것이 바로 이 세대를 특징지우는 것인데, 20세기의 이교도들은 그들의 모든 시간을 "인격(예수 그리스도)" 대신에 "일들"을 추구하는데 소비한다. 하나님께서는 그분의 아들인 주 예수 그리스도께 관심이 있으시다. 성경은 다른 일들도 나타내는데, 필자는 그런 다른 일들을 부인하는 것이 아니고 오히려 강조한다! 성령은 다른 일들을 강조하지 않고 주 예수 그리스도의 인격과 사역을 강조한다. 그의 "가르침"이나 "그의 계명들!"이 아니라 그의 인격이다. 그분의 인격인 것이다! 우리는 인격체이신 그분을 사랑하는 것이지 교리가 정립된 신학을 강요하는 것이 아니다. 우리는 세상을 다스릴 그의 인격을 기다리는 것이지 교회나 성사를 강조하는 것이 아니다.

캠벨파들은 물 침례받을 때 노래하기를,

"놀라운 물이여! 얼마나 부드러운 소리인가.
나 같은 불쌍한 이를 구원했네!
한때는 잃어 버린 바 되었으나 지금은 찾았다네,
눈멀었었지만, 지금 나는 젖어 있네."라고 한다.

여러분은 지금까지 150년 동안 캠벨파들이 그들의 설교에서 "물"을 찬양해 왔지만, 그들의 찬송가에는 "물"을 찬양하는 찬송이 하나도 없음을 한 번쯤 생각해 보았는가! 이상하지 않은가! 만일 어떤 것이 여러분의 구원의 일부였다면 그것을 자랑하려고 생각지 않겠는가! 그것을 노래하고 싶지 않겠는가! 그들은 그리스도의 피가 물로 적용된다고 믿는다. 왜 그들은 물을 노래하지 않는가! 만일 물이 필자의 구원과 어떤 관계가 있다고 생각되면 필자는 그리스도인들이 부르는 찬송가 대신 물에 관한 노래를 작곡할 것이다! 그들은 결코 그리스도인이 아니다. 그들은 물놀이 하는 아기들에 불과하다. 캠벨파들이 "며칠 후 며칠 후 요단 강 건너가 만나리."를 부르는 것을 들을 때 우스꽝스럽지 않겠는가! 그들은 그 강변을 건너게 될지 건너지 못할지조차 모른다. 그리스도인들은 물을 노래하지 않고 구원을 노래한다!

우리는 계시록에서 예수 그리스도의 재림을 네 번째로 또 마지막으로 본다. 19장에서 여러 사건들이 요란하게 진동하는 굉음 속에서 실제로 발생하는데 온 지각이 폭발한다. 세상의 모든 체제가 산산조각나는 것은 시간 문제다. - 다윈의 이론은 잘못되었다. 세상은 점점 더 좋아져서 점진적으로 보다 높은 이상들을 실현하는 것이 아니라 하나님의 심판이 개입될 때까지 계속해서 더 나빠졌던 것이다. 여기에는 늘 절차가 따랐다. 아담과 이브가 하나님께 불순종했을 때, 하나님은 그들을 심판하여 에덴 동산에서 쫓아내셨다. 시간이 흐르면서 사람들이 더욱 타락하자 하나님은 그들을 물에 빠져 죽게 하시고 새롭게 시작하도록 하셨다. 시간이 흐르면서 사람들이 더욱 타락하자 하나님은 열린 환상으로 칼데아 우르에서 아브라함을 부르셨다. 그 후 시간이 흐르면서 사람들이 더욱 타락하자 하나님께서는 그의 자손을 위해 이집트 땅에 개인적으로 나타나시어 그들을 강하게 끌어내셨고, 한 산에 나타나시어 그들에게 계명을 주셨다. 시간이 갈수록 더욱 타락하므로 하나님께서는 필리스티아인, 암몬, 모압 및 시리아 족속들을 보내어 그들을 징계하셨다. 그 후 그분은 그들에게 다윗을 통해 새롭게 시작하도록 하셨으나 계속 더 타락하므로 느부캇넷살을 보내시어 예루살렘을 불태워 버리셨다. 하나님께서는 그들에게 새롭게 시작하도록 하셨으나 계속해서 너 너욱 타락하므로 하나님께서 자신의 아들을 보내셨는데, 그들은 그분의 아들을 십자가에 못박았다. 그래서 하나님은 예루살렘을 파괴하셨다. 지금까지 사람들은 시간이 흐를수록 더 부패하고 타락해 왔으므로 하나님은 2,000년 뒤에 간섭하셔서 모든 역겨운 상태를 말끔히 소제하실 것이다(다윈의 사상은 예수회 신부가 사도행전 2:38을 신봉하는 것만큼이나 비뚤어졌다).

19:1 이 일들 후에 내가 들으니, 하늘에서 많은 사람의 큰 음성이 있어 말하기를 "할렐루야, 구원과 영광과 존귀와 권세가 주 우리 하나님께 있도다.
2 이는 그분의 심판이 참되고 의롭기 때문이며 또 그분께서 그녀의 음행으로 땅을 타락케 한 그 큰 창녀를 심판하셔서 그의 종들의 피를 그녀의 손에서 갚아 주셨기 때문이라."고 하더라.

"할렐루야"는 히브리어 두 낱말이 복합된 것이다. 문자적으로는 "너희는 주를 찬양하라."이다(이것은 하늘의 언어가 히브리어임을 가리킨다, 사도행전 26:14 참조).

19:3 또 그들이 다시 말하기를 "할렐루야"라고 하니 그녀의 연기가 영원무궁토록 올라가더라.

『**그녀의 연기가 영원무궁토록 올라가더라.**』를 계시록 14:11과 비교하라. 이 두 구절은 로마 교회가 적그리스도와 사탄과 명백히 연관되어 있음을 입증한다.

19:4 그때에 스물네 장로와 네 짐승이 엎드려 보좌에 앉으신 하나님**께 경배드리며 말하기를 "아멘, 할렐루야."라고 하니**

이 장면은 셋째 하늘인데 계시록 4:1-5의 주석을 보라.

19:5 그 보좌에서 음성이 나서 말하기를 "너희 모든 그분의 종과, 작은 자나 큰 자나 그분을 두려워하는 너희는 우리 하나님을 **찬양하라."고 하더라.**

1인칭 소유 대명사인 "우리 하나님"을 주목하라. 이 표현은 항상 이스라엘에 해당된다. 이따금 그리스도인들에게 적용되기도 하지만 구약에서의 전형적인 표현이다(행 2:39).

『**너희 모든 그분의 종과**』 이 표현은 계시록 6:11과 11:18의 "종들"과 같다.

19:6 또 내가 들으니, 큰 무리의 음성 같고 많은 물 소리 같으며, 굉장한 천둥 소리 같은데 말하기를 "할렐루야, 전능하신 주 하나님**께서 통치하시도다.**

『**전능하신**(omnipotent)』 이것은 "가장 강력한" 혹은 "절대 권능"의 뜻이다. 하나님은 전지하시고(omniscient), 무소부재하시며(omnipresent), 전능하시다(omnipotent).

『**통치하시도다.**』 이것은 그분이 이 특정한 시점에서 세상의 통치권을 인수하시는 장면인 것 같다(이 시점은 앞서도 말했지만 알려지지 않았는데, 마지막 3년 반이 끝나기 전의 어느 때일 것이다).

19:7 기뻐하고 즐거워하며 그분께 존귀를 돌리세. 이는 어린양의 **혼인식이**

다가왔고 그의 아내도 자신을 예비하였음이라.
8 **이제 그녀에게 허락하사 정결하고 흰 세마포를 입게 하셨으니 세마포는 성도들의 의라."고 하더라.**
9 **그때 그가 내게 말하기를** "어린양**의 혼인 잔치에 초대된 그들은 복이 있다고 기록하라." 하고 또 내게 말하기를 "이것들은 참된** 하나님**의 말씀들이라."고 하더라.**

여기 "어린양의 혼인식"이 치러진다. 손님들은 초대되었고, 우리가 누가복음 22:16-30에서 배웠듯이 혼인식을 마치고 뒤이은 "만찬"은 재림 때 이 땅에서 베풀어질 것이다. 이것은 그리스도의 심판석이 환란 끝 무렵에 마치게 됨을 뜻한다. 그 이유는 계시록 19:7에 『**기뻐하고 즐거워하며 그분께 존귀를 돌리세. 이는** 어린양**의 혼인식이 다가왔고 그의 아내도 자신을 예비하였음이라.**』고 하기 때문이다.

"그리스도의 신부"는 이제 결혼할 준비가 되었다. "준비가 되기" 위해 그녀는 "점이나 주름진 것" 없이 영광스러운 교회가 되어야 한다(엡 5:27). 이것은 정결케 하는 작업(고전 3:10-16, 고후 5:10,11, 롬 14:10-12)으로 이루어진다. 앞의 구절들은 교회가("신부"이며 "그리스도의 몸"인 그녀는 이브가 아담 몸의 일부였듯이 그리스도의 몸의 일부가 되어야 한다.) 휴거된 후 그리스도의 심판석에서 심판받을 것을 아주 명백히 나타낸다. 그녀의 공적들은 불로 태워져 정제되어서 "점 없이" "흠이나 주름 없이" 정결케 된다. 그 다음 그녀는 주 예수 그리스도와 혼인한다. 지금 현재의 교회 시대에서 그녀는 『**순결한 처녀**』(고후 11:1-3)로 그분과 약혼한 상태이다. 혼인식은 주 예수 그리스도의 재림 바로 전에 하늘에서 치러진다.

『**이제 그녀에게 허락하사 정결하고 흰 세마포를 입게 하셨으니 세마포는 성도들의 의라."고 하더라**』(8절).

『**세마포는 성도들의 의라.**』 이것은 그녀 자신의 의이다. 여러분은 하나님의 의인 예수 그리스도의 보혈을 믿음으로써 그분의 의를 전가받는 구원을 값없는 선물로 받았다(스가랴 3:4,5은 이 점을 설명하는데 한 사람이 옷을 바꿔 입는다). 그런데 여러분이 구원받은 후에는 여러분의 의를 쌓아야 한다. 이 말은 모든 그리스도인이 구원받은 후에 어떻게 살 것인지에 대해 신중해야 함을 지적하는 것으로, "그들의 의"는 그들이 혼인식에 입을 "세마포"이기 때문이다. 이것은 어떤 그리스도인들은 벗은 채로 나타남을 가리킨다!(계 16:15 참조). 기도하는 마음으로 계시록 3:17,18을 확인하라. 요한이 말한 것을 기억하라. 『**어린 자녀들아, 이제 그분 안에 거하라. 이는 그가 나타나실 때 우리가 담대함을 가지며, 그가 오실 때 그의 앞에서 수치를 당하지 않게 하려 함이라**』(요일 2:28).

이 문맥은 휴거이며, 요한일서 3:1-4에 잘 나타나 있다.

그래서 이 "신부"는 그리스도의 심판석에서 정결케 된다. 그녀는 "점 없고 흠 없이" 된다. 면류관들이 그리스도인들의 행위에 대한 보상으로 주어진다면 "상실된" 행위들은 불에 타 버린다. "신부"는 그리스도에게 죄 없는 "신부"로 나아간다(이 혼인식은 시편 45편에 자세히 묘사되었다).

이 모든 내용을 정리해 보면 성경이 나타내는 것은 다음과 같다.

1. "그리스도의 신부"는 휴거 때 들림받고 그리스도의 심판석에서 심판받는다.

2. 그녀가 심판받은 후에는 환란 끝 무렵에 예수 그리스도와 혼인한다.

3. 그녀가 예수 그리스도의 신부로 이 땅에 다시 와서 그리스도와 함께 천년의 "밀월 여행"을 하기 전에, 하늘로 들림받은 환란성도들을 보게 된다. 환란성도들은 『**그녀를 따르는 그녀의 동료 처녀들**』(시 45:14)이다. 어린양의 혼인식에 참석하는 우리는 에베소서 3:15에 언급되는 모든 하나님의 가족들을 본다("침례교 신부들"은 이 "가족"을 다른 교단들의 그리스도인들로 오랫동안 잘못 인식하고 있다).

유감스럽게도 많은 침례교 목회자들은 침례교회가 유일한 하나님의 참된 교회로 자기들이 "예수 그리스도의 신부"라고 믿는다. 그래서 그들은 다른 교단들의 구원받은 모든 사람은 "신랑 친구들"이라고 믿는다. 이 그릇된 해석은 예수 그리스도 재림의 세부적인 내용을 파악하지 못한 데서 온다 "하나님의 가족"은 거듭난 침례교인들, 감리교인들, 루터교 신자들, 성공회 신자들 등의 몸으로 구성되지 않고 "신부"인 "몸"과 예수 그리스도인 신랑, 모세부터 침례인 요한까지의 구약성도들인 요한복음 3:29의 "신랑 친구들"과 구약의 율법시대 전에 은혜 아래 구원받은 사람들인 "왕후들," 환란 때 휴기된 유대인들인 "처녀들"과 환란 때 휴거된 이방인들인(솔 6:8) "손님들"로 구성된다. 하나님의 가족의 또 다른 구성원인 천 년 기간의 성도들이 있지만, 이들이 나타나는 것은 그리스도의 재림 후이므로 "혼인식"에는 참석치 못한다.

"신부"와 "신랑"의 혼인식에 참석하는 사람들은 "친구들"과 "손님들"과 "처녀들" 그리고 "왕후들"인데, 이들은 율법 시대 전의 구약성도들과 율법 시대의 구원받은 유대인들, 환란 때 이방인 성도들 그리고 환란 때 유대인 성도들로 구성된다. 이들은 시편 45편과 솔로몬의 노래 6:8,9에 모두 나와 있다. 솔로몬의 노래 6:10의 재림과 솔로몬의 노래 2:8-14의 휴거, 그리고 솔로몬의 노래 3:6-11의 재림을 주목하라(성경의 주제는 예수 그리스도의 재림이다).

계시록 19:9「그때 그가 내게 말하기를 "어린양의 혼인 잔치에 초대된 그들은 복이 있다고 기록하라." 하고 또 내게 말하기를 "이것들은 애매하고 묵시적이고 비유적이고 상징적인 하나님의 말씀이라."고 하더라.」

천만에 그분은 그렇게 말씀하지 않으셨다! 주석가들이나 그렇게 말한다! 그분은『**이것들은 참된** 하나님**의 말씀들이라**』(9절)고 하셨다. 이 말은 침례교 신학의 해석이 아니며 <킹제임스성경> 번역자들의 글도 아니다.『**이것들은 참된** 하나님**의 말씀들이라.**』

19:10 내가 그에게 경배하려고 그의 발 앞에 엎드리니 그가 내게 말하기를 "삼가 그리하지 말라. 나는 예수**의 증거를 가진 네 형제들과 같은 동료 종이니,** 하나님**께 경배하라. 이는** 예수**의 증거가 예언의 영이기 때문이라."고 하더라.**

멋진 말이 아닌가! 천사가 "내게 엎드려 경배하지 말라. 하나님을 경배하라."고 말했다. 천사들을 경배하지 말라! 성인들을 경배하지 말라! 교회들을 경배하지 말라! 성사들을 경배하지 말라! 가르침들을 경배하지 말라! 교리들을 경배하지 말라! 예수 그리스도 앞에 어떤 것도 두지 말라!(골 2:18), 여러분이 하나님 앞에 두는 것은 그것이 어떤 것이든지 우상이다. 그것이 "신약 교리"일지라도 필자는 고려하지 않겠는데, 그것도 우상이다!(우상 숭배자는 주 예수 그리스도 앞에 어떤 것을 두는 사람이다). 여러분이 어떤 것이라도 그분과 함께 둔다면 그분을 가리는 행위이다. 그것은 카톨릭 신부들에게서 매우 교묘하게 행해진다. 그들은 (여러분이 아무리 조사해 보아도) 예수 그리스도 앞에 어떤 것도 두지 않는다. 그러나 그들이 아침부터 저녁까지 하는 모든 짓은 "교회"와 "마리아," "마리아와 교회," "그리스도의 가르침과 그리스도의 교회"이지, 예수 그리스도는 찾아볼 수 없다. 그들은 "마리아"와 카톨릭 교회를 통해서 그분에게 갈 수 있다고 한다. 물론 이것은 비열한 자들이 멍청이, 바보들을 속이는 방법이다. 여러분은 예수 그리스도께 가기 위해서 문지기와 운전수, 집사, 비서가 필요하지 않다. 그분이 여러분을 위해 죽기까지 사랑했기에 여러분이 그분에게로 돌아서는 순간 그분은 반겨 맞아 주는 것이다. 돌아서라!(계시록 19:10을 이사야 41:23과 요한복음 16:13과 비교해 보라).

그래서 우리는 하나님의 말씀에서 가장 놀라운 말씀을 하나 본다. "예수의 증거"는 "그리스도가 세운 교회에 속하거나" "그리스도의 계명이나 지시 및 가르침에 따르거나" "네 이웃을 네 몸처럼 사랑하는 것"이 아니라 "예언의 영"이다. "예수의 증거"는 미래를 예언하는 영이다. 예언은 정확무오한 일에 대한 분명하고 최종적인 시험대이다(사 41:23-26과 비교). 여러분이 성경대로 믿는 거듭난 그리스도인과 자칭 그리스도인(종교적인 수치에 지나지 않는) 사이의 차이를 알기 원할 때 그 확실한 방법은 이것이다. 여러분은 죽으면 어디로 가는지 확실히 아는가! 여러분은 구원받지 못한 사람들이 죽으면 어디로 가는지 분명히 아는가! 여러분은 앞으로 30년 동안 이 땅에 어떤 일이 일어날지 확실히 아는가! 여러분이 거듭난 그리스도인이라면 대답할 수 있다! 여러분이 카톨릭 신자이거나 유대인, 프로테스탄트나 불교도, 모슬렘교도 내지 유교 신봉자, 힌두교인이나 자유주의자, 현대주의자, 신정통주의

자, 캠벨파, 러셀파 등이라면 여러분이 현미경과 망원경을 붙잡고 밤을 새워도 대답할 수 없는 것이다.

『**이는 예수의 증거가 예언의 영이기 때문이라**』(10절). 이것은 확실한 시험대이다. 그 이유는 모든 거듭난 그리스도인들은 그들 안에 성령과 예수님이 계신다고 요한복음 16:13에서 말했기 때문이다.

『**그러나 진리의 영이신 그분이 오시면 너희를 모든 진리로 인도하시리라. 그분은 자신에 관하여 말씀하지 아니하시며, 무엇이나 들은 것을 말씀하실 것이요, 또 너희에게 다가올 일들을 알려 주시리라**』(창 20:7 주석 참조).

거듭난 성도들은 죽으면 어디로 가는지 안다. 로마카톨릭 신자들은 그렇지 않다. 그들은 단지 "바랄 뿐"인데, 이것이 바람직한 태도임을 입증하려고 성경을 인용한다. 확신이 없는 사람들이기에 성경을 붙들고 자기들의 태도가 옳음을 주장하려 한다. 그러나 하나님은 여러분이 성경을 가지고 아무리 주장한다 할지라도 신경쓰지 않으신다. 그 이유는 여러분이 "예수 그리스도의 증거"를 갖지 않는 한 성경을 읽을 수 없기 때문이다. 여러분만 성경으로 주장하는 것이 아니다! 구원받지 않은 사람들도 성경을 사용해서 여러분이 구원받은 것을 알 수 없다고 주장한다! 하나님께서 구원받는 사람에게 첫 번째로 알리는 것은 그가 구원받았다는 지식이다!(요한일서 5:13을 보라).

『**이는 예수의 증거가 예언의 영이기 때문이라.**』

『**이는 내가 믿은 분을 알고, 내가 위탁한 것을 그 날을 대비하여 그분께서 능히 지키실 줄을 확신함이라**』(딤후 1:12 하반절).

『**너희를 그의** 아들 예수 그리스도 **우리 주의 교제 안으로 부르신** 하나님**께서는 신실하시도다**』(고전 1:9).

『**화평의** 하나님 **바로 그분께서 너희를 온전히 거룩하게 하시고 너희의 온 영과 혼과 몸이 우리** 주 예수 그리스도**께서 오실 때까지 책망할 것이 없게 보존되기를** 하나님**께 기도하노라**』(살전 5:23).

『**너희를 부르시는 분은 신실하시니 그가 또한 이것을 행하시리라**』(살전 5:24).

『**이제 능히 너희를 실족하지 않게 지키시고 자기의 영광의 임재 앞에 흠 없이 큰 기쁨으로 서게 하실 수 있는 그분**』(유 1:24).

『**사랑하는 자들아, 이제는 우리가** 하나님**의 아들들이라. 우리가 어떻게 될 것인지는 아직 나타나지 아니하였으나 그가 나타나시면 우리가 그와 같이 되리라는 것을 아노니, 이는 우리가 그분 그대로 그분을 볼 것이기 때문이라. 그분 안에서 이 소망을 가지는 사람은 누구나 그분이 정결하신 것처럼 자신을 정결케 하느니라**』(요일 3:2,3).

『**내가 확신하노니 사망이나 생명이나, 천사들이나 정사들이나 권세들이나 현재의 일들이나 다가올 일들이나, 높음이나 깊음이나, 어떤 다른 피조물이라도 우리를** 그리스도 예수 **우리** 주 **안에 있는** 하나님**의 사랑에서 떼어 놓을 수 없으리라**』(롬 8:38,39).

즉 그리스도인들은 미래에 무슨 일이 일어날지 안다. 자기 개인 생활의 하루 24시간을 일일이 안다거나 앞으로 10년 동안 선출될 모든 대통령이 누구일지 말할 수 있다는 것이 아니라 그들이 죽으면 어디로 가는지, 어떻게 거기에 가는지, 가면 어떤 일이 있을지, 그리고 자기들이 어떻게 될지를 아는 것이다. 그것은 그들이 "예수의 증거"를 지녔기 때문이다. "예수의 증거"는 "황금률"이나 복지 계획들 또는 평화 봉사단이나 바티칸 공의회가 아니라 "예언의 영"이다. 알겠는가! 여러분은 "증거"를 가졌는가! 여러분이 "그리스도인의 증거"를 가졌다면 미래를 안다. 여러분 모두가 갖고 있는 "그리스도인의 증거"가 선행과 좋은 의도, 선한 동기와 원만한 결정, 그리고 모든 사람들을 사랑하는 정도라면 여러분은 전혀 그리스도인의 증거를 가진 것이 아니다. 그런 것들을 자랑하지 않는 독선적이고 종교적인 죄인은 지상에 한 사람도 없다.

19:11 또 내가 하늘이 열린 것을 보니 흰 말이 보이더라. 그 위에 앉으신 분은 신실과 진실이라 불리며 의로 심판하고 싸우시더라.

이것이 계시록 4:1-3 이후 하늘이 두 번째 열리는 때인데 환란 끝을 가리킨다. 『**흰 말**』 이것은 하늘에 동물이 있음을 보여 주는데 우리가 지상에서 보는 말과 같지는 않다. 왜냐하면 "지상의 동물은 죽으면 영이 땅 아래로 내려가기" 때문이다(전 3:21). 어쨌든 하늘에 초자연적인 동물이 있음을 가리키는데, 열왕기하 2:11,12과 6:17에 초자연적인 말이 나온다. 계시록 6장을 보면 "흰 말 탄 자"의 차이를 상세히 설명해 놓았다.

이 장에서 "의"(righteousness)라는 낱말이 나옴을 주목하라. 곧 『**그분의 심판이 참되고 의롭기 때문이며**』(계 19:2), 『**성도들의 의**』(계 19:8), 『**의로 심판하고 싸우시더라**』(계 19:11). 이 말 탄 분은 의심할 여지가 없다. 그분은 "하나님의 의"인 예수 그리스도시다.

19:12 그의 눈은 불꽃 같고 머리에는 많은 왕관이 있고 또 한 이름이 기록되어 있는데 그 자신 외에는 아무도 모르며

많은 면류관이다! 계시록 6장에서처럼 한 왕관이 아닌데, 정복자의 왕관이 아니라 "왕다운" "왕의 면류관"(헬라어 : diademata)이다. 6장의 왕관은 헬라어 "*스테파나스*"(stephenas)이고 여기서는 헬라어의 복수인 "*디아뎀*"(diadem)이다.

『**또 한 이름이 기록되어 있는데 그 자신 외에는 아무도 모르며**』(12절). 우리는 이 이름을 알 수 있는데, 여호와의 증인들이 테트라그라마톤(*Tetragrammaton,* יהוה, YHWH)이라 부르는 여호와의 원래 이름을 아는 좋은 기회이다. – 여호와의 증인들에 대해 재미있는 것 하나는 그들이 사용하는 이름인데, "여호와"(<킹제임스성경>에도 사용되었지만)는 번역되지 않은 히브리어 어근의 음역이다. 유대인들은 그 낱말을 매우 거룩하게 여겼기 때문에 입에 올리지 않고 대신 "주님"을 뜻하는 "아도나이"(Adonai)로 불렀다. 이것이 여호와의 증인들로 하여금 『**주**』(LORD)는 "여호와"이고 『**주**』(Lord)는 창조된 하나님인 "예수"라는 터무니없는 생각을 부여했다. 이것은 알렉산드리아 헬라 철학자들의 불가지론적 가르침이기도 하다. 즉 예수 그리스도는 하나의 참된 하나님이 아니라 참된 하나님이 창조하신 하나의 "다른" 하나님이라는 것이다. 이것은 엄청난 오류이기에 <킹제임스성경, 1611>은 올바르게 바로잡아 놓았다. 즉 예수 그리스도가 여호와임을 가리키는 계시록 19:16에서 『**주**』(LORD)를 잘 보존하고 있다.

그러므로 『**또 한 이름이 기록되어 있는데 그 자신 외에는 아무도 모르며**』는 출애굽기에서 하나님이 모세에게 나타내신 이름 같은데 그분은 『**나는 곧 나니라.**』(출 3:14)라고 하셨다. 그 이름을 정확히 발음할 도리가 없는 것은 이 시대의 어떤 사람도 그 발음하는 것을 들어보지 못했기 때문이다. 그것은 거룩한 이름이며 너무 거룩해서 현대의 어떤 유대인도 발음하지 못한다. 회당에서는 그 이름이 성경에 나올 때 "Adonai"로 발음했지만, 이것은 그 이름을 표시한 철자가 아니다. 영어로 쓰면 야웨(*YHWH*)일텐데, 이 표현은 신정통주의와 자유주의 학자들이 유대교의 유일신을 "Yahweh"로 말하도록 하였다. 이 엉터리 가정은 별로 유익이 안 된다. 왜냐하면 이 이름을 사용하는 자들은 히브리인의 하나님이 우주의 창조자인 동시에 인류의 구원자가 아니라 단지 한 민족의 조상신에 불과한 것으로 믿기 때문이다! (이것이 성령과 하나님의 말씀을 대하는 현대 지성인들의 전형적인 태도이다.)

19:13 피에 적신 옷을 입었는데 그의 이름은 하나님의 말씀**이라고 불리더라.**

이것은 요한복음 1:1-3에서처럼 주 예수 그리스도이다. 그의 "옷이 피에 적셔 있는" 사실은 (앞서 말했지만) 그분이 2억의 기병대를 발 아래 짓이기신 모습을 의미한다. 그리하여 피가 땅을 거의 3피트나 덮을 것이다(계 14:10, 사 63:1-5, 시 68:23).

19:14 또 하늘에 있는 군대들이 희고 정결한 세마포를 입고 흰 말들을 타

고 그를 따르더라.

이 구절을 19:8과 비교하면 그분을 따르는 군대는 거듭난 성도들의 몸인 "교회"임을 알 것이나. 이것은 이 시대의 교회가 병역에 징집된 몸임을 의미한다. 이 시대의 "전쟁 무기"는 육신적인 것이 아니고 영적인 것인데(고후 10:4), 교회가 전쟁 무기를 들고 육신적으로 싸우는 몸이 되어 실제 전쟁에 임하는 날이 있다. "앞으로! 그리스도의 군사들이여, 싸움터로 행진하라!"(솔 6:13).

예수님이 빌라도 앞에 섰을 때 그분은 매우 흥미로운 말씀을 하셨다.

『예수**께서 대답하시기를 "나의 왕국은 이 세상에 속한 것이 아니니라. 만일 나의 왕국이 이 세상에 속한 것이라면 내 부하들이 싸워서 나를 유대인들에게 넘어가지 않게 하였을 것이라. 그러나 지금은 나의 왕국이 여기에 속한 것이 아니니라."고 하시더라**』(요 18:36).

여러분은 <확대역본, *Amplified Version*>(그리고 대부분의 새 "성서들")에서 "지금은"(now)이 빠진 것을 볼 텐데 그 번역자들은 교회가 영적 전쟁을 위해서만 부름받았다고 믿었기 때문이다. 그러나 이것은 거짓말이다. 교회가 부름받은 것은 예수 그리스도의 재림 때 군대가 되어 무장한 싸움을 준비하기 위함이다.

『**아침처럼 비추고, 달처럼 고우며, 해처럼 맑고 깃발들을 든 군대처럼 위엄이 있는 여자는 누구인가?**』(솔 6:10).

여기서 그리스도의 몸은 "달"과 "해" 같고 "깃발 든 군대처럼 위엄이 있다." 그래서 참된 교회는 말 탄 군인이다. 그들은 이때에 초자연적인 존재로서 죽지 않으며, 쓰러지지 않는 초자연적인 말들을 탄다. 이 그리스도인들의 전쟁을 알고 싶으면 요엘서를 보라.

『**너희는 시온에서 나팔을 불고**[재림] **내 거룩한 산에서 경고의 소리를 내어**[재림] **그 땅의 모든 거민들로 떨게 하라**[재림]. **이는 주의 날이 오며 그 날이 가까움이라. 흑암과 암영의 날**[부정적, 습 1:15], **구름과 짙은 어두움의 날이**[부정적이다. 즉 성경의 핵심 주제에 대해 긍정적인 표현은 전혀 없다. 복수를 위한 전능하신 하나님의 진노가 사납게 포효하며, 맹렬히 휘몰아치고, 극렬한 고통을 주며, 산산이 부숴지게 하는 벼락과 같이 내리친다.] **산들 위에 펼쳐진 아침 같으니, 많고 강한 사람들이라. 이 같은 일은 전에도 없었고, 또 이후, 곧 많은 세대들의 연수에까지도 다시 없으리라. 불이 그들 앞에서 삼키며**[우리가 예수 그리스도와 함께 이 군대를 따라 내려갈 때 불길이 우리가 밟는 길이 된다.] **그들 뒤에서는 화염이 불타는도다. 그 땅은 그들 앞에서는 에덴의 동산 같으나 그들 뒤에는 황량한 광야 같으니**[만물이 그들 앞에서 자라고 그들 뒤는 그들이 지나간 후에 땅이 말라 버린다], **정녕, 어떤 것도 그것들을 피하지 못하리라. 그들의 모양은 말들의 모양 같고 그들은 마치 기병들처럼 달리리로다**[합 3:8]. **그들이 뛰는 것은 산꼭대기들에 있는 병거들의 소리 같고, 그루터기를 삼키는 불꽃 소리와도 같으며 전열에 배치된 강한 백성 같으리라. 그들의 얼굴 앞에서 백성은 심하게 아픔을 당할 것이며 모든 얼굴들은 새까맣게 되리라**[얼굴이 태워진다. 나 2:10, 겔 20:47]. **그들은 용사들같이 달릴 것이며 그들은 전사들같이 성벽을 기어오를 것이요, 그들은 각기 자기의 길로 행군할 것이나, 그들은 그 대열을 흩뜨리지 아니하리라. 한 사람이 다른 사람을 밀치지도 않을 것이며, 그들은 각기 자기 길로 걸으리라**[꼭 여호수아가 여리코성을 무너뜨릴 때와 같은데, 그들은 성벽이 무너진 후 안으로 걸어 들어갔다]. **그들은 칼 위에 쓰러져도 상처를 입지 아니하리라**[이들은 말 탄 초자연적인 용사들이기에 죽임당하지 않는다. 우리가 그리스도와 함께 돌아올 때 그분과 같은 몸이기에 어떤 칼로도 갈비뼈 하나 다치지 못한다!]. **그들은 성읍 안에서 이리저리 달릴 것이며, 그들은 성벽 위를 달릴 것이요 집들 위를 기어오르며 그들은 도둑처럼 창문들을 통해 안으로 들어가리라**["도둑," 마 24:43]. **땅이 그들 앞에서 흔들리며 하늘들이 떨고 해와 달이 어두워지며 별들이 그들의 빛을 거두리라**[마 24장, 계 6장, 수 10장처럼]. **주께서 그의 군대 앞에서 그의 음성을 발하시리니, 이는 그의 진영이 매우 크고 그의 말씀을 실행하는 분은 강하심이라. 주의 날이 위대하고 심히 두려우니, 누가 그것을 견뎌 낼 수 있으리요?』**(욜 2:1-11).

질문은 아직 대답되지 않았다(렘 6:22, 사 13:3-5, 겔 32:7,8). 『**산들과 바**

위들에게 말하기를 "우리 위에 떨어져서 보좌에 앉으신 분의 얼굴과 어린 양**의 진노에서 우리를 숨기라. 이는 그분의 진노의 큰 날이 임하였으니 누가 감히 설 수 있으리요?" 하더라**』(계 6:16,17). 대답은 이렇다. 아무것도 서지 못한다! 어느 누구도 서지 못한다!

19:15 그의 입에서는 예리한 칼이 나와서 그것으로 민족들을 칠 것이요 또 철장으로 그들을 다스릴 것이며, 그는 전능하신 하나님**의 맹렬한 진노의 포도즙틀을 밟으실 것이라.**

이 "칼"은 이사야 34:5의 주제이다("철"의 군사 독재는 계시록 2:27에 언급되었는데 주 예수 그리스도께서 군사 독재자로 다시 오시는 시편 2:9을 인용한 것이다.

『**그는... 포도즙틀을 밟으실 것이라**』(계시록 14:20에 상세히 설명해 놓았다). 더멜로우(Dummelow)는 한 권으로 된 주석서를 썼는데, 매우 흥미로운 설명을 하고 있다. 그는 "그리스도의 영이 악한 체제들과 기관들을 극복하게 되는데, 이것이 아마겟돈이다."라고 하였다. [그 친구의 이름은 "b"를 넣어 "Dumb(얼간이)melow"로 불러야 마땅하리라.] 그리스도의 영은 악한 체제들과 기관들을 극복하지 못한다. 그런 일은 역사에 한 번도 없었다! 체제들과 기관들은 더욱 더 나빠질 뿐이며 개선되지 않은 채 내버려진 상태이다. 그러므로 사람들이 위와 같은 사사로운 해석을 "아마겟돈"에 적용하는 것은 몰상식한 짓이다.

19:16 또 그의 옷과 넓적다리에 이름이 기록되어 있는데 "만왕의 왕, 또 만 주의 **주"라 하였더라.**

느부캇넷살은 "왕 중의 왕"(a king of kings)이라 불렸지만(겔 26:7), 이분은

"만왕의 왕"(KING OF KINGS)이시다. <킹제임스성경, 1611>이 여호와 증인들의 해학적인 속임수를 끌어낸 점을 주목하라. 대문자의 "LORD"가 "여호와"(Jehovah)를 뜻한다면, 예수 그리스도는 "여호와 중의 여호와"인 셈이다!

계시록 19장의 엄청난 격변의 묘사는 진화론의 끝장과 아울러 도덕적 진보의 종말을 나타낸다. 그분이 오실 때까지 "그리스도의 왕국이 확장되는" 따위의 그런 일은 없고, 그분의 왕국이 오기까지 세상이 점점 더 좋아지지도 않는다. 성경은 이 이단 철학들을 전혀 알지 못하며 단지 전적으로 타락한 배교를 말할 뿐인데, 예수 그리스도가 친히 하늘을 가르고 오셔서 배교를 타도하시고 그분의 왕국을 세울 것이다. 이래서 연합 신문(AP)이 성경을 거부하고, 라이프, 룩, 리더스 다이제스트 등이 성경을 거부하며, 로마카톨릭 교회와 UN이 성경을 거부하고, 전미 "기독교" 교회 협의회가 성경을 거부한다. 그들 모두가 성경에 불만을 갖는 한 가지 이유는 성경이 주장하는 바, 그들은 급속도로 타락하고 매순간 불경건이 심화되기에 하나님의 진노만이 그들의 배교를 막을 수 있다는 것이다.

성경은 오늘날 가장 손꼽히는 "증오 문학"이다. 이것은 사람들의 "행위가 악함"을 입증한다(요 7:7). 그렇게 세상은 성경을 없애거나, 개정하고, 변개시키며, 생명력을 파괴하여서 무용지물로 만드는 데 열중하고 있다.

문맥을 명확히 이해하기 위해 지금까지 살펴본 계시록 19장을 정리해 보자.

1. 이 일들은 예수 그리스도의 재림을 다루는데 팔레스타인 아마겟돈에서 일어난다(아마겟돈은 칼멜에서 시작하여 이스르엘 골짜기인 키손 강 계곡을 따라 예루살렘에 이르는 골짜기이다).

2. 적그리스도의 군대들은 UN이 소집하여 예수 그리스도의 재림 때 이 지점에 집결할 것이다. 그 숫자는 2억을 헤아리는 기병들이다. 이들은 악마 같은 용사들로 예수 그리스도가 "하늘의 군대"와 함께 이 기괴한 군대 위에 내려온다(판 5:19,20 참조). 그분은 이 군대들을 문자 그대로 그분 발로 찍는데, 그들의 피가 말고삐들을 적시며 160마일이나 혹은 팔레스타인 땅 전체를 흐를 것이다.

3. 예수 그리스도와 함께한 군대는 하늘에서 두 가지 일을 마친 후에 내려

오는데,

a. 그리스도의 심판석, 이것은 그리스도인들이 그들의 행위에 따라 보상을 받고, 자기에게 주어지는 보상이 없을 때 탄식하는 곳이다.

b. 어린양의 혼인식, 여기서 그리스도인들은 신부가 되어 예수 그리스도와 혼인한다. 그들은 아담과 이브가 한 몸이었듯이 그분의 몸의 일부이다.

그래서 그리스도는 "복수의 날," 즉 "전능하신 하나님의 진노"가 임하는 날에 교회(군대의 모습으로)와 함께 땅에 돌아와서 그분의 의로운 심판을 이방인들의 세상 체제 위에 행하신다. 이 체제는 로마 교회의 조종을 받는 "열 왕의 나라"로 구성될 것이다.

19:17 **또 내가 보니, 한 천사가 해에 서 있는데 그가 큰 음성으로 외쳐 하늘 한가운데로 날아가는 모든 새들에게 말하기를 "와서 위대하신** 하나님**의 만찬에 다 함께 모여**

18 **왕들의 살과 최고 대장들의 살과 용사들의 살과 말들과 그 위에 탄 자들의 살과 자유인이나 종이나 작은 자나 큰 자나 할 것 없이 모든 자의 살을 먹으라."고 하니라.**

아마겟돈에서 이 군대들의 대학살 후에 그들의 살을 먹는 향연이 뒤따르게 된다. 말똥가리, 독수리, 까마귀, 수리 등 공중의 새들이 그들의 시체를 먹기 위해 모여든다. 그래서 미국인들 사이에서 "새들에 대해서는 인정사정 보지 말라."는 독특한 표현이 사용됨을 본다(이 새들은 마귀들임을 기억하라. 곧 마태복음 13장, 계시록 18장). 이들이 이때 등장해서 적그리스도의 군대들로 향연을 벌인다. 이와 유사한 구절은 에스겔 39:1-22인데, 이 구절에서도 새들이 시체를 먹으려고 모인다. 이 장면의 직접적인 관련 구절은 누가복음 17:37과 마태복음 24:28이다. 기억할 것은 구약의 핵심 주제가 예수 그리스도의 재림으로 욥기 39:19-30도 아마겟돈에서 적그리스도의 군대에 대항해서 싸우는 무장한 말들과 "죽은 자들의 피를 빠는" 새들을 묘사한다.

19:19 또 내가 보니, 그 짐승과 땅의 왕들과 그들의 군대가 그 말 탄 분과 그의 군대에 대적하여 전쟁을 하려고 다 함께 모였더라.

이 장면은 계시록 17:13,14; 16:12-16 그리고 9:15-17과 자연스럽게 연결된다. 이 군대들은 주 예수 그리스도와 싸우려고 하늘에서 내려오는 군대를(판 5:17-22) 대적해 전쟁을 하고자 함께 모인다.

19:20 그러나 그 짐승이 잡히고, 짐승 앞에서 기적들을 행하던 거짓 선지자도 그와 함께 잡혔으니 그는 짐승과 더불어 그 짐승의 표를 받은 자들과 그의 형상에 경배한 자들을 속이던 자라. 이 둘이 유황으로 불타오르는 불못에 산 채로 던져지더라.

짐승과 거짓 선지자가 거의 늘 함께 등장함을 주목하라(계 20:10). 거짓 선지자는 물론 계시록 13:11의 두 번째 짐승이다. 이 아마겟돈 전쟁은 분명히 순식간에 끝날 텐데, 반면 환란 기간에 "모이는 데"는 7년이 걸리고 막상 전쟁 수행을 위해 모이는 데는 수 개월이 걸릴 것이다. 그러나 두 진영의 군대가 마침내 부딪히면 싸움은 24시간 내에 끝난다. 결정적인 승리인 것이다. 그들이 "함께 모였지만" 곧이어 "짐승이 잡혔다."고 말하지 않는가? 달리 말하면 지상의 군대와 주 예수 그리스도의 초자연적인 군대간의 전쟁이 온전히 전개될 여지가 전혀 없다. 예수 그리스도께서 거느리시는 이 군대는 구원받아 거듭난 사람들로 꼭 그분과 같은 모습인데, 즉 33세의 초자연적인 몸(피가 없는 몸)을 지닌 남성이기에 마음먹은 대로 보였다가 안 보이기도 하고, 닫힌 문들을 통과할 수 있으며, 일 초 만에 수백만 광년을 날아갈 수 있다(요 20장; 눅 24장; 마 28장; 고전 15장). 따라서 전쟁 결과에 대해서는 의심할 여지가 없다. 그리스도께서 오셔서 UN에 이르면 그들은 하루 안에 사라진다. 그래서 이 날을 "주의 날"로 흔히 말한다. ("주의 날"이 여기서 시작되어 큰 백보좌 심판에서 끝나지만 아마겟돈에서 묘사되는 실제 싸움은 몇 시간도 안 걸릴 것이 분명하다.)

『**유황으로 불타오르는 불못에**』(20절). 이것은 "두 번째의 죽음"이다(계 20:14,15). "지옥"이 아니라 "마귀와 그의 천사들을 위해 예비해 놓은"(마 25:41) 분리된 장소이다. "마귀와 그의 천사들"은 환란기간에 나타나는데(계 12:7-10), 이들은 "짐승"과 "거짓 선지자"와 더불어 "유황으로 불타오르는 불못"에 던져진다(계 19:20). 사탄 자신은 이때 여기서는 던져지지 않지만 사탄의 화신이 육화한 그 "아들" 적그리스도는 이때에 던져지는 것이다. 사탄 자신은 1,000년 동안 끝없이 깊은 구렁에 묶이는데, 그 뒤에 계시록 20:10에서 적그리스도가 있는 불못에 던져진다. 거듭 주목할 것은 이 "불못"이 영원토록 타는 곳으로 거기 던져지는 자들은 영원히 태워진다. 그들은 영원한 고통과 영원한 수치 그리고 영원한 형벌로 고통받는다고 말한다(계 14:11과 그 주석 참조). 여러분이 영원한 지옥의 교리를 개인적으로 어떻게 느끼는지 아랑곳없이 성경은 창세기부터 계시록까지 그것을 명백히 가르친다.

100년쯤 전에 대단한 유니테리언 목사였던 테오도르 파커(Theodore Parker : 아주 교묘하고 정중하게 성경을 부정하는 불신자 중 한 사람이었는데)는 지옥에 대해 질문을 받았다. 그는 헬라어 학도였으며 자칭 헬라어 학자였다. 지옥에 대한 그의 진술은 그가 이제껏 한 말 중에서 가장 정직하고 훌륭하였다. 비록 그가 개인적으로는 지옥을 믿지 않았지만(신약에 나타난 지옥의 교리를 거부했다.), 신약이 문자적인 영원한 지옥이 있음을 가르친다고 공개적으로 인정하였다. 달리 말하면 그는 신약의 권위를 깨닫고도 거부한 셈이다. 모든 헬라어 학자 중 95%가 이 부류의 주석가에 속한다.

여러분도 신약의 권위를 인정하지 않을 텐데, 그 권위가 여러분에게 부담스럽기에 그것을 거부하고 변명을 대며 믿음을 저버릴 수 있겠지만 그렇다고 해서 사실이 조금이라도 바뀌는 것이 아니다. 사실은 여전히 남아 있다!

여러분은 참으로 멋진 일을 해보고 싶지 않은가? 주 예수 그리스도를 여러분의 구세주로 지금 영접하고 지옥에 가지 않는 것을 확신하고 사람들을 구령하여 그들이 지옥에 가지 않을 것을 확신시켜 주라. 하나님은 여러분의 가장 가까운 친구가 사탄과 적그리스도 및 거짓 선지자에게 이용될 날을 여러분이 보지 않기를 바라신다. 필자는 그 친구들에게 별 관심이 없다. 필자도 죄인이었고 그 부류의 친구가 될 만했으나, 하나님께 감사하는 것은 주 예수 그리스도의 은혜로 지옥에 가지 않는 것이다. 그분의 은혜로 필자의 친구는 모세, 다윗, 요한, 베드로, 야고보, 바울, 무디, 토레이, 피니, 휫필드, 스펄전, 사보나롤라, 성부 하나님, 성자 하나님, 성령 하나님, 스랍들, 그룹들, 네 생물, 스물네 장로와 모든 세대의 순교자들이 될 것이다. 구원받지 않은 죄인이라면 이 부류의 친구는 될 수 없을 텐데, 하나님을 찬양할 것은 하나님이 그분의 은혜로 어떤 죄인이라도 이 부류의 친구가 되도록 하신 것이다!

계시록 19:20의 "거짓 선지자"는 구약의 발라암으로 나타나는데, 사도행전에서는 "바예수"와 "마술사 시몬"으로 묘사된다(행 8장, 13장).

19:21 그리고 그 남은 자들은 말 위에 앉으신 분의 칼, 즉 그의 입에서 나오는 칼로 살해되니 모든 새들이 그들의 살로 배를 채우더라.

『**...분의 칼, 즉 그의 입에서 나오는 칼로**』(21절). 더 쉽게 말하면 주 예수 그리스도께서 하셔야만 될 모든 것은 단지 말씀하시는 것이다(잠 12:18, 히 4:12). 그리스도께서 말씀하실 때 피해가 닥친다. 그분이 군대를 쳐부수고 그들은 부상을 입고 쓰러지며, 그분이 그들을 발로 짓밟을 것이다(슥 14:3,12 참조).

『**모든 새들이 그들의 살로 배를 채우더라**』(21절). 시체를 먹는 새들인 말똥가리, 독수리, 까마귀, 매, 수리 등이 내려와서 시체들 위에 향연을 벌인다. 이 끔찍한 유혈 사태의 전말은 성경에서 어떤 다른 사건 세 개를 합친 것보다 더 많이 언급되어 있다. 성경에서 가장 큰 사건은 계시록 19장과 11장 및 6장에서 일어나는 "주의 날"이다. 이 날은 느부캇넷살의 예루살렘 공격과 (B.C. 598년) 티투스(Titus, A.D. 70년)의 예루살렘 파괴로 예표되는데(물론 성령의 말씀이 완전히 이루어지는 것은 미래에 가서이다.) 이 미래를 그리스도인들은 "주의 날"로 본다. 세상에 대해 진노와 복수의 날이고, 그리스도인들에 대해서는 "복된 소망"의 날이다. 이 날은 그리스도인들이 변화된 새 몸을 입고 그 창조주의 임재로 새롭게 된 땅에 거하려고 돌아오는 날이다.

인류가 미국의 남북 전쟁, 제1차 세계대전, 제2차 세계대전 및 한국전쟁을 결합하여 동시에 이 네 개의 전쟁에서 싸울지라도, 그들은 이 시대의 끝인 환란 때 마지막 3년 반에 벌어질 피해와 파괴, 불행과 슬픔 및 유혈의 반도 경험하지 못할 것이다. 이 기간은 다니엘이나 마태복음에서 보는 "끝"을 말한다. 그리고 이것은 처음 태어난 사람이 그의 쌍둥이 동생을 죽인 이후로 시작된 긴 역사에서 가장 처참한 유혈 사건이다.

요한계시록 20장

우리는 이제 20장에 다다랐는데 1장에서부터 긴 여정을 거쳐오면서 성경의 많은 내용을 살펴보았다. 앞서 말했듯이 계시록은 구약의 열쇠이며 구약은 신약의 열쇠이다. 누구든지 계시록을 올바로 이해하면 성경 전체에 대한 안목을 가질 수 있다. 계시록은 자체적으로 성경의 많은 내용을 풀어 주기 때문에 계시록을 믿지 않는 교수들과 교사들이 "풀어 놓은" 내용은 이와 비교하면 유치하기 짝이 없다.

19장은 우리에게 이 시대의 종말을 보여 주고, "천 년"(Millennium, Mil=1000, annum=매년)이라 부르는 새 시대로 인도하는데 이 기간은 예수 그리스도께서 1,000년 동안 땅에서 통치하는 때이다. 그래서 여러 일이 신속하게 결론을 맺고 21장에서는 영원이 시작된다. 이것은 "모든 일의 완성"이다. 이것은 예수 그리스도께서 이 땅에 오셔서 시작하신 일들의 절정이다(행 3:19-21). 이 장부터 22장까지 이 땅에서 일어나게 될 천 년 기간("다가오는 시대"로 부르는)과 그 다음 영원("시대 중의 시대"라고 하는)이 천 년 기간 뒤에 온다.

그 계획이 매우 엄청나고 그렇게 장엄하게 묘사되었기에 생각해 보면 거의 숨이 막힌다. 그것은 믿을 수 없을 만치 충격적이다! 알빈 맥클린(Alvin Mclean)은 <왕국의 위대함, *The Greatness of the Kingdom*>이라는 책을 썼다. 에릭 사우어(Erich Sauer)는 천국에 관한 새 책을 쓰고 있다. 그렇지만 이들은 천국의 기본적이고 중심되는 진리의 가르침은 파악하지 못했다. 그들은 대부분의 시간을 천 년 기간이 오는 데에 소비하고 천 년 기간에서 문을 탕 닫아버렸기에 21장과 22장에 대해서는 몇 가지 궁색한 견해나 제시할 뿐이다. "천국"의 가장 위대하고 가장 영화로운 일들은 천 년 기간이 지난 후에 일어난다.

21장과 22장을 천 년 기간의 일로 보는 실수를 범함으로써 스코필드, 펨버, 라킨, 사우어, 개벨라인 등등은 자신들 스스로를 방대한 진리에서 떨어져 나가도록 하였다. 이것은 이 사람들이 대체로 이 시대의 진리인 은혜로만 구원받는 것에 집착한 데서 기인하는데, 그들 중 아무도 사람이 행위로도 구원받는 것을 믿지 않았다. 이런 이유로 그들은 22장에 이르러(구원에 관계된 행위를 언급한 구절들을 보면서), 이 구절들을 천 년 기간에 넣고 "영적으로 해석하였다." 하지만 그 구절들은, 나중에 설명하면 알게 될 영원에 속한 것이다.

20:1 또 내가 보니, 한 천사가 하늘에서 내려오는데, 그의 손에는 끝없이 깊은 구렁의 열쇠와 큰 쇠사슬을 가졌더라.

더멜로우(Dummelow)의 "주석서"에는 "쇠사슬"이 문자적인 뜻이 아니라고 하였다. 그러나 성경은 낱말의 규정에 대해 항상 신중하므로 "쇠사슬"이 다른 서신서에 규정된 것을 주목하라.

『하나님**께서는 죄를 지은 천사들조차 아끼지 않으시고 지옥에 던져서 흑암의 사슬에 내어주어 심판 때까지 가두어 두셨으며**』(벧후 2:4).

주목할 것은 하나님께서 한 종류 이상의 쇠사슬을 가지고 계시는데 어떤 종류인지 알아맞추기 위해 사사로운 해석을 결코 용납하시지 않는다. 성령께서는 그분 자신의 용어를 항상 "성경 구절들을 비교함으로써" 규정하신다(고전 2:13, 이것은 <킹제임스성경>이 축복받은 이유 중 하나이다). 하나님께서는 "사탄"이라는 영적인 존재를 결박할 쇠사슬을 가지고 계신다. 그것은 글자 그대로 쇠사슬이긴 하지만 물질적인 쇠사슬이 아니다. 이것은 서구 세계를 혼란에 빠뜨려서 고민하게 만든다. 서양의 철학자들은 실용주의자이기에,

가장 위대한 철학자도 사물이 문자적이라면 물질적이고, 문자적인 것이 아니라 "영적인 것으로 본다."는 의미에서 "영적"이라는 속기 쉬운 관념을 결코 이해하지 못한다. 그렇기 때문에 서구의 지성은 성경 해석에 실패한다. 불교, 힌두교, 브라만교 등은 이 관념을 발전시켜서 어떤 원리에 도달하였다. 그렇지만 야펫은 번성하고 땅에 충만하라는 사명을 부여받아서(창 9:27) 매우 유물론적 사고방식을 갖고 있기 때문에 물질적이 아니면 어떤 것도 실용적이라고 생각하지 못한다. 이것은 모든 거듭나지 않은 철학자들과 하나님의 나라가 천국이라고 생각하는 전천년 학자들이 저지른 근본적 실수이다. "하나님"과 "천국"이라는 낱말은 거듭나지 않은 철학자들이나 같다고 여긴다. 그러나 그것이 어찌 같겠는가? 물질의 영원성과 우주의 무한한 구조를 믿고 우주를 하나님과 동일시하는 사람들은 알렉산드리아의 헬라 철학자들이었다. 문자적인 "하늘"이 "하나님"이라는 가르침에서 "하나님의 나라"는 교회와 자산, 저당, 증서, 담보, 순수 자산, 이자, 의회들, 그리고 초교파적인 모임들의 문자적이고 눈에 보이는 체계라는 가르침이 나온다. 이 영적인 것과 물질적인 것 사이의 끊임없는 혼란은 서구 기독교의 몰락을 초래한다. 물질적인 존재가 아닌 문자적이고 영적인 존재는 생각하지 못한다. 여러분이 천국을 하나님의 나라와 동일시하면 정말 곤란한 것이 "천국"은 문자적이고 물질적이지만 하나님은 문자적이며 또한 영적이기 때문이다. 예수 그리스도는 영적인 몸을 가졌으나 영이 아니다. 예수님께서 말씀하시기를 "영은 살과 뼈가 없지만 너희가 보는 바와 같이 나는 있느니라."고 하셨다. 유럽이나 미국 출신은 유물론적이어서 이런 말을 제대로 이해하지 못한다.

그러나 우리는 사탄 같은 영적인 존재를 결박할 쇠사슬을 이해한다. 그것은 문자적인 쇠사슬이지만 물질적인 쇠고랑은 아니다. 그러나 사람들은 이런 것을 이해하기 힘들어 한다.

20:2 그가 그 용을 잡으니, 곧 마귀요 사탄인 옛 뱀이라. 그를 천 년 동안 묶어 두니

"천 년"이라는 단어가 이 문맥에서 여섯 번(20:2,3,4,5,6,7) 나온다. 이것은 흥미롭게도 사탄이 결박당하기 전에 역사가 6,000년일 것임을 보여 준다. 이 과학적인 진리는 아주 위대한 예언의 진리를 수반하는데, 그것은 "주께서 하루가 천 년 같고 천 년이 하루 같다."는 말씀이다.

이 땅은 7,000년 동안 존재하고 있을 것이며 일곱 번째 천 년 기간은 쉬는 때이다(사 14:7). 하나님은 이 땅을 6일 동안 지으셨고 일곱째 날에 쉬셨다(창 2:2). 그래서 이 땅은 6,000년 동안 전쟁과 피흘림이 있고, 마지막 1,000년은 "안식일"처럼 쉬는 기간이 될 것이다. 이것은 히브리서에 언급된 "안식일"이기도 하다(보통 주석가들은 성도들이 그리스도 안에서 안식하는 것으로 말하여 실수를 범한다). 히브리서 3:18은 카나안의 안식을 말하고, 히브리서 4:4은 창조 후의 안식을, 그리고 히브리서 4:9은 천 년의 안식을 말하는데, 성도들의 안식은 히브리서 4:9,10이다(이 구절 역시도 성도들의 천 년 안식에 적용된다).

천 년 기간은 하나님의 말씀에서 매우 중요한 교리 가운데 하나이다. 무천년이나 후천년주의자들은 성경적으로 말해서 귀먹은 벙어리이다. 전천년 체계는 예수 그리스도께서 오셔서 이 땅을 천 년 동안 통치하시는 것인데, 이것이 유일하고 온전하며 지적이고 이성적으로 신약에 접근하는 방법이다. 여러분이 이것을 분명히 이해하도록 성령께서는 "천 년"을 여섯 번이나 기록하셨는데 놓쳐서는 안 될 것이다(2,3,4,5,6,7절). 많은 학자들이 이 구절들을 문자적으로 보아서는 안 된다고 하는데, 그것은 하나님의 말씀의 신실성에 흥미로운 문제를 야기한다. 천 년이 문자적인 뜻이 아니라면 왜 하나님이 여섯 번이나 언급하셨겠는가?

"주석서들"은 천 년이 "정해지지 않은 기간"을 의미한다고 말한다. 정말 그런가? 만일 천 년이 "정해지지 않은 기간"이라면 언제 그 기간이 시작되었는가? 로마 교황들과 칼빈은 천 년이 그리스도의 초림 때 시작되었다고 한다. 정말인가? 하지만 이 구절은 사탄이 이 "정해지지 않은 기간" 내내 묶여 있다고 하는데 그렇다면 여러분은 그가 이 "정해지지 않은 기간" 동안 풀려나서 매분마다 그의 여세를 확장하고 있는 사실을 어떻게 설명하겠는가?(계시록 13장을 보라). 천 년은 "정해지지 않은 기간"이 아니다. 후천년주의자들은 가르치기를 모든 일들이 개선되어지고 사람들은 천 년의 완전한 평화 시대를 펼칠 것이며, 그리스도는 천 년의 끝에 돌아오신다고 한다. 이것은 천 년 기간이 없다는 식의 거짓 추론에 불과하다. 만일 사람들이 이 완전한 시대를 가져올 수 있다면 성경은 거짓말하는 셈이기 때문이다. 성경은 이 시대가 더 타락해서 『**사람들이 자기를 사랑하고 돈을 사랑하며, 자긍하고 교만하며, 하나님을 모독하고 부모에게 불순종하며, 감사하지 아니하고 거룩하지 아니하며 무정하고, 화해하지 아니하며, 모함하고 절제하지 못하며, 사납고, 선한 것을 좋아하지 아니하며 배반하고 분별이 없으며, 자만하고 쾌락을 사랑하는 것이** 하나님을 **사랑하는 것보다 더하며**』(딤후 3:2-4)라고 말한다. 성경은 사람들이 더욱더 좋아진다는 장미빛 미래를 그리지 않는다. 오히려 모든 것이 한데 모아져서 그리스도께서 그 악함을 처단하기 위해 다시 오신다고 말한다.

만일 남침례교 총회의 입장이 옳다면 하나님의 나라는 "그리스도의 나라가 모든 사람들의 마음에 확립될 때" 오는 것이다(이것은 뉴 햄프셔 신앙 고백문 25항의 가르침이다). 그렇게 그 신앙 고백문의 3분의 2가량은 한낱 거짓말이다! 그리스도는 사람들이 어떻게 좋아질 것이라고 결코 말씀하지 않으셨다. 그분은 독보리가 곡식과 함께 자라서 곡식처럼 보일 것이라고 하였다. 또 큰 가루 반죽 덩이(마 13:33)가 누룩으로 심히 부패되어서 그분이 다시 오실 때 세상에서 믿음을 거의 찾아볼 수 없을 것이라고 말씀하셨다(눅 18:8). 그리고 나무는 마귀들을 끌어들이지 그리스도인들을 끌어들이지 않는다고 하셨다. 마태복음 13:31,32의 주석을 보라.

후천년과 무천년 체계는 오리겐, 어거스틴, 클레멘트, 유세비우스의 타락한 신학들에 지나지 않는데, 로마카톨릭 교회를 통해 여과되어 썩어 빠진 프로테스탄트 일당에게 영향을 미쳤다. 여러분이 성경을 펼쳐서 읽기만 하면 19장에서 예수 그리스도께서 오시고 바로 1,000년 통치가 시작될 것을 20장에서 볼 수 있다. 이것은 문자적이고 눈에 보이는 그분의 재림 이후이다.

계시록 20:2은 이사야 14:12-18에 묘사되어 있는데, 이 구절은 사탄의 화신인 적그리스도의 직접적인 언급이며 사탄 자신에 대한 간접적인 언급이다.

20:3 그를 끝없이 깊은 구렁에 던져서 가두고 그 위에 봉인하여 천 년이 찰 때까지는 민족들을 다시는 미혹하지 못하게 하더라. 그 후에는 그가 반드시 잠시 동안 풀려나게 되리라.

여기의 천 년은 천 년 안식인 "일곱째 날"에 해당하는데, 창세기 2:1-3, 호세아 6:2 그리고 히브리서 4:9에 나와 있다. 그리스도께서 제자들에게도 이 기간을 말씀하셨는데, 곧 『**잠시 후면 너희가 나를 보지 못할 것이요, 또 잠시 후면 너희가 나를 볼 것이라. 이는 내가** 아버지**께로 가기 때문이라."고 하시더라.**』고 하셨다(요 16:16).

"잠시 후면"이라는 표현이 요한복음 16:16-19에 일곱 번 사용되었는데 여러분은 그 기간이 7,000년임을 알 것이다. 그리스도는 7,000년째 기간의 시작 때 돌아오신다(마 17:1 주석 참조).

『**그 후에는 그가 반드시 잠시 동안 풀려나게 되리라**』(3절). 천 년 동안 사탄은 이 땅에 있지 않으며, 첫째나 둘째 또는 셋째 하늘에서도 활동하지 못할 것이다. 1,000년 동안 사탄의 활동은 "끝없이 깊은 구렁"에 묶여 있고 이 땅에서 마귀들의 활동도 말끔히 제거되며, 사람들은 자기들의 타락한 본성 외에 다를 것이 아무것도 없을 것이다. 여기에 주목하라! 사탄이 이 구절의 끝에 보듯이 구렁에서 올라올 때 그에게 협력할 준비가 되어 있는 동맹자들과 지지자들을 발견하는 것은 놀라운 일이 아니다(사 26:9,10). 비록 이 훌륭한 왕국이 땅에 세워졌고, 이 멋진 왕국의 질서가 새롭게 움직이며(마 19:28), 만물이 온전히 보호받고(사 11:1-11), 만물이 영화롭고 아름다우며 "조화를 이루고," 이 땅에 그리스도와 함께 수백만의 그리스도를 닮은 이들(교회 시대에 구원받은 죄인들)이 나타나고, 유대인들이 팔레스타인으로 돌아가며(겔 44-48장), 이 모든 훌륭한 환경이 조성되지만, 사람들이 천 년 기간의 끝에 가서는 사탄의 미끼를 덥석 무는 멍청이들이 되는 한 가지 요소가 남아 있는데, 그것은 타락한 아담의 성품이다.

20:4 또 내가 보좌들을 보니, 그들이 그 위에 앉았는데 심판이 그들에게 주어졌더라. 또 예수**에 대한 증거와** 하나님**의 말씀으로 인하여 목베임을 당한 사람들의 혼들도 보았는데, 그들은 그 짐승에게나 그 형상에게 경배하지 아니하였을 뿐만 아니라 그의 표를 그들의 이마 위에나 손에도 받지 아니하였더라. 그러므로 그들은 살아서** 그리스도**와 함께 천 년을 통치하더라.**

환란성도들은 이때 살아서 그리스도와 함께 통치한다. 그들은 "벌거벗었으나" 이때는 "옷을 입고 있다"(이들의 죽음에 대한 상세한 설명은 계시록 6장을 보라). 두 문장을 주목하라.

1. 『**내가 보좌들을 보니, 그들이 그 위에 앉았는데 심판이 그들에게 주어졌더라.**』

2. 『예수**에 대한 증거와** 하나님**의 말씀으로 인하여 목베임을 당한 사람들의 혼들도 보았는데**』

이렇게 본문에서 여러분은 "교회 시대 성도들"과 "환란 시대 성도들"을 본다. 여기 "보좌들"은 물론 이 시대의 그리스도인들에게 약속되었다. 우선 첫째로 그들은 마태복음 19:27-30의 사도들로 여러분은 열두 사도가 열두 보좌에 앉아 "이스라엘 열두 지파를 심판하리라."는 말씀을 듣는다. 마태복음 8:11은 천국이 있음을 말한다. 이 "면류관들"과 "보좌들"은 바울 서신서에서 그리스도인들에게 약속되었다(롬 8:17, 딤후 2:12). 우리가 여기서 우리의 십자가를 지면 그때 가서 면류관을 받는다. 십자가 없이는 면류관도 없다! - 예수 그리스도께서 처음 오셨을 때 사탄은 그분에게 왕관을 제안하였으나 그분은 대신 십자가를 취하였다. 예수 그리스도께서는 자신의 왕관을 천 년 기간에 쓰시며 그때 우리도 우리의 면류관을 그분과 더불어 받는다(계 5:10;

1:6). – 천국을 지금 여기에 임해 있는 영적인 나라로 생각하는 사람들은 엄청난 실수를 범한 것인데, 그것은 그들이 성경도 하나님의 권능도 알지 못하기 때문이다. 여러분이 지금 영적인 나라에서 왕이라든가 또는 "왕국을 확장하고 있다."고 가르치는 것은, 볼테르(Voltairc)처럼 성경 전체를 휴지통에 던져 버리지 않는 한, 성경에 할 수 있는 가장 지독한 폭력을 저지르는 행위이다. 왕이라면 보좌와 왕관을 갖게 될 텐데, 오직 그때에 여러분은 왕으로 보좌에서 왕관을 쓰고 앉아 "그리스도와 함께 통치한다." 주 예수 그리스도가 태어나실 때 천사가 마리아에게 말하기를,

『**그는 위대하게 될 것이며**, 가장 높으신 분**의** 아들**이라 불릴 것이요**, **또** 주 하나님**께서 그에게 그의 조상 다윗의 보좌를 주실 것이며**』(눅 1:32)라고 하였다.

이것은 "영적인" 하늘에 있는 보좌가 아니라, 지상의 문자적이고, 물질적인, 다윗의, 팔레스타인의 예루살렘에 있을 구세주의 보좌이다. 이 보좌는 "그의 영광의 보좌"로 불린다(마 25:31). 예수님이 오셔서 그 보좌에 앉으실 때 비로소 "왕"이라 불린다(마 25:34). 그러므로 천 년 기간에 "교회 시대 성도들"은 보좌들에 앉아서 그리스도와 함께 심판하고 그리스도와 함께 통치하며, 환란성도들도 이 통치에 참여한다.

『**그러므로 그들은 살아서 그리스도와 함께 천 년을 통치하더라**』(4절). 이것은 성도들이 거듭남(엡 1장, 요 3장, 골 1장)으로써 들어가는 현재의 "하나님의 나라"가 그리스도의 지상 통치가 아님을 결정적으로 입증한다. 이 땅에서 그리스도의 통치는 문자적이고, 물질적이며, 눈에 보이는, 다윗의, 구세주의, 팔레스타인 왕국으로 이 땅에 보좌들과 함께 임하는데, 아무도 그 "보좌"나 그 "왕관"을 그리스도가 다시 올 때까지는 취하지 못한다! 여러분의 일은 지금 십자가를 지는 것이다(히 13:10–14).

그들의 이런 신학적 "실수"나 의도적인 <킹제임스성경, 1611>의 거부는 유럽과 미국이 그들의 구원에 대해 국가적인 대가를 치르게 만들었다. 일단 교회가 천국이 이미 와 있다고 가르치기 시작하면 그때부터 교회는 지상의,

문자적이고, 물질적이며, 눈에 보이는, 교회 왕국을 혈과 육에다 세우는 셈인데, 여러분은 "혈과 육은 하나님의 나라를 상속받을 수 없다."(고전 15:50)는 말씀을 들었을 것이다. 여러분은 하나님 나라에 태어날 수 있지만 그리스도가 올 때까지는 "그 나라를 상속받지" 못하고, 더군다나 그분과 함께 고난받지 않는다면 그 나라를 이어받지 못한다(롬 8:17). 여러분의 유업은 구원받은 후에 그리스도를 위해 고난받으며 살아야 하는 조건에 근거한다(골 3:24). 여러분의 구원은 완전히 자유이며, 여러분이 태어나는 하나님의 나라는 로마서에 규정되어 있다.

『하나님**의 나라는 먹고 마시는 것이 아니라 다만** 성령 **안에서 의와 화평과 기쁨이라**』(롬 14:17).

이것은 다윗의, 구세주의, 천 년 동안의, "그리스도의 이 땅에 대한 통치"가 아니다. 루터교, 성공회, 로마카톨릭, 감리교, 침례교, 장로교, 그리스도의 교회, 여호와의 증인들, 몰몬, 제칠일안식일예수재림교 등등은 모두 반대로 가르치는데, 이것은 그들이 100% 비뚤어졌음을 입증할 뿐이다. (이 글을 읽는 육신적인 그리스도인들은 "이봐, 자네 럭크만을 아는가? 그 친구는 자기만 옳고 다른 모든 사람은 틀렸다고 생각하더군." 하고 말할 것이다. 천만에! 『하나님**은 참되시나 사람은 모두 거짓말쟁이라**』(롬 3:4). "그러므로 그들은 살아서 그리스도와 함께 천 년을 통치하더라."고 본문에서 말하는 것은, 박사 양반, 당신이 지금 그렇게 살면서 통치한다는 뜻이 아니다. 당신은 아직 영화로운 몸을 입지 않았고 여전히 "혈과 육"이다. 누가 어떻게 생각하든지간에 당신이 당장 "통치할 수" 있다는 것은 2천만 년의 시간 속에서 한 순간도 존재하지 않았다!).

20:5 그러나 죽은 자들 가운데서 그 나머지는 천 년이 끝날 때까지 다시 살지 못하리라. 이것이 첫 번째 부활이라.

"첫 번째 부활"은 영적인 것이 아님을 주목하라. 죄인이 구원받을 때 그는 영적인 부활을 하는데 그것은 "첫 번째 부활"이 아니다(엡 2:1-6). "첫 번째 부활"은 문자적이고 물질적인, 눈에 보이는 첫 부활을 말한다. "첫 번째 부활"을 영적인 것으로 가르치는 사람은 주님을 모독하는 것이다. 그래서 바울은 그들이 그러지 못하도록 사탄에게 내어 준 것이다(딤전 1:20). "사탄에게 내어 준 바 되었기 때문에" "모독하지 못하도록" 배워야 할 것이다.

『**그들의 말은 종창처럼 퍼져 나갈 것이며 그들 가운데는 후메내오와 필레토가 있느니라. 그들은 진리에 관해서는 정도를 벗어나서 부활이 이미 이루어졌다고 말하여 어떤 사람들의 믿음을 뒤엎고 있느니라**』(딤후 2:17,18).

여기 성경 교사인 후메내오가 있는데 그는 부활을 과거(영적인)이며, 과거에 이루어졌다고 가르쳤다. 디모데전서 1장에서 그의 가르침으로 인해 이 자에게 무슨 일이 있었는지 알 수 있다. 이는 『**그들 가운데 후메내오와 알렉산더가 있는데 내가 그들을 사탄에게 내어 준 것은, 그들로 하나님을 모독하지 못하도록 배우게 하려는 것이라**』(딤전 1:20).

그러므로 "첫 번째 부활"은 성도가 거듭날 때의 부활이 아니다. 성도가 "거듭날" 때의 부활은 영적인 부활인데 계시록 20:5은 영적인 부활이 아니다. 문자적인 부활을 말한다!

『**이것이 첫 번째 부활이라**』(5절). 부활은 한 번만이 아니다. 이 말은 루터교, 성공회, 감리교나 로마카톨릭의 머리가 깨질듯한 내용이 아닐 수 없다! 두 번의 부활이 있는 것이다! 두 번째 부활은 둘째 사망과 더불어 온다. 그래서 성경은 두 번의 분리된 부활을 가르친다(단 12:2).

『**그러므로 내가** 하나님**과** 주 예수 그리스도, **곧 그가 나타나실 때와**[그분은 산 자들을 심판하신다.] **그의 왕국에서** [그분은 죽은 자들을 심판하신다.] **산 자들**[첫 번째 부활로 살게 된 자들]**과 죽은 자들**[두 번째 부활]**을 심판하실 분 앞에서 네게 명하노니**』(딤후 4:1).

『**저 세상과 죽은 자들로부터의 부활을 얻기에 합당하다고 여겨질 자들은 장가가거나 시집가지 않으며**』(눅 20:35).

주목할 것은 "죽은 자들의" 부활이 아니라 "죽은 자들로부터" 부활이다. 두 번의 다른 부활이 있는데 곧 "죽은 자들의" 부활과 "죽은 자들로부터" 부활이다.

『**그 후 그들이 산에서 내려올 때 주께서 당부하시기를 그들이 본 것을** 인자**가 죽은 자들로부터 살아날 때까지는 아무에게도 말하지 말라고 하시니라. 그들은 그 말씀을 자기들 속으로 간직하고 서로 묻기를 "죽은 자들로부터 살아난다는 것이 무슨 뜻인가?"라고 하더라**』(막 9:9,10).

여기서 우리는 당시의 어부들이(1,900년 전에) 성경을 이해하는 데에 교황 바울이 오늘날 안고 있는 같은 문제에 직면했음을 본다. 지난 1,900년간 성경 공부와 지식과 그에 대한 조명이 쌓여왔으므로, 여러분은 그리스도의 대리자라 고백하는 자라면 고등학교도 제대로 마치지 못한 직업 어부보다는 더 많이 알거라고 생각할 것이다! 1세기의 어부들이 알았던 것은 일반적인 부활과 심판인데, 이것을 로마카톨릭 교황이 오늘날 공식적으로 가르친다. 어떤 카톨릭 신자라도 그가 알고 있는 것은 세상 "끝 날"에 죽은 자들의 부활인데 착하게 살았으면 천국 가고 악하게 살았으면 지옥 가며, "중간적인" 삶을 살았으면 연옥(거기는 신부들이 묵주를 만지작거리며 양초를 켜 놓고, 여러분의 어머니나 부인의 돈을 취해 여러분을 그곳으로부터 나오게 할 때까지 여러분이 지루하게 기다린다는 곳이다!)에 간다는 것이다. 부활에 대한 로마카톨릭 교회의 이런 가르침은 바티칸의 견해가 하나님을 저버린 이단적인 미신의 소굴에 지나지 않으며, 부활이나 그리스도인의 교리를 제대로 알지 못함을 다시 한 번 입증한다.

『예수**께서 그녀에게 말씀하시기를 "너의 오라비가 다시 살아나리라."고 하시더라. 마르다가 주께 말씀드리기를 "마지막 날에 부활로 그가 다시 살아날 줄을 내가 아나이다."라고 하니**』(요 11:23,24).

마르다는 일반적인 부활과 일반적인 심판만 알고 있었다. 예수님이 그녀의 지식을 어떻게 보완하시는지 보라.

『예수**께서 그녀에게 말씀하시기를 "나는 부활이요, 생명이니 나를 믿는 자는 죽어도 살 것이며**』(요 11:25).

여러분은 그리스도께서 오시기 전에 죽을지라도 "오 음부야, 너의 승리가 어디 있느냐? 하고 외칠 수 있다. 밖으로 나오라!(고전 15:55 참조).

『또 살아서 나를 믿는 자는 누구나 영원히 죽지 아니하리라. 네가 이것을 믿느냐?"고 하시니』(요 11:26).

여러분이 그리스도께서 오실 때 살아 있다면 "오, 사망아, 너의 쏘는 것이 어디 있느냐?"이다. 여러분은 "순식간에 눈 깜짝할 사이에 변화되이시" 들림 받는다(고전 15:50–56).

두 번의 부활이 있는 것이다. 곧 죽은 자들의 부활과 죽은 자들로부터의 부활이다! 두 번의 다른 부활은 1,000년이나 간격이 있다! **『네가 이것을 믿느냐?』**(요 11:26).

『땅의 흙 속에서 잠자는 (1)많은 사람들이 깨어날 것이며, (2)얼마는 영원한 생명을 얻겠고, 얼마는 수치와 영원한 모욕을 받으리라』(단 12:2).

두 번의 분리된 다른 부활을 주목하라.

『의인과 불의한 자에게 다 죽은 자의 부활이 있게 되리라는 소망을 저 사람들 스스로 받아들이고 있듯이 나도 하나님을 **향하여 가지고 있나이다』**(행 24:15).

계시록 20:5은 이 두 번의 부활이 1,000년이나 떨어져 있음을 보여 준다. 계시록 11:12에서 우리는 "첫 번째 부활"이 환란이 끝나기까지는 완성되지 않았음을 알았다. 첫 번째 부활의 완성은 20장에서 이루어진다. 그래서 성령은 세 부분이 모두 일어날 때까지 "이것이 첫 번째 부활"이라고 말하지 않았다. 즉 첫 번째 부활은 "첫 열매"인 구약성도들로 시작해서, "수확"인 그리스도의 몸의 휴거로 계속되다가 "이삭줍기"인 환란성도들로 끝난다. 그러므로 우리는 "첫 번째 부활"이 세 부분임을 명백히 보는데, 세 번째 부분이 계시록 20:1–4이다("첫 번째 부활"이 세 부분임이 신명기 16:16과 고린도전서 15:22–25에도 나타나 있다). 계시록 4:1,2의 주석을 보라.

20:6 **첫 번째 부활에 참여하는 자는 복되고 거룩하도다. 둘째 사망이 그들을 다스리는 권세가 없고, 오히려 그들이** 하나님과 그리스도의 **제사장들이 되어 천 년 동안 그와 함께 통치하리라.**

이들은 천 년 동안 "왕들과 제사장들로 땅에서 통치한다"(계 5:10). 이것은 이 세대에서 우리의 위치를 매우 선명히 제시한다. 예수 그리스도가 십자가에서 죽었을 때 그분은 선지자로 죽으셨다. 그분은 장사되었다가 죽은 자 가운데서 살아나 하늘에 계신 우리의 대제사장이 되셨다. 그분이 다시 오실 때는 "만왕의 왕, 만주의 주"로 오실 것이다. 이것은 현 세대에서 여러분과 내가 선지자임을 뜻한다(계 19:10). 우리는 하늘에 대제사장을 모셨고 그리스도가 다시 오실 때는 제사장들과 왕들이 되어서 천 년 동안 땅의 사람들을 중보하며, 왕들로 이 사람들을 천년왕국에서 통치할 것이다.

구약의 주제는 예수 그리스도의 재림이다. "주의 날"(특히 "하나님의 날")은 아마겟돈 전쟁에서 천 년을 지나 큰 백보좌 심판과 새 하늘들과 새 땅의 창조까지이다. 즉 "주께는 하루가 천 년 같고 천 년이 하루 같다"(벧후 3:8). "주의 날"은 그리스도가 통치하러 오시는 재림을 말하기도 하지만. "하늘과 땅이 맹렬한 불로 녹아 내릴"(벧후 3:10-13) 천 년 통치 기간의 끝까지를 뜻한다. 여기서 "주의 날"은 "하나님의 날"로도 언급되었다.

이 1,000년의 "날"(영원이 시작되기 전의 마지막 "안식일")에 땅은 새롭게 태어난다(regenerated). "regeneration"이라는 말은 성경에 두 번밖에 안 나온다.

『**우리가 행한 의로운 행위에 의하지 않고 그의 자비하심에 따라 중생 [regeneration]의 씻음과** 성령**의 새롭게 하심으로 우리를 구원하셨으니**』(딛 3:5).

이것은 개인의 새로운 탄생(new birth)을 뜻하는 구절이다.

『예수**께서 그들에게 말씀하시기를, "진실로 내가 너희에게 말하노니, 나를 따르는 너희들은** 인자**가 자기 영광의 보좌에 앉을 새 세대**[regeneration]**에, 너희도 열두 보좌에 앉아 이스라엘 열두 지파를 심판하리라**』(마 19:28).

이것은 땅의 거듭남(new birth)을 말하는 구절이다. 예수 그리스도께서 다시 오실 때 이 땅에는 물질적으로 범상치 않은 일들이 일어날 텐데, 너무 엄청날 것이기에 그 변화를 "regeneration"(중생, 새롭게 태어남)으로 표현하였다. 시몬 베드로는 이에 대해 사도행전 3:20,21에서 이렇게 말한다. 『**또 하나님께서 전에 너희에게 전파된** 예수 그리스도**를 보내시리라. 하늘은 만물이 회복될 때까지 그분을 마땅히 받아들여야 하나니 이는** 하나님**께서 세상이 시작**

된 이래로 이 일에 관하여 그의 모든 거룩한 선지자들의 입을 통하여 말씀하신 바니라.』

땅이 "새로 태어나는" 때, 즉 "거듭나는" 때가 올 것이다.

『피조물 자체도 그 썩어짐의 속박으로부터 해방되어 하나님**의 자녀의 영광스러운 자유에 이를 것이기 때문이라. 모든 창조물이 이제까지 함께 신음하며 고통받는 것을 우리가 아노니 그들뿐만 아니라** 성령**의 첫열매들을 가진 우리까지도 속으로 신음하며 양자되는 것, 곧 우리 몸의 구속을 기다리고 있느니라』**(롬 8:21-23).

우리 육신의 죄된 몸만이 예수 그리스도께서 오셔서 새 몸으로 바꿔 주시기를 기다리는 것이 아니라, 모든 "창조물"도 예수 그리스도께서 다시 오시기를 바란다. 설사 설교자들은 바라지 않을지라도 동물들은 예수 그리스도의 재림을 고대하고 있다! 우리 주 예수 그리스도께서 동물이 있는 헛간에서 태어나셨는데, 여기서 우리는 짐승의 탄생에 어떤 동정을 하시는 구세주를 본다. 그분은 마구간에서 태어났고 "어린양"으로 불린다. 그분이 십자가에서 죽을 때는 인간에게 내려진 죄의 저주와 더불어서 땅에 내려진 저주까지도 감당하신 것이다(마 13:44,45). 모든 동물이 땅에서 났기에(인간도 마찬가지이고) 땅에서 꼴을 얻고 모두 죽는데, 그렇게 자연의 몸에는 저주가 내렸다(창 3:18-19). 그래서 모든 동물도 구속을 기다리고 있다. 창조주께서 이 창조물들의 바람을 들어주셔야 한다면 일단의 설교자들이 자연을 변화시키지도 못하면서 "천국을 오게 하는 것"에 대해 설교하는 것은 무엇인가? 이상하지 않은가? "천국을 오게 하려면" 여러분은 사람들을 예수 그리스도께 인도하는 것보다 동물들에게 죽지 않을 몸을 주어야 할 것이고, 개들이 고양이와 싸우는 것이나 고양이가 새를 못살게 굴지 않도록 해야 할 것이며, 초식 동물이 사자와 표범, 호랑이로부터 보호받도록 해야 할 것이다. 이사야 11:1-11에서 이 천 년 기간의 장면들 특히 이사야 11:6-8에 동물들에게 내린 저주가 제거되어 야생 동물이 유순한 동물과 어울리는 것을 볼 수 있다.

어느 날 예수 그리스도께서 이 땅에 돌아오실 때 과학자들이 "그분의 나라를 오게 하려고" 6,000년 동안 해 왔던 일들이 자연에서 성취된다. 필자가 모시고 있는 구세주는 철학 박사나 신학 박사 또는 의학 박사로 구성된 과학자 무리가 6,000년 동안 대대로 성취하지 못한 것을 어느 날 성취하실 분이다. 그때에 하나님께서 학식있는 사람들을 지금까지 "골탕먹인" 것 중에서도 가장 멋지게 놀리실 것인데, 그것은 단순하기 짝이 없으며 가장 멍청해 보이지만 매우 겸손한 죄인이 구원을 받으면 그는 천 년 기간에 귀한 대접을 받는다는 것이다. 그 이유는 죄인이 비록 자기 마음대로 자기 유익만을 위해 살았지만, 과학은 6,000년 동안 전개해 온 모든 완전한 성취에는 돈 한 푼이나 땀 한 방울도 기여하지 않았기 때문이다(필자는 주님의 해학적 기지에 감탄한다!).

동물 창조에 대해 뭔가 잘못된 것이 있다. 역사나 고고학을 연구해 본 사람이라면 누구나 이 땅이 뭔가 잘못되었음을 알 것이다. 땅이 신음한다! 땅이 부풀어 오른다! 땅의 뿌리들은 화산암까지 깊이 박혀 있다. 화산암은 이리저리 이동하며 군데군데 뭉쳐 있다. 이 땅은 지진이 나면 갈라진다. 땅은 깊게 갈라진 틈과 골짜기들이 있다. 이 땅에서 가장 아름다운 것들에는 "가시"가 있다. 하나님께서 가족을 축복하신 중에 가장 아름다운 선물인 아기도 울고, 비명지르며, 고함치고, 성낸다. 이 아름다운 선물인 아기도 이틀이 넘게 기저귀를 갈아 주지 않으면 같은 방에 있지 못할 만큼 지저분해진다. 다윈이 파악하지 못한 "옛 본성"에 뭔가 문제가 있다(창 3:17, 창세기 주석을 보라).

농사를 짓는 사람은 누구나 이것이 사실임을 안다. 곡식이 자라는데 가뭄이 들면 땅이 메마르고 갈라진다. 홍수가 나면 씨앗들이 쓸려 내려간다. 비가 적당히 내려 곡식이 잘 자랄 때 잡초도 같이 자라는데 잡초가 같이 자라면 수확이 염려된다. 그래서 땀을 흘려 제초를 하고 나면 또 벌레들이 극성을 부린다. 그 벌레를 잡으려고 익은 곡식에 살충제를 뿌리면 독이 그 곡식에 많이 들어가 있어서 음식으로 먹을 때 암을 유발하는 요인이 된다(그렇게 되면 의사들은 "당신은 얼음물을 마셔서 암에 걸린 것 같습니다."라고 말한다). 자연에 뭔가 문제가 있다! 여러분은 오늘날 사망률과 출생률의 비율이 어떤지 아는가! 100%이다. 놀랍지 않은가? 생각해 보라. 한 사람이 태어날 때마다 한 사람이 죽는다! 과학의 업적이 놀랍지 않은가? 필자는 정상대로라면 이미 죽었을 것이고, 의사와 병원, 법률가와 장의사가 필자의 모든 돈을 취했을 텐데, 과학자들이 10년 넘게 살도록 해준 사실에 감사한다. 하지만 여러분이 필자를 과학이 지난 100년간 적그리스도를 위해 연합하도록 조장한 것 외에 무엇인가를 해냈다고 생각할 만큼 멍청하다고 여긴다면, 여러분은 여러분이 대하는 "성경대로" 믿는 사람을 몰라보는 것이다. 지난 100년간 과학에서 성취한 최상의 성과들은 세상이 사탄 아래 함께 모이게 만든 통신과 운송 분야였다(계 13:7,8). 세상이 점점 더 가까워질수록 예수 그리스도에게서는 멀어졌다. 사람들은 예수 그리스도를 차 버렸고, 더 이상 "예수"를 말하지도 않으며 단지 "그리스도"를 말할 뿐이다. 여러분은 "과학"의 씨가 지난 6,000년 동안 얼마나 많은 사람을 죽음으로부터 지켰는지 아는가? 단 한 사람도 지키지 못했다! 놀랍지 않은가? 이 땅을 덮은 수십억의 사람 중에 여러분은 얼마나 많은 이를 "과학"이 죽음으로부터 지켰다고 생각하는가? 단 한 사람도 없다!

그래서 자연은 새롭게 태어나야 한다. 이것이 결론이다! 유대인은 주 예수 그리스도의 임재로 "새로 태어나는" 땅인 팔레스타인으로 돌아간다. 그들이 그곳으로 돌아갈 때 해가 이 세대보다 일곱 배나 밝게 빛남을 볼 것이다(사 30:26). 그들은 일 년에 네 번 수확할 수 있는데, 땅에 쟁기질하고 씨 뿌리면 바로 추수한다. 달도 지금보다 일곱 배나 밝게 빛난다(아모스 9:13-15, 이사야 55:12과 그 문맥, 이사야 30:23과 그 문맥, 이사야 63:19과 그 문맥, 요엘 2:19-24과 문맥, 에스겔 34:26과 그 문맥, 에스겔 36:29과 그 문맥, 신명기 28:10과 그 문맥, 역대하 6:33과 그 문맥, 시편 72, 84, 85:6-13, 89, 98, 99, 103, 111편).

땅이 새로 태어나는 데 덧붙여 또 하나의 진기한 사항은, 이스라엘이 마침내 본토로 영원히 돌아가서 결코 다시는 흩어지지 않는다(암 9:15)는 것이다. 주 예수 그리스도는 그들의 합법적인 구세주인 통치자로 유대인의 왕인데, 창세기에서 아브라함에게 준 원래의 조건 없는 언약에 따라 그에게 약속된 땅을 유대인이 소유한다(창 15:18-21 참조).

이 언약은 아브라함이 잠들 때에 그에게 약속되었다. 그러므로 "조건"이 없는 언약이다. 하나님은 그 땅을 아브라함과 이삭과 야곱의 자손에게 주겠다고 말씀하셨으므로 곧 그렇게 하실 것이다(창 17:8). 이것은 팔레스타인 땅이 아랍인에게 속하는가 아니면 이스라엘인가 하는 구제 문제를 초래하였다. 여러분이 그 소유권을 안다는 것이 동전으로 결정할 만큼 단순한 문제는 아니다. 하나님께서 여러분을 축복하시기를 원한다면 성경을 보라! 로마카톨릭 "교황"에게는 오 분도 귀기울이지 말라. 교황은 로마카톨릭이 영국에서 출판하는 <태블릿, *The Tablet*>지에서 팔레스타인은 아랍인에 속한다고 이미 진술하였다. 이것은 마치 부활이 한 번뿐이라고 하는 것처럼 어리석고 터무니없는 것이다.

『그 날에 주께서 아브람에게 언약을 세워 말씀하시기를 "내가 이 땅을 이집트 강에서부터 큰 강 유프라테스까지 네 씨에게 주었으니, 켄인들과 크니스인들과 캇몬인들과』(창 15:18,19).

여기서 하나님은 아브라함에게 땅 한 조각을 주시는데, 팔레스타인의 좁은 땅만이 아니라 동쪽으로는 유프라테스 강까지 남쪽으로는 이집트의 나일 강에 이르는 방대한 지역도 포함된다. 이 지역을 다윗이 전쟁 중에 회복한다(삼하 8:3). 솔로몬이 왕위를 받고 이 땅을 통치한다.

『솔로몬이 모든 왕국들을 다스렸으니 강에서부터 필리스티아인들의 땅과 이집트의 경계까지더라. 그들이 예물들을 가져오며 솔로몬의 평생 동안 그를 섬기니라』(왕상 4:21).

솔로몬이 왕위에 올랐을 때 이스라엘은 하나님이 원래 아브라함에게 약속한 온 땅을 차지했다(시 105:9-12). 천 년 기간에 그들은 이 땅을 다시 차지하여서 이스라엘 열두 지파대로 분배할 것이다(겔 40-48장). 그 땅의 중앙에 성전이 세워질 "거룩한 지역"이 있는데 예수 그리스도께서 거기서 다스리실 것이다. 이 땅 분배와 새 성전의 자세한 묘사는 에스겔 40-48장에 나와 있다. 구약의 핵심 주제가 그리스도의 재림이기에 우리는 천 년 기간에 팔레스타인 분배를 설명하는 온전한 아홉 장을 대하는데, 천 년 성전의 규모도 보게 된다. 여러분은 이 성전을 새 예루살렘으로, 또 구약의 성막이나 솔로몬 성전으로 보아서는 안 된다. 치수가 전혀 같지 않고 "헤롯 성전"과도 같지 않다.

치수가 전혀 다르다. 어떤 사람들은 에스겔 40-48장의 성전이 그리스도의 초림 때에 시저가 재건한 헤롯 성전이라고 말하였다. 그러나 『**그 날로부터 그 성읍의 이름이 '주께서 거기 계시다.**'[The Lord is there]**가 될 것이라.**』(겔 48:35)고 하였다. 자, 주님은 거기 계시지 않는다(The Lord isn't there)! 여러분은 한 낱말의 철자를 바꿈으로써 학식 있는 사람들이 이해하지 못할 만큼 얼마나 큰 문제가 생기는지 알지 못하는가? 성경 이해의 문제는 불신임을 알지 못하는가? 문제는 "교육의 결핍"이 아니라 믿지 않는 것에 있다! 열다섯이나 열아홉 먹은 청소년이 자기가 읽는 대로 믿기만 한다면 카톨릭 추기경단보다 훨씬 더 잘 이해할 수 있다. 여러분은 에스겔서의 성전이 예수 그리스도 초림 때 있었던 성전이 아님을 잘 알아야 하는데, 에스겔 48:35에 『**그 날로부터 그 성읍의 이름이 '주께서 거기 계시다.**'[The Lord is there]**가 될 것이라.**』고 하기 때문이다.

그것이 전부가 아니다. 이 성읍은 벽이 없다. 그리스도의 초림 때는 둘레에 벽이 있었다. 이 성읍은 "새 예루살렘"일 수 없는 것이 새 예루살렘은 벽과 기반이 있는 까닭이다!

이 성읍에는 성전이 있지만 새 예루살렘에는 성전이 없다!(계 21:22 참조). 『**네가 진리의 말씀을 올바로 나누어 자신이** 하나님 **앞에 부끄럽지 않은 일꾼으로 인정받도록 공부하라**』(딤후 2:15).

천년왕국의 성전은 헤롯 성전이 아니며 새 예루살렘도 아니다. 이것은 천년 기간에 이 땅의 예루살렘을 말하는데, 즉 그 안에 물질적인 성전이 재건되는 것이다(계 11:1,2 참조). - "정통주의자들"이 이 가르침을 거부하도록 만드는 것은 그들이 에스겔 40-48장에서 희생제물을 보기 때문인데, 그들은 교회 시대에 적용되는 "행위가 배제된 은혜로"만 구원받는 교리에 얽매여서 새달(新月)이나 안식일에 성전에서 드리는 희생제물이 다시 지켜질 사실에 순응하지 않는 것이다. 물론 성경 전체를 한 세대로 보려는 데서 오는 이런 주장은 엄청난 실수이다. 여러분은 성경 전체를 한 세대로 볼 수 없다. 성경 대부분은 이 세대(교회 시대)가 끝나는 때를 위해 쓰여졌다. 에스겔서의 희생제물은 십자가를 회상하는 국가적인 속죄이다(겔 45:17). 새달과 안식일은 그들이 이사야 66:22-24에서 지켜야 할 것으로 여러분이 듣는 것과 똑같이, 바울도 신약에서 여러분에게 경고했듯이 그렇게 지켜진다.

『**그러므로 음식으로나 마시는 것으로나 거룩한 날이나 새 달이나 안식일들에 관해서는 아무도 너희를 판단하지 못하게 하라. 이런 것들은 다가올 것들의 그림자이나 몸은 그리스도의 것이니라**』(골 2:16,17).

여러분은 안식교인이 왜 그리 안식일을 지키는지 알지 못하는가? 안식일이 지켜질 때가 있지만 지금 현 시대는 아니다. 다가오는 세대인 것이다!(모든 이단이 가르치는 것은 환란 때의 진리로 환란 중간이나 "제칠일"인 천 년이 시작되는 환란 끝의 진리이다. 여기에 침례의 중생을 가르치는 이단도 포함된다).

자, 성경이 펼치는 장면을 마음에 선명히 담아 두자. 여기 새로 태어난 땅이 있고, 예수 그리스도가 그 땅에 임재하셨으며, 땅의 모든 환경은 에덴 동산처럼 회복되었다. 천 년 기간에서 우리는 거의 완전한 회복을 보는 것이다. 저주는 자연에서 제거되었다. 이 세대(교회 시대)에 저주 아래 죽었던 아담의 몸을 입은 구원받은 죄인들은 새 몸을 입고서 33세의 예수 그리스도와 같은 모습으로 걸어다닌다. 즉 이 땅에 있는 사람들과 교제하는 초자연적인 존재들이 있게 된다. 이 장면이 터무니없게 여겨진다면 창세기 6장에서 비뚤어진 초자연적인 존재들(하나님의 아들들)이 이 땅에서 사람들과 교제하였고 누가복음 24장과 요한복음 21장에서 온전한 "하나님의 아들"(주 예수 그리스도 그분)이 초자연적인 몸으로 이 땅에서 보통 사람들과 함께 음식 나누었던 것을 잊지 말라.

유대인들은 팔레스타인 땅으로 돌아가며 사막은 "장미처럼 가꾸어진다." 새달과 안식일이 역대하 8:13에서처럼 다시 지켜진다.- 천 년 기간에 예수 그리스도가 통치하는 유형이 열왕기상 2-10장에 나타난다. 다윗의 아들 솔로몬은 다윗의 자손(마 1장) 예수님의 모형으로, 주 예수 그리스도가 천 년 기간에 다스릴 땅을 통치하였다.

이 천 년 기간의 장면을 완성하기 위해 우리는 다시 교회인 그리스도의 몸이 재림 때 나타날 모습을 살펴볼 필요가 있다. 그리스도의 몸은 주 예수님과 함께 "승리하는 군대"로 이 땅에 돌아오는데, 교회 시대에서 그리스도께 신실했고 그분의 고난에 참여한 사람들이기에, 이 때는 보좌와 면류관을 받아서 "그분과 함께 땅에서 통치한다"(이 통치는 누가복음 19:11-27에 나타나 있다). 누가복음 19장의 비유에서 종들은 "므나"(pound)를 받는데 이것은 영국의 무게 단위로, 마태복음 25장 비유에서 종들이 "달란트" 단위로 받는 것과의 차이를 주목하라. 이 두 단위의 차이는 전천년주의자가 아닌 사람들에게 혼란을 일으킨다. 마태복음 25:14-30은 환란성도들을 다루고 있는데 그들이 받은 달란트는 서로 다르고 그것을 잘못 사용한 사람은 구원을 잃어버렸음을 기록하고 있다. 마태복음 25:31-40(계 12:17, 14:12 주석 참조)에 나타나 있듯이 환란성도들이 구원받을 때는 행위가 조건이 된다. 신약에서 여러분이 "구원을 잃을 수 있다."고 하는 가장 두드러진 곳이 마태복음 25장인데, 여기 두 비유는 환란 때 믿음과 행위로 구원받은 사람들에게 해당된다("어리석은 처녀들"이 "등잔"을 들고 나가는데 그들은 정말 나간다. 마치 감리교인과 성결교인들이 그렇게 가르치듯이, 하지만 이들은 그 가르침을 지금 현 시대에 적용하는 것이다. 교회 시대의 모든 이단 교리는 환란 때의 진리이다). 누가복음 19장에서 여러분은 다른 상황을 본다. 종들은 각자 같은 양의 열 므나(pounds; 영국이나 이방인의 무게 단위)로 받는데, 악한 종은 그의 구원을 상실하지 않고 단지 그의 보상을 잃을 뿐이다(눅 19:24,26). 그리스도의 원수들은 죽임당하는 자들이다(눅 19:27). 그렇게 그리스도인들이 돌아오면 천 년을 이 땅에서 그리스도와 함께 통치하며 고을들을 다스린다(눅 19:17,19). 그들은 "하나님의 영광받은 아들들"로 통치하게 되며 주 예수 그리스도 그분과 똑같은 모습을 갖게 된다. 이것은 수백만의 예수 그리스도를 닮은 성도가 천 년을 이 땅 전역에서 그리고 예수 그리스도 그분은 예루살렘에서 통치함을 뜻한다.

천 년 기간에서 한 가지 독특한 점은 모든 나라가 해마다 만군의 주님인 왕께 경배드리고자 예루살렘에 오는 것이다(사 2:2,3). 그래서 미래에는 "주님의 율법"인 안식일, 새달 등등이 예루살렘에서 그리고 시온 산에서 선포될 것이다(사 11:10-13, 슥 8:21-23, 미 4:1,2).

스카랴 14장은 천 년 기간의 내용이다. 주님이 돌아오시고(슥 14:9) 나라들이 예루살렘에 올라가서 "매년" 왕께 경배드리며 "장막절"을 지키는데(슥 14:16). 이것은 9월이나 10월경의 "장막절"이 예수 그리스도의 재림과 관련 있음을 보여 준다. 만일 나라들이 예루살렘에 계시는 왕을 영화롭게 하지 않는다면 그들에게 재앙이 닥친다(슥 14:17-19). 이 구절을 이사야 26:10; 60:12, 시편 68:6; 72:9과 비교하라.

주님이 천 년 기간에 이 땅에 계시므로 "구령"은 더 이상 행해지지 않을 것이다(슥 13:2,3). 더 이상 사람들은 "주를 알라."고 말하지 않을 텐데 그들은 "아주 작은 자로부터 큰 자에 이르기까지" 그분을 잘 알 것이기 때문이다. 이 진리는 히브리서 8:8-13을 설명하는데, 모든 신학원에서 "새 언약"은 신약에서 그리스도가 세운 영적인 언약으로 가르친다. 전천년 체계는 히브리서 8:8-13을 해석하여 여러분에게 새 언약은 천 년 기간에 "이스라엘 집과 유다 집에" 맺은 것임을 보여 준다. 이것은 사사로운 해석이 아니다. 만일 이 구절들이 지금 이 세대에 향한 것이라면, 여기서 여러분은 더 이상 그리스도를 증거하지 말라는 소리를 듣게 된다!(히브리서 8:11을 보라). 이것은 사람이 자기의 세대를 정확히 분별하지 못할 때 얼마나 혼란에 빠질 수 있는가를 보여 준다. 이렇게 세대의 구분이 매우 정밀하기에 스카랴 13:2,3에서 여러분은 사람이 예수 그리스도의 증거와 예언을 할 때 그의 어미와 아비가 그를 죽이라는 말을 듣는다!

어떤 사람은 예수 그리스도와 함께 땅을 통치하고 있으며, 그 모든 놀라운 일이 일어나고, 확실히 "아버지의 왕국이 임하옵시며, 아버지의 뜻이 하늘에서와 같이 땅에서도 이루어진다."고 생각할지 모른다. 유감스럽게도 『**진실로 가장 좋은 상태에 있는 모든 사람도 다 헛될 뿐이니이다**』(시 39:5). 그의 가장 좋은 형편은 천 년 기간이다! 천 년 기간에 사람들은 옳은 일을 할 수 있는 모든 기회를 갖는다. 사탄이 묶여 있는 것은 어떤 다른 시대에서도 없었던 일이다. 주 예수님은 초림 때 행사하지 않은 모든 권능을 갖고 영화로운 몸으로 지상에 계신다. 야생 동물도 더 이상 사람에게 위협이 되지 않는다. 자연도 순응하여 어떤 지진이나 허리케인, 태풍, 사이클론, 해일, 화산 폭발이나 흉작이 없다. 지상에 온전한 낙원이 세워지는 것이다.

20:7 그 천 년이 끝나면 사탄이 그의 감옥에서 풀려나,

사탄이 풀려나면 예수 그리스도를 거역할 준비가 된 모든 사람들의 무리를 보게 된다! 이것은 한 가지 요소 즉 아담의 타락한 인간 본성으로밖에는 설명이 되질 않는다! 비록 사탄은 감금되었고 예수 그리스도가 통치하는 기간이지만 사람들은 여전히 "본성이 회복되지" 못한다. 이것은 정신과 의사들에게 알려지지 않은 "영의 붕괴"라는 대단한 과학적 법칙을 설명한다. 이것은 인간 본성을 주도하는 기본 원리이다. 사람에게 '선과 악의 지식'이 부여되면 그는 살인한다. 그것은 카인이 그 지식으로 그의 가속에게 저지른 보기이다. 사람에게 정치 지도자의 권위가 부여되면 그는 나라들을 연합해서 하나님께 대적한다(창 11장). 하나님이 한 백성에게 특별한 약속을 정하시고 "선택받은 백성"으로 불러내셨지만 그들은 믿음 없이 불평했다(출애굽기 15장에서 여호수아까지). 하나님이 사람들에게 그들이 죄인임을 보이고 죄를 경계하도록 율법을 주셨지만, 사람들은 이 율법으로 자신들을 높였으며 자기들이 옳다고 입증하는 데 사용했다(갈 5:4). 죄가 없는 종교 지도자를 구세주로 사람들에게 보냈으나 그들은 그분을 십자가에 처형하였다. 하나님이 사람들에게 2,000년의 은혜(초림부터 재림까지)와 과학, 발명, 여행, 학문 등등의 모든 유익을 베풀어도 사람들은 인간 만사를 지배할 적그리스도를 세운다(요 5:43).

"사탄이 없는" 천 년 동안 하나님이 임재한 지상에서 모든 나라가 무죄한 구세주 아래 연합되었음에도, 사람들은 사탄을 따르고 하나님을 거역한다! 이것은 인간 본성의 제일 법칙이다. 사람의 마음은 하나님을 증오하며 하나님 계명에 복종하지 않는다(롬 8:7). 여러분은 거듭나야 한다! 천 년 기간에는 거듭남이 없다. 결국 천 년 기간에 사람들은 "산상 설교"을 지켜서 행위로 구원을 받아야 한다(이때는 환란기 때의 믿음과 행위로 얻는 구원보다 더 나쁘다. 이는 구원이 행위로만 이루어지기 때문이다! 루이스빌 신학교에서 가르치는 내용이 얼마나 끔찍한가!). 이 부분에서 스코필드, 벌링거, 페팅길, 코넬리우스 스템, 게벨라인 등등이 고꾸라진다. 이들은 사람이 "믿음을 통하여 은혜"로 구원받는 데 집착해서 이것을 모든 다른 시대의 구원 방법으로 생각하는 엄청난 실수를 저질렀다. 천 년 기간에는 믿음없이 행위로만 구원받는다. 그리스도는 천 년 기간에 지상에 계시기 때문에 여러분이 눈에 보이는 분을 믿는 데에 어떤 믿음도 필요하지 않다! 바울은 재림에 대해 『**이는 우리가 소망에 의하여 구원을 받았음이나 보이는 소망은 소망이 아니라. 사람이 보는 것을 왜 바라리요?**』(롬 8:24)라고 말한다.

천 년 기간에는 "믿음"이 없다! 천 년 기간의 구원 계획은 마태복음 5,6,7장이다(이 부분은 현대주의자들이 교회 시대에 죄인이 구원받는 방법으로 가르치고 있다! 이것이 비극이 아니라면 정말 우스꽝스러운 일이다. 하나님의 하늘 아래서 여러분이 "구원받기" 위해 갈 수 없는 한 곳은 마태복음 5,6,7장인데, 이곳은 믿음없이 행위로 구원받기 때문이다. 이 부분은 전체를 통해 여러분에게 행하고, 행하고, 행하라는 말을 한다! 여기에 믿음은 없다). 마태복음 5-7장은 전미 기독교 교회 협의회가 우리가 사는 오늘날에 적용하기 위해 즐겨 사용하는 부분이다. 이 부분을 읽는 사람은 누구든지 『**판단하지 말라. 그리하면 너희도 판단받지 않을 것이라**』(마 7:1), 『**화평케 하는 자들은 복이 있나니, 그들이 하나님의 자녀라 불릴 것임이요**』(마 5:9), 『**마음이 순결한 자들은 복이 있나니, 그들이 하나님을 볼 것임이요**』(마 5:8) 등을 들어보지 않은 사람은 하나도 없을 것이다. 천 년 기간에서는 한 사람이 다른 사람을 바보라고 하면 즉시로 그는 지옥에 떨어질 위험에 빠진다. 천 년 기간에서 자기 형제에게 까닭없이 화를 내는 사람은 "공회"에 넘겨진다. 천 년 기간에서 어떤 사람이 여러분을 법정으로 끌고 가면 그에게 여러분이 가진 모든 것을 넘겨 주기 전에는 결단코 감옥에서 나오지 못한다. 행위로 인한 구원이다!(마 7:24 참조) 이 세대에 여러분은 믿음을 통한 은혜 위에 아무것도 더하지 않고 구원받으며, 여러분이 밤새 산상 수훈을 붙들고 기도한다 해도 천국에 가지 못한다.

그렇게 천 년 기간의 사람들은 믿음없이 행위로 구원받는다. 결론적으로 거듭나지 않은 본성을 가진 사람은 그 성품이 그대로 남기에 행위를 지키지 않으면 구원받지 못한다. 천 년 기간의 끝에 사탄이 풀려나면 그는 거듭나지 않은 사람들의 무리가 군사적인 지휘 아래 모이는 것을 보게 된다. 이들은 예수 그리스도의 권위를 늘 불평한다. 이들은 그분의 엄격함과 규율, 권능을 좋아하지 않기 때문에 사탄을 따르는 것이다.

『그 천 년이 끝나면 사탄이 그의 감옥에서 풀려나』(계 20:7).

20:8 땅의 사방에 있는 민족들, 곧 곡과 마곡을 미혹하려고 나가서 그들을 함께 모아 전쟁을 일으키리니 그 수가 바다의 모래 같으리라.

9 그들이 땅의 넓은 데로 올라가서 성도들의 진영과 사랑하시는 도성을 포위하니, 하늘에서 불이 하나님**께로부터 내려와 그들을 삼켜 버리더라.**

본문은 모든 일의 결말이다. 자, 사탄을 따르는 이 반역적인 무리들이 어디에서 유래하는가? 이들은 세 무리로 구분된다. 우선 천 년 기간에 땅에 반역하는 무리가 있을 것을 나타낸 성경 구절을 보라.

『그가 또한 바다의 끝에서 끝까지 다스릴 것이요, 강에서부터 땅의 끝까지 다스리리이다. 광야에 거하는 자들이 그의 앞에 절하고 그의 원수들이 먼지를 핥으리이다』(시 72:8,9).

문맥은 그리스도의 천 년 통치로 "그분이 바다의 끝에서 끝까지, 강에서부터 땅의 끝까지 다스리신다."는 의미이다. 시편 72:9에서 주목할 것은 천 년 기간에 그리스도께 머리를 숙이는 그들은 마음으로는 그분을 미워하며 "땅을 삼키려는" 원수들이다.

『내 혼으로 내가 밤에 주를 사모하였으며, 정녕, 내 안에 있는 내 영으로 내가 일찍 주를 찾으리니, 이는 그때에 주의 공의가 땅에 있으며, 세상의 거민들이 의를 배울 것임이니이다. 악인으로 은총을 보게 하소서. 그래도 그가 의를 배우지 아니하리니, 그가 정직한 땅에서 공의롭지 않게 행하며 주의 위엄을 보지 아니하리이다. 주여, 주의 손이 높이 들어올려질 때 그들이 보기를

원치 아니하리이다. 그러나 그들이 보게 될 것이요, 백성에게 향한 그들의 시기로 인하여 부끄러워하리니 정녕, 주의 원수들의 불이 그들을 삼키리이다』(사 26:9-11).

문맥은 예수 그리스도의 재림이다(사 26:1-4,14,18,19). "마음이 순결한 자들은 복이 있나니, 그들이 하나님을 볼 것임이요." 그러나 악한 자는 그분을 보지 못할 것이며, 그들이 주님을 대할 때 그분의 발에 엎드려 입맞추나 마음으로는 미워해서 의를 배우지 못한다.

『그가 그의 권능으로 영원히 치리하시며 그의 눈은 민족들을 살피시나니 거역하는 자들은 자고하지 말지니라. 셀라』(시 66:7).

이 문맥은 재림이다. "거역하는 자들"은 거기 있는데, 자기들 처소에 꼼짝말고 있도록 경고받는다.

재림에 대해 다시 말하면 다음과 같다. **『주께서 시온에서부터 주의 능력의 막대기를 보내시리니 주의 원수들 가운데서 다스리소서』**(시 110:2).

『네가 그들을 철장으로 깨뜨릴 것이며, 토기장이의 질그릇같이 산산이 부수리라." 하셨도다. 그러므로, 오 너희 왕들아, 이제 현명해지라. 너희 땅의 재판관들아, 교훈을 받을지어다. 두려움으로 주를 섬기고 떨림으로 즐거워하라. 그 아들에게 입맞추라. 그렇지 않으면 그가 노하실 것이요, 그가 조금만 격분하셔도 너희가 그 길에서 망하리라. 그를 신뢰하는 모든 사람은 복이 있도다』(시 2:9-12).

이렇게 천 년 기간에 이 땅에서 주 예수 그리스도를 전혀 좋아하지 않는 사람들의 무리가 있다. 그들은 절대 권위의 철의 군사 독재 아래 있기에(계 12:5) 그저 "복종"할 뿐이다. 이 반역적인 사람들은 세 부류에서 유래한다.

1. 이들은 환란에서 천 년 기간으로 개종하지 않은 채 넘어가서 남게 된 사람들이다. **『예루살렘을 치러 온 모든 민족들 가운데서 남아 있는 자도 각기 그 왕, 만군의 주께 경배하러, 또 장막절을 지키려고 해마다 올라올 것이라』**(슥 14:16).

이들이 구원받은 사람들이 아닌 이유는 다음과 같다. **『땅의 모든 족속 중에서 그 왕, 만군의 주를 경배하려고 예루살렘에 올라오지 아니하는 자들에**

게는 비가 내리지 아니하리라. 만일 이집트의 족속이 올라오지 아니하면, 비가 없을 것이며, 재앙이 있으리니 그 재앙으로 주께서 장막절을 지키려고 올라오지 아니하는 그 이방을 치시리라. 이것이 이집트의 벌이 될 것이요, 장막절을 지키려고 올라오지 아니하는 모든 민족들의 벌이 되리라』(슥 14:17-19).

흔히 생각하기를 적그리스도가 모든 사람에게 그의 표를 받도록 하기에 짐승의 표를 받지 않는 모든 사람은 환란 끝에 구원받아서, "오라, 내 아버지의 복을 받은 자들아, 세상의 기초가 놓인 이래로 너희를 위하여 준비한 그 왕국을 이어받으라."(마 25:34)는 소리를 들을 것이고 반면에 표를 받은 자들은 지옥 간다고 여긴다. 그런데 물론 이것은 13장을 읽으면서 "모든"을 "예외가 없는 전부"로 믿은 실수이다.

『**그가 성도들과 싸워 그들을 이기는 권세를 받았으며 모든 족속과 언어와 민족을 다스리는 권세를 받았더라. 세상의 기초가 놓인 이래로 죽임당한** 어린양**의 생명의 책에 그들의 이름이 기록되지 못하고 땅에 사는 모든 자는 그에게 경배할 것이라**』(계 13:7,8).

이 구절은 사람이 이 책에 자기 이름이 기록되었다가 환란이나 천 년 기간에서 지워지는 것은 무시하고 있다(계 2,3장에서 이에 대한 교리를 논하였다). 적그리스도를 경배하지 않는 사람들이 환란 중에 있는데 그럼에도 그는 그들을 죽이려고 손을 뻗치지 못한다.

『**그는 또한 영광스러운 땅에 들어갈 것이요 많은 나라들이 무너질 것이라. 그러나 이들 곧 에돔과 모압 그리고 암몬 자손의 우두머리는 그의 손에서 피하리라. 그가 또한 다른 나라들에게 그의 손을 뻗치리니 이집트 땅은 피하지 못하리라**』(단 11:41,42).

그래서 이 구절에서 보듯 어떤 나라들은 벗어나지만 그렇지 못한 나라도 있다! 결국 어떤 사람들은 "짐승의 표"를 받지 않고 환란을 통과한다. 그들은 들림받지도 않고 적그리스도에게 죽임당하는 것도 아니다. 그렇게 그들이 환란을 통과하는 유일한 이유는 들림받지도 않고 죽임당하지도 않기 때문이다.

2. 환란을 통과하면서 유대인을 돕는 사람들이 있다. 이들은 마태복음 25장에 나오는 무리이다.

『왕**이 그의 오른편에 있는 사람들에게 말하기를 '오라, 내** 아버지**의 복을 받은 자들아, 세상의 기초가 놓인 이래로 너희를 위하여 준비한 그 왕국을 이어받으라**』(마 25:34).

『**그러나** 왕**이 대답하여 그들에게 말하기를 '진실로 내가 너희에게 말하노니, 여기 내 형제들 가운데 가장 작은 자 하나에게 한 것이 곧 나에게 한 것이니라.' 하리라**』(마 25:40).

『**그러므로 이들은 영원한 형벌에 들어갈 것이라. 그러나 의인들은 영원한 생명으로 들어가리라."고 하시더라**』(마 25:46).

이들은 환란에서 유대인을 도우며, "인내하고," 끝까지 견디어서, 천 년 기간에 들어간다.

3. 천 년 기간에 태어나는 자녀들이 있는데, 옛 아담의 본성으로 성장하고 구원받지 않았다.

『**거기에는 날 수로 되는 아기도, 자기 수명을 다 채우지 못한 노인도 더 이상 없을 것이니 이는 백 세에 죽는 자가 아이요 백 세가 된 죄인은 저주를 받은 것이 될 것임이라**』(사 65:20, 스카랴 8:4과 비교).

그래서 천 년 기간에는 100세에 죽는 사람이 아이로 여겨진다. 이것은 아이가 20세 정도, 어린애가 70세쯤, 소년이 100세, 청년이 150세 정도, 장년이 200세쯤, 그리고 노인이 300세 내지 400세 정도임을 의미한다. 생명의 연장이 노아 홍수 이전과 같아지고 시간이 아담에서 노아 때처럼 길어질 것이다.

그리하여 세 부류의 사람들이 (천 년 기간의 끝에) 사탄을 지지할 구성원이 된다.

1. 환란 때 중립 노선에 있는 사람들과 그 자손들
2. 유대인을 잘 대우하고, 짐승의 표를 받지 않은 채 환란을 통과하는 사람들과 그 자손들
3. 천년왕국 기간 중에 이 두 무리에서 태어난 자손들

사탄이 감금되었고, 자연이 새롭게 태어났으며, 전쟁도 없고, 맹수도 없기 때문에 1,000년의 끝 무렵에 지상에는 사람이 오늘날의 두 배 이상은 될 것이다. 환란 때 수백만 명씩 몰살됨에도 불구하고 그럴 것이다. 25억의 인구가

환란 때 죽을 것이다(즉 환란 때 죽는 사람이 미국 독립 전쟁, 남북 전쟁, 1812년 전쟁, 백년 전쟁, 제1차 세계대전, 제2차 세계대전 및 한국전쟁의 사상자들을 합친 것보다 더 많을 것이다). 이렇게 많은 사람들이 몰살되고, 남은 자들의 반은 천 년 기간의 시작인 그리스도의 재림 때 지옥에 가는데도, 천 년 기간 끝에는 오늘날 지상 인구의 두 배 이상이 있을 것이다. 그 이유는 천 년 동안 전쟁도 없고, 질병도 없으며, 사탄이 사람의 죄성을 공격할 어떤 압력도 없기 때문이다. 그래서 여러분은 사탄이 천 년 기간 끝에 그를 기다려 온 무리를 모으는 것을 보게 된다.

『**그들이 땅의 넓은 데로 올라가서 성도들의 진영과 사랑하시는 도성을 포위하니, 하늘에서 불이** 하나님**께로부터 내려와 그들을 삼켜 버리더라**』(계 20:9).

이 장면은 거의 모든 그리스도인이 믿는다고 고백하는 일들의 최종 결말이다. 불로 땅이 새롭게 되고 하늘들도 새롭게 된다. 이 때가 "마지막 날"이며, 마지막 "일반 심판"이고, "일반 부활"로, 모든 자칭 그리스도인이 이것만은 믿는다고 고백한다(이들은 계시록 내용은 전혀 믿지도 않는다!). 그리스도인들이 "천국"을 믿는다고 하지만 천국은 그들이 믿지도 않는 계시록에만 묘사되어 있다. 이상하지 않은가? 그리스도인들은 "마지막 심판"을 믿는다고 하지만 "마지막 심판"은 계시록에만 연대적인 순서로 묘사되어 있는데, 이상하지 않은가? 그럼에도 그리스도인들은 계시록의 환란과 적그리스도 그리고 "종교 창녀"(로마카톨릭 교회)에 대한 교리들을 거부한다. 이상하지 않은가? 사람들이 어떻게 자기들이 믿고 싶은 것만 취하고 나머지는 쓰레기통에 던져 버리는지 놀랍지 않은가? 하나님께서는 계시록 19장의 심판에 대해 베드로를 통해 다음과 같이 말씀하셨다. 『**그러나 현재 있는 하늘들과 땅은 그 동일한 말씀으로 보존되어 있으되 경건치 아니한 자들의 심판과 멸망의 날에 불사르려고 간수되어진 것이니라... 그러나 주의 날이 밤에 도둑같이 오리니 그 날에는 하늘들**[복수이다. 곧 첫째 하늘과 태양계를 담고 있는 둘째 하늘] **이 굉장한 소리**[이 소리는 히로시마에 떨어진 원자 폭탄의 굉음이 볼링핀이 넘어질 때 내는 소리처럼 굉장하다. 이 일이 일어날 때 목성, 금성, 토성, 화성, 해, 달과 별들이 단번에 붕괴될 것이다!]**를 내며 사라지고 우주의 구성 요**

소들이 맹렬한 불로 녹아내리며[헬라어로 '요소'란 말은 영어의 "atom"(원자)이다.] **땅과 그 안에 있는 일들이 타버릴 것이라**』(벧후 3:7,10).

『**그때 이 모든 것이 녹아 버리리니 너희가 모든 거룩한 행실과 경건에 있어 어떠한 사람들이 되어야겠느냐**? 하나님**의 날이 오기를 고대하고 열망하라. 그때는 하늘들이 불에 타서 녹아 버리고 우주의 구성 요소들도 맹렬한 불에 녹아내릴 것이나 우리는 그의 약속대로 의가 거하는 새 하늘들과 새 땅을 기다리도다**』(벧후 3:11-13).

이것은 독자들을 "외계에서의 거주"라는 멋진 주제로 인도하는데, 21장과 22장에서 공부할 것이다. 하나님은 외계에서 거주하는 것에 대한 계획을 갖고 계시며, 이 계획은 미 로켓 발사 기지(Cape Kennedy)와 함께 "스윙을 연주하는" 것이 아니다!

『**주가 말하노라. 내가 만들 새 하늘들과 새 땅이 내 앞에 항상 있는 것같이 너희 씨와 너희 이름도 항상 있으리라**』(사 66:22).

그 자손과 그 이름은 곧 유대인들이다. 에베소서 1:10, 이사야 65:17, 그리고 예레미야 33:21,17,18과 비교해 보라.

20:10 그들을 미혹하던 마귀가 불과 유황 못에 던져지니 그곳에는 그 짐승과 거짓 선지자도 있어 영원무궁토록 밤낮 고통을 받으리라.

"짐승"과 "거짓 선지자"가 천 년 후에도 여전히 거기서 불타고 있다. 사탄이 불못에 던져질 때 천 년을 불타고 있던 그의 동료들을 보는 것이다. 이곳은 "마귀와 그의 천사들을 위해 예비된" 지옥이다.

20:11 또 내가 큰 백보좌와 그 위에 앉으신 분을 보니, 그의 면전에서 땅과 하늘이 사라졌고 그들의 설 자리도 보이지 않더라.

하나님께서 갑자기 영원의 장막을 걷으셨는데 거기서 그분은 보좌에 앉아 계신다! 필자는 본문이 무얼 의미하는지 모르기에 명확히 설명할 수 없다. 때때로 필자는 엄청난 생각을 하는데, 모든 것이 파괴되어 끝장난 뒤 우리는 현재의 태양계를 가릴 성도의 큰 보좌를 갑자기 목도하리라는 것이다. 그리고 보좌 위에 "옛적부터 항상 계신 분"이 앉아 계신다! 요한이 "그 눈이 불꽃 같았다"고 한 분이다. 그분이 그 보좌에서 한 번 둘러보시고 음성을 내실 때 1,000개의 은하수가 떨 만큼 그렇게 위엄이 넘친다. 돌연 구원받지 못하고 죽은 자들은 자기들이 실제 부활한 것이 아님을 깨닫는다. 그들은 "들림받은 것"이 아니고 거기에서 그분을 바라보며 서 있을 뿐이다! 어떤 의미로는 이것이 "의로운 자와 불의한 자의 부활" 그리고 "산 자와 죽은 자"를 말하지만, 매우 특이하게도 죽은 자들은 실제 살아나지 않음을 밝히고 있다. 예수님은 이에 대해 마태복음 22장에서 그분에게 질문한 어떤 사람들에게 다음과 같이 말씀하셨다. 『**그러나 죽은 자들의 부활에 관하여** 하나님**께서 너희에게 말씀하신 것을 읽어 보지 못하였느냐? 말씀하시기를 '나는 아브라함의** 하나님, **이삭의** 하나님, **야곱의** 하나님**이라.' 하셨으니**, 하나님**은 죽은 자들의** 하나님**이 아니요, 산 자들의 하나님이시니라."고 하시더라**』(마 22:31,32).

이것은 구원받지 못하고 죽은 자들의 부활은 참 부활이 아님을 뜻한다. 참 부활은 죽은 자들로부터 부활이다. 기술적으로 말해서 하늘들이 다 사라지고 허공에 매달려 있는 구원받지 못한 사람들이 더러운 누더기들을 걸치고 서 있는데, 자기들이 죽은 때를 근거해서 2000년부터 4000년까지 지옥에 있던 터라 지옥의 연기가 여전히 그들 몸을 자욱히 감싸고 있다. 연기가 가시면 나폴레옹, 반 고흐, 시저, 베토벤, 아돌프 히틀러, 구원받지 못한 미국 대통령들, 볼테르, 루소, 쇼펜하우어, 칼라일, 니체 종교 지도자들, 프로이트, 마키아벨리, 위대한 음악가들, 몰리에르, 러셀, 셀리니, 구원받지 못한 의사들과 법률가들, 발자크, 헤로도토스, 사포, 런던 존슨, 골드 스미스, 융, 파블로프와 쿠퍼 등등이 썩은 계란 냄새나는 탄소, 재, 유황 연기로 몸을 덮은 채 지옥에서 불태워지고, 여기저기 고인 그들 죄의 오물에, 몸에 걸친 누더기들을 적신 채 있다가, 거룩한 하나님 앞에 벌거벗은 모습으로 서 있을 것이다. 그래서 우리는 사람이 구원받으면 세상의 위대한 사람들이 아주 “하찮게 보인다.”고 말하는 것이다. 필자가 이 세상의 위대한 사람들을 상스럽게 또는 거만하게 말했다거나 그들을 비하시켜 저급하게 말했다면 거기에는 충분한 이유가 있다. 성경에서는 사람이 구원받지 않으면 그는 아무것도 아니다. 세상에는 언론 덕분에 위대한 사람으로 숭배받고 주목받으며 존경받는 사람들이 있지만 그들이 심판받을 때 여러분이 그들을 본다면 구역질을 참으려고 고개를 돌릴 것이다.

『죄악의 일꾼들에게는 자신들을 숨길 수 있는 암흑도 없고 죽음의 그림자도 없도다』(욥 34:22).

『심판의 보좌에 앉은 왕은 그의 눈으로 모든 악을 흩어버리느니라. “나는 내 마음을 깨끗하게 하였도다. 나는 내 죄에서 정결케 되었도다.”라고 말할 수 있는 자가 누구냐?』(잠 20:8,9).

그래서 이 대이변이 일어날 때 구원받지 못한 자들이 나와서 하나님을 대면하여 “책들” 앞에 설 것이다(단 7:9,10). 이 마지막 최후의 심판에서 하나님이 의롭지 않다고 생각했던 모든 사람들, <킹제임스성경, 1611>을 하나님의 말씀으로 믿지 않았던 모든 사람들, 영원히 불타는 지옥이 있음을 생각지 못했던 모든 사람들, 성경이 신화와 전설로 구성되었다고 생각했던 모든 사람들, <킹제임스성경>에서 낱말 하나라도 바꾸었던 구원을 상실한 모든 학자들, 그리고 6,000년 동안 성경을 혐오하고, 거부하며, 결점을 찾아내고, 비판하며, 왜곡시키고, 이해하지 못했던 지상의 모든 사람에게 변명할 충분한 기회가 주어질 것이다.

20:12 **또 내가 죽은 자들을 보니, 작은 자나 큰 자나** 하나님 **앞에 서 있는데, 책들이 펴져 있으며 또 다른 책도 펴져 있는데 그것은 생명의 책이라. 죽은 자들은 자기들의 행위에 따라 그 책들에 기록된 대로 심판을 받더라.**

13 **바다도 그 안에 있던 죽은 자들을 넘겨주고 또 사망과 지옥도 그들**

안에 있던 죽은 자들을 넘겨주니 그들이 각자 자기들의 행위에 따라 심판을 받으며
14 **사망과 지옥도 불못에 던져지니 이것이 둘째 사망이라.**
15 **누구든지 생명의 책에 기록되지 않은 자는 불못에 던져지더라.**

이 심판 때에 구원받은 사람들도 있다(계시록 11:17,18 참조). 이 심판에서 구원받은 사람들은 환란 기간에 믿음과 행위로 구원받고 천 년 기간에 행위로 구원받은 사람들이다. 이들은 "자기들의 행위에 따라" 심판받는데 이중 어떤 이들은 "생명책에 기록된다"(계 11:18 참조).

다시 말해서 "믿음을 통한 은혜"로의 구원을 가르치는 사람들은 실수하였고 성경에서 500구절이나 잘못 해석한 셈이다(성경에 정확무오하게 배열된 규칙이나 과학적인 법칙은, 영어를 모국어로 사용하는 사람이 1611년판 <킹제임스성경>을 거부하고 자기가 믿는 것을 구절들에 맞추기 위해 헬라어나 히브리어 원문으로 달려가면 그때마다 즉각적으로 그는 영적으로 눈이 멀어 다른 2,000개의 구절을 해석할 수 있는 연관성들을 상실케 된다. 이것이 신성한 해석의 정확무오하게 배열된 규칙이지 "피터 럭크만의 견해"가 아니다. 이 규칙은 과학자들에게 알려진 중력 법칙이나 모든 자연 법칙처럼 확실하다. 로마카톨릭 교회로 돌아선 미국의 배교는 현대주의자나 자유주의자들이 인도한 것이 아니라, 정통주의와 전천년을 주장하며 구령하는 설교자들과 교사들로, 이들은 하나님이 중지시킬 때까지 <킹제임스성경>을 고치고 개정하여 그들의 독점적인 권위로 그리스도인들의 믿음을 파괴해 왔다).

부연하면 사람이 "믿음을 통한 은혜"의 구원을 가르칠 때는 교회 시대를 다루는 구절들만 사용하는 것이 좋겠다. 환란 때의 구원은 예수 그리스도에 대한 믿음에 구약의 십계명을 더한 것이며, 천 년 기간에는 산상수훈의 규칙과 계명들을 지킴으로써 구원받는다. 이 구분이 올바로 지켜지지 않는다면 (이 구분을 거부할 사람들이 수천 명일 것이나 하나님은 여러분을 그리스도의 심판석에서 올바르게 해주실 것이다.) 그것은 여러분이 그 구절들을 자신의 신학에 맞도록 고치기 위해 헬라어와 히브리어 원문으로 달려가기 시작한 때문이리라. 이것이 1909년부터 성령의 향상된 계시가 현재까지 없는 이유이다. 성령께서 성경적인 노선을 따라 나타내신 마지막 계시는 벌링거, 오헤어, 아더 핑크, 클라렌스 라킨과 스코필드까지였다(50년보다 훨씬 전 일이다!). 그 때 이후로 성령의 어떤 계시도 없는 이유는 50년 전에 보수적이고 정통적인 복음을 전한 성경대로 믿는 사람들이 <킹제임스성경>을 창 밖으로 던져 버리고 <ASV, 1901>을 취했기 때문이다. 그들의 이러한 태도로 인해 하나님께서는 그들의 신학과 지혜를 쓰레기 취급하여 그들에게 결코 아무것도 계시하시지 않았다. 이 때문에 그들은 백보좌 심판에서 환란과 천 년 기간에 구원받은 사람들이 있다는 사실을 간과한다.

『**한 번 죽는 것은 사람들에게 정해진 것이고 그 뒤에 심판이 정해진 것같이**』(히 9:27).

그리스도인들은 환란 기간 중 하늘에서 심판받고 환란과 천 년 기간에 구원받는 사람들은 미래에 심판받는다. 이 때는 큰 백보좌 심판으로 교회 시대에 구원받지 못한 모든 사람이 심판받는다. 또한 이 심판 때 피흘림의 뜻을 믿지 않거나 계명을 지키지 않고 율법 시대에 살다가 율법 아래 죽은, 구원받지 못한 자들도 있을 것이다. 정리하면 여기서 심판받는 사람들은 아담부터 휴거까지 구원받지 못하고 죽은 사람들과 환란 기간에 구원받은 사람들과 구원받지 못한 사람들 그리고 천 년 기간에 구원받은 사람들과 구원받지 못한 사람들이다. "생명의 책"에 기록된 이름들은 환란과 천 년 기간에 그들의 행위를 근거로 구원받은 사람들이다(계 12:17; 14:12 참조). 이 심판에서 환란과 천 년 기간에 구원받은 이들에게 주어지는 보상이 있을 것이다. 교회 시대에 구원받은 이들은 이미 보상을 받았다. 그래서 20:12에서 구원받은 사람들은 "교회 시대" 성도가 아니다. "교회 시대 성도들"은 예수 그리스도와 함께 있으며 구원받지 못한 자들을 심판한다. 이것은 다니엘서 7장에서 매우 명백하다.

『**내가 보았더니 보좌들이 넘어져 있고,** 옛날부터 계신 분**이 앉으셨는데, 그 분의 옷은 눈같이 희고 그분의 머리털은 순전한 양모 같더라. 그분의 보좌는 불타는 불꽃 같고 그분의 바퀴들은 타는 불 같더라. 불 같은 강이 흘러 그분**

앞에서 나오니 수백만 명이 그분을 섬기고 수천만 명이 그분 앞에 섰는데, 심판이 준비되었고 그 책들이 펼쳐졌더라』(단 7:9,10).

자, 다니엘 7:10에서 주목할 것은 "수천만 명"이 그분 앞에 서서 "책들이 펴져 있음"으로 심판뿐일 뿐 아니라, 그분이 심판하시는 동안 "수백만 명이 그분을 섬기는" 것이다. 이에 대해 바울은 고린도전서 6:3에서 『**너희는 우리가 천사들을 심판하리라는 것을 알지 못하느냐? 하물며 이생에 관한 일들이랴?**』고 말한다.

백보좌 심판 때 교회 시대에 구원받은 사람들은 천사들을 심판할 것이다! 교회 시대에 구원받은 사람들은 "하나님의 아들들"이 된다. 그래서 그들은 창세기 6장의 타락한 천사들인 타락한 "하나님의 아들들"을 심판한다. 이 천사들은 이 심판 때 나온다.

『**또 자기들의 처음 지위를 지키지 아니하고 자신들의 처소를 떠난 천사들을 주께서 영원한 사슬로 묶어 큰 날의 심판 때까지 흑암 속에 가두어 두셨느니라**』(유 6).

『하나님**께서는 죄를 지은 천사들조차 아끼지 않으시고 지옥에 던져서 흑암의 사슬에 내어주어 심판 때까지 가두어 두셨으며**』(벧후 2:4).

『**주께서는 어떻게 경건한 자들을 시험에서 구해 내시고 불의한 자들을 형벌에 처할 심판의 날까지 가두실 것을 아시느니라**』(벧후 2:9).

『**그러나 현재 있는 하늘들과 땅은 그 동일한 말씀으로 보존되어 있으되 경건치 아니한 자들의 심판과 멸망의 날에 불사르려고 간수되어진 것이니라**』(벧후 3:7).

그래서 이 심판이 경건치 아니하고 불의한 자들의 최종 도착지이며, 타락한 천사들의 최종 도착지이고, 모든 시대의 악하고 구원받지 못한 자들의 종점이다. 이 날은 심판의 날로 하늘들과 땅이 불타고 "우주의 구성 요소가 맹렬한 불에 녹아질" 때이다. 큰 백보좌가 나타나고 그들이 심판받기 위해 등장한다. 그리스도인들은 이 심판에서 예수 그리스도와 똑같이 되어 그분을 섬기고 그분이 세상을 심판하시는 것을 돕는다.

이 현 세대에 구원받지 않은 자들(세상)은 그리스도인들을 심판하고 있다.

그러나 그리스도인들이 세상을 심판할 날이 올 것이다! 여러분이 이 시대에 헌신된 그리스도인이라면 세상은 여러분을 "광신자"로 볼 것이다. 여러분이 헌신되지 않았으면 세상은 여러분을 "위선자"로 볼 것이다. 여러분은 세상을 기쁘게 할 수 없다(갈 1:10). 여러분이 주님을 위해 살 때 그들은 여러분을 멍청이라고 할 것이며, 주님을 위해 살지 않으면 변덕스럽다는 말을 들을 것이다. 여러분은 그들을 기쁘게 할 수 없다! 여러분은 구원받지 않은 사람들을 만족시킬 수 없다! 그들은 이미 양심에 화인 맞았다(딤전 4:1-3). 그들은 스스로를 저주하였고 만성적으로 불평하고 험담하는 자들이다(딛 3:10,11). 여러분이 이들을 기쁘게 할 수 있는 것은 아무것도 없다! 그들은 지옥에 갈 유일한 알리바이만 있을 뿐인데 그것은 그들의 행실이다(겔 16:54)!

『**또 내가 죽은 자들을 보니, 작은 자나 큰 자나** 하나님 **앞에 서 있는데, 책들이 펴져 있으며 또 다른 책도 펴져 있는데 그것은 생명의 책이라. 죽은 자들은 자기들의 행위에 따라 그 책들에 기록된 대로 심판을 받더라**』(12절).

이 구절은 종전에 살펴본 다니엘 7:9,10과 같은 문맥이다. 여기 성경에서 가장 이상한 일 가운데 하나가 일어난다. 다니엘 7:9,10에서 다니엘이 구원받지 못하고 죽은 자들의 심판과 "책들"이 펴져 있는 것을 말하는데(이 일은 하늘에서 일어난다, 잠 20:8). 다니엘 7:10이 천 년 기간의 끝 대신 환란 끝에 위치함을 가리킬 만한 한 사건이 있다(스코필드는 이 구절을 환란 끝으로 본다).

『**그 뿔이 말한 큰 말의 음성 때문에 그 때 내가 보았더니, 그 짐승이 죽임을 당하고 그의 몸이 파멸되며 타는 불꽃에 던져지는 것을 내가 보았노라. 그 짐승들의 나머지에**[사자 7:4, 곰 7:5, 표범 7:6, 가공할 짐승 7:7] **관해서도 마찬가지로 그들이 그들의 권세는 빼앗겼으나 그들의 생명은 한 시기와 때 동안**[1년, 3개월] **연장되었더라. 내가 밤에 환상들을 보았더니, 보라,** 인자 **같은 분이 하늘의 구름들과 함께 오셔서**[환란 끝을 언급한다.] 옛날부터 계신 분**께로 오시니 그들이 인자 같은 분을 그분 앞에 안내하였더라. 거기에서 그분께 통치권과 영광과 왕국이 주어졌으니, 이는 모든 백성과 민족들과 언어들로 그분을 섬기게 하려 함이더라**[천 년 기간]. **그분의 통치권은 사라지지 않**

을 영원한 통치권이며, 그분의 왕국은 멸망하지 않으리라. 나 다니엘이 내 몸 가운데 있는 내 영 안에서 슬퍼하였고, 내 머리의 환상들이 나를 괴롭게 하였기에』(단 7:11-15).

이 환상은 다니엘을 매우 혼란스럽게 하므로 그는 "내 머리의 환상들이 나를 괴롭게 하였기에"라고 말한다. 다니엘 7:9,10은 분명히 큰 백보좌 심판을 말하지만 다니엘 7:11-13은 마태복음 25장에 나오는 환란 끝의 심판인 것 같다(이 구절들은 정확히 어떻게 연결시켜야 할지 모르겠지만 다니엘 7:11이 큰 백보좌 심판일 가능성이 크다).

『**그러나 지극히** 높으신 분**의 성도들이 그 왕국을 얻으리니, 영원하고 영원무궁한 그 왕국을 차지하리라**』(단 7:18).

이 나라는 "영원무궁하게" 소유하지만 천년왕국은 겨우 1,000년뿐이다. 당분간 우리는 다니엘 7:12-14이 환란 끝의 그리스도의 재림에 적용되는 것으로 말해 보자. 하지만 다니엘 7:11이 7:10과 함께 일어나는 것으로 보고 백보좌 심판에 적용시키면 이 구절은 여러분이 구원받지 못한 사람이라면 끔찍한 암시를 보여 준다. 이 해석이 올바르다면 사탄의 화신(적그리스도)이 백보좌 심판 때 검사로 등장해서 하나님의 말씀을 거부한 모든 혼들을 일일이 기소할 것이다!

『**그 뿔이 말한 큰 말의 음성 때문에 그 때**[단 7:8, "이 뿔에는 사람의 눈 같은 눈이 있고 또 큰 일들을 말하는 입이 있더라." 이 뿔은 적그리스도이다.] **내가 보았더니, 그 짐승이 죽임을 당하고 그의 몸이 파멸되며 타는 불꽃에 던져지는 것을 내가 보았노라**[시 109:6 참조]』(단 7:11).

이것은 대단한 장면이다. 위의 해석이 옳다면 백보좌 심판은 법정 소송 같다. 재판장은 성부 하나님이시고, 검사는 사탄이며, 변호인은 주 예수 그리스도이다(요일 2:1). "사탄"은 "고소자"라는 뜻이 있다. 사탄은 계시록 12:10에서 "고소자"로 불린다. 욥기 1장과 2장에서 사탄의 일은 욥을 하나님 앞에서 고소하고 하나님을 욥 앞에서 고소하는 것이었다. 이것은 사탄의 일차적인 역할이 "검사"로서 기소하는 것이기 때문이다. 우리 주 예수 그리스도는 "변호인"으로 나오신다. "변호인"은 소송 사건에 개입하여 아무 도움도 받지 못하는 자를 변호한다. 이런 백보좌 심판을 생각한다면 피가 거꾸로 솟지 않을 수 없게 된다. 구원받지 않은 사람이 이 글을 읽는다면 그 장면을 상상해 보기 바란다. 여러분이 그 심판석에 설 때 여러분의 아내나 어머니보다 여러분을 더 잘 아는 자가 여러분을 기소하고 심문할 것이다. 생각해 보라! 여러분은 자신에 대해 우주에서 어떤 이보다(삼위일체를 제외하고) 더 잘 아는 인물을 상대할 것이다. 우리는 스카랴서에서 이에 대한 완벽한 장면을 본다.

『**또 대제사장 여호수아**[피고]**가 주**[재판장]**의 천사 앞에 서 있고 사탄**[검사]**이 그를 저지하려고 그의 오른편에 서 있는 것을 그가 내게 보여 주시니라. 그리고 주**[변호인]**께서 사탄에게 말씀하시기를 "오 사탄아, 주**[성부 하나님]**가 너를 책망하노라. 예루살렘을 택한 주가 너를 책망하노라. 이것이 불에서 꺼낸 나무가 아니냐?" 하시니라. 그때 여호수아가 더러운 옷을 입고**[사 64:6] **그 천사 앞에 섰더니 주께서 자기 앞에 서 있는 자들에게 대답하여 일러 말씀하시기를 "그에게서 더러운 옷들을 벗기라." 하시고, 그에게 말씀하시기를 "보라, 내가 네게서 네 죄악을 제하였으니, 내가 옷을 바꿔 너를 입히리라." 하시기에**[형제여, 계시록 3, 19장, 시편 45의 세마포라네.] **내가 말하기를 "그들을 시켜 그의 머리 위에 아름다운 관**[보상, 면류관]**을 씌우게 하소서**[계 3:4 참조]." **하였더니, 그들이 아름다운 관을 그의 머리 위에 씌우고 그에게 옷을 입히더라. 그리고 주의 천사는 곁에 섰더라**』(슥 3:1-5).

그리스도인들에게는 한 변호인이 계시는데, 그분은 "위로자"이고 "중보자"이다. 우리에게는 "도움을 요청할" 분이 계시다. 만일 (그럴 리는 없지만) 마지막 심판 날에 필자가 사탄에게 고소당해서 필자의 죄가 비춰질 때 변호인이 나서서 "거짓이요! 이 사람은 지옥에 갈 자신의 죄를 이미 지불했습니다. 본인이 그의 죄를 지고 그를 대신해 지옥에 갔었기 때문에, 검사는 그를 같은 죄로 두 번이나 고소할 수 없습니다. 그것은 이중 사기입니다."라고 변호할 것이다. 그러면 우주의 신성한 재판장은 "인정합니다."라고 하여 필자의 소송은 기각될 것이다. 주님께 영광을!

여러분도 알다시피 이 시대의 구원은 "황금률과 십계명을 지키는 데" 있지 않다. 이 시대에는 우리의 죄를 지불하기 위해 죽어서 지옥에 갔던 분을 영접하면 구원받는다. 그분은 완전한 구속을 이루셔서(히 10:8-12) 고소자에 대항해 우리를 중보하시며 하나님 오른편에 계신다. 놀라운 축복이 아닌가!(히 7:25).

반대로 여러분이 구원받지 못한 사람이라면 검사를 대면할 때 변호인이 없음을 가리킨다. 여러분은 스스로 변호해야 할 것이다! 여러분은 우주에서 가장 똑똑하고, 잔인하기 짝이 없으며, 가장 악독하고, 대단히 교활하며, 가장 강력한 인물을 상대로 변호해야 할 텐데 그와 상대가 될 것으로 여긴다면 여러분은 바보 천치이다(유 1:9). 그는 노아를 때려눕혔고 베드로는 링 밖으로 나가떨어지게 했다. 그는 다윗을 바닥에 고꾸라뜨렸다. 아브라함과 이삭과 야곱에게 올가미를 씌웠던 것이다. 여러분은 그가 여러분을 상대하기가 쉽지 않을거라고 생각하는가? 멍청한 소리는 그만두라!

『**또 내가 죽은 자들을 보니, 작은 자나 큰 자나** 하나님 **앞에 서 있는데, 책들이 펴져 있으며 또 다른 책도 펴져 있는데 그것은 생명의 책이라. 죽은 자들은 자기들의 행위에 따라 그 책들에 기록된 대로 심판을 받더라**』(12절). 두 종류의 책이 있음을 주목하라(단 12:1, 출 32:32, 말 3:16). 첫째는 여러분의 행위가 담긴 "책들"이다. 그 다음에 이름들이 기록된 "생명책"이 있다. 이 책에는 "은혜의 시대"에 기록된 이름들도 있다(빌 4:3). 그 이름들이 지워질 수 없는 것은 그들을 위해 피흘려 완전한 구속을 이룬 분이 기록하셨으며 그분을 신뢰하여 그분 몸의 일부가 된 이름들이기 때문이다(딤후 2:13). 그러나 다른 책에는 환란이나 천 년 기간에서의 행위나 행위의 결핍으로 인해 지워질 이름들이 있음을 가리킨다.

『**죽은 자들은 자기들의 행위에 따라 그 책들에 기록된 대로 심판을 받더라.**』 자, "책들"로 구성된 유일한 한 권의 하늘 책이 있다. 그것은 거룩한 성경이다. 필자가 아는 수백 명의 이름이 실제 기록된 유일한 책이 있는데, 그것은 "살아 있는 책"으로 불린다(스 2장, 대상 1-9장, 민 33, 34장, 대상 24-26장 등). 성경은 창조의 내용보다 사람 이름들에 더 많은 지면을 할애하였다! 성경이 거기 담긴 이름들 때문에 "생명책"을 의미하는 것 같다. 그러나 여러분이 하늘에 갈 때까지는 그 이름들을 알지 못하는 이유가 히브리어는 하늘의 언어이기 때문이다(계 19:3 주석 참조). 이것은 여러분의 이름이 "생명책"인 성경에 있음을 가리킨다.

『**죽은 자들은 자기들의 행위에 따라 그 책들에 기록된 대로 심판을 받더라.**』 성경이 사실인 바에 여러분 모두의 "행위"를 담을 것이다. 사람들이 범한 어떤 죄도 하나님의 말씀 어디에선가 나와 있지 않거나 설명되지 않은 것이 없다. 만약 의심이 간다면 에스겔 16장, 23장, 잠언 4-8장 등등을 꼭 읽어보라. 이것은 구원받지 못한 자들이 성경으로 심판받을 것을 가리킨다. 예수님은 요한복음 12:48에서 이렇게 말씀하셨다. 『**나를 거절하고 내 말들을 받아들이지 아니하는 자는 그를 심판할 이가 있으니, 곧 내가 말한 그 말이 그를 마지막 날에 심판하리라.**』

성경은 "마음의 생각과 의도를 판별한다."고 히브리서 4장에서 말씀한다. 『하나님**의 말씀은 살아 있고 능력이 있어 양날이 있는 어떤 칼보다도 예리하여 혼과 영, 그리고 관절과 골수를 찔러 가르고 마음의 생각들과 의도들을 판별하느니라. 그 어떤 피조물도 그분 앞에 나타나지 않는 것이 하나도 없나니, 오직 만물이 우리가 회계해야 하는 그분의 눈 앞에 벌거벗은 채로 명백히 드러나게 되느니라**』(히 4:12,13, 계 20:12 참조).

그래서 구원받지 못한 사람들은 "책들"인 하나님의 말씀으로 심판받게 되고, 환란과 천 년 기간에 구원받은 사람들은 그 이름들이 성경인 "생명책"에 기록됨을 가리킨다. 물론 "생명책"에 이름이 없는 사람은 불못에 던져진다(계 20:15).

이것은 천 년 기간의 또 하나의 흥미로운 교리를 보여 주는데, 환란을 통과하는 사람들의 죽음에 대한 것이다. 환란 끝에 살아 있다가(마 25장, 슥 14장, 단 11장) 천 년 기간에 넘어가서 죽는 사람들이 있을 것이다. 그들이 성도들이면 천 년 기간에 "아브라함의 품"에 있다가 백보좌 심판에 나와서 "그들의 행위에 따라" 보상받는다(계 11:18). 환란 기간에 죽는 성도는 에스겔 37장에서처럼 환란 끝에 부활하는데, 환란 후 휴거와 욥기 42장에서 욥의 자녀들의 부활을 잊지 말라. 천 년 기간에 넘어가서 다시 죽는다. 오직 교회 시대의 성도들만 예수 그리스도와 같은 몸을 입으며, 환란이나 천 년 기간에서 구원 받는 사람들이 "영화로운 몸"이 된다고 가르치는 곳은 없다.

1901년 스코필드와 함께 향상된 계시받기를 그만둔 현대의 그리스도인들은 "어떻게 이런 일이 있을 수 있나?"하고 반문한다. 다행히도 성령께서는 몇 가지 놀라운 예를 부여하셨다. 모세를 생각해 보라. 그는 신명기 34장에서 죽어 장사지냈으나, 유다서에서 살아났고, 마태복음 17장의 변화산에 나타났으며, 계시록 11장에서는 이 땅에 돌아와서 다시 죽는데, 그의 시체가 삼 일 낮 삼 일 밤을 길바닥에 놓였다가 환란 끝에 부활한다. 모세는 두 번 죽는 것이다. 나사로를 생각해 보라. 그는 죽어서 무덤에 장사되었다. 그리스도께서 "나사로야, 나오너라."(요 11장)고 말씀하셨다. 그는 나왔으며 나이를 먹어서 다시 죽었다. 야이로의 딸을 생각해 보라(눅 8:54). 나인 성 과부의 아들을 생각해 보라(눅 7:14). 수넴 여인의 아들을 생각해 보라(왕하 4장). 요나를 생각해 보라(욘 2장). 도르카를 생각해 보라(행 9:40). 유두고를 생각해 보라(행 20:10). 거듭 거듭 거듭해서 성경은 어떤 사람들이 두 번 죽는 것을 보여 준다. 그래서 여러분은 성도가 환란 때 죽으면 환란 끝에 부활했다가 천년왕국으로 들어가서 다시 죽는다는 것을 알 수 있다. 그렇다면 백보좌 심판 후에 그가 죽지 않도록 하는 것은 무엇일까! "생명 나무"이다!

『**그의 계명들을 행하는 자들은 복이 있나니, 이는 그들이 생명 나무에 대한 권리를 가지며 또 그 문들을 통하여 도성 안으로 들어가게 하려 함이니라**』(계 22:14, 이들은 환란과 천 년 기간 성도들이다).

이 구절은 그리스도인에게 교리로 적용시킬 수 없다. 안식교인들은 "생명 나무"로 영생을 얻지 못한다. 이 시대는 "죽음"의 나무에 달린 구세주로부터 영생을 얻어야 한다(갈 3:13). 이 계시록 22:14은 환란과 천 년 기간에 "그의 계명들을 행하는" 사람들과 관계 있다. 그들이 죽지 않기 위해 영생을 얻으려면 생명 나무의 열매를 먹어야 한다. 아담도 생명 나무의 열매를 먹었더라면 영생을 누릴 수 있었을 것이다(창 2:9,16).

그래서 다시 말하지만 환란 기간의 어떤 성도들은 죽지 않고 살아서 들림받아도 천 년 기간에 들어가면 죽는다. 엘리야가 이 성도들의 유형이다. 그는 열왕기하 2장에서 산 채로 들림받았다가 마태복음 17장에 산 채로 변형산에 나타났다. 그는 계시록 11장에서 지상에 돌아와서 죽임당했다가 환란 끝에 부활한다(계 11:11,12). 성경은 여러분에게 환란 때 죽는 성도들은 두 번 죽고 두 번 부활함을 명백히 보여 준다. 환란을 통과하면서 산 성도들은 한 번 죽고 부활한다. 이것은 환란과 천 년 기간에 구원받은 사람들이 큰 백보좌 심판에 꼭 나타남을 뜻한다. 계명을 지킬 때만이 그들의 이름이 "생명책"에 오르고 "생명 나무"를 먹을 권리가 있다. 그들은 영원히 살지만 예수 그리스도처럼 영화로운 몸으로서가 아니라 "남자와 여자"로서 에덴 동산에 사는 것이다(이에 대해서는 계 22장에서 자세히 다룰 것이다).

『**사망과 지옥도 불못에 던져지니 이것이 둘째 사망이라**』(14절). 이것이 "스올"의 끝이다. "아브라함의 품"도 끝난다. 모든 중간 상태가 끝나는데, 모든 육신의 죽음도 끝나는 것 같다.

『**이것이 둘째 사망이라.**』 "두 번째 부활"로 말하지 않았음을 주목하라. 20:5에서는 "이것이 첫 번째 부활이라."고 했지만, 20:11-15은 부활이 아니다. 두 번의 부활로 가르치는 이유는 모든 물질적인 목적에서 두 번의 심판이 1,000년 간격이기 때문이다. 두 번째 부활은 죽은 사람들이 "무덤에서 일어나" 어떤 한 위치로 "들림받는" 부활이 아니다. 하늘과 땅은 없어져 버렸고 죄인들은 이미 그들의 위치에 있는 것이다.

『**누구든지 생명의 책에 기록되지 않은 자는 불못에 던져지더라**』(15절, 마 10:28, 단 12:2, 출 32:32 참조). 지옥의 최후 상황은 기어다니는 구더기 무리가 불못에 있는 장면이리라(사 34:6-17; 13:19-22; 35:7, 겔 35:14). 이 구절들은 구원받지 못하고 죽은 자들의 최후 형벌이 그들의 아비와 같은 몸을 입는 것인데, 그들의 아비는 뱀이다. 그는 "붉은 용"이다. 그리스도께서도 "그곳에는 그들의 벌레도 죽지 않고 불도 꺼지지 아니하느니라."(사 66:24)는 말씀을 하셨기에, 그들은 붉은 뱀이나 구더기의 몸이 될 것을 가리킨다. "벌레도 죽지 않고"에서 벌레는 붉은 구더기를 뜻한다. － 아담은 적갈색 흙으로 지음받았다. "아담"은 "적갈색"을 뜻한다. 에돔(에서)은 "붉은 갈색"의 뜻이다. 창세기 2:7 주석을 보라. "육신의 생명은 피에 있다." － 사람에게 남아 있는 "퇴화된 기관들," 곧 꼬리뼈, 맹장, 편도선, 귓불 등은 사람이 과거에 지녔던 동물 본성의 흔적들이 아니라 오히려 사람이 갖게 될 동물 본성의 예시일 것이다. 그러나 다윈은 사람이 동물의 흔적들을 가졌기 때문에 동물에서 진화했다고 생각했다. 성경은 사람이 거꾸로 동물 형태로 타락할 수 있음을 가르친다.

하나님이 성경에 기록한 첫 번째 비유는 다음과 같다.

『**너희가 그것을 먹는 날에는 너희의 눈이 열리고 너희가 신들과 같이 되어서, 선과 악을 알게 되는 줄을** 하나님**께서 아심이라**." **하더라**』(창 3:5).

이렇게 사탄은 거짓말하여 사람이 신들같이 될 수 있다고 한다. 하지만 하나님이 구약에 기록한 마지막 비유는 다음과 같다.

『**그러나 내 이름을 두려워하는 너희에게는 의의** 태양**이 그의 날개에 치유를 가지고 솟아오르리니, 그리하면 너희는 나가서 외양간의 송아지들처럼 자라리라**』(말 4:2).

여기서 하나님은 사람이 마귀처럼 될 것으로 말씀하신다. "네가 모든 짐승보다 저주받았도다"(창세기 3:1 주석 참조).

『**누구든지 생명의 책에 기록되지 않은 자는 불못에 던져지더라**』(15절). 몸에서 두 번째로 분리된 영은 동물의 몸을 찾아서(마가복음 5장에서 몸을 이탈한 영들이 돼지 떼에게 들어가 호수로 내려갔던 것과 똑같이) 그의 아비인 사탄과 함께 불못으로 사라진다. 이것은 끔찍한 장면이지만 성경은 여러 번 말하고 있다. 구원받은 사람이 첫 번째 부활에서 그의 아버지를 닮아 영화로운 몸을 입는 것같이, 구원받지 못한 사람은 두 번째 부활에서 가장 저급한 형태의 붉은 뱀인 그의 아비를 닮은 몸을 입는데, 가장 저급한 형태는 벌레이다(시 22:6). － 여러분은 사람의 정자(精子)가 어떤 모양인지 유의했는지 모르지만 뱀 같은 모양이다(요 3:14).

이것은 최후 심판의 결말이다. 우리는 처참한 광경을 보았다. 하지만 성경은 독자에게 성경에서 가장 아름다운 장면인 새 하늘들과 새 땅을 마련해 준다. 사탄과 죄의 마지막 언급은 계시록 20:12-15에 나타나며 결국 영원한 파국을 맞는다. 구원받지 못한 북부인들은 성경과 예수 그리스도를 영접하라는 초청을 거부하였고, 미시시피, 앨라배마, 조지아, 테네시 지역의 구원받지 못한 남부인들은 "오늘 밤은 안 돼, 나는 예수를 믿을 수 없어."라고 가볍게 말하는데(이들이 그리스도를 거부하는 이유는 자기들은 선하고 정직하기에 "위선자"가 되고 싶지 않다는 분명한 동기 때문이라고 한다.) 그들은 그것이 사람이 범할 수 있는 가장 치명적인 실수였음을 불현듯 깨닫게 된다. 그들은 뻔뻔스런 거짓말쟁이에 불과하며, 하나님은 0.5초라도 어떤 변명도 결코 용납지 않으심을 깨닫는다. 가엾게도 구원을 상실한 박사들, 신부들, 교황들과 교수들은 교회 시대에 그리스도를 거부하여 은혜의 구원을 받아들이지 않았는데, 그들이 예수 그리스도를 믿지 않는 이유는 "지적으로 정직"하거나 "그렇게 살고 싶었기" 때문이 아니라, 그들이 지옥에 갈 만한 죄인들로 그들이 결코 정직하게 살 수 없었음을 미리 안 그리스도인들과 같이 그리스도를 믿기 싫다는 그들의 교만함 때문이었음을 백보좌 심판에서 불현듯 깨닫게 된다. 하나님이 책을 덮으시고 그들의 심판이 끝났을 때 가엾게도 구원을 상실한 혼들은 비명을 지르며 영원으로 가는데 우주의 가장자리에서 불못에 떨어져 영원히 있을 때, 만지고 싶은 것이 있어도 만질 손이 없고, 걷고 싶은 곳이 있어도 발이 없으며, 보고 싶은 것이 있어도 눈이 없고, 듣고 싶어도 들을 귀가 없는 그런 몸으로 지낸다. 마지막에는 "육신"의 형태가 완전히 허물어져 파괴된 혼들로 하나님의 임재와 축복에서 영원히 떠났기에 불못의 붉은 벌레 무리에 엉겨 기어다닐 뿐이다. 교회가 왜 예배를 드리겠는가? 성가대가 다음과 같은 찬송을 하는 이유가 무엇이겠는가?

"큰 죄에 빠진 날 위해
주 보혈 흘려주시고
또 나를 오라 하시니
주께로 거저 갑니다."

어떤 사람은 교회 문 밖으로 뛰쳐나가며, “나는 그렇게 살 수 없어.” 하면서 꽤나 “정직한” 체한다! 그러나, 오 나의 하나님, 그날이 오고 있습니다!

이 심판에서 성경이 여러분에게 주의를 기울이도록 하는 마지막 일은 하나님은 공의롭고 정직한 분이라는 것이다. 성경의 하나님은 칼빈 신학의 독단적이고 변덕스러운 하나님이 아니기에, 어떤 설명이나 논리적인 이유없이 일을 해 놓고서 미리 가정한 상상에 근거해 임의대로 사람들을 저주하고 구원하는 그런 분이 아니다. 성경의 하나님은 그분이 말씀하려는 모든 것을 알리기 위해 모든 사람에게 충분한 기회를 부여하는 데 매우 신중하시다. 이에 대해 필자는 여러분에게 두 구절을 제시한다.

『**주, 주만을 거역하여 내가 죄를 지었으며 주의 목전에서 이 악한 행실을 행하였으니 주께서 말씀하실 때에 의롭게 되시고 주께서 판단하실 때에 순전하시리이다**』(시 51:4, 이것은 다윗의 고백인데, 하나님께 죄를 범했다고 말한다).

바울이 이 구절을 인용할 때는 내용을 바꾸었음을 주목하라.

『**결코 그럴 수 없느니라. 실로,** 하나님**은 참되시나 사람은 모두 거짓말쟁이라, 기록된 바 “이는 주께서 주의 말씀에 의롭다 함을 얻으시고 판단받으실 때에 이기려 하심이라.”고 함과 같으니라**』(롬 3:4). – 바울이 “기록된 바”를 말할 때 시편 51:4을 인용한다. 바울이 동사의 태(態)를 능동에서 수동으로 바꾸었음을 주목하라. “이는 주께서(하나님) 주의 말씀(문맥은 성경이다. 로마서 3:1–3 참조)에 의롭다 함을 얻으시고 판단받으실 때에(하나님이) 이기려 하심이라.”

모든 구원받지 못한 사람은 하나님을 판단할 기회가 있는데 그분을 저주하려 한다는 것을 주목하라. 성경은 그렇게 기록되어서(롬 3:1–3) 사람들이 하나님을 판단하고 저주할 때 하나님께서 성경으로 그들을 “이기셔서” 저주해 버린다. 우리는 이 위대한 진리의 훌륭한 예화를 복음서에서 본다. 여러분은 서기관들과 바리새인들이 예수님께 질문한 모든 물음에 그분이 답변하신 것을 아는가? 또한 그분이 그들에게 질문한 모든 물음에 그들이 답변하지 못한 것을 아는가? 이것은 백보좌 심판의 성격이 사람들이 거기에 서서 “이방인은 어디로 갑니까?” 하면 하나님께서 대답하시고, “이방인은 구원받지 못했습니까?” 하면 하나님께서 대답하시며 “아기들은 지옥에 갑니까?” 하면 하나님께서 대답하시며, "왜 하나님은 어떤 사람들은 구원하고자 택하시고 다른 사람들은 택하지 않았습니까?" 하면 하나님께서 대답하시고, "왜 이 사람들은 허락하시고 다른 사람들은 허락하지 않습니까?" 하면 하나님께서 대답하시며, "왜 한 세대는 은혜로 구원하시고, 다른 세대는 믿음으로 또 다른 세대는 믿음과 행위로, 또 다른 세대는 믿음없이 행위로 구원하셨습니까?" 하면 하나님께서 대답하시며, "왜 우리에게 원래 사본들과 헬라어 원본을 주어서 보존하지 못하게 했습니까?"라고 하면 하나님께서 거침없이 답변하신다는 것을 의미한다.

그렇게 사람들이 하나님의 계시를 거부하였기에 그분 앞에서 그 타락한 광기들을 드러냈다가 끝났을 때 하나님은 그 오래된 책을 펼치시고(누구든지 원하는 사람은 어느 때, 어느 곳에서나 구입할 수 있다.) "장과 절"을 사용하며 그들이 그분의 말씀을 거부한 연고로 영원한 불 속에서 저주받을 것을 보여 주신다. 그리고 여러분은 사라지는 것이다! 세상에 살았던 자들 가운데 자기의 결백을 입증할 만한 사람은 하나도 없다. 『**이런 일은** 하나님**께서 나의 복음대로** 예수 그리스도를 **통하여 사람들의 은밀한 것들을 심판하실 그 날에 있으리라**』(롬 2:16). 『**이제 율법이 말하는 것은 무엇이나 율법 아래 있는 사람들에게 말하는 것인 줄 우리가 아노니 이는 모든 입을 막고 온 세상이** 하나님 **앞에 죄가 있게 하려 함이니라**』(롬 3:19). 『**이는** 하나님**께서 선이든 악이든 모든 행위와 모든 은밀한 것들을 심판하실 것임이라**』(전 12:14). 하나님께서는 사람들의 모든 변명과 온갖 이유, 모든 "과학적인 조사"와 대단한 "연구 업적들". 모든 신학적 수수께끼와 난해한 점들, 질문들과 문제들을 제시하도록 허락할 것이다. 그 다음에 하나님은 누구나 이해할 수 있는 쉬운 한국말로 된 성경을 펼쳐서 왜 여러분이 영원한 저주와 영원한 불, 영원한 수치와 영원한 고통을 받을 만한지 한국어 사용 국민인 여러분에게 쉬운 한국말로 보여 줄 것이다. 하나님이 그렇게 하실 때 그들은 무슨 말을 할지 여러분이 상상하는 것은 비극이며 끔찍한 일이다. 그들은 아무 말도 못할 것이다! 마태복음 22:12에서 예복을 입지 않은 "혼인 잔치의 손님"은 아무 말도 못했다. 한 가지 반응뿐이다.

『**하늘에 있는 것이나 땅 위에 있는 것이나 땅 아래 있는 것이나 모든 무릎**

을 예수**의 이름에 꿇게 하시고 모든 혀가** 예수 그리스도를 **주라 시인하여** 하나님 아버지**께 영광을 돌리게 하셨느니라**』(빌 2:10,11).

참선하는 불교도들, 유교 신자들, 마리아를 숭배하는 카톨릭 신자들, 성경을 부인하는 프로테스탄트들, 그리스도를 거부하는 유대인 등이 모두 거기에 설 텐데 판결이 내려지고 나면 머리들을 조아리고 진리를 고백할 것이다. 그 위대한 재판장이 여러분을 선고할 때 한마디로 하고 싶은 말이 있다면 "아멘"일 것이다. 그렇게 된다.

『**어떤 자들이 믿지 아니하였다면 어찌하겠느냐? 그들의 믿지 아니함이** 하나님**의 신실하심을 무효화시키겠느냐? 결코 그럴 수 없느니라. 실로,** 하나님은 **참되시나 사람은 모두 거짓말쟁이라, 기록된 바 "이는 주께서 주의 말씀에 의롭다 함을 얻으시고 판단받으실 때에 이기려 하심이라."고 함과 같으니라**』(롬 3:3,4). 여러분이 할 수 있는 말은 "진실로 진실로 그러하나이다!"일 뿐이다. 정말이지 등골이 오싹한 장면이 아닐 수 없다. 이 심판 끝에 혼들은 바람에 날리는 눈송이들이 아래로 아래로 아래로 아래로 땅에 내리듯이 사라질 것이다. 이때 혼들이 수십억 명씩 불못으로 떨어지면서 그들은 "아멘! 아멘!" 하고 비명을 지르며 무한하고 거룩하신 하나님 최후의 공정하고 의로운 저주에 내려 앉는다. 그 날이 언제일지! 그 날이 언제일지!

이때쯤 그리스도인들은 통곡한다. 우리는 계시록 21:4에서 그들의 눈에 눈물이 모두 닦여지는 것은 비로소 백보좌 심판 후라는 것을 읽는데, 앞서 계시록 7:17에서도 그리스도의 심판석 다음에 눈물이 씻어짐을 읽었다. 이것은 최후 심판의 날에 우리 그리스도인들이 구원받지 못한 사람들, 즉 사랑하는 가족, 친지, 친구들, 가까운 이웃들이 지옥 가는 것을 보기 때문이며, 우리는 그들을 그리스도에게 인도해야 했으며 적어도 복음을 들을 수 있는 기회를 주어야 했음에도 불구하고 그 기회를 놓쳐 버린 것이다. 그 날에 하나님의 백성 가운데서 탄식이 있을 것이다. "저 하늘에는 눈물이 없네."라는 옛날 노래는 거짓말이다. 영원에 들어가 하늘에서는 눈물이 없을 것이나, 영원의 시작은 비로소 계시록 20:15에서이고, 백보좌 심판은 계시록 20:14에서 일어난다.

요한계시록 21장

20장에서 시대가 급속히 끝나 버리고 21장에 새로운 시대가 시작된다. 성경은 무한히 순환하는 책이다. 계시록은 우리를 창세기로 다시 돌아가게 한다(세상에 성경처럼 기록된 책은 없다!). 창세기에 "생명 나무"가 있는데 계시록 22:2에 다시 나온다. 아벨의 어린양이 창세기에서 희생 제물로 죽임당했는데 계시록 21:23에서도 우리는 어린양을 본다. 창세기에서는 "낙원이 상실되지만" 계시록에서는 "낙원이 회복된다." 창세기 1:1에서 여러분은 "태초에 하나님께서 하늘과 땅을 창조하시니라."는 말씀을 보는데, 계시록 21:1에서는 "또 내가 새 하늘과 새 땅을 보니, 처음 하늘과 처음 땅은 사라지고, 바다도 더 이상 있지 아니하더라."고 하였다. 하나님께서는 창세기에서 사람과 함께 시작하신다. 그리고 하나님께서는 계시록 22장에서 사람과 함께 끝을 맺으신다.

성경은 무한한 책이어서 완전한 순환 주기를 가진 기록된 말씀이다. 그래서 제한된 지성을 가진 인간은 성경의 전 영역을 결코 이해할 수 없다. 그것은 바로 이 책이 어떤 다른 책과도 같지 않은 점이다. 코란(Koran)은 같은 부류가 아니다. 사람들이 종교 경전도 성경처럼 "거룩하다."고 하면서 여러분에게 베다(Vedas)나 수드라(Sutras), 샤스다(Shastas)나 푸라나(Puranas), 공자의 글들을 "거룩한 책들"이라고 애기한다면, 여러분은 그들이 진리를 탐구하는 데 결코 시간을 투자하지 않는 자들과 한 통속임을 알 것이다. 성경은 순환한다.

21:1 또 내가 새 하늘과 새 땅을 보니, 처음 하늘과 처음 땅은 사라지고, 바다도 더 이상 있지 아니하더라.

새 하늘과 새 땅은 거기 있지만 "바다"는 사라져 버렸다. 이 바다는 대서양이나 태평양이 아니라 우리가 4장에서 공부한 거대한 물 무더기이다. 이것은 "유리 바다"로 "깊음"이다. "깊음의 표면은 얼었도다."(욥 38:30)에서 보듯 창공 위의 물이다. 욥기 41:31-33에 나오는 "바다"이다. 이 바다는 대서양과 태평양을 작은 웅덩이로 여길 만큼 엄청나게 크다(상세한 설명은 창세기 1:1-31 주석 참조). 더 이상 "바다"는 없다. 하나님이 원자를 분열시켜서 구성 요소들이 사라지고 하늘이 "두루마리같이 말려서 쓸려 갈 때 이 거대한 물도 사라져 버린다(벧후 3장; 히 1:10-12).

21:2 나 요한은 거룩한 도성 새 예루살렘이 하나님**께로부터 하늘에서 내려오는 것을 보았는데 마치 신부가 자기 남편을 위하여 단장한 것같이 예비되었더라.**

새 예루살렘은 성부 하나님의 신부가 아니다. 성부 하나님의 신부는 이스라엘이다. 새 예루살렘은 아들이신 혼인한 예수님을 위하여 예비된 도성이다. 『**또 마지막 일곱 재앙을 가득 담은 일곱 호리병을 가진 일곱 천사 가운데 하나가 내게 와서 나와 대화하며 말하기를 "이리 오라, 내가 너에게 신부인** 어린양**의 아내를 보여 주리라." 하고 그가 영 안에서 나를 이끌어 크고 높은 산으로 가서 큰 도성 거룩한 예루살렘이** 하나님**께로부터 하늘에서 내려가는 것을 내게 보여 주니**』(계 21:9,10).

"거룩한 예루살렘"은 "새 예루살렘"이다. 세 가지 새로운 점을 주목하라.

즉 새 하늘과 새 땅과 새 예루살렘이다. 새 예루살렘과 교회인 그리스도의 몸과의 관계에 대해 조금이라도 의심이 있으면 새 예루살렘이 교회 시대에 거듭난 모든 성도의 "어머니"로 불리는 것을 잊지 말라(갈 4:26). 벌링거나 스템, 오헤어는 이 "신부"는 유대인이고, 새 예루살렘은 유대인을 위한 곳이며, 그리스도인들은 일정한 처소없이 외계에 떠다니는 부류로 하늘의 유업을 받는다고 가르친다. 이런 잘못된 가르침은 진리의 말씀을 "잘못 나누는 데서" 온다. 이 "신부"는 "성부" 하나님이 아니라 어린양을 위해 예비되었다("어린양의 혼인식"은 계시록 19:7,8에서 그분의 몸인 그리스도의 신부인 교회와 치러졌다. 그래서 새 예루살렘은 "신부"를 위해 예비된 처소이다).

세 가지 요소가 명백한데, 즉 유대인을 위한 새 땅, 이방인을 위한 새 하늘, 그리고 그리스도인을 위한 새 예루살렘이다. 유대인, 이방인, 그리고 교회의 세 부류가 여전히 영원에서도 존재하는데 각기 처소와 섬기는 곳이 구분되어 있다(고전 10:32).

21:3 **또 내가 들으니, 하늘에서 큰 음성이 나서 말하기를 "보라,** 하나님**의 성막이 사람들과 함께 있어 그분께서 그들과 함께 거하시리니, 그들은 그분의 백성이 되고** 하나님**께서는 친히 그들과 함께 계셔서 그들의** 하나님**이 되시리라**.

자, 본문에서는 몇 가지 복된 말씀이 담겨져 있다. 하나님께서 같은 말씀을 에스겔서에서 이스라엘에게 하셨음을 주목하라.

에스겔 37:27에서는 『**나의 장막도 그들과 더불어 있으리니 정녕 나는 그들의** 하나님**이 되고 그들은 나의 백성이 되리라.**』라고 말씀한다.

하나님의 "장막"이 사람들과 함께 있어서, 그분은 그들과 함께 거하실 것이다. 그럼에도 새 예루살렘에는 성전이 없다. 영원에서 유대인을 위한 새 땅에는 성막이 있을지 모르나 그리스도인을 위한 새 예루살렘에는 성전이 없다(계 21:22). 이 새 예루살렘이 "내려오고," 하나님은 땅에 있는 이스라엘과 함께 계셔서 "그들의 하나님이 되며," 이스라엘은 그분의 백성이 되리라고 말씀하신다.

21:4 하나님께서 그들의 눈에서 모든 눈물을 닦아 내시며, 다시는 사망이나 슬픔이나 울부짖음이 없고 고통 또한 없으리니, 이는 이전 것들은 다 사라져 버렸음이라."고 하더라.

5 또 보좌에 앉으신 분이 말씀하시기를 "보라, 내가 만물을 새롭게 만드노라." 하시고 내게 말씀하시기를 "이 말씀들은 참되고 신실하니 기록하라." 하시고

어떤 설교사들은 21:5이 "이 말은 매우 묵시적이고, 상징적이며, 비유적이고, 이해하기 어렵게 기록되어서 여러분은 원문을 보지 않으면 안 된다."는 뜻으로 이해한다. 물론 여러분은 그분이 그렇게 말씀하시지 않음을 안다! 그분은 "이 말은 참되고 신실하다."고 하셨다.

이 본문은 그리스도인이 결말을 보는 곳이다(계시록이 없었다면 여러분은 사탄에게 무슨 일이 일어나는지 몰랐을 텐데, 사탄이 불못에 던져지는 것은 비로소 계시록에 나오기 때문이다. 여러분은 계시록이 빠진 성경을 생각해 본 적이 있는가? 여러분의 "하늘에 있는 집"에 대해 여러분이 인용하기 좋아하는 모든 구절이 계시록에 있음을 아는가?). 더 이상 슬픔이 없다! 더 이상 죽음이 없다! 더 이상 애통이 없다! 더 이상 고통이 없다! 더 이상 눈물이 없다! 더 이상 실망의 눈물이 없다! 정열 없이도 사랑한다! 고단함을 모르고 섬긴다! 마음껏 기뻐한다! 저주는 없고 축복이 있다! 죽음을 모르는 생명을 누린다! 어둠은 없고 빛만이 있다! 고통이 없고 힘이 넘친다! 끝없이 다스린다! 부족함 없이 만족한다! 눈물은 없고 찬양이 있다! 흠 없는 아름다움뿐이다! 원만한 친구들뿐이다! 죄는 없고 즐거움이 넘친다! 자, 여러분은 이런 곳에 가고 싶지 않은가?

어떤 사람이 "나는 이따위 '유토피아'를 믿지 않아. 내가 믿는 것은 당신이 지금 땅을 밟고 서 있으며 머리 위에 하늘이 있다는 것이야."라고 했다. 만일 여기 이 땅과 하늘들이 하나님이 만드실 수 있는 전부라면 그분은 보좌에서 내려가야 한다! 그분을 물러나게 하라! 그분을 탄핵하라! 드와이트 무디가 한 번은 "여러분이 구원받았으면 이 땅은 여러분이 볼 최악의 지옥이고 여러분이 구원받지 못했으면 이 땅은 여러분이 볼 최고의 천국일 것이요."라고 했다. 자, 이 말을 다시 한 번 생각해 보라! 여러분이 구원받았으면 여러분이 볼 유일한 지옥은 이 땅이다. 구원받지 못했으면 여러분이 볼 유일한 천국은 이 땅이다. 얼마나 근시안적인가?

『하나님**께서 그들의 눈에서 모든 눈물을 닦아내시며 다시는 사망이나 슬픔이나 울부짖음이 없고 고통 또한 없으리니 이는 이전 것들은 다 사라져 버렸음이라."고 하더라**』(계 21:4, 시 56:8 참조).

이곳이 그리스도께서 말씀하신 처소이다. 그리스도께서 『**내** 아버지 **집에는 많은 저택들이 있느니라. 그렇지 아니하면 내가 너희에게 말하였으리라. 나는 너희를 위하여 처소를 마련하러 가노라.**』(요 14:2)고 말씀하셨다. 그리스도께서 우리가 거기에 갈 수 있는 길이 되신다. 그리스도께서 『**나는 길이요 진리요 생명이라. 나로 말미암지 않고는** 아버지**께로 올 사람이 아무도 없느니라.**』(요 14:6)고 말씀하셨다.

『**또 보좌에 앉으신 분이 말씀하시기를 "보라, 내가 만물을 새롭게 만드노라." 하시고 내게 말씀하시기를 "이 말씀들은 참되고 신실하니 기록하라." 하시고**』(5절). 이 말은 묵시적이지 않고, 모호하지도 않으며, 어떤 타락한 헬라어 학자가 "해석할" 필요도 없고, 로마에 술취해 앉아 있는 자가 해석할 필요도 없다. 그들은 성경에 두 번의 부활이 있는 것이나 세 번의 심판 또는 교회와 유대인 그리고 이방인의 차이를 구분할 만한 영적 분별력이 없다! 이 말씀은 "참되고 신실해서" 그것을 이해하는 데 실패하지 않을 것이다!

21:6 또 내게 말씀하시기를 "다 이루었노라. 나는 알파**와** 오메가**요 시작과 끝이라. 내가 목마른 자에게 생명수의 샘을 값없이 주리라.**

『알파』 이것은 헬라어 알파벳의 첫 글자인데 "시작"을 뜻한다.

『오메가』 헬라어 알파벳의 마지막 글자로 "끝"을 의미한다.

『**값없이**[freely]』 이것은 엄청난 표현이다. 하나님이 사람에게 처음 하신 말씀에 담겨 있었는데 잘못 인용되었다.

『**주** 하나님**께서 그 사람에게 명령하여 말씀하시기를 "동산의 모든 나무에서 나는 것을 네가 마음대로**[freely] **먹을 수 있으나**』(창 2:16).

여자가 이 명령을 사탄에게 전할 때는 『**여자가 그 뱀에게 말하기를 "우리가 동산 나무들의 열매는 먹을 수 있으나**』(창 3:2)로 하였다.

그녀는 "마음대로"(freely)라는 낱말을 빠뜨렸다. 그래서 "생명 나무"는 더 이상 마음대로가 아니다. 여러분이 계시록 22장에 이르면 다시 보게 된다. 『**그의 계명들을 행하는 자들은 복이 있나니, 이는 그들이 생명 나무에 대한 권리를 가지며 또 그 문들을 통하여 도성 안으로 들어가게 하려 함이니라**』(계 22:14).

그런데 "생명수"는 구원의 값없는 선물이다. "내가 목마른 자에게 생명수의 샘을 값없이 주리라." 이 초청은 모든 세대의 어느 누구에게나 해당된다(계시록 21장에서 천 년 기간은 이미 과거임을 주목하라. 그러므로 여러분이 계시록 21장에서 보는 이 초청은 천 년 기간이나 환란 또는 교회 시대의 어떤 이들에게나 해당된다는 것을 알 수 있다). 계시록 22:17에서 "그리스도의 신부"는 사람들을 그리스도에게 초청하는데 이것은 교회 시대에만 해당된다. 22:14에서는 그의 계명을 지키는 자들만 "생명 나무"에 대한 권리가 있는데 환란과 천 년 기간에만 해당한다. 그리고 여기 21:6에서 우리는 교회 시대를 위한 초청을 본다. 어떻게 여러분은 이 구절들을 그렇게 구분할 수 있는가? 성경을 읽기 때문이다. 주 예수 그리스도가 물 길러 온 사마리아 여인에게 한 말을 기억하라.

『예수**께서 대답하여, 그녀에게 말씀하시기를 "이 물을 마시는 사람은 누구든지 다시 목마르려니와 내가 주는 물을 마시는 사람은 누구든지 영원히 목마르지 아니하리라. 그러나 내가 그에게 주는 물은 그 사람 안에서 영원한 생명으로 솟아오르는 샘물이 되리라."고 하시니라**』(요 4:13,14).

여러분은 하나님께서 왜 이 초청을 21:6에 고정시키시는지 아는가? 왜냐하면 그분은 새 예루살렘에 관한 말씀을 하실 준비가 되셨기 때문이다. 성령

하나님께서 그리스도인들의 궁극적인 보금자리를 말씀하실 때 구원받지 못한 죄인들에 대해 그러한 온전한 부담이 있으셨으므로 "와서 차지하라! 놓치지 말라!" 말하시지 않고는 그것을 기술할 수 없는 것이다. 그분은 여러분에게 새 예루살렘이 얼마나 훌륭한 곳인가를 말씀하시며 여러분이 그것을 놓치지 않기를 바라신다. 환란 교리나 천 년 기간의 교리에 대해서는 언급하지 않고, 이 축복받은 영원한 보금자리에 대해서 말씀하시며 "와서 이곳을 차지하라. 값없다! 절대 놓치지 말라!"고 하신다.

21:7 이기는 자는 모든 것을 상속받으리니, 나는 그에게 하나님이 될 것이요 그는 나에게 아들이 되리라.

『**이기는 자**』는 계시록 2장과 3장의 환란 때 이기는 자이기도 하며, 요한일서 4:4과 요한일서 5:4처럼 그리스도인이기도 하다.

21:8 그러나 두려워하는 자들과 믿지 아니하는 자들과 가증스런 자들과 살인자들과 음행하는 자들과 마술하는 자들과 우상 숭배하는 자들과 모든 거짓말하는 자들은 불과 유황이 타는 못에 참여하리니 이것이 둘째 사망이라."고 하시더라.

"그러나"라는 두 상황을 나누는 끔찍한 분리 접속사 뒤에 슬픔도, 죽음도, 고통도, 눈물도 없는 이 보금자리에 참여하지 못하는 사람들의 명단이 나온다. 그분은 일단의 사람들을 언급하시는데, 그들은 모든 비극 중의 비극이며 모든 공포 중의 공포를 겪는 곳에서 눈물과 슬픔, 고통과 애통, 통곡과 이를 가는 일을 영원히 지속한다(계 20장, 14장 참조).

『**그러나 두려워하는 자들과 믿지 아니하는 자들과 가증스런 자들과 살인**

자들과 음행하는 자들과 마술하는 자들과 우상 숭배하는 자들과 모든 거짓 말하는 자들은 불과 유황이 타는 못에 참여하리니 이것이 둘째 사망이라."고 하시더라』(8절). 말 그대로 불타는 지옥이다! 여러분이 만약 인간 본성은 선하기 때문에 지옥은 없다고 생각한다면 그렇게 생각하도록 한 여러분의 교만이 여러분을 곧장 거기로 데려갈 것이다. 거기에 가는 부류를 주목하라. 곧 "음행하는 자들"과 "거짓말하는 자들," 그리고 "살인자들"(많은 사람들이 이들에게 "아멘" 했을 것이다.)뿐만 아니라 "믿지 아니하는" 자들도 있다. 하나님께서는 믿지 아니하는 자들을 음행하는 자들과 살인자들과 우상 숭배하는 자들과 함께 취급하신다. 이 이단들과 불신자들은 로마카톨릭 교회가 규정한 부류가 아니다. 로마카톨릭 교회는 불신자들을 "이단"으로 간주하여 그리스도인들을 죽이는 것을 정당화시킨다. 본문에서 "믿지 아니하는 자들"은 로마 교회의 전통을 거부하는 거듭난 성경대로 믿는 그리스도인들은 확실히 아니다. 이 구절은 바로 로마 교회의 전통을 믿지 않는다고 정죄하시는 것이 아니라 그분이 말씀하신 것을 믿지 않기 때문에 정죄하신다.

『**두려워하는 자들**』(8절). 하나님은 두려워하는 사람들을 "살인자들" "음행하는 자들"과 함께 취급하신다. 뭐 떠오르는 게 없는가? 아마 이 글을 읽는 남부인 가운데는 사람들이 자기를 "위선자"로 볼까봐, 구원받으면 "그리스도인답게 살지" 못할까봐 또는 그리스도를 고백하면 사람들이 자신을 어떻게 생각할까 두려워하는 사람들이 있을 것이다. 하나님은 그런 여러분을 "음행하는 자들"과 함께 취급하신다. 그렇게 분류되지 않을 것 같은가? (필자에게 화내지 말라. 필자가 계시록을 쓰지 않았다. 필자가 여러분을 그런 부류에 넣은 것도 아니다. 성령께서 분류하셨다!).

『**모든 거짓말하는 자들**』(8절). 그리스도인도 죄를 지을 수 있고 그런 짓을 하면 "하나님의 나라를 상속받지" 못할 것이(갈 5:21) 사실이나, 그리스도인은 여전히 그리스도인이다. 구원받지 않은 사람도 죄짓지 않을 수 있지만 그가 구원받지 않은 사실만으로도 죄와 관련되어 있다(고전 6:9,10 참조). 구원받지 않은 사람은 거짓말을 하지 않더라도 거짓말쟁이다. 구원받지 않은 사람은 술 마시지 않아도 주정뱅이이다. 구원받지 않은 사람은 간음하지 않아도 음행하는 자이다(고전 6:9,10). 그리스도인도 이런 짓을 한다면 보상을 잃고 정죄받는다(갈 5:19-21). 그런 그리스도인은 유업을 잃지만 여전히 그리스도인이다(이것은 조금도 불공정하지 않다! 그리스도인이 범하는 죄들은 예수 그리스도의 피로 지불하여 청산되었기 때문에 구원받지 않은 자들과 구별된다. 이것이 "영원한 보장"의 교리인데 어떤 사람들은 이에 대해 많이 혼동한다). 그리스도인이 범죄하면 다음과 같은 것을 잃는다.

1. 하나님의 구원의 기쁨(시 51:12).
2. 하나님의 증거(고전 15:33,34).
3. 하나님의 치유(고전 11:30).
4. 하나님의 보상(고전 3:13-15).
5. 천 년 기간의 유업(눅 19:15-26).
6. 자신의 생명(고전 11:30).

그리스도인은 그의 혼이 상실되지 않은 채 유업을 잃을 수 있다. 그러나 여전히 그리스도인이다. 구원받지 않은 사람은 그가 범하는 죄들과 연관되어 죄에 참여하기에 죄는 그의 일부이다.

21:9 또 마지막 일곱 재앙을 가득 담은 일곱 호리병을 가진 일곱 천사 가운데 하나가 내게 와서 나와 대화하며 말하기를 "이리 오라, 내가 너에게 신부인 어린양의 **아내를 보여 주리라." 하고,**

"그녀"는 더 이상 정혼한 상태가 아니라 그분의 아내임을 주목하라. 고린도후서 11:2에서 그녀는 "약혼하고," 계시록 19:7에서는 결혼식을 위해 "신부로 단장한다." 이제 계시록 21:9에서 그녀는 그분의 아내인데 도성으로 묘사되었다(성경에서 여자는 도성으로 묘사되고 도성은 여자로 묘사된다. 사탄은 바빌론을 신부로 갖는다. 그녀는 여자이면서 도성이다. 그리스도는 새 예루살렘을 신부로 갖는다. 그녀도 여자이면서 도성이다).

21:10 **그가 영 안에서 나를 이끌어 크고 높은 산으로 가서 큰 도성 거룩한 예루살렘이** 하나님**께로부터 하늘에서 내려가는 것을 내게 보여 주니,**

자, 이 도성은 땅에 착륙한다고 말하지 않는다(그럴 수도 있는데 필자는 모르겠다. 이것에 대해 갖가지 추측이 난무한다). 성경은 단지 도성이 내려온다고 말할 뿐이다. 도성이 달처럼 지구 주위를 도는 "위성"일 수도 있다. 비록 도성이 빛을 받으려고 해와 달이 필요한 것은 아니지만(계 21:23), 해와 달은 여전히 거기 있어서 지구에 빛을 비춘다(시 89:36,37). 이 도성이 내려온다. 이것은 위성처럼 지구 주위를 돌거나 땅에 내려와 예루살렘 지점에 있을 것이다(필자가 "지점"으로 말한 것은 이 도성이 정금으로 된 수정 모양이기 때문이다).

『**그 도성은 네모가 반듯하며 길이와 너비가 같더라. 그러므로 그가 갈대로 그 도성을 측량하니 일만 이천 스타디온이요 길이와 너비와 높이가 같더라**』(계 21:16).

자, 이 도성은 정금으로 되어 있고(계 21:18,21) 아래 기초는 도성처럼 큰데 도성 위는 "일만 이천 스타디온(펄롱)"이다(1펄롱은 약 201.17미터). 벽은 264피트 높이쯤 된다(이 도성은 대단하다. 요한이 "큰 도성"을 보았다고 말했을 때 그는 이 "큰 도성"을 뜻했다!). 수정같이 맑은 정금으로 된 이 도성은 모든 생물의 주성분인 벽옥(탄소)이 함유된 이중 피라밋 구조로서 투명하다. 이 도성은 매사추세츠의 보스톤에서 플로리다의 마이애미까지, 마이애미에서 콜로라도의 덴버까지, 덴버에서 뉴욕의 버팔로에 걸치는 면적이다. 북쪽 경계는 뉴욕의 버팔로이고, 남쪽 경계는 플로리다의 마이애미이다. 이 도성은 기술자들과 건축가들, 도로 관리인들이 지난 20년 동안 미국에서 일해 온 것과 맞먹는 것이다. 그들은 모든 도시를 함께 연결해서 하나의 거대한 도시가 되게 만들려고 하였지만 결국 그렇게는 할 수 없다. 그러나 하나님은 이미 그렇게 해 놓으셨다. 이 도성은 캔자스, 오클라호마, 텍사스, 미주리, 아칸소, 루이지애나,

캔터키, 테네시, 앨라배마, 조지아, 남・북부 캐롤라이나, 버지니아, 서부 버지니아, 델라웨어, 펜실베니아 일부 메릴랜드, 뉴욕 일부 그리고 마이애미에서 맥시코 시에 걸치는 멕시코 만을 덮고 있다. 이것이 한 도성이다!

그리스도께서는 『**내** 아버지 **집에는 많은 저택들**[mansions]**이 있느니라**.』(요 14:2)고 말씀하셨다. 그분은 거짓말하지 않으셨다. – RSV처럼 변개된 번역본은 “많은 방”(rooms)으로 말한다. 그러나 많은 방이 아니라 “저택들”(mansions)이다!! – 나의 구세주는 거기에 눈이 휘둥그레질 만한 곳을 예비하셨다. 타지마할과 그랜드 캐년은 이 처소에 비하면 초라한 도성에 불과하다. 이 도성은 매 입방마일에 5,000,000개의 아파트가 있어서, 15피트 면적의 방이 41조 개나, 10피트 면적의 방이라면 207조 개쯤 있다. 오순절과 그리스도의 재림 사이에 구원받은 사람을 매년 100만 명으로 계산하면 한 사람당 열 개 이상의 방을 갖는 셈이다. 더 쉽게 말해서 여러분이 하늘에 가면 정금으로 된 10피트 면적의 방을 적어도 열 개는 사용할 것이다. 여러분은 거기서 살 수 있으리라고 생각하는가? 오순절 이후로 죽은 그리스도인을 매년 100만 명으로 추산했다. 그것은 아주 크게 잡은 숫자이다. 물론 여러분은 죽은 모든 아기도 계산해야 할 텐데, 필자가 추정하기로 그들은 구원받은 어른만큼이나 많은 수일 것이다. 하나님께서는 기독교가 전파되지 않은 나라들에 대해서도 일하시는 방법이 있으시다(“동양 종교를 연구하는 학도들”은 그것을 이해할 수 없겠지만). 그리스도께서는 『**내** 아버지 **집에는 많은 저택들이 있느니라**.』고 하셨으며 요한은 “큰 도성”이라고 하였다. 엄청난 곳이다!

여러분은 차를 타고 플로리다의 펜사콜라 시를 온종일 그리고 밤새도록 쉬지 않고 운전해도 도시 전체를 다 돌지 못한다는 것을 생각해 본 적 있는가? 말할 것도 없이 이 도성은 엄청나다! 이 도성은 베이톤 루즈, 뉴올리언스, 애틀랜타, 버밍햄, 마이애미, 잭슨 빌, 리틀 락, 쉬르브 포트, 달라스, 포트워스, 멤피스, 내슈빌, 체타누가, 스파르탄버그, 롤리, 워싱턴 D.C., 덴버, 토피카, 오클라호마 시, 세인트 루이스를 모두 합한 크기의 도시와 맞먹는다.

『**거룩한 예루살렘**』은 오물 처리도 안하고, 쓰레기 처리도 필요 없고, 도심의 쓰레기 하치장도 없고, 부정이득을 챙기는 공무원도 없으며, 정치가들도 필요없고, 방공호도 없으며, 상수도 정화 시설도 없고, 교통 규칙도 필요없으며, 거리에 담배 꽁초나 맥주 깡통도 없고 병원이나 묘지 등등도 없다. "거룩한 예루살렘"이므로.

21:11 하나님의 **영광이 있어 그 도성의 광채가 가장 귀한 보석 같고, 벽옥 같으며, 수정같이 맑고**

『**수정같이**』 이 도성은 내려오면서 반짝반짝 빛난다. "벽옥"은 이집트와 시베리아에서 발견되는 다이아몬드이다. 이것은 모든 기호와 인종에 맞도록 다양한 색깔을 띈다. "벽옥"은 이 도성의 주성분이다.

21:12 **또 크고 높은 성벽도 있으며, 열두 대문이 있고 그 문에는 열두 천사와 이름들이 기록되어 있는데 그것은 이스라엘 자손 열두 지파의 이름이더라.**

12절 본문은 계시록 22장에서 살펴볼 것이다.

21:13 **동편에 문이 세 개, 북편에 문이 세 개, 남편에 문이 세 개, 서편에 문이 세 개이며**

14 **또 그 도성의 성벽에는 열두 기초석이 있는데 거기에는** 어린양의 **열두 사도의 이름이 있더라.**

그래서 이 도성은 "베드로," "야고보," "요한" 등등의 이름이 새겨진 기초석들이 있으며, 문들에는 잇사칼, 르우벤, 유다 등등의 지파 이름들이 있고 천사들이 문 앞에 서 있다.

21:15 나와 말하는 이는 그 도성과 그 문들과 그 성벽을 측량하려고 금 갈대를 가졌더라.
16 그 도성은 네모가 반듯하며 길이와 너비가 같더라. 그러므로 그가 갈대로 그 도성을 측량하니 일만 이천 스타디온이요 길이와 너비와 높이가 같더라.

그래서 이 도성은 길이가 1,500마일, 넓이도 1,500마일, 높이도 1,500마일이다. 높이가 1,500마일이나 공중으로 치솟는 성을 생각해 보라! 일 마일은 5,280피트이다!

21:17 또 그가 그 성벽을 측량하니 일백사십사 큐빗이라. 이는 사람의 척도, 곧 천사의 척도라.

본문은 성경에서 여러분에게 천사들이 사람임을 명백히 보여 주는 구절 가운데 하나이다(창세기 6:1-6에서 "하나님의 아들들"에 대한 주석 참조). 천사들은 날개가 없는 33세의 남성이다(창 18:1-22; 19:1-26, 판 13:1-13, 갈 4:14, 눅 24:3-5,23).

21:18 그 성곽은 벽옥으로 지어졌고 그 도성은 순금으로 맑은 유리 같고

이 도성은 맑은 유리 같은 정금인데, 벽옥-탄소-다이아몬드의 빛으로 빛난다.

21:19 그 도성의 성벽의 기초석은 각양 보석으로 단장되었으며 첫째 기초석은 벽옥이요, 둘째는 사파이어, 셋째는 옥수, 넷째는 에메랄드이며

20 **다섯째는 홍마노, 여섯째는 홍보석, 일곱째는 감람석, 여덟째는 녹보석, 아홉째는 황옥, 열째는 녹옥수, 열 한째는 제신스, 열 두째는 자수정이더라.**

이 돌들은 워싱턴 D.C.에 있는 스미소니언박물관에 전시되어 있는데 구약시대에 흉배에 붙이던 돌들이다. 열두 개의 돌은 열두 지파를 각각 대표한다. 돌들은 다음과 같다.

1. 에메랄드 : 유다를 상징하는 녹색 돌, 남미와 멕시코에서 발견된다(코르테즈는 자기 아내에게 준 녹보석에 질투를 느꼈다).
2. 사파이어 : 시므온을 상징하는 파란 돌, 실론의 조약돌인데 북부 캐롤라이나, 페르시아와 웨일즈에서 다량 검출된다.
3. 홍마노(사도닉스) : 단을 상징하는 붉고 흰 돌, 흔히 "마노"(瑪瑙)로 불린다.
4. 옥수(칼세도니) : 레위를 상징하는 반투명한 흰 돌(이 돌도 가끔 "마노"로 불리는데 아이슬란드와 뉴헤브리디스제도에서 발견된다.)
5. 황옥(토파즈) : 잇사칼을 상징하는 옅은 노란 오렌지 색의 돌, 홍해의 어떤 섬에서 발견된다.
6. 감람석(크리솔리트) : 갓을 상징하는 황금색 돌(매우 밝아서 14세기에 옷감을 밝게 하는 데 이용했다).
7. 녹보석(베릴) : 아셀을 상징하는 "얼어 있는 불" 같은 돌이다.
8. 홍보석(사디어스) : 납탈리를 상징하는 적갈색 돌.
9. 제신스 : 요셉을 상징하는 짙은 붉은색 돌.
10. 자수정(아메지스트) : 베냐민을 상징하는 보라색 수정.
11. 녹옥수(크리소프레이즈) : 스불룬을 상징하는 황녹색 돌.
12. 벽옥(제스퍼) : 르우벤을 상징하는 투명한 수정.

하나님의 도성이 어떻게 보이는지 사람들은 거의 상상하지 못할 것이다. 그 광경이 얼마나 휘황찬란하겠는가! 바울(그가 고린도후서 12장에서 셋째 하늘에 들림받고 나서)이 『**내가 그 둘 사이에 끼여 있으니 내가 떠나서** 그리

스도와 함께 있을 욕망을 갖는 그것이 훨씬 좋으나』(빌 1:23)라고 말한 것이 전혀 놀랍지 않다. 남은 삶을 최후에 죽임당할 때까지 "하나님을 위해 온전히 헌신한 것"이 전혀 놀랍지 않다(필자는 바울이 죽기를 각오한 미치광이였다는 개인적인 견해를 갖고 있다! 이 세상에서 몸을 사리고 살려는 사람이라면 바울이 겪은 고난을 당하지 않을 것이다. 바울은 이 땅에 사는 동안 너무 많은 고난을 겪었다. 고후 11:20-29).

바울은 셋째 하늘에 들림받아 그런 일을 보았는데 하나님께서 그를 다시 내려 보내셨으므로 "장면이 바뀐 것"을 말하고 있다. 그는 거기에 서서 잠시 동안 1,500마일 높이의 도성이 투명한 정금으로 되어 탄소-다이아몬드같이 빛나는 것을 보고, 90피트 높이의 공중에 진주 문들(완벽한 원)과 더불어 15내지 20마일의 내부를 살펴보며, 그 다음 다이아몬드와 황옥, 녹보석과 홍마노, 벽옥 등으로 만들어진 1,500마일 길이의 기초들을 본 것이다!! 그 광경이 바울의 얼굴 앞에 번쩍이며 빛을 발하고 있었고, 도성 내부에는 고통도, 상처도, 슬픔도, 죽음도, 눈물도, 세금도 없었다. 그후에 바울이 거기서 소 아시아로 돌아와서 낙타 발로 인해 더러워진 길에서 자신을 발견한다! 완전히 뒤바뀐 세상인 것이다!

필자가 확신하건대 천사들이 하늘의 도성 벽에서 바울을 붙들어 이곳으로 내려오도록 던져 버렸을 것이다. 그가 『**우리가 자신에 차 있으니 정녕 몸에서 떠나 주와 함께 있는 것을 오히려 더 원하노라.**』(고후 5:8)고 한 말이 전혀 놀랍지 않다.

21:21 또 그 열두 대문은 열두 진주니 그 문들은 각각 한 개의 진주로 되어 있더라. 그 도성의 거리는 순금이며 투명한 유리 같더라.

사람들은 하늘에서 황금 길을 걷는다. 여기 땅에서는 사람들이 황금 때문에 다투지만 저기 하늘에서 사람들은 황금 길을 걷는다(얼마나 뒤바뀐 상황인가?). 지상에서 사람들은 돈을 얻으려고 다툰다. 그들은 돈 때문에 전쟁을 벌이는 것이다! 돈은 하늘의 포장도로이며, 여러분은 발 밑에 금을 밟고 걸어간다.

진주 문들의 크기는 나오지 않았지만 벽들은 264피트에서 300피트 높이이다. 각 문은 "진주같이" 원형이다. 문이 한 사람 지나갈 만한 크기라면 진주는 직경이 7피트쯤 될 것이다. 문들이 진주보다 더 클 것임을 알겠는가? 문은 적어도 30피트 높이는 될 것이다. 직경이 30피트인 진주를 상상해보라! (사람들은 직경이 30인치나 되는 진주를 한 번도 발견한 적이 없다!). 이 문들은 적어도 직경이 30피트인 진주들로 사람들이 지나가도록 문설주에 걸려 있어서 미닫는다.

21:22 **내가 보니, 성 안에는 성전이 없더라. 이는** 전능하신 주 하나님**과 그**
어린양**이 그곳의 성전임이라.**
23 **그 도성은 해나 달이 그 안에서 비칠 필요가 없으니, 이는** 하나님의
영광이 그곳을 비추고 어린양**이 그곳의 빛이 됨이라.**
24 **그리하여 구원받은 자들의 민족들이 그 도성의 빛 가운데서 걷겠으**
며 땅의 왕들이 그들의 영광과 존귀를 그곳으로 가져오리라.

『**구원받은 자들의 민족들이**』(24절). 환란과 천년왕국 기간에 구원받은 민족들은 영생을 얻지 못하고 죽은 상태로 있다. 큰 백보좌 심판에서 그들의 이름이 "생명의 책"에 있다면 "생명 나무"를 먹을 권리를 갖게 된다. 그들은 이 도성에 들어가서 "생명 나무"를 먹는다. 그들의 자손은 영원에서 이 도성에 들어가 "생명 나무"를 먹으며 영원히 산다(계시록 20:13의 주석 참조).

『**땅의 왕들이**』(24절). 천 년 기간이 아닌 영원에서 이 땅의 혈과 육을 가진 문자적인 실제의 사람들임을 주목하라.

이사야 66:22-24 문맥에서 모든 "육체"가 새 하늘들과 새 땅에서의 "새 달(新月)"과 "안식일"에 주께 경배드리러 새 예루살렘에 오는 것을 주목하라. 유대인들은 여전히 땅에 있다(엡 1:10, 사 65:17, 렘 33:21,17,18, 겔 46:3; 44:24; 37:25-27). 영원에서 땅에 있는 이 민족들에 대해서(이들은 환란과 천

년 기간에 구원받았는데) 이사야 66:2, 시편 68:29; 이사야 26:2 그리고 역대기하 23:19을 공부할 필요가 있다. 영원에서 땅을 다스리는 유대인들은 창세기 17:8; 8:21, 시편 24:7, 이사야 66:22,23; 9:6,7을 공부해 보라.

21:25 **또 그곳의 성문들을 낮에는 결코 닫지 아니하리니 이는 그곳에 밤이 없음이라.**
26 **그들이 민족들의 영광과 존귀를 그곳으로 가져오리라.**
27 **무엇이든지 더럽게 하는 것이나 가증한 일을 행하는 자나 거짓말하는 자는 결코 그곳에 들어오지 못할 것이며, 다만** 어린양**의 생명의 책에 기록된 자들만이라.**

여러분이 <스코필드 관주성경>이나 벌링거, 스템, 펨버, 라킨, 사우어, 벌콥, 댑니, 핫지 그리고 지금까지의 모든 학자들의 의견을 보았다 해도 이 문맥은 천년왕국 기간이 아님을 주목하라. 그 문맥은 천 년 기간이 아니라 영원이다.

불결한 것은 어떤 것이든지 그 성에 들어가지 못한다. 물론 그리스도인들의 이름도 "생명책"에 있지만(빌 4:3) 여기의 언급은 환란과 천 년 기간에 구원받은 자들이다. 왜 그럴까? 왜냐하면 그 성에 들어가는 이들은 영생을 위해 어떤 것을 취하려고 들어가기 때문이다(계 22:14). 그것이 전부가 아니다. 그들이 들어가면 그리스도인들은 이미 거기에 있다. 그리스도인들은 이미 영생을 소유하였기에 "생명 나무"를 먹기 위해 들어갈 필요가 없다. 『**그 아들이 있는 자는 생명이 있고 하나님의 아들이 없는 자는 생명이 없느니라**』(요일 5:12). 그래서 위의 구절은 영원에서 땅에 있는 사람들로 "생명 나무"를 먹기 위해 새 예루살렘에 들어간다. 이들은 창세기 3:22-24에서 아담에게 금지된 것을 마침내 허락받는다.

요한계시록 22장

성경 마지막 책의 마지막 장인 22장에 이르렀다. 지금까지 공부하면서 어느덧 우리는 시간이 정지되는 영원이 시작되는 곳에 도달했다(21장에서). 그래서 22장의 내용은 영원에서 일어나는 것이 분명하다.

이렇게 말하기 위해서 한 가지 사실이 설명되어져야 하는데, 이는 22장 뒷부분에 시간을 다루는 내용이 반복되기 때문이다. 성경의 연대기는 사실상 22:5에서 끝나는데 이것은 매우 중요하다. 왜냐하면 앞서 말했듯이 "교회"라는 낱말이 마지막으로 언급된 것은 계시록 3:22이었다. 그럼에도 우리는 다시 계시록 22:16에서 『**나 예수는 교회들에 관한 이런 일을 너희에게 증거하기 위하여 나의 천사를 보내었노라.**』는 말씀을 보게 된다. 그래서 그리스도인들은 여기 22장에서 교회가 다시 나오기 때문에 교회는 4장에서 "들림받지 않았다."고 말한다. 그렇지만 여러분이 인식해야 할 것은 22:6-21은 연대기적인 요소가 더 이상 주어지지 않았고, 오히려 앞으로 일어날 일들에 대한 권면과 경고의 연속이다. 22:17에서는 교회 시대의 사람들을 향한 경고를, 그리고 22:20에서는 재림에 관한 언급을 볼 것이다. 어느 누구라도 22:20에 이를 때쯤 그리스도가 이미 오고 계심을 명백히 알게 된다. 그분은 19장에서 오셨으며, 20장에서 천 년을 땅에서 통치하셨고, 21장에서는 영원이 시작되었다. 그래서 22:6부터는 이러한 일들이 일어나기 전에 마지막 권면과 마지막 경고, 축복을 되풀이한다. 따라서 22:6-21에는 연대기적인 요소가 없는 것이다.

우리가 이렇게 분명히 밝히고 넘어가는 까닭은 스코필드, 라킨, 펨버, 사우어 등등이 몇 가지 이유를 들어 22:1-6을 천 년 기간으로 보기 때문이다. 자, 여러분은 22:14을 천 년 기간으로 볼 수 있고, 22:16을 다시 교회 시대로 볼 수 있지만, 22:5을 천 년 기간으로 볼 수 없는 것은 그 내용이 여전히 연대기적인 순서에 놓여 있기 때문이다. 22:1에서 "하나님"과 "어린양"은 21:22에서처럼 도성에 계시며, 22:2의 "민족들"은 21:24의 "민족들"이다. "그 도성의 거리 한가운데에" 있는 "생명 나무"는 21:22-25에 있는 도성에 있음을 말한다. 의심할 여지가 없다. 22장은 20장의 그리스도의 천 년 통치와는 연관되어 있지 않고 21장의 그리스도의 영원무궁한 통치와 연관되어 있다. 위의 주석가들이 이 부분을 천년왕국 기간으로 보는 이유는 21:24과 22:2이 서로 관련되어 있는 것을 모르기 때문이다.

앞에서 언급했듯이 이 구절들은 영원을 다루는데 이 때에는 땅에 혈과 육을 지닌 사람들이 있을 것이다. 그들은 "생명 나무"를 먹지 않으면 죽는데, 이는 그들이 예수 그리스도를 믿음으로서가 아니고 "생명 나무"를 먹음으로써 영생을 얻기 때문이다. 물론 이 단단한 고기는 보수주의 학자들이 씹어 먹기에는 너무 질기다(모든 주석가가 <킹제임스성경>을 하나님의 말씀으로 받아들이지 않았기 때문에 그들 중 아무도 이 부분을 구분하지 못했다. 필자는 이에 관해 앞서도 설명하면서 어떻게 하나님이 <킹제임스성경>을 거부한 모든 사람에게 계시록을 가리웠는지 여러분에게 보여 주었다). 이런 연유로 1,900년 동안 22:1-4은 천 년 기간을 말하며, 21:23-27도 천 년 기간에 일어난다고 가르쳐 왔는데, 그것은 잘못된 가르침이었다. 그 구절들은 영원을 나타낸다.

22:1 **또 그가 나에게** 하나님**과** 어린양**의 보좌에서 흘러 나오는 수정처럼 맑은 생명수의 정결한 강을 보여 주더라**.

이 "생명수"는 에스겔 44-48장에 언급된 물이 아니다. 에스겔서의 보좌에서 나오는 물은 천 년 기간의 성전에서 나오는 것으로 본문 내용과 맞지 않다. 예를 들면 22장의 도성은 12,000스타디온(펄롱, 1펄롱은 약 201.17미터) 면적이고, 에스겔서 48장의 도성은 18,000자이다. 에스겔서 44-48장에는 땅이 나뉘지만 22장에서는 나뉘어질 땅이 없다.

『**맑은 생명수의 정결한 강**』 예수님이 말씀하시기를 『**나는 길이요 진리요 생명이라**』(요 14:6), 『**내가 주는 물을 마시는 사람은 누구든지 영원히 목마르지 아니하리라. 그러나 내가 그에게 주는 물은 그 사람 안에서 영원한 생명으로 솟아오르는 샘물이 되리라.**』(요 4:14)고 하셨다. 그래서 영원에서는 "하나님과 어린양의 보좌에서 흘러 나오는" 실제적인 강이 있는데, 그것은 "생명수"라고 불린다(계 22:17).

이 "생명수"는 하나님 보좌에서 바로 나와 길 한가운데로 흐르는데, 이 길가에서 자라는 나무들의 뿌리들이 이 강물에 닿아 있다.

22:2 그 도성의 거리 한가운데와 그 강의 양편에는 생명 나무가 있어 열두 가지 과실을 맺으며 달마다 과실을 내더라. 그리고 그 나무의 잎사귀들은 민족들을 치유하기 위한 것이더라.

여러분이 마음에 그리는 장면은 한 나무가 있고 이 나무가 길 한가운데로 흐르는 강의 양쪽에 자라는 모습이다. 하지만 "생명 나무"는 그 종(種)의 단수가 아니다. 예를 들면 어떤 사람이 "개(The dog)는 충성스러운 동물이다."라고 말할 때 그것은 모든 개를 뜻한다. 또 "사자(The Lion)는 맹수 중의 왕이다."라고 말할 때는 사자 한 마리가 아니라 사자 전체이다. 그래서 "나무"(The tree)는 그 종(種)을 대표하는 말이다. 우리는 이것을 에스겔서 47장에서 본다.

『**둑 위에 강가로 이편과 저편에는 양식이 될 모든 나무**(trees)**가 자라고 그 잎사귀들은 시들지 아니하며, 그 과실도 다하지 아니하고 달마다 새로운 과실을 내리니 이는 그 물이 성소에서 나옴이라. 또 과실은 양식이 되고 그 잎사귀는 약이 될 것이라**』(겔 47:12).

주목할 것은 "모든 나무"(복수)가 주어인데 다음 문장에서는 "그 나무, it"(단수)로 말하고 있다는 점이다. 이것은 복수의 의미로 사용된 단수이다. 이것은 계시록 22장의 설명을 증명해 준다. 2절에 "그 강의 이편과 저편에는 생명 나무가 있어"라고 한 것은 그 나무의 종(種)을 의미하는 것이지 특정한 나무 하나를 의미하는 것이 아니다. 그 나무 전체가 있고 각 나무는 "생명 나무"이다(<킹제임스성경>이 어떻게 스스로 해석하는지 주목하라).

『그 도성의 거리 한가운데와 그 강의 양편에는 생명 나무가 있어 열두 가지 과실을 맺으며 달마다 과실을 내더라. 그리고 그 나무의 잎사귀들은 민족들을 치유하기 위한 것이더라』(2절).

이 구절은 에스겔 44-48장의 구절과 비슷해서 사람들이 같은 구절로 생각한다. 에스겔 47:12에 "그 잎사귀는 약이 될 것이라." 했고 계시록 22:2에서는 "그 나무의 잎사귀들은 민족들을 치유하기 위한 것이더라."고 하니 이 두 나무가 같다는 생각이 자연스럽게 드는 것이다. 그러나 사실은 영원에서 일어날 모형이 천년왕국 기간에 땅에 있는 것이다. 이런 까닭으로 스코필드, 뉴웰, 오헤어, 벌링거, 사우어 등등이(이들은 모두 훌륭한 사람들이지만) 22장을 천년왕국 기간에 위치시키지만, 22장은 천년왕국 기간에 속하지 않는다(우리가 두 구절을 비교했듯이).

그 차이들을 주목하면 두 도성이 같지 않음이 분명해진다. 에스겔서 44장은 레위인이 출입하는 문자적인 지상의 성소이고 문자적인 지상의 성전이다(겔 44:15). 그들은 자기들이 경배하는 문자적인 성전이 있다(겔 46:1). 이 문자적인 성전은 문자적인 땅, 즉 이 지상에 있는 나누어진 땅에 있다(지상에, 겔 47:13-21). 이것은 그 안에 성전이 없는 하늘의 도성이 아니다. 이것은 땅의 도성으로 나누어진 땅에 세워졌고, 땅의 경계들은 이름이 정해졌으며, 사람들은 거기 문자적인 성전에서 경배드린다(겔 46:3; 45:16). 따라서 이 성전은 의심할 여지가 없다. 에스겔 40-42장의 이 성전은 천년왕국 기간에 지상에 세워질 문자적인 성전으로 레위인이 출입한다.

이 성전의 모습을 마음에 새기고 계시록을 보면 기본적인 것들이 확실히 다름을 알게 된다. 계시록 21:22에는 성전이 없다(하지만 에스겔서에는 성전이 있다).

계시록에서는 성전이 없기에 섬기는 직분인 레위인이나 "사독의 아들들"이 없다. 또 계시록의 이 도성은 에스겔서의 도성과 규모도 다르다. 이 도성은 12,000 스타디온으로(계 21:16) 길이, 너비, 높이가 모두 2400km이다. 에스겔서의 도성은 18,000자이다 - 시계(視界)로 9마일쯤 된다. - 두 도성은 전혀 같을 수 없다. 22:2의 나무는 "생명 나무"인데 에스겔서의 "나무"는 "생명 나무"라고 하지 않았다. 에스겔 47:7에 "강둑에 심히 많은 나무가 있다."고 하지만 어떤 종류의 나무인지는 말하지 않았다. 에스겔의 구절들은 땅에 있는 이스라엘에게 향한 것으로 물이 "주의 집"에 흘러나와 땅의 남쪽으로 4,000큐빗을 흐르며, 나무들이 물이 흐르는 그 땅의 이편과 저편 양편에서 자란다(겔 47:1-7). 계시록 22:2에서는 새 예루살렘(구 예루살렘이 아닌)에 강이 있는데, 성전이 없는 도성에 있으므로 (에스겔의 도성에는 성전이 있다.) 계시록의 강은 어떤 땅에도 세워지지 않은 아예 지상에 없는 도성에 있는 것이다. 그러므로 에스겔서 40-48장은 영원의 그림 또는 모형이다. 따라서 계시록 22장의 구절은 영원이지 천 년 기간이 아니다.

『**그 도성의 거리 한가운데와 그 강의 양편에는 생명 나무가 있어**[이 나무는 하나님이 아담을 에덴 동산에서 쫓아내실 때 금하신 것이다. 즉 "그가 자기 손을 내밀어서 생명 나무의 과실도 따서 먹고 영원히 살까 함이라."] **열두 가지 과실을 맺으며 달마다 과실을 내더라. 그리고 그 나무의 잎사귀들은 민족들을 치유하기 위한 것이더라**』(2절). 에스겔서의 나무들은 "먹기 위한 것이고 그 잎사귀들은 약으로 쓰는" 것이었다. "생명 나무"는 "민족들을 치유하는 잎사귀들"을 가졌다(여기 "민족들"은 이스라엘과 구분된다).

『**그리하여 구원받은 자들의 민족들이 그 도성의 빛 가운데서 걷겠으며**』(계 21:24).

그러므로 이 "생명 나무"는 "구원받은 자들의 민족들"을 치유한다.

『**그의 계명들을 행하는 자들은 복이 있나니, 이는 그들이 생명 나무에 대한 권리를 가지며 또 그 문들을 통하여 도성 안으로 들어가게 하려 함이니라**』(계 22:14).

『**땅의 왕들이 그들의 영광과 존귀를 그곳으로 가져오리라**』(계 21:24).

『**그들이 민족들의 영광과 존귀를 그곳으로 가져오리라**』(계 21:26).

영원에서 이 땅에 민족들이 있을 텐데, 그들의 영광과 존귀를 새 예루살렘에 열두 문을 통과하여 가져온다. 왜 열두 문인가?

『**옛날들을 기억하고 많은 세대의 연수를 생각하라. 네 아비에게 물어 보면 그가 네게 보여 줄 것이요, 네 어른들에게 물어 보면 그들이 네게 말해 주리라.** 지극히 높으신 분**께서 민족들을 그들의 유업으로 나누셨을 때, 그분께서 아담의 아들들을 분리시키셨을 때**[하나님은 통합자가 아니시다! 그분은 분리주의자시다.], **그분께서는 이스라엘 자손의 수에 따라 백성들의 경계를 정하셨으니, 이는 주의 분깃은 그분의 백성이요, 야곱은 그분의 유업의 몫임이라**』(신 32:7-9).

그래서 이 땅의 나라들은 열두 경계로 나누어졌다. 하나님이 나라들을 내려다보실 때 열두 나라를 보시는데, 각 나라는 이스라엘 열두 지파 중 하나를 대표한다. 그것이 전부가 아니다! 일 년은 열두 달이고 여러분은 12궁(宮)이 열두 달에 부합함을 알 것이다.

『**여자에게서 태어난 사람은 날 수가 적고 고통으로 가득 찼도다. 누가 더러운 것 가운데서 깨끗한 것을 가져올 수 있나이까**?[좋은 질문이다.] **아무도 없나이다**』(욥 14:1,4).

(여러분은 거듭나야 한다. 여러분은 노파에게 멋진 옷을 입혀서 분을 바르고 화장시켜도 소용없음을 알 것이다!)

『**그의 날들도 정해졌고 그의 달수도 주와 함께 있으므로 주께서 그의 한계를 정하시어 지나치지 못하게 하셨나이다**』(욥 14:5).

『**한계를**』 이 "한계"는 단순히 나라간의 지리적인 의미가 아니라 일 년 열두 달의 "시간" 요소를 의미한다.

『**세상과 그 안에 있는 만물을 지으신** 하나님은 **하늘과 땅의 주시니 그분은 사람의 손으로 만든 성전들에는 계시지 아니하시며 또한 무슨 필요한 것이 있는 것처럼 사람의 손으로 섬김을 받아야 되는 것도 아니시니 이는 그분이 만민에게 생명과 호흡과 만물을 주심이라. 또 하나님께서는 인류의 모든 족속**[계 22장; 신 32장]**을 한 피로 만드시어 온 지면에 살게 하시고 미리 계획하신 [1]시기**[12개월]**와 그들이 거주하는 [2]경계**[12경계]**를 정하셨으니 이**

는 주를 찾게 하려 함이라. 사람들이 하나님을 감지하려 하면 만나리니 그분은 우리 각 사람에게서 멀리 떨어져 계시지 아니하도다』(행 17:24-27).

그래서 성경은 이 땅에 열두 달에 부합하는 열두 경계가 있음을 분명히 가르친다. 이 열두 "경계는 열두 나라를 구성하는데 이 나라들은 이스라엘의 열두 지파에 부합한다. - 여러분은 어떤 지파가 미국에 부합하는지 안다면 미국의 미래를 기술한 어떤 다른 역사책보다 더 많은 정보를 알게 된다! 이 경계들에 대해 필자도 잘 모른다. 필자는 성경에 몇 가지 주(註)를 달아놓기는 했지만 틀릴지도 모른다. - 이 나라들은 "이방인"이라 열두 경계는 모두 유럽에 있을 것이다. 경계들은 스페인, 프랑스, 이태리, 독일, 그리스, 러시아, 아프리카, 중국, 일본, 인도 같은 나라들일 텐데, 즉 이 경계들 모두 구세계일 것이다. 하지만 여러분이 세계를 한 바퀴 돌아보면 열두 개의 자연 경계를 발견할 수 있는데, 매우 구체적이다.

1. 북미 : 이곳은 의심할 여지가 없다. 리오그란데 강이 경계이다.
2. 중미 : 북쪽 경계는 리오그란데 강이고 남쪽 경계는 파나마 운하이다.
3. 남미
4. 남극대륙
5. 북극대륙
6. 아시아 : 서쪽 경계는 명확하지 않지만 남쪽, 동쪽, 북쪽 경계는 명확하다.
7. 아프리카
8. 오스트레일리아
9. 서인도제도
10. 동인도제도
11. 그린란드
12. 유럽

경계들이 명확하게 북쪽, 북서쪽, 서쪽, 남서쪽, 남쪽, 남동쪽, 북동쪽이 구분되지만 동쪽 경계는 아시아를 향한다.

이것은 사람에게 주어진 열두 개의 자연 경계이다. 하지만 이 구분들이 맞지 않을 수 있다. 성경은 근동과 아프리카 및 유럽에서 일어나는 일들을 항상 다루기 때문에 올바른 구분은 구세계일 것이다. 여러분은 성경에서 일어나는 거의 모든 일이 팔레스타인, 시리아, 바빌론, 메소포타미아, 소아시아, 그리스, 로마, 소련의 남쪽 지경과 아프리카의 북쪽 지경을 무대로 함을 알 것이다.

22장에 열두 개의 문이 있는 이유는 새 예루살렘에 각 문을 통해 들어갈 열두 민족이 있기 때문이다. 민족들이 "그들의 영광과 존귀를" 새 예루살렘에 가져올 때, 그들은 이 문들을 통과하는데(계21:25,26). 문은 열두 개다(계 21:13). 이것은 거기에 들어가는 사람들이 그들이 태어난 달에 들어감을 뜻한다. 21장에서 그리스도인들은 예수 그리스도와 같은 모습으로 새 예루살렘에 있다. 그들은 "도성의 문들로 들어가지" 않았는데도 이미 거기에 있다. 그들은 영생을 얻기 위해 "생명 나무"를 먹을 필요가 없다. 이는 그들이 예수 그리스도를 영접했을 때 영생을 얻었기 때문이다(요 5:24). 필자는 "생명 나무"에 전혀 신경쓰지 않는다. 필자는 이미 영생을 소유했다. "그 아들이 있는 자는 생명이 있고 하나님의 아들이 없는 자는 생명이 없느니라"(요일 5:12). 필자는 "생명 나무"를 먹으려고 "주의 계명을 지키는" 것에 신경쓰지 않는다. 이미 영생을 얻었기에 "주의 계명을 지키지" 않는다. 그리스도가 나를 위해 저주받으셨고 나를 위해 십자가에 죽으셨기 때문에 계명을 지키지 않는 것이다(갈 3:13). 하지만 어떤 이들은 "생명 나무"를 먹게 될 것이다. 두 부류인데 다음과 같다.

1. 땅에 있을 혈과 육을 가진 민족들로 그들이 태어난 후 언젠가, 또는 영원에서 죽게 될 때 모두 "생명 나무"를 먹어야 한다.

2. 환란과 천년왕국 기간을 거친 세대들은 "생명 나무"를 먹어야 한다. 그런 후에 그들 자손은 영생을 소유하고 태어날 것이다.

그렇게 태어난 자손도 생명 나무를 먹어야 한다는 일말의 가능성이 있다. 필자가 이렇게도 말하는 것은 "생명 나무"를 다루는 문맥에 바로 지옥이 언급되기 때문이다.

『**그의 계명들을 행하는 자들은 복이 있나니, 이는 그들이 생명 나무에 대한 권리를 가지며 또 그 문들을 통하여 도성 안으로 들어가게 하려 함이니라. 그러나 개들과 마술사들과 음행자들과 살인자들과 우상 숭배자들과 누구든지 거짓말을 즐겨 행하는 자는 모두 다 바깥에**[지옥을 말한다.] **있으리라**』(계 22:14,15).

이것은 개략적인 구절이지만 여러분이 확신할 수 있는 것은 환란과 천 년 기간을 통과하는 사람은 "생명 나무"를 먹지 않으면 죽는다는 것이다(계시록 20:13 주석 참조). 예수 그리스도와 같은 영화로운 몸을 입는 유일한 사람들은 교회 시대의 그리스도인들뿐이다. 33세의 죄없는 몸을 입는 유일한 사람들은 은혜의 세대에 구원받은 이들이다. 다른 세대의 사람들은 생명 나무에 참여해 영생을 얻고, 영원에 들어가면 아담과 이브가 타락하기 전과 똑같이 남자와 여자로 산다.

하나님의 계획은 그래서 별자리들과 은하수들과 연관되어야 한다. 열두 민족과 열두 달 그리고 열두 문이 있듯이 그렇게 분명히 하늘들에 "12 궁"(宮)이라 불리는 열두 별자리가 있다. 이것은 "징조와 계절"에 따라 정해지는데(창 1:14), 이 땅에 일어날 일들과 관련된다. 12궁은 다음과 같다.

1. 숫양 자리 (Aries)
2. 황소 자리 (Taurus)
3. 쌍둥이 자리 (Gemini)
4. 게 자리 (Cancer)
5. 사자 자리 (Leo)
6. 처녀 자리 (Virgo)
7. 천칭 자리 (Libra)
8. 전갈 자리 (Scorpius)
9. 사수 자리 (Sagittarius)
10. 염소 자리 (Capricornus)
11. 물병 자리 (Aquarius)
12. 물고기 자리 (Pisces)

여러분은 이 12궁이 어떤 천문학이나 점성학 서적에도 나옴을 알 것이다. 이 별자리는 달(月)과 부합하는데, 그 의미는(엄청난 생각이다.) 하나님이 이 땅에 열두 경계와 열두 민족을 정하셨고, 이 땅을 떠나게 하여(천사들이 옮기는데, 눅 16:22), 외계에서 무한하고 영원히 살게 하는데, 매 열두 달마다 한 번씩 보게 되는 열두 별자리부터 시작하는 것이다. 우리는 이 가르침이 분명함을 이사야서에서 볼 수 있다.

『**이는 우리에게 한 아이가 태어났고**[예수 그리스도는 마리아를 통해 인자로 태어났다.] **우리에게 한 아들이 주어졌음이니**[그분은 하나님의 아들로 성령으로 태어났다.], **정부가**[이것은 정치적이다. 성경의 주제는 왕국이지 구원이 아니다.] **그의 어깨 위에 있을 것이요, 그의 이름은** 경이로운 분**이라**, 상담자**라**, **능하신** 하나님**이라**, **영원하신** 아버지**라**, 화평**의** 통치자**라 불리리라**』(사 9:6).

모든 사람이 이 구절은 익히 알고 있는데 다음 구절을 보라.

『**그의 정부와 화평의 증가함이**[이것은 시간이 아니라 규모를 말한다. 시간 소요는 다음에 온다.] **다윗의 보좌와 그의 왕국 위에**[여기 시간이 나온다!] **바르게 세워지고, 지금부터 영원까지 공의와 정의로 그것을 굳게 세우는 데 끝이 없으리라**. [여러분은 이것이 의심스러운가?] **만군의 주의 열성이 이것을 실행하시리라**』(사 9:7).

이 구절에서 하나님께서 여러분에게 말씀하시기를 주 예수 그리스도가 영원히 확립될 정부를 당연히 갖게 되며, 그 규모가 멈추지 않고 증가할 것이라고 한다. 결론적으로 이 시대의 모든 경향은 재림의 유형이리라. 사람들이 계절을 조절하려는 시도는 천년왕국 기간에서 조절될 것이고, 동물을 길들이는 노력도 천년왕국 기간에서 길들여질 것이며, 질병을 제거하는 노력 역시 천년왕국 기간에서 제거될 것이며, 통합에 관심을 갖는 태도 역시 천국에는 분리가 없기 때문이며, 여자를 남자와 동등한 위치로 향상시키는 노력도 구원받은 그리스도인 자매는 예수 그리스도가 오실 때 형제처럼 될 것이기 때문이다(요일 3:1-3). 이 세기에 사람들의 현대적이고 과학적이며 진보적인 모든 운동은 하나님의 말씀을 무효화시켜 버리려는 무의식적인 시도인데, 인류가 지금하고 있는 일은 "통치권을 증대시켜서" 달까지 확장하여 외계에 살면서 정부 같은 정치 형태로 그리스도가 천년왕국 기간의 끝에 가서나 하실 일을 흉내내는 것이다!

『**그 천사가 그녀에게 말하기를 "마리아야, 두려워 말라. 이는 네가** 하나님**의 은총을 받았음이니라**[그녀는 은총을 받았다]. **보라, 네가 너의 태 안에 임신하여 한 아들을 낳으리니 그의 이름을 예수라 하라**[그녀는 그렇게 하였다]. **그는 위대하게 될 것이며**, 가장 높으신 분**의** 아들**이라 불릴 것이요, 또** 주 하나님**께서 그에게 그의 조상 다윗의 보좌를 주실 것이며**[그분은 아직 받지 않으셨다]』(눅 1:30-32).

예수님께서 초림 때 이 다윗의 왕위를 받지 않으셨기에 두 번째 오실 때 그 왕위를 받으셔서 실제 문자적인 왕국을 통치하신다. 여기에서 또다시 무천년주의자들과 후천년주의자들의 기세가 꺾인다. 그들은 그리스도께서 지금 왕위에 계시기 때문에 자기들이 지금 "왕국을 확장하고 있다."고 말한다. 천만에, 하나님이 거짓말쟁이가 아닌 한 그럴 수는 없다. 우리가 누가복음 1:30-32의 말씀에 "예" 했으면 결론을 맺어야 할 것이다. 여러분은 "예"로 말했다가 "아니오"라고 할 수 없다. 일은 아직 일어나지 않았다.

『**그는 야곱의 집안을 영원히 통치할 것이요 그의 왕국은 무궁하리라**."**고 하니라**[예!]』(눅 1:33).

그리스도는 다시 오셔서 다윗의 왕위를 받으시고, 정치적이며, 눈에 보이는, 구세주와, 다윗의, 지상에서의, 팔레스타인 왕국인 야곱의 가문을 통치하실 것이다. 이 나라는 (야곱 자손의 이름들을 따라 확장되어서) 태양계를 지나 은하수로 무한히 뻗어 나가 모든 별에 영원토록 이어질 것이다(히 1:14). 이렇게 하나님의 계획은 "외계에까지 사람들이 거주하는 것"이다. 물론 이 하나님의 계획은 케이프 케네디(Cape Kennedy, 로켓트 발사 기지)나 레드 스톤(Red Stone, 미 병기창) 등등에서 추진하는 모든 계획과 반대로 전개된다. 그러나 하나님이 그분의 아들을 재출연시켜서 외계에 사람들을 거주하게 할 때, 그리스도를 거부하고, 성경을 부인하며, 하나님을 미워하는, 술 취하고, 단정치 못하며, 게으르고, 시기하며, 질투심 많은, 독선적이고, 심술궂고, 괴롭히기 좋아하며, 불평하고, 교만하고, 고집스러우며, 살인하는 악한 자들은 전혀 고려하지 않으신다!(히브리서 1:9-13 참조).

『하나님**의 날이 오기를 고대하고 열망하라. 그때는 하늘들이 불에 타서 녹아 버리고 우주의 구성 요소들도 맹렬한 불에 녹아질 것이나 우리는 그의 약속대로 의가 거하는 새 하늘들과 새 땅을 기다리도다**』(벧후 3:12,13).

그래서 의는 새 땅에뿐만 아니라 "새 하늘들"에도 거한다. 여기에 함축된 뜻은 엄청나다. 하나님이 인류를 퍼지게 하여 전 우주에 무한히 채우시려는 의미이다(아인슈타인은 무한에서 평행선이 만난다고 말했다. 필자는 정말 그런지는 모르겠지만, 성경은 "그의 통치권과 평화가 끝없이 증가하리라."고 말한다).

『**이는 때가 찬 경륜 안에서 하늘에 있는 것들이나 땅에 있는 것들이나 자신 안에 있는 것들까지도 만물을** 그리스도 **안에서 하나로 함께 모으려는 것이니라. 모든 것을 그 자신이 의도한 대로 행하시는 이의 목적을 따라 우리가 예정되어 그분 안에서 유업을 받았으니 이는 먼저** 그리스도를 **믿었던 우리로 그의 영광을 찬양케 하려 하심이니라**』(엡 1:10-12).

이 "때가 찬 경륜"은 신명기 7:9에 근거한 것 같은데, 하나님이 이스라엘에게 1,000세대를 지속하도록 약속하신 내용이다. - 클라렌스 라킨은 한 세대를 33년으로 보았는데, 그리스도의 생애에 근거한 수치이다. 이 수치로 계산하여 영원이 시작되기 전의 33,000년의 기간을 설정하였다. - 한 세대를 창세기 15장에서처럼 100년으로 한다면 때가 찬 경륜은 100,000년이 된다. 그래서 33,000년과 47,000년과 100,000년 사이로 다양한데, 영원이 시작되기 전에 날과 주간 및 달로 표시되는 일정한 기간이 있는 것 같다. 이때에 사람들이 외계에 거주할 것이다. 외계에서 사람들이 33,000년 동안 거주하는 것을 생각해 보라! 우리가 70년 내지 80년 사는 것이 얼마나 보잘 것 없는가! 게다가 "먹고 사느라" 온 생애를 염려 속에 지내다 죽어야 하니! 하나님은 서두르지 않으신다. 『**주께는 하루가 천 년 같고 천 년이 하루 같은 이 한 가지를 잊지 말라**』(벧후 3:8). 사탄이 하나님을 6,000년 동안 훼방한 사실이 그분에게는 아무 근심거리도 아니다. 그분의 계획은 어떤 방도로든 최소한 33,000년을 전개하시려는 것이다.

『**이스라엘의** 거룩한 **분이며, 그를** 지으신 분[이스라엘의 조성자], **곧 주가 이같이 말하노라. 내 아들들에 관하여 다가올 일들을 내게 묻고, 내 손으로 할 일에 관하여 너희는 내게 명하라**[하나님께서 "자, 내게 물어보라, 내가 너에게 보여 주마."고 말씀하신다]. **내가 땅을 만들었고, 그 위에 사람을 창조하였느니라. 내가 내 손으로 하늘들을 펼쳤으며, 내가 그 모든 군상들에게도 명하였도다**』(사 45:11,12).

『**그러나 이스라엘은 주 안에서 영원한 구원으로 구원받으리니, 너희는 영원히 세상에서 수치나 치욕을 당하지 않게 되리라. 하늘들을 창조한 주가 이같이 말하노라.** 하나님은 **스스로 땅을 조성하고 만들었으며, 그는 그것을 견고히 세우되 헛되이 창조하지 아니하셨으니 사람이 거주하도록 조성하였느**

니라. 나는 주라. 아무도 다른 이가 없느니라』(사 45:17,18).

이 구절은 직접적인 문맥은 땅이지만, 보다 큰 문맥은 "하늘들"(18절), 바로 "하늘들"(12절)이다.

22:2의 요점은 영원에서 새 땅 위에 열두 민족이 열두 경계로 나누어져 있는데, 이 민족들은 환란(마 25장)과 천년왕국 기간(계 19장)에 구원받은 민족들로 구성된다. 이 "구원받은 민족들"은 새 예루살렘에 들어가 영생을 얻기 위해 "생명 나무"를 먹고, 영원에 들어가 재생산하며 무한히 번성하는데, 외계로 나아가서 먼저는 12궁인 열두 별자리에 거주하고, 그후에 그들은 거기서 더 멀리 있는 외계로 나아간다.

22:3 **다시는 저주가 없고** 하나님과 어린양의 **보좌가 그 안에 있을 것이며 그**
의 종들이 그를 섬기리니
4 **그들은 그의 얼굴을 볼 것이며 그의 이름이 그들의 이마 위에 있으리라.**
5 **거기에는 밤이 없겠고 그들에게는 촛불도 햇빛도 필요하지 아니하리**
니 이는 주 하나님**께서 그들을 비추시기 때문이라. 그들이 영원무궁토**
록 통치하리라.

『**그들이 영원무궁토록 통치하리라**』(5절). 이 통치는 천년왕국 기간에 시작되어서 영원까지 이어진다. 어떻게 해서 천 년 통치가 뚜렷한 중단없이 바로 영원으로 이어지는지 주목하라.

『**거기에서 그분께 통치권과 영광과 왕국이 주어졌으니, 이는 모든 백성과 민족들과 언어들로 그분을 섬기게 하려 함이더라. 그분의 통치권은 사라지지 않을 영원한 통치권이며 그분의 왕국은 멸망하지 않으리라... 그러나 지극히** 높으신 분**의 성도들이 그 왕국을 얻으리니, 영원하고 영원무궁한 그 왕국을 차지하리라**』(단 7:14,18).

다니엘서의 구절은 매우 명백하다. 이 통치권은 1,000년이 아니라 "영원하고 영원무궁하게" 계속된다. 그래서 천 년 통치는 땅에서 1,000년을 시작했다가 멈추지 않고 영원까지 계속된다(이것은 창세기 1장, 2장에서 독특한 어떤 것을 설명하는데, 거기서 여러분은 일곱째 날은 저녁도 아침도 없음을 볼 것이다). 창세기 1장에서 여러분은 모든 날이 저녁과 아침이 있음을 보지만, 창세기 2장에 이르면 다음과 같이 되어 있다.

『**그리하여 하늘들과 땅이 완성되었고, 하늘들의 모든 군상들도 그러하니라**』(창 2:1).

문맥이 베드로후서 3장, 이사야 65장, 계시록 21장, 22장, 그리고 이사야 44장에서처럼 "하늘들과 땅"임을 주목하라.

『**일곱째 날에** 하나님**께서 자신이 만드시던 자신의 일을 끝내시고 자신이 만드시던 자신의 모든 일로부터 일곱째 날에 쉬시니라**』(창 2:2).

"저녁과 아침이 되니 일곱째 날이더라."고 하지 않았음을 주목하라.

『**저녁과 아침이 되니 첫째 날이더라**』(창 1:5).

『**저녁과 아침이 되니 둘째 날이더라**』(창 1:8).

『**저녁과 아침이 되니 셋째 날이더라**』(창 1:13).

『**저녁과 아침이 되니 넷째 날이더라**』(창 1:19).

『**저녁과 아침이 되니 다섯째 날이더라**』(창 1:23).

『**저녁과 아침이 되니 여섯째 날이더라**』(창 1:31).

그러나 일곱째 날에는 저녁과 아침이 없다. 왜 그런가? "주께는 하루가 천 년 같고 천 년이 하루 같다." 우리 주 예수 그리스도가 일곱 번째 천 년에 다시 와서 1,000년을 통치하는데(대략 2,000년이 시작될 즈음인데 필자를 인용하며 걸고 넘어지지 말라!) 이 "날"은 결코 끝나지 않는다. 이 날의 "저녁"(기술적으로 말하면)은 환란이지만 그 날의 "아침"은 끝이 없다! 그 날의 아침은 다음 날에 제한받지 않는데, 천년왕국 기간의 아침은 바로 영원으로 이어져 영원히 영원무궁토록 지속된다.

『**거기에는 밤이 없겠고 그들에게는 촛불도 햇빛도 필요하지 아니하리니 이는 주** 하나님**께서 그들을 비추시기 때문이라. 그들이 영원무궁토록 통치하리라**』(5절). "그들"은 새 예루살렘에 사는 사람들인데, 여기에는 그 도성에 거주하는 환란성도들이 포함되어 있다는 사실이 계시록 22:4에서 조금 시사되었다. 이것은 증명할 수 없지만 "그의 이름이 그들의 이마 위에 있으리라."는 표현은 14:1에도 나타나기에, 이 말씀은 명백히 환란성도이지 그리스도인이 아니다.

『**그들에게는 촛불도 햇빛도 필요하지 아니하리니**』(5절). 그 도성에는 해나 달이 비출 필요가 없지만(계 21:23) 해와 달은 여전히 거기 있어서 빛을 발한다. 이를테면 해와 달이 없다면 여러분은 달(Months)을 구분할 수 없을 것이다. 달(the moon)은 달(months)을 표시하고, 해는 달(months)을 채우는 30일을 표시한다. 그래서 새 예루살렘에 있는 사람들은 해와 달이 필요없지만 땅에 있는 사람들은 여전히 해와 달이 필요함을 가리킨다.

『**내가 또 그의 씨를 영원하게 할 것이며 그의 보좌도 하늘의 날들과 같게 하리라. 만일 그의 자손이 내 법을 버리고 나의 명령들대로 행하지 아니하며, 그들이 내 규례들을 어기고 나의 계명들을 지키지 아니하면 내가 막대기로 그들의 죄과를 다스리며**[그분이 여러분을 매질할 것이다.] **채찍들로 그들의 죄악을 다스리리라. 그러나 내가 나의 자애를 그로부터 완전히 거두지는 아니할 것이요, 나의 신실함도 약해지지 아니하며**[여러분은 구원을 잃지는 않는다!] **내 언약도 깨뜨리지 아니할 것이요, 내 입술에서 낸 것도 변경시키지 아니하리라. 내가 나의 거룩함으로 한 번 맹세한 것은 다윗에게 거짓말을 하지 아니하리라는 것이라. 그의 씨**[솔로몬이 아닐 것이다.]**가 영원히 지속될 것이요, 그의 보좌는 내 앞에 태양 같으리니**[항상 있으며] **그것이 달과 같이, 하늘에 있는 신실한 증인같이 영원히 견고하게 서리라." 하셨나이다. 셀라**』(시 89:29-37).

성도들의 영원한 보장의 언약은 영원이 시작되더라도 해와 달이 있는 한 지속되는 것이다. 만일 해와 달이 시간 속으로 함께 사라진다면 그때는 여러분의 구원도 사라지는 것이다(시편 89편은 은혜의 시대 신약성도의 구원의 영원한 보장을 말한다. 이 구절은 또한 다른 세대에 있는 어떤 사람들은 그리스도의 자손으로 "거듭날 수" 있음도 보여 준다!).

해와 달은 계시록 21장, 22장에도 여전히 존재하지만 새 예루살렘에 있는 사람들은 그것들이 필요하지 않다.

『**주의 말씀이 예레미야에게 임하여 말씀하시니라. 주가 이같이 말하노라. 만일 너희가 나의 낮의 언약과 나의 밤의 언약을 깰 수 있다면 또 그들의 계절에 낮과 밤이 없게 된다면 그때에는 또한 나의 종 다윗과 맺은 나의 언약도 깨어질 수 있어서 그에게 그의 보좌에서 다스릴 한 아들도 없을 것이며, 나의 사역자들인 레위인 제사장들과 세운 언약도 깨어질 수 있으리라. 하늘의 군상을 헤아릴 수 없고 바다의 모래도 측량할 수 없듯이**[예증], **내가 나의 종 다윗의 씨와 나를 섬기는 레위인들도 그처럼 번성케 하리라**』(렘 33:19-22).

이 구절은 또 하나의 예언을 가져 오는데, 유대인이 다른 민족들처럼 영원히 번성하여 그들과 함께 외계로 나아가리라는 것이다. 즉 영원에서 민족들이 외계의 다른 별자리들로 나아가면, 유대인은 각 별자리 중심부에 있고, 다른 민족들은 그 주변 혹성들에 거주할 것을 시사한다. 이것이 사실이 아니라면 유대인은 제한된 자손의 수가 지상에 남아야 한다.

『**다시는 저주가 없고**』(3절). 이 땅에 한 번 저주가 내렸는데, 창세기 3장에서 주어진 저주가 여기 계시록 22:3에 이르러 비로소 완전히 제거된다. 천년왕국 기간에 땅은 새로 태어나지만, 여전히 악령들과 마귀들이 있으며, 땅 심장부의 지옥에는 구원을 상실한 자들이 있고, 사탄도 마지막에 가서는 활동한다. 저주가 완전히 제거되는 때는 영원이다.

『하나님**과** 어린양**의 보좌가 그 안에 있을 것이며**』(3절). 하나님과 어린양의 보좌가 그 도성에 있을 것이다.

『**그의 종들이 그를 섬기리니**』(3절). 이것은 구원받은 자들이 바로 주님을 섬김을 가리킨다.

『**그러나 하나님께서 어느 때에 천사들 중 어느 누구에게 "내가 네 원수들을 네 발판으로 삼을 때까지 너는 내 오른편에 앉아 있으라."고 말씀하신 적이 있느냐? 천사들은 모두 구원의 상속자가 될 자들을 위하여 섬기도록 보내심을 받은 섬기는 영들이 아니냐?**』(히 1:13,14)

이 구절은 천사들이 영들임을 언급하며, 누가복음 20:35,36에서는 부활 시에 "그들이 천사들과 동등하며"라고 말씀하신다. 종합해 보면 이 구절들은 다음과 같은 그리스도인의 모습을 보여 주는데, 영원에서 그리스도인은 새 예루살렘의 맑은 유리 같은 투명한 금으로 만들어진 자기 아파트에 거주한다. 거기 영광 중에 있는 그의 아담한 "처소"는 정금으로 된 방이 15개쯤 되며, 거기서 영원을 사는 거룩한 친구들과 교제한다. 그는 영화로운 몸을 입은 친구들과 과거의 경험을 이야기하며, 서로의 삶을 나누고, 하나님의 말씀을 더욱 연구하고 배운다. 이 환경에서 그리스도인은 영원 내내 예수 그리스도처럼 죄없는 33세의 남자의 몸으로 하나님과 성도들과 영원히 교제한다.

『**거기에는 밤이 없겠고 그들에게는 촛불도 햇빛도 필요하지 아니하리니 이는 주 하나님께서 그들을 비추시기 때문이라. 그들이 영원무궁토록 통치하리라**』(5절). 이것은 신약에 주어진 "하늘"의 모습이며 죄없는 거민이 사는 정결한 도성으로 오물도 없고, 죽음도, 세금도, 징병도, 환어음이나 증권, 지폐, 질병, 약, 상처, 고통, 어떤 슬픔도, 묘지도 없는 곳이다.

22:6 또 그가 나에게 말하기를 "이 말씀들은 신실하고 참되도다. 거룩한 선지자들의 주 하나님께서 반드시 속히 되어질 일들을 그의 종들에게 보이시려고 그의 천사를 보내셨느니라.

『**속히 되어질 일들**』은 일차적으로 환란 때의 사람들을 말한다. 그러나 필자가 앞서 여러분의 주의를 환기시켰듯이 연대기는 22:5에 끝났기 때문에, 여러분은 22:6,7,20이 환란 때의 사람들에 대한 권면임을 알 것이다. 반면에 22:16은 교회 시대의 권면이다.

22:7 보라, 내가 속히 오리라. 이 책의 예언의 말씀들을 지키는 자는 복이

있도다."라고 하더라.

마지막 권면에서 여러분은 "이 책"이 여섯 번[계 22:7,9,10,18(두 번) 그리고 19] 언급됨을 보는데, "이 책"에 대한 언급인 "예언의 책"은 한 번(계 22:19) 나온다(계시록 22:19에 "예언의 책"과 "생명의 책" 그리고 "이 책" 이 나오는데, "예언의 책"이 "이 책"이고 "생명의 책"은 "이 책"이 아니다). "이 책"이 여섯 번 언급되고 "예언의 책"으로 한 번 언급되어 완전한 일곱을 이루며, 그 다음 여덟 번째 새 책은 "생명의 책"이다.

『**보라, 내가 속히 오리라. 이 책의 예언의 말씀들을 지키는 자는 복이 있도다**』(7절). "이 책"은 일차적으로 계시록을 말한다(그런데 다른 의미로 이 책은 성경 전체에 적용되는데, 계시록의 끝에 위치한 이 마지막 경고가 어떤 다른 책에서도 발견되지 않기 때문이다).

22:8 나 요한이 이런 일들을 보고 들었노라. 내가 듣고 또 보고 나서 이 일들을 내게 보여 준 그 천사의 발 앞에 경배하려고 엎드렸더니

9 그가 내게 말하기를 "보라, 그리하지 말라. 나도 선지자들인 네 형제들과 이 책의 말씀들을 지키는 자들과 같은 너의 동료 종이니 하나님**께 경배하라."고 하니라.**

10 또 그가 내게 말하기를 "이 책의 예언의 말씀들을 봉인하지 말라. 이는 그 때가 가까움이라.

이것은 기이한 추측을 불러일으키는데, 아마 요한에게 말하는 천사는 다니엘이리라. 부활 시에 성도들은 "천사처럼"(마 22:30) 되는데, 이 모든 일을 요한에게 보인 천사는 그에게 과거 시제로 보여 주었다(기억할 것은 요한이 "주의 날"로 들림받아 미래에 있는 것이다. 물론 다니엘은 수백 년 전에 죽어서 영광 중에 있다). 다니엘은 "끝 날까지 봉인하라."는 말을 들은 "작은(?) 책"을 갖고 있었으나(단 12:4), 계시록 22:10에서는 『**또 그가 내게 말하기를 "이 책의 예언의 말씀들을 봉인하지 말라. 이는 그 때가 가까움이라.**』고 말하고 있다.

우리는 다니엘서와 계시록 연구가 함께 이어짐을 알기에 "천사"가 다니엘일 가능성이 있지만 이것도 증명되지 않는다.

『**보라, 그리하지 말라**』(9절). 천사가 말하기를 "나를 경배하지 말라. 내 앞에 엎드리지 말라."고 했다. 다시 다니엘임을 짐작케 하는 특별한 어감이 여기 있다. 여러분은 다니엘 앞에 엎드린 왕과 다니엘이 그렇게 경배받은 것을 기억하는가? 이번에는 요한이 엎드렸는데, 그는 말하기를 "보라, 그리하지 말라. 나도 선지자들인(다니엘은 선지자였다.) 네 형제들과 이 책의 말씀들을 지키는 자들과 같은 너의 동료 종이니 하나님께 경배하라."고 하였다.

『**하나님께 경배하라**』(9절). 얼마나 압도적인 말인가! 이것은 하나님 외에 다른 것들을 경배하는 것은 모두 그릇된 것임을 지적한다. "하나님께 경배하라!" "이 세상의 신"에게 경배하지 말고 "하나님께 경배하라." "우주의 위대한 건축자"나 "높은 지위에 있는 사람"이나 위대한 중성의 신에게 경배하지 말고 "하나님께 경배하라!" 실제 하나님, 진정한 하나님께 경배하라. "하나님은 영이시다." "하나님과 우리 주 예수 그리스도의 아버지를 송축하라." "마리아"를 경배하지 말고, 성사들을 경배하지 말고, 교회를 경배하지 말고, "하나님께 경배하라". 요셉을 경배하지 말고, 교육을 경배하지 말고, 과학을 경배하지 말고, "하나님께 경배하라!"

『**또 그가 내게 말하기를 "이 책의 예언의 말씀들을 봉인하지 말라. 이는 그 때가 가까움이라**』(10절).

『**이 책**』 이 책은 일차적으로 계시록을 말한다. 계시록이 성취될 "때가 가깝다"(요한이 "주의 날"인 미래에 있음을 잊지 말라. 그래서 여러분은 모든 말을 500년에서 1900년 사이의 과거로 적용시킬 수 없다).

『**그 때가 가까움이라.**』 주님이 재림하는 때이다. "보라, 내가 속히 오리니"(계 22:12). "보라, 내가 속히 오리라"(계 22:7). "반드시 내가 속히 오리라"(계

22:20). 여러분은 이 말씀이 일차적으로 이 세대의 끝에 들림받을 이들에게 향한 것임을 안다.

22:11 불의한 자는 그대로 불의함에 있게 하고 더러운 자는 그대로 더러움에 있게 하라. 반면에 의로운 자도 그대로 의로움에 있게 하고 거룩한 자도 그대로 거룩함에 있게 하라.

여기서 "그대로"는 "계속되는," "조금 더" 또는 "같은 처지의"라는 의미이다. (네슬 헬라어 원문에는 "불의한 자는 불의를 행하게 하고"와 "의로운 자는 의를 행하게 하라."는 의미로 되어 있다. 그러나 그런 뜻이 아니다.)

여러분의 <킹제임스성경, 1611>의 뜻이 맞는데, 그 올바른 뜻이 섬뜩하면서도 신실한 경고를 전달한다. 사실은 여러분이 어떤 처지에 있든지 형제여, 처지를 바꾸거나 어떻게 해 볼 시간이 없다. 여러분은 현재의 그 모습대로 살아가는 것이다! 여러분이 무엇을 하고자 하든지 간에 그분이 오시기 전에 하는 것이 좋을 것이다.

본문에 또 하나의 끔찍한 생각이 담겨 있는데 사람이 이러한 여건 중 한 상태로 죽는다면 그것을 바꿀 기회가 없다. 이것을 회복할 "연옥"이 없기에, 사람이 더럽게 죽었으면 영원히 더럽고, 사람이 의롭게 죽었으면 영원히 의로우며, 거룩하게 죽었으면 영원히 거룩하다(이것은 또한 사람이 불의하면 더 나빠질 것을 암시하기도 한다. 사람이 더럽게 죽으면 1,000년 뒤의 영원에서는 지금보다 더 더러워질 것이다).

22:12 보라, 내가 속히 오리니 내가 줄 상이 내게 있어 각 사람에게 그의 행위에 따라 주리라.

본문은 그리스도의 심판석을 기다리는 이 시대의 그리스도인들이나 또는 그리스도의 재림을 기다릴 환란성도들에게 향한 것이다.

22:13 나는 알파와 오메가요 시작과 끝이며, 처음과 마지막이라.

그래서 우리는 환란과 천 년 기간의 사람들에게 주어지는 반복된 경고를 본다.

22:14 그의 계명들을 행하는 자들은 복이 있나니, 이는 그들이 생명 나무에 대한 권리를 가지며 또 그 문들을 통하여 도성 안으로 들어가게 하려 함이니라.

15 그러나 개들과 마술사들과 음행자들과 살인자들과 우상 숭배자들과 누구든지 거짓말을 즐겨 행하는 자는 모두 다 바깥에 있으리라.

"개들"이라는 말이 사람들과 함께 사용된 것을 주목하라(벧후 2:22).

22:16 나 예수는 교회들에 관한 이런 일을 너희에게 증거하기 위하여 나의 천사를 보내었노라. 나는 다윗의 뿌리요 자손이며, 또 빛나는 새벽별이라." 하시니라.

『**새벽별**』. 새벽별은 금성이나 태양이다. 우리의 태양은 별인데 그분은 아침에 떠오르신다(말 4:2).

그 다음 우리는 마지막 초청을 듣는다.

22:17 또 성령과 신부가 말하기를 "오라." 하더라. 듣는 자도 "오라." 말하

게 하고 또 목마른 자도 오게 하며 원하는 자는 누구든지 생명수를 값없이 마시게 할지어다.

성령께서 "오라!"고 말씀하신다. 교회인 신부도 "오라!"고 말한다. "듣는 자는 오라." 이 초청은 구원받은 사람에게 향한 것인데 구원받지 않은 사람도 응할 수 있다.

『**또** 성령**과 신부가 말하기를 "오라." 하더라. 듣는 자도 "오라."말하게 하고 또 목마른 자도 오게 하며 원하는 자는 누구든지 생명수를 값없이 마시게 할지어다**』(17절).

목마른 자는 즉시 마실 수 있다. 전혀 제한이 없다!

『**값없이**』는 매우 중요한 낱말인데, 성경에서 "삭제된" 첫 번째 낱말이다 (여러분은 창세기 3:2에서 이브 어머니가 삭제했음을 볼 것이다). 사탄이 여인으로 하여금 말씀을 삭제시켜 개정한 성경의 첫 번째 낱말이다. 지상에서 범한 첫 번째 죄는 하나님의 말씀과 관계가 있다.

『**여자가 그 뱀에게 말하기를 "우리가 동산 나무들의 열매는 먹을 수 있으나**』(창 3:2).

이것은 삭제인데, 하나님의 원래 말씀은 다음과 같다.

『**주** 하나님**께서 그 사람에게 명령하여 말씀하시기를 "동산의 모든 나무에서 나는 것을 네가 마음대로 먹을 수 있으나**』(창 2:16).

이 땅에서의 최초의 범죄는 성경 구절의 한 낱말을 삭제한 것으로, 이 삭제는 『**너희가 믿음으로 말미암아 은혜로 구원을 받았으니 이것은 너희에게서 난 것이 아니요,** 하나님**의 선물이라. 행위에서 난 것이 아니니 아무도 자랑하지 못하게 하려 하심이라.**』(엡 2:8,9)는 말씀과 관계가 있다. 구원은 값없다! 말씀의 중요성에 대해 창세기 2:9을 주목하면 아담과 이브가 먹을 수 있는 나무 가운데 하나는 "생명 나무"였다. 그들은 영생을 값없이 누릴 수 있었던 것이다!

『**원하는 자는 누구든지 생명수를 값없이 마시게 할지어다**』(17절). 이 부분은 교회 시대에 바로 적용됨을 주목하라. 22:16에서 여러분은 지역 교회를 보고, 22:17에서는 성령과 그 몸을 보는데, 22:17 끝에 "원하는 자는 누구든지 생명수를 값없이 마시게 할지어다."라고 하였다(계시록 22:14에서는 "계명들"이지만 22:17에서는 "값없이"임을 주목하라. "전환"이 있는 것이다).

그 다음 마지막 권면과 경고가 있다.

22:18 이는 내가 이 책의 예언의 말씀들을 듣는 각 사람에게 증거함이니 누구든지 이것들에 더하면 하나님**께서 이 책에 기록된 재앙들을 그에게 더하실 것이요**

본문은 일차적으로 계시록을 말하지만 넓은 의미에서는 성경 전체인데, 성경에서 하나님의 말씀에 대해 여러분에게 경고하는 것이 세 번뿐이기 때문이다. 그 위치들은 여기가 성경 중간 부분에 뒤이어 모든 것을 말함을 결론적으로 입증한다. 첫 번째 경고는 신명기에 나온다.

『**너희는 내가 너희에게 명령한 그 말씀에 더하지도 말고, 거기에서 빼지도 말고, 내가 너희에게 명령하는 주 너희** 하나님**의 계명들을 지킬지니라**』(신 4:2).

이 첫 번째 경고는 성경의 첫 다섯 권인 모세 오경 끝에 위치한다.

두 번째 경고는 잠언에 있다.

『**너는 그분의 말씀들에 더하지 말라. 그분이 너를 책망하실까 함이며, 네가 거짓말쟁이가 될까 함이라**』(잠 30:6).

이 경고는 성경 중간 부분이다. 마지막 경고가 성경이 바로 끝나려는 계시록 22:18에 나타난다. 이것은 첫 번째 경고는 첫 다섯 권에 대해, 두 번째 경고는 중앙의 모든 책을, 그리고 마지막은 중앙에서 끝까지의 책들에 대한 경고임을 가리킨다.

『**누구든지 이것들에 더하면** 하나님**께서 이 책에 기록된 재앙들을 그에게 더하실 것이요**』(18절)

"기록된 재앙들"이 있다! 사람들이 치료할 수 없는 상처가 그들에게 닥쳤고 불타는 듯한 열에 데였다. 질병을 주는 전갈들에게 물렸으며, 기아와 해일이 몰아치는 재난에다가, 그들이 마시는 물은 피로 변하였던 것이다(계 6-16장).

22:19 또 누구든지 이 예언의 책의 말씀들에서 삭제하면 하나님**께서 생명의 책과 거룩한 도성과 이 책에 기록된 것들에서 그의 부분을 제하여 버리시리라**.

처음 경고는 일반적인데 곧 "이것들에"(these things)였지만(계 22:18), 두 번째 경고는 특별히 말씀과 관계 있음을 주목하라. 곧 "이 예언의 책의 말씀"이다. <확대역본, *Amplified Version*>은 "이 예언의 책의 진술에서 제하면"으로 되어 있다. 이것은 로마카톨릭 "교황"의 가르침으로, 그는 말하기를 성경에는 오직 말이나 진술 내지 교리만이 영감이 있기 때문에, 여러분은 모든 낱말을 문자적으로 믿어서는 안 된다고 한다. <확대역본>은 요한복음 14:23을 아랑곳하지 않고 신약을 번역하는데 카톨릭의 입장을 취하고 있다. 그들이 "말씀"을 "진술"로 바꾼 것은 로마카톨릭 교리를 따른 것이다. 여러분이 <확대역본>을 쓰레기통에 던져 버려야 할 이유가 한 가지라도 있어야 한다면 이것으로 충분하다. 던져 버리고 신경 쓰지 말라!

성경이 영감이 있다는 가장 분명한 증거는 하나님을 믿지 않는 자들이 구절들의 의미를 파괴하려고 개개의 낱말을 바꾸는 사실에서 알 수 있다. 여러분은 낱말을 바꾸지 않고 의미를 변화시킬 수 없으며, 의미를 바꾸지 않고는 낱말들을 변화시킬 수 없다(렘 1:9; 11:6; 22:5; 23:9). 물론 헬라어 학자들은 그들의 새 "번역본들"에 대해 이 점을 부인하지만 그것은 거짓말이다. 여러분이 "하나님의 아들"을 "사람의 아들"로 바꾸려 한다면 어떤 것을 변경시켜야 하고(ASV의 요한복음 9:35 참조), "피"라는 말을 빠뜨리려면 구절의 의미를 바꾸면 된다(ASV의 골로새서 1:14 참조). 하나님을 믿지 않는 자들은 "성경이 가르치는 것"을 바꾼다. 그들은 구절의 낱말들을 바꾸는 것이다.

『하나님**께서 생명의 책...에서 그의 부분을 제하여 버리시리라**』(19절). 모든 새 번역본은 "생명 책" 대신 "생명 나무"로 바꾸었다. 표준원문(Textus Receptus)에도 "biblion"(책)으로 되어 있다. "생명 나무"는 순전히 추측이다. 어떤 대역(代譯)도 네슬(Nestle) 비평 장치에 인급되지 않았는데 ASV와 RSV는 있지도 않은 알렉산드리아 원문의 추측을 집어넣었다.

성경은 하나님으로 시작해서 사람으로 끝나며, 사람이 성경의 끝에 접근할 때 그는 성경을 "못쓰게" 해서는 안 된다고 기록된 마지막 경고를 본다. 여러분은 성경에 삭제하거나 덧붙이면 안 된다. 여러분이 삭제하기 시작하면 그렇게 하자마자 얼마나 많이 고쳐야 하는지 끝도 없다. 하나님을 믿지 않는 자들과 정통주의자들 사이에서나 얼마나 많은 부분을 고쳐야 하는지 논쟁할 뿐이다. 그들 모두 성경의 어떤 부분은 고쳐야 한다고 동의할지 모르지만, 여태껏 그들 가운데 단 두 사람도 얼마나 많이 고쳐야 하고 얼마나 많이 남겨 두어야 하는지에 대해 동의한 적이 없다. 결론적으로 미국의 정통주의를 내세운 전천년주의 성경 학교들조차 배교하게 된 이유는 그들 모두가 성경의 어떤 부분은 고쳐야 한다고 동의했기 때문이다. 만일 성경의 어떤 부분을 고쳐야 한다면, 나의 친구여, 그 중의 얼마나 많은 부분을 고쳐야 하는가에 대해 자네가 추측하는 만큼 그에 못지 않게 나의 추측도 크다네!(판 21:25)

성경에서 맘에 안드는 구절들을 삭제하는 일이 끝나면, 그것은 세상을 비추는 마지막 불씨를 꺼버리는 격이므로 세상은 칠흑같이 어두운 한밤중이 된다. 소감이 어떤가? 교회 다니는 자들을 얻기 위해 노력하는 여러 목회자와 평신도여, 기분이 어떤가? 여러 설교자여, 라디오 프로그램을 담당하면서 그 수입으로 부채나 갚으려고 애쓰는 그대들이여, 소감이 어떤가? 그대들은 <킹제임스성경>을 난도질해 버렸고, 비방했으며, <킹제임스성경>을 논쟁의 대상으로 일삼았고, <킹제임스성경>을 개정하든지 아니면 "헬라어 원문을 보는 것"이 성경을 더 잘 보는 방법이라고 말해 왔으며, <킹제임스성경>을 재번역하였고, <킹제임스성경>의 내용을 바꾸려 했으며, <킹제임스성경>을 무시해 버렸고, <킹제임스성경>을 읽지 않으려 했던 그대들, 자 이젠 기분이 어떤가? 1611년판 <킹제임스성경>을 공격해 온 그대 그리스도인들이여, 그대들은 <킹제임스성경>을 읽기 거부했고, <킹제임스성경>을 바꾸고, 개정한 설교자들과 선생들에게 귀를 기울여 왔는데, 이제 그대들은 <킹제임스성경>을 없애 버렸군, 여보게, 날씨가 어떤가?

여러분이 <킹제임스성경>을 없애는 데 동참해 온 결과, 세상을 비추던 마지막 빛을 꺼버린 셈이 되어 이제부터는 내내 밤이다. 여러분은 중세 암흑 시대로 돌아가 있다.

22:20 이런 일들을 증거하신 분이 말씀하시기를 "반드시 내가 속히 오리라." 하시니라. 아멘. 그러하옵니다. 주 예수**여, 오시옵소서.**

『**아멘.**』 그렇게 되기를! ("그렇습니다." 내지 "옳습니다.") 요한은 말한다. "주의 뜻대로 되옵소서!"

이렇게 서신이 마침내 끝났는데, 기도가 이어진다.

22:21 우리 주 예수 그리스도**의 은혜가 너희 모두와 함께 있을지어다. 아멘.**

"우리 주 예수 그리스도의 은혜"는 바울이 고린도후서에 기록해 놓았다. 『**너희가 우리** 주 예수 그리스도**의 은혜를 알거니와 부요하신 분이 너희를 위하여 가난하게 되신 것은 그 가난함으로 인하여 너희를 부요하게 되도록 하심이라**』(고후 8:9).

그래서 성경은 이 위대하고 최종적인 마지막 경고로 끝을 맺는다. 이 경고는 여러분이 이 하늘의 도성에 참여할 수 있는 유일한 길이고, 여러분이 값없이 구원받을 수 있는 유일한 길이다. 여러분이 그리스도의 재림을 기쁨으로 기다릴 수 있는 유일한 길은 "우리 주 예수 그리스도의 은혜"를 받아들이는 것이다. 그리고 우리가 지금까지 얘기한 모든 것을 소유하셨고 세상이 시작되기 전에 이 영원한 영광을 누리실 만큼, "그분은 부유하셨지만" "가난하게 되셨다."는 것을 기억해야 한다. 그분은 세상에 내려오셔서, 말구유에 태어나셨고, 저주와 미움 가운데 이 땅을 거니셨다가, 여러분의 위치에서 범죄자가 당하는 죽음을 맛보셨기에, "여러분은 그의 가난함으로 인해 부요하게 될 수 있는 것이다!" 녹일의 헤른후투에서는 야경꾼이 시내를 돌아다니며 밤중에 매시간마다 "고함"을 질렀다(1933년까지). 야경꾼들은 마틴 루터 시대부터 이 외침을 전송해 왔다. 그 외침은 다음과 같다.

"형제 여러분, 한밤중에 자정을 알리는 허밍 소리를 들으시오. 우리의 위대한 신랑이 오신다오"

한 시경,

"한 시가 지났으니, 날이 어두움 속에서 밝는다오, 샛별이 나타나니 우리의 완악함을 버립시다."

두 시경,

"두 시라오. 예수님은 이 고요한 계절에 기다리신다오, 형제들이여, 의지와 이성 두 개를 속히 복종시키시오."

세 시경,

"세 시를 알리오. 축복된 셋은 몸과 혼과 영으로부터 최고의 찬양을 받을지라."

네 시경,

"네 시가 되었소. 셋이 간구하여 주께서 그 시기의 네 번째에 오시라고 하는 때요."

다섯 시경,

"다섯 시를 알리오. 결혼 예복을 입은 다섯 처녀가 보상받았을 때 다섯은 버림받았다오."

여섯 시경,

"여섯 시를 알리오. 나의 위치를 떠나리라. 자, 형제들이여, 여러분의 구원을 위해 깨어 있으시오."

『**우리** 주 예수 **그리스도의 은혜가 너희 모두와 함께 있을지어다. 아멘**』(계 22:21).

이렇게 하나님의 권위가 담긴 "거룩한 성경"이 끝난다.

피터 럭크만의 주석서

요한계시록

1993년 5월 7일 초판1쇄
2020년 9월 17일 개정판2쇄

지은이 피터 S. 럭크만
옮긴이 편 집 부
펴낸이 이 송 오
펴낸곳 말씀보존학회

서울시 강서우체국 사서함 제90호
전화 (02) 2665-3743 / 팩스 (02) 2665-3302
인터넷 : www.biblemaster.co.kr
출판등록 1988. 12. 12. 제16-223호

값 30,000 원